U0824246

“与公司有关的纠纷”十大案由

请求权基础和裁判规则

付本超　孙芳龙　刘永青／编著

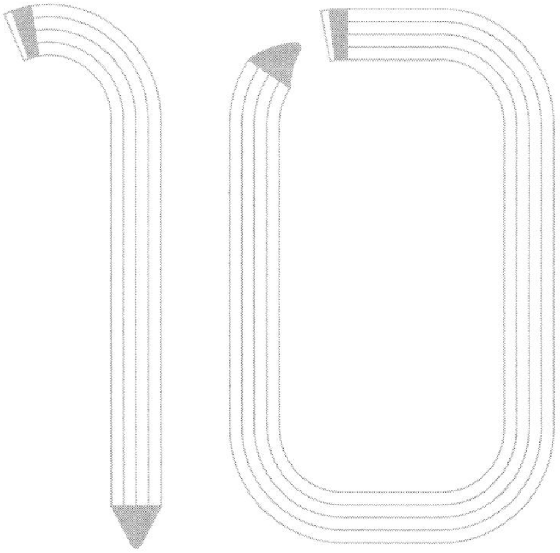

法律出版社
LAW PRESS·CHINA
北京

图书在版编目(CIP)数据

"与公司有关的纠纷"十大案由 : 请求权基础和裁判规则 / 付本超, 孙芳龙, 刘永青编著. -- 北京 : 法律出版社, 2022
ISBN 978-7-5197-7154-6

Ⅰ. ①与… Ⅱ. ①付… ②孙… ③刘… Ⅲ. ①公司-经济纠纷-案例-中国 Ⅳ. ①D925.105

中国版本图书馆 CIP 数据核字(2022)第 184779 号

"与公司有关的纠纷"十大案由
"YU GONGSI YOUGUAN DE JIUFEN" SHIDA ANYOU
——请求权基础和裁判规则
—QINGQIUQUAN JICHU HE CAIPAN GUIZE

付本超
孙芳龙 编著
刘永青

责任编辑 翁潇潇
装帧设计 汪奇峰 贾丹丹

出版发行 法律出版社
编辑统筹 法规出版分社
责任校对 张红蕊
责任印制 耿润瑜
经　　销 新华书店

开本 710 毫米×1000 毫米 1/16
印张 37 **字数** 621 千
版本 2022 年 11 月第 1 版
印次 2022 年 11 月第 1 次印刷
印刷 三河市兴达印务有限公司

地址:北京市丰台区莲花池西里 7 号(100073)
网址:www. lawpress. com. cn
投稿邮箱:info@ lawpress. com. cn
举报盗版邮箱:jbwq@ lawpress. com. cn
销售电话:010-83938349
客服电话:010-83938350
咨询电话:010-63939796
版权所有·侵权必究

书号:ISBN 978-7-5197-7154-6　**定价**:118.00 元

凡购买本社图书,如有印装错误,我社负责退换。电话:010-83938349

《“与公司有关的纠纷”十大案由——请求权基础和裁判规则》

编委会

编　　著：付本超　孙芳龙　刘永青

编写人员：戴丽铢　杜　楠　张亚伟

吴毕征　楚孔杨

序　言

法治是市场经济的内在要求，也是其良性运行的根本保障。习近平总书记主持召开中央全面依法治国委员会第二次会议时强调，“法治是最好的营商环境”。2020年1月1日，我国为优化营商环境颁行的第一部专门行政法规《优化营商环境条例》正式施行，旨在为各类市场主体投资兴业营造稳定、公平、透明、可预期的良好环境。2020年12月，习近平总书记在中央经济工作会议上强调，“要优化民营经济发展环境，健全现代企业制度，完善公司治理，激发各类市场主体活力。要放宽市场准入，促进公平竞争，保护知识产权，建设统一大市场，营造市场化、法治化、国际化营商环境”。

公司是社会主义市场经济中重要的商事主体，依法妥善地处理公司类纠纷，保护好股东的合法权益，是切实加强公司规范治理，持续优化法治营商环境的内在需求，也是其根本保障。

多年来，我们协助各类主体处理了大量公司控制权争夺、上市公司治理、股东纠纷、合资合作纠纷等复杂公司类纠纷，取得了良好效果。在享受作为诉讼律师取得胜诉的成就感的同时，我们也为社会上存在如此之多的股东纠纷感到困惑和惋惜。我们代理过年过八旬的父亲与一个子女联手跟另外几个子女争夺公司控制权的案子，亲眼看到他们在中级人民法院、高级人民法院、最高人民法院的法庭上互相指责、争长论短；我们处理过两个亲如兄弟的“发小”在合作设立公司开发房地产过程中矛盾日益加深进而产生纠纷的案子，一个想方设法把另一个送进监狱且至今仍在服刑，四十年情同手足却因为利益之争手足相残，甚至不惜置对方于死地；我们还处理过一个令人尊敬的兄长好心拉一个朋友入股自己的公司，却在反目后被这个“朋友”在全国不同区域起诉十多个案件，并被多次刑事报案的案子。有一对父母是“创一代”，他们凭借敏锐的商业意识和忠厚的做事风格，把公司经营得风生水起，高管团队也团结和谐，怎料他们的亲生儿子留学归来进入公司后，一方面大肆侵占挪用公司钱财，另一方面处心积虑抢夺公司控制权，于是，父子对簿公堂，官司打了一场又一场。儿子甚至公开在媒体上宣称就是要把他父亲气死——真是匪夷所思。我们还曾代理某央企与某省属平台公司增资协议纠纷，一个典型的"一带一路"优质项目，一个运营良好的公司，在央企与地方国企经过严格的国资监管和进场交易程序后，双方互相指责对方违约，各自启动了多起诉讼仲裁案件，虽已过数年，却激战犹酣。

"当当股东纠纷起，纠集众人抢公章"一时受到国人瞩目。事实上，大量公司控制权之争中都会有公章的争夺，也有真真假假多个公章的情况。一方是工商登记的法定代表人，另一方掌控着公章，双方都声称自己合法地代表公司，这方签字去起诉，那方盖章来撤诉……各种情形都很常见。

痛惜之余，我们也试图分析公司控制权之争的成因，即不外乎法律意识淡薄、合同章程约定太简单、因盲信而放权、利益太大诱惑太强、沟通协调不及时等。但是在我们看来，大量的纠纷都是源于不诚信！因为不诚信，所以缺乏契约精神；因为不诚信，所以见利忘义；因为不诚信，所以出尔反尔……诚信度的真正提高，会有一个漫长的过程。在这个过程中，自然有必要加强风险意识、采取防控措施，而这些需要在法律的框架和语境中完成。只有对相关法律、法规、司法解释和判例了然于胸，才有可能游刃有余地有效防范或减少控制权之争的发生。

我国民事法律制度建设一直秉持"民商合一"的传统。《公司法》是社会主义市场经济制度的基础性法律。2021 年 12 月 24 日，全国人大常委会公布《公司法(修订草案)》及立法说明，《公司法(修订草案)》在现行《公司法》基础上，就党对国有企业的领导，国家出资公司，公司设立、提出制度，公司资本制度，控股股东和经营管理人员的责任以及公司社会责任等方面作了优化和完善。2021 年《民法典》开始实施，对公司治理、公司决议、公司清算等方面都有一定影响，比如明确了股东会与董事会的职权及关系、公司决议无效或被撤销以及登记不一致不得对抗善意第三人、第三人对设立人设立行为追责的选择权等。为配套《民法典》的实施，最高人民法院相应修订了公司法司法解释(二)至(五)的部分内容，形成了一系列新的裁判规则。2021 年开始实施的《民法典担保制度解释》以及其他根据《民法典》修订的系列商事法规，也都在逐步影响公司类纠纷的司法实践。因此，《民法典》及配套司法解释实施、《公司法》及司法解释修订，都在不断完善我国现行公司法规则体系。

近年来，我国科技经济快速发展，公司类纠纷案件呈现数量总体上升、诉讼标的额较大的趋势，在商业模式不断创新、融资方式不断变革的同时，公司类纠纷案件新情况、新问题不断涌现。面对新颖、疑难、复杂问题，以及法律规定不明确或者存在漏洞的情形，最高人民法院陆续颁布了三十一批指导性案例，在《最高人民法院公报》刊载公报案例以及发布了《关于全国法院系统2020年度优秀案例分析评选结果的通报》等。其中，公司类纠纷典型司法案例逐渐成为公司法领域统一法律适用、引导纠纷解决的重要参考。此外，以北京、上海等地为代表的各级人民法院，也纷纷积极总结公司类纠纷审判的司法实践经验，推动裁判标准和裁判思路的标准化、专业化。

2019年以来，最高人民法院先后制定了《关于建立法律适用分歧解决机制的实施办法》《关于统一法律适用加强类案检索的指导意见（试行）》《关于完善统一法律适用标准工作机制的意见》《关于完善人民法院专业法官会议工作机制的指导意见》等多个规范性司法文件，从指导全国各级法院审判业务的角度对统一法律适用、裁量权行使进行了规范，并将"类案检索、类案同判"上升为司法裁判的一种重要制度。因此，法律解释、案例分析、类案检索、科技应用等已经成为当代司法实务工作者的必备技能。

"与公司有关的纠纷"是《民事案件案由规定》项下的二级案由，由"股权转让纠纷""股东资格确认纠纷""损害公司利益责任纠纷"等24个三级案由构成。2017年至2021年，全国各级人民法院在中国裁判文书网共计刊载了378,202篇"与公司有关的纠纷"的裁判文书，其中民事判决书141,399篇。就与公司有关的纠纷项下各类三级案由的数量分布来看，排名第一的案由是股权转让纠纷（占比约46.36%），排名第二的案由是股东资格确认纠纷（占比约8.44%）。此两类案由以外，多见的案件类型为：损害公司债权人利益责任纠纷（占比约6.60%）、股东知情权纠纷（占比约5.58%）、股东出资纠纷（占比约5.22%）、损害公司利益责任纠纷（占比约5.07%）、公司决议纠纷（占比约4.60%）、公司解散纠纷（占比约4.28%）等。[①] 此类案由多是典型的公司经营管理与治理中产生的争议所涉及的案由。该等案由既涉及股东与股东之间的争议，也涉及股东与高级管理人员之间、公司与高级管理人员之间等的争议。

当下，公司类纠纷案件中复合型商事合同日益增多，公司、股东、董事、监事、高级管理人员、外部债权人、债务人之间的法律关系复杂，且相关法律规范更新加

① 以上统计数据来源于中国裁判文书网（https://wenshu.court.gov.cn/），2022年2月17日访问。

快,使公司运营中专业化需求度大幅增加。以公司控制权争夺案件为例,该类案件通常所涉及的商业利益巨大,参与主体众多,法律关系复杂,会综合涉及与公司有关的纠纷的多个案由的多起诉讼案件。部分案件中,甚至需要专业法律人员几乎全程参与文件起草、商业谈判、争议解决等过程。因此,如果产生公司控制权纠纷,相关主体需要聘请能够全面统筹把控全局、具有高度前瞻性意识与处理各类公司类纠纷案件经验丰富的律师团队。

本书从2017年至2021年全国高级人民法院审理的与公司有关的纠纷案件中选取了前十大案由,对每个案由的定义、请求权基础、当事人、管辖、诉讼时效、常见争议焦点等六大方面进行法律分析,并重点针对该案由项下常见争议焦点进行案例实证调研,对地方司法文件的审判观点以及典型案件的裁判要点和裁判理由进行梳理、归纳,以回应社会发展新形势、回应公司治理新要求、回应司法实践新挑战。

本书以开放务实的态度、简洁明快的风格,试图把案例书籍变得“易读有用”,故在编辑中坚持以下方法:一是高度提炼案例的裁判要点,控制案例篇幅;二是尽量原文引用裁判理由,避免在加工过程中产生误解和断章取义;三是突出争议焦点,剔除无效信息,尽可能在有限的篇幅内为读者提供有效、有益的信息;四是注重对争议焦点的分析、探讨,在呈现明显对立裁判要点的案例后面,增加“笔者观点”部分,阐述笔者针对相关争议焦点的分析意见与建议,并对所涉及的《公司法(修订草案)》实质修改或增加的条文进行提示或分析,供读者参考。

“天下熙熙,皆为利来;天下攘攘,皆为利往。”市场经济唤醒了国人的商业意识,公司都希望实现利益最大化,股东也是如此,这一切都无可厚非。义与利,似乎一直是对立和矛盾的。但是,厚德才能载物,这个规律是不变的。“货悖而入者,亦悖而出”,不义之财终究不长久,还会带来灾祸。“仁者以财发身,不仁者以身发财。”在当今千载难逢的发展机遇之下,守义逐利、诚信发展才是正道。孔圣人说过:“听讼,吾犹人也。必也使无讼乎!”无情者不得尽其辞,大畏民志。作为法律人,我们特别期待看到天下无讼、世界大同。但是,在这个长期愿望实现之前,以法律手段做好风险防控还是公司的必修课。

本书在编写过程中,也难以一步到位实现最初的编写愿望,可能会存在不足甚至错误,欢迎读者批评指正,我们愿意听取建议,并不断改进。

孙芳龙

二〇二二年五月

凡　　例

全　　称	简　　称
《最高人民法院关于适用〈中华人民共和国公司法〉若干问题的规定（一）》	《公司法司法解释（一）》
《最高人民法院关于适用〈中华人民共和国公司法〉若干问题的规定（二）》	《公司法司法解释（二）》
《最高人民法院关于适用〈中华人民共和国公司法〉若干问题的规定（三）》	《公司法司法解释（三）》
《最高人民法院关于适用〈中华人民共和国公司法〉若干问题的规定（四）》	《公司法司法解释（四）》
《最高人民法院关于适用〈中华人民共和国公司法〉若干问题的规定（五）》	《公司法司法解释（五）》
《最高人民法院关于适用〈中华人民共和国民法典〉有关担保制度的解释》	《民法典担保制度解释》
《最高人民法院关于适用〈中华人民共和国民事诉讼法〉的解释》	《民诉法司法解释》
《最高人民法院关于审理民事案件适用诉讼时效制度若干问题的规定》（2020 年修正）	《诉讼时效司法解释》
《最高人民法院关于适用〈中华人民共和国企业破产法〉若干问题的规定（二）》	《企业破产法司法解释（二）》
《最高人民法院关于审理外商投资企业纠纷案件若干问题的规定（一）》	《外商投资企业纠纷司法解释（一）》
《全国法院民商事审判工作会议纪要》	《九民纪要》

目　录

开篇案例

合作不成恶意纷争，花样斗争两败俱伤

——盛盛公司股东纠纷系列案件

有限责任公司能够体现人合与资合的双重属性，已经普遍被民营资本所认可和接受，但是当人合出现问题后，股东与股东之间（包括混合身份之间，如股东和高管重合）发生争议，争夺的利益往往巨大，对公司经营发展也影响巨大，争夺的结果也异常惨烈，较一般公司纠纷具有特殊性。

笔者选择介绍团队代理的“盛盛公司”系列股东纠纷案件，作为本书的开篇，与读者分享与公司有关纠纷的复杂性，以及诉讼策略的设计和应对方案的重要性。

案件背景介绍

2010年，全国城镇化进程仍在大力推进，在中国经济GDP规模中占据一席之地的房地产开发行业风靡一时。在全国范围内，传统行业中有着一定资本积累的众多民营企业家裹挟着民营资本，乘着这股东风，陆续跨入了房地产开发这一行业。在山东省青岛市，有这样一家企业成立了。殊不知，这样一家小小的公司成立与发展，竟也能反映出国家经济建设与法治建设的逐步完善。

2010年2月，薛某、李某成立盛盛公司，公司设立时，注册资本1000万元，两位自然人股东薛某、李某各占股50%，薛某任法定代表人及执行董事，李某担任监事。公司成立之初，按照我国当时的法律规定，需要注册资本验资，公司前期并不需要大量实缴资本，采取了当时普遍采用的通过代理公司垫资验资的方式设立公司。公司成立过程中,双方出于合作间的相互信任,李某通过口头方式全权委托薛某办理公司设立的工商登记手续。其间,薛某的配偶郝某寻找了垫资的代理公司,代李某签订了《公司章程》和《股东会决议》等工商登记所需文件。

2012 年,盛盛公司拿到开发项目国有建设用地使用权,因为资金筹措、开发策略、盈利模式等事项,股东双方产生分歧,双方多次协商无果,李某函告薛某,要求其无偿退出公司,并将公司的印章、财务资料等进行移交,股东之间的矛盾彻底激化。

01 第一轮攻防:一方主张吊销公司,另一方要求确认股东资格——围魏救赵化解公司危机

【攻方策略】

为了迫使薛某转让股权,2012 年年初,李某以盛盛公司设立时提供《公司章程》《股东会决议》不是李某本人签署,系虚假材料为由到工商局投诉,依据《行政许可法》第 69 条第 2 款、《公司法》第 198 条、《公司登记管理条例》第 64 条[①],要求吊销盛盛公司营业执照。

针对李某的不实投诉,笔者团队律师本着尊重事实、还原真相、保护双方股东权益的原则进行如实答复,向工商局出具了《关于盛盛公司成立有关问题的答复》意见书,详细说明了公司设立之初的情形,并提出针对李某关于公司设立存在反悔意见的变更及补救方案。鉴于公司设立之初的说法处于事实真伪不明的状态且存在提交非本人签字资料的情形,不排除工商局会做出吊销盛盛公司的登记设立的处罚。

盛盛公司地产项目还没开发,如被吊销营业执照不仅股东已投入资金血本无归、项目开发利润一分钱拿不到,因前期工作,公司和股东还将面临一系列合同违约、债权债务问题,会造成惨重损失,这也是李某要求吊销公司、施加压力的目的。

【守方应对】

律师团队建议通过诉讼的方式查明公司设立之初真相,以彻底化解公司被吊销的风险。

---

① 对应现行《市场主体登记管理条例》第 40 条。

团队提出直接对李某的股东身份资格进行釜底抽薪式的确认，由郝某提起积极的股东资格确认之诉，请求确认郝某是公司股东，享有登记在李某名下的公司股权。

根据《公司法司法解释（三）》第28条的规定，李某否认成立公司工商登记的文件对其有约束力，声称其被冒用名义登记为股东，原告郝某作为冒用登记行为人，应当承担登记在李某名下的公司股东责任，并享有相应的股东权利。

诉讼过程中，李某为了保住自己的股东身份资格，完全摒弃了自己在青岛市工商局投诉时虚假注册的说辞，多次阐明成立盛盛公司是其真实意思的表示，认可由他人代签的文件对自己有约束力。

2013年5月，法院作出民事判决书驳回原告郝某的诉讼请求，通过诉讼的形式确认了公司设立是双方股东的真实意思表示，公司设立过程中不存在重大虚假注册，自然也无须承担被吊销设立登记的风险。工商局取得民事判决书之后，对李某的投诉举报作出了结果处理，盛盛公司得以正常经营。

就这样，团队律师通过"围魏救赵"的诉讼策略，巧妙化解了客户公司层面最大的风险。

【案外之音】

诉，是指告诉、申诉、控告的意思和行为。讼，则是法律行为，指人民法院依法裁决的法律行为。在市场经济和法治建设相对发达的今天，诉讼也成了当事人之间解决经济纠纷的最为常见的法律行为。

盛盛公司在面临公司股东控告、公司合法权益面临重大风险之时，民事主体之间已经无法通过平等协商达到还原事实真相的目的，公司的合法权益无法得到有效保障。因此，通过诉讼方式查明事实真相虽是一种无奈之举，但又不失为是一种明智之举。

除了前述"积极的股东资格确认纠纷"以外，因为李某还冒用郝某名字在北京注册了另外一家公司，在对北京这家公司完全不知情、不控制的情况下，为了避免日后可能发生需要承担股东出资责任等一系列潜在风险，在团队律师建议下，郝某又发起了一个"消极的股东资格确认纠纷"，请求法院确认郝某不是这家北京公司的发起股东。司法实践中，消极的股东资格确认是否属于法院审理范围有一定的分歧。团队律师认为：只要原告有可诉利益，符合法院的受案条件，原告就可以提起消极的股东资格确认纠纷，确认自己不是公司股东。北京朝阳区法院最终采纳了律师的意见，支持了郝某的诉求。关于消极的股东资格确认是否属于法院受案范围的判例和法律适用在本书正文中有详细阐述。

前述“股东资格确认纠纷”中，为了说明李某并不是盛盛公司股东，薛某曾经陈述“李某支付给盛盛公司的款项是借款不是出资”，没想到薛某的该陈述意见留下另外一个隐患：在股东资格确认纠纷结案十年之后的2021年，李某依据薛某的陈述，主张自己对公司的出资款是股东借款，一审法院和二审法院审理后认为：虽然双方都承认盛盛公司设立时代理公司代垫资金被转走，但并没有证据证明相关资金形成闭环，无法证明注册时全部资金的进出均系代理公司所为，最终支持了李某股东借款的主张，但是法院预留了盛盛公司在有证据的情况下可以另案主张李某出资不到位的权利。据悉，盛盛公司正在准备另案提起股东出资纠纷。

回头看，从十年前的公司营业执照吊销风波，到现在的股东借款案件，发生纠纷的根源就在于合作之初，发起股东因为彼此间相互信任，即使是重大事项（签署章程、实缴出资）也仅有“君子口头协定”而没有书面文件。

前事不忘，后事之师。在商事活动中，对于重要的合同、授权等文件，有必要依法签署书面文件，避免因为“面子”、过于信任而做出不留相关证据、代替签署、不盖章捺印等类似不规范的行为，最终留下被恶意纠纷的隐患。

【案例索引】

1.（2012）李商初字第480号、（2013）青民二商终字第782号股东资格确认纠纷案；

2.（2013）朝民初字第0162号股东资格确认纠纷案；

3.（2021）鲁0213民初6093号、（2022）鲁02民终4077号民间借贷纠纷案。

02 ▶ 第二轮攻防：一方要求解散公司，另一方强调社会责任——公司维持正常经营

【攻方策略】

一波未平一波又起。作为占股50%的股东李某完全没有回心转意，不将心思用在公司正常经营上，反而滥用股东权利恶意败坏公司声誉、破坏公司正常经营。

2012年4月9日，最高人民法院发布了第8号指导案例《林某清诉常熟市凯莱实业有限公司、戴某明公司解散纠纷案》。因为林某清与戴某明是50∶50的股

权比例，构成了法律规定的公司僵局情形，法院最终依法判令公司解散。

2012 年 7 月，李某作为盛盛公司的股东，向法院提起了公司解散之诉。

李某主张，盛盛公司设立时就是 50%∶50% 的股权架构，公司章程规定对于一般事项“股东会会议决议应由代表二分之一以上表决权的股东表决通过”，该规定应认定盛盛公司无法形成有效股东会决议，公司经营管理发生严重困难，本案事实与第 8 号指导案例案情相似，应予以参照适用；依据《公司法》第 182 条、《公司法司法解释（二）》第 1 条的规定，要求解散公司。

【守方应对】

从盛盛公司接到开庭传票那一刻起，团队律师便积极制定应诉策略，重点研究本案的诉讼请求是否符合公司解散法定条件、公司应承担社会责任等问题。

本案与指导案例相同之处在于公司均因股东之间存有分歧、互不配合而持续两年以上无法召开股东会，公司经营管理发生严重困难，对股东的利益造成一定损害。但是，根据《公司法》第 182 条的规定，公司解散除“公司经营管理发生严重困难”外还需要同时满足两个条件。

关于公司继续存在是否会使股东利益受到重大损失。盛盛公司自成立以来仅仅经营了本案所涉房地产项目，且该项目具有特殊性，原系违法建筑，盛盛公司通过拍卖受让该项目后，完善了该项目的建设开发手续，取得了 99 套房屋的预售许可证，现本案所涉房地产项目已具备对外销售条件，盛盛公司正处于投资收益回收阶段。如果盛盛公司解散，其所经营的房地产项目将无法对外销售，房屋产权手续更无法办理，盛盛公司的投资及收益将无法收回，进而会造成股东利益的重大损失，所以盛盛公司解散反而会使股东利益受到重大损失。

关于经营管理困难能否通过其他途径解决，李某未提交证据证明其曾试图通过其他途径解决公司僵局，比如提请召开股东会、提出和解方案等。而薛某则在庭审时积极表态，承诺以李某出资额两倍的价格收购李某的股权。也就是说，即使公司经营管理困难也可以通过其他途径解决。

除了根据公司解除法定条件进行积极抗辩外，团队律师还结合盛盛公司的特殊性，提出了公司应承担社会责任的观点。

《公司法》第 1 条规定：“为了规范公司的组织和行为，保护公司、股东和债权人的合法权益，维护社会经济秩序，促进社会主义市场经济的发展，制定本法。”第 5 条第 1 款规定：“公司从事经营活动，必须遵守法律、行政法规，遵守社会公德、商业道德，诚实守信，接受政府和社会公众的监督，承担社会责任。”《公司法》虽然赋予了股东在法定情形下的解散公司的权利，但是股东权利的行使应当受到公司及股东应承担的社会义务的约束。盛盛公司经营的房地产项目相比凯莱实业有限公司经营的普通产品而言承担着更大的社会责任。

目前盛盛公司已经办理了建设项目所需的所有建设手续，预售许可证也已办理完毕，已经有 500 多套房屋对外出售，并办理了销售合同的备案手续，15 栋住宅楼主体已经竣工，正在进行小区内的管网、楼宇外观及小区道路绿化等工程的施工，盛盛公司承诺的交房时间为 2016 年 1 月。盛盛公司经营的房地产项目已经进行到收尾阶段，若此时公司解散，公司清算组势必无法履行公司应承担的后续施工及办理房产证等行为义务，进而影响项目的正常进展，阻却众多购房户的合法利益的实现，造成新的大规模上访，影响社会稳定。

最终，法院采纳了律师的观点。一审、二审、再审法院均支持公司的主张，判决驳回了李某解散公司的诉请。本案阐述了公司及股东应当承担社会责任这一观点，被选入了最高人民法院 2016 年第 3 辑的《人民法院案例选》。

【案外之音】

根据《最高人民法院关于案例指导工作的规定》第 7 条的规定，最高人民法院发布的指导性案例，各级人民法院审判类似案例时应当参照。

最高人民法院发布的第 8 号指导案例根据《公司法》第 182 条及《公司法司法解释（二）》第 1 条等规定的精神，对公司的经营状态、是否符合公司僵局的特征等作出了认定，明确了依法判断公司经营管理是否发生严重困难及股东请求解散公司的条件。该指导性案例的发布，对于依法妥善处理公司僵局的有关问题，充分保护股东合法权益，规范公司治理结构，促进市场经济健康发展，具有积极的指导意义。

德国哲学家莱布尼茨说过：“世上没有两片完全相同的树叶。”在寻找所处理案件与指导案例相似性的同时，我们更应充分关注案件本身的特殊性。团队律师也正是基于这一理念，才赢得本案诉讼。

有限责任公司经营管理虽发生严重困难，但判断公司应否解散，不仅要考虑股东利益，还应充分考虑公司解散对社会公众利益的影响。在股东个人利益与社会公众利益发生冲突时，应优先保护社会公众利益。其实，企业经营亦是如此，选择社会公众利益为经营的出发点和导向，才是企业经营长青的根本。经营企业如果仅想着一己私利，企业经营的基石便不会稳固。

在本案败诉以后，时隔两年，李某又对盛盛公司提起了第二次公司解散纠纷的诉讼，该案件与前一诉讼的当事人相同、诉讼标的相同、诉讼请求亦相同，根据法律规定应当一事不再理。但是李某提出，前一诉讼再审判决记载“可待盛盛公司经营的地产项目按预计时间完成交房的社会义务后，另行提起解散之诉”。经法院审理查明，盛盛公司虽然承诺了预计交房时间，但是实际项目仍处于收尾阶段，尚未完成全部交房的社会义务，所以关于第二次公司解散纠纷之诉，最终一审驳回了李某的诉讼请求，二审法院予以维持。

虽然盛盛公司这次轻松化解了公司被解散的风险，但是因为李某每次诉讼都申请财产保全，盛盛公司大量预售房屋、经营资金被查封、冻结，日常经营还是受到严重影响。

公司在设立时，人们有时候会为了表现各自诚意，约定 50∶50 的股权结构，其实这种约定极易导致公司僵局，究其原因，主要是股东自身对公司治理的内容不了解、缺乏经验或者重视程度不够。

数量庞大的公司诉讼告诫我们，在公司设立时或者投资人进行股权投资时，务必周密考虑公司治理相关内容，并在《股东协议》《公司章程》等文件中进行明确约定。例如，在机构设置层面，关注 34%、51%、67% 等持股比例及其对股东会决议的影响，关注董事会、监事会人员构成、选举或聘任规则、表决规则等事项；在权利义务层面，关注股东会、董事会、监事会及经理层的职权范围划分等。

当然，有限公司的人合性，决定了在公司经营过程中，股东之间更应当诚信履职，不能滥用股东权利，要依法依章行使公司经营决策权，避免引起公司决议纠纷；要依法依章披露信息，保护股东知情权；要依法依章分配利润，保护中小股东的权益。

一言以蔽之，无论在合作之初，还是在合作过程中，股东都要重视公司治理的合规性。

【案例索引】

1.（2012）青民二商初字第 36 号、（2014）鲁商终字第 111 号、（2015）鲁民再字第 5 号公司解散纠纷案；

2.（2016）鲁 02 民初 1801 号、（2017）鲁民终 1188 号公司解散纠纷案。

03 第三轮攻防：一方伪造证据恶意诉讼，另一方识破漏洞化解危机——害人终害己

【攻方策略】

2015 年，李某与案外人李某 2 合谋，向盛盛公司发起第三轮进攻，意图彻底破坏盛盛公司正常经营。

李某 2 以李某和盛盛公司为被告，向北京三中院提起了“合资、合作开发房地产合同纠纷”之诉，要求盛盛公司支付 7000 万元收益。在该案中，李某 2 提交了一份《协议书》，《协议书》约定因李某 2 对盛盛公司的地产项目投入了前期资金，盛盛公司须支付李某 2 补偿款 7000 万元。

盛盛公司告诉团队律师，该《协议书》系李某与李某 2 共同伪造的证据，《协议书》中盛盛公司的公章并非保管公司公章的薛某加盖，应系李某伪造公司公章并加盖。但由于盛盛公司的印章没有在公安局备案，所以《协议书》真伪难辨，而李某是否有代理权、是否构成表见代理的论证也存在很大难度。此时，盛盛公司面临较大的败诉风险。

【守方应对】

本案毕竟是用虚假证据提起的诉讼，团队律师与客户充分沟通，仔细分析对方证据并与历史事实相比对，功夫不负有心人，我们终于从证据中寻找到对方证据虚假的多处破绽。

李某 2 提供了两份重要证据：《协议书》和《项目核算利润表》。

《协议书》约定：李某 2 曾将一笔款项投入到盛盛公司开发的项目中，盛盛公司同意一次性从开发的项目中给李某 27,000 万元人民币，李某 2 同意退出经营。如果盛盛公司不按时支付，应视为违约，盛盛公司可将自己开发的（李沧区广水路 9 号）楼房，按每平方米 5000 元建筑成本抵顶给李某 2。《协议书》的签署时间是 2011 年 12 月 21 日。

《项目核算利润表》记载：（1）房屋：69,915 平方米 ×9000 元每平方米 =6.29 亿元。（2）储藏室：5623 平方米 ×5000 元每平方米 =0.28 亿元。房屋销售收入共计 6.57 亿元。

在质证环节，团队律师要求李某 2 明确《协议书》《项目核算利润表》的签署或形成时间，李某 2 十分肯定地答复《协议书》是 2011 年 12 月 21 日在李某家签

署的,《项目核算利润表》是 2008 年 4 月以前李某给自己的。李某对此也均予以认可。

等到盛盛公司举证环节,针对《协议书》,团队律师提交了《土地成交确认书》《派出所证明》等证据,证明直到 2012 年 7 月 24 日,派出所才第一次确定了项目的位置是“广水路 9 号”,在此之前,项目位置都是以“广水路以北、四十三号线以西”的方式表述。2011 年 12 月 21 日签署的《协议书》,任何一方签署主体都不可能未卜先知,直接约定项目位置是“广水路 9 号”。

针对《项目核算利润表》,团队律师提交了政府批复文件等相关证据,证明直到 2011 年,政府委托的有关部门出具测绘报告后,案涉项目才第一次明确了住宅建筑面积为 69,915 平方米,储藏室建筑面积为 5632 平方米。2008 年 4 月以前制作《项目核算利润表》不可能出现如此一致且精确的数据。

团队律师在对方证据中发现类似的漏洞共有四处,这均说明《协议书》和《项目核算利润表》系李某和李某 2 为发起本案诉讼而后期制作并倒签时间的虚假证据。

最终,北京三中院认定李某 2 所提供的《协议书》真实性高度存疑,判决驳回了李某 2 的全部诉讼请求。

【守方反击】

2016 年 9 月 12 日,最高人民法院发布的《关于进一步推进案件繁简分流优化司法资源配置的若干意见》第 22 条规定:“引导当事人诚信理性诉讼。加大对虚假诉讼、恶意诉讼等非诚信诉讼行为的打击力度,充分发挥诉讼费用、律师费用调节当事人诉讼行为的杠杆作用,促使当事人选择适当方式解决纠纷。当事人存在滥用诉讼权利、拖延承担诉讼义务等明显不当行为,造成诉讼对方或第三人直接损失的,人民法院可以根据具体情况对无过错方依法提出的赔偿合理的律师费用等正当要求予以支持。”

面对李某利用股东身份提起的虚假诉讼、恶意诉讼,屡次恶意干扰公司经营的行为,根据团队律师建议,盛盛公司于 2018 年提起侵权责任纠纷进行反击,要求李某 2、李某赔偿律师费等经济损失。

司法实践中,因虚假诉讼造成的损失,法院支持赔偿的案例并不多,但是,如前所述,因为上一个案子律师的准备充分,案件虚假诉讼的事实非常清楚,所以北京市朝阳区法院一审支持了盛盛公司的诉请,北京三中院二审维持了一审判决。

【案外之音】

因为股东之前通常彼此熟悉,相互了解情况,所以一旦股东发生争议,争夺利益方法多种多样,干扰公司经营、打击报复股东的手段可谓无所不用其极,甚至会采用恶意诉讼、虚假诉讼的方式来达到其目的。

其实,李某2以李某和盛盛公司为被告,向北京三中院提起“合资、合作开发房地产合同纠纷”诉讼的目的就是保全盛盛公司财产,干扰公司项目开发、销售。之所以这样说,是因为在此之前,李某2以李某为被告、以盛盛公司为第三人,在北京三中院以同一案由提起诉讼。在该案件中,李某2请求保全盛盛公司财产,经法庭一再释明,李某2明确表示没有任何能够证明其与盛盛公司之间存在直接的权利、义务关系的证据。因此其保全盛盛公司财产的请求未被法院支持,李某2直接撤诉。除了在北京的法院采取恶意保全之外,2016年,李某故伎重演,又利用河北一家公司在张家口中院提起合同纠纷之诉,申请法院诉前保全盛盛公司9870万元财产,经过团队律师与该公司实控人充分沟通、阐明利弊,该公司最后申请解除了保全。

子曰:以直报怨,以德报德。当一方滥用诉权,一再恶意侵权时,另一方也不能一味忍让。除了上述针对恶意诉讼发起侵权责任纠纷诉讼,盛盛公司还在另外两个案件中起诉了李某的其他恶意侵权行为,且均得到法院支持。一个案件是针对李某起诉要求解散盛盛公司,滥用诉权、恶意查封公司特定财产,导致公司无法正常经营并给公司造成损失,而发起的申请诉讼保全损害责任纠纷之诉;另一个案件是针对李某伪造公司印章、提供虚假材料,将李某自己变更登记为盛盛公司法定代表人,导致盛盛公司受到当地工商局行政处罚,而提起的侵权责任纠纷之诉。

虽然盛盛公司在后续反击中,均得到了法院的支持,并判令李某赔偿了部分损失。但盛盛公司实际损失巨大,项目开发销售更是严重受阻,而从李某角度看,其自身除了承担赔偿损失外,由于内耗,其持有公司的股权价值也大幅贬值,显然是害人终害己。

因此,公司需要在日常经营过程中注意合规管理,例如制定印章管理、财务管理制度等。一旦发生恶意诉讼、虚假诉讼,需要公司积极准备、充分举证,维护自身合法权益,如果因恶意或虚假诉讼发生损失,也可以依法提起侵权责任纠纷等诉讼,追究对方法律责任,惩治不诚信的违法行为。

【案例索引】

1.(2015)三中民初字第3015号合资、合作开发房地产合同纠纷案;

2.(2015)三中民初字第9773号合资、合作开发房地产合同纠纷案;

3.(2016)冀07财保6号合同纠纷案;

4.(2018)京0105民初46934号、(2019)京03民终16571号、(2021)鲁0213执228号侵权责任纠纷案;

5.(2014)李民初字第2021号、(2016)鲁02民终9297号、(2017)鲁0213执550号申请诉讼保全损害责任纠纷案;

6.(2018)鲁0202民初3321号、(2019)鲁0202执3226号侵权责任纠纷案。

办案心得

股东纠纷从广义上来说是公司纠纷。根据《民事案件案由规定》,“与公司有关的纠纷”这个二级案由项下有24种纠纷类型,因股东纠纷而可能引发三级案由至少有16种,比如我们耳熟能详的股东资格确认纠纷、股东知情权纠纷、公司决议纠纷、公司证照返还纠纷等。

除与公司有关的纠纷外,股东纠纷经常涉及其他民事诉讼、行政诉讼甚至刑事诉讼案件。

盛盛公司的股东纠纷,除了前述三轮攻守之战提及的案件外,李某和盛盛公司之间发生的其他诉讼案件还包括:

(1)李某借由其近亲属注册的网站的名义发表《青岛市郝某用假章假文件诈骗》的文章,以虚假的内容侵害郝某名誉,郝某提起名誉权纠纷之诉并取得胜诉。——(2013)李民初字第297号名誉权纠纷案

(2)李某向报社提供虚假信息,由报社发表《小产权房“转正”多名公务员被举报》的文章,并将盛盛公司、郝某描述成行贿嫌疑人,侵害其名誉,盛盛公司、郝某对李某和报社提起名誉权纠纷之诉,在与报社达成和解后,盛盛公司对李某撤诉。——(2014)李民初字第1644号、(2014)李民初字第1645号名誉权纠纷案

(3)盛盛公司诉李某控制的北京某公司商业诋毁纠纷。——(2014)青知民初字第27号、(2017)鲁民终1045号商业诋毁纠纷案

(4)李某利用丛某,以李某自己和盛盛公司为被告,发起民间借贷纠纷之诉,案件审理过程中,丛某发现自己系被李某利用后,主动撤诉,并随后以李某为被告重新立案。——(2016)京0108民初23232号民间借贷纠纷案;(2017)京0119民初5256号民间借贷纠纷案

(5)李某诉盛盛公司股东知情权纠纷。——(2017)鲁0213民初299号股东知情权纠纷案

(6)李某利用其实际控制的北京某公司,以青岛市国土资源和房屋管理局为被告,以盛盛公司为第三人,诉土地行政拍卖违法。——(2013)青行初字第2号土地行政拍卖案

(7)李某利用其实际控制的北京某公司,以青岛市人民政府为被告,以盛盛公司为第三人,诉土地行政登记违法。——(2013)青行初字第3号土地行政登记案

除了通过法院诉讼以外,股东之间还存在通过刑事的方式致对方于牢狱之灾的手段。以盛盛公司股东纠纷为例,自2012年8月至2020年8月,李某将其曾经向盛盛公司支付的几笔款项谎称是其他人的投资,再协调其他人在全国各地报案,控告郝某等涉嫌诈骗罪、合同诈骗罪,河北景县、山东泗水县、内蒙古呼伦贝尔市海拉尔区、北京朝阳区、河南省范县、北京市丰台区等多地公安先后进行了立案、调查,其中在河南范县公安机关还以诈骗罪对郝某父亲进行了刑事拘留。当然,经过公安侦查,最终认为郝某不构成犯罪,不应追究其刑事责任,遂全部予以撤案。

近年来,“两高”曾多次提出,不以刑事手段插手民事经济纠纷,也从侧面反映出,实践中存在像李某一样,明知发生的是民事经济纠纷,却恶意利用刑事手段报复陷害他人的行为。我们也强烈呼吁在处理经济纠纷案件时,健全行政执法与刑事司法衔接机制,避免出现用刑事手段干预经济纠纷,让企业家安心创业,为社会创造更多财富、激发更大活力。

股东纠纷争夺各方以商业利益为根本目标,往往持续较长时间,法律关系复杂,会综合涉及多个案由的多起诉讼案件并经过多轮激烈斗争,这通常需采取一系列综合手段和措施。商事行为中,选择恰当的合作方至关重要,签署完善的商务合同至关重要,当公司面对如此困境困局,专业律师的策划与应对也至关重要。

第一章　股权转让纠纷

引　　言

股权转让是现代公司制度的重要内容，股权交易也日益成为现代商事交易中最重要的资本募集、资源优化配置的资本手段。伴随着股权交易越来越多，以及参与主体的普遍化，股权转让过程中反映出的问题也不断涌现，股权转让纠纷案件在公司法相关诉讼中占据的比例也日渐增大，并且呈现出一定的类型化特点。

在面临股权转让合同的相对方违约时，能够采用何种救济手段对当事人至关重要。例如，针对受让人迟延支付股权转让款时，转让人能否解除合同、追回股权而言，在周某海与汤某龙股权转让纠纷（指导案例第67号）中，最高人民法院指出：股权受让人延迟或者拒付约定分期的股权转让款的，股权转让人不能适用分期付款买卖的一般规则，即未支付到期价款的金额达到合同全部价款的1/5的规定要求解除双方签订的股权转让合同。再如，在上海绿洲花园置业有限公司、霍尔果斯锐鸿股权投资有限公司、海口世纪海港城置业有限公司、海口绿创置业有限公司股权转让纠纷案中，最高人民法院认为：解除股权转让合同除应依据法律的明确规定外，还应考虑股权转让合同的特点。在股权已经变更登记，受让方已经支付大部分款项且已经实际控制目标公司的情况下，不应支持当事人解除合同、返还股权的诉请。

根据上述裁判，即使股权受让人存在一定违约行为，法院也未必会支持股权转让人解除合同、追回股权的诉请，这也为当事人参与股权转让交易敲响了警钟。因此，股权转让纠纷领域的大量司法案例为当事人充分了解股权转让合同履行过程中的违约行为及交易风险提供了重要参考。

一、股权转让纠纷案由的定义

根据《最高人民法院民事案件案由适用要点与请求权规范指引》(第2版)①一书记载,股权转让纠纷是指股东之间、股东与非股东之间进行股权转让而发生的纠纷。它包括有限责任公司的股权转让纠纷和股份有限公司的股权转让纠纷(即股份转让纠纷)两种情况。

有限责任公司兼具人合和资合特性,股权转让分为对内转让和对外转让两种情况,对内转让是指股权在股东内部进行转让,对外转让是指股东将其股权向股东以外的人进行转让。《公司法》第71条对有限责任公司股东对外转让股权作出了相应的强制性规定。股份有限公司作为典型的资合公司,其股权以自由转让为基本特征。

实践中,股权转让纠纷较多,影响公司的正常经营,如何通过司法途径解决纠纷是司法实践中的一个重要问题。尤其是《公司法》对有限责任公司股东对外转让股权作出了限制性规定,如转让时需经其他股东过半数同意、其他股东享有优先购买权等,造成此等股权转让引发的纠纷不断。

股权转让纠纷案由下具体的纠纷类型繁杂,为了更加清晰地展现裁判规则,笔者将司法实践案例进行了分类梳理,并以有限责任公司股权转让纠纷为主要脉络,将司法实践中产生争议较多的主要争议焦点进行归类,主要分为如下四大类型予以分析,分别是:股权转让合同效力及履行引发的纠纷、侵犯其他股东优先购买权引发的纠纷、转让瑕疵出资股东股权引发的纠纷、隐名股东和名义股东转让股权引发的纠纷。

二、股权转让纠纷请求权基础

(一)现行法

1.《民法典》。

第一百四十六条 行为人与相对人以虚假的意思表示实施的民事法律行为无效。

---

① 参见人民法院出版社编著:《最高人民法院民事案件案由适用要点与请求权规范指引》(第2版),人民法院出版社2020年版,第735页。

以虚假的意思表示隐藏的民事法律行为的效力，依照有关法律规定处理。

第一百四十七条　基于重大误解实施的民事法律行为，行为人有权请求人民法院或者仲裁机构予以撤销。

第一百四十八条　一方以欺诈手段，使对方在违背真实意思的情况下实施的民事法律行为，受欺诈方有权请求人民法院或者仲裁机构予以撤销。

第一百四十九条　第三人实施欺诈行为，使一方在违背真实意思的情况下实施的民事法律行为，对方知道或者应当知道该欺诈行为的，受欺诈方有权请求人民法院或者仲裁机构予以撤销。

第一百五十条　一方或者第三人以胁迫手段，使对方在违背真实意思的情况下实施的民事法律行为，受胁迫方有权请求人民法院或者仲裁机构予以撤销。

第一百五十一条　一方利用对方处于危困状态、缺乏判断能力等情形，致使民事法律行为成立时显失公平的，受损害方有权请求人民法院或者仲裁机构予以撤销。

第一百五十三条　违反法律、行政法规的强制性规定的民事法律行为无效。但是，该强制性规定不导致该民事法律行为无效的除外。

违背公序良俗的民事法律行为无效。

第一百五十四条　行为人与相对人恶意串通，损害他人合法权益的民事法律行为无效。

第一百五十七条　民事法律行为无效、被撤销或者确定不发生效力后，行为人因该行为取得的财产，应当予以返还；不能返还或者没有必要返还的，应当折价补偿。有过错的一方应当赔偿对方由此所受到的损失；各方都有过错的，应当各自承担相应的责任。法律另有规定的，依照其规定。

第五百六十二条　当事人协商一致，可以解除合同。

当事人可以约定一方解除合同的事由。解除合同的事由发生时，解除权人可以解除合同。

第五百六十三条　有下列情形之一的，当事人可以解除合同：

（一）因不可抗力致使不能实现合同目的；

（二）在履行期限届满前，当事人一方明确表示或者以自己的行为表明不履行主要债务；

（三）当事人一方迟延履行主要债务，经催告后在合理期限内仍未履行；

（四）当事人一方迟延履行债务或者有其他违约行为致使不能实现合同目的；

（五）法律规定的其他情形。

以持续履行的债务为内容的不定期合同，当事人可以随时解除合同，但是应当在合理期限之前通知对方。

第五百六十六条 合同解除后，尚未履行的，终止履行；已经履行的，根据履行情况和合同性质，当事人可以请求恢复原状或者采取其他补救措施，并有权请求赔偿损失。

合同因违约解除的，解除权人可以请求违约方承担违约责任，但是当事人另有约定的除外。

主合同解除后，担保人对债务人应当承担的民事责任仍应当承担担保责任，但是担保合同另有约定的除外。

2.《公司法》。

第七十一条 有限责任公司的股东之间可以相互转让其全部或者部分股权。

股东向股东以外的人转让股权，应当经其他股东过半数同意。股东应就其股权转让事项书面通知其他股东征求同意，其他股东自接到书面通知之日起满三十日未答复的，视为同意转让。其他股东半数以上不同意转让的，不同意的股东应当购买该转让的股权；不购买的，视为同意转让。

经股东同意转让的股权，在同等条件下，其他股东有优先购买权。两个以上股东主张行使优先购买权的，协商确定各自的购买比例；协商不成的，按照转让时各自的出资比例行使优先购买权。

公司章程对股权转让另有规定的，从其规定。

第七十二条 人民法院依照法律规定的强制执行程序转让股东的股权时，应当通知公司及全体股东，其他股东在同等条件下有优先购买权。其他股东自人民法院通知之日起满二十日不行使优先购买权的，视为放弃优先购买权。

第七十五条 自然人股东死亡后，其合法继承人可以继承股东资格；但是，公司章程另有规定的除外。

第一百三十八条 股东转让其股份，应当在依法设立的证券交易场所进行或者按照国务院规定的其他方式进行。

第一百三十九条 记名股票，由股东以背书方式或者法律、行政法规规定的其他方式转让；转让后由公司将受让人的姓名或者名称及住所记载于股东名册。

股东大会召开前二十日内或者公司决定分配股利的基准日前五日内，不得进行前款规定的股东名册的变更登记。但是，法律对上市公司股东名册变更登记另有规定的，从其规定。

第一百四十条　无记名股票的转让，由股东将该股票交付给受让人后即发生转让的效力。

第一百四十一条　发起人持有的本公司股份，自公司成立之日起一年内不得转让。公司公开发行股份前已发行的股份，自公司股票在证券交易所上市交易之日起一年内不得转让。

公司董事、监事、高级管理人员应当向公司申报所持有的本公司的股份及其变动情况，在任职期间每年转让的股份不得超过其所持有本公司股份总数的百分之二十五；所持本公司股份自公司股票上市交易之日起一年内不得转让。上述人员离职后半年内，不得转让其所持有的本公司股份。公司章程可以对公司董事、监事、高级管理人员转让其所持有的本公司股份作出其他限制性规定。

第一百四十四条　上市公司的股票，依照有关法律、行政法规及证券交易所交易规则上市交易。

3.《公司法司法解释(四)》。

第十六条　有限责任公司的自然人股东因继承发生变化时，其他股东主张依据公司法第七十一条第三款规定行使优先购买权的，人民法院不予支持，但公司章程另有规定或者全体股东另有约定的除外。

第十七条　有限责任公司的股东向股东以外的人转让股权，应就其股权转让事项以书面或者其他能够确认收悉的合理方式通知其他股东征求同意。其他股东半数以上不同意转让，不同意的股东不购买的，人民法院应当认定视为同意转让。

经股东同意转让的股权，其他股东主张转让股东应当向其以书面或者其他能够确认收悉的合理方式通知转让股权的同等条件的，人民法院应当予以支持。

经股东同意转让的股权，在同等条件下，转让股东以外的其他股东主张优先购买的，人民法院应当予以支持，但转让股东依据本规定第二十条放弃转让的除外。

第十八条　人民法院在判断是否符合公司法第七十一条第三款及本规定所称的“同等条件”时，应当考虑转让股权的数量、价格、支付方式及期限等因素。

第十九条 有限责任公司的股东主张优先购买转让股权的，应当在收到通知后，在公司章程规定的行使期间内提出购买请求。公司章程没有规定行使期间或者规定不明确的，以通知确定的期间为准，通知确定的期间短于三十日或者未明确行使期间的，行使期间为三十日。

第二十条 有限责任公司的转让股东，在其他股东主张优先购买后又不同意转让股权的，对其他股东优先购买的主张，人民法院不予支持，但公司章程另有规定或者全体股东另有约定的除外。其他股东主张转让股东赔偿其损失合理的，人民法院应当予以支持。

第二十一条 有限责任公司的股东向股东以外的人转让股权，未就其股权转让事项征求其他股东意见，或者以欺诈、恶意串通等手段，损害其他股东优先购买权，其他股东主张按照同等条件购买该转让股权的，人民法院应当予以支持，但其他股东自知道或者应当知道行使优先购买权的同等条件之日起三十日内没有主张，或者自股权变更登记之日起超过一年的除外。

前款规定的其他股东仅提出确认股权转让合同及股权变动效力等请求，未同时主张按照同等条件购买转让股权的，人民法院不予支持，但其他股东非因自身原因导致无法行使优先购买权，请求损害赔偿的除外。

股东以外的股权受让人，因股东行使优先购买权而不能实现合同目的的，可以依法请求转让股东承担相应民事责任。

第二十二条 通过拍卖向股东以外的人转让有限责任公司股权的，适用公司法第七十一条第二款、第三款或者第七十二条规定的“书面通知”“通知”“同等条件”时，根据相关法律、司法解释确定。

在依法设立的产权交易场所转让有限责任公司国有股权的，适用公司法第七十一条第二款、第三款或者第七十二条规定的“书面通知”“通知”“同等条件”时，可以参照产权交易场所的交易规则。

（二）《公司法》与《公司法（修订草案）》对比[①]

《公司法》	《公司法（修订草案）》
第七十一条　有限责任公司的股东之间可以相互转让其全部或者部分股权。 股东向股东以外的人转让股权，应当经~~其他股东过半数同意~~。股东应就其股权转让事项书面通知其他股东~~征求同意~~，其他股东自接到书面通知之日起满三十日未答复的，~~视为同意转让。其他股东半数以上不同意转让的，不同意的股东应当购买该转让的股权；不购买的，视为同意转让。~~ ~~经股东同意转让的股权，~~在同等条件下，其他股东有优先购买权。两个以上股东主张行使优先购买权的，协商确定各自的购买比例；协商不成的，按照转让时各自的出资比例行使优先购买权。 公司章程对股权转让另有规定的，从其规定。	第八十五条　有限责任公司的股东之间可以相互转让其全部或者部分股权。 股东向股东以外的人转让股权的，**应当就股权转让的数量、价格、支付方式和期限等事项书面通知其他股东，其他股东在同等条件下有优先购买权**。股东自接到书面通知之日起三十日内未答复的，视为**放弃优先购买权**。两个以上股东行使优先购买权的，协商确定各自的购买比例；协商不成的，按照转让时各自的出资比例行使优先购买权。 公司章程对股权转让另有规定的，从其规定。
第七十二条　人民法院依照法律规定的强制执行程序转让股东的股权时，应当通知公司及全体股东，其他股东在同等条件下有优先购买权。其他股东自人民法院通知之日起满二十日不行使优先购买权的，视为放弃优先购买权。	第八十六条　人民法院依照法律规定的强制执行程序转让股东的股权时，应当通知公司及全体股东，其他股东在同等条件下有优先购买权。其他股东自人民法院通知之日起满二十日不行使优先购买权的，视为放弃优先购买权。
~~第七十五条　自然人股东死亡后，其合法继承人可以继承股东资格；但是，公司章程另有规定的除外。~~	
第一百三十八条　股东转让其股份，应当在依法设立的证券交易场所进行或者按照国务院规定的其他方式进行。	第一百六十九条　股东转让其股份，应当在依法设立的证券交易场所进行或者按照国务院规定的其他方式进行。

①　字体加粗部分为增加或修改的主要内容，加删除线部分为删除的主要内容，加下划线部分为移动的主要内容。

续表

《公司法》	《公司法(修订草案)》
第一百三十九条　记名股票,由股东以背书方式或者法律、行政法规规定的其他方式转让;转让后由公司将受让人的姓名或者名称及住所记载于股东名册。 股东大会召开前二十日内或者公司决定分配股利的基准日前五日内,不得进行前款规定的股东名册的变更登记。但是,法律对上市公司股东名册变更登记另有规定的,从其规定。	第一百七十条　股票的转让,由股东以背书方式或者法律、行政法规规定的其他方式**进行**;转让后由公司将受让人的姓名或者名称及住所记载于股东名册。 股东会召开前二十日内或者公司决定分配股利的基准日前五日内,不得变更股东名册。法律对上市公司股东名册变更登记另有规定的,从其规定。
~~第一百四十条　无记名股票的转让,由股东将该股票交付给受让人后即发生转让的效力。~~	
第一百四十一条　发起人持有的本公司股份,自公司成立之日起一年内不得转让。公司公开发行股份前已发行的股份,自公司股票在证券交易所上市交易之日起一年内不得转让。 公司董事、监事、高级管理人员应当向公司申报所持有的本公司的股份及其变动情况,在任职期间每年转让的股份不得超过其所持有本公司股份总数的百分之二十五;所持本公司股份自公司股票上市交易之日起一年内不得转让。上述人员离职后半年内,不得转让其所持有的本公司股份。公司章程可以对公司董事、监事、高级管理人员转让其所持有的本公司股份作出其他限制性规定。	第一百七十一条　公司公开发行股份前已发行的股份,自公司股票在证券交易所上市交易之日起一年内不得转让。**公司控股股东持有的公司公开发行股份前已发行的股份,自公司股票在证券交易所上市交易之日起三年内不得转让。** 公司董事、监事、高级管理人员应当向公司申报所持有的本公司的股份及其变动情况,在**就任时确定的**任职期间每年转让的股份不得超过其所持有本公司股份总数的百分之二十五;所持本公司股份自公司股票上市交易之日起一年内不得转让。上述人员离职后半年内,不得转让其所持有的本公司股份。公司章程可以对公司董事、监事、高级管理人员转让其所持有的本公司股份作出其他限制性规定。 **股票在法律、行政法规规定的限制转让期限内出质的,质权人不得在限制转让期限内行使质权。**
第一百四十四条　上市公司的股票,依照有关法律、行政法规及证券交易所交易规则上市交易。	第一百七十六条　上市公司的股票,依照有关法律、行政法规及证券交易所交易规则上市交易。

三、股权转让纠纷的地域管辖

（一）股权转让合同效力及履行引发的纠纷

司法实践中，对股权转让纠纷的地域管辖问题存在分类不细致、裁判标准不统一的问题。部分裁判观点认为，在未约定管辖的情况下，因股权转让纠纷提起的诉讼，应以《民事诉讼法》中关于地域管辖的一般原则为基础，并结合《民事诉讼法》第27条公司类特殊地域管辖的规定综合考虑确定管辖法院。部分裁判观点则认为，股权转让纠纷应适用《民事诉讼法》第24条合同类一般地域管辖。

笔者认为，《民事诉讼法》第27条是关于公司诉讼案件特殊地域管辖的规定，但并非所有与公司有关的诉讼都属于公司诉讼。对于因股权转让合同的效力、履行等原因引发的纠纷，不涉及公司组织行为的诉讼，在不涉及约定管辖条款的情形下，应根据《民事诉讼法》第24条确定地域管辖。具体分析详见本章第六部分“争议焦点1”的内容。

因转让股权存在瑕疵而引发的股权转让纠纷、因实际出资人及名义股东对外转让股权而引发的股权转让纠纷与“股权转让合同效力及履行引发的纠纷”地域管辖规则一致。

（二）侵犯其他股东优先购买权引发的纠纷

就侵犯股东优先购买权而引发的股权转让纠纷案件，受损股东通常诉请撤销股权转让人与第三人之间的股权转让合同，并要求行使优先购买权。此类纠纷虽是股权转让引发的纠纷，但因伴随着转让股东侵犯其他股东优先购买权这一“侵权行为”，引发了司法实践中对此类案件的地域管辖规则的不同认识。

笔者认为，侵害股东优先购买权而提起的诉讼，属于侵权纠纷案件，应当根据《民事诉讼法》第29条之规定确定管辖法院。具体内容见本章第六部分“争议焦点12”的相关内容。

四、股权转让纠纷相关的诉讼时效、除斥期间及权利行使期限

诉讼时效的适用范围是有限的，并非适用于全部民事请求权。对此，《诉讼时效司法解释》第1条开宗明义地规定：“当事人可以对债权请求权提出诉讼时效抗辩，但对下列债权请求权提出诉讼时效抗辩的，人民法院不予支持：（一）支付存款本金及利息请求权；（二）兑付国债、金融债券以及向不特定对象发行的企业债券

本息请求权;(三)基于投资关系产生的缴付出资请求权;(四)其他依法不适用诉讼时效规定的债权请求权。”《民法典》第 196 条规定,下列请求权不适用诉讼时效的规定:(1)请求停止侵害、排除妨碍、消除危险;(2)不动产物权和登记的动产物权的权利人请求返还财产;(3)请求支付抚养费、赡养费或者扶养费;(4)依法不适用诉讼时效的其他请求权。

根据上述规定可知,诉讼时效的客体为债权请求权,主要适用于给付之诉,且并非所有实体请求权都可以适用诉讼时效的规定。因此,是否适用诉讼时效制度与纠纷类型并无直接关联,而是与当事人提出的诉讼请求直接相关。

具体到股权转让纠纷领域而言,当事人可能提出的诉讼请求多样,包括:要求确认股权转让合同无效、撤销股权转让合同、解除股权转让合同、支付股权转让价款、支付违约金或损害赔偿等。对于股权转让纠纷可能涉及的主要请求所应适用的诉讼时效、除斥期间、权利行使期限等规则,笔者分类论述如下。

(一)一般债权请求权适用诉讼时效制度的规定

如股权转让人或者受让人主张对方合同违约,提出相对方支付违约金、赔偿违约损失等诉讼请求,均属于行使债权请求权,适用诉讼时效制度的一般规定,具体诉讼时效根据《民法典》第 188 条确定。

(二)诉请确认股权转让合同无效不适用诉讼时效制度

确认合同无效的诉讼请求不适用诉讼时效制度,在我国司法实践中已无争议。但针对股权转让合同无效情形下,当事人在确认合同无效的基础上又主张返还财产、赔偿损失请求权诉讼时效何时起算,司法实践中有两种认识:第一种是认为自判决确认合同无效之日起算;第二种是认为应自合同约定的履行期限届满之日起算。目前第一种观点已经成为司法实务界的主流观点。

正如最高人民法院公报案例(2005)民一终字第 104 号民事判决的裁判理由指出,鉴于当事人并不享有确认合同无效的法定权力,合同只有在被法定裁判机关确认为无效之后,才产生不当得利的财产返还请求权及该请求权的诉讼时效问题。因此,威豪公司与北生集团签订的《土地合作开发协议书》被法院宣告无效后,威豪公司才享有财产返还请求权。如北生集团不予返还,威豪公司在知道或应当知道该权利受到侵害时,诉讼时效才开始起算。以合同被宣告无效为无效合同诉讼时效的起点,威豪公司、北海公司的起诉没有超过法定诉讼时效期间。北生集团提出以合同被宣告无效为诉讼时效的起算点,可能会导致以无效合同为基础的民事关系长期处于不稳定状态，但诉讼时效原则体现的是国家公权力对私权的合理干预，以及在公共利益与私人利益产生冲突时，立法对公共利益的倾斜与保护。

（三）诉请撤销股权转让合同的除斥期间

根据《民法典》第 152 条之规定，当事人应当自知道或者应当知道撤销事由之日起一年内、重大误解的当事人自知道或者应当知道撤销事由之日起 90 日内行使撤销权。以转让瑕疵出资股权引发的纠纷为例，善意的股权受让人应当自知道撤销事由，即转让股权存在瑕疵之日起一年内行使撤销权，否则除斥期间经过，权利消灭。

（四）诉请解除股权转让合同的除斥期间

根据《民法典》第 564 条之规定，对于没有法定或约定的解除权行使期限的，自解除权人知道或者应当知道解除事由之日起一年内不行使，或者经对方催告后在合理期限内不行使的，解除权归于消灭。一年期间为不变期间，不适用中止、中断或延长的规定。

解除权除斥期间的起算点，从解除权人知道或者应当知道解除事由之日起算。此处所谓"事由"，是债权人解除权成立的各项事由的简称。比如，一方当事人迟延履行合同债务致使合同目的不能实现的，即以当事人迟延履行合同债务发生之日作为解除权产生之日。

（五）诉请行使股东优先购买权的期限

在转让股东损害其他股东优先购买权的情况下，《公司法司法解释（四）》第 21 条规定，其他股东应当自知道或者应当知道行使优先购买权的同等条件之日起 30 日内，且不超过股权变更登记之日起 1 年内，主张行使优先购买权。

上述规定的目的在于督促其他股东及时行使权利，避免法律关系长期处于不稳定状态。根据该规定，股东行使优先购买权的期限需要满足两个条件：其一，其他股东需知晓"同等条件"起 30 日内主张行使优先购买权；其二，此时股权变更登记尚未超过 1 年。该规定中所指的"三十日"和"一年"，属于不变期间，不适用中止、中断和延长的规定。

关于股东优先购买权的期限的争议详见本章第六部分"争议焦点 16"的分析。

五、股权转让纠纷的当事人

以股权转让纠纷参与主体不同，可将股权转让纠纷粗略地划分为两类：第一类，仅涉及股权转让双方之间的纠纷。例如，因股权转让合同的履行引发的纠纷、转让瑕疵股权引起的纠纷等，诉请多为：请求履行转让合同、请求支付股权转让款并赔偿损失、解除股权转让合同等。第二类，除股权转让双方外，还涉及第三人的股权转让纠纷。例如，名义股东转让股权，实际出资人诉请撤销名义股东与受让人之间签订的股权转让合同或者赔偿损失的；再如，股东转让人与受让人之间签订股权转让合同侵犯其他股东优先购买权的，其他股东诉请撤销其二者签订的股权转让合同的。

针对第一类仅涉及股权转让双方的纠纷，因此类纠纷具有一般合同纠纷的性质，公司并非必要诉讼参与人，通常情况下，应以权利受损的当事人为原告，列股权转让合同的相对人为被告。但特殊情况下，如涉及公司利益或者为了查明案件事实的，可根据案件审理需要申请法院追加公司为无独立请求权的第三人。该观点也体现在广东高院《关于民商事审判实践中有关疑难法律问题的解答意见》（2012 年 3 月 7 日起施行）及广东省高级人民法院（2019）粤民申 13270 号深圳市宝源升贸易有限公司、文某荣股权转让纠纷再审案件等司法案例中。

第二类涉及三方的股权转让纠纷，情况相对复杂。例如，因侵犯股东优先购买权引发的纠纷，一般应以权利受损股东为原告，以股权转让人及受让人为被告，必要情形下（如股权转让已经由公司申请办理了变更登记的）可以申请将公司列为第三人参加诉讼。对于名义股东转让股权损害实际出资人权利的，实际出资人可以名义股东、股权受让人为被告，同时为了查明案件事实可依需要申请将公司列为第三人参加案件审理。当然，股权转让纠纷往往案情较为复杂，当事人提出的诉讼请求往往也是复合的，当事人如何列举需要结合案件的具体情况确定。

六、股权转让纠纷的常见争议焦点

实践中，股权转让纠纷包含的纠纷类型众多，笔者根据检索，将司法实践案例主要分为如下类型予以论述：

1. 股权转让人与受让人之间就股权转让合同的效力及履行发生的纠纷。如股权转让人请求履行合同、支付股权转让款并赔偿损失（或支付违约金），股权受让人请求解除合同、认定合同无效等。此类纠纷具有一般合同纠纷的性质，需要结合《民法典》及《公司法》的规定进行审理。

2. 侵犯其他股东优先购买权引发的纠纷。股权转让人与受让人签订股权转让合同，但出让股东未履行向公司其他股东的告知义务，从而引发其他股东要求撤销股权转让合同、确认股权转让合同无效并行使优先购买权；股权受让人因合同无法继续履行，诉请解除股权转让合同等相关纠纷。

3. 转让瑕疵出资股权引起的纠纷案件。股权转让人应对转让股权承担瑕疵担保责任，如受让方明知出让方出资存在瑕疵仍受让股权时，则对未按期足额缴纳的欠缴出资部分，应承担连带补充责任；如果受让方对此不知情，其可以转让股权存在瑕疵为由提出撤销股权转让合同等诉请。

4. 隐名股东、显名股东转让股权引起的诉讼案件。隐名持股是商事交易中的常见安排，因隐名出资引发的纠纷多样，其中属于股权转让纠纷的主要包括两种：一是名义出资人未经实际出资人同意而向第三人转让股权而产生的纠纷；二是实际出资人与第三人订立股权转让协议而名义出资人拒绝履行并主张股东权而产生的纠纷。

在此基础上，笔者对各类纠纷项下的争议焦点及裁判规则予以分析。

（一）股权转让合同效力及履行引发的纠纷

争议焦点1　股权转让合同发生争议的地域管辖问题

裁判要点 1[①] 股权转让纠纷系因股权转让合同履行引发的纠纷，应根据《民事诉讼法》第23条[②]"合同纠纷"的规定确定地域管辖。

【裁判理由1】【(2018)最高法民辖终265号】李某峻、朱某叶股权转让纠纷二审案件，最高人民法院认为：

《民事诉讼法》第26条[③]规定："因公司设立、确认股东资格、分配利润、解散等纠纷提起的诉讼，由公司住所地人民法院管辖。"虽然股权转让纠纷作为最高人

---

① 说明："笔者观点""裁判要点"中用现行有效的法律，"裁判理由"中用案件发生当时适用的法律。

② 对应现行2021年《民事诉讼法》第24条，本章节下同。

③ 对应现行2021年《民事诉讼法》第27条，本章节下同。

民法院《民事案件案由规定》第21条“与公司有关的纠纷”的子案由予以规定,**但并不是所有与公司有关的纠纷均需根据《民事诉讼法》第26条来确定管辖。该条是关于公司诉讼案件特殊地域管辖的规定,并非所有与公司有关的诉讼都属于公司诉讼**。《民诉法司法解释》第22条规定:“因股东名册记载、请求变更公司登记、股东知情权、公司决议、公司合并、公司分立、公司减资、公司增资等纠纷提起的诉讼,依照民事诉讼法第二十六条规定确定管辖。”**可见,《民事诉讼法》第26条规范的公司诉讼,主要是指有关公司的设立、确认股东资格、分配利润、公司解散等公司组织行为的诉讼。本案朱某叶与李某峻之间的股权转让纠纷不涉及公司组织行为的诉讼,仍属于合同性质的民事纠纷,故本案系根据《民事诉讼法》第23条关于“因合同纠纷”提起的诉讼**。一审适用《民事诉讼法》第26条确定本案管辖,属适用法律错误,应予纠正。

【裁判理由2】【(2019)最高法民辖终18号】中国长城资产管理股份有限公司上海市分公司(以下简称长城资产上海分公司)、王某平股权转让纠纷二审案件,最高人民法院认为:

本案系股权转让纠纷,依据《民事诉讼法》第23条规定,因合同纠纷提起的诉讼,本案应由被告住所地或者合同履行地人民法院管辖。《民诉法司法解释》第18条第2款规定:“合同对履行地点没有约定或者约定不明确,争议标的为给付货币的,接收货币一方所在地为合同履行地;交付不动产的,不动产所在地为合同履行地;其他标的,履行义务一方所在地为合同履行地。即时结清的合同,交易行为地为合同履行地。”本案中,经审理查明,金海公司已受让天邑公司100%的股权,且已经办理股权变更登记等相关手续。王某平等三人的一审诉请仅为主张金海公司、长城资产上海分公司按照合同约定支付相应的股权转让款,故案涉股权转让合同中合同履行地应为接受货币一方所在地。

【裁判理由3】【(2016)最高法民辖终116号】管某旺等诉北京银丰投资发展有限公司(以下简称银丰公司)等股权转让纠纷管某权异议案,最高人民法院认为:

从银丰公司的起诉主张来看,银丰公司请求判令解除其与冀中公司、管振德、马某强签订的《关于山西灵石红杏鑫东煤业有限公司之转让协议》及相关补充协议,冀中公司、管某德、马某强退还银丰公司股权转让款、双倍返还定金等。**双方系因股权转让发生的争议,属股权转让合同纠纷,不是因公司设立、确认股东资

格、分配利润、解散等纠纷提起的诉讼，不适用《民事诉讼法》第26条关于公司纠纷的特别地域管辖规定。双方在诉争的《关于山西灵石红杏鑫东煤业有限公司之转让协议》第9章“争议的解决”约定：“因本协议引起的或与本协议有关的任何争议，各方应友好协商解决，协商不成的，应向原告住所地有管辖权的人民法院起诉解决。”该约定系双方的真实意思表示，没有违反《民事诉讼法》第34条[①]的规定，系有效协议。银丰公司的住所地位于北京市，且本案的诉讼标的额达到了北京市高级人民法院一审民商事案件管辖标准，北京市高级人民法院对本案有管辖权。

裁判要点2 股权转让纠纷应根据《民事诉讼法》第26条“公司纠纷”的规定确定地域管辖。

【裁判理由1】【(2020)川民辖34号】安某宇与吴某伟股权转让纠纷管辖案件，四川省高级人民法院认为：

本案系因股东与非股东之间进行股权转让产生纠纷，案由为股权转让纠纷，按地域管辖一般原则并结合《民事诉讼法》第26条确定管辖。九金公司住所地在旺苍县黎家坝新镇，登记机关为旺苍县食品药品和工商质监局，同时，原告安某宇的诉讼请求为解除《股权转让协议书》，本案的诉讼标的额应以其具体的诉讼请求额来确定，并以此确定级别管辖法院。四川省旺苍县对本案具有管辖权，四川省广元市中级人民法院将本案移送至四川省成都市中级人民法院不当，予以纠正。

【裁判理由2】【(2019)陕民辖终75号】陈某洪、广西鸿嘉投资有限公司、广西润华建设投资有限公司、广西润兴房地产有限责任公司与郭某民及陈某国股权转让纠纷二审案件，陕西省高级人民法院认为：

本案系股权转让纠纷，属于与公司有关的纠纷项下的案由，其管辖应以《民事诉讼法》中关于地域管辖的一般原则为基础，并结合《民事诉讼法》第26条规定综合考虑确定管辖法院。《民事诉讼法》第26条规定：“因公司设立、确认股东资格、分配利润、解散等纠纷提起的诉讼，由公司住所地人民法院管辖。”因本案一审被告住所地及转让股权所涉的公司住所地均在广西南宁市辖区，结合本案的诉讼标的额，本案宜由广西壮族自治区南宁市中级人民法院管辖。

【笔者观点】2021年《民事诉讼法》第27条是关于公司诉讼案件特殊地域管

① 对应现行2021年《民事诉讼法》第35条。

辖的规定,但并非所有与公司有关的诉讼都属于公司诉讼。该条款规范的公司诉讼,主要是指有关公司的设立、确认股东资格、分配利润、公司解散等公司组织行为的诉讼。对于因股权转让合同的效力、履行等原因引发的纠纷,不涉及公司组织行为的诉讼,仍属于合同性质的民事纠纷,在不涉及约定管辖条款的情形下,应根据《民事诉讼法》第24条确定地域管辖。

争议焦点2 股权转让行为是否成立

裁判要点1 为了IPO或其他承包经营操作需要而变更股权,双方并未真正达成股权转让的合意的,不应认定为股权转让。

【裁判理由】【(2014)闽民终字第713号】李某煌等与沈某策股权转让纠纷二审案件,福建省高级人民法院认为:

从前述查明事实看,2009年以来一六八公司生产经营状况是持续盈利,2010年度一六八公司净利润3802.24万元,2011年度全年净利润1983.14万元。因此,该时期相对应的25%股权对价显然不只25万元。再结合《补充协议》中约定了每月12万元的资金占用费,并约定资金占用费支付期间一六八公司的盈亏与李某煌无关,由此可看出该资金占用费是双方对《股权转让协议》签订后至股权变更或李某煌行使回购权这一期间,相应股东权益承担的约定,性质应属于股权承包费,并非上诉人中金通达公司所主张的股权转让费或其他。双方签订《股权转让协议》《补充协议》是为了由李某煌让渡一六八公司部分股东权利予中金通达公司,由此中金通达公司可以获得一六八公司承包经营权。**此时的股权让与并非真正法律意义上的股权转让**。而且,涉案李某煌所持有的一六八公司股权于2011年4月25日进行了工商变更登记,双方对此是知晓的,也清楚变更后李某煌在法律意义上不再持有一六八公司股权,但在变更后中金通达公司或沈某策仍继续向李某煌支付资金占用费,直至《一六八公司股权转让协议补充协议》签订时才约定终止支付。**若是真正的股权转让,就无须再行支付《补充协议》所约定的该项资金占用费,这也从另一侧面印证了一六八公司股权的变更是为了IPO或其他承包经营操作需要,而非双方真正达成股权转让的合意**。

裁判要点2 双方基于合作开发的背景,为了推进合作开发而签订、履行股权转让协议的，结合协议具体履行情况，可认定双方之间并无股权转让的真实意思表示。

【裁判理由】【(2021)粤01民终25394号】骆某好、邓某明等股权转让纠纷民事二审案件，广东省广州市中级人民法院认为：

本案的关键在于双方是否有真实的股权转让意思表示，而从本案双方的陈述及举证情况综合分析，双方并不存在真实的股权转让意思表示，双方签订、履行股权转让协议是基于双方合作开发的背景，为了推进合作开发而进行的，因此骆某好基于《股权转让合同》要求杨某昌履行支付股权转让款的义务依据并不足，具体理由如下。

从杨某昌与昂玛公司同日签订的《共同开发合作合同书》、邓某明和骆某好出具的《承诺书》可知，双方的签约目的均非是真实的股权转让，而是为了涉案地块的项目开发合作。一方面，杨某昌虽然获得昂玛公司70%的股权，但其并不因此获得该公司除项目外的商业经营管理权和资产（包括工商注册商标权、无形或有形资产等），即使其是昂玛公司的大股东，但公司的资质证照、行政印鉴、财务专用章等仍由昂玛公司保管使用。故杨某昌签订《股权转让合同》的目的并非获得昂玛公司的股东资格从而在经营过程中就公司重大决策行使股东权利，而只是为了保障其在合作开发土地项目中拥有的权益。另一方面，邓某明、骆某好虽然共同向杨某昌转让了昂玛公司70%的股权，但仍然保留和享有合作开发土地项目以外昂玛公司的经营管理权及资产，**故其的签约目的也并非转让其在昂玛公司的股东权利。而且，双方亦在《共同开发合作合同书》中明确约定，昂玛公司变更股权结构的《股权转让合同》纯粹是为了杨某昌购买地块的项目开发合作，杨某昌只拥有该项目的权益，而且双方也不绝对以占有的公司股权比例分配物业，在合作项目完成后杨某昌将完全退出昂玛公司。**

因双方并无真实的股权转让意思表示，故无论从双方的协议约定，邓某明和骆某好出具的《承诺书》，还是从具体的履行过程看，双方的真实意思表示均是杨某昌无须实际支付涉案3500万元股权转让款。首先，与《股权转让合同》同日签订的《共同开发合作合同书》，约定了待涉案项目物业房地产权证过户至杨某昌指定人名下，杨某昌无条件配合昂玛公司将其持有的70%股权变更至邓某明指定人名下，亦即在杨某昌取得项目收益后其应以“0”对价将持有的70%股权回转到邓某明手中，这明显不符合常理。其次，邓某明、骆某好在《股权转让合同》签订后即出具《承诺书》，明确股权转让款已用杨某昌的前期投资款进行了冲抵，无须杨某昌再另行支付70%股权的受让价款。最后，自《股权转让合同》签订至邓某明、骆某好提起本案诉讼，间隔超过6年，对于如此大额的款项拖欠，没有证据显示邓某明、骆某好在合同签订后、提起诉讼之前有催告杨某昌支付股权转让款，该情形亦明显不合常理。

裁判要点3 各方之间缺乏股权转让的合意，亦未能就股权转让价款的数额、价款的支付主体、价款的支付时间达成一致意见，应认定股权转让关系不成立。

【裁判理由】【(2018)苏01民终4138号】刘某与言某兵、江苏子母河供应链管理有限公司股权转让纠纷二审案件，江苏省南京市中级人民法院认为：

刘某主张其与言某兵之间存在股权转让关系，应当对此承担举证义务。综合分析在案证据及查明事实，本院认为刘某上述主张的事实及法律依据并不充分，理由如下：首先，根据《公司法》相关规定，股东退出公司方式包括股权转让、公司减资、要求公司回购、解散公司、破产清算等。本案中，2017年5月26日《股东会议》对股东刘某退出公司作出了安排，并约定由公司返还股本金，且以审计为准，并未约定由言某兵、任某贤受让其股权并支付对价。另外，2017年6月22日《退股申明》亦再次明确由公司退还股本金，而非言某兵、任某贤两人支付对价。**各方在《股东会议》中所作出的上述安排应系各方真实意思表示，但并无股权转让的意思表示，如确系股权转让，各方约定由公司支付股权转让对价，涉嫌股东抽逃出资，显属无效。从《股东会议》及《退股申明》的字面意思来看，该退股行为更类似于股东退出方式中公司回购股权，刘某退出公司后，由言某兵、任某贤两人认缴了相应股权资本额，实际是两人对于公司的增持股权行为，而非受让刘某的股权。由此，刘某主张双方之间构成股权转让关系，但各方之间缺乏股权转让的合意，亦未能就股权转让价款的数额、价款的支付主体、价款的支付时间进一步达成一致意见。故刘某主张双方之间存在股权转让合意依据不足，本院不予支持。**

裁判要点4 为了办理工商变更登记手续而单方制作股权转让合同，受让人没有购买股权的真实意思表示，应认定是双方没有形成真实的股权转让合意。

【裁判理由】【(2011)冀民二终字第16号】许某军与石某东等股权转让合同纠纷二审案件，河北省高级人民法院认为：

关于石某东在双龙养殖公司是否有投资问题：从现有证据来看，工商登记的600万元注册资金中180万元的货币资金，是许某军从信用社的借款，注册完成后，许某军已偿还信用社；另外的实物注资，无论双龙养殖公司注册时422.5万元的猪舍实物出资是否到位，石某东均不能证明自己对猪舍有投资。石某东在原审庭审中曾说明自己投入30万元现金。但隆化会计师事务所的报告已证明双龙养殖公司注册资金中只有180万元为货币投入，其余为实物投入。石某东称自己有30万元的现金投入没有证据。相反，石某东的说法却证明了其主张投资300万元不是事实。石某东以工商部门的登记资料为据证明自己投资300万元。本院认为，工商部门的登记资料，对第三人来说具有公示作用，足以使他人产生信赖，是重要的证据材料。但对公司内部股东来说，当事人对公司是否有投资及投资多少，应有直接证据证明。本案许某军主张之所以将石某东记载为工商登记中的股东，是因为当时注册公司需要两个人以上，石某东实际并没有300万元投资。结合双龙养殖公司工商注册登记、签订《占地补偿协议书》和《股权转让协议书》以及股东会决议等均是许某军一人办理的事实，能够证明石某东从开始既没有签字也没有其愿意投资入股的其他证据，到最终的股权转让仍然没有石某东的意思表示。经过审理，双方没有投资的书面协议，石某东提供不出自己有300万元投资的直接证据，且石某东没有《股权转让协议书》的原件。**由此证明了许某军所说的《股权转让协议书》是许某军为了办理工商变更登记手续而单方制作的，不是许某军购买股权的真实意思表示，许某军与石某东并没有形成真实的股权转让合意。而石某东仅以工商登记资料不足以证明其投资300万元**。另，银窝沟乡委员会及乡政府对许某军、石某东的投资情况的说明，虽然石某东不予认可，但其可作为一个参考，再次印证了石某东没有300万元的投资。故石某东根据《股权转让协议书》主张其对公司投资300万元，要求许某军和宋某军支付股权转让金300万元，本院不予支持。

裁判要点 5 虽合同名为《退股协议书》且未明确约定受让人，但从合同签订主体及内容能够推定由部分股东受让公司股权的，可以认定成立股权转让关系。

【裁判理由】【(2015)青民二商终字第1134号】滕某霞与姚某、董某宽股权转让纠纷二审案件，山东省青岛市中级人民法院认为：

本案的争议焦点为三方签订《退股协议书》是不是股权转让协议以及应由谁支付股权价值。该《退股协议书》是三方对被上诉人出让其持有的股权并获得对价达成的合意，所谓“退出股份”应当理解为股权持有人将其持有的股权转让给他人，“退出”只是股权转让后的结果，该协议应为股权转让协议。**虽然在协议中仅**

约定由两上诉人协商处理该部分股份而没有明确受让人，但从合同签订的主体及内容来看，上诉人与被上诉人系合同相对方，签订合同的主要目的就是由两上诉人受让被上诉人的股权而并非公司减资，故两上诉人作为受让人应当承担支付股权转让款的义务。上诉人主张系公司回购，并称按协议约定应由公司付款，对此本院认为，青岛新天地能源科技有限公司并非一方当事人，且协议中并未约定公司回购股权及减资的内容，两上诉人作为股东亦无权为公司设定收购及付款的义务，协议关于付款主体的约定内容无论效力如何，均不能证明上诉人关于公司回购的主张，同时也不能免除两上诉人作为合同相对方的付款义务。

争议焦点3 股权转让关系与股权让与担保关系的区别

裁判要点1 股权投资关系——受让人具有成为目标公司股东的意愿，目标公司办理了股东变更登记、受让人支付了股权转让价款，且合同约定受让人享有重大决策权、选择管理者以及每年可按投资额取得固定分红的权利，应当认定成立股权转让关系。

【裁判理由】【(2021)湘民终960号】株洲市城市建设发展集团有限公司（以下简称城建公司）、湖南兆富投资控股（集团）有限公司（以下简称兆富公司）等股权转让纠纷二审案件，湖南省高级人民法院认为：

《转让及增资协议》性质应认定为股权投资关系而非借款关系。

1. 从涉案《转让及增资协议》形式和内容分析，《转让及增资协议》标题即载明是股权转让和公司增资，协议内容亦明确约定了各股东转让股权的份额、转让价格、认购增资资本数及价格、股权变更登记手续、其他股东优先购买权的放弃等，可以看出城建公司具有通过购买兆富公司各股东所持兆富公司的股权而成为兆富公司股东，并对兆富公司进行增资的意愿，兆富公司及各股东均同意。

2. 从《转让及增资协议》履行情况看，协议签订后，双方共同完成了工商变更登记，城建公司成为持有兆富公司31.3%股份的股东，3004.8万元股权转让及增资款亦支付完毕，双方按约履行了股权转让和增资的义务。

3. 一般来说，名股实债投资人并不追求对目标公司的股权进行管理和支配，亦不追求对目标公司进行控制。本案中，案涉《转让及增资协议》约定城建公司为兆富公司第一大股东，享有财务并表权。且兆富公司所有经营性项目和资本运作类项目应无条件向城建公司开放，由城建公司独立决策决定是否参与项目合作，并派出监事担任兆富公司监事长，还可通过董事会审定兆富公司的年度工作目标并进行日常监督和年度考核。可见，城建公司成为兆富公司股东后，城建公司对兆富公司享有重大决策权和选择管理者等股东权利。城建公司的投资目的并非仅是取得固定回报，而是取得兆富公司股权，并通过保留在股东会、董事会层面对重大事项的表决权以及派驻董事、监事人员等来实际参与兆富公司的经营管理。上述约定已超出常规借款合同的内容，也不符合借款法律关系的特征。

4.《转让及增资协议》约定了城建公司每年可按投资额取得固定分红，顾名思义，公司分红系按照公司章程约定在公司有盈余时对股东投资的回报，是基于城建公司所持兆富公司股权而取得的收益，并非利息。

综上，根据《转让及增资协议》内容、交易模式、履行情况等因素综合判断，应当认定城建公司与兆富公司之间签订的《转让及增资协议》的性质并非借款协议，而是股权投资协议。

裁判要点 2 股权投资关系——受让人已经实际取得目标公司的经营管理权，并对目标公司工程项目进行投资开发，应当认定成立股权转让关系。

【裁判理由】【(2021)最高法民申3592号】永州市泰丰房地产开发有限公司(以下简称泰丰公司)、湖南新泰丰控股股份有限公司(以下简称新泰丰公司)等股权转让纠纷再审案件，最高人民法院认为：

本案中，需根据2015年10月21日《协议书》的约定内容，并结合实际履行情况，确定案涉《协议书》中各方当事人的权利义务关系及合同目的。根据原审法院查明的事实，案涉《协议书》第5条约定："如在2016年9月30日前乙(泰丰公司)、丙方(金泰公司、杰宇公司)清偿了本协议约定的债务的，则在债务清偿之日，甲方(鑫鼎公司)将持有的丙方的全部股权转让给乙方和丁方(新泰丰公司)，但不再收取股权转让价款"；"如乙、丙方未在2016年9月30日前清偿本协议约定的债务的，甲方有权不将持有的丙方的股权转让给乙方和丁方，以未清偿的债务抵偿股权转让价款，乙方和丁方对此无异议并同意甲方无须因此对乙方和丁方作出补偿或赔偿"。因此，原审法院结合《协议书》第3~5条的约定及履行情况以及鑫鼎公司、华贸公司不仅取得金泰公司股权而且实际控制、经营管理公司多年等全部案件事实后认为，《协议书》签订后，案涉股权已经登记在华贸公司名下，鑫鼎公司、华贸公司**已经实际取得金泰公司经营管理权，且对金泰公司的工程项目进**

行投资开发,这与股权让与担保中股权系“形式转让”且该转让以担保债权实现为目的有所不同。遂在认定双方为股权转让的前提下,将案涉《协议书》第5条的约定理解为股权抵债权中对股权价值的进一步明确,而非股权质押担保中的流质条款,理据充分,符合本案实际情况,处理意见亦较为公允。

裁判要点3 股权投资关系——投资人通过增资入股及回购机制对目标公司进行投资,取得股东资格并行使参与重大决策和选择管理者等股东权利,虽然协议约定有固定收益及股权回购等条款,但这仅是股东之间及股东与目标公司之间就投资收益和风险分担所作的内部约定,并不影响交易目的和投资模式,应认定投资人与目标公司之间为股权投资关系

【裁判理由】【(2020)冀01民终1927号】张某峰、赵某艳公司增资纠纷案件,河北省石家庄市中级人民法院认为:

关于案涉《增资协议》及《补充协议》的性质和效力问题。上诉人张某峰、赵某艳主张案涉《增资协议》及《补充协议》性质为借款协议,并非股权投资协议。本院认为,结合协议签订目的、条款内容及交易模式、履行情况等因素综合判断,**应当认定科润杰公司与华加公司之间并非借款关系,而是股权投资关系**。理由如下:首先,通过增资入股及回购机制对目标公司进行投资,是符合商业惯例和普遍交易模式的,不属于为规避监管所采取的“名股实债”的借贷情形。其次,科润杰公司增资入股后,**华加公司修改了公司章程、变更了工商登记信息、科润杰公司取得了股东资格并享有表决权,在华加公司经营过程中依法参与股东会、就公司重大决策和选择管理者等行使了股东权利**。最后,**虽然案涉《补充协议》有固定收益及股权回购等条款,但这仅是股东之间及股东与目标公司之间就投资收益和风险分担所作的内部约定,并不影响交易目的和投资模式**。并且在投资期限内,科润杰公司作为实际股东之一,其对外仍是承担相应责任和风险的。综上,《增资协议》约定的科润杰公司的增资行为不属于出借借款的行为,本案不属于借款合同法律关系。

案涉《增资协议》及《补充协议》实质上是投资人为保护资金安全和降低风险、目标公司和其他股东为引入资金和促成交易,约定对投资人的投资收益和投资款安全提供保障,以回购方式自愿承担未来可能发生的潜在亏损。因此,该协议合法有效。

裁判要点4 债权+让与担保关系——协议约定受让人有权要求回购股权,

收取固定回报且不取决于目标公司经营业绩，且受让人不实际行使股东权利、参与目标公司的经营管理、无须承担经营风险，不符合利益共享、风险共担的股权投资法律关系的特征，应当认定成立债权担保关系。

【裁判理由】【（2021）京民终896号】汪某涌等与中冀投资股份有限公司（以下简称中冀公司）股权转让纠纷二审案件，北京市高级人民法院认为：

股权投资法律关系中，投资人意欲取得公司股权，往往会在相关合同中约定其对公司的经营管理权，在登记为股东后也往往会实际参与公司的经营管理。如保留在股东会、董事会层面对重大事项的表决权，向公司派驻董事和财务人员，控制项目公司公章或财务章等，同时承担公司经营风险。在此情况下，**应当认定投资人取得的是股权**。民间借贷法律关系中，债权人的目的仅是取得固定回报，协议中并未详细约定投资人参与公司管理的权利，投资人实际上也未行使股东管理权，即便登记为股东，也应认定其仅享有债权。

本案中，中冀公司受让哆可梦公司股权满24个月后，由惠程公司或信中利公司、汪某涌按照年利率20%的标准收购中冀公司持有的股权，即**中冀公司在股权回购后，可以获得固定的回报，而且该回报金额并不取决于哆可梦公司的经营业绩**。本院审理过程中，**中冀公司亦未提交证据证明该公司实际行使股东权利或参与哆可梦公司的经营管理。由此可见，中冀公司无须承担经营风险，不符合利益共享、风险共担的股权投资法律关系的特征，本案所涉法律关系的性质应为民间借贷法律关系**。中冀公司向赞信中心支付的款项即应为中冀公司出借的借款本金，股权回购价款中按照年利率20%计算的部分应为中冀公司出借款项的利息。依据中冀公司与信中利公司和汪某涌的约定，**中冀公司受让股权后，案涉股权办理变更登记，信中利公司和汪某涌到期应偿还借款本金，中冀公司再将受让的股权返还给信中利公司和汪某涌。上述约定内容系各方当事人通过契约方式设定让与担保，形成的债权担保关系**。

裁判要点 5 债权+让与担保关系——股权转让价格明显背离目标公司股份的实际价值，结合合同是为主债务履行提供担保的合同目的，应当认定案涉合同成立让与担保关系。

【裁判理由】【（2021）最高法民申7209号】山东永隆集团有限公司（以下简称永隆公司）、北京银清龙房地产开发有限公司（以下简称银清龙公司）等股权转让纠纷民事申请再审审查案件，最高人民法院认为：

原审关于《621 协议》的实质是通过让与股权的形式,解决融资需求,并担保了债务的履行,具有了股权让与担保的性质的认定,并非缺乏证据证明,而恰恰是综合认定了全案的在案证据,没有局限于《621 协议》股权转让的表面形式。**《621 协议》约定银清龙公司和鑫茂公司分别以1元钱的价格将持有的新崇基公司70%和30%的股权及对应的全部权益转让给永隆公司和国兴公司,该共计2元的股权转让价格明显与2011年5月14日银清龙公司与鑫茂公司签订股权转让合同约定银清龙公司以18,900万元受让新崇基公司70%股份相悖**,没有证据表明一年时间新崇基公司的股权价值就发生了巨大的贬损。相反,在订立《621 协议》半年后的新华联公司拟收购新崇基公司股权的过程中,2012年11月28日公告披露显示,2012年10月31日新崇基公司尚有所有者权益1,860,368.51元,主要实物资产为土地一宗。新华联公司委托评估机构进行了评估,评估机构出具了评估报告。评估结论为:截至评估基准日2012年10月31日,新崇基公司的股东全部权益审计后账面值为人民币186.04万元,评估值为人民币32,939.35万元。由此可见,无论在2012年6月21日订立《621 协议》之前或是之后,**2元的股权转让价格均明显背离了新崇基公司股份的实际价值,故将《621 协议》仅仅视作股权转让协议不合常理**。结合《621 协议》所约定的银清龙公司等有权在2012年9月28日前以113,703,333.33元×(1+资金占用天数×36%/360)的价格回购股权,**足以认定《621 协议》的实质就是要实现2012年9月28日前完成还款的融资,用以解除新崇基公司所持土地资产上的抵押负担,故《621 协议》系以象征性价格转让股权的让与担保**。《621 协议》第4条第2款和第6条第4款共同设计了银清龙公司、鑫茂公司以象征性价格转让股权,同时超过了2012年9月28日即不得再向永隆公司、国兴公司要求回购股权,其实质就是以全部股权直接抵债,所以构成流质,原审认定相应条款无效,该认定正确。

【笔者观点】判断案涉协议是股权转让还是股权让与担保,建议从以下几个方面考虑:

第一,需要审查是否存在股权转让合意条款。例如(2021)湘民终960号案件,案涉合同的标题即载明是股权转让和公司增资,协议内容亦明确约定了各股东转让股权的份额、转让价格、认购增资资本数及价格、股权变更登记手续、其他股东优先购买权的放弃等,可以看出受让人具有通过购买目标公司各股东所持目标公司的股权而成为目标公司股东的意愿。同时,股权转让协议或增资协议往往会在相关合同中约定投资人对公司的经营管理权，在登记为股东后也往往会实际参与公司的经营管理，如保留在股东会、董事会层面对重大事项的表决权，向公司派驻董事和财务人员，控制项目公司公章或财务章等。

第二，需要审查投资人是否行使股东权利，是否承担公司经营风险。在一般情况下，原股东仍旧实际行使股东权利、参与公司经营管理，投资人不实际行使股东权利、不参与公司经营管理，在这种情况下投资行为容易被认定为债权投资；若投资人委派人员担任公司董监高，参与公司实际经营，享有公司治理方面的权利，则易被认定为股权投资。投资人是否参与实际经营是考量相应交易是“股”还是“债”的重要因素。

第三，需要审查股权转让价格。若为股权投资，按照常理，投资人应支付股权转让对价，而且相应的股权转让对价一般为经过评估后的股权实际价值或市场公允价值。若股权转让价格明显背离目标公司股份的实际价值或零对价转让，则更容易被认定为债权投资。

第四，需要审查是否为固定收益。如果案涉合同约定投资人取得远期固定收益，且固定收益与公司经营情况无关，一般情况下，容易认定为债权投资关系。反之，则容易被认定为股权投资关系。

第五，需要审查是否约定股权回购。如果双方在交易过程中明确约定了投资期限，且约定了投资期限届满之后由目标公司或者其他第三方按照事先约定的方式回购投资人持有的目标公司的股权，则在这种情况下的投资行为容易被认定为债权投资；反之，则容易被认定为股权投资。

裁判要点 6 债权 + 让与担保关系——信托公司以募集的信托资金专项用于受让目标公司股权并向目标公司增资，约定目标公司的原股东在回购期限内以固定价格回购股权，且目标公司的日常经营管理实际由原股东负责，应认定为金融借款关系。

【裁判理由】【(2019)京0101民初4729号】《人民司法·案例》2020年第35期，无锡盛业海港股份有限公司（以下简称盛业海港公司）诉国民信托有限公司营业信托纠纷案，北京市东城区人民法院认为：

关于案涉交易的性质。国民信托有限公司与盛业海港公司、盛业房地产公司、茂盛世业公司分别签订的《合作协议》《股权转让协议》《增资协议》《监管协议》等系各方真实意思表示，内容不违反法律、行政法规强制性规定，合法有效，上述协议内容构成整体交易安排。**国民信托有限公司**以募集的信托资金专项用于**受让目标公司即盛业海港公司股权及向目标公司增资，目标公司的股东盛业房地产公司在回购期限内以投资本金加年利率18%收益的固定价格回购股权，且盛业海港公司的日常经营管理实际由盛业房地产公司负责。就内部关系而言，各方关于股权回购之约定及股权变更登记的履行，并非旨在通过股权合作共同经营盛业海港公司，而是旨在通过股权让与担保的方式保证国民信托有限公司回收本金加固定债权收益的实现，案涉交易的本质应为债权融资。双方之间并非营业信托合同抑或股权投资关系，应认定为成立金融借款合同关系。**盛业海港公司从监管资金中支付案涉款项系根据《合作协议》的相关约定，履行合同项下支付利息的义务。

裁判要点 7 债权+让与担保关系——信托公司受让目标公司股权的股权转让价格为零对价，目标公司的日常经营管理实际仍由原股东负责，结合目标公司与股权受让人之间的债权债务关系，应当认定成立让与担保关系。

【裁判理由】【(2019)京01民终2736号】胡某奇与北京博源工贸有限责任公司(以下简称博源公司)、第三人西藏信托有限公司(以下简称西藏信托公司)股东资格确认纠纷二审案件，北京市第一中级人民法院认为：

胡某奇起诉请求：(1)确认西藏信托公司不是博源公司股东；(2)确认胡某奇具有博源公司的股东资格，持有博源公司80%的公司股权。诉讼中，经法庭询问，办理股权变更登记后，博源公司固定资产及人员仍由胡某奇进行日常管理。

在让与担保关系中，通常存在主从两份合同，股权让与担保作为从合同，是为了担保主合同项下的债务而订立的，这也是判断一个协议是股权转让还是股权让与担保的重要标准。**本案中，当事人均认可博源公司与西藏信托公司之间存在3笔债权债务关系，涉及本金约3亿元，故上述3份借款合同应为主合同，胡某奇与西藏信托公司之间的股权转让协议即应当属于为了担保上述主合同的履行而签订的从合同。**否则，**博源公司名下房产及土地价值几亿元，而胡某奇与西藏信托公司之间的股权转让协议未约定任何对价，这显然与理性的商事主体的交易行为相悖，无法让人信服。**同时，让与担保亦包括便于债权人实现债权的功能，这与西藏信托公司关于涉案股权转让协议是为了防范胡某奇和博源公司处置八大处不动产，保障西藏信托公司抵押权的实现，方便西藏信托公司处置八大处不动产的主张完全相符。

裁判要点8 债权+让与担保关系——基金企业作为股权受让人将股权转让款交给目标公司,所获收益与目标公司的实际经营状态、分红情况均无联系,系固定收益,且固定收益由目标公司或股东补足;目标公司仍由原股东进行经营管理,基金企业作为投资人仅享有知情权以及监督权利,并未参与公司的日常经营管理等,应当认定成立让与担保关系。

【裁判理由】【(2021)辽01民初217号】鞍山激光产业股权投资基金合伙企业中心与王某波、航天云网科技发展有限责任公司股权转让纠纷案件,辽宁省沈阳市中级人民法院认为:

案涉各方签订的《沈阳中之杰流体控制系统有限公司股权转让协议》《分红协议》《协议书》均系以虚假意思表示行为作出的民事法律行为,其隐藏的民事法律关系应为民间借贷法律关系,理由如下:

首先,**就案涉《沈阳中之杰流体控制系统有限公司股权转让协议》而言,鞍山激光产业股权投资基金合伙企业中心(有限合伙)作为股权受让人,案外人宦某勇作为股权出让人**,鞍山激光产业股权投资基金合伙企业中心(有限合伙)理应将案涉股权转让款给付案外人宦某勇而非沈阳中之杰流体控制系统有限公司,**该交易行为与股权转让合同的一般交易模式不符**。

其次,固定性收益系债权性投资的最为重要的特征。投资人是否从原股东或者目标公司处获得固定收益,该项固定收益是否已经实际履行,是界定双方之间是否是名股实债的重要因素。本案中,鞍山激光产业股权投资基金合伙企业中心(有限合伙)所获收益与目标公司的实际经营状态、分红情况均无联系,系固定收益,且固定收益均由王某波或沈阳中之杰流体控制系统有限公司向鞍山激光产业股权投资基金合伙企业中心(有限合伙)支付或补足,符合借贷合同的法律特征。

再次,正常的股权转让中,投资人通常都会参与目标公司日常经营的管理,而本案中,目标公司沈阳中之杰流体控制系统有限公司仍由原股东进行经营管理,投资人仅享有知情权以及监督权利,并未参与公司的日常经营管理,足以表明投资方鞍山激光产业股权投资基金合伙企业中心(有限合伙)不具有实际获取目标公司沈阳中之杰流体控制系统有限公司股权的意图。

最后,本案《协议书》明确约定了原股东航天云网科技发展有限责任公司对案涉股权的无条件回购,此事实亦反映出案涉法律关系应为借贷关系,鞍山激光产业股权投资基金合伙企业中心(有限合伙)并无股权投资的意图。

裁判要点 9 股权投资关系——基金通过增资入股、逐年退出及回购机制等方式对目标公司进行投资，是其作为财务投资者的普遍交易模式，符合商业惯例，不属于“名股实债”，应当认定成立股权转让关系。

【裁判理由】【(2019)最高法民终355号】最高人民法院第六巡回法庭2019年度参考案例之二十一：中国农发重点建设基金有限公司(以下简称农发公司)诉通联资本管理有限公司(以下简称通联公司)、汉中市汉台区人民政府股权转让纠纷案，最高人民法院认为：

案涉《投资协议》的性质应结合合同签订时的背景、目的、条款内容及交易模式、履行情况综合判断，该协议为股权投资协议。(1)农发公司按照《专项建设基金监督管理办法》规定通过增资方式向汉川公司提供资金，投资方式符合国家政策，不违反公司法及行业监管规定。**基金通过增资入股、逐年退出及回购机制对目标公司进行投资符合商业惯例，该交易模式不属于为规避监管所采取的“名股实债”的借贷情形。**(2)**农发公司增资入股后，汉川公司修改了公司章程、农发公司取得了股东资格并享有表决权，虽然不直接参与日常经营，但仍通过审查、通知等方式在一定程度上参与管理，这也是基金投资模式中作为财务投资者的正常操作，不能以此否定其股东身份。**(3)**《投资协议》的固定收益、逐年退出及股权回购等条款，是股东之间及股东与目标公司之间就投资收益和风险分担所作的内部约定，不影响交易目的和投资模式。**投资期限内，农发公司作为股东对外承担相应责任。(4)**协议约定的固定收益仅为年1.2%，远低于一般借款利息，明显不属于通过借贷获取利息收益的情形。交易本质是农发公司以股权投资方式注入资金帮助企业脱困的行为。**唯此，汉川公司及其股东通联公司方能以极低的成本获取巨额资金。一审认定《投资协议》属于股权融资协议，不属于名股实债，是正确的。

【笔者观点】在金融领域，私募基金、资管计划、信托计划受让目标公司股权或对目标公司进行增资，是常见的交易模式，在该交易模式下，投资人与目标公司或者原股东之间，经常就案涉合同是“股”还是“债”的问题发生争议，司法实践中，我们也常常会在裁判文书中看到“名股实债”“对赌协议”等不同的提法。

《最高人民法院民事审判第二庭法官会议纪要：追寻裁判背后的法理》一书记载：

“名股实债”并非严格的法律概念，而是对实务中存在的某种创新型投资模式的总称，是指投资人将资金以股权投资的方式投入目标公司，并约定在一定期限届满或者一定条件下收回投资本金和获得固定的利益回报的投资模式。在某些法律文件中，监管部门往往将其称为“带回购条款的股权性融资”。“名股实债”广泛运用于实体企业之间，是企业常见的融资方式。就金融领域来说，“名股实债”主要有以下四种情形：

1. 信托公司发行信托计划筹集资金，以信托资金对目标公司进行股权投资，约定固定的收益回报。

2. 信托公司股权投资加债权投资模式。信托计划用少量资金去受让项目公司股权，剩余信托计划资金则以股东贷款的名义发放给项目公司或者以委托贷款的方式发放给目标公司。

3. 证券公司或者基金公司设立专项资管计划向目标公司进行股权投资，或者股权投资加发放委托贷款模式。在退出方式上，债权部分还本付息退出，股权部分可通过目标公司项目分红、股权回购、股权转让等方式获得固定投资回报。

4. 多层嵌套模式。出资方通过信托公司通道或者证券公司、基金公司通道进行股权投资，约定固定收益回报。①

最高人民法院民事审判第二庭编的《商事审判指导》2019年第1辑（总第48辑）则记载：

“名股实债”类交易通常包括认购（或委托代理）、投资入股、退出这三个主要环节。其中，认购环节可以通过私募基金、股权投资、设立资管计划或信托计划等多种方式进行，以此将资金以股权的形式外观进入项目公司。但对该项交易的实质起决定作用的是各方当事人事前签订的协议中关于固定收益率、固定利息支付期间、到期无条件回购或溢价回购等的约定，以及投资人在项目公司并无完全的股东权益的实质。“名股实债”交易模式的具体特征主要表现为：

第一，“名股实债”虽具有股权投资的外观，但同时具有债权投资的内涵，即兼具股权投资与债权投资的双重属性。投资人为提高交易增信，确保其债权到期后能够得到充分有效的实现，同意以股权形式向项目公司进行投资，同时约定固定利息收益以及资本金远期退出，完全符合到期还本付息的债权投资形式。

① 贺小荣主编：《最高人民法院民事审判第二庭法官会议纪要：追寻裁判背后的法理》，人民法院出版社2018年版，第64～65页。

第二,“名股实债”投资人的投资收益往往不与所投资公司的经营业绩挂钩。交易方在事前约定的固定收益或者回购价格既不取决于目标公司上市后公司股票二级市场的交易价格,也不取决于公司的实际盈利情况,即与完全的股权投资不同,投资人对其投入的资本金尚未丧失管领权,并不承担目标公司经营失败的风险。

第三,“名股实债”投资人并不追求对目标公司的股权进行管领和支配,亦不追求对目标公司进行控制。投融资双方的真实目的亦不在于股权标的物的所有权移转。我国《公司法》规定,股东享有收益权、分红权、参与重大决策、投票权等权益。在“名股实债”交易中,为保持融资方原有管理体系,投资人仅对某些事项具有发言权、决策权,甚至只享有有限的知情权。

第四,在“名股实债”交易结构中,投资方的退出也具有显著特点。因公司法对公司股权回购进行了严格限制,投资方资金退出方式通常是以股东或实际控制人事前承诺的远期回购为主,同时设置由目标公司或目标公司股东、实际控制人或第三方对回购事项进行连带责任担保,包括股权质押、不动产抵押等增信措施。这一安排导致融资主体与偿债主体的不一致,融资主体为目标公司,而偿债主体一般为目标公司的股东或实际控制人。这一交易事项的设计很好地解决了在目标公司经营存在风险时,投资人对其投资款的收回。①

从最高人民法院民二庭的上述观点分析,关于股权转让(包括增资形式)与股权让与担保的区别认定,金融产品投资与一般实体企业投资相比,似乎没有明显不同。《人民司法·案例》2020年第35期刊载的(2019)京0101民初4729号案件,法院就仅以案涉合同约定目标公司的原股东在回购期限内以固定价格回购股权,且目标公司的日常经营管理实际由原股东负责为由,认定案涉交易名为股权投资,实为金融借款。

对此,笔者有不同观点:基金、信托计划等金融产品通过增资入股、逐年退出及回购机制等方式对目标公司进行投资,是其作为财务投资者的普遍交易模式,符合商业惯例,不应简单以此为由认定为“名股实债”。法院在审理此类案件时,需要考虑金融领域的特殊性,在“固定收益”“不实际参与经营”“股权回购”以外,

① 最高人民法院民事审判第二庭编:《商事审判指导》2019年第1辑(总第48辑),人民法院出版社2019年版,第221~222页。

找到更多应认定是债权法律关系的依据。

例如,(2019)京民申 3169 号案件中,法院认为信托公司受让目标公司股权的股权转让价格为零对价,目标公司的日常经营管理实际仍由原股东负责,结合目标公司与股权受让人之间还存在债权债务关系,最终认定案涉合同成立让与担保关系;(2021)辽 01 民初 217 号案件中,法院认为基金企业作为股权受让人将股权转让款交给目标公司,而非股权出让人,与股权转让合同的一般交易模式不符;(2019)最高法民终 355 号案件中,法院认为协议约定的固定收益仅为年 1.2%,远低于一般借款利息,明显不属于通过借贷获取利息收益的情形,交易本质是投资人以股权投资方式注入资金帮助企业脱困的行为。

正如最高人民法院第六巡回法庭 2019 年度参考案例之二十一,(2019)最高法民终 355 号案件中,最高人民法院所阐述的那样:"对公司融资合同性质的认定应结合交易背景、目的、模式以及合同条款、履行情况综合判断。"

争议焦点 4　股权转让关系与股权代持关系的区别

裁判要点 股权转让关系与股权代持的区别认定——股权代持关系的参考因素包括:由实际出资人支付股权价款、双方约定将来办理过户手续、由实际出资人享有股东权利和义务等。

【裁判理由 1】【(2020)鲁 08 民终 344 号】陈某、刘某隆股权转让纠纷二审案件,山东省济宁市中级人民法院认为:

本案争议的焦点问题为:上诉人陈某与被上诉人刘某隆、马某琦、郭某华之间签订《股权售让协议》的性质及效力。上诉人主张涉案协议的性质应认定为股权转让协议而非股权代持协议,协议内容不仅违反了公司章程,亦违反了《公司法》第 71 条之规定,应为无效。**本院认为,股权转让是指公司股东依法将自己的股东权益有偿转让给他人,使他人取得股权的民事法律行为,而股权代持是指实际出资人与他人约定,以他人名义代实际出资人履行股东权利义务的一种股权或股份处置方式。**本案,根据双方当事人的陈述以及原审第三人辰欣药业股份有限公司出具的"证明",能够认定上诉人系于 2000 年鲁抗辰欣药业有限公司(原审第三人的前身)发行内部股票时购买的鲁抗辰欣药业有限公司 5 万股原始股以及按入职时间赠送 0.5 万股合计 5.5 万股的事实。审理期间,一审法院调取的原审第三人工商登记信息显示，上诉人出资时间为2000年6月，出资额为5.5万元，而涉案《股权受让协议》亦系于2000年6月签订，股权数4万股，金额4万元，上诉人承认签订《股权受让协议》后收取了三被上诉人的4万元款项，也就是说，上诉人购买原审第三人原始股的时间、单价与涉案《股权受让协议》签订时间、单价基本吻合，故应认定三被上诉人系涉案协议项下股权的实际出资人，**结合协议中约定的“暂记于陈某名下，待允许正式过户时办理过户手续”等内容以及上诉人在协议签订后直至2018年均按时向三被上诉人支付股息分红的事实，亦进一步印证上诉人系名义出资人，其代三被上诉人履行股东权利义务，由三被上诉人实际享有股东收益权利**。故涉案《股权受让协议》符合股权代持的基本特征，一审法院认定上诉人与三被上诉人之间系股权代持关系，有事实和法律依据，并无不当。

【裁判理由2】【（2019）吉01民终5526号】李甲与李乙、吉林省温馨鸟集团有限公司（以下简称温馨鸟公司）股权转让纠纷二审案件，吉林省长春市中级人民法院认为：

本案的争议焦点在于李甲与李乙之间是股权转让关系还是股权代持关系。股权转让是出让人与受让人就股权归属达成的合意，通常以书面形式对转让价格、转让款支付时间、支付方式、违约责任等内容作出明确约定。其中，支付转让对价是受让方的主要义务。股权代持是实际出资人与名义出资人协商，由实际出资人出资并享有投资权益，由名义出资人为名义股东履行相应股东权利义务的约定。就本案而言，李甲与李乙之间法律关系的性质应当综合全案事实进行判断。

李甲主张其与李乙之间系股权转让关系，但存在以下不合常理之处且未作出合理解释：李甲与李乙于2009年7月21日签订股权转让协议，约定了股权比例和转让对价，但未对转让款的支付及后续工商变更等重要事项予以明确，且在股权转让后多年未索要转让对价，此乃其一；2017年李甲曾以上述股权转让协议并非其本人签字为由向人民法院提起股权转让协议无效之诉，经鉴定协议上署名是其本人书写后又申请撤诉，在本案审理过程中李甲又称不记得签署过诉争协议，就双方是否存在股权转让合意其陈述前后矛盾，此乃其二；在股权代持法律关系中，实际出资人若要主张权利，其首要义务是证明已实际交付了出资，温馨鸟公司2001年3月验资报告显示李甲已出资267万元，2009年8月李甲的股权变更至李乙名下后，温馨鸟公司又于2016年催告李乙履行出资义务，就李甲是否已履行了出资义务温馨鸟公司前后行为不一，此乃其三。

【裁判理由3】【(2008)沪高民二(商)终字第106号】申银万国证券股份有限公司(以下简称申银万国)与上海银行股份有限公司福民支行财产权属纠纷案件,上海市高级人民法院认为:

申银万国与国宏公司之间系股权转让关系,而非股权代持关系,系争股权不应归申银万国所有,理由如下:

第一,申银万国与国宏公司所签订的系争法人股权转让协议书,“转让”的意思表示明确并约定了转让对价,协议内容并没有“代持”的意思存在。而且,协议经过了公证,转让的真实意思也已经公证确认,之后,双方又办理了股权转让的登记手续。因此,系争股权转让协议清楚地反映了双方的股权转让关系。

第二,申银万国与国宏公司在股权转让后又于2002年和2005年两次签订了还款质押协议,协议明确国宏公司对申银万国负有640万元股权转让对价未履行的债务,且将国宏公司名下的系争法人股设定为质押,并办理了质押登记手续。该前后两份还款质押协议对双方债务关系的确认,说明了申银万国与国宏公司签订系争股权转让协议之时的真实意思应是“股权转让”,而不是“股权代持”。

第三,按照申银万国陈述,其签订股权转让协议是为了规避前五大股东不能获得配股承销权的证监会规定。但是,上海九百1999年年报显示,当时排位第六大股东的持股数为280万股。申银万国若要合法获得承销权,减持股数只需满足相关规定即可,协议约定出让400万股股数不合常理。

第四,按照证监会关于前五大股东不能获得配股承销权的规定,申银万国作为前五大股东,要取得配股承销权,就必须减持股份,退出前五大股东之列。也就是说,申银万国在获取配股承销权与继续持有相应股权之间,必须作出选择,两者不可兼得。既然申银万国选择了获取配股承销权,就只能放弃继续持有相应股权。

第五,申银万国所提供的相关证据难以证明其有关代持的主张。宝鼎公司2002年4月15日出具的报告,其中“及时转回”的表述,并不能当然得出国宏公司为申银万国代持的结论。因为转回的方式包括协议转让等依法转让方式,而不只是无对价的归还,即使当时证监会加强了非流通股管理,转回也可理解为国宏公司表达了依法转回的意愿,并不能证明股权转让协议和还款质押协议签订时双方存在代持的意思表示。至于申银万国职员出席上海九百股东会,正如一审法院所认为的,也不能证明申银万国具有隐名持股的事实。

争议焦点5 股权转让合同构成无效的情形

《民法典》规定的合同无效的五种情形包括:(1)无民事行为能力人订立的合同(第144条);(2)行为人与相对人以虚假的意思表示(通谋虚伪意思表示)达成合同(第146条第1款);(3)违反法律、行政法规的强制性规定(第153条第1款);(4)违背公序良俗(第153条第2款);(5)行为人与相对人恶意串通、损害他人合法权益(第154条)。

具体到股权转让合同领域内,当事人对股权转让合同效力的争议主要来自:合同未经行政机关批准效力如何认定,为规避法律法规的强制性规定而订立的合同如何认定,以及损害其他股东优先购买权的合同(见本章第六部分“争议焦点18”)、转让瑕疵股权的合同效力如何认定(见本章第六部分“争议焦点23”)等问题。就司法实践案例中认定股权转让协议无效的常见情形,笔者归纳如下。

裁判要点1 未经行政机关批准生效的股权转让协议属于成立但未生效的合同,协议中的真实意思表示对协议各方具有法律约束力。

【裁判理由】【(2019)最高法民申4143号】巨晖电脑科技有限公司、香港巨晖电脑科技有限公司(以下简称香港巨晖公司)股权转让纠纷再审审查与审判监督案件,最高人民法院认为:

民事法律行为是民事主体通过意思表示设立、变更、终止民事法律关系的行为,意思表示真实是民事法律行为有效的必备条件。本案中,鉴于福建巨晖公司系中外合作企业,我国台湾巨晖公司与曾某强、赖某隆签订“623”协议后,已特别授权曾某强、赖某隆办理案涉股权的相关事宜,因此,为依照法律规定完成案涉股权的变更登记,曾某强、赖某隆成立香港巨晖公司,赖某隆代理台湾巨晖公司与香港巨晖公司签订“830”协议,实际上是为履行“623”协议而签订……**“623”协议是台湾巨晖公司与曾某强、赖某隆的真实意思表示,虽未经行政机关批准生效,但已依法成立,属于成立但未生效合同,该协议中的真实意思表示对双方仍具有法律约束力**。因此,“830”协议中关于股权转让价格的条款并不是双方当事人的真实意思表示,双方应以“623”协议中约定的股权转让款作为真实的股权转让价款。原审法院综合两份协议形成的时间和背景、协议之间的关系、当事人实际履行情况等事实以及当事人陈述,确定“623”协议中的股权转让价款为双方真实意思表示,并无不当。

裁判要点2 为规避《外商投资法》中“外商投资准入负面清单规定禁止投资的领域”规定而签订的股权转让协议,因违反法律、行政法规的强制性规定而无效。

【裁判理由】【(2021)最高法民申6561号】广西梧州永杏药业有限公司(以下简称永杏公司)、海某清等股权转让纠纷再审审查与审判监督案件,最高人民法院认为:

经查,永杏公司在2020年1月16日之前属于台港澳法人独资企业,其受让云峰公司股权行为属于外商投资企业在我国境内进行二级再投资的行为,云峰公司经营生产范围包括负面清单禁止投资的领域。因此,原审法院根据**《最高人民法院关于适用〈中华人民共和国外商投资法〉若干问题的解释》第3条关于“外国投资者投资外商投资准入负面清单规定禁止投资的领域,当事人主张投资合同无效的,人民法院应予支持”的规定**,以及第5条“在生效裁判作出前,因外商投资准入负面清单调整,外国投资者投资不再属于禁止或者限制投资的领域,当事人主张投资合同有效的,人民法院应予支持”的规定认为,永杏公司于2020年1月16日将其企业类型由台港澳法人独资变更为自然人投资或控股,不属涉案合同效力瑕疵的补正法律事由,**故涉案《股权转让协议书》自始无效**,事实和法律依据充分,本院予以认可。

裁判要点3 双方恶意串通,损害国家利益,或以合法形式掩盖规避更严格审批要求的非法目的的股权转让协议无效。

【裁判理由】【(2014)民四终字第33号】王某群、武汉天九工贸发展有限公司(以下简称天九公司)与中国农产品交易有限公司股权转让纠纷二审案件,最高人民法院认为:

由于协议在王某群、天九公司和农产品公司三方之间成立,也就不存在天九公司和农产品公司恶意串通损害王某群利益的情形。本案股权转让系外国投资者并购境内企业,农产品公司以发行可换股票据方式支付部分转让价款,实质上是外国投资者以股权作为支付手段并购境内公司,即“股权并购”。**商务部等部门联合发布的《关于外国投资者并购境内企业的规定》(2006)对“股权并购”的文件申报与程序有更严格的要求。当事人串通签订《0.89亿股权转让协议》,目的是规避必要的较为严格的行政审批要求,破坏了国家对外商投资、对外投资的监管**

秩序和外汇管理秩序，属于双方恶意串通，损害国家利益，也属于以合法形式掩盖规避更严格审批要求的非法目的，应依照《合同法》第52条①第2项、第3项的规定，认定该协议无效。需要指出的是，认定该协议中法律适用条款（当事人约定协议适用中国法的条款）无效，不影响中华人民共和国法律的强制适用，因为本案股权转让属于境外投资者并购境内企业，有关协议依法应当适用中华人民共和国法律。

在判断协议效力时，一审判决认为，当事人在《0.89亿股权转让协议》中关于股权交易价款等约定，仅为报批之用而作出，不能作为确定双方当事人权利义务的依据。关于出让和受让股权的合意则对双方仍具拘束力，并适用了《民法通则》第60条、《合同法》第56条②关于合同部分无效不影响其他部分效力的，其他部分仍然有效的规定。从一审判决的论述和引用的法律条文来看，实际上已经认定了股权转让合意条款之外的其他条款均无效。但是，一审判决又认为，王某群和天九公司通过请求宣告《0.89亿股权转让协议》无效来否定整个股权交易行为，有违诚实信用原则；协议中关于价款等约定虽系仅为报批之用而订立，但不能因此否定整个股权转让交易的效力。一审判决的上述判定曲解了上诉人的一审诉讼请求。事实上，本案上诉人的一审诉讼请求是宣告《0.89亿股权转让协议》无效，并未要求否定整个股权转让交易的效力。基于上述错误理解，一审判决驳回了王某群和天九公司要求“整体宣告”《0.89亿股权转让协议》无效的诉讼请求，显然是错误的。

裁判要点4 企业未按规定在依法设立的产权交易机构中公开进行企业国有产权转让，而是进行场外交易的，其交易行为违反公开、公平、公正的交易原则，损害社会公共利益，应依法认定其交易行为无效。

【裁判理由】【(2009)沪高民二(商)终字第22号】巴菲特投资有限公司（以下简称巴菲特公司）诉上海自来水投资建设有限公司（以下简称自来水公司）股权转让纠纷二审案件，上海市高级人民法院认为：

在该案一审中，法院认为，第三人上海水务公司虽然取得被告自来水公司的授权，可以代理自来水公司转让讼争股权，但在实施转让行为时，应当按照国家法

---

① 对应《民法典》第153条、第154条。

② 对应《民法典》第156条。

律法规和行政规章所规定的程序和方式进行。讼争股权的性质为国有法人股，其无疑是属于企业国有资产的范畴。对于企业国有资产的转让程序和方式，国务院、省级地方政府及国有资产监管机构均有相应的规定。根据国务院国资委、财政部制定实施的《企业国有产权转让管理暂行办法》第4条、第5条的规定，企业国有产权转让应当在依法设立的产权交易机构中公开进行，企业国有产权转让可以采取拍卖、招投标、协议转让等方式进行。根据上海市政府制定实施的《上海市产权交易市场管理办法》的规定，本市所辖国有产权的交易应当在产权交易市场进行，根据产权交易标的的具体情况采取拍卖、招标或竞价方式确定受让人和受让价格。上述两个规范性文件虽然不是行政法规，但均系依据国务院的授权对《企业国有资产监督管理暂行条例》的实施所制定的细则办法。根据《企业国有资产监督管理暂行条例》第13条的规定，国务院国有资产监督管理机构可以制定企业国有资产监督管理的规章、制度。而且，规定企业国有产权转让应当进场交易的目的，在于通过严格规范的程序保证交易的公开、公平、公正，最大限度地防止国有资产流失，避免国家利益、社会公共利益受损。因此，《企业国有产权转让管理暂行办法》《上海市产权交易市场管理办法》的上述规定，符合上位法的精神，不违背上位法的具体规定，应当在企业国有资产转让过程中贯彻实施。**本案中，上海水务公司在接受自来水公司委托转让讼争股权时，未依照国家的上述规定处置，擅自委托第三人金槌拍卖公司拍卖，并在拍卖后与原告巴菲特公司订立股权转让协议，其行为不具合法性。上海水务公司认为讼争股权属于金融类企业的国有产权，该类国有产权的转让不适用《企业国有产权转让管理暂行办法》的规定，其观点显然与法相悖。自来水公司认为上海水务公司违法实施讼争股权的拍卖，并依拍卖结果与巴菲特公司订立的股权转让协议无效的观点成立。**

裁判要点5 企业国有资产转让未经评估，违反了《国有资产评估管理办法施行细则》的规定，但该细则系部门规章，股权转让合同不因此无效。

【裁判理由】【(2015)民申字第715号】中国华电集团财务有限公司（以下简称华电财务公司）与天津国恒铁路控股股份有限公司（以下简称国恒公司）股权转让纠纷再审审查与审判监督案件，最高人民法院认为：

首先，案涉《股权转让及保证协议》第4条声明与保证4.1(2)载明，甲方（华电财务公司）已经获得签署本协议以及履行本协议项下责任所必需的授权和批准；其次，华电财务公司即使作为国有控股企业，向华商基金公司投资3400万元，取得华商基金公司34%的股权涉及国有资产,但《企业国有产权转让管理暂行办法》《国有资产评估管理办法》等法律、法规并未作出企业国有资产转让未经评估则行为无效的强制性规定。《国有资产评估管理办法施行细则》第10条规定:“对于应当进行资产评估的情形没有进行评估,或者没有按照《办法》及本细则的规定立项、确认,该经济行为无效。”但该细则系部门规章。依照《合同法》第52条第5项[①]之规定,违反法律、行政法规的强制性规定的合同无效,案涉股权转让未经评估并未违反法律、行政法规的强制性规定。华电财务公司主张其向国恒公司转让华商基金公司34%股权的行为违反行政法规及部门规章,双方签订的《股权转让及保证协议》无效的再审申请理由不能成立。

争议焦点6　股权转让合同构成可撤销的情形

《民法典》规定的合同可撤销的事由主要包括:(1)重大误解(第147条);(2)欺诈(第148条、第149条);(3)胁迫(第150条);(4)显失公平(第151条)。

具体到股权转让领域中,当事人主张的撤销的主要情形包括:(1)转让方是否隐瞒了公司财产情况、是否存在转让人欺诈或者受让人重大误解的情形;(2)股权转让价格(特别是在未经评估的情况下)过低,是否构成显失公平;(3)违反瑕疵担保义务的股权转让合同是否应予撤销(详见本章第六部分“争议焦点24”)等。

裁判要点1 是否构成“重大误解”的认定——股权受让人通过股权转让方式获得目标公司土地使用权,并以此作为股权转让价款的判断标准,但土地不属于目标公司的,属于“重大误解”,股权转让合同应予撤销。

【裁判理由】【(2013)东中法民二终字第853号】广东瀚洋环保工程投资有限公司(以下简称瀚洋公司)等与叶某柏等股权转让纠纷二审案件,广东省东莞市中级人民法院认为:

涉案三幅地的使用权不属于东贸公司,但是涉案合同又将涉案三幅地的使用权作为东贸公司股权所对应的资产进行转让。按合同约定,瀚洋公司、肖某红支付合同价款7700万元获得东贸公司的全部股权,并由此取得涉案三幅地的使用权,涉案三幅地的价值直接影响股权转让的价款。但从已查明的情况来看,没有

① 对应《民法典》第153条。

证据显示瀚洋公司、肖某红在签订合同时就知道涉案土地的使用权不属于东贸公司,并且在叶某柏、成某坚向瀚洋公司、肖某红移交的挂名在东贸公司名下但不属于东贸公司所有的资产清单中没有包含涉案三幅地,又没有证据显示瀚洋公司、肖某红知道涉案三幅地没有列入改制范围的情况下,瀚洋公司、肖某红有合理的理由相信涉案三幅地的使用权属于东贸公司,从而对股权价值作出不同判断……因此,瀚洋公司、肖某红主张误以为涉案三幅地的使用权属东贸公司,基于重大误解而订立合同,涉案合同应予撤销的诉讼请求依法有据,应予支持。

裁判要点 2 是否构成“重大误解”的认定——目标公司存在股权转让协议未明确的债务,但未超出受让人注意义务和风险防控范围的,不构成重大误解,股权转让协议不应撤销。

【裁判理由】【(2015)民申字第868号】王某兵诉冯某祥等股权转让纠纷再审案件,最高人民法院认为:

王某兵与冯某祥、付某萍签订的《股东转让协议》是否属于王某兵因重大误解而订立的可撤销合同,是本案再审审查的焦点问题。从双方签订的《股东转让协议》《补充协议》来看,双方对于股权转让之前侗乡木业的债务情况做了明确约定。《股东转让协议》第7条约定:股权转让后公司只承担政府为原侗乡木业担保的贷款500万元、贵阳银行的贷款400万元以及黎平县农村信用社的贷款500万元,其余债务由冯某祥、付某萍承担。同日签订的《补充协议》第1条约定:侗乡木业评估内的固定资产和设备的欠款,由冯某祥全权负责。上述约定表明,王某兵在受让侗乡木业股权时已经对投资风险进行了充分评估和防范,即便侗乡木业存在上述协议当中未予明确的其他债务,亦应认为双方已对债务承担问题作了相应安排。**对于侗乡木业向信元公司的借款700万元,确未在双方协议中予以明确,但该笔借款已经办理了抵押登记,王某兵完全可以通过查询抵押登记而得知,该注意义务并不超出其风险防控的合理范围**……基于以上,王某兵申请再审称其基于侗乡木业仅有协议中约定的1400万元债务的重大误解而签订《股东转让协议》,该协议应予撤销的主张,与合同约定及本案事实均不符,不能成立。

裁判要点 3 是否构成“欺诈”的认定——股权受让人具备了解转让股权信息的条件但未尽到相应的注意义务的,不构成欺诈,股权转让合同不应撤销。

【裁判理由】【(2017)鲁民终141号】武某敬与朱某合股权转让纠纷二审案件,山东省高级人民法院认为:

关于被上诉人朱某合在签订涉案股权转让协议时是否构成欺诈的问题。第一,上诉人武某敬主张其购买涉案天昊公司股权的目的是买地,因此其在签订股权转让协议时,应当负有对天昊公司的土地是否存在查封、被法院执行甚至被拍卖等情形进行了解的义务,也符合常理。本案中,一审法院作出执行通知并出具拍卖天昊公司土地相关裁定的时间分别为2012年10月24日和2013年3月29日,均早于涉案《股权转让协议》的签订时间即2013年4月7日。以上土地进入执行和被拍卖等信息均能够查询,上诉人武某敬称其对此不知情不符合常理。第二,上诉人武某敬提供的证人安某称,安某是天昊公司的实际控制人,完全了解天昊公司土地的实际情况,且其与武某敬是同学关系,涉案股权转让协议也是安某向武某敬介绍的,出售该股权就是为了偿还天昊公司的欠款。基于此,应认定武某敬在签订涉案股权转让协议前具备了解天昊公司经营及土地状况的条件。第三,天昊公司的工商登记材料中记载武某敬2008年是天昊公司的副经理,可以佐证武某敬对于天昊公司的土地状态是明知的。基于以上理由,可以推定武某敬对天昊公司土地拍卖的情形是知道或应当知道的。**退一步说,即使武某敬确实不知,也应认定主要责任在于武某敬未尽到相应的注意义务。**第四,关于上诉人武某敬依据单方委托会计师事务所作出的审核报告,主张天昊公司没有资产,其购买股权是被欺诈的理由。因该报告是单方委托,不能作为证据使用,其该主张证据不足,不能成立。

裁判要点 4 是否构成“显失公平”的认定——构成显失公平,股权转让合同应予撤销。

【裁判理由】【(2016)最高法民申1648号】计某林诉梅兰化工集团有限公司(以下简称梅兰化工公司)股权转让合同纠纷再审案,最高人民法院认为:

2011年6月23日,计某林在与梅兰化工公司签订的《合作协议书》第1、2条中约定,计某林将其拥有的颖兴萤石矿50%的权益以8000万元的价款转让给梅兰化工公司,该8000万元价款包括颖兴萤石矿采矿许可证矿区范围1.6214平方公里、10个矿脉、980万吨萤石储量和协议生效之日双方盘点的颖兴萤石矿所有无形资产与有形资产。合同履行期间,双方对萤石储量发生争议。依据梅兰化工公司申请,一审法院从围场县国土局调取的《颖兴萤石矿扩界勘察及资源储量核实报告》(以下简称《储量核实报告》)载明颖兴萤石矿截至2012年8月底,萤石资源储量为14.638万吨,与《合作协议书》确认980万吨的萤石储量差额巨大。计某林虽提交河北中川地质调查有限公司(以下简称中川公司)出具的《颖兴萤石矿矿产资源远景评价地质报告》(以下简称《远景评价地质报告》),欲证明该报告预测的涉案矿石远景资源量为813.5万吨,与合同约定基本相符。但该储量为预测量,计某林委托的有专门知识的人出庭陈述意见时亦认为,《远景评价地质报告》是颖兴萤石矿的远景资源量,是对储量的预测。双方在《合作协议书》中载明的980万吨萤石储量并未说明是预测储量,而梅兰化工公司支付4000万元股权转让款的对价亦是建立在980万吨确定的萤石储量基础上。据此,二审法院认定梅兰化工公司以4000万元价款购买名为980万吨、实际为14.638万吨萤石储量的颖兴萤石矿50%股权,显失公平,双方签订的《合作协议书》应予撤销并无不当。

裁判要点 5 是否构成"显失公平"的认定——股权受让人有能力对目标公司的资产和经营状况进行充分考察与了解,但未尽到审慎的注意义务的,不构成显失公平,股权转让合同不应撤销。

【裁判理由】【(2017)粤民终2215号】刘某临、冯某平股权转让纠纷二审案件,广东省高级人民法院认为:

案涉《合作协议书》不符合《民法总则》第151条所规定的因显失公平可予撤销的情形。理由如下:(1)刘某临并未提交证据证明其在签订案涉《合作协议书》时存在危困或弱势情形。刘某临在与冯某平签订案涉《合作协议书》,购买原由冯某平所有的大龙山公司50%股权的过程中始终是自主、自愿的,刘某临并不存在任何特殊理由必须与冯某平进行案涉股权转让行为。(2)刘某临认为冯某平与其存在信息不对称的问题,**但刘某临在签订案涉《合作协议书》之前,完全有条件和能力对大龙山公司的资产与经营状况进行充分的考察与了解。案涉股权转让款金额巨大,刘某临作为一名完全民事行为能力人,对其如此重大的商业决策行为应当负有审慎注意义务**。(3)吉林长城资产评估有限责任公司于2014年12月28日对大龙山公司的资产价值作出的评估报告并非受冯某平委托,刘某临购买案涉股权也并非基于该评估结论。根据本案查明的事实,刘某临已于2014年4月21日起担任大龙山公司的法定代表人,该公司的经营管理也已由刘某临负责。吉林长城资产评估有限责任公司是受刘某临担任法定代表人的大龙山公司委托作出的上述评估报告。刘某临亦未能举证证明冯某平在与其商谈案涉股权转让的过程中存在提供虚假文件等欺诈行为。(4)股权投资不同于一般的货物买卖。股权投资者购买目标公司的股权,除了着眼于目标公司现有资产的价值,更看重目标公司预期可获得的利益。因此,不能仅以目标公司现有资产的价值来衡量股权转让款的数额是否公平。

争议焦点7 股权转让合同构成违约的情形

裁判要点 1 受让人依约支付股权转让款项后,转让人未按照协议约定履行移交相关财务、财产手续等义务的,构成违约。

【裁判理由】【(2016)最高法民终51号】吴某媚、吴某媚与梁某业、宋某之等股权转让纠纷二审案件,最高人民法院认为:

关于转让方是否违约问题。受让方以转让方怠于交付公章及相关证照资料、未全部转让100%股权、提出合同解除之诉以及隐瞒土地被查封等为由,认为转让方构成违约,从而要求转让方承担违约责任。对此,本院分析如下:关于交付公章及相关证照资料问题。公司的公章及相关证照资料等属于公司的财产,通常情况下,转让公司股权的原股东不得处分该财产,受让公司股权的股东在股权变更之后应以公司的名义请求控制该财产的原股东交付。但是,根据案涉协议的约定,受让方的目的是取得金汛公司的全部股权并进行经营管理。在股权转让之前,金汛公司的全部股东和实际控制人为吴某媚、吴某媚,且吴某媚是法定代表人,金汛公司的公章及相关证照资料实际也由两人控制。案涉交易履行完毕的结果也是由受让方成为持有金汛公司全部股权的股东。**在此背景下,根据案涉股权转让合同及其补充协议的交易目的,将交付金汛公司公章及相关证照资料的义务解释为转让方的义务,即具有合理性。**因此,尽管双方签订的系列协议中并无转让方交付公司公章及相关证照资料的约定,但根据《合同法》第60条①的规定,转让方依据诚实信用原则和合同目的及金汛公司股权转让前后的实际情况,转让方应将公司的公章及相关证照资料交付受让方。虽然受让方在公司股权变更后已经重新办理了新的公司公章、《企业法人营业执照》(正、副本)、《税务登记证》(国税及地税正、副本)等证照,**但是,这些证照及财务资料的交付仍具有避免转让方滥用权利,进而保护受让方以及金汛公司权益的作用,属于《合同法》第60条规定的基于诚实信用原则所派生的附随义务。所以,一审判令转让方向受让方交付公章及相**

① 对应《民法典》第509条。

关证照资料并无不当，本院予以维持。

裁判要点2 合同约定或法定生效要件为报批允准，承担报批义务方不履行报批义务的，合同未生效，承担报批义务方应当承担缔约过失责任，而非违约责任。

【裁判理由1】【(2020)最高法民申1680号】沈某、江苏省国信集团有限公司(以下简称国信公司)股权转让纠纷再审审查与审判监督案件，最高人民法院认为：

《企业国有资产监督管理暂行条例》系由国务院制定的涉及国有资产管理的行政法规，《企业国有产权转让管理暂行办法》系国务院国有资产监督管理委员会、财政部根据该行政法规为规范国有产权转让行为、防止企业国有资产流失而联合制定的部门规章。《企业国有产权转让管理暂行办法》中关于转让企业国有产权致使国家不再拥有控股地位的应报本级人民政府批准、重要子企业的重大国有产权转让事项应报同级国有资产监督管理机构会签财政部门后批准的规定，体现了对于国有资产转让程序的统一管理。原审判决认定在涉及国有资产转让的股权转让中应当依照上述规范性文件的要求办理正确。案涉《股权转让合同》项下转让的标的是国资公司持有的正泰公司70%股权，而正泰公司资产中包含的990万股白云山A股属于国有法人股。故根据上述规范性文件规定，《股权转让合同》属于应当办理批准手续的合同。**《最高人民法院关于适用〈中华人民共和国合同法〉若干问题的解释(一)》第9条规定，法律、行政法规规定合同应当办理批准手续，或者办理批准、登记等手续才生效，在一审法庭辩论终结前当事人仍未办理批准手续的，或者仍未办理批准、登记等手续的，人民法院应当认定该合同未生效。**根据本案事实，江苏省人民政府国有资产监督管理委员会经核查发现正泰公司的资产中含有上市公司国有法人股后，下发了《关于规范转让正泰公司股权的函》，明确要求正泰公司股权转让应当经江苏省人民政府同意后报国务院国有资产监督管理委员会审批，而沈某亦同意完善相关审批手续。**但因此后上述审批手续并未办理，故原审判决认定《股权转让合同》未生效，符合法律规定。**关于原审判决对沈某要求国信公司赔偿损失的诉讼请求不予支持是否错误的问题。本案中，沈某在请求解除《股权转让合同》的前提下，提出国信公司应赔偿的损失100,465,680.48元，应属可得利益损失，系违约后应承担的责任。**但原审法院经审理后认定《股权转让合同》属未生效合同，在此情形下国信公司承担的责任属缔**

约过失责任，而非违约责任，原审判决基于此对沈某关于国信公司应承担违约责任的诉请未予支持，不违反法律规定，并无不当。

【裁判理由2】【（2016）最高法民终802号】深圳市标榜投资发展有限公司（以下简称标榜公司）、鞍山市财政局（以下简称鞍山财政局）股权转让纠纷二审案件，最高人民法院认为：

鞍山财政局未将涉案合同报送批准存在缔约过失。首先，鞍山财政局未履行报批义务违反合同约定。《合同法》第8条①规定，依法成立的合同，对当事人具有法律约束力。当事人应当按照约定履行自己的义务，不得擅自变更或者解除合同。依法成立的合同，受法律保护。依照法律、行政法规的规定经批准或者登记才能生效的合同成立后，有义务办理申请批准或者申请登记等手续的一方当事人未按照法律规定或者合同约定办理申请批准或者未申请登记的，属于《合同法》第42条第3项②规定的“其他违背诚实信用原则的行为”，人民法院可以根据案件的具体情况和相对人的请求，判决相对人自己办理有关手续；对方当事人对由此产生的费用和给相对人造成的实际损失，应当承担损害赔偿责任。根据上述法律和司法解释规定，如果合同已成立，合同中关于股权转让的相关约定虽然需经有权机关批准方产生法律效力，但合同中关于报批义务的约定自合同成立后即对当事人具有法律约束力。当事人应按约履行报批义务，积极促成合同生效。本案中，《股份转让合同书》第7.1条规定，本次转让依法应上报有权审批机关审批。甲、乙双方应履行或协助履行向审批机关申报的义务。并尽最大努力，配合处理任何审批机关提出的合理要求和质询，以获得审批机关对本合同及其项下股权交易的批准。《股份转让合同书》第11.2条规定，标榜公司作为乙方保证向甲方及沈交所提交的各项证明文件及资料均真实、准确、完整。**上述约定虽未明确涉案合同报批义务及协助报批义务具体由哪一方负担，但根据约定标榜公司的主要义务是提供相关证明文件、资料，主要是协助报批。据此，应认定涉案合同报批义务由鞍山财政局负担。但鞍山财政局违反合同约定，未履行报批义务，亦未按照有权机关要求补充报送相关材料，依据上述司法解释规定，其行为属于《合同法》第42条第3项规定的“其他违背诚实信用原则的行为”，应认定鞍山财政局存在缔约过**

① 对应《民法典》第119条。

② 对应《民法典》第500条，本章节下同。

失。鞍山银行并非涉案《股份转让合同书》的当事人，鞍山财政局上诉主张报批义务由鞍山银行承担，没有合同依据，不予支持。

争议焦点 8　股权转让合同构成合同解除的情形

股权转让合同与一般合同的解除规则具有一致性，分为约定解除及法定解除的情形。在约定解除的情形下，需首先认定合同约定的解除条件是否成就，在合同约定的解除条件成就时，还需结合《九民纪要》第 47 条的规定审查违约方的违约程度是否显著轻微、是否影响守约方合同目的的实现，并最终根据诚实信用原则确定合同应否解除。

在法定解除的情形下，守约方通常以“合同目的”不能实现为由主张解除合同，故股权转让合同的“合同目的”不能实现的情形是审判实践中的难点。笔者经检索选取了如下三种特殊情形分别予以讨论，包括：(1)未取得项目土地等；(2)未如约支付股权转让对价；(3)未如约办理变更登记手续。同时，对人民法院在判定股权转让合同应否解除时可能考量的特殊因素予以探究。

裁判要点 1　受让人在股权转让合同项下的合同目的是取得公司股权，双方未将项目公司土地用于特定工业建设约定为股权转让前提的，不应认定为股权转让合同目的无法实现。

【裁判理由】【(2018)最高法民申 3154 号】刘某东与成某锋、刘某萍股权转让纠纷再审审查与审判监督案件，最高人民法院认为：

本案的审理对象为《股权转让协议》，双方之间的法律关系为股权转让法律关系……刘某东主张解除协议的主要理由是成某锋、刘某萍隐瞒同欣科技公司土地不能用于特定工业建设经营致合同目的无法实现。**对此，本院认为，对于股权转让合同来讲，受让人的合同目的系取得公司股权，刘某东所称利用同欣科技公司土地用于特定工业建设并非《合同法》第 94 条[①]第 4 项所称的“合同目的”。双方亦未将利用同欣科技公司土地进行特定工业项目建设作为案涉股权转让的前提，刘某东关于案涉合同目的不能实现，案涉《股权转让协议》应解除的主张，缺乏事实和法律依据**。二审判决驳回其反诉请求，并无不当。刘某东虽主张同欣科技公

① 对应《民法典》第 563 条，本章节下同。

司在工商登记变更前存在多个股东，总资本金为100万元，但该事实是否成立并无证据证明，且即便存在该事实，亦不影响刘某东取得同欣科技公司的股权。刘某东提交的证据不属于《民事诉讼法》第200条第1项[①]规定的新证据，不足以推翻二审判决。

裁判要点2 项目公司的主要资产是特定土地使用权，股权转让协议主要内容涉及该土地的开发建设，可以认定合同目的是以受让股权的方式取得案涉土地使用权并进行开发建设，土地不可能进行开发建设应认定为合同目的无法实现。

【裁判理由】【(2021)最高法民申6074号】海南万宁万鑫实业有限公司(以下简称万鑫公司)与林某和等股权转让纠纷再审案，最高人民法院认为：

关于案涉《股权转让协议》是否应当解除的问题。**第一，《股权转让协议》名为转让股权，实为转让土地使用权。案涉《股权转让协议》约定，中视公司受让万鑫公司100%股权，包括股权项下的土地使用权。由于万鑫公司的主要资产系案涉土地使用权，协议内容也主要涉及对案涉土地进行开发建设，故中视公司的合同目的是以受让股权的方式取得案涉土地使用权并进行开发建设，案涉土地能否使用开发影响着《股权转让协议》的履行**。第二，案涉土地已无法进行开发建设。经查，万宁市国土资源局于2016年7月20日作出万国土资函〔2016〕565号《万宁市国土资源局关于万宁市总体规划(空间类2015～2030)情况告知书》，告知万鑫公司案涉土地不再规划保留为建设用地。由于案涉土地因万宁市总体规划确定属于生态红线保护范围，不再规划保留为建设用地，该土地已不可能再进行开发建设。第三，虽然万鑫公司等主张中视公司继续履行合同依然可以取得政府的换地权益，但已不是案涉合同约定的标的权益。第四，中视公司已向万鑫公司支付了1000万元定金及500万元投资款，但万鑫公司仍未依约将万鑫公司90%的股权变更至中视公司名下。据此，原判决在中视公司已无法实现《股权转让协议》目的的情况下，支持其单方解除案涉合同，并无不当。

裁判要点3 股权转让协议签订目的为项目开发经营权的，合同目的能否实现的判断需要以项目开发经营权最终能否实现为前提。无证据证明项目已被取缔或者政府不予认可的，或者项目已经具备一定开发条件，当事人未对此提出异议的，不应认定合同目的已经无法实现。

---

① 对应现行2021年《民事诉讼法》第207条第1项。

【裁判理由】【(2012)粤高法民二终字第17号】百京腾投资咨询(上海)有限公司(以下简称百京腾公司)与深圳市朗钜实业集团有限公司(以下简称深圳朗钜公司),天津朗钜地产有限公司股权转让纠纷二审案件,广东省高级人民法院认为:

关于双方签订的《股权转让合同书》应继续履行还是予以解除及双方责任承担的问题。**根据上述合同第2条第3款关于"确定股权转让对价的前提"及第4条"陈述与保证"第1款约定的内容及内蒙古明大公司是专为开发"明大山水园"而成立的项目公司、主营业务就是开发"明大山水园"项目等事实,可认定百京腾公司与深圳朗钜公司签订上述合同的目的是以转让股权为形式实现对"明大山水园"项目的开发、经营权的转让。**根据约定,合同目的的实现,与合同第2条第3款第1~8项列明的开发条件有密切关系。经查,《股权转让合同书》第2条第3款第4~6项所列条件未完全具备。但相关文件显示,呼和浩特市政府已同意回民区政府征收涉案土地为国有,并将其中农用地转为建设用地;涉案土地已完成征用的各项前期工作;呼和浩特市土地收购储备拍卖中心已准备对一期工程所涉300亩土地实施挂牌出让。**因此,合同目的的实现已具备一定条件。**另外,根据合同约定,内蒙古明大公司转让时的现状及相关附件深圳朗钜公司知晓和认可,且深圳朗钜公司接管内蒙古明大公司将近一年后又与百京腾公司签订《股权转让补充合同》,至百京腾公司提起诉讼前,深圳朗钜公司一直未对内蒙古明大公司及项目的状况提出过异议。**因此,应认定深圳朗钜公司对股权转让时内蒙古明大公司及"明大山水园"项目的状态是清楚的或即使当时不清楚事后也是默认的。故深圳朗钜公司以百京腾公司违约致合同目的不能实现请求解除合同的主张本院不予支持。**

【笔者观点】结合前述三个案例的裁判要点,笔者认为:当股权受让方将取得项目公司土地使用权作为股权转让的合同签订的前提条件及重要目的的,应当在合同中明确将其表述为"合同目的",并且对未能取得土地使用权时的后续处理作出明确预定。如当事人在合同中未作明确约定,在发生争议时将由人民法院认定取得特定土地使用权是否构成股权转让合同的"合同目的",此时,当事人将面临极大的不确定性。换言之,股权受让方可能面临无法解除股权转让合同的风险和窘境。

裁判要点4 有限责任公司的股权分期支付转让款中发生股权受让人延迟或者拒付等违约情形,股权转让人要求解除双方签订的股权转让合同的,不适用《合同法》第167条关于分期付款买卖中出卖人在买受人未支付到期价款的金额达到合同全部价款的1/5时即可解除合同的规定。

【裁判理由】【(2015)民申字第2532号】(指导案例第67号)周某海与汤某龙股权转让纠纷再审审查与审判监督案件,最高人民法院认为:

关于本案是否应当适用《合同法》第167条[①]之规定的问题。(1)《合同法》第167条共分两款。第1款的规定是分期付款的买受人未支付到期价款的金额达到全部价款的1/5的,出卖人可以要求买手人支付全部价款或者解除合同。第2款的规定是出卖人解除合同的,可以向买受人要求支付该标的物的使用费。(2)从上述规定内容上看,该条规定一般适用于经营者和消费者之间,标的物交付与价款实现在时间上相互分离,买受人以较小的成本取得标的物,以分次方式支付余款,因此出卖人在价款回收上存在一定的风险。(3)本案买卖的标的物是股权,在双方没有在当地的工商登记部门进行股权变更登记之前,买受人购买的股权不具有对抗第三人的权利。换言之,如果目标公司没有在股东名册上登记汤某龙的股权,在工商部门变更登记之前,汤某龙就没有获得周某海转让的股权。本案中双方约定的第二期价款支付的时间在工商部门股权变更登记之前。(4)一般的消费者如果到期应支付的价款超过了总价款的1/5,可能存在价款收回的风险。本案中买卖的股权即使在工商部门办理了股权过户变更登记手续,股权的价值仍然存在于目标公司。周某海不存在价款收回的风险。(5)**从诚实信用的角度看,由于双方在股权转让合同上确载明“此协议一式两份,双方签字生效,永不反悔”,周某海即使依据《合同法》第167条的规定,也应当首先选择要求汤某龙支付全部价款,而不是解除合同。**(6)案涉股权已经过户给了汤某龙,且汤某龙愿意支付价款,周某海的合同目的能够实现。因此,二审法院认为本案不适用《合同法》第167条,周某海无权依据该条规定解除合同的理由并无不当。

裁判要点5 在未约定股权转让价款支付具体时间的情况下,转让人应当积极要求受让人履行支付股权转让款的义务,并给予必要的准备时间;受让人仍未能履行的,应视为合同目的不能实现,转让人享有合同法定解除权。

【裁判理由】【(2018)最高法民终120号】远洲集团股份有限公司(以下简称远洲集团公司)、浙江华泽投资发展有限公司(以下简称华译公司)等股权转让纠纷二审案件,最高人民法院认为:

① 对应《民法典》第634条,本章节下同。

案涉《协议书》约定剩余的3.7亿元股权转让款的支付，由远洲集团公司、华泽公司、满琪公司、臻峰公司与荣资公司另行协商，但双方经多次协商未果，未能明确该款项的履行期限。《合同法》第62条[①]第4项规定，履行期限不明确的，债务人可以随时履行，债权人也可以随时要求履行，但应当给对方必要的准备时间。本案合同双方对剩余3.7亿元股权转让款履行期限未能协商达成一致意见，应视为约定不明。依据上述法律规定，远洲集团公司、华泽公司、满琪公司、臻峰公司可以随时要求荣资公司履行支付剩余股权转让款的义务，但应当给荣资公司必要的准备时间。远洲集团公司、华泽公司、满琪公司、臻峰公司转让案涉股权的目的是获得股权转让款，故在双方认可就案涉股权转让事宜每年进行数次磋商的情形下，结合荣资公司在长达4年多时间里仍未支付过股权转让款的事实，应当认定远洲集团公司、华泽公司、满琪公司、臻峰公司**已积极要求荣资公司履行支付剩余股权转让款的义务，并给予荣资公司履行付款义务必要的准备时间**。因此，荣资公司未支付剩余股权转让款，构成违约。一审庭审中，远洲集团公司、华泽公司、满琪公司、臻峰公司表示，如果荣资公司具有履约能力，其同意继续履行合同；荣资公司表示其具有履约能力，有能力在1～2周内筹集6.3亿元。**在此情形下，一审法院要求荣资公司于庭审结束次日起15日内提供其具有相应履约能力的银行存款证明。但荣资公司在指定限期内未能提供6.3亿元银行存款证明，亦未支付剩余股权转让款**。一审法院综合以上情况，根据《合同法》第94条第4项关于当事人一方迟延履行债务或者有其他违约行为致使不能实现合同目的，当事人可以解除合同的规定，判决解除案涉股权转让合同，并无不当。

裁判要点6 继续履行是违约方承担责任的首选方式，在受让人迟延支付股权转让款时，转让人应当积极要求其支付对价，在其仍有意愿继续履行合同、支付股权转让价款的情况下，应认定合同目的不会落空。

【裁判理由】【(2019)粤13民终383号】惠州市百金海贸易有限公司（以下简称百金海公司）、王某辉等股权转让纠纷民事二审案件，广东省惠州市中级人民法院认为：

关于王某辉、王某秋是否有权行使《合同法》第94条规定的法定解除权解除涉案《股权转让协议》的问题。本院认为，百金海公司没有支付剩余股权转让款的

① 对应《民法典》第511条。

行为，不构成根本性违约，王某辉、王某秋不能据此作为解除涉案《股权转让协议》的依据，理由如下：首先，涉案《股权转让协议》对百金海公司支付剩余股权转让款的付款时间约定不明，百金海公司无法支付剩余股权转让款……其次，百金海公司已经通过书面方式告知王某辉、王某秋，要求他们提供琳珠公司的相关原始凭证、账册和报表等资料，以配合百金海公司完成审计和尽职调查，但王某辉、王某秋对百金海公司提出的请求并未予以任何回应和处理，导致百金海公司未能支付第二期股权转让款1000万元，不可全部归责于百金海公司。**再次，当违约情况发生时，继续履行是违约方承担责任的首选方式，这也是为了更有利于合同目的实现，确保交易的安全性和稳定性**。本案中，王某辉、王某秋认为百金海公司拒不支付第二期股权转让款1000万元，其并未向人民法院起诉要求百金海公司履行付款义务，并追究百金海公司的违约责任，而是直接发出律师函解除双方签订的涉案《股权转让协议》。在百金海公司向一审法院起诉要求继续履行涉案《股权转让协议》后，王某辉、王某秋才向一审法院提起反诉请求解除涉案《股权转让协议》，明显不妥，也不符合上述法律规定的要求。**最后，王某辉、王某秋签订涉案《股权转让协议》的目的，是转让股权取得股权转让款，百金海公司在双方发生争议以及本案一、二审审理期间，多次明确表示愿意继续履行合同，支付剩余的股权转让款。也就是说，王某辉、王某秋签订涉案《股权转让协议》的合同目的并不会落空。**综上，王某辉、王某秋关于解除涉案《股权转让协议》的反诉请求，缺乏事实和法律依据，也不利于社会经济秩序的稳定和商事交易的安全，本院不予支持。

【笔者观点】股权转让合同作为一种特殊性质的买卖合同，人民法院往往会基于维护交易的安全性、稳定性等考量因素，在股权受让方未如约支付股权转让价款时不轻易判令解除股权转让合同，对股权转让人而言无疑是相对严苛的。基于上述裁判要点，笔者认为：在股权受让人怠于支付股权转让价款，股权转让人在选择诉请时，可以首先考虑诉请对方支付股权转让对价并查封对方所持股权，直接主张要求解除股权转让合同的诉请可能面临被法院驳回的一定风险。

裁判要点 7 股权转让人未办理股权变更登记手续，应当认定构成根本违约，股权受让方有权解除股权转让合同。

【裁判理由】【（2016）最高法民再167号】河北华仁国际贸易集团有限公司（以下简称华仁国贸公司）、苏某益股权转让纠纷再审案件，最高人民法院认为：

本院再审认为，本案系股权转让纠纷。根据本案已查明的事实，苏某益与华仁国贸公司签订的《股权转让协议》系双方真实意思表示,且不违反法律法规强制性规定,应为有效,双方均应依约履行各自义务。根据华仁国贸公司的再审申请及苏某益的答辩意见,本案的争议焦点问题为涉案股权转让协议是否已经解除以及华仁国贸公司是否应当返还股权转让款。

涉案《股权转让协议》签订后,苏某益依约支付了股权转让款。根据《公司法》第32条第3款、第73条的规定,应由华仁矿业公司向苏某益签发出资证明书,并向公司登记机关办理变更登记。但根据本案查明的事实,华仁国贸公司于股权转让前持有华仁矿业公司80%的股份,是华仁矿业公司控股股东,华仁国贸公司法定代表人吴某燕同时担任华仁矿业公司董事长,华仁国贸公司实际控制了华仁矿业公司。**在2012年3月31日协议生效后1年多时间里,经苏某益催促,华仁国贸公司控制下的华仁矿业公司仍未办理股权变更登记手续,二审判决认定苏某益享有合同解除权,涉案合同已经解除,并无不当。**

裁判要点8 未办理股权工商变更登记并不影响股权转让的效力,不能认定合同目的不能实现并解除股权转让合同。

【裁判理由1】【(2017)最高法民申2316号】杨某友、杨某华、胡某忠、胡某群、云南中豪物流有限责任公司(以下简称中豪物流公司)股权转让纠纷再审审查与审判监督案件,最高人民法院认为:

杨某友、杨某华根据《合同法》第94条的规定,以本案未达到其签订合同目的为由主张解除《股权转让协议》。本院认为,根据《合同法》第94条第4项"当事人一方迟延履行债务或者有其他违约行为致使不能实现合同目的,当事人可以解除合同"的规定,该项法定解除的条件系相对方存在根本违约情形以致合同目的不能实现。本案中,杨某友、杨某华与胡某忠签订的《股权转让协议》系双方当事人以转让中豪物流公司2%股权为目的而达成的由胡某忠转让股权并收取价金,杨某友和杨某华受让股权并支付股权转让款的意思表示。《股权转让协议》约定协议经双方签字盖章后生效,且生效之日即为股权转让之日,故在杨某友、杨某华支付股权转让款后即已取得股权,其应享有中豪物流公司股东权利。**未办理股权工商变更登记并不影响股权转让的生效,同时胡某忠愿意配合杨某友、杨某华办理工商变更登记,故杨某友、杨某华以合同目的不能实现为由请求解除《股权转让协议》的理由不能成立。**

【裁判理由2】【(2019)最高法民申6719号】益硕控股有限公司(以下简称益

硕公司)、中汇同创(北京)投资有限公司(以下简称中汇公司)股权转让纠纷再审案件,最高人民法院认为:

益硕公司主张因中汇公司未按约定进行酒交所章程和股份工商变更登记,影响益硕公司受让股份的公示效力,导致合同目的难以实现,故有权解除合同。本院认为,根据《公司登记管理条例》第9条①、第34条的规定,股份有限公司因股份转让发生股东和章程变更,不属于依法必须申请变更登记的情形。现行法律法规亦未规定股份有限公司股份转让以登记为公示方式。益硕公司的合同目的是受让案涉股份,成为酒交所股东并行使股东权利。《股份转让协议》第1.4条及《益硕公司与中汇公司关于四川联合酒类交易所股份有限公司之股份转让协议之补充协议》第3条约定中汇公司应协调酒交所办理因案涉股份转让引起的公司章程及股份变更登记,但该协调义务并非中汇公司主要合同义务。**益硕公司未举证证明其股东身份及权利因未办理变更登记而受到不利影响**。相反,其股东身份及持股情况已在酒交所股东名册载明,且以股东身份参加了酒交所股东大会。故中汇公司虽尚未协调酒交所办理公司章程及股份转让变更登记,但并未导致益硕公司合同目的不能实现。益硕公司以中汇公司未办理变更登记构成违约为由要求解除合同的主张无法律依据,不予支持。

裁判要点9 受让隐名股东持有股权的目的是享有股权投资收益,受让人明知转让人系隐名股东的事实仍受让股权,在此情况下无法办理工商变更登记,不应认定合同目的无法实现并解除股权转让合同。

【裁判理由】【(2021)苏07民终4018号】周某宝、周某虎等股权转让纠纷民事二审案件,江苏省连云港市中级人民法院认为:

周某虎主张因上诉人周某宝未交付股权、变更工商登记,无法实现合同目的,应当解除合同。本院认为,周某虎对周某宝系隐名股东这一事实是明知的。首先,周振观作为苏山公司登记股东,在与周某宝谈话视频中并未否认周某宝出资80万元系苏山公司实际出资人的事实。**其次,涉案《股权转让合同》并未约定股权变更登记的时间、条件,周某虎未能举证证明在周某宝提起本案诉讼前,其向周某宝主张办理股权变更登记事宜**,且周某虎还在2021年2月10日向周某宝支付2万元股权转让款,更加印证了周某虎明知受让的系隐名股权。**而受让隐名股权**

① 对应《市场主体登记管理条例》第8条。

的目的是享有股权投资收益，周某虎可径行向苏山公司主张相关股权权益。综上，涉案股权转让合同不符合法定的解除条件，周某虎不享有合同解除权。

【笔者观点】笔者认为，在股权转让合同未明确约定办理变更登记为合同目的的情况下，股权转让人怠于办理公司变更登记的，股权受让人可以通过请求变更公司登记之诉予以救济。此时，不应轻易认定合同目的无法实现并判令解除合同，否则将影响交易安全与稳定。

裁判要点⑩ 解除股权转让合同除应依据法律的明确规定外，还应考虑股权转让合同的特点。尤其在股权已经变更登记，受让方已经支付大部分款项，且已经实际控制目标公司的情况下，解除股权转让合同应结合合同的履行情况、违约方的过错程度以及股权转让合同目的能否实现等因素予以综合判断。

【裁判理由】【(2017)最高法民终919号】上海绿洲花园置业有限公司(以下简称绿洲公司)、霍尔果斯锐鸿股权投资有限公司(以下简称锐鸿公司)、海口世纪海港城置业有限公司(以下简称海港城公司)、海口绿创置业有限公司(以下简称绿创公司)股权转让纠纷二审案件，最高人民法院认为：

绿洲公司依据《合同法》第94条第4项规定主张解除《股权转让协议》，即本案是否存在锐鸿公司迟延履行债务或者其他违约行为致使不能实现合同目的。锐鸿公司已支付股权转让款2.25亿元，占全部股权转让款的60%，尚未支付剩余1.5亿元股权转让款，虽然构成违约，但并未致使《股权转让协议》的目的不能实现。迟延履行不能实现合同目的，指迟延的时间对于债权的实现至关重要，超过了合同约定的期限履行合同，合同目的就将落空。虽然锐鸿公司存在尚未支付剩余1.5亿元股权转让款的违约行为，但《股权转让协议》并未约定锐鸿公司迟延支付该部分款项，绿洲公司将不接受《股权转让协议》的履行。绿洲公司作为股权的出让方，其转让股权的目的在于收取股权转让款，迟延交付1.5亿元股权转让款虽使其遭受损失，但是通过股权买受人继续履行股权转让款支付义务并承担违约责任等，合同目的仍能实现。现本院认定剩余1.5亿元股权转让款的支付条件已经成就，绿洲公司主张迟延履行支付1.5亿元股权转让款致使《股权转让协议》合同目的不能实现的理由不成立。**此外，如前所述，虽然6900万元为《股权转让协议》项下锐鸿公司的支付义务，锐鸿公司尚未支付900万元构成违约行为，但是该款项并不属于锐鸿公司应支付案涉股权的对价，因此，锐鸿公司尚未支付900万元不影响《股权转让协议》目的的实现。**关于锐鸿公司和海港城公司将海港城公司分立的违约行为，前已述及，本院对此不予评述。即使锐鸿公司和海港城公司存在提前将海港城公司分立的违约行为，海港城公司的分立亦非《股权转让协议》项下的主要合同义务，绿洲公司亦不能依据锐鸿公司和海港城公司的该违约行为主张解除《股权转让协议》。

股权是一种综合性的财产权利，不仅包括财产收益权还包括公司经营决策权等多种权利。股权转让合同的签订与履行不仅直接影响合同当事人的利益，而且还会影响目标公司的员工、债权人及其他相关第三人的利益。因此，**解除股权转让合同除应依据法律的明确规定外，还应考虑股权转让合同的特点。尤其在股权已经变更登记，受让方已经支付大部分款项，且已经实际控制目标公司的情况下，解除股权转让合同应结合合同的履行情况、违约方的过错程度以及股权转让合同目的能否实现等因素予以综合判断**。本案中，绿洲公司已将海港城公司80%的股权变更登记至锐鸿公司名下，锐鸿公司已经实际接管海港城公司达两年多，占海港城公司20%股权的股东国升公司明确反对绿洲公司再次进入海港城公司，威斯汀酒店也开业在即，海港城公司在中国银行海口海甸支行的贷款本息已经还清，海港城公司也于2016年2月19日分立为海港城公司和绿创公司。与2015年11月19日案涉股权过户时相比，锐鸿公司持有的海港城公司股权的价值及股权结构均已发生较大变化，案涉股权客观上已经无法返还。综上，锐鸿公司虽然存在迟延支付股权转让款的违约行为，但是依据本案事实和法律规定，《股权转让协议》并不符合法定解除条件应予以解除，绿洲公司该项上诉请求不成立，本院不予支持。

争议焦点9　合同解除后应否返还股权

裁判要点 1 关于股权转让合同解除后应否恢复原状，应当从商事交易的特殊性角度出发，从严把握解除权和恢复原状的适用条件。在考量股权转让合同应否解除及恢复原状时需要考虑公司的状况，顾及公司的稳定性和人合性特征，而不是仅仅符合《合同法》的解除条件即可解除，即使合同解除后也并非必须恢复原状。

【裁判理由】【(2016)鄂民再154号】龚某、韩某股权转让纠纷再审审查与审判监督案件，湖北省高级人民法院认为：

关于股权转让合同解除后应否恢复原状的问题。**与传统民事交易不同，股权**

转让作为一种典型的商事交易,需要从维护市场交易秩序与促进交易的角度考虑,维护效率价值和公司稳定。关于股权转让合同解除后应否恢复原状,应当从商事交易的特殊性角度出发,从严把握解除权和恢复原状的适用条件。

首先,对于股权转让合同而言,合同解除后的恢复原状主要是出让人返还股权转让款,受让人返还股权,返还股权相应地还需办理股权变更登记。返还转让款因只涉及金钱还较为简单,但是股权的返还则不同,因为股权不仅包含财产利益,还包含非财产性利益。股东通过享有股权获得股东身份,不仅可以获得股利,还可以参与公司的经营管理,取得其他的权利和利益。若在合同解除前股权已经发生了变动,或者还未办理股权变更登记但受让股东已实际获取股权并参与了公司的经营,对于在此期间受让股东得到的股利等其他权利和利益的处理会较为复杂。因此,股权转让合同解除后的恢复原状,尤其是股权的恢复原状远比一般的合同恢复原状问题复杂,仅根据《合同法》第97条[①]的规定实难处理。

其次,股权转让合同解除后恢复原状意味着公司股东和股权的重新变动,尤其是对于已经部分履行的合同,若是受让人在解除前已经实际控制股权并参与了公司的管理和经营,此时恢复原状对于公司来说无异于股权的又一次转让和经营管理权的又一次更迭。在商事合同中,往往牵涉较多利益关联方,一宗交易的解除会对与其相关的多宗交易产生连锁影响。上述变化不仅影响合同当事人的权利义务关系,还会对公司、股东、案外第三人的权利义务产生重大影响。因此,在考量股权转让合同应否解除及恢复原状时需要考虑公司的状况,顾及公司的稳定性和人合性特征,而不是仅仅符合《合同法》的解除条件即可解除,即使合同解除后也并非必须恢复原状。

再次,作为股权转让合同的标的,股权的性质决定其以财产权为基本内容,但还包含有公司内部事务管理权等非财产权内容,是否能恢复原状取决于合同履行情况,根据合同的履行部分对整个合同义务的影响,如果当事人的利益不是必须通过恢复原状才能得到保护,不一定采用恢复原状。不应当仅从表面的形式,而应当综合合同性质、合同的履行情况、当事人的主观意图等案件的整体情况,在通过其他的方式进行补救更适宜的情况下,就不应当轻易地判决恢复原状。

最后,具体到本案中:其一,普通买卖合同更注重探究合同当事人之间真实的

---

① 对应《民法典》第566条,本章节下同。

意思表示以及是否遵循了公平原则。商事交易不拘泥于意思表示的主观性而坚守外观的形式要求，从而淡化了商行为与意思表示之间的联系。从股权转让合同的特征及双方约定的内容看，龚某签订《股权转让协议书》的目的是取得股权转让的对价。韩某在支付了部分股权转让款后，龚某已经配合韩某完成了60%股权变更登记及交接手续。**此后，韩某亦继续向龚某支付了部分股权转让款。双方签订的股权转让合同的目的已基本实现。龚某关于原审认定龚某签订《股权转让协议书》的目的系取得股权转让的对价完全错误的主张，缺乏事实和法律依据，本院不予支持。**其二，受让人迟延支付转让款的行为，除受让人有丧失或有可能丧失履行债务能力之极端情形，仅会影响到出让人回收资金的期限利益，不至于使合同无法履行或其整体的履行利益落空。从龚某的再审主张看，60%股权的价值已明显高于双方合同约定的股权转让款，该股权价值仍存在于利济商场，龚某不存在无法收回股权转让款的风险，龚某实现本案合同的目的不是必须通过返还股权才能得到保护。**龚某关于二审认定其实现合同目的不是必须通过返还股权才能得到保护不符合客观事实的主张，缺乏事实和法律依据，本院不予支持。其三，至二审时，韩某成为公司的大股东后行使股东权利，已经实际控制公司达三年之久。**龚某关于原审认定韩某实际控制利济商场达三年之久错误的主张，缺乏事实依据，本院不予支持。自案涉股权办理变更登记之日起至韩某实际控制公司的期间，社会成本和社会影响已倾注其中，本案纠纷涉及公司的稳定性和相关交易的稳定性，为避免公司内部新的不平衡、产生新的利益冲突和纠纷，维护社会经济秩序，保护合法的交易安全，维护公司稳定，在涉案60%股权变更登记及交接手续已经履行的情况下，宜维持韩某的股东地位，不宜判决返还股权。对于2011年1月11日双方已经办理了变更登记手续的60%股权，龚某要求恢复原状，返还股权的诉讼请求，原审不予支持并无不当。

裁判要点2 双方当事人之间纠纷产生的时间与股权转让协议签订的时间仅相隔月余，项目公司生产经营、股权价值未发生重大变化，股权转让合同解除后可以恢复原状。

【裁判理由】【(2016)苏民终899号】朱某辉等与薛某等解除合作合同纠纷二审案件，江苏省高级人民法院认为：

在有证据证明具有违背案涉协议约定的重大违约行为致协议目的不能实现的情形下，案涉协议应予解除。依据《合同法》第97条的规定，即合同解除后，尚未履行的，终止履行；已经履行的，根据履行情况和合同性质，当事人可以要求恢复原状、采取其他补救措施，并有权要求赔偿损失。本案中，双方签订协议及办理变更登记后，因协议约定的主要义务未能履行而致原定的合同目的不能实现，进而产生纠纷，**双方当事人之间纠纷产生的时间与协议签订的时间仅相隔月余，朱某辉、胡某红所称因生产经营、股权价值发生重大变化而致客观上无法回转的主张，欠缺证据证明，不能成立**。对薛某、潘某华、金某华提出股权回转的主张，应予支持。

裁判要点 3 股权转让后，无论其他股东是否转让股权、公司管理人员是否调整还是公司经营方向是否发生改变，均不构成股权不能返还的法定理由，对返还股权亦不构成障碍。

【裁判理由】【(2013)苏商终字第0206号】恽某驳等与江苏佳得利科技发展有限公司（以下简称佳得利公司）等股权转让纠纷二审案件，江苏省高级人民法院认为：

《框架协议》解除后，佳得利公司应向恽某驳返还案涉凤凰集团及相应关联公司相应的股权。(1)股权转让合同解除后，案涉股权应当返还。佳得利公司称，凤凰集团在佳得利公司成为股东后，股东内部结构发生重大变化，凤凰集团关联公司人事调整基本完成，经营方略、方向已经改变，如果本案《框架协议》被解除而返回股权，必然影响到他人的利益，对公司以外的债权人也将产生重大影响。对此，本院认为，合同解除后，佳得利公司继续占有股权已缺乏合同依据，应将股权返还给恽某驳。**佳得利公司受让凤凰集团及其关联公司股权后，不论其他股东是否转让股权、公司管理人员是否调整还是公司经营方向是否发生改变，均不构成本案股权不能返还的法定理由，对返还股权亦不构成障碍**。况且，本案中因佳得利公司根本违约导致合同解除，即使返还股权对公司经营带来负面影响，其责任也不应归咎于恽某驳，故佳得利公司应将案涉凤凰集团及关联公司的股权返还恽某驳。至于恽某驳要求返还的所谓投资权益，因《框架协议》所载投资权益7500万元实际上是股权转让款的组成部分，因案涉股权应予返还，故对于恽某驳的该项主张，本院不予支持。(2)本案所涉股权返还在事实上和法律上亦不存在障碍，股权能够返还。本案中，佳得利受让股权后未将股权再行转让给第三方，股权也没有负载担保物权等其他权利，所以案涉股权的返还并不牵涉第三方利益，原审法院在本案审理期间已将案涉股权予以保全，返还股权也没有障碍。

【笔者观点】笔者同意前述裁判要点1、2阐述的理由，关于股权转让合同解除后应否恢复原状，应当从商事交易的特殊性角度出发，从严把握解除权和恢复原状的适用条件。在当事人诉请解除股权转让合同、恢复原状时，应当考量：是否已经办理变更公司登记，双方当事人纠纷产生的时间与协议签订的时间间隔、是否因股权受让人的经营导致股权价值发生重大变化等因素，即纠纷发生时的“此股权”是否还是股权转让时的“彼股权”，如“此股权”已非“彼股权”的，则不应判令解除股权转让合同并返还股权。换言之，股权转让方在选择诉请时应作充分预判，在股权价值已经发生重大变化时或者法院释明变更恢复原状诉请为赔偿损失时，股权转让方应当确定更为准确的诉讼思路。

争议焦点10　违约金是否过高的判定及调整标准

裁判要点1 认定违约金约定是否过高，应当以违约行为造成的损失为基础进行判断，兼顾合同的履行情况、当事人的过错程度以及预期利益等综合因素，根据公平原则和诚实信用原则等因素综合确定。主张违约金过高的违约方应当对违约金是否过高承担举证责任。

【裁判理由】【(2020)最高法民终839号】西安永威置业有限公司、恒大地产集团西安有限公司（以下简称恒大公司）股权转让纠纷二审案件，最高人民法院认为：

关于违约金计算标准应否调整问题。恒大公司上诉认为，主协议及补充协议约定的日万分之四违约金标准高于实际损失，申请对违约金金额及计算标准予以适当调低。**对此，本院认为，认定违约金约定是否过高，应当以违约行为造成的损失为基础进行判断，兼顾合同的履行情况、当事人的过错程度以及预期利益等综合因素，根据公平原则和诚实信用原则等因素综合确定。主张违约金过高的违约方应当对违约金是否过高承担举证责任。**本案中恒大公司并未举证证明双方约定每日万分之四的违约金过高，故对恒大公司要求调低违约金的上诉请求不予支持。

裁判要点2 股权受让方未按时支付转让款，双方约定的逾期付款违约金过高的，结合当事人过错和案件具体情况，可按年利率24%的标准对违约金和滞纳金予以调整。

【裁判理由】【(2016)最高法民终12号】周某贤、何某玲等与深圳市金州投资有限公司(以下简称金州公司)股权转让纠纷案再审审查与审判监督案件,最高人民法院认为:

根据《五方协议》第10条"违约责任"条款的约定,迟延付款的违约金按日千分之一利率计付。金州公司以约定违约金过高为由,请求调减。原审法院按照《合同法》第114条①第2款"约定的违约金低于造成的损失的,当事人可以请求人民法院或者仲裁机构予以增加;约定的违约金过分高于造成的损失的,当事人可以请求人民法院或者仲裁机构予以适当减少"及《最高人民法院关于适用〈中华人民共和国合同法〉若干问题的解释(二)》第29条第1款"当事人主张约定的违约金过高请求予以适当减少的,人民法院应当以实际损失为基础,兼顾合同的履行情况、当事人的过错程度以及预期利益等综合因素,根据公平原则和诚实信用原则予以衡量,并作出裁决"的规定,以合理融资成本为据,将合同约定的违约金酌减为按年利率24%计付,符合法律规定。金州公司主张原审认定按照年利率24%的比例确定违约金金额仍然过高,但其并未提供证据证明按照年利率24%的比例确定的违约金仍过分高于实际损失,其主张应按照中国人民银行同期贷款利率标准确定违约金计付标准,无法律依据。

裁判要点3 股权受让方未按时支付转让款,双方约定投资溢价率与违约金标准合计为年利率28.25%,但股权转让纠纷无须按照民间借贷纠纷案件年利率不得超过上限24%的标准进行调整。

【裁判理由】【(2019)最高法民终1642号】中国吉林森林工业集团有限责任公司(以下简称吉林森工集团)与鹰潭蓝海济世投资管理有限合伙企业(以下简称蓝海济世合伙企业)股权转让纠纷二审案件,最高人民法院认为:

一审法院认为:蓝海济世合伙企业主张吉林森工集团应当以未付股权价款900,273,972.6元为基数,按每日万分之五支付违约金,吉林森工集团以违约金过高为由,请求一审法院一并将投资溢价的10%年利率及日万分之五计算的违约金调减至年利率24%。对此该院认为,本案系股权转让纠纷,《股权转让合同》第2.3条约定双方当事人均确认本次交易的类型为股权转让,第5.2条关于吉林森工集团逾期支付股权转让价款的,应当按应付未付款项的日万分之五支付违约金

---

① 对应《民法典》第585条,本章节下同。

的约定亦清晰、明确，故吉林森工集团请求按照《最高人民法院关于审理民间借贷案件适用法律若干问题的规定》中有关民间借贷利率不得高于年利率24%的规定，对本案投资溢价率及违约金进行调减，既与合同约定不符，也不属于上述司法解释规定的调整范围，故该院对吉林森工集团的该项辩解不予采纳。

二审法院认为：本案为股权投资纠纷，并非民间借贷纠纷，股权投资收益与民间借贷的利息等收益存在本质差别。案涉双方均系成熟、专业的商事交易主体，对交易模式、风险及其法律后果应有明确认知。双方所签《股权转让合同》合法有效，其中第5条第1、2款对于违约责任有明确约定，即吉林森工集团自逾期支付股权转让价款之日起至清偿之日止，每日应按未付款项万分之五的标准支付违约金。对于该项自愿达成且合法有效之约定，双方应当遵守。虽然本案投资溢价率与违约金标准合计为年利率28.25%，相对于目前《最高人民法院关于审理民间借贷案件适用法律若干问题的规定》规定的利率保护上限24%稍高，但考虑本案并非民间借贷纠纷，一审法院未按此进行调整，并不属于适用法律错误的情形。

裁判要点4 股权受让方未按时支付转让款，双方约定按照年利率36%支付逾期付款违约金的，违约金约定过高，可按照中国人民银行规定的同期贷款基准贷款利率4倍确定违约金的计付标准。

【裁判理由】【(2015)民提字第177号】杨某朝、杨某生与马某虎、马某锁股权转让纠纷再审审查与审判监督案件，最高人民法院认为：

当事人双方在《矿井整合股权转让协议》中明确约定：“逾期按月3%偿付滞纳金。”该滞纳金实质为逾期履行的违约金。按照当事人的约定，其年息为36%。本案中，被申请人申请调低违约金。二审法院适用《最高人民法院关于审理买卖合同纠纷案件适用法律问题的解释》第24条①第4款的规定将违约金调整为按照中国人民银行同期同类贷款基准利率1.5倍计付。《最高人民法院关于审理买卖合同纠纷案件适用法律问题的解释》第24条第4款规定：“买卖合同没有约定逾期付款违约金或者该违约金的计算方法，出卖人以买受人违约为由主张赔偿逾期付款损失的，人民法院可以中国人民银行同期同类人民币贷款基准利率为基础，参照逾期罚息利率标准计算。”**由上述规定可见，《最高人民法院关于审理买卖合同纠纷案件适用法律问题的解释》第24条第4款的规定适用的情形是买卖合同**

① 对应2020年《买卖合同解释》第18条，本章节下同。

的当事人没有约定逾期付款违约金或该违约金的计算方法的情形，而本案当事人约定了违约金的计算方法，因此，二审法院适用法律不当，应予纠正。

被申请人逾期给付股权转让款，导致申请人未能按约取得款项并进行使用收益，其损失可以认定为资金在逾期给付期间的利息损失……鉴于本案申请人与被申请人均为自然人，考虑到申请人长期不偿还款项的过错状态，结合民间资金使用的成本等因素，本院认为，按照中国人民银行规定的同期贷款基准贷款利率4倍确定本案违约金的计付标准较为适宜。

裁判要点5 股权受让方未按时支付转让款，双方约定按照同期贷款利率的4倍计算支付违约金，受让方在通常情况下的损失即资金占用损失，故酌情确定按照中国人民银行同期同类贷款基准利率的1.5倍标准向守约方支付逾期付款违约金。

【裁判理由】【(2017)川民终1037号】于甲、汪某丽股权转让纠纷二审案件，四川省高级人民法院认为：

根据《项目合作协议的补充协议》的约定，股权转让款应于签订本协议后的365天内支付完毕，而本协议签订日期为2012年6月16日，故股权转让款应于2013年6月16日前向邹某支付。于甲、于乙、汪某丽尚欠邹某10,460万元未支付，其行为构成违约，应承担相应的违约责任。双方在《项目合作协议的补充协议》中约定，股权受让方未按照本协议第3.2条的约定支付股权转让款的，每逾期一天，以当期应付转让款按中国人民银行同期贷款利率的4倍计算向股权转让方支付违约金。本案中，于甲、于乙、汪某丽上诉主张其不应承担向邹某支付股权转让款的责任，且汪某丽明确提出即使认定其违约，一审判决确定按中国人民银行同期贷款利率的4倍计算违约金，违约金金额巨大，显然过高，请求予以调减。对此，我国立法对于违约金制度的设置采取"补偿为主，惩罚为辅"的原则，当约定的违约金低于造成的损失的情况下，违约金属于赔偿性质；当违约金高于造成损失的情况下，违约金兼有赔偿与惩罚的双重功能。本案中，邹某并未举证证明因于甲、于乙、汪某丽未及时支付股权转让款给其造成的实际损失，而通常情况下其损失即资金占用损失，故结合本案合同履行情况、当事人的过错程度以及预期利益等综合因素，本院酌情确定于甲、于乙、汪某丽按中国人民银行同期同类贷款基准利率的1.5倍标准，向邹某支付逾期付款违约金。

裁判要点6 股权受让方未按时支付转让款，转让方在通常情况下的损失即利息损失，故酌情确定按照中国人民银行同期同类人民币贷款基准利率上浮50%的基础上，再上浮30%的标准向守约方支付逾期付款违约金。

【裁判理由】【(2016)黑民终176号】郑某书与林某安、薛某钦股权转让纠纷案，黑龙江省高级人民法院认为：

关于违约金标准如何确定问题。双方在《转让协议书》中对付款期限及逾期付款的违约责任均作出约定。林某安、薛某钦未按照协议约定期限给付郑某书股份转让款，构成违约，应当承担违约责任。《转让协议书》中约定，抓阄中出的一方如果不能按期付款，按每日0.5%给付对方违约金。林某安、薛某钦在一审诉讼中主张《转让协议书》中打印的违约金数字不是真实意思表示并认为违约金过高请求调整。**一般情况下，逾期付款的实际损失为利息损失。由于郑某书未举示证据证明其存在其他实际损失，故本院以案涉款项的利息损失为基础对违约金标准予以调整。一审判决对逾期期间利息按照双方在合同中约定的投资利息计算标准1.2%/月利率及中国人民银行同期贷款利率的4倍计算不当，本院予以纠正。**

判决：**林某安、薛某钦于本判决送达后10日内给付郑某书违约金（以3264万元为基数并根据付款情况自2015年3月31日起至款项付清之日止，按照中国人民银行同期同类人民币贷款基准利率上浮50%的基础上，再上浮30%的标准计算）。**

裁判要点7 股权受让人迟延支付股权转让价款，双方约定按照30%的比例计算违约金，违约金过高，酌情调整为按照中国人民银行的同期同类贷款利率上浮30%的标准向守约方支付逾期付款违约金。

【裁判理由】【(2014)粤高法民二终字第7号】何某基、何某德与麦某忠、阮某雯股权转让纠纷二审案，广东省高级人民法院认为：

关于本案违约金如何计算。因麦某忠、阮某雯明确提出何某基、何某德依据《股权转让合同》第29条约定的30%的比例计算违约金过高，请求法院予以调整，何某基、何某德也没有提供充分证据证明其损失的具体数额，故一审法院认定其损失为中国人民银行同期同类贷款利息的损失，并根据《最高人民法院关于适用〈中华人民共和国合同法〉若干问题的解释（二）》第29条的规定将违约金计算方式调整为按照中国人民银行的同期同类贷款利率上浮30%并无不当，本院予以维持。

裁判要点8 股权受让人迟延支付股权转让价款，双方约定违约金过高的，酌情调整为按照每日按未支付股权转让款金额的万分之四的标准向守约方支付逾期付款违约金。

【裁判理由】【(2019)川民终1156号】四川蓉垚房地产有限公司(以下简称蓉垚公司)、黄某良股权转让纠纷二审案件,四川省高级人民法院认为:

案涉《股权收购框架协议书》第7条第3项约定,如黄某良未按约定时间向蓉垚公司转款,蓉垚公司有权要求黄某良每天按逾期付款总额1‰支付违约金。本案一审中,黄某良抗辩双方约定的违约金过高,请求调整为根据对方的损失进行确定或者按人民银行同期贷款利率即年利率4.6%~4.7%计算,而蓉垚公司则主张如果调减应按年利率24%计算。**一审法院结合协议双方履行情况及本案争议情况,将违约金酌情调减为每日按未支付股权转让款金额的万分之四的标准,自2017年11月13日起计算,并无不当,本院予以确认。**

【笔者观点】通过前述裁判要点2~8可以明显看出,在股权受让人怠于支付股权转让价款,当事人在合同中约定违约金的情况下,应当如何认定违约金是否过高及如何调整,最高人民法院及各地高院的裁判并不统一。笔者认为:如股权转让方拟在股权转让合同中约定超过同期贷款利率的违约金的,应当明确说明该违约金的合理性,从而增加对方的可预期性,并在双方发生纠纷时最大限度地争取到人民法院对该违约金的支持。

裁判要点 9 双方约定按照年利率15%(复利,每年计息一次,不足一年的按天数年化计算)计算违约金的,复利的适用对象仅限于金融机构,企业之间并不具有收取复息的权利,有关复利不应予以支持。

【裁判理由】【(2015)民二终字第204号】中静汽车投资有限公司(以下简称中静投资公司)与上海铭源实业集团有限公司(以下简称铭源实业公司)股权转让纠纷二审案件,最高人民法院认为:

本案系股权转让及回购纠纷,股东一旦注资成为公司股东,即应承担相应的投资风险,即便此类由股东予以回购的协议并不违反法律禁止性规定,但回购实质上是在双赢目标不能达成之后对投资方权益的一种补足,而非获利。故其回购条件亦应遵循公平原则,在合理的股权市场价值及资金损失范围之内,不能因此鼓励投资方促成融资方违约从而获取高额赔偿。**因此,虽然双方在《补充协议四》中自主约定了回购价款及违约金的计算方式,但从其性质上而言均系因《协议书》约定事项未能实现,铭源实业公司向中静投资公司承担的违约责任,故可对此做**

统一调整和权衡。

具体而言,股权回购价款的第三部分明确表述为按照年利率15%(复利,每年计息一次,不足一年的按天数年化计算),以第一项和第二项的合计数7061.92万元为基数,自2012年1月1日起至铭源实业公司向中静投资公司交付回购价款前一日止应计的利息。从其表述内容与计算方式均可显示出复息的性质。**复息计算之规定来源于中国人民银行《人民币利率管理规定》,而该规定适用对象仅限于金融机构,故中静投资公司并不具有向铭源实业公司收取复息的权利**。对于中静投资公司的要求自2012年1月1日起以7061.92万元为基数按照年利率15%计算复利的该项上诉主张,本院不予支持。

裁判要点10 股权受让人违约的情况下,在适用定金罚则时,如双方约定的定金未超过法律规定的限额,系因违约方的违约行为导致股权转让合同未能签订,定金数额与违约造成的实际损失大体平衡的情况下,守约方无须退还相应定金。

【裁判理由】【(2015)民二终字第423号】王某辉、刘某与刘某牧、刘某琳股权转让纠纷二审案件,最高人民法院认为:

至于王某辉、刘某上诉主张原审判决驳回其诉讼请求有失公平的问题,考虑定金的法律性质以及双方合同的约定,本案不存在显失公平的情形。首先,《合同法》第115条[①]规定:当事人可以依照《担保法》约定一方向对方给付定金作为债权的担保。债务人履行债务后,定金应当抵作价款或者收回。给付定金的一方不履行约定的债务的,无权要求返还定金;收受定金的一方不履行约定的债务的,应当双倍返还定金。**由此可见,定金作为一种担保方式,其所担保的对象就是合同双方当事人的履约合意,并以适用定金罚则为手段实现担保之目的,因此其本质特征是惩罚性**。定金与违约金不同,违约金的性质以补偿性为主、惩罚性为辅,违约方为其违约行为付出的代价应与给对方造成的实际损失大致相当,在违约金约定过高的情况下允许违约一方提出调减的请求。在适用定金罚则时,从目前法律规定看,违约方承受的丧失定金的责任仅取决于违约行为本身,并未考虑是否给对方造成损失,因此法律亦未规定可对定金数额进行调整。但对违约行为进行惩罚并非定金制度的根本目的,以惩罚为手段来实现合同目的才是制度的价值取

① 对应《民法典》第587条。

向。基于此，《担保法》第91条[①]规定：定金的数额由当事人约定，但不得超过主合同标的额的20%。该条规定通过对当事人约定的定金数额进行限制，将定金的惩罚性限制在一定范围内，就是为了保证双方的公平。

具体到本案，主合同标的系1.4亿元，双方约定2000万元的定金并不超过上述法律规定的限额。该种约定仅存在于当事人双方之间，是当事人自由意志的体现，是双方对风险和不公平的容忍，不触犯公共利益和第三人利益，因此不应作过多干预。其次，在《补充协议》第3条已经对第一期股权转让款支付时间以及违约责任有明确约定、刘某牧、刘某琳又对前述合同义务给予一定宽限期并进行催告的情况下，王某辉、刘某仍未按约履行合同义务，导致股权转让协议未能签订，此种情况下刘某牧、刘某琳一方不退还定金具有合同依据。最后，即便考量定金数额与违约造成的实际损失是否大体平衡的问题，原判决亦不存在损害实质公平的情形。双方当事人约定的股权转让交易是在2011年，股权转让对价为1.4亿元，该对价与双方交易当时的目标公司资产状况、双方的权利义务是相匹配的。刘某牧、刘某琳将股权转让他人系在王某辉、刘某未按约履行《补充协议》导致股权转让协议未签订的情况下对自己权利的处置，不构成违约，且转让时间已是2014年2月，此时目标公司资产与2011年相比较必定已发生变化，相应的股权转让对价有所提高也应是股权价值正常上升的结果，因此不能仅因刘某牧、刘某琳2014年转让股权的价格高于2011年与王某辉、刘某约定的价格即得出双方约定的定金数额大大高于实际损失造成实质性不公平的结论。至于王某辉已经支付的违约金20万元，《补充协议》第1条做了明确约定，在王某辉构成违约且已实际支付的情况下，王某辉又主张退还缺乏事实和法律依据。

争议焦点11　股权转让合同违约赔偿规则

裁判要点1 在股权转让合同被撤销，但股权无法返还时，可以根据评估机构的评估结果（按照股东投资款以年回报率26%为依据）认定其给原股东造成的股权损失。

【裁判理由】【（2020）最高法民申1231号】李某平、李某辉股权转让纠纷再审

① 对应《民法典》第586条。

审查与审判监督案件,最高人民法院认为:

李某军原持有股权在案涉《股权转让协议》签订后,已实际变更登记为李某平、李某辉所有,且上述股权也已按《代偿及担保协议》质押给邵阳农发行营业部并办理了相应的质押登记。按二审查明的事实,李某军被羁押后,李某平、李某辉另投资新建成滨江时代城1、8、9、10、13、14号栋并可发售。上述房屋系属于伟业公司资产,如判决返还股权,意味着李某军对未投资的上述房屋享有40%的股权权益,也可能对邵阳农发行实现债权产生影响,因此原审法院认定案涉股权属于“合同被撤销后不能返还或者没有必要返还”的情形,不支持返还涉案股权,理据充足,应予维持。

在案涉股权无法返还李某军的情况下,依法应当折价补偿。对于折价补偿标准,**案涉股权在原审中经专业评估机构鉴定,按不同计算方式,评估价有8种不同评估结论,但评估机构对于8种评估结论倾向于第一种评估结论,即按照股东投资款以年回报率26%为依据所计算得出的结论,与伟业公司2014年5月15日形成的股东会议纪要记载的“任何一位股东投入公司的项目资金,从到账之日起按26%(复利)的年回报率计算”的决定相符**。李某平、李某辉未提交充分证据反驳和推翻评估结论,二审法院采信评估机构的倾向性意见并无不当,本院予以维持。

裁判要点2 在股权转让合同被确认无效,但股权无法返还时,可以根据股权受让人转让股权的价款认定其给原股东造成的股权损失。

【裁判理由1】【(2020)最高法民终608号】中交运泽浚航有限公司(以下简称中交运泽公司)、青岛国际商品交易所有限公司(以下简称国际商品交易所)等股权转让纠纷二审案件,最高人民法院认为:

关于国际商品交易所应否向中交运泽公司返还中金海岸公司100%股权或将该股权折价进行赔偿以及承担仲裁费、鉴定费的问题。如前所述,中交运泽公司与国际商品交易所签订的《产权交易合同》解除,国际商品交易所应将其持有的中金海岸公司100%股权予以返还。但国际商品交易所已将该案涉股权转让给了城发集团,并办理了股权变更登记手续,即城发集团已善意取得中金海岸公司100%股权,故国际商品交易所已不具备返还案涉股权的现实基础。国际商品交易所不能返还案涉中金海岸公司100%股权的,应赔偿中交运泽公司股权折价款。

本案中,**国际商品交易所与城发集团签订《股权转让协议》,将中金海岸公司100%股权转让给城发集团,约定的股权转让价款为908,194,735.48元,故中金海

岸公司100%股权的实际折价款应为908,194,735.48元。另外,在《产权交易合同》签订后,国际商品交易所已向中交运泽公司支付了2.74亿元股权转让款。同时,国际商品交易所为完全占有中金海岸公司名下的项目权益,依据沃航公司与中金海岸公司签订的《协议书》约定,代中金海岸公司向沃航公司实际支付了7000万元合同解除经济补偿款。根据合同的公平原则,上述股权转让款和经济补偿款均应从股权折价赔偿款中予以扣除。对于国际商品交易所主张的7000万元经济补偿款的利息问题,因签订《协议书》及支付补偿款系国际商品交易所为收购沃航公司在合作项目中的权益而支付的对价,系国际商品交易所自愿为其控股公司处理债权债务关系的行为,故国际商品交易所无权要求支付该部分对价的利息。综上,国际商品交易所因无法返还中金海岸公司100%股权应向中交运泽公司赔偿股权折价款592,194,735.48元(908,194,735.48元-2.46亿元-7000万元)。

【裁判理由2】【(2018)湘民申1518号】广东宗宗首饰制造有限公司(以下简称广东宗宗公司)、李某兴股权转让纠纷再审审查与审判监督案件,湖南省高级人民法院认为:

广东宗宗公司与李某兴之间的股权转让协议被确认无效以后,双方因该无效合同取得的财产应当予以返还,不能返还或者没有必要返还的,应当折价补偿。因李某兴已将其持有的郴州市国达有色金属有限责任公司55%的股权于2010年2月5日作价3400万元转让给广东宗宗公司,广东宗宗公司受让后又将该55%的股权转让给胡某达等人,股权已无法返还为客观事实,故李某兴要求广东宗宗公司支付股权转让款符合法律规定。**广东宗宗公司以尚某华的名义转让股权,实际收款2805万元,加上胡某达要求尚某华抵扣原借款1100万元中的55%的承担份额即605万元,股权转让款应为3410万元,故法院以3400万元作为折价补偿的计算依据和考量,减去双方均认可的已经支付的2700万元,判决广东宗宗公司向李某兴支付股权转让款700万元并无不妥。**广东宗宗公司承担的受让股权公司的还款义务在股权转让协议被认定无效后,广东宗宗公司可向相关受益方另行主张。

裁判要点3 股权转让人未全面履行披露义务,违反瑕疵担保责任,导致股权转让合同被解除的,如无其他证据证明经营期间所发生的损失数额,则其损失应以股权转让价款自合同无法履行之日至实际支付之日的利息为限。

【裁判理由】【(2020)吉民再91号】褚某春、李某颖、褚某旭、梁某全、张某东、李某波与吕某丽、吕某学、赵某军、谭某东、吉林恒金药业股份有限公司股权转让纠纷再审案件，吉林省高级人民法院认为：

双方在股权转让协议第12条第4项中约定，“甲方未尽目标公司债务全面披露义务，因此而给乙方或目标公司造成损失的，甲方承担全部赔偿责任(包括但不限于律师代理费、诉讼费、鉴定费、评估费等其他费用损失，具体损失无法确定的，依据股权转让价款的30%计算)”。吕某丽、吕某学所应履行的披露义务，系对转让标的不存在瑕疵的保证，而并不以其必然知晓相关债务的存在为前提，因此，其应对褚某春等六人因该股权转让协议解除而产生的损失承担赔偿责任。鉴于长春市国家税务局第三稽查局于2017年1月19日向目标公司下发了《税务行政处罚决定书》[长国税稽三局(2017)5号]，**在此之前，吕某丽、吕某学未履行披露义务的行为并未给褚某春等六人正常经营企业造成阻碍，且褚某春等六人亦并未能证明其经营期间所实际发生的损失数额，因此，吕某丽、吕某学的赔偿责任应以该合同无法继续履行之日起至实际支付之日止，褚某春等六人所支付的股权转让价款所产生的利息为限。**

判决：吕某丽、吕某学于本判决生效后，立即按照本判决第4项确定的返还数额为基数，赔偿褚某春、李某颖、褚某旭、梁某全、张某东、李某波自2017年1月19日起至给付之日止的利息损失[其中，2019年8月19日之前按同期中国人民银行公布的贷款基准利率计付，2019年8月20日之后按同期全国银行间同业拆借中心公布的贷款市场报价利率(LPR)计付]。

(二)侵犯其他股东优先购买权引发的纠纷

股东优先购买权是有限责任公司的股东对外转让其股权时，其他股东在同等条件下，对该股权享有优先购买的权利。设定优先购买权制度的核心目的，是保护有限公司的人合性，同时在股权的流动性与交易安全性之间达成平衡。

针对股东优先购买权的相关法律规定，在《公司法司法解释(四)》颁布之前，我国仅有《公司法》第71条对公司股东的优先购买权予以规范，导致审判实践中对相关焦点问题裁判观点众多、标准不同。例如，对于转让股东与第三人签订的侵犯其他股东优先购买权的合同效力问题，各地法院观点径庭，出现了有效说、无效说、可撤销说等多种认定。为了统一裁判尺度，2017年颁布实施的《公司法司法解释(四)》以第16~21条6个条文予以补充规范，细化了股东优先购买权的行使方式、期限以及权利受到损害时的救济途径等系列问题。同时,2019 年 11 月最高人民法院发布的《九民纪要》第 9 条也进一步对损害股东优先购买权的相关问题予以明确。

上述规定为审判实践提供认定标准,但同时也遗留了部分问题有待审判实践的进一步研究和印证。结合上述法律规范以及裁判政策规则,笔者对损害股东优先购买权的若干焦点问题进行了分类,并通过案例进行了具体研究。

争议焦点 12　侵犯股东优先购买权诉讼的地域管辖问题

裁判要点 1 损害股东优先购买权的诉讼为侵权之诉,此类诉讼不具有公司组织法上纠纷的性质,故不属于《民事诉讼法》第 26 条规定的情形,应适用一般地域管辖规定确定管辖法院,即由侵权行为地或者被告住所地人民法院管辖。

【裁判理由 1】【(2016)最高法民辖终 216 号】贵州赤天化股份有限公司(以下简称赤天化公司)诉深圳市阳光佳润投资有限公司(以下简称阳光佳润公司)等股权转让纠纷管辖权异议案件,最高人民法院认为:

《民事诉讼法》第 26 条规定:“因公司设立、确认股东资格、分配利润、解散等纠纷提起的诉讼,由公司住所地人民法院管辖。”《民诉法司法解释》第 22 条规定:“因股东名册记载、请求变更公司登记、股东知情权、公司决议、公司合并、公司分立、公司减资、公司增资等纠纷提起的诉讼,依照民事诉讼法第二十六条规定确定管辖。”上述条款系针对公司诉讼案件的管辖所作出的特别规定。**公司诉讼主要是关涉公司的组织法性质的诉讼,存在与公司组织相关的多数利害关系人,涉及多数利害关系人的多项法律关系的变动,且胜诉判决往往产生对世效力。**本案纠纷源于赤天化公司将其拥有的高特佳公司的股权转让给京道凯翔企业,阳光佳润公司、佳兴和润公司、鹏瑞公司、速速达公司作为高特佳公司的股东,认为该股权转让行为损害其优先购买权,请求撤销上述《股权转让合同》,并判令其以同等条件行使优先购买权。**因而,本案纠纷系高特佳公司的股东与股东以及第三人因股权转让行为而产生。该诉讼虽与公司有关,但不具有公司组织法上纠纷的性质,也不涉及多项法律关系,该案判决仅对股权转让方、受让方及高特佳公司其他股东发生法律效力。因此,本案诉讼应适用一般地域管辖规定确定管辖法院。一审法院认为本案诉讼系与公司有关的诉讼,应适用公司诉讼的特殊地域管辖的规定,并据此裁定其享有本案管辖权不当,本院予以纠正。

本案系阳光佳润公司等以其股权优先购买权受到侵害而提起,即认为其民事权益受到侵害,故本案应适用《民事诉讼法》第28条[①]“因侵权行为提起的诉讼,由侵权行为地或者被告住所地人民法院管辖”的规定确定管辖法院。根据阳光佳润公司等提起的诉讼请求以及事实和理由,阳光佳润公司等认为赤天化公司与京道凯翔企业签订《股权转让合同》、转让股权的行为侵害其优先购买权,**故上述《股权转让合同》签订地即为侵权行为地**。经审查,案涉《股权转让合同》载明该合同在贵阳观山湖区赤天化大厦17楼签订。本案诉讼所直接指向的对象应当是阳光佳润公司等所认为的股权转让方赤天化公司及股权受让方京道凯翔企业,**高特佳公司仅为股权转让目标公司,与案涉股权转让行为各方均无实质性争议,其与本案没有法律上的直接利害关系**。阳光佳润公司等称可依高特佳公司住所地确定管辖法院,本院不予支持。**案涉侵权行为地及赤天化公司的住所地均为贵州省贵阳市,京道凯翔企业的住所地在福建省厦门市,依据侵权行为地或被告住所地确定管辖法院的规定**,结合案涉争议标的金额的实际情况,贵州省高级人民法院和福建省高级人民法院对本案有管辖权。

【裁判理由2】【(2017)粤13民辖终652号】深圳市前海金谷实业发展有限公司诉曾某平等股权转让纠纷二审案件,广东省惠州市中级人民法院认为:

本案系原审原告曾某平诉原审被告温某坚、深圳市前海金谷实业发展有限公司侵害其股东优先购买权而提起的诉讼,属侵权纠纷案件。根据《民事诉讼法》第28条“因侵权行为提起的诉讼,由侵权行为地或者被告住所地人民法院管辖”及《民诉法司法解释》第24条[②]“民事诉讼法第28条规定的侵权行为地,包括侵权行为实施地、侵权结果发生地”的规定,侵权结果发生地法院对本案具有管辖权。本案中,**被侵权人为原审原告曾某平,即本案侵权结果发生地位于广东省××市惠城区**,属原审法院管辖范围,故原审法院对本案具有管辖权。

裁判要点2 股权转让侵犯股东优先购买权,股东提起诉讼要求行使优先购买权的,应由公司住所地人民法院管辖。

【裁判理由1】【(2016)青民辖终7号】杨某元、向某与张某奎、齐某海、第三人

---

① 对应现行2021年《民事诉讼法》第29条,本章节下同。

② 对应现行2021年《民事诉讼法》第24条。

果洛州祥羚汽车运输有限责任公司管辖权异议案件，青海省高级人民法院认为：

本案属股权转让纠纷，原告杨某元、向某的诉讼请求为被告侵犯其二人作为股东的优先购买权，请求判令撤销二被告间签订的《股权转让协议》。《民诉法司法解释》第22条规定："因股东名册记载、请求变更公司登记、股东知情权、公司决议、公司合并、公司分立、公司减资、公司增资等纠纷提起的诉讼，依照民事诉讼法第二十六条规定确定管辖。"《民事诉讼法》第26条规定："因公司设立、确认股东资格、分配利润、解散等纠纷提起的诉讼，由公司住所地人民法院管辖。"**本案中果洛州祥羚汽车运输有限责任公司住所地为青海省果洛州玛沁县。**本案诉讼标的为520万元，根据2015年5月1日实施的《最高人民法院关于调整高级人民法院和中级人民法院管辖第一审民商事案件标准的通知》青海省高级人民法院所辖中级人民法院管辖诉讼标的额500万元以上一审民商事案件的规定，果洛州中级人民法院依法对本案具有管辖权。

【裁判理由2】【(2013)通民初字第12124号】张某厚与徐某股权转让纠纷案件，北京市通州区人民法院认为：

经审查，本院认为，根据《民事诉讼法》第26条的规定："因公司设立、确认股东资格、分配利润、解散等纠纷提起的诉讼，由公司住所地人民法院管辖。"本案中，原告张某厚与被告徐某均为东山玉公司股东。原告张某厚为主张股东优先购买权而提起诉讼，其优先购买权系基于其作为东山玉公司股东而取得，争议标的亦系东山玉公司股权，故本案应以东山玉公司住所地确定管辖。

【笔者观点】侵害其股东优先购买权而提起的诉讼，属于侵权纠纷案件，应当根据《民事诉讼法》第28条之规定确定管辖法院。对此，(2016)最高法民辖终216号的裁判理由已经进行了详细论述，笔者对此持认同观点。

争议焦点13　优先购买权中的转让通知问题

裁判要点1 对其他股东告知股份转让的通知，并非与其他股东商讨行使优先购买权或同售权，不能证明已通知其他股东行使优先购买权。

【裁判理由】【(2020)最高法民终1224号】张家港保税区千兴投资贸易有限公司（以下简称千兴投资公司）与梦兰星河能源股份有限公司（以下简称梦兰星河公司）股东资格确认纠纷二审案件，最高人民法院认为：

本案系股东资格确认纠纷，二审焦点问题为：案涉股份转让条件是否已成就，即该转让行为是否符合梦兰星河公司章程规定。修改后的梦兰星河公司章程第24条共有4款，第1款规定了股份可以转让，前提为“依法”；第2款规定了股东对外转让股份，应取得其他股东同意，且为“事先”“一致”；第3款规定了其他股东享有“优先受让权”即《公司法》规定的“优先购买权”；第4款规定了其他股东享有“同售权”。根据以上章程规定，梦兰集团公司对外转让股份，应保障其他股东“优先购买权”“同售权”行使，且应无法定限制或其他股东正当事由否定。结合本案查明事实，梦兰集团公司股份转让条件尚未成就。具体理由如下：

首先，本案中，现无证据显示梦兰集团公司在对外转让股份前曾事先与其他股东充分协商，梦兰集团公司在2018年4月28日发出《股权转让通知》时直接确定了对外转让价格。天狼星公司、风范公司、梦兰星河公司在收到通知后，于2018年5月24日明确回函，考虑到梦兰集团公司向梦兰星河公司借款且该款可能产生抽取其公司注册资本的实质后果，不符合《公司法》关于资本维持原则的基本精神，存在法定障碍，因此要求梦兰集团公司清除该障碍，并召开股东大会表决。该理由合理、正当，梦兰集团公司该时点并未解决该问题并及时提请股东大会讨论。其次，2018年4月28日《股权转让通知》所称股份受让对象为“沙钢集团”，与实际受让主体千兴投资公司不一致，虽然千兴投资公司主张梦兰集团公司于2019年1月分别向天狼星公司、风范公司、梦星投资寄出的落款日期为2018年4月28日的《股份转让通知》，明确主体问题，**但该通知内容属于告知股份转让，并非与其他股东商讨行使优先购买权或同售权，形式并不完备**。最后，本案中，梦兰星河公司股东为梦兰集团公司、天狼星公司、风范公司、梦星投资、孙某，但无论是2018年4月28日通知抑或2019年1月通知，均无证据显示梦兰集团公司已实质通知到小股东孙某，故并不符合章程第24条规定的“一致”要求。因此，千兴投资公司虽主张其与梦兰集团公司签订的《股权转让协议》已对梦兰星河公司以及公司其他股东发生法律效力，但在现有情况下，其履行情况尚不符合公司章程第24条的规定，其可待充分履行章程规定的条件后再行主张权利。

【笔者观点】结合《公司法》第71条第2款、《公司法司法解释（四）》第17条、第19条之规定，一般而言，股权对外转让程序可以分为两个阶段，即征求其他股东同意阶段和优先购买权行使阶段。该两个阶段，均要求转让股东对其他股东进行“通知”，但该两种“通知”性质上有所差别。

在征求其他股东同意阶段，根据《公司法》第71条第2款之规定："股东向股东以外的人转让股权，应当经其他股东过半数同意。股东应就其股权转让事项**书面通知**其他股东征求同意，其他股东自接到书面通知之日起满三十日未答复的，视为同意转让。其他股东半数以上不同意转让的，不同意的股东应当购买该转让的股权；不购买的，视为同意转让。"该"书面通知"可能仅表达了股东拟将其股权进行转让的意思，但未对拟转让的股权的数量、价格、付款方式及付款时间等作出明确说明，其他股东需在30日内答复是否同意转让。

在优先购买权行使阶段，转让股东需要将股权转让的数量、价格、支付条件及期限等"同等条件"均告知其他股东，以便其全面掌握信息，综合衡量和决策是否行使优先购买权。

综上分析，一般情况下，同意权和优先购买权是法律赋予其他股东的两项权利，同意对外转让的股东对股权的优先购买权并不丧失。对此，《公司法司法解释(四)》第17条已经予以明确，故应当明确区分通知转让与征求其他股东是否行使优先购买权意见的区别。

当然，在某些特殊情况下，也可能存在股东发出的转让股权的"书面通知"中已经包括受让人的姓名、转让股权的数量、价格、履行期间及方式等股权转让合同的主要内容，即前述两个阶段、两份"通知"合二为一的情况。在此情况下，人民法院应当考虑其他股东是否已经了解到了股权转让的"同等条件"，并综合平衡股权转让给受让人的效率和其他股东优先购买权的保障，决定该"书面通知"是否构成征询其他股东行使优先购买权的通知。

裁判要点 2 股东向股东以外的人转让股权，应就股权转让事宜以书面或其他一切能够确认收悉的合理方式通知其他股东，通知的内容应包含股权转让的"同等条件"即股权转让的数量、价格、支付方式及期限等内容。

【裁判理由】【(2021)辽02民再99号】杨某宇、金某股权转让纠纷再审审查与审判监督案件，辽宁省大连市中级人民法院认为：

《公司法司法解释(四)》第18条规定：人民法院在判断是否符合《公司法》第71条第3款及本规定所称的"同等条件"时，应当考虑转让股权的数量、价格、支付方式及期限等因素。第21条第1款规定：有限责任公司的股东向股东以外的人转让股权，未就其股权转让事项征求其他股东意见，或者以欺诈、恶意串通等手段，损害其他股东优先购买权，其他股东主张按照同等条件购买该转让股权的，人民法院应当予以支持,但其他股东自知道或者应当知道行使优先购买权的同等条件之日起30日内没有主张,或者自股权变更登记之日起超过一年的除外。通过上述法律及司法解释的规定可知,**股东向股东以外的人转让股权,应就股权转让事宜以书面或其他一切能够确认收悉的合理方式通知其他股东,通知的内容应包含股权转让的“同等条件”即股权转让的数量、价格、支付方式及期限等内容**。股权优先购买权应当在股东知道或应当知道行使优先购买权的“同等条件”之日起30日内或自股权变更登记之日起一年内行使。优先购买权的行使期限不适用中止、中断、延长的规定。

本案中,杨某宇行使股权优先购买权应自其知道行使优先购买权的同等条件之日起30日内或自股权变更登记之日起一年内主张。关于杨某宇知道股权转让“同等条件”的时间点。首先,杨某宇并没有在案涉股权转让的股东会决议上签字,本案不能通过股东会决议的形成时间判断杨某宇知道股权转让的具体时间。其次,李某作为股权转让人,其对通知时间和通知内容的陈述应作为本案认定事实的重要依据。李某在再审庭审中主张,其于2016年1月在北京见到杨某宇时只是提到想引进一个新股东,此时杨某宇不同意并情绪激动,其二人并没有继续交谈。李某此时并没有告知杨某宇股权转让的具体事宜。在2016年3月金某把股权转让款打到李某账户后,李某告知杨某宇转让股权的比例和收到的款项,杨某宇表示这样的条件杨某宇可以优先购买。**通过李某的上述自述可知,其于2016年1月并没有将股权转让的数量、价格、支付方式和期限等股权转让的具体事宜告知杨某宇,李某此时提到的引进新股东并不构成股权转让的有效通知**。2016年1月并不能作为杨某宇主张优先购买权的起算点。对此,金某在本案中辩称,杨某宇在原审庭审中曾有过“16年1月份以后公司的人到北京之后告知”及“告诉李某不同意股权转让,如果这个价格的话,我们要求购买”的自述,且杨某宇在向辽宁省高级人民法院申请再审时亦自认“李某通知杨某宇的时间是2016年的1月份。杨某宇知道后立即表示不同意,拒绝在相关转让文件上签字,并表示如果是这个价格的话,我们要求购买”。杨某宇的自述表明其系于2016年1月知晓股权转让事宜。本院认为,如前所述,杨某宇需在得到包括股权转让的数量、价格、履行期限及方式等内容的有效通知后,方能计算其主张优先购买权的起算点。缺乏上述任意一项内容的通知都不能视为有效通知。即使杨某宇有上述自认,但上述内容并不足以证明杨某宇知道了股权转让“同等条件”的全部内容。仅知晓股权转让的数量和价格并不能视为知晓股权转让的“同等条件”。

裁判要点 3 发布报纸公告并能够证明其他股东收悉的，属于“能够确认收悉的合理方式”。

【裁判理由】【(2018)云0114民初46号】云南鑫汇科技开发有限公司与云南阳光基业能源管控技术股份有限公司股权转让纠纷案件，云南省昆明市呈贡区人民法院认为：

本案原告与被告之间签订了股权转让协议，原告认可被告已给付了股权转让的费用。在本案中，诉争股权是转让给公司股东以外的被告，作为第三人享有同等条件下优先购买的权利，**原告已于2017年8月29日通过公告的形式告知第三人行使购买权**，并在之后2017年9月25日庭审中再次通知了第三人股权转让的事实。第三人仅是在2018年1月14日接到原告书面通知后要求原告披露财务资料或股权审计，然而，其并未采取任何措施行使其股东知情权。因此，本院认为，第三人怠于行使权利，未在原告多次通知的合理期限内行使优先购买权

裁判要点 4 在公司内网上发布转让公告，未证明其他股东已经收悉的，不属于“能够确认收悉的合理方式”。

【裁判理由】【(2017)粤01民终13818号】董某峰、彭某、梁某波、曾某飞、陈某金与原审第三人广东金岸投资有限公司(以下简称金岸公司)、广东晶通公路工程建设集团有限公司(以下简称晶通公司)、肖某、梁某宇、周某、周某根、林某生、赵某宇、宗某东、王某刚、杨某宇、郭某钦、谢某怀、黄某、姚某忠股权转让纠纷二审案件，广东省广州市中级人民法院认为：

《公司法》第71条第2款规定，有限责任公司股东向股东以外的人转让股权，应当经其他股东过半数同意。股东应就其股权转让事项书面通知其他股东征求同意，其他股东自接到书面通知之日起满30日未答复的，视为同意转让。其他股东半数以上不同意转让的，不同意的股东应当购买该转让的股权；不购买的，视为同意转让。《广东金岸投资有限公司员工内部股权管理办法》第29条规定，员工股东拟向非员工股东转让股权的，须向股权管理委员会提出书面申请，经同意后，方可对外转让其股权。2013年12月13日发布的员工股东出让股权公告，系在晶通公司内网发布，而非金岸公司。金岸公司虽为晶通公司大股东，但两公司确为独立的法人主体，且无证据证明金岸公司全体股东在晶通公司直接任职。因此，董某峰所举证之股权公告，并不足以证实其就股权转让事项以书面或者其他能够

确认收悉的合理方式通知其他股东征求同意。

裁判要点 5 虽仅口头通知，但能够确认其他股东收悉的，属于“能够确认收悉的合理方式”。

【裁判理由】【(2019)赣0802民初4607号】谢某军与吉安市龙海机动车驾驶技术培训有限公司、陈某撑股东资格确认纠纷案件，江西省吉安市吉州区人民法院认为：

《公司法司法解释(四)》第17条规定：“有限责任公司的股东向股东以外的人转让股权，应就其股权转让事项以书面或者其他能够确认收悉的合理方式通知其他股东征求同意。其他股东半数以上不同意转让，不同意的股东不购买的，人民法院应当认定视为同意转让。经股东同意转让的股权，其他股东主张转让股东应当向其以书面或者其他能够确认收悉的合理方式通知转让股权的同等条件的，人民法院应当予以支持。经股东同意转让的股权，在同等条件下，转让股东以外的其他股东主张优先购买的，人民法院应当予以支持，但转让股东依据本规定第二十条放弃转让的除外。”**本案中，股权转让人陈某撑已通过召开股东大会的方式就股权转让事宜履行了通知其他三位股东并征求意见的义务，同时就该股权转让的同等条件以口头方式通知了其他三位股东。对此，金某妹、何某玫表示同意并放弃优先购买权，叶某群表示主张优先购买权。**《公司法》第71条第2款规定：“股东向股东以外的人转让股权，应当经其他股东过半数同意。股东应就其股权转让事项书面通知其他股东征求同意，其他股东自接到书面通知之日起满三十日未答复的，视为同意转让。其他股东半数以上不同意转让的，不同意的股东应当购买该转让的股权；不购买的，视为同意转让。”叶某群已于股东大会召开当日知悉案涉股权转让的事宜以及该10%股权转让的同等条件(转让价格为50万元，付款时间为3日内)。但截至原告起诉之日，叶某群未按照上述同等条件支付股权转让款。依据相关法律规定，应视为叶某群已同意案涉股权的转让并放弃优先购买权。

【笔者观点】《公司法》第71条规定转让股东应当以“书面通知”的方式通知其他股东。之所以强调要采取书面通知：一是便于对股东间是否达成了(同意对外转让等)合意进行判断，从而具备证据效力；二是股权转让后将引起的一系列法定程序的启动(如修改章程、变更公司的注册登记事项、向原审批机关办理变更审批手续等)，这些程序都需要以书面材料作为事实依据。但是，该条规定未进一步界定“书面通知”的含义。

在实务中，股权转让的常见通知方式多种多样，包括口头、邮寄、短信、邮件、公报等。从维护商事交易效率的角度考虑，如果通知内容已经实际被其他股东所知晓，则与“书面通知”达到了同样的效果。因此，《公司法司法解释(四)》第17条对“书面通知”的含义进行了一定程度的“拓宽”，明确除转让股东直接向其他股东“点对点”地作出书面形式的通知外，还可以采取“其他能够确认收悉的合理方式通知其他股东”。

结合相关案例，司法实践中认定的“其他能够确认收悉的合理方式通知其他股东”的方式包括但不限于：(1)向其他股东发出了公告，并且为其他股东所知晓。(2)在诉讼、仲裁等法律程序中转让股东陈述股权对外转让事项或者优先购买权相关事项，并且为其他股东所知晓。(3)转让股东虽以口头方式通知其他股东，但有证据证明其他股东已经知晓等。

总而言之，结合上述规定及司法实践可知，就行使优先购买权通知是否起到了通知效果而言，其核心不在于通知的方式，而在于有证据证明其他股东“已经收悉”。

争议焦点14 “同等条件”的认定

裁判要点1 对股权数量相同的判断——优先购买权可以部分行使。

【裁判理由】【(2016)粤0606民初2656号】杨某欢诉杨某仪股权转让纠纷案件，广东省佛山市顺德区人民法院认为：

对于原告能否对创晔公司2%的股权行使优先购买权的问题。本院认为，原告已于30天内对被告转让的创晔公司2%股权作出行使优先购买权的答复，且黄某某表示同意原告对创晔公司2%股权行使优先购买权，其对剩余的创晔公司48%股权继续收购。因原告部分行使优先购买权并未造成被告的权益受损，故原告主张以121,840元的价格对创晔公司2%的股权行使优先购买权的请求，理据成立，本院予以支持。

裁判要点2 对股权数量相同的判断——优先购买权不得部分行使。

【裁判理由】【(2016)浙01民终5128号】浙江环益资源利用有限公司(以下

简称环益公司)与谢某林股权转让纠纷二审案件,浙江省杭州市中级人民法院认为:

在谢某林和其他股东就其各自所有的股权合并整体定价欲转让给股东以外的人的情况下,环益公司能否单独就谢某林的股权行使优先购买权。根据《公司法》第71条第3款的规定,经股东同意转让的股权,在同等条件下,其他股东有优先购买权。本案中,谢某林和其他股东就其股权转让和高能公司达成的转让意向为包括谢某林股权在内的合计51%的股权以9588万元的价格一并转让给高能公司。故在该转让条件下,谢某林个人的股权转让和其他股东的股权转让不可分割,其个人的股权转让系以和其他股东的股权一并转让为条件的,该定价也是针对合计51%股权的整体定价,无法确定每个股东的股权在该整体定价中对应的价格。鉴于谢某林和其他股东也依法将该转让事宜通知给环益公司并征求意见,因此,环益公司的优先购买权是得到保障的,如果其愿意以9588万元的价格受让谢某林等股东的51%的股权,其就优先于高能公司受让上述股权。环益公司现在仅要求就部分股东的股权行使优先购买权,与谢某林等股东和高能公司商谈的51%的股权转让条件不属“同等条件”。

【笔者观点】笔者认为,优先购买权不得部分行使,即股东行使优先购买权必须与第三人受让转让股权者的数量完全一致。股权数量是衡量“同等”条件的核心因素之一,其他股东在行使优先购买权时,必须按照股东与第三人约定转让的股权数量行使。第三人在购买特定比例的股权时将该比例的股权视作一个整体购买,转让股东同样是将股权作为整体出售,交易双方就转让股权的整体达成合意。如果允许其他股东部分行使优先购买权,不仅违反了转让股东的意思、改变了原合同中的实质条款,也“解构”了公司股权数量中可能隐含的公司控制权这一重要要素,股权价值可能大大降低。换言之,股权被拆分得支离破碎,第三人也不愿继续受让股权,该种方式很大程度上侵犯了转让人与第三人的合法权益,并非“同等条件”。

从价格形成机制的角度讲,优先购买权下其他股东对于价格的形成没有参与权,只能被动接受他人已经形成的价格,并选择是否行使权力。正如有学者总结道:优先购买权人仅能得到交易机会的保护,不能因优先购买权而得到交易中的优惠;转让股东仅受交易对象选择的限制,而不因存在优先购买权使其拟转让股权变现实际价值受损。①

裁判要点 3 对股权转让价格相同的判断——行使优先购买权的价格应当高于或者等于股权转让人与拟受让人约定的价格。

【裁判理由】【(2019)粤09民终340号】黄某慈与张某华、李某豪、高某文等公司决议撤销纠纷二审案件,广东省茂名市中级人民法院认为:

黄某慈上诉要求其行使优先购买权的同等条件是48万元的股权转让价格,而被上诉人主张同等条件是以458万元作为股权转让价格。因此,解决本案纠纷的基础是先确定该案转让股权的“同等条件”是什么。《公司法司法解释(四)》第18条规定,“人民法院在判断是否符合公司法第七十一条第三款及本规定所称的‘同等条件’时,应当考虑转让股权的数量、价格、支付方式及期限等因素”。本案中,当事人对于转让的股权数量没有异议,争议在于转让的股权价格是多少。**虽然在2018年4月16日签订的《高州市鼎盛气体有限公司股权转让合同》中,约定李某豪受让股权的总价是48万元,但在同日,股权转让双方还签订了《高州市鼎盛气体有限公司〈股权转让合同〉之补充协议》,该补充协议详细列明了鼎盛公司的资产负债情况,并约定李某豪除了应支付48万元股权转让款外还需承担鼎盛公司所欠的410万元债务才能取得鼎盛公司的股权。签订协议之后,至2018年6月3日时,李某豪已经按上述补充协议支付了共262万元。因此,从实际履行的股权转让价款来判断,458万元转让价格才是股权转让双方的真实意思表示。**需注意的是,本案实际履行的股权价款是远高于转让合同所约定的48万元,而非低于合同约定,由此说明转让双方并未采用相反的方式,即故意抬高合同约定的价格而实际另以低价履行,来达到使其他股东放弃优先购买权的目的,所以不能认定被上诉人存在恶意串通来损害上诉人优先购买权的情形。综上,本院认为,本案转让股权的“同等条件”是指以458万元的股权价格作为转让价款,故黄某慈主张以48万元股权转让价格作为“同等条件”行使优先购买权,不能成立。

裁判要点 4 对支付方式相同的判断——付款方式、债务承担方式不一致的不属于“同等条件”。

【裁判理由】【(2020)冀01民终216号】董某东、杨某英股权转让纠纷二审案

① 参见薛瑞英:《股东优先购买权制度若干问题探析》,载《北京邮电大学学报(社会科学版)》2009年第3期。

件，河北省石家庄市中级人民法院认为：

关于第二个争议焦点。一审中，董某东就本案起诉的第二项诉求是，要求对杨某英出售的晋州中学合法股份行使优先购买权；二审中，董某东的上诉请求是，对杨某英向赵某出售的育英中学93.33%股份按16,053,332元的同等条件购买。根据杨某英与赵某签订的《晋州市育英中学股权转让意向书》的约定内容，除第3条约定涉案股权转让价款为16,053,332元外，第4条还对付款方式进行了约定，尤其是第5条约定：“本意向自甲方收到乙方首期转让款之日起生效。生效之日起前推至2016年6月20日期间的学校债务归甲方负责承担，2016年6月20日以前的债务由双方共同协商解决。”**也就是说，杨某英向赵某转让的育英中学93.33%的股份，除约定了股份转让款16,053,332元外，还就付款方式以及育英中学的相关债务承担进行了约定。**二审庭审中，本院要求董某东明确其主张优先购买涉案股权的条件，其代理人称按照杨某英与赵某签订的意向书第3条约定的转让价款16,053,332元进行购买；并称其是一般代理，关于意向书中第5条涉及的相关债务，回去与当事人商量后5日内书面回复法庭。但董某东庭后一直未向法庭回复其意见。二审中，赵某提交的证据虽然不足以证实其实际履行的债务数额是1800万元，但结合其与杨某英签订的《晋州市育英中学股权转让意向书》第5条约定内容，能够证明涉案转让的股权附带有受让方偿还相关债务的约定。《公司法司法解释（四）》第18条规定：“人民法院在判断是否符合公司法第七十一条第三款及本规定所称的‘同等条件’时，应当综合考虑转让股权的数量、价格、支付方式及期限等因素。”**现董某东仅以16,053,332元价格对涉案股份主张行使股东优先购买权，董某东的该购买条件与赵某、杨某英签订的《晋州市育英中学股权转让意向书》所约定的股份转让条件，不属于“同等条件”**，不符合上述法律规定，故董某东要求对涉案股份行使优先购买权的主张，依法不能成立，本院依法不予支持。

裁判要点5 对履行期限相同的判断——履行期限不一致的，应认定不属于“同等条件”。

【裁判理由】【（2019）渝0151民初4462号】杰某与重庆铜梁天恩中西医结合医院有限公司、周某洪股权转让纠纷案件，重庆市铜梁县人民法院认为：

《公司法司法解释（四）》第18条规定：“人民法院在判断是否符合公司法第七十一条第三款及本规定所称的‘同等条件’时，应当考虑转让股权的数量、价格、支付方式及期限等因素。”根据该法律规定，杰某的优先购买权是否成立取决于杰某与周某洪签订的股权转让协议和润之康医院与周某洪签订的股权转让协议是否满足“同等条件”。首先，从股权数量来看，周某洪拟转让的股权是16.685%，润之康医院和杰某拟购买的股权也是16.685%，符合“同等条件”。其次，从转让价格来看，周某洪与润之康医院约定的转让价格为312.5万元，与杰某约定的转让价格为312.56万元，本院认为，虽然周某洪与杰某约定的价格比与润之康医院约定的价格高600元，但是600元的价格差距不影响“同等条件”的成立。再次，从支付方式和期限来看，周某洪与润之康医院约定的支付方式为合同双方签字之日向甲方支付280万元，完成支付280万元后15日内办理完工商变更登记，办理完工商变更登记后，支付剩余的价款32.5万元，且润之康医院在协议签订的次日就将280万元支付至周某洪的账户。周某洪与杰某分别于2018年7月29日、2018年8月7日、2018年10月20日三次签订股权转让协议，双方最后一次约定的支付方式为协议生效之日起4月内以银行转账方式分期付清，杰某于2018年12月18日才将280万元支付给周某洪，余款至今未支付。**所以，从支付方式和期限来看，润之康医院的支付方式和期限条件明显优于杰某的支付方式和期限，所以，不符合“同等条件”。最后，从违约条款来看，周某洪与润之康医院约定的逾期付款违约金为每迟延一天，应按迟延部分价款5‰支付滞纳金，周某洪与杰某约定的违约金为零。显然，周某洪与润之康医院约定逾期付款的条件优于与杰某的约定，亦不符合“同等条件”。**综上，本院确认杰某与周某洪签订的股权转让协议不符合上述法律关于股东优先购买权“同等条件”的规定，杰某的优先购买权不成立。

裁判要点6 对其他因素相同的判断——附条件、附有服务对价可作为“同等条件”的考量因素。

【裁判理由1】【(2020)粤01民终24122号】潘某志、郑某股权转让纠纷二审案件，广东省广州市中级人民法院认为：

关于购买条件。“同等条件”为股东行使优先购买权的购买条件。“同等条件”作为对优先购买权人行使优先购买权的限制，是平衡转让人与优先购买权利益的关键。“同等条件”要求优先购买权人提出的受让条件与第三人之间的交易对价相同，因此，转让人与第三人之间的交易对价应当是能被替代或复制的，不应包含无法替代履行的给付。《公司法司法解释(四)》第18条规定：“人民法院在判断是否符合公司法第七十一条第三款及本规定所称的‘同等条件’时，应当考虑转让股权的数量、价格、支付方式及期限等因素。”本案中，从涉案股权转让协议约定的内容看，聚烽公司为一家“互联网+”战略落地一站式服务机构，为传统企业提供互联网模式和市值管理的企业，协议第1条约定了转让的股权及返还条件。**虽然第1条第1款约定了“甲方将其持有的挚联投资公司4%股权以人民币零元的价格转让给乙方”，但结合第2~4款中挚联报关公司要在两年内在全国中小企业股份转让系统挂牌交易、聚烽公司对挚联报关公司要进行市值管理、新三板做市后保证一定的市盈率等股权返还条件约定，可见郑某以零元价格将4%的挚联投资公司股权转让给聚烽公司，是附条件、附有服务对价的。**如果约定返还条件成就时，聚烽公司零元受让的目标股权就要予以返还。该作价既有对于聚烽公司为传统企业提供互联网模式和市值管理能力的信任，又存在通过股权转让获得商业利益的预期。结合潘某志提交的《关于同意广州昊链信息科技股份有限公司股票终止在全国中小企业股份转让系统挂牌的函》及交易情况截图、聚烽公司提供的《关务－互联网转型合作框架协议》亦能佐证聚烽公司存在的服务义务。零元的转让价格并非本次转让的“同等条件”，潘某志主张以零元价格，按照与其他股东协商确定的购买比例优先购买挚联投资公司2%的股权，不符合优先购买权行使的“同等条件”，一审法院不予支持。

【裁判理由2】【(2019)京0105民初84794号】刘某琳与李某等与公司有关的纠纷案件，北京市朝阳区人民法院认为：

关于李某与苏某博之间的股权交易条件。如前所述，李某与苏某博之间的转让标的系李某持有的写字派公司、云翰公司和朗途公司的股权。虽然该三家公司的股权系以写字派公司的估值确定转让价格，但并不意味着云翰公司和朗途公司的股权价值就是零。**李某和苏某博也多次陈述，在该次转让中，应当是三家公司的股权一并转让，不能进行拆分。**刘某琳主张以零对价的方式只受让云翰公司的股权，不同意同时受让写字派公司和朗途公司的股权，故刘某琳主张的交易条件显然与李某和苏某博协商的交易条件不同，不能视为“同等条件”。因此，刘某琳无权以构成同等条件为由主张优先购买权，故本院对刘某琳提出的诉讼请求全部不予支持。

裁判要点7 对其他因素相同的判断——考虑经营性因素及各方当事人的主观因素可作为“同等条件”的考量因素。

【裁判理由】【(2017)浙02民终1283号】浙江环益资源利用有限公司(以下

简称环益公司)与陈某君股权转让纠纷二审案件,浙江省宁波市中级人民法院认为:

在包括陈某君在内的大地公司8名自然人股东就其各自持有的股权合并整体定价拟转让给公司股东以外的高能公司情况下,环益公司能否单独就陈某君持有的大地公司1.50%的股权行使优先购买权。《公司法》第71条第3款规定,经股东同意转让的股权,在同等条件下,其他股东有优先购买权。本案中,包括陈某君在内的大地公司8名自然人股东就其股权转让与高能公司达成的转让意向为包括陈某君股权在内的合计51%的股权以9588万元的价格一并转让给高能公司。在**该转让条件下,陈某君的股权转让与大地公司其他7名自然人股东的股权转让是不可分割的,其股权转让以包括其他7名自然人股东的股权一并转让为条件,该拟转让价格系以整体转让为条件,并以整体转让确定转让价格,无法确定每一股东在整体转让价格中对应价格**。且陈某君与大地公司其他7名自然人股东已依法将整体转让事宜通知环益公司并征求环益公司意见,环益公司完全可以按9588万元的价格优先受让包括陈某君在内大地公司8名自然人股东的51%股权。环益公司仅要求对陈某君持有的大地公司1.50%的股权行使优先购买权,与高能公司拟以9588万元的价格整体受让大地公司8名自然人股东的51%股权不属于同等条件。故环益公司要求优先购买陈某君持有的1.50%的股权,不符合法律规定,难以支持。至于环益公司提出的陈某君在其行使优先购买权之前,并非欲整体转让,陈某君与大地公司其他7名自然人股东及高能公司恶意串通,设置原本不存在的"整体转让"和"控制权转让",损害环益公司的优先购买权,环益公司并未提供相应的证据予以证明,本院难以采信。

裁判要点8 对其他因素相同的判断——如股东对拟转让股东提出原转让条件之外的其他要求,则不构成"同等条件"。

【裁判理由】【(2019)鄂12民终293号】娄某共、郑某庆股权转让纠纷二审案件,湖北省咸宁市中级人民法院认为:

对"同等条件"的确认,依据《公司法司法解释(四)》第18条规定,人民法院在判断是否符合《公司法》第71条第3款及本规定所称的"同等条件"时,应当考虑转让股权的数量、价格、支付方式及期限等因素。章某仁在已书面告知娄某共对外转让股权的数量(57%股权)、价格、支付方式和期限等条件后,娄某共回函中提出"你应告知拟受让股权人的详细情况,并列清转让的详细清单(债权、债务),

以便本股东最后作出决定”及“如你必欲整体转让该股权，则鉴于你所提出的57%股权转让价格为1526.68万元所涵盖的资产不清晰，尽管本人也是股东，但大部分时间不在公司，且公司日常具体经营管理均由你负责，如本人受让，你无论作为出让方抑或作为公司经营管理者，亦应清晰转让前公司资产状况及转让股权所涉资产状况……”**娄某共提出的上述要求系与公司管理有关的事项，已超出了“同等条件”的范围，证明娄某共在行使优先购买权时，向章某仁提出了更高的要求，不符合“同等条件”的因素。**

【笔者观点】在《公司法司法解释（四）》颁布前，司法实践中对于“同等条件”的认定标准观点莫衷一是，产生了“绝对同等说”、“相对同等说”以及“折中说”等观点。《公司法司法解释（四）》第18条采取了“相对同等说”这一认定标准，即在判断是否满足同等条件时，应以第三人的对待给付为基本标准，但不完全以此为限，应结合交易的具体情况加以考虑，把“同等条件”作为转让股东、第三人和有优先购买权的其他股东之间的利益平衡杠杆，一方面保护其他股东的优先购买权，另一方面亦不损害转让股东的利益、不剥夺第三人购买股权的机会。

结合《公司法司法解释（四）》第18条以及相关司法实践案例，“同等条件”的内容主要包括以下几个方面：(1)转让股东拟将股权转让给第三人；(2)第三人提供的交易条件可被替代；(3)股权转让数量、转让价格相同，支付方式、履行期限相同；(4)对其他因素的考量，例如股权转让条件中是否含有附有服务对价、受让方承诺增加商业交易机会、帮助提升经营管理能力、拓宽经营渠道等均可作为“同等条件”的考量因素。

司法实践中，对于“同等条件”的判断可谓侵害股东优先购买权类纠纷的重中之重。具体而言，转让股东是否将“同等条件”通知了具有优先权的其他股东，是判断该通知是否构成“有效通知”的核心依据，而是否构成“有效通知”，又与股东优先购买权行使期限的起算、期限是否经过紧密相关。上述几个问题，均是此类纠纷中最为常见的争议问题。

争议焦点15　股东行使优先购买权的前提

裁判要点1 股东行使优先购买权的前提是，拟出让股东与股东以外的人已经就股权转让达成合意，该合意不仅包括对外转让的意思表示，还应包括转让股权的数量、价格、支付方式及期限等因素在内的完整对价。

【裁判理由1】【(2019)浙11民终1627号】章某兰、徐某东股权转让纠纷二审案件，浙江省丽水市中级人民法院(原浙江省丽水市人民法院)认为：

根据前述法律规定，**股东行使优先购买权的前提是，拟出让股东与股东以外的人已经就股权转让达成合意，该合意不仅包括对外转让的意思表示，还应包括《公司法司法解释(四)》第18条所规定的转让股权的数量、价格、支付方式及期限等因素在内的完整对价。**在本案中，虽然上诉人向两被上诉人发送的《股权转让通知书》确有拟转让股权的数量、价格、支付方式及拟受让的主体等内容，**但从上诉人得知两被上诉人主张优先购买权后即通知拟受让人是否愿意参与竞价，而拟受让人则以发布竞价通知的方式作出欲以较高价格受让股权的意思表示这一过程来看，说明上诉人在向两被上诉人发送《股权转让通知书》时，其与案涉股权拟受人就股权转让的价款并未最终达成合意。**同时，在本案中，亦无证据能够证实上诉人与案涉股权拟受让人之间存在以欺诈、恶意串通等手段，损害其他股东优先购买权的情形。因此，可以认定两被上诉人行使股东优先购买权的前提条件，并未成就。另外，从两被上诉人同意受让案涉股权的书面回复内容来看，其也仅是明确表示同意以650万元价格受让股权，而未涉及价款支付方式、期限等判断其所确认的股权受让对价是否为“同等条件”的其他因素。故在现有证据下，原判认定两被上诉人与上诉人之间业已通过要约、承诺的方式而形成了案涉合法有效的股权转让合同关系，依据不足，不应支持。

【裁判理由2】【(2012)民抗字第31号】丁某明、李某、冯某琴与瞿某建优先认购权纠纷再审审查与审判监督案件，最高人民法院认为：

《公司法》第72条规定，有限责任公司的股东之间可以相互转让其全部或者部分股权。股东向股东以外的人转让股权，应当经其他股东过半数同意。股东应就其股权转让事项书面通知其他股东征求同意，其他股东自接到书面通知之日起满30日未答复的，视为同意转让。其他股东半数以上不同意转让的，不同意的股东应当购买该转让的股权；不购买的，视为同意转让。经股东同意转让的股权，在同等条件下，其他股东有优先购买权。两个以上股东主张行使优先购买权的，协商确定各自的购买比例；协商不成的，按照转让时各自的出资比例行使优先购买权。按照上述规定，公司股东依法享有的优先购买权应受保护，但是股东优先购买权是对其他股东自由转让股权这一权利的限制，因此股东行使优先购买权亦应严格按照法律规定进行。

股东优先购买权是相比于股东以外的买受人而享有的优先权,因此,股东行使优先购买权的前提是,拟出让股东与股东以外的人已经就股权转让达成合意。该合意不仅包括对外转让的意思表示,还应包括价款数额、付款时间、付款方式等在内的完整对价。**在本案中,虽然在股东会前全体股东均被通知,将于下午与股东以外的受让人签约,但在股东会上,受让人并未到场,也没有披露他们的身份或者与他们签订的合同。因此,直至股东会结束签署决议时,对外转让的受让方仍未确定,股东行使优先购买权的前提也未成就。**

【裁判理由3】【(2019)京0105民初84794号】刘某琳与李某等与公司有关的纠纷案件,北京市朝阳区人民法院认为:

由于苏某博否认其与李某达成股权转让之合意,故在论述李某与苏某博之间的交易条件为何时,应当首先确定李某与苏某博之间是否成立股权转让的法律关系。对此,本院认为,首先,《承诺书》载明,苏某博自2018年1月12日起代表李某与他人磋商李某拟转让的股权及其价格。由于苏某博在《承诺书》中手写添加了“包括苏州、南京公司”的字样,李某和苏某博也一致认可李某拟转让包括写字派公司、云翰公司和朗途公司的股权。因此,据此可以确定,《承诺书》中约定的交易标的为李某持有的写字派公司、云翰公司和朗途公司的股权。其次,《承诺书》明确股权转让价格按照写字派公司不低于5000万元估值进行计算,该约定明确了股权转让的价格底线,可以由此确定股权转让价格。最后,李某和苏某博还约定,股权转让的时间不迟于2018年7月1日,由苏某博委托他人或者本人受让李某的股权。然而,在截止日期之前,并未有第三人受让股权,故应当由苏某博受让李某持有的股权。**由于股权转让当事人、标的和数量、价格均已经确定,故根据《最高人民法院关于适用〈中华人民共和国合同法〉若干问题的解释(二)》第1条第1款的规定,应当认定李某与苏某博之间股权转让合同已经成立。**苏某博的答辩意见与事实不符,本院不予采纳。

【笔者观点】股东行使优先购买权的前提是,拟出让股东与股东以外的人已经就股权转让达成合意,该合意不仅包括对外转让的意思表示,还应包括《公司法司法解释(四)》第18条所规定的转让股权的数量、价格、支付方式及期限等因素在内的完整对价。如法院经审理认定拟出让股东与股东以外的人尚未就上述条件达成合意的,则行使优先购买权的前提条件不存在,应判令驳回当事人的诉讼请求。此时也自然不会产生股东优先购买权丧失的问题。

裁判要点 2 行使股东优先购买权的前提是具备股东资格。

【裁判理由】【(2012)宁商终字第278号】南京黎明生物制品有限公司(以下简称黎明公司)与江苏天士力贝特医药科技有限公司(以下简称医药公司)等合同纠纷二审案件,江苏省南京市中级人民法院认为:

有限责任公司的股东向股东以外的人转让股权,在同等条件下,其他股东有优先购买权。股东优先购买权是有限责任公司股东基于股东资格而享有的一项请求权,具备股东资格是行使股东优先购买权的法定条件。本案中,黎明公司并非医药公司股东,依法并无主张股东优先购买权之资格,故其关于医药公司擅自转让股权侵犯其股东优先购买权的上诉理由,缺乏事实与法律依据,本院不予支持。

争议焦点16 优先购买权行使期限的认定

裁判要点 股东优先购买权的行使期限起算点应当以有效通知为前提,即转让股东应将转让条件、受让人有关情况等信息事先通知其他股东,并以此作为计算其他股东优先购买权行使期限的起算点。

【裁判理由】【(2021)川01民终8963号】四川小马飞腾文化传媒有限公司(以下简称小马飞腾公司)、阮某珂请求变更公司登记纠纷二审案件,四川省成都市中级人民法院认为:

根据《公司法》第71条第3款"经股东同意转让的股权,在同等条件下,其他股东有优先购买权……"之规定,马某骙和雷某艺依法享有优先购买权。《公司法司法解释(四)》第17条第2款规定:"经股东同意转让的股权,其他股东主张转让股东应当向其以书面或者其他能够确认收悉的合理方式通知转让股权的同等条件的,人民法院应当予以支持。"**股东优先购买权的行使期限起算点应当以有效通知为前提,即转让股东应将转让条件、受让人有关情况等信息事先通知其他股东,并以此作为计算其他股东优先购买权行使期限的起算点。本案中,虽然阮某珂向马某骙、雷某艺发出《关于转让股权的通知书》,但该通知书并未载明转让股权的对价、受让人等股权转让主要事项,故该通知未能构成有效通知,进而不能作为马**

某骙、雷某艺行使优先购买权的期限起算点。但在一审庭审中，阮某珂及股权受让人曾某伟告知了股权转让对价等股权对外转让的事项，马某骙对此已知晓，故马某骙行使优先购买权的起算时间点应当从一审庭审之日，即2020年6月9日开始计算。根据《公司法司法解释(四)》第19条“有限责任公司的股东主张优先购买转让股权的，应当在收到通知后，在公司章程规定的行使期间内提出购买请求。公司章程没有规定行使期间或者规定不明确的，以通知确定的期间为准，通知确定的期间短于三十日或者未明确行使期间的，行使期间为三十日”之规定，股东行使优先购买权应当在规定期间内行使并且应明确提出购买请求。本案中，马某骙在一审庭审中知晓对外转让股权条件后并未在30日内明确提出购买请求，故马某骙已丧失优先购买权，曾某伟依据《股权转让协议》合法取得小马飞腾公司8%的股权。小马飞腾公司有义务配合曾某伟办理工商变更登记。

【笔者观点】针对股东优先购买权行使期限不明确这一问题，《公司法司法解释(四)》第19条已经予以明确回应：股东优先购买权的行使期间交由当事人决定，法律仅对最短期限作出硬性规定，如当公司股东在章程中进行了约定，则以章程为准；如章程对此未作约定，则由转让股东在通知中自行确定。同时，为避免转让股东通过设定过短的行使期间而使其他股东的优先购买权事实上落空，章程约定或者转让股东指定的行使期间不得低于30日，当事人未作决定或决定的行使期间不明的，直接拟制为30日。

需要明确的是，优先购买权行使期限的起算以“有效通知”为前提，而所谓“有效通知”则是指将转让股东与受让人之间的具体交易条件，也即优先购买权行使的“同等条件”告知其他股东。如果上述通知缺乏“同等条件”相关内容的，应视为未能构成有效通知，不能达到开始计算权利行使期限的效果。

争议焦点17　损害其他股东优先购买权行为的认定

裁判要点1 股东对外转让股权时未征求其他股东意见的，属于损害其他股东优先购买权的行为。

【裁判理由】【(2019)渝0118民初10426号】李某革与季某人、江某菊等股权转让纠纷案件，重庆市永川区人民法院认为：

根据《公司法司法解释(四)》第21条之规定，有限责任公司的股东向股东以外的人转让股权，未就股权转让事项征求其他股东的意见，或者以欺诈、恶意串通等手段，损害其他股东优先购买权，其他股东主张按照同等条件购买该转让股权的，人民法院应当予以支持。本案中，江某菊与季某人签订的《转让协议》包含了精诚公司、大南石英砂厂以及重庆市永川区江某菊石英砂厂的转让，原、被告各方均无法明确重庆市永川区江某菊石英砂厂、精诚公司和大南石英砂厂在《转让协议》中的价值，原告自愿放弃大南石英砂厂以及重庆市永川区江某菊石英砂厂在《转让协议》中的价值，认可精诚公司占转让价格100%（850万元）系对其自身权利的处分，且不违反法律规定，本院予以支持。**结合前述分析，李某革具有精诚公司的股东资格，对江某菊转让精诚公司股权享有优先购买权；江某菊转让精诚公司股权时，未征求其意见，损害其优先购买权，现李某革主张以同等条件（850万元）购买江某菊所转让的精诚公司全部股份，本院予以支持**；现有证据无法确认江某菊及李某革在股份转让前各自所持精诚公司的股份，故本院对原告主张其以170万元的价格购买江某菊所持精诚公司股份暂不予支持，应待双方确认各自持有股份后另行主张。

裁判要点2 首次转让抬高价格，排除法律赋予其他股东同等条件下的优先购买权，受让人取得股东资格后，第二次完成剩余股权转让，属于恶意串通、损害其他股东优先购买权的行为。

【裁判理由】【（2015）苏商再提字第00068号】吴某崎等诉吴某民确认合同无效纠纷再审审查与审判监督案件，江苏省高级人民法院认为：

吴某民与吴某磊之间的涉案两份股权转让协议存在《合同法》第52条第2项规定的恶意串通损害第三人利益的情形，属于无效协议。吴某民和吴某磊在7个月的时间内以极其悬殊的价格前后两次转让股权，严重损害吴某崎的利益。**吴某民和吴某磊第一次转让1%的股权价格为15万元，第二次转让59%的股权实际价格为62万元（以此测算第二次股权转让价格约为每1%价格1.05万元），在公司资产没有发生显著变化的情形下，价格相差达14倍以上，其目的在于规避公司法关于其他股东优先购买权的规定，从而导致吴某崎无法实际享有在同等条件下的优先购买权，即首次转让抬高价格，排除法律赋予其他股东同等条件下的优先购买权，受让人取得股东资格后，第二次完成剩余股权转让**。吴某民在一审庭审中亦明确表示"第一次股权转让吴某磊不是公司股东，吴某民必须考虑同等条件的优先权"，"（第一次）比后面的要价要高，目的是取得股东身份"。这表明吴某民对其与吴某磊串通损害吴某崎利益的意图是认可的。如果认可上述行为的合法性,公司法关于股东优先购买权的立法目的将会落空。综上,民事活动应当遵循诚实信用的原则,民事主体依法行使权利,不得恶意规避法律,侵犯第三人利益。吴某民与吴某磊之间的两份股权转让协议,目的在于规避公司法关于股东优先购买权制度的规定,剥夺吴某崎在同等条件下的优先购买权,当属无效。吴某崎要求确认该两份股权转让协议无效,于法有据,应予支持。

裁判要点 3 为规避股东优先购买权的相关规定,通过实施间接出让的交易模式达到与直接出让相同的交易目的,属于侵害股东优先购买权的行为。

【裁判理由】【(2013)沪高民二(商)终字第27号】上海长烨投资管理咨询有限公司(以下简称长烨公司)等诉浙江复星商业发展有限公司等股权转让合同纠纷二审案件,上海市高级人民法院认为:

有限公司的稳定性决定了公司的发展,也决定了公司股东权益和社会公众利益的实现。为了确保有限公司的人合性和封闭性,《公司法》第72条第2款、第3款明确规定:“股东向股东以外的人转让股权,应当经其他股东过半数同意。股东应就其股权转让事项书面通知其他股东征求同意,其他股东自接到书面通知之日起满三十日未答复的,视为同意转让。其他股东半数以上不同意转让的,不同意的股东应当购买该转让的股权;不购买的,视为同意转让。经股东同意转让的股权,在同等条件下,其他股东有优先购买权。两个以上股东主张行使优先购买权的,协商确定各自的购买比例;协商不成的,按照转让时各自的出资比例行使优先购买权。”换言之,股东优先购买权具有法定性、专属性,是一种附条件的形成权和期待权。六被告对于上述法律规定应当是明知的。本案中,被告绿城公司、被告证大五道口公司共同出让其合计持有的海之门公司50%股权的意思表示是清晰完整的,并由被告证大置业公司代表被告绿城公司、被告证大五道口公司作为联合方发函询问原告是否决定购买之一节事实,亦充分证明了被告绿城公司、被告证大五道口公司明知法律赋予股东优先购买权的履行条件和法律地位。**但嗣后,被告绿城公司和被告证大五道口公司并未据此继续执行相关股东优先购买的法定程序,而是有悖于海之门公司的章程、合作协议等有关股权转让和股东优先购买的特别约定,完全规避了法律赋予原告享有股东优先购买权的设定要件,通过实施间接出让的交易模式,达到了与直接出让相同的交易目的。**据此,本院认为,被告绿城公司和被告证大五道口公司实施上述交易行为具有主观恶意,应当承担主要的过错责任。上述交易模式的最终结果，虽然形式上没有直接损害原告对于海之门公司目前维系的50%权益，但是经过交易后，海之门公司另50%的权益已经归于被告长烨公司、被告长昇公司所属的同一利益方，客观上确实剥夺了原告对于海之门公司另50%股权的优先购买权。

裁判要点4 股东代替其他非股东收购公司其他股东股权、恶意规避其他股东行使优先购买权的，属于损害股东优先购买权的行为。

【裁判理由】【(2013)川民申字第1771号】泸州鑫福矿业集团有限公司（以下简称鑫福矿业公司）与葛某文等股权转让纠纷再审审查与审判监督案件，四川省高级人民法院认为：

关于刘某安代鑫福矿业公司收购股权行为的效力问题。综观全案，内江南光有限责任公司除工商登记的8名股东外的其他出资人具有股东资格，其持有的公司股份为其享有的股权。鑫福矿业公司认为刘某安为其收购的是内江南光有限责任公司的隐名出资份额，并非股权，不受《公司法》及公司章程的限制，该主张系对《公司法》的曲解，不予支持。**鑫福矿业公司委托刘某安以其内江南光有限责任公司股东的身份收购该公司其他股东股权的行为，其用意为规避《公司法》(2005年修订)第72条第2款、第3款规定：**“股东向股东以外的人转让股权，应当经其他股东过半数同意。股东应就其股权转让事项书面通知其他股东征求同意，其他股东自接到书面通知之日起满三十日未答复的，视为同意转让。其他股东半数以上不同意转让的，不同意的股东应当购买该转让的股权；不购买的，视为同意转让。经股东同意转让的股权，在同等条件下，其他股东有优先购买权……”鑫福矿业公司的规避行为属损害内江南光有限责任公司其他股东的合法权益，为恶意规避。刘某安受鑫福矿业公司委托收购股权的行为为名义上的股东间股权转让行为，实为隐瞒王某玉等62人对外转让股权，刘某安与王某玉等62人间的股权转让行为违反了《公司法》(2005年修订)第72条的强制性规定，应属无效。

【笔者观点】《公司法司法解释（四）》第21条规定了损害其他股东优先购买权的两种情况：

其一，转让股东违反了《公司法》第71条第2款的规定，未就其股权转让事项征求其他股东意见，使其他股东失去了表示是否购买转让股权的机会。

其二，转让股东以欺诈、恶意串通等手段，损害其他股东的优先购买权。转让股东的欺诈，主要是指转让股东告诉其他股东的转让股权的所谓的“同等条件”，不是其与第三人交易的“同等条件”,使其他股东因受欺诈而放弃了行使优先购买权的机会。所谓恶意串通,是指转让股东与第三人为了达到使其他股东放弃优先购买权的目的,串通抬高转让股权的交易价格,或者其他交易条件的行为。常见的即利用“阴阳合同”欺骗其他股东放弃行使优先购买权。

该条规定在欺诈、恶意串通后面有一个“等”字,表示“损害其他股东优先购买权”的行为不限于欺诈、恶意串通损害其他股东的优先购买权等形式。司法实践中应当予以灵活认定,只要符合损害其他股东以同等条件优先购买股权的情况,人民法院即应予以支持。

争议焦点18 侵害股东优先购买权的股权转让合同效力

裁判要点1 侵犯股东优先购买权的股权转让合同,应认定为有效合同。

【裁判理由】【(2019)闽06民终1800号】唐某祥、林某丰股权转让纠纷二审案件(登载于《人民司法·案例》2020年第11期),福建省漳州市中级人民法院认为:

根据上述证据并结合本案事实,可以认定本案的股权转让协议有效。理由:《公司法》第71条有关赋予其他股东优先购买权的规定,是为了维系有限公司的人合性,以避免未经其他股东同意的新股东加入公司后破坏股东之间的信任与合作。但实现该目的,只要股权权利不予变动,阻止股东以外的股权受让人成为新股东即可,而无须否定股东与股东以外的人之间的股权转让合同效力,并且公司法亦无转让股东违反公司法有关转让股权的规定而股权转让合同无效的规定。如果股权转让合同因转让股东违反了公司法有关对外转让股权的规定而被认定无效,那么在其他股东放弃优先购买权后,转让股东还需与受让人重新订立股权转让合同,否则任何一方均可不受已订立的股权转让合同的约定的限制,这显然不合理。因此,审查本案的股权转让协议是否有效,仍应根据《合同法》第52条的规定来认定,而本案的股权转让协议系双方当事人的真实意思表示,亦不存在《合同法》第52条关于“合同无效”规定的情形。

裁判要点2 侵犯股东优先购买权的股权转让合同,应认定为无效合同。

【裁判理由】【(2012)百中民二终字第39号】覃某松原持有田东县桂松酒精

有限公司与林某股权转让协议纠纷二审案件(登载于《人民司法·案例》2014年第24期),广西壮族自治区百色地区(市)中级人民法院认为:

本案中,桂松公司仅有林某和覃某松两名股东,任一股东在股权转让时依法应就其转让事项书面通知另一股东。然而,被告林某在没有书面征求原告覃某松同意并在原告明确表示不同意购买的情况下,于2011年8月24日与第三人李某斌签订了股权转让协议书,该股权转让行为违反了《公司法》第72条第3款的规定。此时原告覃某松尚未知晓被告林某已与第三人李某斌签订转让股权协议。2011年8月26日,覃某松表示愿意购买林某的股权。直至2011年8月31日,林某才在《右江日报》上发布公告征询原告覃某松意见。而后覃某松在2011年9月29日,即法律规定的期限内在《右江日报》上公告表示反对林某转让70%股权给李某斌,自己愿意购买,随后多次以不同方式表示愿意购买。**因此,2011年8月24日被告林某与第三人李某斌签订的股权转让协议书无效。**

裁判要点 3 侵犯股东优先购买权的股权转让合同,应认定为可撤销合同。

【裁判理由1】【(2017)京民终796号】孙某伏等与马某青等股权转让纠纷二审案件,北京市高级人民法院认为:

孙某伏上诉称,马某青、余某未及时履行通知义务,事后其他股东就侵害优先购买权另行提起诉讼,导致孙某伏后续对于股权转让协议实际履行不能,因而主张本案合同为效力待定合同,一审法院依该合同约定的付款时间认定孙某伏的违约责任错误。对此本院认为,股东向股东以外的人转让股权应经过其他股东过半数同意,其他股东在同等条件下享有优先购买权,是公司法为维护有限责任公司人合性而赋予股东的权利,但该规定是对公司内部行为的约束,不影响与股东外第三人之间股权转让合同的效力。**股东对外签订股权转让合同,只要合同当事人意思表示真实,不违反法律法规效力性强制性规定,在转让人与受让人之间即应自合同成立时起生效。其他股东如认为股权转让合同未经其过半数同意或侵害其优先购买权,可依法向法院申请撤销股权转让合同。**故本案《1101股权转让协议》及《补充协议》对于签订方孙某伏、马某青、余某合法有效,孙某伏负有依约支付股权转让款的合同义务。邓某生、合友公司作为其他股东首次另案诉请合同无效的时间分别是2016年5月和2016年11月,晚于合同约定的付款时间,该事件不构成孙某伏未履行在先支付股权转让款合同义务的合法事由。一审法院在其他股东参与诉讼的情况下认定案涉合同有效,进而认定孙某伏构成违约,判令孙某伏依约承担违约责任正确。孙某伏关于合同效力待定、客观履行不能的上诉理由不成立,本院不予采信。

【裁判理由2】【(2010)渝五中法民终字第4034号】李某悦与吴某锋股权转让协议纠纷二审案件(登载于《人民司法·案例》2011年第14期),重庆市第五中级人民法院认为:

吴某锋作为该部分股权的合法持有人,并无转让股权的意思表示,黄某华等大帝公司的其他股东,在没有吴某锋合法授权及事后追认的情况下,对吴某锋的股权进行处分的行为系无权处分行为,应属无效。李某悦和桂某斌与黄某华、唐某、合众公司、华翰域公司等原大帝公司其余4位股东在2009年10月18日的股权转让协议中关于该部分股权转让的约定,以及同年10月22日转让双方分别签订的4份股权转让协议,均是双方真实意思表示。根据《公司法》第72条第2款、第3款之规定,股东向股东以外的人转让股权,应当经其他股东过半数同意,并且股东在同等条件下享有优先购买权。**但该规定不是强制性规定,而是任意性规定。因此,吴某锋主张该部分股权转让行为因违反前述规定而无效的理由不能成立,其只能主张撤销黄某华等其余4位股东的股权转让行为。**

裁判要点4 侵犯股东优先购买权的股权转让合同,应认定为效力待定。

【裁判理由】【(2015)鄂民二终字第00042号】武汉桥都物资贸易有限公司(以下简称武汉桥都公司)与陈某股权转让合同纠纷二审案件,湖北省高级人民法院认为:

对于焦点问题一,《公司法》第72条第2款、第3款规定:“股东向股东以外的人转让股权,应当经其他股东过半数同意。股东应就其股权转让事项书面通知其他股东征求同意,其他股东自接到书面通知之日起满三十日未答复的,视为同意转让。其他股东半数以上不同意转让的,不同意的股东应当购买该转让的股权;不购买的,视为同意转让。经股东同意转让的股权,在同等条件下,其他股东有优先购买权。”**《公司法》赋予了公司股东在同等条件下享有优先购买的权利。武汉桥都公司原本非恒鸿盛公司的股东,陈某向其转让股份时,公司股东依法享有优先购买权,且对于违反《公司法》规定进行转让的合同有权提起诉讼,予以撤销。陈某与武汉桥都公司之间签订的《股东股权转让协议书》的效力可能因此而待定。**

【笔者观点】国内学界对侵犯其他股东与优先购买权股权转让协议效力的认识主要有四种观点:有效说、无效说、效力待定说、可撤销说。有效说认为,公司法关于侵犯其他股东购买权的规定，是对公司内部行为的约束，该约束不影响与公司外第三人之间股权转让协议的效力。无效说主张，侵犯股东的优先购买权，违反了公司法的强制性规定，应当认定无效。效力待定说则认为，经过其他股东事后追认，股权转让合同有效；其他股东不同意或者同意并行使优先购买权的，转让合同不生效；在法院判决前仍未经其他股东过半数同意且放弃优先购买权的，合同无效。可撤销说主张股权转让协议有效，但基于其他股东是否有意、是否有财力行使优先购买权并不确定，其他股东可以申请撤销。

鉴于上述争议巨大的情况，我国多个高级人民法院纷纷出台规定予以表态。部分典型高院意见包括：

(1)《江苏省高级人民法院关于审理适用公司法案件若干问题的意见(试行)》(苏高法审〔2003〕2号，实施日期：2003年6月13日，已失效)第62条认为："有限责任公司股东向公司以外的人转让股权，未履行《公司法》第三十五条规定的股东同意手续的，应认定合同未生效。诉讼中，人民法院可以要求当事人在一定期限内征求其他股东的意见，期限届满后其他股东不作相反意思表示的，视为同意转让，可认定合同有效。该期限内有其他股东表示以同等条件购买股权的，应认定合同无效，受让人只能要求出让人赔偿损失。"

(2)《上海市高级人民法院关于审理涉及有限责任公司股东优先购买权案件若干问题的意见》(沪高法民二〔2008〕1号，实施日期：2008年3月25日)认为："十二、股东向股东以外的第三人转让股权，其他股东行使优先购买权或因不同意对外转让而购买拟转让股权，其他股东或公司请求法院撤销股权转让合同或确认股权转让合同无效的，法院不予支持。"

(3)《山东省高级人民法院民二庭关于审理公司纠纷案件若干问题的解答》(实施日期：2018年7月17日)认为："股东优先购买权行使与否不影响股东与非股东第三人之间转让协议的效力，但影响该协议能否实际履行。理由：第一，转让股东与非股东第三人间股权转让合同效力具有独立性，该股权转让协议是否有效应当按照协议自身的内容，根据合同法关于合同效力的规定加以认定。即便优先权股东行使了股东优先购买权，只要该协议本身符合合同法关于合同效力的规定，协议仍然有效。第二，转让股东与非股东第三人之间能否实际履行股权转让协议，取决于其他股东是否行使优先购买权。其他股东决定不行使优先购买权，则该股权转让协议可获得实际履行；其他股东决定行使优先购买权，则直接产生阻断股权转让于第三人的效力,导致该股权转让协议履行不能。第三人可以根据与转让股东之间协议的内容,追究转让股东的违约责任……”

(4)《广西壮族自治区高级人民法院民二庭关于审理公司纠纷案件若干问题的裁判指引》(桂高法民二〔2020〕19 号,实施日期:2020 年 7 月 27 日)认为:“21.【外部转让时其他股东是否同意的效力影响】有限责任公司股权对外转让的,出让股东须取得其他股东多数同意,此条件为出让股权发生变动的生效要件之一。该生效要件是股权外部转让时相较于内部转让多出的一个生效要件。

该要件是否满足不影响股权转让合同可以依法成立生效,出让股东未取得其他股东多数同意的,受让方可以依据有效的转让合同向对方主张违约责任;出让股东在完成相关股权转让变动手续之后才取得其他股东多数同意的,可以自取得同意之时始发生股权变动效力……23.【外部转让时是否放弃优先购买权的效力影响】……其他股东是否放弃优先购买权不影响股权转让合同效力,因其他股东行使优先购买权而导致转让合同目的无法实现的,股权买受人可以依据有效的转让合同向对方主张违约责任。其他股东放弃优先购买权的事实,并非股权发生变动的生效要件,而应将其他股东行使优先购买权视为股权变动效力的法定附解除条件:当其他股东向出让股东发出优先购买要约且得到后者承诺时,股权未向第三人变动时,应优先向该股东发生变动;股权已向第三人变动的,该变动效力被解除……”

笔者认为,除转让股东和股东以外的股权受让人恶意串通损害其他股东优先购买权订立的合同无效外,一般情况下,转让股东与股东以外的股权受让人之间签订股权转让合同时即使没有履行《公司法》第 71 条第 2 款、第 3 款的义务侵犯了其他股东的优先购买权,该合同也是有效的。

具体理由是:股东优先购买权的行使目的在于通过保障其他股东优先获得拟转让股份而维护公司内部信赖关系,因此,法律所要否定的是股东以外的股权受让人优先于公司其他股东取得公司股份的行为,而不是转让股东与股东以外的股权受让人之间签订的股权转让合同的效力。并不是只有撤销股权转让合同或否定股权转让合同的效力才能保护其他股东的优先购买权。事实上,合同的效力是可以与权利变动的结果相区分的,法律可通过在权利变动领域施以控制以保护相关利害关系人的权益,而不必在合同效力领域加以干涉。而且,在否定合同效力情况下,股东以外的股权受让人只能通过缔约过失的责任机制获得救济,在肯定合同效力情况下,股东以外的股权受让人则可以凭借违约之由,追究转让股东的责任。总之,转让股东和股东以外的股权受让人之间订立的股权转让合同,与转让股东和其他股东之间订立的股权转让合同,二者可以相互独立。

上述观点目前已经日渐成为我国司法实践的主流观点。因此前我国《公司法》第71条仅规定了其他股东享有优先购买权,但对于损害其他股东优先购买权如何救济并无明文规定,理论界观点各异,司法实务中对转让股东与第三人之间签订的股权转让合同的效力,有效、无效、可撤销的判决都有。有鉴于此,2017年颁布实施的《公司法司法解释(四)》第21条对此予以规定,虽未明确指出,但从文义来看,应该得出此类合同有效的结论。

为了进一步统一此类案件的裁判尺度,最高人民法院于2019年颁布实施《九民纪要》,以会议纪要的形式对上述观点进行重审。其中第9条明确指出,为保护股东以外的股权受让人的合法权益,股权转让合同如无其他影响合同效力的事由,应当认定有效。相信在上述规定的明确指导下,我国司法实践对此类案件的裁决结果将日趋统一。

争议焦点19 股东优先购买权受到损害时的首要救济方式

裁判要点1 其他股东优先购买权受到损害,其首要救济方式应当是主张按照同等条件购买转让股权。如其他股东仅提出确认股权转让合同及股权变动效力等请求,未同时主张按照同等条件购买转让股权的,人民法院不予支持。

【裁判理由1】【(2021)鲁民终1608号】沈某君、万世酒造株式会社等股权转让纠纷二审案件,山东省高级人民法院认为:

《公司法司法解释(四)》第21条的规定,有限责任公司的股东向股东以外的人转让股权,未就其股权转让事项征求其他股东意见,或者以欺诈、恶意串通等手段,损害其他股东优先购买权,其他股东主张按照同等条件购买该转让股权的,人民法院应当予以支持,但其他股东自知道或者应当知道行使优先购买权的同等条件之日起30日内没有主张,或者自股权变更登记之日起超过一年的除外。前款规定的其他股东仅提出确认股权转让合同及股权变动效力等请求,未同时主张按照同等条件购买转让股权的,人民法院不予支持,但其他股东非因自身原因导致无法行使优先购买权,请求损害赔偿的除外。股东以外的股权受让人,因股东行使优先购买权而不能实现合同目的的,可以依法请求转让股东承担相应民事责任。**沈某君作为鑫安公司的股东在本案中未主张按照同等条件购买转让股权，仅要求人民法院判决其优先购买涉案股权，其该项诉讼请求不符合上述法律规定。**并且，沈某君已于2019年4月7日出具《声明》，放弃优先购买权，故其关于判令其可以优先购买涉案股权的诉讼请求不成立，本院不予支持。

【裁判理由2】【(2019)最高法民终937号】云南省交通运输厅、云南通达翔投资有限公司(以下简称通达翔公司)合同纠纷二审案件，最高人民法院认为：

省交通运输厅主张《函》损害了石锁公司其他股东股权优先购买权。一审法院认为，省交通运输厅向华能信托出具《函》，关于该事宜，石锁公司的各股东亦召开了股东会议，并形成了股东会决议，对于省交通运输厅要回购九策公司持有的石锁公司70%股权的事实，各股东均知情，且奥盛公司、通达翔公司已明确表示了放弃优先购买权。省公路局陈述该局虽持有10%的股权，但该局系因石锁高速公路修建过程中需对政府拨款等事宜进行监管，该局在股东会议上知晓股权优先购买权的事实，**但未作出明确放弃优先购买权的意思表示，直至本案审理中，经一审法院询问，亦未作出明确的意思表示。**根据《公司法司法解释(四)》第21条“有限责任公司的股东向股东以外的人转让股权，未就其股权转让事项征求其他股东意见，或者以欺诈、恶意串通等手段，损害其他股东优先购买权，其他股东主张按照同等条件购买该转让股权的，人民法院应当予以支持，但其他股东自知道或者应当知道行使优先购买权的同等条件之日起三十日内没有主张，或者自股权变更登记之日起超过一年的除外。前款规定的其他股东仅提出确认股权转让合同及股权变动效力等请求，未同时主张按照同等条件购买转让股权的，人民法院不予支持，但其他股东非因自身原因导致无法行使优先购买权，请求损害赔偿的除外。股东以外的股权受让人，因股东行使优先购买权而不能实现合同目的的，可以依法请求转让股东承担相应民事责任”之规定，省交通运输厅的关于损害其他股东股权优先购买权的主张，与法律规定不符，一审法院不予支持。

裁判要点2 其他股东因优先购买权受到损害，主张按照同等条件行使优先购买权的，人民法院应予支持。

【裁判理由1】【(2020)鲁10民终2865号】王某俊、袁某铭股权转让纠纷二审案件，山东省威海市中级人民法院认为：

根据《公司法司法解释(四)》第21条的规定，有限责任公司的股东向股东以外的人转让股权，未就其股权转让事项征求其他股东意见，或者以欺诈、恶意串通等手段，损害其他股东优先购买权，其他股东主张按照同等条件购买该转让股权的，人民法院应当予以支持，因此袁某铭不能取得该股权。此外，袁某铭以非自然人股东的身份，在未就股权转让事项征求其他股东意见的情况下后续受让12万元龙都公司股权，亦侵犯了王某俊的优先购买权。王某俊已向龙都公司及工商部门提出诉讼要求撤销荣成审批局于2019年6月20日准予龙都公司关于袁某铭股权变更登记的行政行为，该案经一审、二审已作出生效判决，支持了王某俊的诉讼请求。因此，袁某铭、龙都公司工会、龙都公司主张13万元股权系袁某铭合法取得，无事实和法律依据，本院不予支持。

对于袁某铭受让的13万元股权，王某俊享有优先购买权。**王某俊一审诉讼请求为要求行使优先购买权，一审法院仅判决其享有优先购买权错误，依照公司法及相关司法解释的规定，王某俊有权要求按同等条件行使优先购买权，对王某俊的该项上诉请求，本院予以支持。**

依照《公司法》（2018年修正）第71条、《公司法司法解释（四）》第21条、《民事诉讼法》第170条第1款第1项、第2项的规定，判决如下：

（1）维持山东省荣成市人民法院（2019）鲁1082民初4864号民事判决第二项。[①]（2）**变更山东省荣成市人民法院（2019）鲁1082民初4864号民事判决第一项为：王某俊对荣成市龙都水产科技有限公司工会委员会转让给袁某铭的荣成市龙都水产科技有限公司13万元的股权享有优先购买权，王某俊应当在本判决生效之日起20日内行使优先购买权，否则视为放弃，王某俊优先购买权的行使内容、条件与荣成市龙都水产科技有限公司工会委员会与袁某铭于2019年6月10日签订的股权转让协议相同。**

【裁判理由2】【（2018）豫07民终116号】赵某、王某法股权转让纠纷二审案件，河南省新乡市中级人民法院认为：

关于本案是否应审理王某法主张行使优先购买权的问题，赵某上诉认为王某法在本案的诉讼请求系确认股权转让协议无效，不应审理股东优先购买权的问题。依据王某法的起诉时的诉讼请求，其在2017年7月18日起诉时确实仅主张了确认案涉股权转让协议无效，但本案特殊性在于一审审理过程中最高人民法院

① （2019）鲁1082民初4864号民事判决第二项为：驳回王某俊要求确认袁某铭与荣成市龙都水产科技有限公司工会委员会签订的《股权转让协议》无效的诉讼请求。

于2017年8月25日公告发布了《公司法司法解释(四)》,该司法解释于2017年9月1日起施行,其中第21条规定:“有限责任公司的股东向股东以外的人转让股权,未就其股权转让事项征求其他股东意见,或者以欺诈、恶意串通等手段,损害其他股东优先购买权,其他股东主张按照同等条件购买该转让股权的,人民法院应当予以支持,但其他股东自知道或者应当知道行使优先购买权的同等条件之日起三十日内没有主张,或者自股权变更登记之日起超过一年的除外。前款规定的其他股东仅提出确认股权转让合同及股权变动效力等请求,未同时主张按照同等条件购买转让股权的,人民法院不予支持,但其他股东非因自身原因导致无法行使优先购买权,请求损害赔偿的除外。股东以外的股权受让人,因股东行使优先购买权而不能实现合同目的的,可以依法请求转让股东承担相应民事责任。”该司法解释的实施,必然会对当事人应如何行使诉讼权利产生影响,**而王某法在本案一审庭审后及二审期间,均主张行使优先购买权,在本案审理过程中,双方所提交的证据及辩论意见的内容亦实际涉及王某法是否享有优先购买权,故探究王某法诉求之本意,结合本案审理的实际情况,为减少当事人诉累、节约司法资源、避免无实质意义的程序空转、解决双方当事人之间的纠纷,本院认为对王某法行使优先购买权的主张一并审理为宜。**

……

综上,赵某的上诉请求部分成立,本院部分予以支持。一审法院认定事实清楚,但判决结果错误,依法予以纠正。依据《公司法》第71条,《公司法司法解释(四)》第21条,《民事诉讼法》第170条第1款第2项之规定,判决如下:

(1)撤销河南省长垣县人民法院(2017)豫0728民初3326号民事判决。

(2)王某法对黄某元、王某山、侯某印向赵某转让的奔宇电机集团有限公司的股权享有优先购买权;王某法应当在本判决生效之日起30日内行使优先购买权,否则视为放弃;王某法优先购买权的行使内容、条件,与黄某元、王某山、侯某印与赵某签订的股权转让协议相同。

(3)驳回王某法要求确认黄某元、王某山、侯某印与赵某签订的股权转让协议无效的诉讼请求。

【笔者观点】通过上述案例可以看出,其他股东优先购买权受到损害,其首要救济方式应当是主张按照同等条件购买转让股权。因此,在设计具体的诉讼请求时必须明确当事人要求行使优先购买权的对象以及参照的具体协议内容。参考上述案例，相应诉请的基础要素包括：×××对【转让股权的股东】向【受让股权的股东】转让的【目标公司】的股权享有优先购买权；×××优先购买权的行使内容、条件，与【转让股权的股东】和【受让股权的股东】于【具体日期】签订的【股权转让协议名称】相同。

裁判要点 3 股东应在知道或者应当知道行使优先购买权的同等条件之日起 30 日内行使优先购买权，且不得超过股权变更登记之日起一年。

【裁判理由】【（2018）皖 01 民终 7652 号】合肥金星现代科技投资有限公司（以下简称金星公司）、刘某股权转让纠纷二审案件，安徽省合肥市中级人民法院认为：

根据《公司法司法解释（四）》第 19 条的规定，在公司章程及股权转让的通知均未明确股东优先购买权的行使期间的情况下，股东应在收到通知后 30 日内行使优先购买权。本案中，刘某、神蝶公司已于 2015 年 6 月 11 日通过易能公司董事会秘书熊某平的电子邮箱将上述《股权转让协议》及《股权转让通知》发送给方某霞等人。关于方某霞的身份，易能公司的董事会秘书熊某平同时向易能公司股东的相关人员发送《股权转让协议》及《股权转让通知》的行为，说明易能公司认可方某霞是金星公司的联络人。且方某霞是金星公司的股东合肥金星房地产开发有限公司的员工，方某霞应是易能公司股东金星公司推选的监事。故金星公司理应于方某霞收到上述《股权转让协议》及《股权转让通知》时，即知晓刘某、神蝶公司转让股权的同等条件。另外，通知的方式不限于书面，还包括其他一切能够确认收悉的合理方式，通过电子邮件统一发送的通知方式亦属于合理方式。其后在凌梅公司于 2015 年 12 月 1 日向金星公司发函时，金星公司也知晓刘某、神蝶公司与凌梅公司签订了股权转让协议，金星公司仍然没有明确表示主张优先购买权。直至 2017 年 12 月 4 日金星公司才通过诉讼方式主张优先购买权，显然怠于主张权利。**退一步分析，即使金星公司并不知晓易能公司董事会秘书熊某平通过电子邮箱将《股权转让协议》及《股权转让通知》发送给方某霞的事实，但凌梅公司已另案起诉包括金星公司在内的被告，起诉材料包括上述《股权转让协议》及《补充协议》的复印件，合肥市蜀山区人民法院通过邮寄方式向金星公司送达上述材料，上述材料已由方某明于 2017 年 11 月 1 日代金星公司签收，而金星公司并未在《公司法司法解释（四）》第 21 条规定的 30 日内进行主张，该权利归于消灭。**

【笔者观点】在转让股东损害其他股东优先购买权的情况下，《公司法司法解释（四）》第 21 条规定，其他股东应当自知道或者应当知道行使优先购买权的同等条件之日起30日内主张，且不超过股权变更登记之日起一年。

上述规定的目的在于督促其他股东及时行使权利，避免法律关系长期处于不稳定状态。根据该规定，股东行使优先购买权的期限需要满足两个条件：其一，其他股东需知晓“同等条件”起30日内主张行使优先购买权；其二，此时股权变更登记尚未超过一年。该规定中所指的“三十日”和“一年”，属于不变期间，不适用中止、中断和延长的规定。

争议焦点20　股东优先购买权受到损害时的次要救济方式

裁判要点 在第三人侵犯公司股东优先购买权的情况下，受侵害股东无法提供证据证明侵害优先购买权的行为与公司产生亏损的事实之间存在因果关系，且不能证明第三人通过侵权行为恶意对公司经营实施影响从而导致公司亏损，股东仅以其优先购买权受到侵害主张侵权损害赔偿的，人民法院不予支持。

【裁判理由】【(2018)最高法民终82号】甘肃兰驼集团有限责任公司(以下简称兰驼公司)与兰州常柴西北车辆有限公司(以下简称西北车辆公司)等侵害企业出资人权益纠纷二审案件，最高人民法院认为：

首先，兰驼公司要求西北车辆公司、常柴银川公司和万通公司连带赔偿其损失，是基于其认为优先购买权受到侵害。股东优先购买权是股东享有的同等条件下优先购买其他股东拟转让股权的权利。最高人民法院(2016)最高法民终295号民事判决认定常柴银川公司和万通公司的行为，侵犯了兰驼公司的股东优先购买权，虽万通公司对此有不同认识，但该生效判决并未被撤销，具有当然的既判力。然而，该判决并未认定西北车辆公司侵犯了股东兰驼公司的优先购买权，兰驼公司要求西北车辆公司承担赔偿责任，其依据并不充分。兰驼公司举出一审法院原工作人员刘某受贿罪刑事判决书，欲以其中认定的事实证明西北车辆公司、常柴银川公司和万通公司共同串通。但该份判决书描述的有关事实，发生在该案所涉股权转让之后数年，当时该案的西北车辆公司、常柴银川公司和万通公司均在同一案件中作为被告或无独立请求权第三人，在诉讼中处于相同的防御地位，又有相互持股或利益交换等关系，因此在诉讼进程中共同商讨对策，包括决策聘请律师等，都是正常的行为。不能将此时(2013年)西北车辆公司、常柴银川公司以及万通公司的共同协商，倒推出2010年股权转让时就存在恶意串通。尽管刘某存在犯罪事实，也只是其个人从中牟取非法利益，而不能证明系西北车辆公司、常柴银川公司以及万通公司共谋不法行为。因此，兰驼公司要求西北车辆公司承担侵犯其优先购买权责任的理由，没有事实和法律依据，该院不予支持。

其次，兰驼公司认为其优先购买权受到侵害，要求该案西北车辆公司、常柴银川公司以及万通公司连带赔偿其损失，其主张赔偿3800万元，依据是其持有西北车辆公司股份29%比例加上可能受让的股份57%比例，参照其所主张的西北车辆公司亏损额换算得出。在市场经济社会中，造成公司经营亏损的原因很多，既包括公司经营决策层面，如产业投向错误、管理成本过大，也包括外界因素的影响，如行业政策调整、整体经济下行、信贷规模受限等。**兰驼公司仅凭西北车辆公司的会计报告，并不能证明西北车辆公司亏损的原因系常柴银川公司出让股权或万通公司持股所造成，更不能证明与其优先购买权受到侵害有何关联；同理，也不能说明假如兰驼公司控股西北车辆公司，该公司就一定不会亏损。况且，优先购买权并非实质控股权，在优先购买权得以实现之前，主张优先购买权的股东对所主张股份享有的只是一种期待权，并不能直接转化为对应股东权利。**退一步讲，即便西北车辆公司的亏损系万通公司作为控股股东经营不善导致，兰驼公司作为股东，所受到的损失也只是公司盈余，而并非承担公司亏损。因此，兰驼公司以西北车辆公司亏损计算其优先购买权受侵害而遭受损失数额，无事实和法律依据。《民诉法司法解释》第90条规定："当事人对自己提出的诉讼请求所依据的事实或者反驳对方诉讼请求所依据的事实，应当提供证据加以证明，但法律另有规定的除外。在作出判决前，当事人未能提供证据或者证据不足以证明其事实主张的，由负有举证证明责任的当事人承担不利的后果。"**虽然（2016）最高法民终295号民事判决确认常柴银川公司和万通公司股权转让行为侵犯了兰驼公司的优先购买权，但兰驼公司无证据证明其因该侵权行为受到损失的原因或数额，故对其该项诉讼请求，该院不予支持。**至于兰驼公司在诉讼中提出申请对西北车辆公司自2009年1月1日至今的财务和经营状况进行审计，因其申请司法审计的目的是确认西北车辆公司的亏损数额，与该案其所主张因优先受偿权受侵害而遭受的损失没有因果关系，故对其该项申请，该院亦不予准许。

【笔者观点】针对优先购买权受到损害又无法行权时，受损股东可以向转让股东及受让人主张损害赔偿的范围问题。经检索，目前司法实践中此类案例极其罕见。《公司法司法解释（四）》第21条虽然赋予了受损股东主张损害赔偿的权利，

但具体到损害赔偿范围和数额如何确定问题,目前尚无明确法律规定及裁判规则可供遵循。对于该问题,笔者认为:

第一,关于损害赔偿救济的前提。根据《公司法司法解释(四)》第20条之规定,优先权受损的股东的首要救济方式应当是主张按照同等条件购买转让股东。但例外情况是,在非因其自身原因导致无法行使优先购买权的情况下,其可以提出损害赔偿,同时,也可以提出确认股权转让合同及股东权变动效力等请求。换言之,请求损害赔偿是优先权受损股东的次要救济方式,其前提是:股东优先购买权已无法行使,且无法行使非因股东自身原因导致。

举例而言,如优先权受损的股东在知道或者应当知道其行使优先权的同等条件之日起30日内怠于行权,则无法行使优先权应归责于其自身,其应自负不利后果,无权寻求损害赔偿救济。如优先权受损股东始终未能知晓其行使优先权的同等条件,但转让股东已办理股权变更登记超过一年的,优先权受损股东仍然可以向转让股东或者受让人主张相应的民事权利。

第二,关于损害赔偿救济诉讼的当事人。损害股东优先权的行为实为一种侵权行为,侵权人为转让股东,应当以转让股东为被告。当然,在转让股东与受让人构成恶意串通的情况下,该受让人成为共同侵权人,应当依据《民法典》第1168条之规定与转让股东承担连带赔偿责任。

第三,关于损害赔偿救济的范围和数额。侵权损害赔偿的功能在于弥补受害人的财产损失,赔偿范围以全部赔偿为原则,包括赔偿现有财产的直接减少与间接损失,亦即有切实依据的可得利益损失。

有学者认为,优先权受损股东的直接损失主要包括优先权未得实现所受损害以及多支出的费用,如调查取证的费用、股权价值的评估费用及其他必要费用等。间接损失表现为另行购买股权的差价损失,即其他股东若另寻途径购买股权产生的费用与转让股东和外部受让人的实际交易价格之间的差价。该差价产生的情形既包括转让股东与外部受让人之间的实际转让价格明显低于转让时股权公允价值,也包括转让股权的价值会随公司经营状况和市场行情等因素增长带来的差价。

由于缺乏一个公开交易市场,有限公司的股权未形成可为其价值评估提供参考的市场价格,宜采用“净资产值法”确定股权价格,即以转让股权的比例所对应的净资产值作为转让股权的价格。因该方法不仅反映公司当前经济状况,且财务报表和会计凭证往往能在短期之内更新,从而较好地兼顾了时间因素,确定股权公允价值更为合理。当其他股东知道或应当知道其权利受到侵害时，其客观上已具备行使损害赔偿请求权的可能性，因而股权公允价值的评估时点应当以其知道或者应当知道权利受侵害之日为准。

关于损害赔偿数额的确定问题，由于个案实际情况的复杂性，优先权受侵害导致的机会利益损失难以应用概率进行评估，客观上不具有可行性，归于法官自由裁量范畴则更为合理可行。①

争议焦点21　保护优先购买权导致合同无法履行，受让方的救济方式

裁判要点 在公司股权转让协议中，转让方与受让方在都明知公司其他股东存在行使优先购买权的情形下仍然签订和履行股权转让协议，公司其他股东取得法院判决或者仲裁裁决后行使优先购买权而导致股权转让协议终止履行的，应当认定股权转让方与受让方在股权转让协议签订和履行过程中存在过错，双方均需在各自过错范围内承担责任；对于过错比例的裁量，由法院审理决定。

【裁判理由1】【(2003)民二终字第143号】[2005年第2期公报案例(总第100期公报案例)]北京新奥特集团诉华融公司股权转让合同纠纷二审案件，最高人民法院认为：

现本案争议的焦点之一是，股权转让协议终止履行后，给新奥特集团造成的损失如何承担。华融公司和新奥特集团在签订股权转让协议时，均知悉公司法规定的其他股东在同等条件下享有优先购买权，也知悉电子公司不放弃优先权的态度。由于法律对股东行使优先权的方式、期限等没有明确规定，华融公司采取通知函的形式，限期电子公司行使优先权，逾期视为放弃。新奥特集团完全认同华融公司已经以此方式排除了电子公司行使优先权的权利。双方在认为电子公司已丧失优先权的情况下签订了股权转让协议。此后的仲裁裁决没有支持华融公司与新奥特集团在优先权问题上的判断，而裁决电子公司有权行使优先权。电子公司实际行使优先权的行为，最终导致本案股权转让协议终止履行。**由于华融公司与新奥特集团在签约时，应当预见该合同可能因电子公司行使优先权而终止，但没有预见，造成合同终止履行，对此双方均有过错。新奥特集团因准备合同履**

---

① 参见李建伟：《公司诉讼类型化专题24讲(一)》，法律出版社2020年版。

行及实际履行中产生的损失应由华融公司、新奥特集团各自承担50%。原审认定华融公司的责任大于新奥特集团，与事实不符，本院应予纠正。华融公司认为其履行生效的仲裁裁决而无法继续履行与新奥特集团的股权转让协议，没有过错，不应承担新奥特集团的损失，其理由与事实不符，本院不予支持。华融公司以协议约定股权不能过户的风险由新奥特集团承担为由，要求不承担协议终止履行造成的损失，因华融公司与新奥特集团在协议中，只约定了股权迟延过户的风险，并没有约定不能过户风险的承担问题，故华融公司的该上诉理由也不能成立，本院不予支持。优先购买权是法律规定股东在同等条件下对其他股东拟对外转让的股份享有的优先购买的权利，是一种为保证有限责任公司的人合性而赋予股东的权利。优先权的规定并不是对拟转让股份的股东股权的限制或其自由转让股份的限制。电子公司依法行使优先权，并不能证明华融公司对其持有的股权不享有完全的、排他的权利。新奥特集团以华融公司违反协议约定为由，要求其承担全部赔偿责任的上诉请求，没有事实和法律依据，本院不予支持。

本案争议的另一焦点是，股权转让协议终止履行造成损失的计算问题。第一，关于新奥特集团支付2亿元股权转让款损失问题。《有关股权转让相关问题的协议书(二)》明确约定，如华融公司在仲裁案件中败诉，造成转让的股权不能过户，股权转让协议不能继续履行时，新奥特集团不得追究华融公司应当或可能负有的对2亿元的资金所产生的利息、融资成本、可预期利益、赔偿等相关责任。该约定是双方当事人的真实意思表示，不违反相关法律、行政法规，应为有效。该约定免责的前提是华融公司在仲裁中败诉，而非新奥特集团主张的在华融公司败诉的情况下，还应让新奥特集团及电子公司再行竞价。新奥特集团在华融公司仲裁败诉后即收回2亿元资金的行为也说明其不存在再行竞价的意愿。新奥特集团自愿放弃与2亿元相关的赔偿，系其处分权利的行为。故新奥特集团上诉提出华融公司应赔偿其因支付2亿元股权转让款而造成的6,435,750元损失的请求，本院不予支持。第二，关于新奥特集团因支付1亿元股权转让款所产生的损失问题。股权转让款如何筹集是新奥特集团自身的行为，资金的来源可能有多种，华融公司可以预见的合理损失只应是其实际占有资金期间的利息损失，而不应包括新奥特集团对外融资所产生的实际费用，故该部分损失应以华融公司实际占有资金的时间、金额，按照中国人民银行半年定期存款利率计算。第三，新奥特集团为履行合同所支付的咨询费、审计费、财务顾问费、人员工资等，是其为实现合同目的,诚意履约而实际支付或必须对外支付的款项,应认定为合同不能履行所产生的损失。其中咨询费已付200万元,但根据新奥特集团与完善管理有限公司的合同,新奥特集团有权要求完善管理有限公司退还100万元,故咨询费的实际损失应认定为100万元。人员工资损失应按照实际从事股权收购的人员、时间计算,即386,490元。审计费按实际支付金额55,000元计算。财务顾问费按新奥特集团被追索的2,248,265.75元计算。上述咨询费、审计费、财务顾问费、人员工资损失共计3,689,755.75元,由华融公司承担50%,即1,844,877.88元。新奥特集团主张的股权收益459万元,因证据不足,本院不予支持。

【裁判理由2】【(2021)粤09民终2829号】邵某庄、阮某君等股权转让纠纷二审案件,广东省茂名市中级人民法院认为:

第一,阮某君于2020年8月19日与邵某庄签订的《股权转让及代持协议书》是双方真实意思表示,虽然阮某君签订转让其持有股权前未征得其他股东同意,但股权转让合同没有其他影响合同效力的事由,故为有效合同。在履行合同过程中,因股东行使优先购买权不能实现合同目的,一审判决解除合同恰当,且双方当事人对解除合同服判,本院予维持。**第二,阮某君与邵某庄签订《股权转让及代持协议书》时未取得其他股东同意,邵某庄也知道股权转让事宜须在取得目标公司半数股东同意并放弃优先购买权情况下,股权转让协议才能履行。邵某庄与阮某君均知道在签订协议时未取得其他股东同意,股权转让协议不能履行的原因是其他股东行使优先购买权,双方对股权转让协议终止履行均有过错,双方对不能履行合同各承担50%责任。**

根据《公司法司法解释(四)》第21条第3款"股东以外的股权受让人,因股东行使优先购买权而不能实现合同目的的,可以依法请求转让股东承担相应民事责任"的规定,邵某庄可以请求转让股东即阮某君承担相应责任。根据《合同法》第114条第1款、第2款"当事人可以约定一方违约时应当根据违约情况向对方支付一定数额的违约金,也可以约定因违约产生的损失赔偿额的计算方法。约定的违约金低于造成的损失的,当事人可以请求人民法院或者仲裁机构予以增加;约定的违约金过分高于造成的损失的,当事人可以请求人民法院或者仲裁机构予以适当减少"的规定,邵某庄未能提供证据证实其存在损失的情况下,应根据约定和违约情况向对方支付一定数额的违约金。

本院对邵某庄诉称损失评述如下:(1)270万元分红款应分393,349.5元。邵某庄只支付了股权转让金70万元，其未取得阮某君股权，且合同没有约定其可以按支付股权转让款比例享有分红权利，故邵某庄请求阮某君支付分红款393,349.5元依据不足，不予支持。(2)占用70万元利息的问题。违约金性质既具有补偿性，又具有赔偿性，违约金足以涵盖70万元利息损失，且合同没有约定如合同不能履行，应支付占用资金的利息，故利息损失不应计算，但一审判决阮某君支付占用70万元的利息5649.48元给邵某庄，阮某君服判，本院予以维持。邵某庄请求占用资金两个月利息28,000元，缺乏依据，不予支持。(3)筹款237万元利息损失17,874.02元问题。股权转让款筹集是邵某庄自身的行为，且阮某君已向邵某庄发出解除合同通知，告知因股东行使优先购买权，合同无法履行了，阮某君也拒绝收取邵某庄股权转让款，邵某庄请求筹款237万元利息损失，证据不足，不予支持。(4)应酬支出20万元的问题。邵某庄的应酬损失是自己的消费，请求阮某君赔偿缺乏证据，不予支持。(5)股权增值214,568.54元。邵某庄只支付股权转让款70万元，尚余237万元未支付，基于股东行使优先购买权，阮某君将股权转让给股东陈某强，转让价格比原来价格多214,568.54元，阮某君已承担相应违约责任，邵某庄再请求214,568.54元归其所有，证据不足，不予支持。邵某庄主张的损失未能提供证据足以证实，对邵某庄主张的损失不予认定。(6)本案中，阮某君与邵某庄签订《股权转让及代持协议书》第6.3条约定“一旦发生违约行为，违约方应当向守约方支付违约金100000元……”，双方当事人在合同中约定了违约金的支付，双方对终止合同履行均有过错，各承担50%责任，阮某君应支付违约金5万元给邵某庄。(7)关于律师费65,000元问题。《股权转让及代持协议书》第6.3条约定，“一旦发生违约行为，违约方应当向守约方支付违约金100000元，并赔偿因其违约而给守约方造成的损失以及守约方为追偿损失而支付的合理费用，包括但不限于案件受理费、律师费、财产保全费、担保费、保险费等”。邵某庄与广东奇强律师事务所就本案一审签订《委托代理合同》，邵某庄缴纳了律师费5万元，但鉴于本案纠纷是基于双方过错而产生的，邵某庄支出的律师费5万元应由双方各负担50%即25,000元，阮某君须支付律师费25,000元给邵某庄。邵某庄请求支付律师费5万元法律依据不足，不予全部支持。一审按胜诉败诉标准酌情赔偿律师费不当，应予纠正。邵某庄在二审增加请求阮某君支付二审律师费15,000元，属新增加诉讼请求，本院不予审理。

【笔者观点】如果股东以外的股权受让人因股东行使优先购买权而不能实现

合同目的，可以依法请求转让股东承担相应民事责任。例如《山东高院民二庭关于审理公司纠纷案件若干问题的解答》（实施日期：2018 年 7 月 17 日）第 8 条认为："……其他股东决定行使优先购买权，则直接产生阻断股权转让于第三人的效力，导致该股权转让协议履行不能。第三人可以根据与转让股东之间协议的内容，追究转让股东的违约责任……"《广西壮族自治区高级人民法院民二庭关于审理公司纠纷案件若干问题的裁判指引》（桂高法民二〔2020〕19 号，实施日期：2020 年 7 月 27 日）认为："23.【外部转让时是否放弃优先购买权的效力影响】……其他股东是否放弃优先购买权不影响股权转让合同效力，因其他股东行使优先购买权而导致转让合同目的无法实现的，股权买受人可以依据有效的转让合同向对方主张违约责任……"对此，司法实践中应无争议。审判实践中的难点在于对赔偿损失的数额的认定。笔者认为，应根据案件的具体情况、当事人举证情况，进行个案分析，由法院进行裁量。例如，对于可得利益损失，要看转让股东与第三人在股权转让合同中如何约定；如果没有约定，则应当按照违约责任中关于可得利益的一般理论进行处理。

争议焦点 22　其他股东主张优先购买权时，转让方是否可以反悔

裁判要点 1　除非公司章程和全体股东另有约定，否则，转让股东可以在其他股东主张优先购买权后"反悔"。

【裁判理由】【（2020）苏 08 民终 1909 号】冯某国、沈某林等与张某和损害股东利益责任纠纷二审案件，江苏省淮安市中级人民法院认为：

《公司法司法解释（四）》第 20 条规定，有限责任公司的转让股东，在其他股东主张优先购买后又不同意转让股权的，对其他股东优先购买的主张，人民法院不予支持，但公司章程另有规定或者全体股东另有约定的除外。其他股东主张转让股东赔偿其损失合理的，人民法院应当予以支持。本案中，上诉人所主张 2002 年关于案外人郁某祥转让股权的会议中提及的"股权申请提交了公司，就不得撤回"的内容没有形成全体股东会决议，也未纳入公司章程中，该内容不能约束被上诉人转让股权的行为。被上诉人第二次转让股权时通知了全体股东，股东未行使优先购买权，其将股权转让给股东以外的人员符合法律规定。

裁判要点 2　转让股东多次随意变更意思表示，不顾及对交易相对人合理利

益的维护，对依法享有优先购买权的公司其他股东明显不公平，其“后悔权”不受法律保护。

【裁判理由】【(2011)民提字第113号】楼某君与方某荣、毛某财、王某明、陈某强、王某满、张某兴、徐某梅、吴某灯股权转让与优先购买权纠纷再审审查与审判监督案件，最高人民法院认为：

在本案再审程序中，方某荣等八名股东与楼某君协商，将楼某君与天山公司的其他债务及涉及本案转让的股权一并处理，双方又重新达成协议，方某荣等八名股东又再次明确其转让股权的意思，且双方对股权转让的价格及公司债务的承担等达成一致意见并签署了协议，但双方关于股权转让款先支付到哪一个共管账户的问题未形成一致意见。在楼某君按照协议的约定备足股权转让款时，方某荣等八名股东又提出反悔意见。其中，吴某灯、徐某梅表示全面反悔协议内容，方某荣表示在先支付股权转让款的情况下可以转让股权，其余五名股东表示在保证拿到股权转让款的情况下，履行约定的内容。

根据本案在一审、二审及再审程序中查明的事实，方某荣等八名股东因转让股权，有两次签订合同的行为，第一次是在受理本案之前与伍某红等三人，第二次是在再审程序中与楼某君，但最后都选择放弃合同，对其股权是否转让及转让条件作了多次反复的处理。方某荣等八名股东虽然合法持有天山公司股权，但其不能滥用权利，损害相对人的合法民事权益。作为公司其他股东的楼某君为受让方某荣等八名股东股权，继续经营公司，两次按照方某荣等八名股东的合同行为准备价款，主张行使优先购买权，但方某荣等八名股东均以各种理由予以拒绝。**尤其是在本院再审期间，方某荣等八名股东已经同意将股权转让给楼某君，并将公司与股东及公司以外的其他债务均一并进行了处理，但方某荣等八名股东在签订协议后又反悔。在此情形下，本院如果支持了方某荣等八名股东的再审主张，允许方某荣等八名股东多次随意变更意思表示，不顾及对交易相对人合理利益的维护，对依法享有优先购买权的公司其他股东明显不公平，同时也纵容了不诚信的行为。**

裁判要点 3 转让股东以行使“反悔权”的名义，将股权转让价款提高至原协议约定价款的15倍继续对外转让股权，以此来阻止其他股东行使优先购买权，违背诚实信用原则，“反悔权”的请求不应得到支持。

【裁判理由】【(2018)川01民终10504号】钟某全、杨某淮股权转让纠纷二审案件，四川省成都市中级人民法院认为：

钟某全称，其有权行使“反悔权”，其已与谢某解除股权转让协议，因此杨某淮无权主张行使优先购买权。对此本院认为，《公司法司法解释（四）》第20条关于“有限责任公司的转让股东，在其他股东主张优先购买后又不同意转让股权的，对其他股东优先购买的主张，人民法院不予支持……”的规定，是适用于转让股东放弃转让股权的情形，目的是保护有限责任公司的人合性。因为在转让股东“又不同意转让股权”时，可以达到阻止外部人进入公司的目的，故允许转让股东反悔，不再赋予其他股东过多的权利。本案中，从钟某全上诉状所附《通知书》内容可知，虽然钟某全解除了与谢某的股权转让协议，但钟某全并没有放弃转让股权的意思表示，而是在一审法院判决支持杨某淮按同等条件行使优先购买权的情况下，以行使“反悔权”的名义，将股权转让价款提高至原协议约定价款的15倍继续对外转让股权，以此来阻止杨某淮等其他股东行使优先购买权。钟某全的行为既不符合《公司法司法解释（四）》第20条规定的情形，也有违诚实信用原则，其所谓行使“反悔权”的主张，不应得到支持。

【笔者观点】有限责任公司的转让股东，在其他股东主张优先购买后又不同意转让股权的，对其他股东优先购买的主张，人民法院是否应予支持的问题，理论界与司法实务中均存在不同认识。一种观点认为不应予以支持，主要理由是，优先购买权为形成权，一旦优先权人主张或者行使优先购买权，就能使优先权人与转让方之间按同等条件产生买卖合同关系，而无须转让方的另外承诺。另一种观点认为应予以支持，主要理由是，在转让股东与受让股东签订转让合同前合同还没有成立，转让股东当然可以放弃转让。上述两种观点的冲突根源，还是优先购买权的性质究竟是形成权还是请求权的问题。

对于上述争议，《公司法司法解释（四）》第20条突破了股东优先购买权这一权利属性讨论的桎梏，明确赋予了转让股东“反悔权”。该规定的根本原因在于，股东优先购买权的立法目的是保护有限公司的人合性，而在拟转让股东“又不同意转让”股权时，已经起到了维护公司人合性的立法目的，故在此情况下，司法不应再对转让股东自由处分股权加以过度干预，以实现两种法益之间的平衡。

在适用《公司法司法解释（四）》第20条规定时需要注意的是：第一，有限责任公司的转让股东，在其他股东主张优先购买后又不同意转让股权的，对其他股东优先购买的主张，人民法院不予支持，这是基本原则。第二，公司章程另有规定或者全体股东另有约定的除外，这是例外情况。第三，在不支持其他股东优先购买主张的情况下，如果其他股东主张转让股东赔偿其损失合理的，人民法院应当予以支持。第四，“后悔权”不得滥用，如有多次反悔等情形，多次反悔的结果是损害了其他股东的优先购买权。

（三）转让瑕疵出资股权引发的纠纷

股权转让合同中股权转让人应承担的瑕疵担保责任指的是，因股权转让人未履行或者未全面履行出资义务而造成的股权瑕疵，使受让人因而遭受损害时，转让人应当承担的责任。瑕疵股权转让人与受让人的出资责任承担问题、瑕疵股权转让合同的效力问题，作为司法实践中的重要问题，因《公司法》未予以明确规定，不同法院出台的处理意见也不尽相同。《公司法司法解释（三）》第18条的出台对瑕疵股权转让人与受让人的出资责任承担问题予以了回应，为司法审判实践提供了重要标准。

股权转让瑕疵出资的股权可能引发多种纠纷，大致可包括以下几类：第一，对公司而言，其有权要求股权转让人和受让人履行出资义务，从而引发股东出资纠纷；第二，对公司债权人而言，其有权要求股权转让人和受让人承担补充赔偿责任；第三，对股权受让人而言，如其在受让股权时并不知晓股权存在瑕疵的事实，其有权向股权转让人主张撤销股权转让合同、承担违约及损失赔偿责任；第四，针对股权转让人而言，其可能要求股权受让人履行合同、支付股权转让价款，而受让人也往往以股权存在瑕疵为由予以抗辩。

在上述几类纠纷中，属于股权转让纠纷领域的主要是后两类，相关争议主要包括：第一，受让人知道或者应当知道股权存在瑕疵的认定；第二，瑕疵股权转让合同是否有效；第三，受让人能否以股权存在瑕疵为由主张撤销合同；第四，受让人能否以股权存在瑕疵为由主张解除合同；第五，受让人能否以股权存在瑕疵为由拒绝支付股权转让价款。

争议焦点23　瑕疵股权转让合同是否有效的认定

裁判要点 受让人明知或者应当知道转让股东出资瑕疵事实的，股权转让合同应认定为有效。

【裁判理由1】【（2018）甘民申342号】祁某红与史某栋股权转让纠纷再审审查与审判监督案件，甘肃省高级人民法院认为：

本案双方当事人因股权转让合同的履行问题发生争议。股权转让是指公司的股东将自己所持有的出资额或股份转让给他人，使他人取得公司股东地位，转让股东自己获得对价。按照公司法和相关司法解释的规定，转让股东即使存在诸如虚假出资、抽逃出资等瑕疵出资的情形，也不必然导致转让合同无效。仅就转让人和受让人来讲，当转让人隐瞒出资瑕疵事实，受让人对此不知亦不应当知道时，则股权转让合同据受让人的意志可能产生变更、撤销或者继续履行合同的后果；**如果受让人明知或者应知转让股东出资瑕疵事实的，则表明其是基于权利瑕疵的基础事实而与转让人签订合同，那么股权转让合同应当认定为有效合同。**鉴于股权转让通常是以合同行为完成，对于成立并生效的股权转让合同，双方当事人均应全面、适当履行义务，如果一方的行为导致出现合同目的不能实现的情形，另一方当事人依法享有主张解除合同的权利。

双方签订的股权转让协议成立生效且已二年有余，受让人在一审中明确表示不履行，一审重审过程中再次表示在本案中不直接履行"股东股份转让协议"所确定的义务。即使转让人存在瑕疵出资的情形，从受让人提交的转让人出具的承诺书来看，其对该瑕疵出资事实是明知的，但仍就签订涉案股权转让协议，且就转让价款作出明确约定，加之股权是股东对公司享有的包括人身和财产权益在内的一种综合性权利，并非单一的一般性财产权利。故一、二审以受让人不履行合同义务致转让人之合同目的不能实现而据转让人的诉讼请求判决解除合同并无不当。至于祁某红、祁某荣所提接手公司后已进行大量投资等权益保护问题，因属于独立的诉讼主张，可依法另寻救济。

【裁判理由2】【(2018)黔0112民初1219号】叶某与贵州本草康中药材开发有限责任公司（以下简称本草康公司）、干某能股权转让纠纷案件，贵州省贵阳市乌当区人民法院认为：

本草康公司认为叶某转让股权时并未实缴和实际履行出资义务，系权利瑕疵转让行为，其要求解除双方于2017年9月6日签订的《股权转让协议》并要求叶某支付违约金126,000元。本院认为，本草康公司与叶某在2017年9月6日签订了《股权转让协议》，同月25日，本草康公司列席了万卉园公司的股东大会，在该次会议上，全体股东一致同意叶某将其持有的万卉园公司30%的股权转让给本草康公司，同时亦同意本草康公司受让原股东郭某荣18.86%的股权。且其受让郭某荣的股权后，万卉园公司对章程进行了修订，本草康公司因此成为万卉园公司的股东，而修订后的章程，出资时间仍为2019年6月8日。根据《公司法司法解释

(三)》第18条的规定,有限责任公司的股东在未履行或者未全面履行出资义务的情况下,仍然可以转让股权。**结合本案本草康公司与叶某的交易过程来看,本草康公司作为依法登记设立的有限公司,具备相应的商业常识,其在与叶某交易时应尽到自己的谨慎、注意义务,其应当审查叶某在公司登记机关登记的材料,查阅万卉园公司章程,查看公司相应会计账簿等,作出合理判断,并作出是否受让股权的决定。其在2017年9月25日列席了万卉园公司的股东大会,而该次股东大会一致同意其受让郭某荣、叶某的股权,故其应当知道叶某存在出资瑕疵的事实,而其仍然受让叶某转让的股权,其受让行为是其自愿的行为表示,且至本次诉讼前本草康公司一直未向叶某提出异议,故本草康公司不能因为叶某存在出资瑕疵而否定《股权转让协议》有效的事实**。综上,本草康公司的反诉请求,本院均不予支持。

【笔者观点】关于瑕疵股权转让合同效力问题,理论界曾有“不可转让说”、“部分转让说”和“可以转让说”之争。《公司法司法解释(三)》第18条规定了有限责任公司瑕疵股权转让人及受让人责任承担问题,间接承认瑕疵股权转让的有效性。

对此,各高级人民法院亦持相同观点。例如,《山东省高级人民法院关于审理公司纠纷案件若干问题的意见(试行)》(鲁高法发〔2007〕3号,实施日期:2007年1月15日)第50条、《江苏省高级人民法院关于审理适用公司法案件若干问题的意见(试行)》(苏高法审委〔2003〕2号,实施日期:2003年6月13日,已失效)第58条、《上海市高级人民法院关于审理涉及公司诉讼案件若干问题的处理意见(二)》(沪高法民二〔2003〕15号,实施日期:2003年12月18日)、《广东高院民二庭关于民商事审判实践中有关疑难法律问题的解答意见》(实施日期:2012年3月1日)均持相同观点:瑕疵出资股东转让股权的,如不存在《民法典》规定的无效事由,人民法院不得仅以出资存在瑕疵为由认定股权转让合同无效。如股东转让股权时隐瞒瑕疵出资事实,受让人可以受欺诈为由请求撤销股权转让合同。

争议焦点24　瑕疵股权转让合同应否撤销的认定

裁判要点1 转让人隐瞒出资瑕疵事实,受让人对此不知情也不应当知情时,股权转让人构成欺诈,股权转让合同可撤销。

【裁判理由】【(2020)琼9006民初2599号】田某、聂某贺与尹彐容、李某平、吴某股权转让纠纷案件,海南省万宁市人民法院认为:

根据《公司法》第25条的规定，股东应当足额缴纳公司章程中规定的各自所认缴的出资额，三被告作为海南济民康药业有限公司的股东，实际出资120万元与注册资本600万元不符，属于出资瑕疵。《公司法》对于出资瑕疵的股东规定了相应的出资违约责任和其他法律责任，而不是否认其股东资格。股权转让人在存在出资瑕疵的情况下，仍然具有股东资格，有权转让自己的股权，即三被告有权与二原告签订《股权转让协议书》。经庭审查明，**三被告在签订《股权转让协议书》时，未如实告知二原告实际出资数额，隐瞒出资瑕疵的事实，根据《合同法》第54条的规定，属于三被告以欺诈的手段，使二原告在违背真实意思的情况下订立合同的情形，二原告在撤销权行使期间以欺诈为由请求撤销《股权转让协议书》的，有事实和法律依据**，本院予以支持。

裁判要点2 受让人基于其对公司发展前景的商业判断而受让股权，是否隐瞒出资并非受让股权的诱因，不构成欺诈，合同不应予以撤销。

【裁判理由】【(2017)粤07民终1681号】毕某兵与魏某华股权转让纠纷二审案件，广东省江门市中级人民法院认为：

首先，我国的法律和行政法规并未禁止瑕疵股权的转让。尽管《公司法》第28条规定了股东应当足额缴纳所认缴的出资额等股东应当适当履行出资义务的规定，但该规定属于管理性规范，不具有效力性的强制效果。因此，仅以出资瑕疵为由不能当然否定股权转让合同的效力。

其次，虽然在签订股权转让协议时，毕某兵做出过保证其出资真实的承诺，但魏某华作为商事主体，在股权转让协议签订之时，应当对其拟受让的股权状况进行审查，对股权转让方持有的股权是否出资到位、是否存在出资瑕疵，负有审慎的注意义务，从而确认股权转让的对价。魏某华在受让股权核定股权价值时，按理应充分考虑智兴达公司的发展前景及盈利情况，并将此体现在受让股权的价格之中。从魏某华与毕某兵在协商股权转让过程中，双方一开始协商的股权转让价格为20万元，后协商调整为11万元，可推知魏某华是在充分了解公司经营状况下签订股权转让协议并确定股权转让价格的。且双方签订的股权转让协议也约定了“魏某华承诺智兴达公司章程，保证按章程规定履行义务和责任”条款。按一般常理，在承诺按章程履行义务和责任的情况下理应对规定义务和责任的章程有一定了解才会在协议中作此表述。**另，从股权转让款支付情况来看，魏某华主张其通过智兴达公司的另一股东屈某红支付部分股权转让款，其中一笔款项支付发生**

于股权协议签订前几天，说明魏某华与屈某红有过接触，其完全有条件通过屈某红了解公司章程或股东出资情况……魏某华受让智兴达公司股权后，对公司实际进行经营，其应当知道毕某兵是否存在出资瑕疵行为，而魏某华并未向毕某兵提出其存在出资瑕疵的主张，足见魏某华对受让的股权并不存在异议，应当视为魏某华对受让股权价值的认可。但在毕某兵以魏某华不支付股权转让余款提起诉讼后，魏某华却又提出毕某兵隐瞒出资受欺诈的抗辩。在双方已经基本上履行股权转让协议相关权利义务后，魏某华才提出其受欺诈而应撤销股权转让合同明显不符合客观实际，也不利于维护交易稳定。

最后，毕某兵转让的股权是其合法拥有的股权，即使其出资认缴未到位，但并不影响其出让股权的权利，章程规定毕某兵出资于2025年12月31日前缴足，在认缴期尚未届满前并不免除其缴足出资的责任，而不必然通过撤销股权转让协议来救济解决。**本案中魏某华受让毕某兵40%的股权，不单纯是公司股东之外第三人受让股东股权的问题，更重要的是基于商业判断，包括对企业管理权的控制、发展前景的预期等**。商业判断的正确与否属于商业风险，不属于意思表示错误的情形。**魏某华称与毕某兵商谈股权转让事宜时未对智兴达公司章程及公司出资情况进行了解。也就是说，其在没有实际了解毕某兵出资情况下仍然受让了毕某兵的股权，那么毕某兵是否存在隐瞒实际出资的情况就不是魏某华作出受让股权意思表示的诱因，即魏某华作出有偿受让股权的意思表示并不是基于毕某兵的欺诈行为而做出的错误意思表示，不构成合同法上规定的“欺诈”。本案中暂无证据显示毕某兵利用交易经验及夸大宣传智兴达公司发展前景来欺骗魏某华，魏某华受让股权的价格是毕某兵认缴出资额的一半，并不存在明显显失公平的情形，也未导致双方权利义务严重失衡。综上，现有证据不足以证实毕某兵系以欺诈的手段，使魏某华在违背其真实意思的情况下签订的股权转让协议。在双方基本已行使股权转让的权利并履行义务的情况下，魏某华主张因受欺诈而签订协议请求变更已履行的协议，明显不符合客观实际，也不利于维护交易的稳定性，故主张不能成立。**

争议焦点25　受让人知道或者应当知道股权存在瑕疵的情形

裁判要点1 股权受让人作为公司股东、监事，了解公司财务状况及受让股权的实际价值，应当知道转让方未履行或者未全面履行出资义务。

【裁判理由】【(2019)甘 09 民终 598 号】张某与纪某和股权转让纠纷二审案件，甘肃省酒泉地区(市)中级人民法院认为：

张某与纪某和均已取得大漠保洁公司股东资格，二人依法有权处分各自所持有的公司股权。审理中，双方均认可公司设立过程中，各自的出资款均是直接打入冯某萍个人账户，依公司法之规定，股东之间约定将出资款交付于公司的一部分股东用于公司经营并不被禁止。同时，股权转让协议约定的股权转让价款与纪某和的实际出资数额完全一致，且张某在二审中认可欠条所载 396,000 元由 360,000元及一年的利息 36,000 元构成。**由此可知，张某在签订股权转让协议时，对纪某和的实际出资数额及方式是明知且认可的。纪某和在股权转让过程中不存在虚假陈述和故意隐瞒的行为，张某作为公司股东并任职监事，应当知道公司财务状况及受让股权的实际价值。**在此情况下，受让股权符合双方约定，股权转让协议合法有效，双方均应按照协议的约定行使权利并履行义务。因此，张某以受让股权存在瑕疵为由主张解除协议，于法无据，本院不予支持。

裁判要点 2 股权受让人与转让人之间具有特殊的身份关系，可以推定受让人知道或者应当知道转让方未履行或者未全面履行出资义务。

【裁判理由 1】【(2019)最高法民申 1768 号】赖某与张某莲、赵某玲及珠海金钜土石方工程有限公司(以下简称金钜公司)案外人执行异议之诉案件，最高人民法院认为：

本案中，金钜公司原股东林某贤与林某宏系姐弟关系，作为金钜公司现股东的赖某与林某贤系夫妻关系，股权转让方与受让方之间存在亲属关系。赖某主张其以 475 万元对价受让金钜公司股权，却未提供转款凭证、资金往来等相关证据，其在一审庭审时述称以现金方式支付上述款项，但未举示款项交付凭证等证据。综上，原判决认定赖某知道或者应当知道金钜公司的原股东未全面履行出资义务即转让股权，并无不当。

【裁判理由 2】【(2020)最高法民申 2827 号】张某正、原某华与济南市历下区财政投资评审中心、山东大润黄金珠宝交易有限公司(以下简称大润公司)执行异议之诉案件，最高人民法院认为：

张某正在将大润公司财产混同于个人财产，造成大润公司资不抵债的情形下，为逃避公司债务和股东责任，让其八十多岁老母原某华挂名一人公司大润公司的股东，有违道德伦理。根据《公司法司法解释(三)》第 18 条第 1 款、第 26 条第1款的规定，**一方面原某华并未提交证据证明其财产独立于大润公司财产，另一方面按照前述规定法理，原某华接替张某正成为大润公司股东，对于张某正与大润公司财产混同的事实系知道或应当知道，亦应与张某正共同对大润公司的债权人承担连带责任。**

裁判要点 3 股权转让价款不公允或者未实际支付的，可以推定受让人知道或者应当知道转让方未履行或者未全面履行出资义务。

【裁判理由1】【(2020)甘05民终429号】山东杨嘉汽车制造有限公司、张某等与甘肃诚荣会计师事务所侵权责任纠纷二审案件，甘肃省天水市中级人民法院认为：

关于马某在本案中是否承担责任的问题。根据《公司法司法解释(三)》第18条第1款的规定，首先应确定马某从张某处转让股权时，对于张某的出资情况其是否知晓或应当知晓。**庭审中，马某表示其概不知情，但从本院查明情况看，天水炜恒汽车销售有限公司登记设立的过程，马某是作为委托代理人全程参与的，注册登记手续中多有马某的签名，且马某作为天水炜恒汽车销售有限公司会计，对于公司的财务状况和股东出资情况应该是知晓的。而且马某从张某处转让股份时并未支付对价，转让价值90万元的股份而未收取对价明显有悖常理，故应认定马某对张某并未出资的事实是知晓的**，现原告请求受让人马某承担连带责任，符合以上司法解释的规定，本院予以支持。

【裁判理由2】【(2020)粤03民初4644号】深圳市欣鸿妍科技有限公司(以下简称欣鸿妍公司)与伍某丽、伍某梅追收抽逃出资纠纷、股东出资纠纷案件，广东省深圳市中级人民法院认为：

根据《公司法司法解释(三)》第18条的规定，**原告主张熊某勇受让股权应以合适的价格进行交易，如果在未对股权进行评估的情况下就以极低的价格或者显著低于市场价的价格受让股权，可以推定转让方与受让方存在恶意串通的可能性**。对此，本院认为，深圳市市场将监督管理局备案的2010年4月27日股权转让协议记载，唯捷电子注册资金为50万元，实收资本金人民币50万元，伍某丽出资40万元，持股80%，伍某梅出资10万元，持股20%。熊某勇分别以0.24万元、0.06万元受让伍某丽、伍某梅持有的唯捷电子80%、20%的股权。2010年5月12日，唯捷电子名称变更为欣鸿妍公司，变更后的股东为熊某勇，持股比例为100%，熊某勇同时担任欣鸿妍公司的法定代表人。**熊某勇在受让唯捷电子全部股权时，**

应当对股权转让这一交易尽到合理谨慎的注意义务，即其应当对伍某丽、伍某梅是否实际履行出资义务进行核查。其接管公司后，亦应当知道伍某丽、伍某梅未履行出资的情况，并可向原股东伍某丽、伍某梅要求补足出资。但熊某勇未举证证明其以0.3万元受让唯捷电子100%股权具有合理性，既未对伍某丽、伍某梅的实际出资情况进行调查，也未在办理股权变更登记手续时提出质疑。且经本院依法送达，拒不出庭参加诉讼，故其应当自行承担民事诉讼法上举证不能的法律后果。因此，本院认定，熊某勇应当知道伍某丽、伍某梅未实际缴纳出资，应当在其受让的伍某丽、伍某梅的50万元出资本息范围内承担连带清偿责任。

【裁判理由3】【(2019)川01民初81号】王某与郑某、中国新型房屋集团有限公司(以下简称中新房集团)股东损害公司债权人利益责任纠纷案件，四川省成都市中级人民法院认为：

双方争议的主要焦点是：受让人中新房集团是否应当知道郑某未履行出资义务即转让股权。结合本案实际，本院评议如下：首先，2013年5月22日，博凯创意公司申请将公司注册资本由1000万元变更为10,000万元，新增9000万元由股东郑某缴纳，同日，郑某将9000万元增资以现金方式缴存公司账户，次日即5月23日，公司将9000万元转至公司基本账户内，验资账户并销户，并从该基本账户中将9000万元转至郑某名下银行账户，至今未转回。其次，2013年5月30日，郑某(转让方)与中新房集团(受让方)签订股权转让协议，约定郑某将博凯创意公司的4610万元股权(占公司注册资本总额的46.1%)转让给受让方，转让价款及付款方式由双方另行约定，同日，上述股权变更登记在中新房集团名下，但至今近六年中新房集团未支付股权转让款，也未按股权转让协议签订转让价款及付款方式的协议。最后，2014年4月19日，中新房集团(甲方)、博凯创意公司(乙方)、郑某(丙方)签订《合作协议书》，约定："如果合资公司的注册资本金已被乙方或丙方抽回，则乙方和丙方承诺在2014年6月20日之前以货币方式将全部注册资本金补足，如果按时退回公司，则甲、乙双方为债权债务关系，届时另行签订《借款协议》；如果乙方未将抽回的注册资本金按时退还，则甲、乙双方为委托持股关系，届时另行签订《委托持股协议》。"经当庭询问中新房集团，双方至今既未签订借款协议也未签订委托持股协议。综上，**结合本案实际，从郑某增资后次日即抽回出资的事实、中新房集团与郑某签订的股权转让协议未支付对价的情况以及事后双方就郑某抽回出资签订协议的内容，可以推定中新房集团在郑某转让博凯创意公司**

的股权时应当知道郑某抽逃出资的事实。故依据上述规定，对原告要求中新房集团在其受让郑某持有的中新房华西46.1%股权(对应出资额4610万元)的本息范围内对中新房华西的3300万元债务及利息承担连带责任，本院依法予以支持。

争议焦点26 受让人能否以股权存在瑕疵为由拒绝支付股权转让价款

裁判要点1 股权受让人有权以转让股权存在瑕疵为由主张拒绝支付股权转让价款。

【裁判理由1】【(2015)黑高商终字第126号】孙某君与张某山、宝清县富宝农业科技发展有限公司(以下简称富宝公司)股权转让纠纷二审案件，黑龙江省高级人民法院认为：

本案争议的焦点问题在于张某山应否向孙某君支付股权转让款。本案中，于某未经法定程序将其缴纳的出资款全部抽回，属于《公司法司法解释(三)》第12条中有关股东抽逃出资认定的情形。**现有证据表明于某将富宝公司40%的股权转让给孙某君后，其与孙某君亦均未补足出资，即孙某君向张某山转让股权时，所转让的股权系股东尚未履行出资义务的“瑕疵股权”。**但案涉《股权转让协议书》并未载明富宝公司的注册资金已经抽逃的事实，而是约定“公司于2012年6月19日设立，现注册资金为人民币1000万元”“孙某君占有公司注册资本40%的股权，孙某君出资人民币400万元转让给张某山”，且公司工商档案亦体现于某及孙某君的出资已全部到位，**即从协议约定以及工商档案的记载看，双方约定转让的股权应是已由股东完成出资义务的股权。**孙某君主张张某山购买股权时明知富宝公司无资产，自愿按公司现状购买股权，应承担举证证明责任。但其并未举示证据证实张某山受让该股权时，知道或者应当知道于某及孙某君未履行出资义务的事实，即张某山所要购买的即系“瑕疵股权”，**故孙某君将“瑕疵股权”转让给张某山，并不符合案涉《股权转让协议书》的约定。**虽然张某山向于某出具了一份注明“欠注册资金款600万元”的欠据，但该欠据是张某山在与孙某君签订案涉《股权转让协议书》之后向于某出具的，不足以证明孙某君作为股东已经足额缴纳其认缴的400万元出资款，亦不足以证明张某山认可孙某君无须再向富宝公司缴纳出资。**故在此种情况下，张某山拒绝向孙某君支付股权转让款，符合《合同法》第68条关于合同当事人行使不安履行抗辩权的规定。孙某君关于张某山、富宝公司共**

同给付案涉400万元股权转让款的诉讼主张没有事实根据及法律依据，应予驳回。

【裁判理由2】【(2016)新2302民初2425号】汤某义诉李某煜等股权转让纠纷案件，新疆维吾尔自治区阜康市人民法院认为：

原告汤某义与被告李某煜在股权转让协议中明确约定：甲方(汤某义)保证其股权真实、未质押、无争议、出资已全部到位，即甲方对其股权享有完全的处分权，股权无瑕疵。被告据此提出抗辩，拒绝支付剩余股权转让金。**本院认为，股权转让人确保其所转让股权权利不存在瑕疵，本身即合同固定附随义务，本案合同当事人又以合同条款予以明确。如上所述，原告汤某义所转让股权存在重大瑕疵，在此情形下，原告汤某义作为股权转让人，负有依法补缴出资的先合同义务，在其未履行义务前，被告有权行使先履行抗辩权，拒绝履行支付股权转让金。**

裁判要点2 股权受让人无权以转让股权存在瑕疵为由主张拒绝支付股权转让价款。

【裁判理由1】【(2015)民提字第54号】恒益国际企业有限公司等诉深圳湾游艇会有限公司股权转让合同纠纷再审审查与审判监督案件，最高人民法院认为：

关于林达置业公司、中和融公司主张的“延缓履行抗辩权”的问题。《合同法》并没有规定所谓的“延缓履行抗辩权”，**林达置业公司、中和融公司在此主张的转让方的违约问题，并不是转让方违反了涉案合同约定的义务，而是指转让方的出资瑕疵问题。从股权转让合同的角度，涉案股权已经依照约定转让至受让方名下，转让方已经履行了合同约定的义务，受让方的合同目的已经达到。因此，林达置业公司、中和融公司主张“延缓”支付转让款缺乏法律依据，本院不予支持。**

【裁判理由2】【(2017)浙民申2650号】包某超与包某敏股权转让纠纷二审案件，浙江省高级人民法院认为：

具体到本案，无论是包某超提交的新证据，还是其主张的原判决认定事实错误，实质上均是对原判决关于“包某敏履行了90万元出资义务，出资后包某敏未将投资款转给第三人”这一事实认定提出异议。包某超主张，包某敏并未实际出资，即使出资也于同日将资金抽逃，故包某敏并未履行在先合同义务，无权要求包某超支付股权转让价款。但是，包某敏对敏睿公司的出资义务并非案涉《股权转让协议书》中约定的合同义务。**换言之，在有限责任公司的股权转让关系中，原股东是否构成抽逃出资是不同于股权转让的其他法律关系，出资瑕疵的股东应向公**

司承担补足出资的民事责任,也不影响股权转让合同的效力。况且在本案中,包某超在受让股权前就实际隐名持有敏睿公司30%的股权,应当知悉也有条件知悉标的公司的各股东出资义务履行情况。**退一步说,即使包某超对标的股权存在瑕疵确不知情,也应当以合同存在欺诈或显失公平为由请求撤销《股权转让协议书》。自本案纠纷发生已超过一年,包某超并未在法定除斥期间内行使撤销权,现又以受让股权存在瑕疵为由拒绝履行合同,无相应的事实和法律依据。**综上,包某敏是否已履行90万元出资义务,并不影响本案实体处理。

【裁判理由3】【(2016)鄂0192民初2104号】肖某冰诉武汉瑞众鑫通实业有限公司股权转让纠纷案件,湖北省武汉市东湖新技术开发区人民法院认为:

被告主张原告从案外人肖某松处受让的股权因肖某松未实际缴纳注册资本,股权存在瑕疵,其有权拒付股权转让款至补缴出资。对此,本院认为,原告已按照合同约定将中人瑞众公司20%的股权全部转让至被告名下,其中来源自肖某松的股权仅为1%,而被告对肖某松未实际缴纳原始出资的主张也未举证证实。并且,从公司法而言,即使中人瑞众公司原股东未实际缴纳出资,该公司也有权要求原股东向公司承担补足出资的责任,或是被告作为股权受让方的新股东承担了补足出资责任后有权向原股东追偿,新股东已取得股权并享有了股东权利,**原股东出资不足不能构成股权受让方不予支付股权转让对价的理由。就股权转让合同关系而言,如股权转让方确实存在出资不实对股权受让方构成欺诈或者致使股权受让方合同目的不能实现的情况,股权受让方亦可通过行使合同撤销权或解除权以维护自身利益,但本案被告并未主张合同撤销或解除,仅拒绝付股权转让款显然缺乏法律依据。被告并无证据证实原告系代持肖某松的股权,从而导致原、被告的股权转让行为影响到肖某松的相关权益,故其以肖某松对被告负有1,850,000元的债务主张与本案股权转让款进行抵扣,以及要求追加肖某松为本案第三人的请求,本院亦均不予支持。据此,被告拒绝支付股权转让款的抗辩理由不能成立。**

【裁判理由4】【(2021)新32民终531号】邱某、李某富与冉某庆股权转让纠纷民事二审案件,新疆维吾尔自治区和田地区(市)中级人民法院认为:

本案中邱某主张李某富没有完成实际出资的情况下转让股权违背公平和诚实信用原则。但依照《公司法》第137条规定:“股东持有的股份可以依法转让。”据此,未出资到位的股权,虽有瑕疵,但仍可转让。**当事人以股权未出资到位、存**

有瑕疵为由而拒绝支付股权转让款是不能成立的。李某富作为和田县中恒西部砂石料有限公司的股东虽未实际出资,但其股东身份已置于工商行政管理机关登记之下,其作为公司股东的资格是合法有效的。李某富未对和田县中恒西部砂石料有限公司实际出资,和田县中恒西部砂石料有限公司可以依法要求李某富补缴出资,但这与本案股权转让关系是不同的法律关系,不能据此而否定邱某、冉某庆支付股权转让款义务,协议各方均应依约履行各自的义务。

【笔者观点】从目前法院观点、司法实践案例出发,股权受让人发现股权存在出资瑕疵后不要求撤销合同,接受合同的继续履行却又拒绝支付股权转让价款的,法院多数不予支持。

例如,《上海市第二中级人民法院2014~2018年股权转让纠纷案件审判白皮书》提出:"(2)出资瑕疵原则上不能作为减少支付股权转让款的正当理由。股东是否履行对标的公司的出资义务,并不影响其与他人之间所订立的股权转让协议的效力,受让方仍应按协议约定履行付款义务。(3)自力救济可能构成违约。实践中,受让方发现转让方出资瑕疵,往往以扣留部分股权转让款的方式进行补救,但此类行为通常被判决认定构成迟延履行,反而应承担违约责任。"

笔者认为,法院上述认定的原因在于,是否有权行使合同撤销权对公司的股权稳定至关重要,即使股权存在出资瑕疵的,相关法律亦为当事人保留了救济途径,即向股权转让人追偿。因此,在受让人选择接受股权转让合同、继续稳坐股东的情况下,亦应当同时支付股权转让价款,否则可能构成违约。

当然,如果受让人知道受让股权存在出资瑕疵,按照现行法律规定有可能对出资义务承担连带责任,虽然受让人在承担了出资责任后,可以依据《公司法司法解释(三)》第18条第2款的规定向出让人追偿,但是如果股权转让价款已经全额支付,受让人行使追偿权时可能面临执行难度。所以,受让人可以催告出让人履行出资义务,如果出让人怠于履行义务,受让人可以主动向公司履行出资义务,取得追偿权后对股权转让价款行使的抵销权。

(四)实际出资人、名义股东转让股权引发的纠纷

股权代持是现代商事交易中实现资本所有权和控制权分离的常见安排,所引发的法律纠纷种类众多。因隐名出资而引发的常见纠纷包括股东资格确认纠纷(隐名股东请求显名)、代持股协议效力确认纠纷、隐名股东主张行使股东权利纠纷(如隐名股东作为实际投资人主张行使知情权)、代持股转让引发的纠纷、投资

资金性质纠纷等。

在上述纠纷中因隐名出资引发的股权转让纠纷主要有两种：一是名义出资人未经实际出资人同意而向第三人转让股权而产生的纠纷；二是实际出资人与第三人订立股权转让协议而名义出资人拒绝履行并主张股东权而产生的纠纷。

争议焦点27　名义股东处分股权的效力及责任认定

裁判要点1 实际出资人主张股权受让人非善意的，应当承担举证证明责任。如实际出资人无证据证明受让人非善意，且受让人支付股权转让价款合理并已经办理股东变更登记的，应认定构成善意取得。

【裁判理由】【(2016)最高法民申1594号】钱某许等与张某涛等股权转让合同纠纷再审案件，最高人民法院认为：

宋某军能否取得该部分股权，可根据《公司法司法解释(三)》第25条之规定，参照《物权法》第106条及相关司法解释的规定加以处理。**《最高人民法院关于适用〈中华人民共和国物权法〉若干问题的解释(一)》第15条规定：“受让人受让不动产或者动产时，不知道转让人无处分权，且无重大过失的，应当认定受让人为善意**。真实权利人主张受让人不构成善意的，应当承担举证证明责任。”本案中，案涉股权登记在张某涛名下，钱某许没有证据证明宋某军受让案涉股权时知道张某涛无处分权。虽然钱某龙并未举证证明其在与宋某军进行案涉股权转让交易时有张某涛的相应授权委托，但这与张某涛是否为案涉股权的真实权利人以及宋某军对此事实是否知道或应当知道并无直接必然的联系。**实际上，就案涉股权从张某涛名下转移登记至宋某军名下等事实看，宋某军有合理理由相信钱某龙有权代理张某涛处分案涉股权**，而且张某涛事后也对钱某龙转让股权的行为予以认可。故钱某龙代张某涛转让案涉股权给宋某军的行为并不影响宋某军受让股权的善意。因此，钱某许主张宋某军受让股权是非善意的，证据不足，其相应主张不能成立。此外，根据已查明的案件事实，**宋某军已经支付了300万元股权转让款，钱某许虽主张该对价因低于鑫通公司股权的现值而不合理，但对此缺乏证据证明**，故可认定该股权转让的对价是合理的。另，**案涉股权已经登记至宋某军名下**。因此，宋某军受让案涉股权符合善意取得的构成要件，原判决认定宋某军已经善意取得案涉股权并无不当。

裁判要点 2 在股权受让人明知股权代持、股权转让价款不合理、签订阴阳合同、已经感知股权转让风险的情况下，应当认定其为善意第三人，股权转让行为无效。

【裁判理由】【(2019)最高法民终992号】张某元与霍某锋、殷某股权转让纠纷二审案件，最高人民法院认为：

殷某在受让美中公司股权时是否属于物权法上的善意第三人，其受让美中公司股权是否构成善意取得。本院注意到如下事实。

第一，殷某自述，2012年10月，其与张某元、霍某锋相识，并知道张某元为美中公司股东。第二，2014年11月15日，受殷某委托，上海市某某律师事务所向殷某出具《关于殷某先生收购太仓美中科技发展有限公司100%股权之尽职调查报告》。该报告对美中公司的土地面积、使用权现状、厂房面积等内容作了说明，同时提示委托人殷某："三、目标公司名下土地虽已领取国有土地使用权证但尚未提供土地使用权出让金的付款凭证，委托人需进一步审慎核查。四、目标公司名下在建工程虽已取得三证，但尚未取得工程竣工验收及相关材料，是否能通过验收，办理房地产权利证书存在不确定性。"第三，在霍某锋与殷某签订《太仓美中科技发展有限公司股权转让协议》的2014年12月1日之前，霍某锋即于2014年11月24日将美中公司法定代表人张某元变更为殷某的表哥王某根。第四，2015年7月16日太仓法院审理张某元诉霍某锋、殷某刑事自诉案件的开庭笔录中，对于殷某为何在与霍某锋的股权转让之前变更法定代表人，殷某称："股权变更本身风险很大，土地溢价有很大空间，我是感兴趣的。我就分两步走，想降低风险。"第五，2014年12月1日，霍某锋与殷某签订《太仓美中科技发展有限公司股权转让协议》，以约定较低股权转让款的协议用于工商登记备案，同日又签订一份包含较高股权转让款的协议用于实际履行。第六，殷某自认，同年12月30日晚，即案涉交易发生后不久，张某元即给殷某电话宣称甲方无权出让100%股权，甲方股权的取得是非法取得。

考虑到美中公司的土地系目标公司的重要资产，殷某亦自称，"股权变更本身风险很大，土地溢价有很大空间，我是感兴趣的"。尽管《关于殷某先生收购太仓美中科技发展有限公司100%股权之尽职调查报告》提示委托人殷某需进一步审慎核查相关风险，但在本次股权转让前后，殷某在多次向霍某锋索要土地使用权证无果，并自称找蒋正芳索要亦未果的情况下，一方面并未与持有土地使用权证及出让金付款凭证的张某元进行任何联系和核实，另一方面在与霍某锋签订股权转让协议之前就将美中公司法定代表人张某元变更为殷某的表哥王某根，并在其后就股权转让事宜以“黑白合同”的方式签署股权转让合同。综合全案事实，一审判决认定殷某对美中公司的股权不构成善意取得，并无不当。

裁判要点3 在股权让与担保情形下，债权人仅是为担保实现目的而持有股权，无权处分股权。债权人（即此时的名义股东）处分股权，第三人构成善意取得的，应当赔偿实际出资人的损失，损失数额可以参考股权转让价款确定。

【裁判理由】【(2019)最高法民终1725号】张某、华和信投资有限公司（以下简称华和信公司）等合同纠纷二审案件，最高人民法院认为：

根据原审查明事实，张某曾系兴合公司的唯一股东，为担保兴合公司1.5亿元借款，张某与华和信公司签订《股权转让协议》，兴合公司与华和信公司签订《协议书》《补充协议》，系各方的真实意思表示。根据《协议书》《补充协议》的约定，张某及兴合公司和华和信公司已就股权转让担保事宜达成一致，构成事实上的让与担保合同法律关系，**虽然相关条款因违反禁止流质强制性规定而无效，但其他协议条款依然生效。华和信公司仅是为担保债权实现的目的而持有兴合公司股权，并不享有法律意义上的所有权，兴合公司的股权依然为张某所有。华和信公司将登记在其名下的张某的股权擅自转让，系无权处分行为，在张某追认案涉股权转让协议的情况下，华和信公司依法应当将由此所获得的利益返还给张某。**因华和信公司并未履行这一义务，一审法院判令其承担相应的赔偿责任，事实和法律依据充分，本院予以维持。

关于股权损失赔偿具体数额。本案中，华和信公司擅自处分兴合公司股权，转让价款为253,778,826.67元。由于张某原系兴合公司的唯一股东，华和信公司是为担保案涉1.5亿元借款而将兴合公司股权过户至自己名下，故在计算华和信公司处分兴合公司股权所获利益时，应从转让价款中扣减该项债务，作为张某所能获得的损失赔偿。截至2015年1月23日，兴合公司就该1.5亿元借款尚欠华和信公司本息110,579,150.70元。因此，一审法院判决华和信公司赔偿张某的股权损失数额，即为25,377.88万元扣减110,579,150.70元所得143,199,649.30元，并无不当。

【笔者观点】名义股东未经实际出资人同意向第三人转让股权而产生的纠纷是隐名投资股权转让纠纷中的核心问题。对于此类纠纷的解决关键是如何认识此类法律关系的价值取向，平衡真正的权利人和善意的第三人的利益。

针对该问题，《公司法司法解释（三）》第25条规定的核心要义包括两点：第一，判断股权转让行为是否有效关键是认定其是否符合《民法典》第311条规定的“善意取得”的构成要件；第二，名义股东处分股权造成实际出资人损失，实际出资人请求名义股东承担赔偿责任的，人民法院应予支持。

具体到实践层面，《上海市高级人民法院关于审理涉及公司诉讼案件若干问题的处理意见（二）》（沪高法民二〔2003〕15号，实施日期：2003年12月18日）第3条、《山东省高级人民法院关于审理公司纠纷案件若干问题的意见（试行）》（鲁高法发〔2007〕3号，实施日期：2007年1月15日）第52条与《公司法司法解释三》第25条的精神一致：在处理此类纠纷时应遵循公示主义原则和外观主义原则，维护交易秩序和安全，保护善意第三人的利益，分为如下两种情况处理：

其一，若第三人在受让股权时是善意的，应当认定股权转让行为有效。根据《最高人民法院关于适用〈中华人民共和国物权法〉若干问题的解释（一）》（已失效）第15条的规定，实际出资人应当举证证明受让人在受让股权时是非善意的，包括其明知股权代持的情况、股权转让价款不公允、未办理过户登记等相关事实依据。在第三人善意取得股权的情况下，实际出资人不能请求确认股权转让行为无效，更不能要求第三人承担赔偿责任，其因股权被转让所遭受的财产损失只能诉请名义股东承担损害赔偿责任。

其二，若第三人在受让股权时明知实际出资人禁止名义股东私自处分股权，或者直接就是名义股东与第三人恶意串通转让股权、损害实际出资人利益的，均可以推定第三人受让股权是出于恶意。在受让人恶意的情况下，实际出资人则有权诉请确认股权转让行为无效、返还股权。

争议焦点28　实际出资人转让股权的效力如何认定

裁判要点1 实际出资人转让股权，受让人明知其系实际出资人，公司及其他股东均未对股权转让提出异议的情况下，股权转让合法有效。

【裁判理由1】【（2016）最高法民终18号】焦某成等与毛某随股权转让纠纷二审案件，最高人民法院认为：

对于《股权认购协议书》中确定毛某随持有12%的股权是否有效的问题，本院认为，对公司外部而言，公司的股权应当以对外公示的工商登记为准；而在公司内部，有关隐名股东身份及持股份额之约定等属于公司与实际出资人或名义股东与实际出资人之间形成的债权债务的合意，除隐名股东要求变更为显名股东外，该约定不会引起外界其他法律关系的变化，亦不会破坏有限责任公司的人合性，故一般应当认可其有效性。在案涉的《股权认购协议书》中，石圪图煤炭公司确认了毛某随享有12%的股权，明确了其投资份额，无论此协议的签订是基于其他实际出资人股权之转让抑或其他原因，该协议所确定之内容均不违反法律法规的效力性强制性规定，应当依法确认其合法性。**因此，就本案纠纷而言，毛某随依据《股权认购协议书》享有以隐名股东身份持有12%的股权。**

2013年12月28日毛某随与焦某成签订了《股权转让合同》，约定将毛某随持有的石圪图煤炭公司12%的股份转让给焦某成。**本院认为，该转让合同涉及隐名股东即实际出资人转让股权的效力问题。前已分析，毛某随在石圪图煤炭公司内部享有的隐名投资人地位以及12%的股权依法应当得到确认和保护，因此，毛某随在满足一定条件下，可以依法转让该股权。**毛某随拟转让之股权，系来源于石圪图煤炭公司《股权认购协议书》之确认，作为时任法定代表人的焦某成应当知晓该事实。在明知毛某随为隐名股东的情形下，焦某成与毛某随之间转让该12%股权的行为依法成立。**根据本案的实际，石圪图煤炭公司就该转让行为不但未提出异议，**而且在2014年12月6日的《补充协议书》中承诺承担连带保证责任，并出具了《担保书》。**此外，亦未见石圪图煤炭公司的其他时任登记股东提出任何异议。因此，焦某成与毛某随之间签订的《股权转让合同》合法有效，焦某成、毛某随、焦某、石圪图煤炭公司四方基于此而签订的《补充协议书》亦合法有效，各方均应当依约履行合同。**基于已经查明的事实，在《股权转让合同》及《补充协议书》签订后，焦某成未能如约履行支付股权转让款的义务，毛某随主张焦某成继续履行付款义务并承担违约责任的主张符合约定和法律规定。

【裁判理由2】【(2018)鲁民终496号】许某楠、赵某波股权转让纠纷二审案件，山东省高级人民法院认为：

赵某波有权要求许某楠继续履行涉案《买卖协议》。如前所述，根据合同相对性原则，赵某波作为涉案《买卖协议》的买方，其有权要求许某楠继续履行合同。假如赵某波与案外人陈某庆之间存在委托关系，根据《合同法》第404条“受托人处理委托事务取得的财产，应当转交给委托人”的规定，相关权利主体可以另行采取法律手段予以救济。关于许某楠提出的隐名股东转让股权需要在公司、其他股东均没有异议的情况下才能进行的主张，**本院认为，本案中许某楠转让的是“透过张某奎名义持有的381股股份实质权益”，并负有“协助并授权赵某波向张某奎先生追回许某楠挂在其名下就有关股份实质权益之相关股份，并转至买方”等义务，至于该部分权益最终能否由赵某波受让，则属于双方当事人实际履行涉案《买卖协议》的结果，而不是许某楠拒绝履行的理由。**

【裁判理由3】【(2019)云29民终686号】陈某羽、胡某俊股权转让纠纷二审案件，云南省大理白族自治州中级人民法院认为：

对公司外部而言，公司的股权应当以对外公示的工商登记为准；而在公司内部，有关隐名股东身份及持股份额之约定等属于公司与实际出资人或名义股东与实际出资人之间形成的债权债务的合意，除非隐名股东要求变更为显名股东，该约定不会引起外界其他法律关系的变化，亦不会破坏有限责任公司的人合性，故隐名股东转让股权在股权转让的受让人明知其系隐名股东，**且公司及其他登记股东均未对股权转让提出异议的情况下，隐名股东签订的《股权转让合同》合法有效……**

就学无忧公司内部而言，经对外公示的工商登记的股东崔某香、廖某瑛、童某春的确认，胡某俊、苏某、杨某国、高某辉为公司的实际出资人，并对胡某俊、苏某、杨某国、高某辉与陈某羽签订的《股权出售协议》予以追认，承诺愿意配合办理股权变更登记手续。综上，本院认为，陈某羽与胡某俊、苏某、杨某国、高某辉签订的《股权出售协议》合法有效。

裁判要点2 实际出资人转让股权，但名义股东明确表示反对的，实际出资人与受让人签订的股权转让合同无效。

【裁判理由】【(2019)桂0321民初1273号】王某容与黄某娥股权转让纠纷案件，广西壮族自治区阳朔县人民法院认为：

原、被告签订《股权转让合同书》，其合同目的是获取股权转让金以及取得股东相关权益。但被告系阳朔县昌隆商贸服务有限责任公司隐名股东，在其没有进行登记公示前，对外一般不能行使股东权利，对公司内部却享有实际的股东权利。从被告与阳朔县昌隆商贸服务有限责任公司显名股东之间的法律关系看，双方之间形成一种合同关系，此种合同关系内容是隐名股东的实际投资地位与显名股东的名义持股地位。在此前提下，只要显名股东没有提出异议，隐名股东可以将其拥有的实际投资地位转让给第三人，由第三人代替为新的隐名股东，隐名股东与第三人之间形成合同法所规定的债权债务的概括转让。**因此,隐名股东转让其股权发生效力应当具备如下几个条件:(1)第三人明确知晓隐名股东身份之存在;(2)显名股东知道该转让的事实;(3)显名股东对转让事宜没有提出异议。**

本案中,被告将股权转让给原告,原告对被告作为阳朔县昌隆商贸服务有限责任公司隐名股东即实际投资人的地位是明知的,**阳朔县昌隆商贸服务有限责任公司对被告转让股权给原告的事实也是明知的,但阳朔县昌隆商贸服务有限责任公司的显名股东对该转让事宜提出反对意见,不认可原告作为该公司的股东资格。因此,基于被告与阳朔县昌隆商贸服务有限责任公司显名股东的合同关系,阳朔县昌隆商贸服务有限责任公司显名股东已经拒绝与原告形成新的合同关系,自然无法保持双方之间的特殊状态。**否则,阳朔县昌隆商贸服务有限责任公司与外部的法律关系会随之改变;就阳朔县昌隆商贸服务有限责任公司内部而言,公司的人合性将遭受重大影响,不利于公司的健康有序发展。因而,**原、被告签订的《股权转让合同书》并非公司法意义上的股权转让的权利和义务关系,不受公司法法律规范的调整范畴,而是基于合同法律关系即合同权利和义务的概括转让。阳朔县昌隆商贸服务有限责任公司显名股东对该转让事宜明确表示反对,故原、被告签订的《股权转让合同书》无效,被告依据该合同获取的40,000元股权转让费应当予以退还给原告。**

裁判要点3 实际出资人转让股权,但名义股东明确表示反对的,实际出资人应当进入确权程序,在实际出资人的股东资格得到确认之前,股权转让协议不成立。

【裁判理由】【(2015)渝一中法民初字第00983号】台某华等诉李某景股权转让纠纷案件,重庆市第一中级人民法院认为:

如果台某华与李某之间是股权代持关系,李某是俊峰公司49%股权的实际权利人,台某华只是名义股东,那么无论是取消台某华名义股东的身份,并将实际权利转让与李某景,还是取消台某华名义股东的身份,转由李某景作为李某股权的名义股东,都要经过台某华的行为予以认可,理由如下:

第一,实际出资人和名义股东之间的法律关系不是简单的委托代理关系,双方的权利义务应当为一般合同关系,具体权利义务的内容以双方协议约定为准,如果一方要解除股权代持关系必须经过双方协商一致或者依照法律规定单方解除,即或者双方达成意思表示一致,或者在意思表示不一致的情况下,单方通过行使法定解除权，并通过人民法院的确认，方可解除股权代持关系。同时，在股权代持关系中，名义股东并不是无独立意思表示的个人，要取消其名义股东的身份必须通过一定的程序方可实现。本案中，如果台某华是名义股东，在未征得其任何意思表示的情况下，即通过伪造其签名而取消其名义股东的身份，并不符合法律规定，且《重庆俊峰实业发展集团有限公司股权转让协议》也不成立。

第二，实际出资人转让股权时，如果名义股东以工商登记为由提出反对，实际出资人应当进入确权程序，即实际出资人必须要先向公司申请确认其股东资格，得到公司的确认后，股权转让方能进行。如果公司反对确认实际出资人的股东资格，其可以向法院诉请确认。只有认定实际出资人为股东的判决确定后，股权转让行为方可发生效力。

【笔者观点】《公司法司法解释(三)》第25条对名义股东转让其只有股权的情形做了规定，但目前对于实际出资人转让所持股权的效力问题尚无明确法律规范。

《最高人民法院关于公司法解释(三)、清算纪要理解与适用》分为两种情况讨论：

第一，第三人明知实际出资人的存在，并从实际出资人处受让股权时，如果名义股东并没有提出反对，则可以认定该转让有效。此时在实际出资人和第三人之间转让的不是股权，因为此时股权仍然归名义股东享有，其转让的仅仅是实际出资人的隐名投资地位，相当于一种债权债务的移转，而新的受让人欲取代名义股东显名化时亦需要经过公司其他股东过半数同意。

第二，第三人明知实际出资人的存在并从实际出资人处受让股权时，如果名义股东以工商登记为由提出反对，应当进入确权程序。也就是说，实际出资人必须要先向公司申请确认股东资格，得到公司的确认后，股权转让方能进行。在确权的过程中，公司及其股东应当禁止名义股东转让股权。如果公司反对确认实际出资人的股东资格，其可以向法院诉请确认。一旦认定实际出资人为股东的判决确定后，股权行为即可发生效力，名义股东不得再主张股权转让无效。

笔者认为，在公司及名义股东对隐名股东转让股权均无异议的情况下，股权转让行为自然有效，无须赘述。但在公司及名义股东明确反对隐名股东转让股权时，因名义股东明确拒绝与受让人达成代持法律关系，不应认定发生隐名股东所持股权转让的效力，应由公司确认隐名股东的权利并办理相应的变更登记程序，或由隐名股东依据《公司法司法解释(三)》第24条之规定确认其股东身份后，方可对其所持股权进行转让。[1] 在隐名股东未能完成确权前,隐名股东与股权受让人的合同也应认定为有效合同,受让人可以依约向隐名股东主张行使取得投资收益等相应权利。

① 参见刘绍斐、裴跃:《隐名股东资格以及隐名股东转让股权的效力认定》,载《山东法官培训学院学报》2018年第1期。

第二章　股东资格确认纠纷

引　　言

股东资格是公司自治与股东行权的基础，股东资格的认定也是审理其他公司类案件的前提。引起股东资格“名实分离”的原因，较为常见的包括股权代持、让与担保、冒名、出增资、继承等。

笔者团队曾代理过一起股东资格确认纠纷，最后巧妙地化解了公司差点因“冒名”导致营业执照被吊销的危机。

案件的背景是：薛某和李某是远房亲戚关系，两人通过电话沟通，决定一起合作设立一家地产公司，由薛某完成公司设立的工商登记手续。后来，薛某就按电话沟通的意见，办理公司设立登记的相关手续，其中公司章程、股东会决议等工商登记所需文件，由薛某的配偶郝某代李某签署。后来，因公司经营理念等问题两股东发生严重矛盾，为了迫使薛某向其转让股权，李某向工商管理部门投诉登记信息不实，工商登记材料是他人冒名签署，要求吊销盛盛公司营业执照。此时，地产项目还没开发，如果现在吊销营业执照，不仅项目开发利润拿不到，因前期投入，公司和股东还将面临一系列合同违约、债权债务问题。

本案的难点在于，登记材料代签是客观事实，李某委托薛某代为签署公司登记所需材料的意思表示也是真实的，但是因为口头约定，无法证明。

为此，团队律师设计诉讼方案，根据《公司法司法解释（三）》第 28 条的规定，由薛某提起股东资格确认之诉，请求确认郝某是公司股东，享有登记在李某名下的公司股权。本来李某工商投诉的真实意图并不是想要注销公司，所以为了保住自己的股东身份，李某只能在庭审中承认文件内容是其真实意思表示。本案中，笔者团队实际采取围魏救赵之计，通过提起股东资格确认之诉，反制李某撤销了工商投诉,最终帮助公司度过危机。

伴随商事活动的活跃与创新,公司结构日趋复杂多样,股东资格确认纠纷案件梳理呈上升趋势,不同原因导致的股东资格确认纠纷,在认定股东资格的审理思路方面存在明显差异,因此笔者尝试以诱发原因为分类基础,对股东资格确认纠纷案件进行系统梳理。

一、股东资格确认纠纷的定义

根据《最高人民法院民事案件案由适用要点与请求权规范指引》①一书记载,股东资格确认纠纷是指股东与股东之间或者股东与公司之间就股东资格是否存在,或者具体的股权持有数额、比例等发生争议而引起的纠纷。

二、股东资格确认纠纷的请求权基础

(一)现行法

股东资格确认纠纷的请求权基础主要规定于《公司法》和《公司法司法解释(三)》中。《公司法》第 31 条、第 32 条、第 73 条、第 129 条、第 130 条、第 139 条、第 140 条是关于股东资格记载方式的规定;《公司法司法解释(三)》第 21 条至第 24 条关于股东资格确认纠纷的规定,是对《公司法》规定的细化和落实。

1.《民法典》。

第一百二十五条 民事主体依法享有股权和其他投资性权利。

2.《公司法》。

第三十一条 有限责任公司成立后,应当向股东签发出资证明书。

出资证明书应当载明下列事项:

(一)公司名称;

(二)公司成立日期;

(三)公司注册资本;

(四)股东的姓名或者名称、缴纳的出资额和出资日期;

(五)出资证明书的编号和核发日期。

① 参见人民法院出版社编著:《最高人民法院民事案件案由适用要点与请求权规范指引》(第 2 版),人民法院出版社 2020 年版,第 718 页。

出资证明书由公司盖章。

第三十二条　有限责任公司应当置备股东名册,记载下列事项:

(一)股东的姓名或者名称及住所;

(二)股东的出资额;

(三)出资证明书编号。

记载于股东名册的股东,可以依股东名册主张行使股东权利。

公司应当将股东的姓名或者名称向公司登记机关登记;登记事项发生变更的,应当办理变更登记。未经登记或者变更登记的,不得对抗第三人。

第七十三条　依照本法第七十一条、第七十二条转让股权后,公司应当注销原股东的出资证明书,向新股东签发出资证明书,并相应修改公司章程和股东名册中有关股东及其出资额的记载。对公司章程的该项修改不需再由股东会表决。

第一百二十九条　公司发行的股票,可以为记名股票,也可以为无记名股票。

公司向发起人、法人发行的股票,应当为记名股票,并应当记载该发起人、法人的名称或者姓名,不得另立户名或者以代表人姓名记名。

第一百三十条　公司发行记名股票的,应当置备股东名册,记载下列事项:

(一)股东的姓名或者名称及住所;

(二)各股东所持股份数;

(三)各股东所持股票的编号;

(四)各股东取得股份的日期。

发行无记名股票的,公司应当记载其股票数量、编号及发行日期。

第一百三十九条　记名股票,由股东以背书方式或者法律、行政法规规定的其他方式转让;转让后由公司将受让人的姓名或者名称及住所记载于股东名册。

股东大会召开前二十日内或者公司决定分配股利的基准日前五日内,不得进行前款规定的股东名册的变更登记。但是,法律对上市公司股东名册变更登记另有规定的,从其规定。

第一百四十条　无记名股票的转让,由股东将该股票交付给受让人后即发生转让的效力。

3.《公司法司法解释(三)》。

第二十一条　当事人向人民法院起诉请求确认其股东资格的,应当以公司为被告，与案件争议股权有利害关系的人作为第三人参加诉讼。

第二十二条 当事人之间对股权归属发生争议，一方请求人民法院确认其享有股权的，应当证明以下事实之一：

（一）已经依法向公司出资或者认缴出资，且不违反法律法规强制性规定；

（二）已经受让或者以其他形式继受公司股权，且不违反法律法规强制性规定。

第二十三条 当事人依法履行出资义务或者依法继受取得股权后，公司未根据公司法第三十一条、第三十二条的规定签发出资证明书、记载于股东名册并办理公司登记机关登记，当事人请求公司履行上述义务的，人民法院应予支持。

第二十四条 有限责任公司的实际出资人与名义出资人订立合同，约定由实际出资人出资并享有投资权益，以名义出资人为名义股东，实际出资人与名义股东对该合同效力发生争议的，如无法律规定的无效情形，人民法院应当认定该合同有效。

前款规定的实际出资人与名义股东因投资权益的归属发生争议，实际出资人以其实际履行了出资义务为由向名义股东主张权利的，人民法院应予支持。名义股东以公司股东名册记载、公司登记机关登记为由否认实际出资人权利的，人民法院不予支持。

实际出资人未经公司其他股东半数以上同意，请求公司变更股东、签发出资证明书、记载于股东名册、记载于公司章程并办理公司登记机关登记的，人民法院不予支持。

（二）《公司法》与《公司法（修订草案）》对比

关于股东资格确认纠纷的规定，《公司法（修订草案）》对《公司法》的相关条文进行了修改，具体文字的修改内容如下表所示。

《公司法（修订草案）》的本次修订中，关于股东资格确认纠纷所涉条文的修改多为表述修改或程序性事宜的修改，实质修改主要为删除了无记名股票的规定，明确公司发行的股票均应为记名股票。

《公司法》	《公司法(修订草案)》
第三十一条　有限责任公司成立后，应当向股东签发出资证明书。 ~~出资证明书应当~~载明下列事项： (一)公司名称； (二)公司成立日期； (三)公司注册资本； (四)股东的姓名或者名称、缴纳的出资额和出资日期； (五)出资证明书的编号和核发日期。 出资证明书由公司盖章。	第四十九条　有限责任公司成立后，应当向股东签发出资证明书，**记**载下列事项： (一)公司名称； (二)公司成立日期； (三)公司注册资本； (四)股东的姓名或者名称、缴纳的出资额和出资日期； (五)出资证明书的编号和核发日期。 出资证明书由**法定代表人签名**，公司盖章。
第三十二条　有限责任公司应当置备股东名册，记载下列事项： (一)股东的姓名或者名称及住所； (二)股东的出资额； (三)出资证明书编号。 记载于股东名册的股东，可以依股东名册主张行使股东权利。 ~~公司应当将股东的姓名或者名称向公司登记机关登记~~；登记事项发生变更的，应当办理变更登记。未经登记或者变更登记的，不得对抗~~第三人~~。	第五十条　有限责任公司应当置备股东名册，记载下列事项： (一)股东的姓名或者名称及住所； (二)股东的出资额**及出资时间**； (三)出资证明书编号； **(四)取得和丧失股东资格的时间。** 记载于股东名册的股东，可以依股东名册主张行使股东权利。 **第二十七条**　公司登记事项发生变更的，应当依法办理变更登记。 **公司登记事项**未经登记或者未经变更登记，不得对抗**善意相对人**。
第七十三条　依照本法~~第七十一条、第七十二条~~转让股权后，公司应当注销原股东的出资证明书，向新股东签发出资证明书，并相应修改公司章程和股东名册中有关股东及其出资额的记载。对公司章程的该项修改不需再由股东会表决。	第八十八条　依照本法转让股权后，公司应当**及时**注销原股东的出资证明书，向新股东签发出资证明书，并相应修改公司章程和股东名册中有关股东及其出资额的记载。对公司章程的该项修改不需再由股东会表决。
第一百二十九条　公司发行的股票，~~可以为记名股票，也可以为无记名股票~~。 ~~公司向发起人、法人发行的股票，应当为记名股票，并应当记载该发起人、法人的名称或者姓名，不得另立户名或者以代表人姓名记名~~。	第一百五十九条第二款　公司发行的股票，**应当**为记名股票。

续表

《公司法》	《公司法(修订草案)》
第一百三十条　公司发行记名股票的,应当置备股东名册,记载下列事项: (一)股东的姓名或者名称及住所; (二)各股东所持股份数; (三)各股东所持股票的编号; (四)各股东取得股份的日期。 发行无记名股票的,公司应当记载其股票数量、编号及发行日期。	第一百零四条　**股份有限公司应当制作股东名册并置备于公司,股份在依法设立的证券登记结算机构登记的除外。股东名册应当**记载下列事项: (一)股东的姓名或者名称及住所; (二)各股东所**认购的股份种类及**股份数; (三)**发行纸面形式的股票的,**股票的编号; (四)各股东取得股份的日期。
第一百三十九条　记名股票,由股东以背书方式或者法律、行政法规规定的其他方式转让;转让后由公司将受让人的姓名或者名称及住所记载于股东名册。 股东大会召开前二十日内或者公司决定分配股利的基准日前五日内,不得进行前款规定的股东名册的变更登记。但是,法律对上市公司股东名册变更登记另有规定的,从其规定。	第一百七十条　**股票的转让**,由股东以背书方式或者法律、行政法规规定的其他方式进行;转让后由公司将受让人的姓名或者名称及住所记载于股东名册。 股东会召开前二十日内或者公司决定分配股利的基准日前五日内,不得**变更股东名册**。法律对上市公司股东名册变更登记另有规定的,从其规定。
第一百四十条　无记名股票的转让,由股东将该股票交付给受让人后即发生转让的效力。	

三、股东资格确认纠纷的管辖

(一)地域管辖

《民事诉讼法》关于股东资格确认纠纷的地域管辖的规定如下。

【法律规定】

《民事诉讼法》第二十七条　因公司设立、确认股东资格、分配利润、解散等纠纷提起的诉讼,由公司住所地人民法院管辖。

从地域管辖来看,股东资格确认纠纷应该由公司住所地法院管辖。

(二)级别管辖

从级别管辖来看,股东资格确认纠纷应按照诉请涉及的股权价值确定管辖法院。相关争议焦点和司法案例详见本章第六部分的“争议焦点23”。

四、股东资格确认纠纷的诉讼时效

《民法典》和《诉讼时效司法解释》关于股东资格确认纠纷诉讼时效的相关规定如下。

【法律规定】

《民法典》第一百八十八条　向人民法院请求保护民事权利的诉讼时效期间为三年。法律另有规定的,依照其规定。

诉讼时效期间自权利人知道或者应当知道权利受到损害以及义务人之日起计算。法律另有规定的,依照其规定。但是,自权利受到损害之日起超过二十年的,人民法院不予保护,有特殊情况的,人民法院可以根据权利人的申请决定延长。

第一百九十六条　下列请求权不适用诉讼时效的规定:

(一)请求停止侵害、排除妨碍、消除危险;

(二)不动产物权和登记的动产物权的权利人请求返还财产;

(三)请求支付抚养费、赡养费或者扶养费;

(四)依法不适用诉讼时效的其他请求权。

《诉讼时效司法解释》第一条　当事人可以对债权请求权提出诉讼时效抗辩,但对下列债权请求权提出诉讼时效抗辩的,人民法院不予支持:

(一)支付存款本金及利息请求权;

(二)兑付国债、金融债券以及向不特定对象发行的企业债券本息请求权;

(三)基于投资关系产生的缴付出资请求权;

(四)其他依法不适用诉讼时效规定的债权请求权。

关于股东资格确认纠纷是否适用诉讼时效制度,在实践中争议较大。中国裁判文书网刊载的由最高人民法院审理的股东资格确认纠纷中,提及“诉讼时效”一词的共有三起。三起案件中,最高人民法院均认为适用诉讼时效制度,并以未超过诉讼时效期间为由驳回再审申请。

研究各地高级人民法院对于股东资格确认纠纷是否适用诉讼时效这一问题的观点,会发现两个规律:其一,此类案件地域分布较为集中;其二,各地高级人民法院对此类案件的观点各有不同。

1. 案件地域分布较为集中

2022 年 2 月,在“威科先行”法律数据库检索案例,选择案由为“股东资格确

认纠纷”,选择法院级别为“高级人民法院”,搜索全文关键词“诉讼时效”,共检索到裁判文书227份,其中:

(1)上海、山西、江西、山东、宁夏五地高级人民法院没有作出过此类涉及诉讼时效的股东资格确认纠纷裁判文书;

(2)广西壮族自治区高级人民法院作出此类裁判文书106份,重庆市高级人民法院作出此类裁判文书36份,江苏省高级人民法院作出此类裁判文书22份,广东省高级人民法院作出此类裁判文书11份;

(3)其余22地高级人民法院作出此类裁判文书均不超过5份。

2. 各地高级人民法院对此类案件的观点各有不同

部分高级人民法院的观点为,股东资格确认纠纷不适用诉讼时效。如浙江省高级人民法院在全部5份裁判文书均持这一观点;部分高级人民法院则在一些案件中认为资格确认纠纷不适用诉讼时效,在另一些案件中认为股东资格确认纠纷适用诉讼时效,如广东省高级人民法院。

法院对于股东资格确认纠纷是否适用诉讼时效尚有争议,具体内容详见本章第六部分的“争议焦点24”。

五、股东资格确认纠纷的当事人

《公司法司法解释(三)》股东资格确认纠纷当事人的相关规定如下。

【法律规定】

《公司法司法解释(三)》第二十一条 当事人向人民法院起诉请求确认其股东资格的,应当以公司为被告,与案件争议股权有利害关系的人作为第三人参加诉讼。

(一)股东资格确认纠纷的原告

股东资格确认纠纷可以按照原告诉讼请求的不同,分为积极的股东资格确认之诉和消极的股东资格确认之诉。积极的股东资格确认之诉是指原告诉请确认存在股东资格,消极的股东资格确认之诉是指原告诉请确认不存在股东资格。司法实践中,对于股东和可能具有股东资格的主体在两种类型的股东资格确认之诉中均为适格原告不存在争议,但对于公司是否属于股东资格确认之诉的适格原告,则根据诉讼请求的不同,存在不同观点。

1. 股东和可能具有股东资格的主体为股东资格确认纠纷适格原告。

根据《公司法司法解释（三）》第21条之规定，股东资格确认之诉的基本结构，是由股东起诉公司，请求确认其股权数额、比例或不具有股东资格；或由可能具有股东资格但该资格未获得确认的主体作为原告，起诉公司请求确认其股东资格，这种情况下的适格原告包括实际出资人、股东继承人、股权受让人等。

2. 在积极的股东资格确认之诉中，公司不是适格原告。

司法实践中，通常认为公司在积极的股东资格确认之诉中不是适格原告。相关司法案例详见本章第六部分的“争议焦点25”。

3. 在消极的股东资格确认之诉中，公司是不是适格原告存在争议。

司法实践中，法院对于公司是不是消极的股东资格确认之诉的适格原告存在争议，具体内容详见本章第六部分的“争议焦点25”。

（二）股东资格确认纠纷的被告

根据《公司法司法解释（三）》第21条之规定，股东资格确认之诉的被告为公司，这一观点在司法实践中几乎不存在争议。笔者亦认可在法律具有明确规定的情况下，股东资格确认之诉的被告应为公司，对系争股权归属有争议的股东可以以第三人的身份参与诉讼。

但是，笔者检索到一起由广东省深圳市中级人民法院一审、广东省高级人民法院二审的股东资格确认之诉。原告在未提出需由另一股东履行的诉讼请求的情况下，将该股东列为被告，一审对此予以认可，二审认可了一审的观点。此处列示该裁判文书中法院的说理供参考：“深圳市市场监督管理局的复函称：1986年深圳市南头区发展总公司更名为深圳市南头区经济发展公司，后又于1991年更名为深圳市南山区经济发展公司即南山发展公司现名，深圳市南头区发展总公司与南山发展公司系同一公司。海湾公司请求法院确认其享有广进公司25%的股份，该部分股份现登记在南头发展总公司名下，故南山发展公司是本案适格被告。”①

（三）股东资格确认纠纷的第三人

股东资格确认纠纷，第三人为与案件争议股权有利害关系的人，该观点在司法实践中不存在争议。

① 参见深圳广进化工有限公司、深圳市蛇口海湾实业股份有限公司股东资格确认纠纷二审民事判决书【（2019）粤民终1603号】。

六、股东资格确认纠纷的常见争议焦点

股东资格确认纠纷的产生原因为真实股东资格与公示情况不一致，根据导致不一致的事由不同，诉讼中的争议焦点亦有差异。实践中，最常见的事由是股权代持、让与担保、股权转让，此外，还有冒名、股东出资瑕疵、继承等事由也可能导致股东资格确认纠纷。在本部分，笔者将围绕每一种引发争议的事由展开分析讨论。

（一）因股权代持引发的争议

司法实践中因股权代持引发的争议，常见争议焦点集中在两个问题：其一为代持协议是否有效；其二为实际出资人是否有权确认股东资格，也即如何认定确认股东资格的构成要件。

争议焦点1 上市公司股东签订的股权代持协议的法律效力

裁判要点 1 上市公司股权代持协议违反公司上市系列监管规定，这些规定有些属于法律明确应予遵循之规定，有些虽属于部门规章性质，但因经法律授权且与法律并不冲突，并属于证券行业监管基本要求与业内共识，并对广大非特定投资人利益构成重要保障，对社会公共利益亦为必要保障所在，因此根据民事法律中关于合同效力的规定，该合同损害社会公共利益，应属无效。

【裁判理由】【（2017）最高法民申2454号】杨某国、林某坤股权转让纠纷再审审查与审判监督案件，最高人民法院认为：

诉争协议即为上市公司股权代持协议，对于其效力的认定应当根据上市公司监管相关法律法规以及《合同法》等规定综合予以判定。首先，中国证券监督管理委员会于2006年5月17日颁布的《首次公开发行股票并上市管理办法》第13条规定：“发行人的股权清晰，控股股东和受控股股东、实际控制人支配的股东持有的发行人股份不存在重大权属纠纷。”《证券法》第12条[①]规定：“设立股份有限公司公开发行股票，应当符合《中华人民共和国公司法》规定的条件和经国务院批准的国务院证券监督管理机构规定的其他条件……”第63条[②]规定：“发行人、上市

① 对应现行2019年《证券法》第11条。
② 现行2019年《证券法》已删除该条。

公司依法披露的信息，必须真实、准确、完整，不得有虚假记载、误导性陈述或者重大遗漏。”中国证券监督管理委员会于2007年1月30日颁布的《上市公司信息披露管理办法》第3条[①]规定：“发行人、上市公司的董事、监事、高级管理人员应当忠实、勤勉地履行职责，保证披露信息的真实、准确、完整、及时、公平。”根据上述规定等可以看出，公司上市发行人必须股权清晰，且股份不存在重大权属纠纷，且公司上市需遵守如实披露的义务，披露的信息必须真实、准确、完整，这是证券行业监管的基本要求，也是证券行业的基本共识。由此可见，上市公司发行人必须真实，并不允许发行过程中隐匿真实股东，否则公司股票不得上市发行，通俗而言，即上市公司股权不得隐名代持。本案之中，**在亚玛顿公司上市前，林某坤代杨某国持有股份，以林某坤名义参与公司上市发行，实际隐瞒了真实股东或投资人身份，违反了发行人如实披露义务，为上述规定明令禁止。其次，中国证券监督管理委员会根据《证券法》授权对证券行业进行监督管理，是为保护广大非特定投资者的合法权益。要求拟上市公司股权必须清晰，约束上市公司不得隐名代持股权，系对上市公司监管的基本要求，否则如上市公司真实股东都不清晰的话，其他对于上市公司系列信息披露要求、关联交易审查、高管人员任职回避等等监管举措必然落空，必然损害到广大非特定投资者的合法权益，从而损害到资本市场基本交易秩序与基本交易安全，损害到金融安全与社会稳定，从而损害到社会公共利益。**据此，根据《合同法》第52条的规定：“有下列情形之一的，合同无效：(一)一方以欺诈、胁迫的手段订立合同，损害国家利益；(二)恶意串通，损害国家、集体或者第三人利益；(三)以合法形式掩盖非法目的；(四)损害社会公共利益；(五)违反法律、行政法规的强制性规定。”**本案杨某国与林某坤签订的《委托投资协议书》与《协议书》，违反公司上市系列监管规定，而这些规定有些属于法律明确应予遵循之规定，有些虽属于部门规章性质，但因经法律授权且与法律并不冲突，并属于证券行业监管基本要求与业内共识，并对广大非特定投资人利益构成重要保障，对社会公共利益亦为必要保障所在，故依据《合同法》第52条第4项等规定，本案上述诉争协议应认定为无效。**

裁判要点2 公司法和其他法律、法规并未明文规定禁止上市股份代持，更未宣告该类代持协议无效，因此上市公司股份代持协议有效。

【裁判理由】【(2017)湘民终104号】王某与陈某明股权转让纠纷二审案件，

---

① 对应现行2021年《上市公司信息披露办法》第4条。

湖南省高级人民法院认为：

至于股份代持协议的效力问题，《公司法司法解释(三)》(2011年)第25条第1款规定：“有限责任公司的实际出资人与名义出资人订立合同，约定由实际出资人出资并享有投资权益，以名义出资人为名义股东，实际出资人与名义股东对该合同效力发生争议的，如无合同法第五十二条规定的情形，人民法院应当认定该合同有效。”该条款明确规定有限责任公司股权代持协议的法律效力。**大康公司虽然是上市股份有限公司，从法理上讲，公司法和其他法律、法规并未明文规定禁止该类公司股份代持，更未宣告该类代持协议无效，故参照前述司法解释的法律精神，本案股份代持协议应为有效协议。**

争议焦点2　保险公司股东签订的股权代持协议的法律效力

裁判要点 保险公司股权代持违反《保险公司股权管理办法》有关禁止代持保险公司股权规定，在一定程度上具有与直接违反《保险法》等法律、行政法规一样的法律后果，同时还将出现破坏国家金融管理秩序、损害包括众多保险法律关系主体在内的社会公共利益的危害后果，因此根据民事法律中关于合同效力的规定，该合同损害社会公共利益，应属无效。

【裁判理由】【(2017)最高法民终529号】福建伟杰投资有限公司(以下简称伟杰公司)、福州天策实业有限公司(以下简称天策公司)营业信托纠纷二审案件，最高人民法院认为：

天策公司、伟杰公司签订的《信托持股协议》，内容明显违反中国保险监督管理委员会制定的《保险公司股权管理办法》第8条关于“任何单位或者个人不得委托他人或者接受他人委托持有保险公司的股权……”的规定。对该《信托持股协议》的效力审查，应从《保险公司股权管理办法》禁止代持保险公司股权规定的规范目的、内容实质，以及实践中允许代持保险公司股权可能出现的危害后果进行综合分析认定。**首先，从《保险公司股权管理办法》禁止代持保险公司股权的制定依据和目的来看**，尽管《保险公司股权管理办法》在法律规范的效力位阶上属于部门规章，并非法律、行政法规，但中国保险监督管理委员会是依据《保险法》第134条关于“国务院保险监督管理机构依照法律、行政法规制定并发布有关保险业监督管理的规章”的明确授权，为保持保险公司经营稳定，保护投资人和被保险人的合法权益，加强保险公司股权监管而制定。据此可以看出，该管理办法关于禁止代持保险公司股权的规定与《保险法》的立法目的一致，都是为了加强对保险业的监督管理，维护社会经济秩序和社会公共利益，促进保险事业的健康发展。**其次，从《保险公司股权管理办法》禁止代持保险公司股权规定的内容来看**，该规定系中国保险监督管理委员会在本部门的职责权限范围内，根据加强保险业监督管理的实际需要具体制定。该内容不与更高层级的相关法律、行政法规的规定相抵触，也未与具有同层级效力的其他规范相冲突，同时其制定和发布亦未违反法定程序。因此，《保险公司股权管理办法》关于禁止代持保险公司股权的规定具有实质上的正当性与合法性。**最后，从代持保险公司股权的危害后果来看**，允许隐名持有保险公司股权，将使真正的保险公司投资人游离于国家有关职能部门的监管之外，如此势必加大保险公司的经营风险，妨害保险行业的健康有序发展。加之，由于保险行业涉及众多不特定被保险人的切身利益，保险公司这种潜在的经营风险在一定情况下还将危及金融秩序和社会稳定，进而直接损害社会公共利益。**综上可见，违反中国保险监督管理委员会《保险公司股权管理办法》有关禁止代持保险公司股权规定的行为，在一定程度上具有与直接违反《保险法》等法律、行政法规一样的法律后果，同时还将出现破坏国家金融管理秩序、损害包括众多保险法律关系主体在内的社会公共利益的危害后果。**《合同法》第52条规定："有下列情形之一的，合同无效：（一）一方以欺诈、胁迫的手段订立合同，损害国家利益；（二）恶意串通，损害国家、集体或者第三人利益；（三）以合法形式掩盖非法目的；（四）损害社会公共利益；（五）违反法律、行政法规的强制性规定。"故依照《合同法》第52条第4项等规定，本案天策公司、伟杰公司之间签订的《信托持股协议》应认定为无效。天策公司依据该《信托持股协议》要求将讼争4亿股股份过户至其名下的诉讼请求依法不能得到支持。

争议焦点3　外商投资企业股东签订的股权代持协议的法律效力

裁判要点　《外商投资法》于2020年1月1日实施后，我国对外商投资实行准入前国民待遇和负面清单管理制度，对于外商投资准入负面清单之外的领域形成的投资合同，当事人以未经批准、登记为由主张合同无效或未生效的，不予支持。

【裁判理由】【（2019）沪0115民初6248号、（2020）沪01民终3024号】上海纽

鑫达进出口有限公司与 Carson Junping Cheng 股东资格确认纠纷案件，上海市浦东新区人民法院在一审中认为：

关于国内自然人能否与外国人成立外商投资企业问题。《中外合资经营企业法》规定的中国合营者未包括中国的自然人，但该法已于 2020 年 1 月 1 日废止。**新施行的《外商投资法》并没有这方面的限制**。……同时，根据《最高人民法院关于适用〈中华人民共和国外商投资法〉若干问题的解释》第 2 条的规定："对外商投资法第四条所指的外商投资准入负面清单之外的领域形成的投资合同，当事人以合同未经有关行政主管部门批准、登记为由主张合同无效或者未生效的，人民法院不予支持。前款规定的投资合同签订于外商投资法施行前，但人民法院在外商投资法施行时尚未作出生效裁判的，适用前款规定认定合同的效力。"因此，**本案中纽鑫达公司及张某要求确认程某平与其他第三人共同成立公司的行为无效，一审法院不予支持**。

上海市第一中级人民法院在二审程序中认可了一审法院的上述观点。

争议焦点 4　公务员签订的股权代持协议的法律效力

裁判要点 《公务员法》第 59 条第 16 项关于公务员禁止从事或者参与营利性活动的规定属于管理性强制性规定，而非效力性强制性规定，不会导致股权代持协议无效。

【裁判理由】【(2014)红民商初字第 288 号】遵义市明德机动车驾驶培训有限责任公司、卢某先与唐某权、张某股东资格确认纠纷案件，贵州省遵义市红花岗区人民法院认为：

《公务员法》中确有禁止公务员从事和参与经营性活动的规定，但该法律的实施是为了对公务员队伍进行管理，如有违反，将受到内部纪律惩处，显然不属于民事法律体系中所定义的"效力性、禁止性"法律规范。因此，根据《最高人民法院关于适用〈中华人民共和国合同法〉若干问题的解释(二)》第 14 条"合同法第五十二条第(五)项规定的'强制性规定'，是指效力性强制性规定"的规定，违反《公务员法》相关规定并不影响身为公务员的行为人从事民商法律的行为效力，再结合现唐某权已经退休离职超过两年，违反管理性法律规定的情形也已消除，故本院认定唐某权具有明德公司股东资格。

贵州省遵义市中级人民法院在二审【(2016)黔03民终3754号】中认为:"《公务员法》第五十三条……规定的是管理性强制性规定,违反该条规定会受到相关的纪律处罚,但并不影响涉案的入股行为的效力。"

争议焦点5　签订书面股权代持协议是不是认定代持关系的必要条件

裁判要点 签订书面股权代持协议并非认定代持关系的必要条件。

【裁判理由1】【(2013)民一终字第138号】薛某玶与陆某生、江苏苏浙皖边界市场发展有限公司、江苏明恒房地产开发有限公司委托代理合同纠纷二审案件,最高人民法院认为:

虽然薛某玶与陆某生之间未签订委托收购股权并代持股权的书面合同,但薛某玶向陆某生汇付款项的事实客观存在。对该笔款项的性质,陆某生虽然主张为借款,但未能提供任何证据证明。一审判决综合全部案件事实,依据优势证据原则认定双方之间存在薛某玶委托陆某生收购股权并且代持股权的关系,理据充分,并无不当。

【裁判理由2】【(2013)民申字第1406号】在申请再审人郑州亿升电熔耐火材料有限公司与被申请人杨某武等,第三人大通瑞兴养殖有限公司股东资格确认纠纷再审审查与审判监督案件中,各方虽未签订前述股权代持协议,但最高人民法院依据实际出资人提供的出资证据,认定实际出资人的股东资格和出资份额,最高人民法院认为:

自2007年6月30日至2008年7月10日,**隆安公司先后向杨某武出具七份"收到投资款"的收据,总金额为457万元,收据内容均为收到杨某武个人投资款,这也与隆安公司财务收据和财务报告记载的内容相互印证,应当认定杨某武对隆安公司实际出资457万元**。虽然隆安公司的企业工商登记中没有杨某武股东身份的记载,但隆安公司向杨某武出具了内容为"收到投资款"的收据,2007年12月、2008年3月隆安公司的两份财务报告,以及2008年1月《各股东的投资情况明细》的内容,均证明杨某武为隆安公司的实际出资人。

争议焦点6　在没有书面代持协议的情形下，如何认定实际出资人身份

裁判要点1 在没有代持协议的情形下，仅证明资金往来而无法证明代持股合意的，不能认定实际出资人身份。

【裁判理由】【(2014)民二终字第21号】王某与青海珠峰虫草药业有限公司（以下简称珠峰公司）股东资格确认纠纷二审案件，最高人民法院认为：

由于在珠峰公司2012年4月增资至5000万元过程中，**并无证据证明王某与王某1及海科公司之间达成了合法有效的代持股合意，王某委托王某2和美信公司转款系用于此次增资的意图亦不明确，因此即便增资资金来源于王某，亦不能就此认定王某对记载于王某1及海科公司名下的珠峰公司股权享有股东权益**。故王某要求确认王某1及海科公司在珠峰公司的相应股权由其享有的诉讼请求，因证据不足，本院不予支持。

裁判要点2 名义股东取得的股东身份登记具有公示效力，实际出资人对于确认其股东身份的主张承担举证责任，其举证应具有排他性，达到优势证据的程度。

【裁判理由】【(2015)民二终字第96号】江苏圣奥化学科技有限公司（以下简称江苏圣奥公司）与刘某与王某股东资格确认纠纷二审案件，最高人民法院认为：

刘某提交的银行资金划转凭证能够证明存在资金流转关系，**但仅凭其汇入王某账户的该两笔资金在数额和时间上与王某向江苏圣奥公司的投资相吻合的事实，难以认定刘某和王某对资金的用途形成了共同意思表示，不能根据资金流转的事实推定刘某委托王某并以王某名义向江苏圣奥公司投资**。刘某上诉主张王某未提交证据证明其间存在借款关系，但原审法院却以不能排除王某借款出资为由作出否定委托投资关系的认定是错误的。因刘某向王某汇款未说明用途，故关于该笔资金的用途有多种可能，原审法院仅列举借款的一种可能，并同时作出刘某汇款的性质并不能必然、排他地认定为出资的论证，未进一步落实该笔款项是否为借款关系，并无不妥，原审法院关于仅凭往来资金款项不能推定委托出资关系的观点正确。……根据本案现有证据查明的案件事实，王某为江苏圣奥公司登记股东，以股东身份完成出资、增资、分红及股权转让等行为。**王某取得的股东身份登记，具有公示效力。刘某在诉讼中主张其与王某之间存在代持股关系，证据**

不充分。代持股关系应当基于委托关系形成，委托关系为双方法律行为，需双方当事人有建立委托关系的共同意思表示，签订委托合同或者代持股协议，对未签订合同但双方当事人有事实行为的，也可以依法认定存在委托代持股关系，并以此法律关系确定双方当事人的民事权利和义务。单方法律行为不能建立委托代持股份关系。本案中刘某未提交其与王某之间关于建立委托关系或者代持股关系的协议，其提交的其他证据也不能证明其与王某之间对委托关系或者代持股关系形成了共同意思表示或者其间实际形成了事实上的代持股份关系。**因刘某在本案中未能提供直接证据证明其主张，提交的间接证据未能形成完整的证据链，不具有排他性，举证不具有优势，其在本案中的诉讼主张，本院不予支持**。

裁判要点3 实际出资人需证明其实际出资的事实。除证明存在资金往来外，还需证明该笔款项的性质和用途，及双方达成了出资合意。

【裁判理由】【（2020）最高法民申4440号】李某、南京元弘服装有限公司股东资格确认纠纷再审审查与审判监督案件，最高人民法院认为：

鉴于股东登记在股东资格认定时，虽不具有决定性的效力，但具有相对优先的效力，李某要否定相关股东登记信息，应当根据《公司法司法解释（三）》第22条等规定，提供充分证据证明实际出资等事实。……考虑到该款项系作为高某某的出资款，经验资等手续后明确登记在其名下，**李某虽就上述登记行为作了其与高某某达成代持股权合意的解释，却不能提供证据证实**。苏某某、肖某重新出具的个人说明称代李某支付出资款，与上述款项的登记情况不符，该说明的出具时间又是在本案诉争发生后，故**难以证实汇款当时的款项性质、用途的唯一性**。由此，二审法院认定李某提供的证据尚不足以证明其是涉案股权的实际出资人，理据充分。

争议焦点7　其他股东认可是否为确认实际出资人股东资格的必要条件

裁判要点 有限责任公司实际出资人如能够证明实际出资和代持合意，且经名义股东以外的其他股东过半数认可，请求确认股东资格的，应予支持。即使实际出资人证明了实际出资和代持合意，但未取得名义股东以外的其他股东过半数认可的，不应确认其具有股东资格。

【裁判理由1】【(2013)民申字第2450号】吴某彬与浙江中纺腾龙投资有限公司(以下简称腾龙公司)等股东资格确认纠纷再审审查与审判监督案件,最高人民法院认为:

网络公司对吴某彬提出的网络公司在腾龙公司的3000万元出资中有2250万元实际为吴某彬出资的主张始终确认,并无异议。本案的争点在于应否判决确认网络公司持有的腾龙公司股权中的75%归吴某彬所有。据工商登记材料显示,腾龙公司现在的股东组成为:网络公司、杭州投资公司及祥瑞公司。投资额分别为3000万元、3750万元和3750万元,其投资比例各占13.3333%、16.6667%和16.6667%。吴某宏的投资额为12,000万元,投资比例为53.3333%。《公司法司法解释(三)》第25条第3款①规定:“实际出资人未经公司其他股东半数以上同意,请求公司变更股东、签发出资证明书、记载于股东名册、记载于公司章程并办理公司登记机关登记的,人民法院不予支持。”即实际出资人若要实现隐名股东显名化,须经公司其他股东半数以上同意。因此,即使吴某彬系实际出资人,但在祥瑞公司、杭州投资公司和吴某宏在一、二审中均不同意吴某彬成为腾龙公司显名股东,网络公司二审亦答辩要求驳回吴某彬上诉的情形下,吴某彬提出确认以网络公司名义持有的腾龙公司股权中75%股权属吴某彬所有、将隐名出资显名化的诉请不符合法律规定,二审判决对此不予支持,在认定事实和适用法律上均无不当。

【裁判理由2】【(2019)苏民终1194号】如皋市金鼎置业有限公司、叶某滨与吴某好股东资格确认纠纷二审案件,江苏省高级人民法院认为:

实际出资人请求成为显名股东,之所以须经名义股东以外的其他股东认可,是因为如果实际出资人请求公司办理变更股东、签发出资证明书、记载于股东名册、记载于公司章程并办理公司登记机关登记等,此时,实际出资人的要求就已突破与名义股东之间代持股协议约定的范围。**实际出资人将从公司外部进入公司内部,成为公司的成员,对于公司其他股东而言,类似于发生了股权的对外转让。为了保障公司的人合性特征,维护公司内部关系之稳定,应当参照公司法关于股权外部转让的规则,经由名义股东之外其他股东过半数同意**,外商投资企业则须经名义股东之外其他全体股东同意,实际出资人才能取代原名义股东成为公司股

① 对应现行2022年《公司法司法解释(三)》第24条第3款。

东。……大地公司由丰龙公司设立，叶某滨是丰龙公司当时的全资股东和董事，应当视为其知晓并认可股东会纪要的内容。在全体股东已确认吴某好的实际出资人身份，且约定由叶某滨配合公司进行股东变更工商登记的情形下，叶某滨和大地公司仍提出阻止吴某好显名登记的异议，均不能成立。

【裁判理由3】【（2015）苏商外终字第00054号】张某兰与淮安市淮信房地产开发有限公司（以下简称淮信公司）股东资格确认纠纷二审案件，江苏省高级人民法院认为：

张某兰多次以淮信公司股东的身份参加股东会，实际行使股东权利。张某兰参与淮信公司股东会就公司资本变更进行决议，并**在会议纪要上签名**。张某兰还参与淮信公司就修改公司章程的股东会，并在**章程修正案上签字**。上述行为均表明，**淮信公司的其他股东均认可张某兰是淮信公司的股东**。殷某主张是其委托张某兰在上述会议上签名，但未提交证据予以证明，本院不予支持。

【笔者观点】关于股权代持引发的股东资格确认纠纷中常见的两个问题，即代持协议是否有效及实际出资人是否有权确认股东资格，针对以上两个问题，结合案例研究，笔者认为：

1. 判断股权代持行为是否有效，本质为判断一个民事法律行为的效力，法律依据仍为《民法典》总则编第六章第三节"民事法律行为的效力"的规定。除了导致民事法律行为无效或可撤销的一般事由外，股权代持行为还可能存在以下几种特殊情形。

（1）对于上市公司或者非上市公众公司的股权代持行为，因涉及广大非特定投资者的权益，股权代持行为将危及市场秩序、社会公共利益，违反《民法典》第153条第2款中关于公序良俗规定，存在被人民法院认定无效的风险。

（2）以商业银行、保险公司为例，由于涉及众多不特定客户的利益，股权代持行为将危及金融秩序、社会公共利益，存在被人民法院认定无效的风险。例如《保险公司股权管理办法》（已失效）规定禁止代持保险公司股权，《保险公司股权管理办法》（已失效）属于部门规章，根据《九民纪要》第31条的规定，违反规章一般情况下不影响合同效力，但该规章的内容涉及金融安全、市场秩序、国家宏观政策等公序良俗的，应当认定合同无效。同时代持保险公司股权，也违反《民法典》第153条第2款中关于公序良俗规定，因此存在被人民法院认定无效的风险。

（3）关于外商投资企业。针对外商投资准入负面清单以外的领域形成的代持协议，根据《外商投资企业纠纷司法解释（一）》第15条第1款的规定，不具有法律、行政法规规定的无效情形的，人民法院应认定该合同有效，一方当事人仅以未经外商投资企业审批机关批准为由主张该合同无效或者未生效的，人民法院不予支持。针对外商投资准入负面清单以内的领域形成的代持协议，如果是外商禁止投资的领域，此时股权代持协议应属无效；如果是外商投资限制的领域且外国投资者不符合条件，此时股权代持协议也应属无效。

（4）关于公务员签订的股权代持协议。《公务员法》第59条第16项关于公务员禁止从事或者参与营利性活动的规定属于管理性强制性规定，而非效力性强制性规定，违反该规定会导致纪律处罚，不会导致股权代持协议无效。

2. 根据《公司法司法解释（三）》第24条之规定，实际出资人的股东资格确认构成要件为具有代持合意并有实际出资行为，以及其他股东过半数同意。

（1）具有代持股合意并有实际出资行为，是确认股东资格的必要条件。合意的认定不以存在书面协议为前提，可以结合出资流水备注、其他出资证明文件、双方之间资金往来是否存在其他可能性进行判断。

（2）其他股东过半数同意，也是确认股东资格的必要条件。《公司法司法解释（三）》第24条第3款规定，实际出资人未经公司其他股东半数以上同意，请求公司变更股东、签发出资证明书、记载于股东名册、记载于公司章程并办理公司登记机关登记的，人民法院不予支持。所以，实际股东已经出资、股权代持协议成立，并非确认股东资格的充分条件，还需要考量其他股东是否同意。

（3）实际行使股东权利并非确认股东资格的必要条件，但是实际股东行使股东权利，满足一定条件可视为其他股东默示同意，其依据为《九民纪要》第28条“实际出资人能够提供证据证明有限责任公司过半数的其他股东知道其实际出资的事实，且对其实际行使股东权利未曾提出异议的，对实际出资人提出的登记为公司股东的请求，人民法院依法予以支持……”的规定。

（二）因股权让与担保引发的争议

股权让与担保可以引发股东资格确认纠纷，实践中常见的情况包括：（1）债权人与案外人恶意串通，拟低价处分股权，损害债务人利益。在此情形下，因让与担保关系项下返还股权的条件尚未成就，债务人提起股东资格确认纠纷。（2）出借人未出借款项或者债务人已清偿借款，债务人请求确认股东资格并进行变更登记（含股东名册）。

关于让与担保规则,《九民纪要》第71条第1款作出了具体规定,《民法典担保制度解释》第68条在该规定基础上又进行补充完善,综合分析有以下几重意思:

(1)债务人或者第三人与债权人约定将财产形式上转移至债权人名下,债务人不履行到期债务,债权人有权对财产折价或者以拍卖、变卖该财产所得价款偿还债务的,该约定有效。

(2)债务人或者第三人与债权人约定将财产形式上转移至债权人名下,债务人不履行到期债务,财产归债权人所有的,认定该约定无效,但是不影响当事人有关提供担保的意思表示的效力。

(3)当事人已经完成财产权利变动的公示,债务人不履行到期债务,债权人请求参照《民法典》关于担保物权的有关规定就该财产优先受偿的,人民法院应予支持。

(4)当事人已经完成财产权利变动的公示,债务人不履行到期债务,债权人请求对该财产享有所有权的,人民法院不予支持。

(5)债务人履行债务后请求返还财产,或者请求对财产折价或者以拍卖、变卖该财产所得的价款清偿债务的,人民法院应予支持。

(6)债务人与债权人约定将财产转移至债权人名下,在一定期间后再由债务人或者其指定的第三人以交易本金加上溢价款回购,债务人到期不履行回购义务,财产归债权人所有的,人民法院应当参照上述第2~5项处理。回购对象自始不存在的,人民法院应当依照《民法典》第146条第2款的规定,按照其实际构成的法律关系处理。

因股权让与担保引发的相关争议,必然也需要根据上述规定作出裁判。在司法实践中,首要问题是关于案涉协议约定的法律关系是股权转让还是股权让与担保的认定问题。就该问题,笔者在本书第一章股权转让纠纷项下进行了详细论述,在本章中,笔者主要就股权让与担保引发的股东资格确认纠纷的其他常见争议焦点进行分析。

争议焦点8　债权人收购标的公司债权是否构成已实际出借款项

裁判要点　在债权人与原股东未就借款形成书面协议的情况下,债权人主张通过收购标的公司的债权方式实际出借款项,因为债权人收购标的公司的债权后，理应成为标的公司的债权人，而不应同时成为股东的债权人，所以在未经过股东确认的情况下，应推定款项未实际出借。由于让与担保对应的主债权不成立，股东有权提起诉讼确认其享有股东资格。

【裁判理由】【(2020)沪02民终6571号】尹某与上海崇太贸易有限公司(以下简称崇太公司)、金某等股东资格确认纠纷二审案件，上海市第二中级人民法院认为：

关于尹某履行让与担保的债权情况，这直接影响股权让与担保中的主债权是否成立。**尹某称其通过收购叶某陈、包某臻债权的方式履行了出借义务，在金某与尹某未就9000万元借款形成书面协议的情况下，尹某收购叶某陈、包某臻的债权后，理应成为崇太公司的债权人，而不应同时成为崇太公司与金某的债权人**，本院亦难以通过《肉品供应链合作协议》中4000万元肉类产品反推出尹某已出借了5000万元款项。**一审法院根据目前崇太公司股权实际所有的现状，确认尹某所持有的崇太公司的70.71%股权归金某所有**，于法不悖。

争议焦点9　债权人未实际出借资金情况下，原股东股东资格的认定

裁判要点 当事人虽达成让与担保合意，但债权人未实际出借资金的，让与担保对应的主债权不成立，原股东有权提起诉讼确认其享有股东资格，并请求公司向其签发出资证明书、将其记载于股东名册并办理股权登记。

【裁判理由】【(2020)桂06民终1386号】黄某文、张某股东资格确认纠纷二审案件，广西壮族自治区防城港市中级人民法院认为：

《股份转让协议书》系张某1以其在湛港公司的股权为湛港公司的债务提供让与担保，张某系名义上的股权受让人。**因各方当事人均未能提供证据证明案涉《借款合同》已实际履行**，黄某文亦否认其与湛港公司、京豪公司、永润公司存在真实的借贷关系，故**作为《借款合同》让与担保的《股份转让协议书》已失去履行基础，张某应将张某1在湛港公司的37.5%股权予以返还给张某1**。……因前述已认定张某1为湛港公司股东且持股比例为50%，故张某1请求湛港公司向其签发出资证明书、将其记载于股东名册并办理股权登记于法有据，应当予以支持。

争议焦点10　债权人擅自转让股权，原股东是否丧失股东资格

裁判要点 如果受让人基于信赖股东名册记载、工商登记的商事外观，从债权人处受让股权，如受让人满足善意取得的认定标准，那么原股东在受让人取得股权之时，即丧失股东资格。反之，原股东有权确认股东资格。

【裁判理由】【(2020)豫09民终1836号】濮阳港聚源置业有限公司(以下简称港聚源置业公司)、杨某勋股东资格确认纠纷二审案件，河南省濮阳市中级人民法院认为：

关于申某强将股权转让给杨某勋行为效力问题。如前所述，**陈义民系案涉股权的所有人，则申某强将股权转让给杨某勋，杨某勋能否取得股权，应取决于杨某勋是否为善意取得**。综观全案，杨某勋与申某强系**亲属关系**，其取得股权并**未支付相应对价**，且其**认可**因申某强在深圳，港聚源置业公司办理很多事务不方便，故申某强将股权转让给杨某勋。据此可以认定，**申某强与杨某勋之间的股权转让行为不能构成善意取得**，申某强将属于陈义民的股权转让给杨某勋，**系无权处分，股权转让行为无效，陈某民仍应为案涉股权的实际股东**。

【笔者观点】如果债权人出于融资需要，未经原股东同意，将股权质押给他人的，质权人满足善意取得的认定标准，可以取得质权。与上述案例不同的是，这种情况下，原股东有权提起股东确认之诉；对于原股东关于变更登记(含股东名册)的诉讼请求，可类比适用股权质押后能否转让的相关规定。《民法典》第443条第2款规定："基金份额、股权出质后，不得转让，但是出质人与质权人协商同意的除外。出质人转让基金份额、股权所得的价款，应当向质权人提前清偿债务或者提存。"因此，未经质权人同意，如果原股东还诉请要求变更登记(含股东名册)，则该项诉讼请求不应被支持。

(三)因股权转让引发的争议

实务中，经常发生股权转让未办理工商变更登记、一股多卖等情况，此时关于股权转让行为是否侵害了原股东的有限购买权，股权转让行为是否有效，以及受让人是否可以取得股权等问题，就变得非常重要。这些争议在本书第一章股权转让纠纷中已有详细阐述。

关于股权转让中受让人何时已取得股权这一问题，在审判实务中也存在很大的争议。在不涉及其他股东优先购买权的情况下，关于股权取得时点主要有三种

观点:第一种是“协议生效+通知公司”;第二种是“协议生效+公司认可(记载于股东名册+行使股东权利)”;第三种是“协议生效+记载于股东名册”。在涉及其他股东优先购买权的情况下,受让人何时取得股权也有一定争议。下文笔者将结合具体案例,分情况进行讨论分析。

争议焦点11 不涉及优先购买权的股权对外转让,受让人何时取得股权

裁判要点1 在有限责任公司股权对外转让中,股权转让合同生效后,受让人的股东资格自转让人或受让人将股权转让事实通知公司之日取得。

【裁判理由】【(2014)鲁民提字第154号】杜某洪等诉山东滨州鲁丰不锈钢制品有限公司(以下简称鲁丰公司)股东资格确认纠纷案件,山东省高级人民法院认为:

关于李某某股权转让行为是否侵害李某虎的优先购买权。已如上述,李某虎知晓李某某股权转让后并未表示不同意,也未主张购买李某某股权,应视为其同意李某某股权转让。关于李某虎于2005年7月6日与李某某另行签订股权转让协议书行为的认定。对此,本院认为,因李某虎知晓李某某股权转让给杜某洪的情况下,迟至一年多后又与李某某签订股权转让合同,已超行使优先购买权的合理期限,且系低价转让行为,为非同等条件下行使优先购买权,故李某虎主张优先购买权的理由不能成立,不予支持。李某某股权转让行为并未侵害李某虎的优先购买权。本案中,**杜某洪与李某某签订股权转让合同后,鲁丰公司于2004年2月27日即已经给杜某洪开具了股本金收据,说明公司已经知晓李某某股权转让给杜某洪的事实**。据原审已经查明的事实,两股权转让合同签订后均未办理相关工商变更登记。**故杜某洪优先取得李某某在鲁丰公司的股权,应确认杜某洪的鲁丰公司股东资格**。

裁判要点2 在有限责任公司股权对外转让中,股权转让合同生效后,受让人自取得公司认可之日,取得股权。认可可以表现为行使股东权利、参与公司经营管理。

【裁判理由1】【(2019)京民再121号】北京东方武联体育文化有限公司(以下简称东方武联公司)等与万某晖股权转让纠纷再审案件,北京市高级人民法院

认为：

万某晖签订股权转让合同、签署新的公司章程、支付股权转让款，系履行股权转让合同的义务。当万某晖履行了上述股权转让合同的义务后，有权要求取得东方武联公司的股东资格。但股东资格的取得不是由股权受让方单方面完成的，必须有股权转让方以及目标公司的配合，**即股权转让方需要有转让股权的给付行为，目标公司需要有承认新股东的认可行为**。本案中，陈某群、东方武联公司没有举证证明，陈某群履行了转让股权的义务使万某晖取得股东资格，或者**万某晖实际行使了股东权利而表明其享有股东资格**。陈某群、东方武联公司至一审诉讼时尚不认可万某晖拥有股权转让合同中的权利，更不用说认可万某晖的股东资格。基于此，陈某群、东方武联公司所述万某晖已取得股东资格的说法缺乏证据支持，不能成立。

【裁判理由 2】【（2020）最高法民申 4557 号】田某、田某 1 与湖北大都地产集团有限公司（以下简称大都公司）股东资格确认纠纷再审审查与审判监督案件，最高人民法院认为：

《公司法司法解释（三）》第 23 条[①]规定："当事人之间对股权归属发生争议，一方请求人民法院确认其享有股权的，应当证明以下事实之一：（一）已经依法向公司出资或者认缴出资，且不违反法律法规强制性规定；（二）已经受让或者以其他形式继受公司股权，且不违反法律法规强制性规定。"根据该规定，**在不涉及公司股东之外第三人的情况下，认定公司股东的重要标准为股权转让是否系当事人真实意思表示、股权转让对价是否根据合同约定完成支付**。本案中，大都公司受让田某、田某 1 在金田公司的股权系当事人真实意思表示，大都公司已经以向田某、田某 1 借款的方式支付全部股权转让价款，**并且实际经营管理金田公司**，故应当认定其为金田公司的股东。

【笔者观点】当股权对外转让，不涉及其他股东优先购买权时，受让人何时取得股东资格，存在不同观点。

第一种观点认为，受让人的股东资格自转让人或受让人将股权转让事实通知公司之日取得。例如，《山东省高级人民法院关于审理公司纠纷案件若干问题的意见（试行）》（鲁高法发〔2007〕3 号，实施日期：2007 年 1 月 15 日）第 35 条规定：

---

① 对应现行 2020 年《公司法司法解释（三）》第 22 条。

“股权转让合同生效后，受让人的股东资格自转让人或受让人将股权转让事实通知公司之日取得。……”并且该文件还进一步规定，如果股东将同一股权多次转让的，人民法院应认定取得工商变更登记的受让人具有股东资格。如果股东将同一股权多次转让，且均未办理工商登记变更手续的，股权转让通知先到达公司的受让人取得股东资格。

第二种观点认为，受让人的股东资格自公司认可之日取得。公司认可一般表现为公司变更股东名册、办理工商变更登记手续，或者在个案中，受让人行使股东权利、参与公司经营管理也可以视为公司对新股东资格的认可。例如，《广西壮族自治区高级人民法院民二庭关于审理公司纠纷案件若干问题的裁判指引》（桂高法民二〔2020〕19 号，实施日期：2020 年 7 月 27 日）第 18 条【股权变动时间点的判断】规定：“股权转让合同成立生效后，应当自公司认可新股东资格时发生股权变动效力……个案中应以公司确认该次股权转让的时候为变动时间点。具体的时间点一般为公司开始变更公司股东名册、变更公司章程记载事项、办理工商变更登记、向新股东签发出资证明等变更手续；或在个案中新股东在事实上已开始行使股东权利的，也可视为公司对新股东成员资格的确认，并以此为股权变动时间点……”并阐述了原理：股权主要作为一种相对性的权利、一种对人权而非对物权，须具体向公司或其他股东主张，故股权受让人要替代性地进入与公司及其他股东之间的出资法律关系之中，应当经过公司及全体股东的知晓或确认环节，受让人才能完整获得股东成员资格，才能完整行使股权权利并承担股东义务。

第三种观点认为，受让人股东资格自姓名或者名称记载于股东名册之日取得。《九民纪要》第 8 条规定，当事人之间转让有限责任公司股权，受让人以其姓名或者名称已记载于股东名册为由主张其已经取得股权的，人民法院依法予以支持，但法律、行政法规规定应当办理批准手续生效的股权转让除外。未向公司登记机关办理股权变更登记的，不得对抗善意相对人。

现实中，存在很多公司不设置股东名册，或者虽然设置股东名册但该名册形同虚设的情况。“一刀切”地以股东名册变更作为股权转让生效时点，可能导致与实际不相符的情况。《〈全国法院民商事审判工作会议纪要〉理解与适用》关于该条文的释义也记载，受让人取得股权是股权转让合同与股东名册变更共同作用的结果，而股东名册的变更是受让人取得股权的标志。在不存在规范股东名册的情况下，有关的公司文件，如公司章程、会议纪要等，只要能够证明公司认可受让人为新股东的,都可以产生相应的效力。可见,《〈全国法院民商事审判工作会议纪要〉理解与适用》也将股权转让生效时点扩大到公司认可。

笔者更赞同"认可说",即股权转让合同成立生效后,应当以公司认可新股东资格的时间作为发生股权变动的时间点。认可的形式除了《广西壮族自治区高级人民法院民二庭关于审理公司纠纷案件若干问题的裁判指引》规定的公司"变更公司股东名册、变更公司章程记载事项、办理工商变更登记、向新股东签发出资证明等变更手续"和"在个案中新股东在事实上已开始行使股东权利"两种情形以外,笔者认为还应增加第三种情形,即转让人或受让人将股权转让事实通知公司后,公司未提出反对意见的,也应当视为公司认可受让人的股东资格。

争议焦点12 涉及优先购买权的股权对外转让,受让人何时取得股权

裁判要点1 有限责任公司股权对外转让,应当征得公司半数以上其他股东同意,受让人无证据证明其他股东已经同意,也无证据证明出让人已经就股权转让事宜通知征求其他股东的同意,则受让人不能仅依据股权转让协议直接取得公司股东资格。

【裁判理由】【(2021)最高法民申1692号】马某彬、珠海上衡医院股东资格确认纠纷再审案件,最高人民法院认为:

马某彬已经受让案涉股权并成为珠海上衡医院股东的依据不足。本案中,李某强向马某彬转让股权且均在《珠海上衡医院股东会决议》签名确认,**但除李某强外的唯一股东李某力并未签名,亦无证据证明李某强就其股权转让事项书面通知征求李某力的同意。根据《公司法》第71条第2款、第3款的规定,有限责任公司股东向股东以外的人转让股权,应当经其他股东过半数同意,出让股权的股东应就其股权转让事项书面通知其他股东征求同意,其他股东在同等条件下具有优先购买权**,《珠海上衡医院股东会决议》不能作为马某彬已经受让股权成为珠海上衡医院股东的依据。据此,原判决未予支持马某彬关于确认其为珠海上衡医院的股东,并要求珠海上衡医院、李某强协助其办理股权变更登记手续的诉讼请求,并无不当。

裁判要点2 股权对外转让,仅有效的股权转让协议,不能当然引发所涉股

权发生转移的法律后果。股权对外转让,应当经过其他股东过半数同意,并且需要其他股东表示不同意将诉争股权转让给受让人但并未实际购买该部分股权,或者在同意受让人购买股权的情形下放弃优先购买权,则所涉股权转让合同得以实际履行,能够发生股权转移的效力。

【裁判理由】【(2014)鄂宜昌中民二初字第00001号】周某华与宜昌弘健新材料有限公司(以下简称弘健公司)股权转让纠纷案件,湖北省宜昌市中级人民法院认为:

原告周某华向人民法院提起诉讼,请求人民法院判令:(1)确认双方于2013年10月30日签订的《股权转让协议》有效。(2)弘健公司将其持有的宜昌长江市场建设有限公司67%股权过户至周某华名下。(3)弘健公司承担本案全部诉讼费用。审理过程中,周某华申请放弃原提出的第2项诉讼请求。

本案实质上是一起因有限责任公司股权转让而引发的确认股权变动,即股东资格确认案件。……对于有限责任公司而言,其人合性特征决定了股权转让后,股东资格的取得需要加入公司意志。且股权转让合同的相对性原则亦决定了股权转让合同的效力不能必然及于合同以外的第三人(包括公司)。**只有经过公司的其他股东的同意,形成公司意志一致,受让人才可能成为公司的股东**。因此,应当根据公司法的相关规定予以确定股东资格的取得。……依照《公司法》第72条[①]之规定,有限责任公司向公司股东以外的第三人转让股权,应当经过其他股东过半数同意。……本案所涉的《股权转让协议》虽应认定有效,但该协议不能当然引发所涉股权发生转移的法律后果。具体而言,**若前述两名股东不同意弘健公司向周某华转让股权,并之后实际购买弘健公司持有的宜昌长江市场建设有限公司67%股权,或者同意周某华购买本案诉争股权但主张对该部分股权的优先购买权,则周某华与弘健公司签订的《股权转让协议》不能实际履行,不能发生股权转移的法律后果,周某华不能因此取得宜昌长江市场建设有限公司股东的资格**。若前述两名股东虽表示不同意将本案诉争股权转让给周某华但并未实际购买该部分股权,或者在同意周某华购买本案诉争股权的情形下放弃优先购买权,**则本案所涉股权转让合同得以实际履行,能够发生股权转移的效力**。由此可见,周某华与弘健公司签订的《股权转让协议》虽认定为有效合同,**但目前该合同履行的条件**

① 对应现行2018年《公司法》第71条。

尚未成就，周某华暂不能依据该《股权转让协议》直接取得宜昌长江市场建设有限公司股东资格。鉴于周某华在本案审理过程中对要求办理本案诉争股权过户手续的诉讼请求予以撤回，本院予以准许，对该项诉讼请求不作裁判。

【笔者观点】关于有限责任公司股权对外转让的情形，《公司法》第71条规定，股东向股东以外的人转让股权，应当经其他股东过半数同意。经股东同意转让的股权，在同等条件下，其他股东有优先购买权。但是在涉及其他股东优先购买权的情况下，受让人何时取得股权的问题，从上述条文似乎难以直接得出准确答案。

《广西壮族自治区高级人民法院民二庭关于审理公司纠纷案件若干问题的裁判指引》（桂高法民二〔2020〕19号，实施日期：2020年7月27日）第21条【外部转让时其他股东是否同意的效力影响】规定："有限责任公司股权对外转让的，**出让股东须取得其他股东多数同意，此条件为出让股权发生变动的生效要件之一**。……**出让股东在完成相关股权转让变动手续之后才取得其他股东多数同意的，可以自取得同意之时始发生股权变动效力**。"

第23条【外部转让时是否放弃优先购买权的效力影响】第2～3款规定："**其他股东放弃优先购买权的事实，并非股权发生变动的生效要件，而应将其他股东行使优先购买权视为股权变动效力的法定附解除条件：当其他股东向出让股东发出优先购买要约且得到后者承诺时，股权未向第三人变动时，应优先向该股东发生变动；股权已向第三人变动的，该变动效力被解除**。选择该效力类型的理由为，在《公司法解释四》第21条的情形下，可能会出现一个'真空期'：当出让股东没有明确通知其他股东或其以欺诈等方式损害其他股东优先购买权时，善意第三人作为受让人可能在订立股权转让合同后较快地参与并融入了公司治理，一方面该第三人的'新股东'身份随时可能因其他股东行使优先购买权而消失，另一方面其可能已开始行使了参会、表决等共益权以及分配股利等自益权，若不处理好这段时间内的股东资格问题，则会出现相关股东权益无处归属或决议效力未决的'真空期'。因此，把行使优先购买权的效力解释为股权变动的附解除条件，并承认这段时间内股权向善意第三人变动的有效性，则可以较好地解决'真空期'问题。"

对于广西壮族自治区高级人民法院的上述规定，笔者持不同观点。

首先，笔者认同关于取得其他股东多数同意是为出让股权发生变动的生效要件之一的观点，同时笔者认为，其他股东放弃优先购买权的事实，也是股权发生变动的生效要件，此条件并非股权变动效力的法定解除条件。也就是说，有限责任公司的股东向股东以外的人转让股权,股权发生变动的生效要件有四:第一,股权转让协议生效;第二,其他股东半数以上同意;第三,其他股东放弃优先购买权(包括其他股东明确放弃优先购买权或者自知道或者应当知道行使优先购买权的同等条件之日起30日内没有主张);第四,公司认可受让人的股东资格(公司认可受让人股东资格的情形,详见前文的“争议焦点11”)。当四个条件同时满足的时候,才发生股权变动效力。

选择该效力认定标准的法律基础为,《公司法》第71条规定,股东向股东以外的人转让股权,应当经其他股东过半数同意。经股东同意转让的股权,在同等条件下,其他股东有优先购买权。同时《公司法司法解释(四)》第21条第1款规定,有限责任公司的股东向股东以外的人转让股权,未就其股权转让事项征求其他股东意见,或者以欺诈、恶意串通等手段,损害其他股东优先购买权,其他股东主张按照同等条件购买该转让股权的,人民法院应当予以支持,但其他股东自知道或者应当知道行使优先购买权的同等条件之日起30日内没有主张,或者自股权变更登记之日起超过一年的除外。

根据上述规定,股东对外转让股权,出让股东需要履行两次“通知”义务:一是征求其他股东过半数同意,二是通知行使优先购买权的同等条件。如果股权转让只要求第一次“通知”,那么可能存在这样一种情况,受让人取得股权甚至办理了工商变更登记后,出让股东才将“同等条件”告知其他股东,此时其他股东主张优先购买权,则受让人刚取得的股权就变为无效,不利于交易稳定。而且,还可能存在一种情况,出让股权的股东把两次“通知”合并为一次,如果公司召开股东会,过半数股东同意其股权转让,而一名股东投下反对票并同时要求行使优先购买权,此时如果只要求“过半数股东同意”的条件,则应认定受让股东取得了股权,实际上,因其他股东主张优先购买权,受让人在过半数股东同意的同一时刻也应该知道其不可能取得股权。

所以,笔者认为,其他股东放弃优先购买权的事实,也是股权发生变动的生效要件。

其次,关于善意受让人保护的问题。《公司法》及其司法解释已经明确规定,股东向股东以外的人转让股权,在同等条件下,其他股东有优先购买权。相应地,“善意”的判定标准上也应要求受让人能够证明其在订立股权转让协议时,对其他股东放弃优先购买权的事实进行了审查,例如证明其他股东明确放弃优先购买权，或者其他股东知道或应当知道"同等条件"已经经过30日未主张权利等。

参考公司为他人提供担保中善意债权人的认定，受让人对于上述文件的审查一般限于形式审查，只要求尽到必要的注意义务即可，标准不宜太过严苛。其他股东以放弃优先购买权的书面文件系出让股东伪造或者变造、决议程序违法为由抗辩受让人非善意的，一般不应支持。

最后，完成股权变更登记手续之后，出让股东才取得其他股东多数同意的，笔者认为，应自股权变更登记之日就发生股权变动效力，而非自取得同意之时。

此外，根据《公司法司法解释（四）》第21条的规定，自股权变更登记之日起超过一年，其他股东未主张优先购买权的，即使未就其股权转让事项征求其他股东意见，或者存在欺诈、恶意串通等手段，也应当认定受让人已经取得股权。同理，在这种情况下，取得股权的时点，应当是股权变更登记之日。

争议焦点13　须办理批准手续的股权转让，受让人何时取得股权

裁判要点 法律、行政法规规定应当办理批准手续生效的股权转让，股权转让后，受让人应当自主管机关批准之日起才能成为公司的股东。在未经主管机关批准之前，受让人不能依据股权转让合同而当然取得股东资格。在未经主管机关批准之前，股权转让人仍为公司股东。

【裁判理由】【(2010)陕民二终字第09号】上海天迪科技投资发展有限公司（以下简称天迪公司）诉西部信托有限公司（以下简称信托公司）、陕西天王兴业集团有限公司（以下简称天王公司）股东资格确认纠纷案件，陕西省高级人民法院二审认为：

《公司法》第72条第4款①规定："**公司章程对股权转让另有规定的，从其规定。**"本案中信托公司的公司章程第25条规定："公司转让股权、调整股权结构应当事先报请中国银行业监督管理委员会批准。"第26条规定："公司股东应当符合中国银行业监督管理委员会规定的向信托投资公司投资入股的条件。"同时，信托公司作为非银行业的金融机构，其经营管理应遵守《信托法》的规定。《信托法》第4条规定："受托人采取信托机构形式从事信托活动，其组织和管理由国务院制

① 对应现行2018年《公司法》第71条第4款。

定具体办法。”银监会受托制定的《信托公司管理办法》第12条明确规定:“信托公司有下列情形之一的,应当经中国银行业监督管理委员会批准:……(七)变更股东或者调整股权结构,但持有上市公司流通股份未达到公司总股份5%的除外;(八)修改公司章程;……”故**按照《信托法》的规定,本案信托公司变更股东必须经银监会的批准。2008年10月10日银监会陕西监管局批准之日即应为天迪公司取得信托公司股东资格之日**。虽然2008年2月29日,天迪公司通过股权转让的方式受让了天王公司所持有的信托公司3.07%的股权,并于同年3月3日付清了股权转让款,**但是法律、行政法规规定其股东资格的取得应当经过主管机关批准,当事人不得以其意思自治而超越法律、行政法规的强制性规定。故按照《信托法》的规定,在未经主管机关批准之前,天迪公司不能依据股权转让合同而当然取得信托公司的股东资格。**

争议焦点14　约定股权变动时点早于公司认可的,受让人何时取得股权

裁判要点 当事人之间可以根据实际需要约定股权转让的时点。股权转让协议约定,自协议生效之日起,受让人享有股权,约定不违反法律规定应认定有效。在股权发生转让效果的问题上,并不以公司有关文件资料和有形财产的交付等具体的履行行为为前提。

【裁判理由】【(2016)最高法民申953号】中国地质物资供销北京储运有限公司(以下简称储运公司)与广西海通投资集团有限公司(以下简称海通公司)合同纠纷再审审查与审判监督案件,最高人民法院认为:

关于储运公司是否履行了《股权及债权转让协议》项下的主要义务,海通公司是否享有先履行抗辩权的问题。**股权转让虽然通常需要履行一定的手续,受让方才可行使股权,但并不排除当事人之间根据实际需要另行约定股权转让的时点。**转让的时点意味着权益的归属和风险的转移。在合同中有专门约定的情况下,股权转让的实现,实际上主要取决于转让时点的约定。按照《股权及债权转让协议》第3条第1项的约定,“协议生效之日起,海通公司享有洲际公司上述80%股权的股东权益,包括但不限于洲际公司的资本公积、滚存利润及以后年度的分红权利,储运公司不再享有上述股权的股东权益”。**协议中并未对目标公司有关文件资料和有形财产的交付进行约定。该约定不违反法律规定,也无证据表明违背当事人**

自由意志,海通公司事后也未提出该约定存在无效或可撤销的情形问题。故该约定合法有效,应以之作为处理双方权利义务关系的依据。**其法律效果是,自上述协议生效之日起,海通公司即享有洲际公司的股东权益,在股权发生转让效果的问题上,并不以公司有关文件资料和有形财产的交付等具体的履行行为为前提。**对于这种约定,**应推定受让方有能力对公司资产等各方面进行实际控制**,其实际是否有能力对公司进行控制,应当是在合同签订之前,已经预先作出了充分的判断,而不是签订合同之后才涉及的履行问题。**如其签订协议后不对公司进行实际控制,则是自己的过错。**

【笔者观点】关于股权转让合同明确约定股权变动时间点的情形,实际中常见的时点,有可能是支付股款或支付某期股款的时点,也可能是公司变更股东名册、办理工商变更登记等公司确认该次股权转让的时间。如果当事人约定股权变动时间点早于公司确认该次股权转让的,受让人何时取得股权。就这一问题,笔者认为在不违反法律规定,也无证据表明违背当事人自由意志的情况下,应认定当事人的约定合法有效,可以作为处理双方权利义务关系的依据,但是该股权转让应仅在合同双方当事人之间发生效力。此时股权受让人可获得的具体效力包括:(1)办理变更手续请求权,即向公司请求变更股东名册、签发出资证明以及办理工商变更登记等权利;(2)股权收益权,即向股权出让人请求给付该出让人在权益转移时间点之后仍从公司获取的财产性权益。当公司变更登记后,则该股权转让因公示而对外发生效力。《广西壮族自治区高级人民法院民二庭关于审理公司纠纷案件若干问题的裁判指引》(桂高法民二〔2020〕19号,实施日期:2020年7月27日)第19条也持该观点。

(四)因冒名引发的争议

根据《公司法司法解释(三)》第28条之规定,冒名是指用他人名义出资并将该他人作为股东在公司登记机关登记的行为,行为人应当承担相应的责任。司法实践中,关于冒名引发的股东资格确认之诉,争议主要在于冒名的认定。

争议焦点15　被冒名登记为股东的情形

裁判要点1 工商登记资料具有对外公示效力,即使被冒名使用,也应当对身份信息被冒名使用承担举证责任,否则仍按工商登记资料对外承担股东责任。

【裁判理由1】【(2020)最高法民申5589号】吕某坤、陕西埃宝贸易有限责任公司(以下简称埃宝公司)股东资格确认纠纷再审审查与审判监督案件,最高人民法院认为:

吕某坤请求确认其不是埃宝公司的股东,属于消极确认之诉。否定当事人股东资格,将会牵涉公司债权人、合伙人、投资人等利害关系人的债权保护问题,且埃宝公司现已经进入破产清算程序,吕某坤主张其被登记为埃宝公司股东系身份被冒名使用,应承担身份信息被冒用的举证责任。根据公司登记的相关规定,申请设立公司时,自然人股东需要提供身份证明。根据查明的事实,埃宝公司的工商登记资料显示,吕某坤自1997年1月21日即被登记为埃宝公司股东。**吕某坤虽然主张埃宝公司工商登记资料中的吕某坤签名不是其本人所签署,但其并未提供充分证据证明其身份证明被谁冒用、如何被冒用等的事实。而且,工商登记的内容具有对外公示效力**。因此,原审判决认为吕某坤提供的证据不足以证明其身份被冒用的事实,对其诉讼请求不予支持,并无不当。

【裁判理由2】【(2018)京02民终5769号】屠某钢与北京汇瑞达经贸有限责任公司(以下简称汇瑞达公司)股东资格确认纠纷二审案件,北京市第二中级人民法院认为:

在本案中虽受让汇瑞达公司股权的相关文件中屠某钢签名经鉴定非屠某钢本人所签,但在汇瑞达公司工商登记档案中出现了屠某钢的居民身份证复印件,**在一审诉讼及本院诉讼中屠某钢均未提交其居民身份证在工商登记期间丢失或被他人冒用的相关证据**,且屠某钢在一审诉讼中对与汇瑞达公司法定代表人徐某勇是否认识一节的陈述前后不一,因此一审法院判决驳回屠某钢的诉讼请求并无不妥。

裁判要点2 实践中不乏登记代理机构或招商中心代办登记时代股东签名的情况,致使股东设立公司意思表示的真实性难以简单以签名的真实与否直接判断。因此,仅以工商内档资料中的公司章程和股东会决议上的签名非其本人亲笔所签为由要求法院确认其不具有股东资格的,法院不予支持。

【裁判理由】【(2019)沪02民终8650号】王某泽与上海亿玖麟餐饮有限公司股东资格确认纠纷上诉案件,上海市第二中级人民法院认为:

被上诉人公司的工商登记信息显示上诉人系公司股东,该登记信息具有公示公信力。现上诉人否认其股东资格,应对其不具备成为公司股东的实质要件进行充分举证，该实质要件即为上诉人从未作出过成为股东的意思表示。现上诉人仅以被上诉人在工商内档资料中的公司章程和股东会决议上的签名非其本人亲笔所签为由要求法院确认其不具有股东资格。对此，本院认为，**公司的股东信息毕竟属于商事登记之范畴，如若轻易否定登记股东的身份，则有损该登记之公示公信效力，冲击公司登记信息之可信赖外观，甚至动摇公司法制度关于有限责任之立法根基。在实践中，不乏企业登记代理机构或招商中心代办登记时代股东签名的情况，致使股东设立公司意思表示的真实性难以简单以签名的真实与否直接判断**。

争议焦点16　冒名和借名的区别

裁判要点 判断冒名还是借名，最主要的法律特征是被冒名者对其名称被冒用是否知情，对此可以从签名、出资主体、经济状况、参与管理情况、与其他股东的关系、公司股东变动情况、身份证情况等多角度进行综合分析。

【裁判理由】【（2016）苏民终837号】钱某平与江阴市华源科技有限公司（以下简称华源公司）股东资格确认纠纷二审案件，江苏省高级人民法院认为：

冒名登记是指实际出资人自己行使股权，但虚构法律主体或者盗用他人名义并将该主体或他人作为股东在公司登记机关登记的行为。被**冒名者因不知情，且从未作出过持有股权的意思表示、实际不出资、不参与公司管理，而不应被视为法律上的股东。判断冒名还是借名，最主要的法律特征是被冒名者对其名称被冒用是否知情**。本案中，虽然工商登记将钱某平记载为华源公司的股东，但从查明的事实分析，本院认定该登记为华源公司冒名操作具有高度的可能性，钱某平不应被认定为华源公司股东。理由在于：（1）一审法院已经查明，经苏州同济司法鉴定所鉴定，华源公司工商登记材料中相关华源公司股东会决议、章程等材料中有“钱某平”**签名字迹（共28处）的，均非钱某平本人所签**。如果钱某平确为公司股东或自愿被借名，由其本人签名不存在障碍，即使因客观原因由他人代签，也不应自2008年起至2014年的相关工商登记材料中的28处签名均由他人代签。（2）以股东“钱某平”名义的两次增资行为分别为发生于2005年9月8日的900万元、2006年5月25日的1400万元。**该两笔巨额出资款分别来自江阴市南闸斌斌日杂用品店以及江阴市宝阳金属材料有限公司，而该日杂店、该公司与钱某平并无关联关系。(3)**从钱某平经济状况看,其只是飞轮公司一名普通员工,工资收入不高,家庭较为困难,不足以承担如此大的投资**。(4)钱某平作为长期在公司工作的人员,应当知道作为股东在利益上的得失,而多**年来其从未在华源公司参与管理,也未享受华源公司的分红**,这与认定其为华源公司股东缺乏逻辑联系。(5)**钱某平与华源公司的其他股东、实际控制人并无过深交情**,仅作为业务单位飞轮公司员工负责联系质量、安排生产事宜,其缺乏为华源公司借名登记而使华源公司完成招商引资任务或享有优惠政策的利益上的驱动。(6)华源公司系张某华实际控制,从公司股权变更情况来看,其他股东已发生了多次变更,而**唯独“钱某平”自2005年成为股东后一直保留股东身份,而公司从未为股东“钱某平”分过红**,这在一定程度上也印证张某华所述利用外地人“钱某平”身份,将其登记为股东可完成当地招商引资任务并享受优惠政策的目的。(7)虽然工商登记资料中有钱某平新旧版身份证复印件,且有“与原件核对无误”“此复印件与原件一致”,但仅凭此点很难认定钱某平借名出资的事实成立。原因有二:**一是工商部门在办理“钱某平”入股手续时是否严格核对身份证原件并不确实;二是钱某平与华源公司联系业务时,联系函上有钱某平的身份证复印件,故不排除被华源公司所利用的可能**。且因“钱某平”出资距本案诉讼近十年,钱某平又认为其并未对华源公司有出资入股的意思表示,故其在一审中对身份证被使用的两种可能性分析并非明显不合情理。

争议焦点17　被冒名登记的股东应认定为真实股东的情形

裁判要点 股东在知道或应当知道其被冒名登记为股东后,可以证明其在主观上放任或默许其作为股东的事实的,不应认定为冒名登记的情形。

【裁判理由】【(2015)深中法商终字第2926号】深圳市海之宏电子有限公司与陈某华、张某菲股东损害公司债权人利益责任纠纷二审案件,广东省深圳市中级人民法院认为:

陈某华、张某菲之间系姑嫂关系,陈某华是张某菲的嫂子,张某菲的哥哥张甲是陈某华的丈夫。张某菲与陈某华和张甲之间的关系也非常融洽,在欧×公司开办时,张某菲与陈某华是同住在一起的。张某菲和陈某华既是至亲关系又同住在一起,张某菲现在声称身份证被陈某华冒用,不知道被登记为欧×公司的股东,不符合生活常理。张某菲从1995年8月登记为欧×公司的股东之后,至今未向工商行政机关申请更正其所声称的"被错误登记为股东"的事实。实际上，张某菲完全知道，并且认可其为欧×公司的股东。

（五）因股东出资瑕疵引发的争议

股东出资瑕疵是公司纠纷中一种常见的情形，关于股东出资瑕疵的定义、认定和责任承担，详见股东出资纠纷章节，此处仅讨论股东资格确认之诉案由项下，因股东出资瑕疵引起的，与股东资格确认相关的争议。

争议焦点18　出资资金来源是否影响股东资格

裁判要点 出资资金来源非法并不影响出资行为的有效性，亦不影响出资人据此取得的初始股东资格。

【裁判理由1】【（2014）民申字第1705号】李某柱、香港新世经医疗投资管理有限公司、马某其、姜某松的股权转让纠纷再审审查与审判监督案件，最高人民法院认为：

关于以违法犯罪所得的资金出资是否导致出资无效的问题，由于货币是种类物，货币占有人推定为货币所有人，因此货币出资投入公司后，公司作为善意相对人即对该笔货币出资享有所有权，出资相应转化为公司的独立财产。故**出资资金来源非法并不影响出资行为的有效性，亦不影响出资人据此取得的初始股东资格**。对于以违法犯罪所得的资金进行出资的行为，司法机关应当追究、处罚该违法犯罪行为，并有权以拍卖或者变卖的方式处置股权，即追缴出资人已经取得的股权，剥夺其股东资格。

【裁判理由2】【（2015）辽民二终字第00414号】营口经济技术开发区钱江置业发展有限公司（以下简称钱江置业公司）、吴某志与王某东、王某股东资格确认纠纷二审案件，辽宁省高级人民法院认为：

本案现有证据足以证明王某代持王某东股权、王某东实际享有钱江置业公司20%股权的事实。而王某所涉经济犯罪，根据营口市公安局起诉意见书，涉嫌的是诈骗、职务侵占、挪用资金等，与本案纠纷所涉其代持王某东股权无关。而且，《公司法司法解释（三）》第7条第2款明确规定：以贪污、受贿、侵占、挪用等违法犯罪所得的货币出资后取得股权的，对违法犯罪行为予以追究、处罚时，应当采取拍卖或者变卖的方式处置其股权。可见，**出资人即使以贪污、受贿、侵**

占、挪用等违法犯罪手段取得货币出资,该出资行为亦有效。无论王某涉嫌犯罪一案的裁判结果如何,对王某持有的股权和其代持的王某东股权的真实性均没有影响。

争议焦点19 出资瑕疵是否影响股东资格

裁判要点1 股东是否存在出资瑕疵,与应否确认股东资格并无必然联系。

【裁判理由】【(2017)黔民终67号】贵州恒茂绿色产业发展有限公司、吴某德股东资格确认纠纷二审案件,贵州省高级人民法院认为:

按照《公司法》规定,股东有向公司缴纳出资的义务,但是《公司法》并未规定缴纳出资是认定公司股东的唯一依据。股东的瑕疵出资并不必然否定公司的股东资格,只会导致股东相关责任的产生。喻某伟是否抽逃出资不在本案的审查范围内,也不影响对其股东资格的认定。

裁判要点2 股东未履行出资义务,经公司催告缴纳,其在合理的期间内仍未缴纳,公司的股东会议决议可解除该股东的股东资格。

【裁判理由】【(2017)京03民终8227号】原某与北京海登赛思工业智能技术有限公司(以下简称海登赛思公司)、赵某股东资格确认纠纷二审案件,北京市第三中级人民法院认为:

根据《公司法》第25条①之规定:“股东应当足额缴纳公司章程中规定的各自所认缴的出资额。股东以货币出资的,应当将货币出资足额存入准备设立的有限责任公司在银行开设的临时账户;以实物、工业产权、非专利技术或者土地使用权出资的,应当依法办理其财产权的转移手续。股东不按照前款规定缴纳所认缴的出资,应当向已足额缴纳出资的股东承担违约责任。”**原某作为海登赛思公司的原股东,未按照公司章程规定履行出资义务,经海登赛思公司催告后仍未履行出资义务,海登赛思公司于2016年6月11日做出的将原某从公司股东名册上除名的股东会决议经生效判决确认合法有效,因此原某在海登赛思公司的股东资格现已被合法解除。**

---

① 对应现行2018年《公司法》第28条。

争议焦点20 股东资格消极确认之诉是否以形成决议为前提

裁判要点1 在公司已经形成解除股东资格决议的情况下,公司提起消极的股东资格确认之诉,法院应审查股东实际出资情况并作出判决;即使当事人未提起确认决议效力的请求,法院也可以依职权主动进行审查。

【裁判理由】【(2016)沪02民终2714号】云南亿润文化旅游发展有限公司(以下简称云南亿润公司)与上海亿润影视制作有限公司(以下简称上海亿润公司)股东资格确认纠纷二审案件,公司主张股东存在瑕疵出资,并形成股东会决议解除股东的股东权益,诉请确认股东不具有股东资格,上海市第二中级人民法院对股东出资问题进行审查后认定股东已经完成出资义务,并认为:

云南亿润公司在2012年6月2日形成的股东会决议解除上海亿润公司的股东权益,系该公司其他股东滥用股东权利,损害了上海亿润公司的合法权益,该决议应为无效。上海亿润公司虽未提出确认该股东会决议无效的请求,但对于民事行为是否有效,人民法院可依职权主动审查而无须当事人请求,故原审法院对此作出认定并无不当。

裁判要点2 在公司未形成解除股东资格决议的情况下,是否确认股东资格属于公司自治范畴,故公司提起消极的股东资格确认之诉,不属于法院的受案范围。

【裁判理由】【(2017)沪0118民初13543号】上海青晨置业有限公司与青岛银都投资控股有限公司、CHX Lakeside Limited股东资格确认纠纷案件,上海市青浦区人民法院认为:

对于出资瑕疵的股东,公司有权向该股东提出全面履行出资义务的主张,或可提起诉讼。**根据《公司法司法解释(三)》第17条确立的股东资格解除制度,公司可以通过股东会决议解除未履行出资义务股东的股东资格。股东对上述股东会决议存有争议的,可诉至法院请求确认股东会决议的效力。换言之,股东出资不实并不必然导致股东资格的丧失,而股东资格丧失与否取决于公司是否决议解除其股东资格,应属公司自治权范围。**

上海市第二中级人民法院在二审【(2018)沪02民终4757号】中认可了一审法院的观点。

裁判要点3 在公司未形成解除股东资格决议的情况下,是否确认股东资格与其他股东之间没有直接的利害关系，故其他股东提起消极的股东资格确认之诉，不属于法院的受案范围。

【裁判理由】【(2017)苏10民终3408号】刘某俊、曹某平等与仪征市真州典当有限公司(以下简称典当公司)、江苏恒业建筑装饰工程有限公司(以下简称恒业公司)股东资格确认纠纷二审案件，若干股东以另一名股东存在瑕疵出资为由诉请确认该股东无股东资格，江苏省扬州市中级人民法院认为：

公**司法及其司法解释规定的股东资格确认之诉是股东对其是否具有股东资格所提起的积极的确认之诉，而本案刘某俊等的诉请不是请求确认其对典当公司具有股东资格，而是请求确认恒业公司不具有典当公司的股东资格，属于消极的确认之诉，故刘某俊等的起诉缺乏法律依据。分析刘某俊等的诉讼请求，其主张与恒业公司之间并无直接的利害关系，即刘某俊等与本案没有直接的利害关系。**因此，刘某俊等的起诉不符合法律规定的起诉条件。

(六)因其他事由引发的争议

除股权代持、股权让与担保、股权转让、冒名、股东出资瑕疵等常见情形外，司法实践中还可能出现围绕管辖、诉讼时效和当事人是否适格的争议焦点，亦在此节展开讨论。

争议焦点21　能否在公司章程中排除股东资格的继承

裁判要点《公司法》赋予了自然人股东的继承人继承股东资格的权利，但是同时亦允许公司章程对死亡股东的股权处理方式另行作出安排。因此，判断继承人是否有权继承被继承人的股东资格，关键在于解读公司章程有无对股东资格继承问题作出例外规定。

【裁判理由】【(2018)最高法民终88号】启东市建都房地产开发有限公司(以下简称建都公司)、周某股东资格确认纠纷二审案件，最高人民法院认为：

2007年9月12日建都公司章程第20条规定，“自然人股东死亡后，其合法继承人可以继承股东资格”。2009年2月11日、2009年4月29日、2012年3月29日建都公司章程删除了2007年9月12日章程第20条股东资格允许继承的条款；同时第7条规定，“股东不得向股东以外的人转让股权……股本金实行动态持股管理办法。对免职、调离、终止合同、退休等人员及时办理股权转让手续……”首先，如前所述，建都公司自2007年以来先后经历五次章程修订。**自2009年起章程中删除了继承人可以继承股东资格的条款，且明确规定股东不得向股东以外的人转让股权，可以反映出建都公司具有高度的人合性和封闭性特征**。其次，周某新去世前，2015年1月10日的公司章程第7条第3款对死亡股东股权的处理已经作出了规定，**虽然未明确死亡股东的股东资格不能继承，但结合该条所反映的建都公司高度人合性和封闭性的特征，以及死亡股东应及时办理股权转让手续的表述，可以认定排除股东资格继承是章程的真实意思表示**。最后，周某新去世之前，股东郁某新、曹某华在离职时均将股权进行了转让，不再是建都公司的在册股东，建都公司亦根据章程规定支付了持股期间的股权回报款。该事例亦进一步印证了股东离开公司后按照章程规定不再享有股东资格的实践情况。因此，**纵观建都公司章程的演变，并结合建都公司对离职退股的实践处理方式，本案应当认定公司章程已经排除了股东资格的继承。**

争议焦点22　职工通过职工持股会对公司出资能否获得股东资格

裁判要点1 职工持股会解散的，持股职工有权要求登记为股东，这种情形与《公司法司法解释（三）》第24条规定的股权代持情况不同。因公司对持股会的产生、组成是明知且同意的，代表公司认可持股职工身份，故不存在人合性障碍，无须经过其他股东过半数同意。

【裁判理由】【（2016）苏民再314号】张某柱与南京长江石化有限公司（以下简称长江公司）股东资格确认纠纷再审案件，江苏省高级人民法院认为：

企业内部职工持股会是我国企业产权制度改革过程出现的特殊产物。正如《中华全国总工会、对外贸易经济合作部、国家工商行政管理总局关于外经贸试点企业内部职工持股会登记暂行办法》（总工发〔2001〕22号）第1条规定："职工持股会是企业内部持股职工的组织，负责管理企业内部职工股份，代表持股职工行使股东权力，履行股东义务，维护持股职工利益……"职工持股会系代表持股职工行使股东权利，真正享有股东权利的是持股职工。本案不同于《公司法司法解释（三）》规定的登记股东与实际出资人不一致的情形。**上述司法解释规定主要考虑到有限责任公司具有人合性，如果公司原有股东不同意其他民事主体成为公司股东，即使该民事主体向公司实际出资，也不应赋予该民事主体股东身份。本案系**

改制设立的企业，由77名改制职工组建，除了职工现金出资外还包括原企业对该77名改制职工的激励资产，没有该改制职工，长江公司是无法设立的，故长江公司股东不存在人合性障碍，上述司法解释规定在本案中不应予以适用。长江公司对职工持股会的产生、组成是明知且同意的，长江公司出具给周某明等部分职工的预收认股款收据，也能证实持股职工系向长江公司出资，长江公司对此予以接受，代表长江公司认可持股职工身份。随着我国公司登记制度的完善，职工持股会因不具备民事主体资格，无法再登记为公司股东。现长江公司职工持股会会员（即持股职工）作出决议解散职工持股会，要求持股职工登记为公司股东，未违反法律规定以及长江公司章程规定，本院予以支持。

裁判要点2 职工与职工持股会之间的关系由持股会章程确定，职工不能以此主张确认其为公司股东。

【裁判理由】【（2011）二中民终字第19721号】叶某远与北京通成达水务建设有限公司（以下简称通成达公司）股东资格确认纠纷二审案件，北京市第二中级人民法院认为：

根据已生效判决及其他现有证据，能够认定叶某远系向通成达持股会出资，故叶某远是通成达持股会的会员，其与通成达持股会之间的权利义务应依照通成达持股会章程确定。**现叶某远要求确认其具有通成达公司股东资格，但叶某远未能举证证明其与通成达公司具有直接出资关系；且通成达公司在工商行政管理机关登记的股东为北京市第二水利工程处和通成达工会，叶某远未被记载于通成达公司章程中，通成达公司和通成达公司唯一的其他股东北京市第二水利工程处亦不同意叶某远的主张。**因此，叶某远的上诉理由缺乏依据，不能成立。

争议焦点23 股东资格确认纠纷的级别管辖

裁判要点 股东资格确认纠纷涉及诉讼标的额的，按照股权价值确定管辖法院。

【裁判理由】【（2017）最高法民辖终64号】启东市建都房地产开发有限公司（以下简称建都公司）与周某股东资格确认纠纷二审案件，最高人民法院认为：

本案系周某起诉建都公司主张确认股权并办理相关登记手续，依据当事人主张的民事法律关系的性质，本案系股东资格确认纠纷。案涉争议股权虽登记于周某新名下，但周某新死亡后，其法定继承人对所涉的财产继承并无争议，因此，本案虽涉及继承，但不属于继承纠纷。同时，**股东资格的确认是对股权归属的确认，而股权属于综合性权利，既包含财产性权利，又包含非财产性权利**，股东资格确认纠纷亦涉及诉讼标的额。因此，建都公司主张本案系继承纠纷或本案作为确认之诉没有诉讼标的额，应由基层人民法院管辖的上诉理由，不能成立。本案中，双方当事人对案涉股权的价值存有争议。在尚不能确定股权价值的情况下，原审依据原告周某提交的审计报告等证据主张的股权价值3.2555亿元确定案件诉讼标的额，并无不当。

争议焦点24　股东资格确认纠纷是否适用诉讼时效制度

裁判要点1 确认股东资格纠纷适用诉讼时效。

【裁判理由1】【(2021)最高法民申1074号】如皋市金鼎置业有限公司、南通正达房地产开发有限公司等股东资格确认纠纷再审审查与审判监督案件，最高人民法院认为：

2015年8月，被申请人通过案外人吴某萍的邮箱发送联系函，要求叶某滨和金鼎公司依照股东会议纪要办理案涉股权变更登记，再审申请人有关超出诉讼时效的申请再审理由不能成立。

【裁判理由2】【(2021)最高法民申1449号】孙某科、南通开发区长兴市政工程有限公司股东资格确认纠纷再审审查与审判监督案件，最高人民法院认为：

关于被申请人提起本案诉讼是否超过诉讼时效期间的问题，南通市中级人民法院于2013年10月23日作出的《刑事判决书》中认定天星公司属于国有性质，故**开发区管理公司、能达公司于2015年4月提起本案诉讼，请求确认其为天星公司的股东，并未超过诉讼时效期间**。

【裁判理由3】【(2018)最高法民申4236号】贵州遵义德岛有限责任公司、遵义双源化工(集团)有限责任公司股东资格确认纠纷再审审查与审判监督案件，再审申请人主张被申请人"通过诉讼主张权益也超过了两年诉讼时效期间，不能得到法律的支持"，最高人民法院未回应该主张，裁定驳回再审申请。

【裁判理由4】【(2021)豫民申3059号】周某华、郑州市花园春有限公司(以下

简称花园春公司)股东资格确认纠纷再审审查与审判监督案件,河南省高级人民法院认为:

本案中周某华对其1993年在花园春公司的出资问题未能及时主张自己的权利,至2020年7月7日诉至法院,**已超过法律规定的诉讼时效期间**,原审法院驳回周某华的诉讼请求并无不当。

【笔者观点】从最高人民法院审理的股东资格确认纠纷案件可以看出,最高人民法院虽然没有支持关于超过诉讼时效期间的主张,但并不意味着股东资格确认纠纷不适用诉讼时效。相反,在说理部分,最高人民法院说明了案件未超过诉讼时效期间,恰恰证明最高人民法院认为此类案件应当适用诉讼时效制度。河南省高级人民法院审理的案件中,适用了最长诉讼时效期间,亦证明河南省高级人民法院认为此类案件应适用诉讼时效制度。现行有效的《北京市高级人民法院关于审理公司纠纷案件若干问题的指导意见(试行)》(京高法发〔2004〕50号,实施日期:2004年2月24日)第17条“有限责任公司股东要求确认其股东资格,诉讼时效期间的计算适用《民法通则》第137条之规定”,亦采此种观点。

裁判要点2 股东资格确认纠纷系确认之诉,确认之诉对应的权利为形成权,而诉讼时效制度适用于财产权中的债务性请求权,故股东资格确认纠纷不适用诉讼时效。

【裁判理由1】【(2021)京民申6787号】朱某刚等与中国广顺房地产业开发公司(以下简称广顺公司)股东资格确认纠纷再审审查与审判监督案件,北京市高级人民法院认为:

作为诉讼时效的客体,债权请求权是指请求民事权利的相对方为或者不为一定行为的权利。本案中,广顺公司系请求人民法院依法确认享有股东权利,将原本登记在他人名下的股权变更确认在本人名下,系以权利人的身份依其意思导致其与相对人之间的法律关系发生变更的权利。**该请求权不属于债权请求权**,故广顺公司的该项请求**不应适用诉讼时效的规定**。

【裁判理由2】【(2016)粤民终1897号】周某强、达龙有限公司股东资格确认纠纷二审案件,广东省高级人民法院认为:

关于股东资格确认之诉是否适用诉讼时效的问题。**在股东资格确认之诉中,当事人提出的诉请非请求他人为一定行为或不作为的权利,其诉请所对应的实体法上的权利非请求权,而是形成权**。因而,股东资格确认之诉请实质上非诉讼时效客体的请求权，不受诉讼时效的约束，**即股东资格确认之诉不适用诉讼时效**。

【裁判理由3】【(2016)桂民申2640号】莫某霞、广西贺州市医药有限责任公司股东资格确认纠纷再审审查与审判监督案件，广西壮族自治区高级人民法院认为：

本案中，莫某霞的诉讼请求是确认其拥有广西贺州市医药有限责任公司的持股权及持股金额，**属于确认之诉，该诉讼请求所对应的实体法上的权利为形成权，并非请求权，不应适用诉讼时效的规定**。

【裁判理由4】【(2012)甘民二终字第150号】田某露与天水大地房地产实业有限责任公司纠纷二审案件，甘肃省高级人民法院认为：

依据最高人民法院《诉讼时效司法解释》精神，**田某露在本案的诉讼请求为确认股东资格，其所对应的实体法上的权利是形成权。因此，不适用诉讼时效的规定**。故原审判决适用诉讼时效规定，认定田某露的起诉超过法定诉讼时效期间错误。

【笔者观点】股东资格确认纠纷的诉讼时效尚无统一的司法实践。从规定及司法指导性文件的时间沿革角度而言，股东资格确认之诉似乎逐渐倾向于不适用诉讼时效规定。现行有效的《山东省高级人民法院关于审理公司纠纷案件若干问题的意见(试行)》(鲁高法发〔2007〕3号，实施日期：2007年1月15日)第43条“当事人请求人民法院确认股东资格的，不受《民法通则》第一百三十五条诉讼时效的限制”及上海市第一中级人民法院《股东资格确认纠纷案件的审理思路和裁判要点》第三部分第1项审查程序性事项记载“股东资格确认纠纷不适用诉讼时效”，均采此种观点。

但值得注意的是，上述截然相反的相关司法指导性文件均在有效期内，从防控诉讼风险的角度而言，股东应当在知道或者应当知道股东资格被侵犯之日起3年内提起诉讼，以避免可能存在的诉讼时效风险。

争议焦点25　公司是不是股东资格确认之诉的适格原告

裁判要点1 在积极的股东资格确认之诉中，公司不是适格原告。

【裁判理由1】【(2021)辽04民终813号】辽宁圣华机电设备制造有限公司(以下简称圣华公司)、任某瑰股东资格确认纠纷二审案件，辽宁省抚顺市中级人民法院认为：

《公司法司法解释(三)》第21条规定:当事人向人民法院起诉请求确认其股东资格的,应当以公司为被告,与案件争议股权有利害关系的人作为第三人参加诉讼。圣华公司认为任某瑰没有实际出资,实际出资的人系侯某华及其亲属,实际是利害关系人与公司股东之间因出资问题发生争议,因此应由利害关系人向法院提起股东确认之诉。**圣华公司以公司名义向法院提起诉讼要求确认利害关系人侯某华及其亲属与公司股东任某瑰的股东身份无法律依据**。原审法院认为圣华公司以自己作为原告主张确认任某瑰不具有该公司的股东资格,裁定驳回其起诉并无不当。

【裁判理由2】【(2019)津03民终1007号】天津祺祥文化创意有限公司(以下简称祺祥公司)、鲁某股东资格确认纠纷二审案件,天津市第三中级人民法院认为:

股东资格确认纠纷是指股东与股东之间或者股东与公司之间就股东资格是否存在,或者具体的股权持有数额、比例发生争议而引起的纠纷。**本案系祺祥公司以股东资格确认纠纷为案由起诉,请求确认鲁某系持有该公司49%股权的股东。根据公司法及相关司法解释规定,公司作为原告起诉他人具有股东资格不属于股东资格确认纠纷包含的类型。且股东资格确认之诉本质上是对股权归属的确定,而公司作为独立法人仅对股东出资享有财产权,对股权归属无法律上的利害关系**,故祺祥公司不是股东资格确认之诉的适格原告。

裁判要点2 在消极的股东资格确认之诉中,公司是适格原告。

【裁判理由1】【(2019)陕0326民初1021号】陕西省太白酒业有限责任公司(以下简称太白酒业公司)与深圳前海班客资产管理有限公司股东资格确认纠纷案件,陕西省宝鸡市眉县人民法院认为:

关于太白酒业公司是否为本案适格原告的问题,根据《公司法司法解释(三)》第21条“当事人向人民法院起诉请求确认其股东资格的,应当以公司为被告,与案件争议股权有利害关系的人作为第三人参加诉讼”的规定,**该规定仅适用于股东起诉请求确认其股东资格纠纷的案件,并不适用公司起诉请求消极确认股东资格纠纷的案件**。故太白酒业公司是本案适格的原告。

陕西省宝鸡市中级人民法院在二审【(2020)陕03民终485号】中认可了这一观点。

【裁判理由2】【(2019)苏02民终1581号】江某与无锡祥生医疗科技股份有

限公司(以下简称祥生公司)股东资格确认纠纷二审案件,江苏省无锡市中级人民法院认为:

《民事诉讼法》第119条[①]规定,起诉必须符合下列条件:(1)原告是与本案有直接利害关系的公民、法人和其他组织;(2)有明确的被告;(3)有具体的诉讼请求和事实、理由;(4)属于人民法院受理民事诉讼的范围和受诉人民法院管辖。本案中,**祥生公司向一审法院起诉请求确认江某不具有祥生公司的股东资格,祥生公司系与案件有直接的利害关系的公司,案件被告、诉讼请求、事实与理由明确,且属于人民法院管辖范围,故祥生公司起诉符合《民事诉讼法》受理案件的规定**。虽然《公司法司法解释(三)》第21条规定,当事人向人民法院起诉请求确认其股东资格的,应当以公司为被告,与案件争议股权有利害关系的人作为第三人参加诉讼,**但此规定系当事人起诉请求确认股东资格应以公司为被告,并非规定禁止公司作为原告起诉确认当事人不具有公司股东资格**。故祥生公司作为本案原告,主体资格适格。一审也未遗漏必要的当事人参加诉讼。

裁判要点3 在消极的股东资格确认之诉中,因公司对于股东的股权没有利害关系,公司不是适格原告。

【裁判理由1】【(2021)渝04民终1441号】秀山县振鑫富锰业有限责任公司(以下简称振鑫富公司)与杨某股东资格确认纠纷二审案件,重庆市第四中级人民法院认为:

依照《民事诉讼法》第119条[②]之规定,起诉必须符合下列条件:(1)原告是与本案有直接利害关系的公民、法人和其他组织;(2)有明确的被告;(3)有具体的诉讼请求和事实、理由;(4)属于人民法院受理民事诉讼的范围和受诉人民法院管辖。本案系股东资格消极确认之诉主体资格纠纷,在消极的确认之诉中以"无利益即无诉权"为裁判原则,只有当原告的民事权利或者法律地位现实的处于不安的状态时,法律才有认可的确认利益,原告才有起诉的资格。本案中王某钦、季某瑞、杨某作为振鑫富公司的股东享有资产收益权利的多少或份额系根据全体股东之间的具体约定或按照出资比例进行确定,系股东之间的权利义务关系。**对于振鑫富公司而言,股东内部占股及收益分配与其无关,其民事权利或法律地位并未**

① 对应现行2021年《民事诉讼法》第122条。
② 对应现行2021年《民事诉讼法》第122条。

处于不明确状态。振鑫富公司无诉之利益,振鑫富公司无权提起股东资格确认之诉。

【裁判理由2】【(2021)鲁14民终1270号】德州博诚商务信息有限公司、张某霞股东资格确认纠纷民事二审案件,德州博诚商务信息有限公司向一审法院起诉,其请求之一是确认张某霞享有德州博诚商务信息有限公司的股东资格及权益于2019年1月31日终止。山东省德州市中级人民法院认为:

《民事诉讼法》第119条第1项规定,"起诉必须符合下列条件:(一)原告是与本案有直接利害关系的公民、法人和其他组织"。本案中,上诉人为独立的法人,**本公司股东投资产生的股权并非其财产,公司对此不享有法律上的利害关系,上诉人的主张可依照公司章程自行处理**。综上,一审驳回上诉人的起诉并无不当。

【笔者观点】关于公司不是积极的股东资格确认之诉适格原告,司法实践中不存在争议。关于公司是否是消极的股东资格确认之诉适格原告,笔者认为,《公司法司法解释(三)》第21条仅明确规定积极确认之诉,并未对公司作为原告提起消极确认之诉作出禁止性规定,该问题的判断应当回归《民事诉讼法》的规定。《民事诉讼法》第122条规定的起诉条件中,存在争议的通常为第1项,即公司是否与案件有利害关系。裁判理由列示的四个案例虽然裁判结果有所不同,但其审理思路是一致的:公司是否为适格原告,取决于其与案件是否有利害关系,在公司能够证明利害关系存在的情况下,应当认定其为适格原告,反之则不能。

七、股东资格纠纷诉讼费金额的确定

【行政法规规定】《诉讼费用交纳办法》(2007年4月1日,国务院令第481号)第13条第1项、第2项　案件受理费分别按照下列标准交纳:"(一)财产案件根据诉讼请求的金额或者价额,按照下列比例分段累计交纳:1. 不超过1万元的,每件交纳50元;2. 超过1万元至10万元的部分,按照2.5%交纳……10. 超过2000万元的部分,按照0.5%交纳。(二)非财产案件按照下列标准交纳:1. 离婚案件每件交纳50元至300元……2. 侵害姓名权、名称权、肖像权、名誉权、荣誉权以及其他人格权的案件,每件交纳100元至500元……3. 其他非财产案件每件交纳50元至100元。"

根据《诉讼费用交纳办法》之规定,若以非财产案件计收股东资格确认纠纷诉讼费,则每件缴纳50元至100元;若以财产案件计收诉讼费,则标的额1万元以上的案件分阶段按比例计收诉讼费,诉讼费远高于以非财产案件计收的诉讼费。就诉的性质而言,股东资格确认之诉属于确认之诉,但股权本身存在可计算的标的额,故司法实践中以两种方式计收诉讼费的案件皆有。

经检索统计,笔者发现最高人民法院和各地高级人民法院对于股东资格确认之诉的案件受理费计算存在如下规律。

1. 通过“威科先行”数据库检索到最高人民法院作出的26份股东资格确认之诉二审裁判文书中,最高人民法院均以财产案件的收费标准计收案件受理费。

2. 通过“威科先行”数据库检索到全国各地高级人民法院作出的23份股东资格确认之诉一审裁判文书中,除5份未提及诉讼费计取的裁定外,其余18份文书中有17份以财产案件的收费标准计收案件受理费,仅有1份黑龙江高级人民法院作出的一审判决[①]中以非财产案件的收费标准计收案件受理费。

3. 通过“威科先行”数据库检索到全国各地高级人民法院作出的339份股东资格确认之诉二审裁判文书中,有82份未提及诉讼费计取的裁定,有185份以财产案件计收案件受理费,有66份以非财产案件计收案件受理费,另有6份对案件受理费作出特殊处理。具体如下。

(1)全部以财产案件的收费标准计取案件受理费的高级人民法院为:北京(3)(案件数量,下略)、上海(1)、重庆(1)、吉林(8)、黑龙江(5)、福建(5)、江西(10)、湖南(1)、西藏(2)、青海(11)。

(2)同时存在以财产案件和非财产案件的收费标准计收案件受理费的高级人民法院为:天津(1,2)(分别为财产案件数量与非财产案件数量,下略)、河北(1,1)、内蒙古(2,13[②])、辽宁(7,1)、江苏(21,5)、浙江(3,5)、安徽(2,1)、山东(21,4)、广西(4,1)、海南(7,1)、云南(9,1)、陕西(6,2)、甘肃(18,1)、新疆(1,3)。

(3)对案件受理费作出特殊处理的高级人民法院如下。

①河南省高级人民法院在8起案件中以财产案件收费标准计收案件受理费。

---

① 参见吴某庆与哈尔滨现代房地产开发有限公司、张某确认合同无效纠纷一审民事判决书【(2017)黑民初30号】。值得注意的是,根据该案二审裁判文书【(2019)最高法民终568号】显示的信息,该案一审案由为“确认合同无效纠纷、股东资格确认纠纷”,二审案由为“确认合同无效纠纷”,二审中最高人民法院仍以非财产案件的标准计收诉讼费。

② 该13起案件为类案,13起案件中有一方当事人相同。

在【(2013)豫法民一终字第141号】案中,争议股权对应出资款为数千万元,案件受理费为500元。

②湖北省高级人民法院审理的【(2015)鄂民二终字第00158号】案中,原告诉请确认股东资格,未明确持股比例,争议股权对应出资款为10万元,案件受理费为1000元。

③广东省高级人民法院在9起案件中以财产案件收费标准计收案件受理费。在【(2014)粤高法民四终字第48号】案中,争议股权对应出资款为数百万元,案件受理费为300元。

④四川省高级人民法院在4起案件中以财产案件收费标准计收案件受理费。在【(2017)川民终219号】案中,原告诉讼请求包括确认股东资格、变更公司登记和赔偿损失,一审法院支持了前两项诉讼请求并以财产案件的标准计收案件受理费,二审法院驳回上诉,并收取案件受理费1000元。

⑤贵州省高级人民法院在14起案件中以财产案件收费标准计收案件受理费,在25起案件中以非财产案件收费标准计收案件受理费。在【(2018)黔民终1217号】案中,诉争股权对应出资款为数百万元,案件受理费为200元;在【(2018)黔民终103号】案中,原告诉请确认股东资格,未明确持股比例,争议股权对应出资款为15万元,受理费为500元。

4. 除少数二审裁判文书未显示一审案件受理费,亦未检索到一审裁判文书的案件外,能够显示一审受理费的案件中,二审案件受理费计取方式基本与一审一致。笔者通过公开渠道检索到的最高人民法院、高级人民法院审理的股东资格确认纠纷中,唯一一起二审案件受理费计取方式与一审不同的是前述四川省高级人民法院审理的【(2017)川民终219号】号案。

八、股东资格确认纠纷与请求变更公司登记纠纷的交叉与衔接

股东资格确认纠纷,往往源于股权权属形式上的记载登记与实质不符,原告请求恢复至实质状态,其诉讼请求通常是确认其享有或不享有股东资格并要求变更登记。同时,要求变更登记的诉讼请求还对应另一个案由——请求变更公司登记纠纷。

在司法实践中,多数案件原告会同时提起确认股东资格和变更公司登记两项诉讼请求,但也存在原告的诉讼请求仅为变更公司登记,但法院审理该诉讼请求

时亦须对能否确认股东资格进行审理。因此,除部分特殊情况外(如存在股权质押、冻结),在诉讼目的同时包括确认股东资格和变更公司登记的情况下,原告仅提起变更公司登记的诉讼请求,即可实现目的。

提起变更公司登记纠纷的优点主要在于案件受理费较低:如前所述,最高人民法院和大多数高级人民法院都倾向于以财产案件的收费标准计取股东资格确认纠纷案件受理费,而请求变更公司登记纠纷案件通常以非财产案件的收费标准计收受理费。与请求变更公司登记纠纷相关的内容详见本书第十章"请求变更公司登记纠纷"。

还需注意,本书所提供的仅为一种节省案件受理费的诉讼策略,实践中不排除法院在诉前或者诉讼过程中变更或增加案由、增加案件受理费的可能。

第三章　损害公司债权人利益责任纠纷

引　言

损害公司债权人利益责任纠纷是一种常见的与公司有关的纠纷，裁判文书数量仅次于股权转让纠纷。2020年《民事案件案由规定》修改前，仅有股东损害公司债权人利益责任纠纷，因此司法实践中对于实际控制人损害公司债权人利益引发的纠纷能否通过这一案由解决颇有争议。

最高人民法院在2020年新修改印发的《民事案件案由规定》中，将第二级案由"与公司有关的纠纷"项下原第三级案由"股东损害公司债权人利益责任纠纷"变更为"损害公司债权人利益责任纠纷"，并在该案由项下增加两个四级案由，即"股东损害公司债权人利益责任纠纷"和"实际控制人损害公司债权人利益责任纠纷"，将实际控制人损害公司债权人利益规定为与股东损害公司债权人利益并列的一种情形。这一修改体现了最高人民法院对于司法实践中案由适用问题的关注。

司法实践中常见的一种情形为股东自认为虽然存在瑕疵出资、实际占用公司财产等减损公司对外债务偿还能力的行为，但亦通过其他方式予以弥补，例如替公司偿还债务、免除公司对自己所负债务等，因此不构成损害公司债权人利益。但实际上，两者不属于同一法律关系，股东不能以此作为对公司债权人诉讼请求的有效抗辩。

在最高人民法院审理的张某强、辽宁和欣装饰工程有限公司股东损害公司债权人利益责任纠纷再审审查与审判监督案件[(2018)最高法民申2052号]中，股东将公司认购并交纳房款的房产登记在自己名下，公司债权人主张这一行为损害公司债权人合法利益，股东抗辩称其为另一房产装修替公司支付数百万元装修款，没有在实质上削弱公司的偿债能力，故不应对公司债务承担连带给付责任。最高人民法院认为，不论股东是否替公司偿还债务，其利用股东地位对公司财产进行不正当支配客观上削弱了公司对外偿还债务的能力，因此公司债权人请求其对公司所负债务承担连带给付责任不违反法律规定。

作为公司股东、实际控制人，在公司运营过程中，应当考虑到公司治理行为不只是一种内部行为，还会产生外部影响，故应充分注意行为在实质和形式方面均应具备合法性，避免在公司无力偿还债务时，非但没有发挥公司有限责任的优势，反因治理行为不规范而在为公司实际投入财产的同时，还要承担连带清偿责任。

同时，损害公司债权人利益责任纠纷的基本事实往往和股东出资纠纷、损害公司利益责任纠纷、公司与债权人的其他纠纷等案由重合，故在就此类事实提起诉讼时，应当充分考虑案由和诉讼请求的选择。

一、损害公司债权人利益责任纠纷的定义

公司人格独立和股东有限责任是《公司法》的基本原则，《公司法》对公司股东滥用公司法人地位和股东有限责任作出了规定，确立了公司人格否认制度。公司人格否认制度，又称揭开公司面纱、刺破公司面纱制度，该制度是在承认公司具有法人人格的前提下，在特定的法律关系中对公司的法人人格及股东有限责任加以否定，以制止股东滥用公司法人人格及有限责任，保护公司债权人的利益。2021 年 1 月 1 日起实施的《民事案件案由规定》在“损害公司债权人利益责任纠纷”案由下分设“股东损害公司债权人利益责任纠纷”和“实际控制人损害公司债权人利益责任纠纷”两个四级案由。

《最高人民法院民事案件案由适用要点与请求权规范指引》（第 2 版）[①]一书记载，股东损害公司债权人利益责任纠纷是指公司股东因滥用公司法人独立地位和股东有限责任，逃避债务，严重损害公司债权人利益，对公司债务承担责任的民事纠纷。

《公司法》第 216 条明确，实际控制人是指虽不是公司的股东，但通过投资关

① 《最高人民法院民事案件案由适用要点与请求权规范指引》（第 2 版），人民法院出版社 2020 年版，第 752 页。

系、协议或者其他安排,能够实际支配公司行为的人。“实际控制人损害公司债权人利益责任纠纷”是2021年1月1日起实施的《民事案件案由规定》中首次规定的案由,《最高人民法院民事案件案由适用要点与请求权规范指引》(第2版)暂无相关内容,但早在江西安发达酒业有限公司、中国农业银行股份有限公司福州鼓楼支行股东损害公司债权人利益责任纠纷二审民事判决书[(2019)最高法民终20号]中,最高人民法院就已对此作出过解释:实际控制人通过登记股东行使权利,并控制公司意志与行为的行为,违背了法人制度设立的宗旨,违背了诚实信用原则,其行为本质和危害结果与《公司法》第20条第3款规定相当,应当参照适用,判决实际控制人就公司债务承担连带清偿责任。也就是说,除了股东滥用股东权利侵害债权人利益以外,实际控制人也可能存在滥用控制权力损害债权人利益的情形。本书认为,实际控制人损害公司债权人利益责任纠纷是指公司实际控制人通过投资关系、协议或者其他安排,滥用公司法人独立地位,逃避债务,严重损害公司债权人利益,对公司债务承担责任的民事纠纷。

【笔者观点】实务中,损害公司债权人利益责任与公司法人人格否认制度经常被混同使用。二者的主要区别为:

公司法人人格否认制度侧重于公司与股东之间责任边界的划分,《九民纪要》对“否认公司独立人格”的3种典型情形(人格混同、过度支配与控制、资本显著不足)如何把握进行了细化。最高人民法院民二庭负责人就《九民纪要》答记者问时明确:“否认公司独立人格,由滥用公司法人独立地位和股东有限责任的股东对公司债务承担连带责任,只是股东有限责任的例外情形,旨在运用平衡的方法矫正有限责任制度在特定法律事实发生时对债权人保护的失衡现象。”

损害公司债权人利益责任着眼于公司与债权人之间的损害赔偿关系,内涵更加丰富,可归于该案由项下的纠纷包括:《公司法》第20条第3款以及第63条规定的股东或实际控制人滥用公司独立人格及股东有限责任导致的公司法人人格否认,包括法人人格混同、过度支配与控制、资本显著不足等情形;《公司法》及《公司法司法解释(三)》规定的与股东出资有关的情形中,股东及相关责任人对公司债权人的责任,如未履行或未全面履行出资义务、抽逃出资、不当减资等;《公司法》及《公司法司法解释(二)》规定不当清算情形下,股东或实际控制人对公司债权人的赔偿责任,如怠于清算、虚假清算等。

二、损害公司债权人利益责任纠纷的请求权基础

（一）现行法

《最高人民法院民事案件案由适用要点与请求权规范指引》（第2版）中暂未列明“实际控制人损害公司债权人利益责任纠纷”的请求权基础规范，仅列明“股东损害公司债权人利益责任纠纷”的请求权基础见于《公司法》及《九民纪要》。《公司法》第20条是关于股东不得滥用权利的规定，《九民纪要》第10条、第11条、第12条和第13条分别是关于公司人格与股东人格混同、过度支配与控制、资本显著不足判定标准，以及关于公司人格否认诉讼案件中如何确定当事人诉讼地位的规定。

考虑到实际控制人损害公司债权人利益的方式和途径与股东损害公司债权人利益的方式和途径极为相似，均是滥用公司法人独立地位逃避债务的行为，加之实际控制人或股东损害公司债权人利益责任纠纷的实质是侵权责任纠纷，本书结合司法判例认为，“损害公司债权人利益责任纠纷”的请求权基础规范包括以下内容。

1.《民法典》。

第一百二十条　民事权益受到侵害的，被侵权人有权请求侵权人承担侵权责任。

2.《公司法》。

第二十条　公司股东应当遵守法律、行政法规和公司章程，依法行使股东权利，不得滥用股东权利损害公司或者其他股东的利益；**不得滥用公司法人独立地位和股东有限责任损害公司债权人的利益。**

公司股东滥用股东权利给公司或者其他股东造成损失的，应当依法承担赔偿责任。

公司股东滥用公司法人独立地位和股东有限责任，逃避债务，严重损害公司债权人利益的，应当对公司债务承担连带责任。

第二十八条　**股东应当按期足额缴纳公司章程中规定的各自所认缴的出资额。**股东以货币出资的，应当将货币出资足额存入有限责任公司在银行开设的账户；以非货币财产出资的，应当依法办理其财产权的转移手续。

股东不按照前款规定缴纳出资的，除应当向公司足额缴纳外，还应当向已按

期足额缴纳出资的股东承担违约责任。

第三十五条 公司成立后,股东不得抽逃出资。

第六十三条 一人有限责任公司的股东不能证明公司财产独立于股东自己的财产的,应当对公司债务承担连带责任。

第一百四十七条 董事、监事、高级管理人员应当遵守法律、行政法规和公司章程,对公司负有忠实义务和勤勉义务。

董事、监事、高级管理人员不得利用职权收受贿赂或者其他非法收入,不得侵占公司的财产。

第一百八十三条 公司因本法第一百八十条第(一)项、第(二)项、第(四)项、第(五)项规定而解散的,应当在解散事由出现之日起十五日内成立清算组,开始清算。**有限责任公司的清算组由股东组成,股份有限公司的清算组由董事或者股东大会确定的人员组成。**逾期不成立清算组进行清算的,债权人可以申请人民法院指定有关人员组成清算组进行清算。人民法院应当受理该申请,并及时组织清算组进行清算。

3.《公司法司法解释(二)》。

第十八条 有限责任公司的股东、股份有限公司的董事和控股股东未在法定期限内成立清算组开始清算,导致公司财产贬值、流失、毁损或者灭失,债权人主张其在造成损失范围内对公司债务承担赔偿责任的,人民法院应依法予以支持。

有限责任公司的股东、股份有限公司的董事和控股股东因怠于履行义务,导致公司主要财产、账册、重要文件等灭失,无法进行清算,债权人主张其对公司债务承担连带清偿责任的,人民法院应依法予以支持。

上述情形系实际控制人原因造成,债权人主张实际控制人对公司债务承担相应民事责任的,人民法院应依法予以支持。

第十九条 有限责任公司的股东、股份有限公司的董事和控股股东,以及公司的实际控制人在公司解散后,恶意处置公司财产给债权人造成损失,或者未经依法清算,以虚假的清算报告骗取公司登记机关办理法人注销登记,债权人主张其对公司债务承担相应赔偿责任的,人民法院应依法予以支持。

第二十条 公司解散应当在依法清算完毕后,申请办理注销登记。公司未经清算即办理注销登记,导致公司无法进行清算,债权人主张有限责任公司的股东、股份有限公司的董事和控股股东,以及公司的实际控制人对公司债务承担清偿责任的，人民法院应依法予以支持。

公司未经依法清算即办理注销登记，股东或者第三人在公司登记机关办理注销登记时承诺对公司债务承担责任，债权人主张其对公司债务承担相应民事责任的，人民法院应依法予以支持。

4.《公司法司法解释（三）》。

第十二条　公司成立后，公司、股东或者公司债权人以相关股东的行为符合下列情形之一且损害公司权益为由，请求认定该股东抽逃出资的，人民法院应予支持：

（一）制作虚假财务会计报表虚增利润进行分配；

（二）通过虚构债权债务关系将其出资转出；

（三）利用关联交易将出资转出；

（四）其他未经法定程序将出资抽回的行为。

第十三条　股东未履行或者未全面履行出资义务，公司或者其他股东请求其向公司依法全面履行出资义务的，人民法院应予支持。

公司债权人请求未履行或者未全面履行出资义务的股东在未出资本息范围内对公司债务不能清偿的部分承担补充赔偿责任的，人民法院应予支持；未履行或者未全面履行出资义务的股东已经承担上述责任，其他债权人提出相同请求的，人民法院不予支持。

股东在公司设立时未履行或者未全面履行出资义务，依照本条第一款或者第二款提起诉讼的原告，请求公司的发起人与被告股东承担连带责任的，人民法院应予支持；公司的发起人承担责任后，可以向被告股东追偿。

股东在公司增资时未履行或者未全面履行出资义务，依照本条第一款或者第二款提起诉讼的原告，请求未尽公司法第一百四十七条第一款规定的义务而使出资未缴足的董事、高级管理人员承担相应责任的，人民法院应予支持；董事、高级管理人员承担责任后，可以向被告股东追偿。

第十四条第二款　公司债权人请求抽逃出资的股东在抽逃出资本息范围内对公司债务不能清偿的部分承担补充赔偿责任、协助抽逃出资的其他股东、董事、高级管理人员或者实际控制人对此承担连带责任的，人民法院应予支持；抽逃出资的股东已经承担上述责任，其他债权人提出相同请求的，人民法院不予支持。

第十七条　有限责任公司的股东未履行出资义务或者抽逃全部出资，经公司催告缴纳或者返还，其在合理期间内仍未缴纳或者返还出资，公司以股东会决议解除该股东的股东资格，该股东请求确认该解除行为无效的，人民法院不予支持。

在前款规定的情形下，人民法院在判决时应当释明，公司应当及时办理法定减资程序或者由其他股东或者第三人缴纳相应的出资。在办理法定减资程序或者其他股东或者第三人缴纳相应的出资之前，公司债权人依照本规定第十三条或者第十四条请求相关当事人承担相应责任的，人民法院应予支持。

第十八条第一款 有限责任公司的股东未履行或者未全面履行出资义务即转让股权，受让人对此知道或者应当知道，公司请求该股东履行出资义务、受让人对此承担连带责任的，人民法院应予支持；公司债权人依照本规定第十三条第二款向该股东提起诉讼，同时请求前述受让人对此承担连带责任的，人民法院应予支持。

第十九条 公司股东未履行或者未全面履行出资义务或者抽逃出资，公司或者其他股东请求其向公司全面履行出资义务或者返还出资，被告股东以诉讼时效为由进行抗辩的，人民法院不予支持。

公司债权人的债权未过诉讼时效期间，其依照本规定第十三条第二款、第十四条第二款的规定请求未履行或者未全面履行出资义务或者抽逃出资的股东承担赔偿责任，被告股东以出资义务或者返还出资义务超过诉讼时效期间为由进行抗辩的，人民法院不予支持。

第二十条 当事人之间对是否已履行出资义务发生争议，原告提供对股东履行出资义务产生合理怀疑证据的，被告股东应当就其已履行出资义务承担举证责任。

5.《九民纪要》。

（四）关于公司人格否认

公司人格独立和股东有限责任是公司法的基本原则。否认公司独立人格，由滥用公司法人独立地位和股东有限责任的股东对公司债务承担连带责任，是股东有限责任的例外情形，旨在矫正有限责任制度在特定法律事实发生时对债权人保护的失衡现象。在审判实践中，要准确把握《公司法》第20条第3款规定的精神。一是只有在股东实施了滥用公司法人独立地位及股东有限责任的行为，且该行为严重损害了公司债权人利益的情况下，才能适用。损害债权人利益，主要是指股东滥用权利使公司财产不足以清偿公司债权人的债权。二是只有实施了滥用法人独立地位和股东有限责任行为的股东才对公司债务承担连带清偿责任,而其他股东不应承担此责任。三是公司人格否认不是全面、彻底、永久地否定公司的法人资格,而只是在具体案件中依据特定的法律事实、法律关系,突破股东对公司债务不承担责任的一般规则,例外地判令其承担连带责任。人民法院在个案中否认公司人格的判决的既判力仅仅约束该诉讼的各方当事人,不当然适用于涉及该公司的其他诉讼,不影响公司独立法人资格的存续。如果其他债权人提起公司人格否认诉讼,已生效判决认定的事实可以作为证据使用。四是《公司法》第20条第3款规定的滥用行为,实践中常见的情形有人格混同、过度支配与控制、资本显著不足等。在审理案件时,需要根据查明的案件事实进行综合判断,既审慎适用,又当用则用。实践中存在标准把握不严而滥用这一例外制度的现象,同时也存在因法律规定较为原则、抽象,适用难度大,而不善于适用、不敢于适用的现象,均应当引起高度重视。

10.【人格混同】认定公司人格与股东人格是否存在混同,最根本的判断标准是公司是否具有独立意思和独立财产,最主要的表现是公司的财产与股东的财产是否混同且无法区分。在认定是否构成人格混同时,应当综合考虑以下因素:

(1)股东无偿使用公司资金或者财产,不作财务记载的;

(2)股东用公司的资金偿还股东的债务,或者将公司的资金供关联公司无偿使用,不作财务记载的;

(3)公司账簿与股东账簿不分,致使公司财产与股东财产无法区分的;

(4)股东自身收益与公司盈利不加区分,致使双方利益不清的;

(5)公司的财产记载于股东名下,由股东占有、使用的;

(6)人格混同的其他情形。

在出现人格混同的情况下,往往同时出现以下混同:公司业务和股东业务混同;公司员工与股东员工混同,特别是财务人员混同;公司住所与股东住所混同。人民法院在审理案件时,关键要审查是否构成人格混同,而不要求同时具备其他方面的混同,其他方面的混同往往只是人格混同的补强。

11.【过度支配与控制】公司控制股东对公司过度支配与控制,操纵公司的决策过程,使公司完全丧失独立性,沦为控制股东的工具或躯壳,严重损害公司债权人利益,应当否认公司人格,由滥用控制权的股东对公司债务承担连带责任。实践中常见的情形包括:

(1)母子公司之间或者子公司之间进行利益输送的;

(2)母子公司或者子公司之间进行交易,收益归一方,损失却由另一方承担的;

(3)先从原公司抽走资金,然后再成立经营目的相同或者类似的公司,逃避原公司债务的;

(4)先解散公司,再以原公司场所、设备、人员及相同或者相似的经营目的另设公司,逃避原公司债务的;

(5)过度支配与控制的其他情形。

控制股东或实际控制人控制多个子公司或者关联公司,滥用控制权使多个子公司或者关联公司财产边界不清、财务混同,利益相互输送,丧失人格独立性,沦为控制股东逃避债务、非法经营,甚至违法犯罪工具的,可以综合案件事实,否认子公司或者关联公司法人人格,判令承担连带责任。

12.【资本显著不足】资本显著不足指的是,公司设立后在经营过程中,股东实际投入公司的资本数额与公司经营所隐含的风险相比明显不匹配。股东利用较少资本从事力所不及的经营,表明其没有从事公司经营的诚意,实质是恶意利用公司独立人格和股东有限责任把投资风险转嫁给债权人。由于资本显著不足的判断标准有很大的模糊性,特别是要与公司采取“以小博大”的正常经营方式相区分,因此在适用时要十分谨慎,应当与其他因素结合起来综合判断。

13.【诉讼地位】人民法院在审理公司人格否认纠纷案件时,应当根据不同情形确定当事人的诉讼地位:

(1)债权人对债务人公司享有的债权已经由生效裁判确认,其另行提起公司人格否认诉讼,请求股东对公司债务承担连带责任的,列股东为被告,公司为第三人;

(2)债权人对债务人公司享有的债权提起诉讼的同时,一并提起公司人格否认诉讼,请求股东对公司债务承担连带责任的,列公司和股东为共同被告;

(3)债权人对债务人公司享有的债权尚未经生效裁判确认,直接提起公司人格否认诉讼,请求公司股东对公司债务承担连带责任的,人民法院应当向债权人释明,告知其追加公司为共同被告。债权人拒绝追加的,人民法院应当裁定驳回起诉。

(五)关于有限责任公司清算义务人的责任

关于有限责任公司股东清算责任的认定,一些案件的处理结果不适当地扩大了股东的清算责任。特别是实践中出现了一些职业债权人，从其他债权人处大批量超低价收购僵尸企业的“陈年旧账”后，对批量僵尸企业提起强制清算之诉，在获得人民法院对公司主要财产、账册、重要文件等灭失的认定后，根据公司法司法解释(二)第18条第2款的规定，请求有限责任公司的股东对公司债务承担连带清偿责任。有的人民法院没有准确把握上述规定的适用条件，判决没有“怠于履行义务”的小股东或者虽“怠于履行义务”但与公司主要财产、账册、重要文件等灭失没有因果关系的小股东对公司债务承担远远超过其出资数额的责任，导致出现利益明显失衡的现象。需要明确的是，上述司法解释关于有限责任公司股东清算责任的规定，其性质是因股东怠于履行清算义务致使公司无法清算所应当承担的侵权责任。在认定有限责任公司股东是否应当对债权人承担侵权赔偿责任时，应当注意以下问题：

14.【怠于履行清算义务的认定】公司法司法解释(二)第18条第2款规定的“怠于履行义务”，是指有限责任公司的股东在法定清算事由出现后，在能够履行清算义务的情况下，故意拖延、拒绝履行清算义务，或者因过失导致无法进行清算的消极行为。股东举证证明其已经为履行清算义务采取了积极措施，或者小股东举证证明其既不是公司董事会或者监事会成员，也没有选派人员担任该机关成员，且从未参与公司经营管理，以不构成“怠于履行义务”为由，主张其不应当对公司债务承担连带清偿责任的，人民法院依法予以支持。

15.【因果关系抗辩】有限责任公司的股东举证证明其“怠于履行义务”的消极不作为与“公司主要财产、账册、重要文件等灭失，无法进行清算”的结果之间没有因果关系，主张其不应对公司债务承担连带清偿责任的，人民法院依法予以支持。

16.【诉讼时效期间】公司债权人请求股东对公司债务承担连带清偿责任，股东以公司债权人对公司的债权已经超过诉讼时效期间为由抗辩，经查证属实的，人民法院依法予以支持。

(二)《公司法》与《公司法(修订草案)》对比

《公司法(修订草案)》涉及的七大修改内容中，以下修改内容可能涉及损害公司债权人利益责任纠纷，具体文字的修改内容如下表所示：

1.《公司法(修订草案)》第46条规定涉及股东欠缴出资的失权制度，第48条增加股东认缴出资的加速到期制度，第89条明确瑕疵股权转让时转让方、受让方的出资责任，修改目的在于加强对股东出资和股权交易行为的规范，维护交易安全的同时，亦防止股东滥用权利损害公司债权人利益。

2. 完善控股股东和经营管理人员责任制度，如强化董事、监事、高级管理人员维护公司资本充实的责任，股东欠缴出资和抽逃出资，违法分配利润和减少注册资本等情形下的赔偿责任，具体涉及《公司法（修订草案）》第47条、第52条等；针对实践中控股股东、实际控制人滥用控制地位侵害公司及中小股东权益的突出问题，借鉴一些国家法律规定，明确公司的控股股东、实际控制人利用其对公司的影响，指使董事、高级管理人员从事损害公司利益或者股东利益的行为，给公司或者股东造成损失的，与该董事、高级管理人员承担连带责任，具体内容为《公司法（修订草案）》第191条。

3.《公司法（修订草案）》第228条、第229条是关于清算义务人的调整及强化清算义务人的义务和责任的修改条款，目的在于继续深化营商环境改革成果。

《公司法》	《公司法（修订草案）》
第二十条　公司股东应当遵守法律、行政法规和公司章程，依法行使股东权利，不得滥用股东权利损害公司或者其他股东的利益；**不得滥用公司法人独立地位和股东有限责任损害公司债权人的利益。** 公司股东滥用股东权利给公司或者其他股东造成损失的，应当~~依法~~承担赔偿责任。 公司股东滥用公司法人独立地位和股东有限责任，逃避债务，严重损害公司债权人利益的，应当对公司债务承担连带责任。	第二十条　公司股东应当遵守法律、行政法规和公司章程，依法行使股东权利，不得滥用股东权利损害公司或者其他股东的利益；公司股东滥用股东权利给公司或者其他股东造成损失的，应当承担赔偿责任。 **公司的控股股东、实际控制人不得利用关联关系损害公司利益；公司的控股股东、实际控制人利用关联关系损害公司利益给公司造成损失的，应当承担赔偿责任。** 第二十一条　公司股东滥用公司法人独立地位和股东有限责任，逃避债务，严重损害公司债权人利益的，应当对公司债务承担连带责任。 **公司股东利用其控制的两个以上公司实施前款规定行为的，各公司应当对任何一个公司的债务承担连带责任。** **第一百九十一条　公司的控股股东、实际控制人利用其对公司的影响，指使董事、高级管理人员从事损害公司或者股东利益的行为，给公司或者股东造成损失的，与该董事、高级管理人员承担连带责任。**

续表

《公司法》	《公司法(修订草案)》
第二十八条　股东应当按期足额缴纳公司章程~~中~~规定的各自所认缴的出资额。股东以货币出资的，应当将货币出资足额存入有限责任公司在银行开设的账户；以非货币财产出资的，应当依法办理其财产权的转移手续。 股东~~不按照前款规定~~缴纳出资的，~~除应当向公司足额缴纳外，~~还应当向已按期足额缴纳出资的股东承担违约责任。 第三十条　有限责任公司成立后，~~发现~~作为~~设立公司~~出资的非货币财产的实际价额显著低于公司章程所定价额的，应当由~~交付该出资的~~股东补足其差额；~~公司~~设立时的其他股东承担连带责任。	第四十四条　股东应当按期足额缴纳公司章程规定的各自所认缴的出资额。 股东以货币出资的，应当将货币出资足额存入有限责任公司在银行开设的账户；以非货币财产出资的，应当依法办理其财产权的转移手续。 第四十五条　股东**未按期足额缴纳出资，或者**作为出资的非货币财产的实际价额显著低于所认缴的出资额的，应当向已按期足额缴纳出资的股东承担违约责任。 第四十六条　**有限责任公司成立后，应当对股东的出资情况进行核查，发现股东未按期足额缴纳出资，或者作为出资的非货币财产的实际价额显著低于所认缴的出资额的，应当向该股东发出书面催缴书，催缴出资。** **公司依照前款规定催缴出资，可以载明缴纳出资的宽限期；宽限期自公司发出出资催缴书之日起，不得少于六十日。宽限期届满，股东仍未缴纳出资的，公司可以向该股东发出失权通知，通知应当以书面形式发出，自通知发出之日起，该股东丧失其未缴纳出资的股权。** **依照前款规定丧失的股权，公司应当在六个月内依法转让，或者相应减少注册资本并注销该股权。** 第四十七条　有限责任公司成立后，**设立时的**股东**未按期足额缴纳出资，或者**作为出资的非货币财产的实际价额显著低于所认缴的出资额的，应当由该股东补足其差额并**加算银行同期存款利息，给公司造成损失的，还应当承担赔偿责任；设立时的**其他股东承担连带责任。 **董事、监事、高级管理人员知道或者应当知道设立时的股东有前款规定行为未采取必要措施，给公司造成损失的，应当承担赔偿责任。** 第四十八条　**公司不能清偿到期债务，且明显缺乏清偿能力的，公司或者债权人有权要求已认缴出资但未届缴资期限的股东提前缴纳出资。**

续表

《公司法》	《公司法(修订草案)》
	第八十九条　股东转让已认缴出资但未届缴资期限的股权的,由受让人承担缴纳该出资的义务。 股东未按期足额缴纳出资或者作为出资的非货币财产的实际价额显著低于所认缴的出资额,即转让股权的,受让人知道或者应当知道存在上述情形的,在出资不足的范围内与该股东承担连带责任。
第三十五条　公司成立后,股东不得抽逃出资。	第五十二条　公司成立后,股东不得抽逃出资。 **股东有前款规定情形的,应当由该股东返还出资并加算银行同期存款利息;给公司造成损失的,还应当承担赔偿责任。** **董事、监事、高级管理人员知道或者应当知道股东有本条第一款规定行为未采取必要措施,给公司造成损失的,应当承担赔偿责任。**
~~第六十三条　一人有限责任公司的股东不能证明公司财产独立于股东自己的财产的,应当对公司债务承担连带责任。~~	
第一百四十七条第一款　董事、监事、高级管理人员应当遵守法律、行政法规和公司章程,对公司负有忠实义务和勤勉义务。	第一百八十条　董事、监事、高级管理人员应当遵守法律、行政法规和公司章程,对公司负有忠实义务,**不得利用职权谋取不正当利益**。 董事、监事、高级管理人员对公司负有勤勉义务,**执行职务应当为公司的最大利益尽到管理者通常应有的合理注意。**
第一百八十三条　公司因本法第**一百八十条**第(一)项、第(二)项、第(四)项、第(五)项规定而解散的,应当在解散事由出现之日起十五日内**成立**清算组,**开始**清算。**有限责任公司的**清算组由**股东**组成,**股份有限公司的清算组由董事或者股东大会确定的人员组成**。逾期不成立清算组进行清算的,债权人可以申请人民法院指定有关人员组成清算组进行清算。人民法院应当受理该申请,并及时组织清算组进行清算。	第二百二十八条　公司因本法第**二百二十五条第一款**第一项、第二项、第四项、第五项规定而解散的,**应当清算。董事为公司清算义务人**,应当在解散事由出现之日起十五日内**组成**清算组**进行**清算。 **清算组由董事组成,但是公司章程另有规定或者股东会决议另选他人的除外。** **清算义务人未及时履行清算义务,给公司或者债权人造成损失的,应当承担赔偿责任。**

续表

《公司法》	《公司法(修订草案)》
	第二百二十九条　**公司依照前条第一款的规定应当清算**,逾期不成立清算组进行清算**或者成立清算组后不清算的,利害关系人**可以申请人民法院指定有关人员组成清算组进行清算。人民法院应当受理该申请,并及时组织清算组进行清算。 **公司因本法第二百二十五条第一款第四项的规定而解散的,作出**吊销营业执照、责令关闭或者撤销**设立**登记的决定的**部门或者公司登记机关,可以申请人民法院指定**有关人员组成清算组**进行清算**。

三、损害公司债权人利益责任纠纷的地域管辖

损害公司债权人利益责任纠纷的本质是侵权责任纠纷,《民事诉讼法》及《民诉法司法解释》关于与公司有关诉讼、侵权诉讼的地域管辖的规定如下:

【法律规定】

《民事诉讼法》第二十七条　因公司设立、确认股东资格、分配利润、解散等纠纷提起的诉讼,由公司住所地人民法院管辖。

《民诉法司法解释》第二十二条　因股东名册记载、请求变更公司登记、股东知情权、公司决议、公司合并、公司分立、公司减资、公司增资等纠纷提起的诉讼,依照民事诉讼法第二十七条规定确定管辖。

《民事诉讼法》第二十九条　因侵权行为提起的诉讼,由侵权行为地或者被告住所地人民法院管辖。

《民诉法司法解释》第二十四条　民事诉讼法第二十九条规定的侵权行为地,包括侵权行为实施地、侵权结果发生地。

《最高人民法院民事案件案由适用要点与请求权规范指引》(第2版)①一书明确:"股东损害公司债权人利益责任纠纷的诉讼应以《民事诉讼法》规定的关于地域管辖的一般原则为基础,并结合《民事诉讼法》第二十六条的规定综合考虑确

① 《最高人民法院民事案件案由适用要点与请求权规范指引》(第2版),人民法院出版社2020年版,第752页。

定管辖法院。”

在司法实践中，关于损害公司债权人利益责任纠纷案件的地域管辖问题多有分歧，主要在于确认损害公司债权人利益责任纠纷案件地域管辖时，应如何结合《民事诉讼法》第27条的规定综合考虑。此外，受中国经济迅猛发展等因素影响，股东、实际控制人及公司、债权人住所地或相隔万里，不属同一法院管辖，在出现公司或实际控制人损害公司债权人利益的情况时，如何区分侵权行为地、侵权结果地，在司法实践中也多有争议。关于损害公司债权人利益责任纠纷地域管辖的争议具体内容，详见本章第六部分的争议焦点10。

四、损害公司债权人利益责任纠纷的诉讼时效

《民法典》第188条规定诉讼时效期间一般为3年，自权利人知道或应当知道其权利受到损害及义务人之日起计算。

【法律规定】

《民法典》第一百八十八条 向人民法院请求保护民事权利的诉讼时效期间为三年。法律另有规定的，依照其规定。

诉讼时效期间自权利人知道或者应当知道权利受到损害以及义务人之日起计算。法律另有规定的，依照其规定。但是，自权利受到损害之日起超过二十年的，人民法院不予保护，有特殊情况的，人民法院可以根据权利人的申请决定延长。

【笔者观点】在司法实践中，公司股东或实际控制人滥用公司独立法人地位的方式一般较为隐蔽，公司债权人并不参与公司经营，无法及时、准确地判断股东或实际控制人是否实施了损害其权益的行为，故而，债权人在诉请股东或实际控制人就公司债务承担责任时，除了要确保对公司债权尚未超过诉讼时效外，还需证明系自知道或应当知道权利受到侵害及义务人之日起3年内提起相关诉讼。

另外，根据《诉讼时效司法解释》第1条第3项的规定，基于投资关系产生的缴付出资请求权不适用诉讼时效。《公司法司法解释（三）》第19条规定股东出资责任之诉不适用诉讼时效规则，股东不能以超过诉讼时效对公司缴纳出资进行抗辩。

《最高人民法院关于公司法解释（三）、清算纪要理解与适用》（注释版）明确：

“既然股东对公司的出资义务不受诉讼时效的限制，就表明股东在出资前对公司始终承担该债务，那么，公司的债权人基于代位权的原理向该股东主张该债权时，股东当然仍不能以诉讼时效进行抗辩。”[①]根据前述规定，公司债权人请求未履行或未全面履行出资义务的股东在未出资本息范围内、抽逃出资的股东在抽逃出资本息范围内对公司债务不能清偿的部分承担补充赔偿责任时，公司股东不得以诉讼时效为抗辩理由。

《北京市高级人民法院关于审理公司纠纷案件若干问题的指导意见》中明确，未履行或未完全履行出资义务的有限责任公司股东，公司债权人请求其在瑕疵出资范围内对公司债务承担连带清偿责任的，不得以诉讼时效为抗辩理由；《山东省高级人民法院关于审理公司纠纷案件若干问题的意见（试行）》中明确，“公司债权人要求股东在瑕疵出资范围内对公司债务承担补充赔偿责任的，诉讼时效自债权人知道或应当知道股东瑕疵出资之日起算。公司债权人在债务履行期届满前知道或应当知道股东瑕疵出资的，诉讼时效自债务履行期届满之次日起算”。

【法律规定】

《诉讼时效司法解释》第一条 当事人可以对债权请求权提出诉讼时效抗辩，但对下列债权请求权提出诉讼时效抗辩的，人民法院不予支持：

（一）支付存款本金及利息请求权；

（二）兑付国债、金融债券以及向不特定对象发行的企业债券本息请求权；

（三）基于投资关系产生的缴付出资请求权；

（四）其他依法不适用诉讼时效规定的债权请求权。

《九民纪要》“关于有限责任公司清算义务人的责任”部分第16条第2款对于适用《公司法司法解释（二）》第18条第2款，即“有限责任公司的股东、股份有限公司的董事和控股股东因怠于履行义务，导致公司主要财产、账册、重要文件等灭失，无法进行清算，债权人主张其对公司债务承担连带清偿责任”的诉讼时效期间，确定为“自公司债权人知道或者应当知道公司无法进行清算之日起计算”，而非“自债权人知道或应当知道公司法定清算事由出现之日起第15日后开始计算”。

① 最高人民法院民事审判第二庭编著：《最高人民法院关于公司法解释（三）、清算纪要理解与适用》（注释版），人民法院出版社2016年版，第310页。

【笔者观点】《九民纪要》对此诉讼时效作出特别规定的原因在于债权人据以向清算义务人主张的请求权基础是《公司法司法解释(二)》第18条第2款。根据该款规定,公司出现无法清算的结果,是债权人向公司股东主张连带清偿责任请求权的必备条件。《〈全国法院民商事审判工作会议纪要〉理解与适用》(以下简称《九民会议纪要理解与适用》)一书中,最高人民法院对此进一步解释,“在公司出现无法清算结果之前,债权人该请求权不能成立,债权人无法行使请求权,所以不能起算诉讼时效,债权人可申请对公司进行强制清算……债权人是否有权申请强制清算,与公司是否无法清算没有逻辑关系,债权人有权申请强制清算,并不等同于债权人要求股东承担连带清偿责任的请求权已经成立。所以,没有理由将债权人知道或应当知道有权申请强制清算的时间,作为债权人要求股东承担连带清偿责任请求权诉讼时效的起算点”①。

五、损害公司债权人利益责任纠纷的当事人

(一)损害公司债权人利益责任纠纷的原告

损害公司债权人利益责任纠纷的本质是侵权责任诉讼,根据《民法典》第120条的规定,被侵权的公司债权人有权请求实施了侵权行为的公司股东或实际控制人承担侵权责任。

根据《公司法》第20条第1款的规定,股东不得滥用公司法人独立地位或股东有限责任逃避债务,否则,应依该条第3款的规定对公司债权人承担连带清偿责任,由此确认该案由的原告应为利益被损害的公司债权人。

(二)损害公司债权人利益责任纠纷的被告

损害公司债权人利益责任纠纷的本质是侵权责任诉讼,同样地,根据《民法典》第120条的规定,实施了侵权行为的股东、实际控制人均可作为损害公司债权人利益责任纠纷的被告。此外,根据《民法典》第1168条的规定,与股东、实际控制人共同实施了侵害公司债权人利益行为的第三方,亦可成为该案由的被告。

【法律规定】

《民法典》第一千一百六十八条 二人以上共同实施侵权行为,造成他人损害

---

① 最高人民法院民事审判第二庭编著:《〈全国法院民商事审判工作会议纪要〉理解与适用》,人民法院出版社2019年版,第175页。

的,应当承担连带责任。

《公司法》第20条规定了股东的禁止行为,第28条、第29条、第63条、第147条、第183条对股东、实际控制人的义务予以明确。《公司法司法解释(二)》第18条、第19条、第20条,《公司法司法解释(三)》第12条、第13条、第14条、第17条、第18条,《九民纪要》第10条、第11条、第14条对公司法人人格否认、公司资本存在问题或不当清算情形下,股东或实际控制人及其他第三方责任主体应对公司债权人承担的责任进行明确。关于损害公司债权人利益责任纠纷的被告相关争议的具体内容,详见本章第六部分的争议焦点11。

(三)损害公司债权人利益责任纠纷的第三人

《九民纪要》第13条规定了公司人格否认案件中当事人的诉讼地位,按照有无生效文书确认债权人对债务人公司拥有的债权的情况,对诉讼当事人的地位进行了区分。

债权人对债务人公司拥有的债权已由生效法律文书确认,债权人另行提起公司人格否认诉讼,请求公司股东对公司债务承担连带责任的,将公司列为第三人。《九民会议纪要理解与适用》一书中,最高人民法院对此解释,"之所以列公司为第三人,主要考虑还是便于全面查明事实。毕竟公司是第一顺序的债权人,股东是否滥用公司法人独立地位和有限责任,公司方面了解情况。根据查明案件事实的需要,人民法院还可以要求公司提供有关方面的证据"①。

【笔者观点】债权人尚未取得确认对债务人公司债权的生效文书的,债权人提起公司人格否认诉讼,请求公司股东对公司债务承担连带责任的,必须列公司和股东为共同被告。这是因为如果债权人对公司的债权尚未经生效文书予以确认,可能会出现债权人主张的债权并不存在或债权金额并不准确等情形,或是公司所欠债务完全可以自行清偿的情形。最高人民法院在《九民会议纪要理解与适用》一书中明确,"公司人格否认案件,一定是在公司不能清偿债务的情况下,公司债权人通过否认公司人格的方式,请求股东对公司债务承担连带责任"②。债权人与公司之间的诉讼争点是债权债务关系,债权人与公司股东之间的诉讼争点是公司

① 最高人民法院民事审判第二庭编著:《〈全国法院民商事审判工作会议纪要〉理解与适用》,人民法院出版社2019年版,第158页。

② 最高人民法院民事审判第二庭编著:《〈全国法院民商事审判工作会议纪要〉理解与适用》,人民法院出版社2019年版,第159页。

人格应否被否认,《九民纪要》确定可将两案并为一案审理,目的在于“方便原告诉讼,也有利于提高诉讼效率,体现司法为民”①。

六、损害公司债权人利益责任纠纷的常见争议焦点

实践中,损害公司债权人利益责任纠纷包含的纠纷类型众多,结合公司法及司法解释,笔者认为,可以将股东、实际控制人损害公司债权人利益责任纠纷大致分为三类:一是股东或实际控制人滥用公司独立人格及股东有限责任情形下,应对公司债权人承担的责任;二是《公司法》及《公司法司法解释(三)》规定的与股东出资有关的情形中,股东及相关责任人对公司债权人应当承担的责任;三是《公司法》及《公司法司法解释(二)》规定不当清算情形下,股东或实际控制人对公司债权人应当承担的责任。此外,在损害公司债权人利益责任纠纷的地域管辖、当事人等问题上也存在一定的争议,因无法归属于上述任一侵权类型,特作单独分类予以阐述。

(一)法人人格否认情形下,股东及实际控制人应承担的责任

争议焦点1　公司与股东人格混同情形

裁判要点1 股东无偿使用公司资金或者财产,不作财务记载的,可认定公司与股东之间存在人格混同情形。

【裁判理由】【(2022)京03民终3166号】北京峪口龙翔投资管理中心(以下简称龙翔投资中心)等与上海文盛资产管理股份有限公司案外人执行异议之诉案件,北京市第三中级人民法院认为:

本案中,自2008年2月22日起,龙翔投资中心成为峪口服装公司的唯一股东。龙翔投资中心、峪口服装公司2008年以后的银行交易明细,存在大量未显示对手信息的交易,本院无法核实交易的具体情况;2008年龙翔投资中心对峪口服装公司的三笔转账交易,未在龙翔投资中心提交的明细账中做财务记载;龙翔投资中心仅提交了部分明细账,峪口服装公司无法提供会计账簿供法院核查,二公

---

① 最高人民法院民事审判第二庭编著:《〈全国法院民商事审判工作会议纪要〉理解与适用》,人民法院出版社2019年版,第159页。

司亦未提供经审计的财务报告,本院无法通过会计账簿及财务记载核实二公司财产是否相互区分。现有证据不足以证明龙翔投资中心财产独立于峪口服装公司财产,龙翔投资中心作为峪口服装公司的唯一股东,应对峪口服装公司的债务承担连带清偿责任。

裁判要点 2 仅有独立账册,不足以证明公司与股东之间无财产混同情形,公司与股东之间的财务往来应符合公司财务管理制度。

【裁判理由】【(2018)苏02民终156号】无锡科莱特染料有限公司(以下简称科莱特公司)诉张某股东损害公司债权人利益责任纠纷二审案件,江苏省无锡市中级人民法院认为:

公司的独立人格和股东的有限责任是现代法人制度的核心和基石。……审理中,科莱特公司申请就圣恒源公司与股东张某之间的资金往来情况进行专项审计。方正事务所接受委托并经审计后出具的审计报告及回函客观公正,报告中载明,……综合审计报告的其他内容及本案其他证据,可以看出:**(1)圣恒源公司有独立的公司账簿,但是张某的个人账户和圣恒源公司账户有频繁的往来;(2)股东张某利用其股东及公司财务人员的双重身份,可将圣恒源公司的资产进行随意调用;(3)在本案启动审计程序即确定审计基准日之后,圣恒源公司仍对公司财务账面进行大量的调整;(4)圣恒源公司的现金收入中有16笔计1,509,240元均无入账依据,对资金来源的真实性无法核实;(5)张某不同意科莱特公司追加的审计申请,该申请事项涉及圣恒源公司资金到张某个人账户的流动情况。**张某在本案中提供的证据尚不足以否定上述审计报告的意见,亦不能作出合理的解释。综上,张某个人财产与圣恒源公司财产混同、圣恒源公司已丧失独立性,张某存在侵吞、挪用、隐匿或者转移公司财产等滥用公司法人独立地位和股东有限责任的行为,该行为已影响了公司对外承担清偿债务的物质基础,张某应当对公司债务承担连带责任。

裁判要点 3 公司将本属于公司的收益直接记载于股东名下的行为,并不符合财务制度,属于公司与股东人格混同情形。

【裁判理由】【(2021)黔03民终7082号】许某隆与贵州名邦商贸有限公司(以下简称名邦公司)、第三人贵州扬帆制冷设备工程有限公司(以下简称扬帆公司)追加被执行人异议之诉案件,贵州省遵义市中级人民法院认为:

从查明的事实来看,在扬帆公司与名邦公司履行《中央空调工程安装合同》过程中,原应由扬帆公司收取的名邦公司工程款,许某隆个人收取了416,200元现金,名邦公司用于抵偿工程款的四套房产亦直接更名为许某隆。虽然许某隆称该两笔款项系扬帆公司差欠其业务提成,但所举证据并不足以证明该主张。且即便扬帆公司需向许某隆支付业务提成,扬帆公司将本属于公司的收益直接记载于股东许某隆名下的行为,并不符合财务制度,存在股东自身收益与公司盈利不加区分,致使双方利益不清、公司的财产记载于股东名下,由股东占有、使用的情形。因此,一审认定扬帆公司的人格与作为股东的许某隆人格存在混同,裁定追加许某隆为(2016)黔0302执1419号案件被执行人,对扬帆公司的债务承担连带责任并无不当。

裁判要点4 公司的财产记载于股东名下,并不符合财务制度,属于公司与股东人格混同情形。

【裁判理由】【(2021)苏04民终5389号】重庆库铂科技有限公司、江苏新永良线缆机械有限公司(以下简称新永良公司)等买卖合同纠纷案件,江苏省常州市中级人民法院认为:

廖某强作为新永良公司的股东,亦是本案《设备购销合同》中新永良公司的代表人,其在处理公司事务时,将应由公司收取的货款收入自己及其他个人的账户内。此行为将导致公司的财产减少,损害债权人的利益。按照《九民纪要》第10条关于人格混同的意见,“公司账簿与股东账簿不分,致使公司财产与股东财产无法区分的”“公司的财产记载于股东名下,由股东占有、使用的”均属于人格混同,股东应对公司债务承担连带责任。廖某强收取应由公司收取的款项,必然导致该款项到底属于公司还是个人难以区分,同时也符合将公司财产记载于股东名下,由股东占有、使用的情形。其使用自己个人账户收款,将本属于公司的收入纳入个人名下,属于滥用公司独立地位及股东有限责任的情形。廖某强与公司之间构成财产混同,公司失去独立承担债务的基础,股东与公司之间存在人格混同,因此廖某强作为股东应对本案债务承担连带清偿责任。

争议焦点2 股东及实际控制人过度控制和支配的情形

裁判要点1 公司股东利用关联公司进行利益输送,且收益由一方承担,损失由另一方承担的，公司股东应对公司债务承担连带清偿责任。

【裁判理由】【(2021)鲁03民终3183号】淄博恒生投资有限公司、淄博泰隆德国际贸易有限公司（以下简称泰隆德公司）等股东损害公司债权人利益责任纠纷案件，山东省淄博市中级人民法院认为：

泰隆德公司主张其是基于基础法律关系，为天泰公司代收代支。虽然天泰公司与泰隆德公司在股权结构、业务种类、注册地点等方面没有关联性，但两公司股东之间存在亲属关系，本案的收付款呈现出收益归泰隆德公司，损失归天泰公司的情形，上诉人已经完成了泰隆德公司与天泰公司存在财产边界不清，利益输送的初步举证责任。按照我国公司法的规定，有限责任公司应当建立完善的财务制度。从涉案债务的其他案件审理情况可知，泰隆德公司也具备提供款项用途的能力。但本案中泰隆德公司并未对此给出合理解释，依法应承担举证不能的不利法律后果。现淄博恒生投资有限公司对天泰公司的涉案债务经法院强制执行仍未能执行，泰隆德公司对此应当承担连带责任。

裁判要点2 当被执行人为逃避法院强制执行而设立新公司，并将原公司财产转移至新公司，利用公司法人独立人格制度规避法律义务时，法院可以应债权人的申请，裁定公司股东或其他相关公司作为被执行人。

【裁判理由】【(2010)宁执复字第6号】宁夏回族自治区海原县兴达建筑有限责任公司与宁夏回族自治区海原县中鑫硅镁合金有限责任公司（以下简称中鑫公司）股东损害公司债权人利益责任纠纷执行案，宁夏回族自治区高级人民法院认为：

被执行人中鑫公司在注销前未对其债务清偿完毕的情况下，将公司资产由其股东张某祥以实物出资方式注册成立鸿森公司，证据证明中鑫公司在注销前以零租金将租赁物出租给鸿森公司，根据《最高人民法院关于适用〈中华人民共和国民事诉讼法〉若干问题的意见》第271条①的规定，鸿森公司应当对中鑫公司的债务承担清偿责任。

裁判要点3 公司客户资源是公司重要资产，未经公司独立决策，公司股东将客户资源转让给关联公司，使公司丧失自我意志和自我决策能力，且公司偿债能力下降，侵害了债权人合法权益。

① 对应现行2022年《民诉法司法解释》第470条。

【裁判理由】【(2019)京03民终2577号(经典案例)】德州锦城电装股份有限公司(以下简称德州锦城公司)与北京斯普乐电线电缆有限公司(以下简称斯普乐公司)股东损害公司债权人利益责任纠纷二审案件,北京市第三中级人民法院认为:

德州锦城公司在成为天津日拓公司一人股东的短短几个月内,尤其是在天津日拓公司与斯普乐公司买卖合同纠纷诉讼期间,将福田公司的供应商由天津日拓公司变更为德州锦城公司,上述重要客户资源转让的决定,并无天津日拓公司的股东书面决议或其他形式能证明系天津日拓公司独立决策的文件。德州锦城公司将自己的意志强加于天津日拓公司之上,使天津日拓公司丧失了自我意志和自我决策能力。德州锦城公司对此明确表示没有对价,且对天津日拓公司是否已经陷入违约危机事实并未提交充分证据证明。**德州锦城公司及其关联公司的文件表明,天津日拓公司的客户资源可以增进生产规模和利润。德州锦城公司对天津日拓公司实施不正当支配和控制的行为,难以认定具有正当目的,且使得天津日拓公司利益受损,符合过度控制的构成要件。**……**德州锦城公司的行为属于滥用公司法人独立地位和股东有限责任,大大降低了天津日拓公司的偿债能力,使得天津日拓公司债权人斯普乐公司经生效判决确认的债权至今未能清偿,严重损害了公司债权人的利益。一审法院判决德州锦城公司对天津日拓公司的债务承担连带清偿责任,并无不当。**

【笔者观点】要判断公司股东或实际控制人是否滥用公司法人独立地位及股东有限责任,并对公司债务承担连带责任,应依据《公司法》第20条的规定,在具备以下两个要件时认定为滥用:股东或实际控制人实施了滥用公司法人独立地位和股东有限责任的行为,以及股东或实际控制人的行为与公司债权人的损失之间存在因果关系。

广西壮族自治区高级人民法院民二庭《关于审理公司纠纷案件若干问题的裁判指引》明确:“在适用《公司法》第20条第3款时应当注意检验案件是否符合以下四个要件:(1)主体要件。原告应当是公司的债权人,而不应是股东自己对公司主张法人人格否认;被告应当是实施了滥用公司法人独立地位和股东有限责任行为的股东;而不应是其他无辜股东。(2)主观要件。实施相关滥用行为的股东应当是故意为之,其目的是逃避债务,主观上有明显过错;如果股东主观上没有过错,或者过错不明显,属于过失,未达到‘滥用’的程度,就没有必要否定公司人格。(3)结果要件。作为原告的债权人受到的损害必须达到‘严重’程度,即不仅公司对原告的债权丧失清偿能力，且其他法律依据也无法保护债权人利益……(4)因果关系要件。虽然债权人受到‘严重’损害，如果不是股东‘滥用’行为造成的，而是其他原因，如市场变化、交易风险、公司经营管理不善等，那么就不应突破公司的法人独立人格。”广东省高级人民法院民二庭《关于民商事审判实践中有关疑难法律问题的解答意见》也作出了相似解释：“公司法人格否认的构成要件难以全面列举，主要包括：1. 资本不足；2. 未遵守公司程式；3. 欺诈或错误行为；4. 母子公司关系不清晰，财产混同、业务混同等。”

同时，需要明确的是，公司人格否认只是在具体案件中依据特定的法律事实、法律关系，突破股东对公司债务不承担责任的一般规则，例外地判令其承担连带责任。人民法院在个案中否认公司人格的判决的既判力仅约束该诉讼的各方当事人，不当然适用于涉及该公司的其他诉讼，不影响公司独立法人资格的存续。但如果其他债权人提起公司人格否认诉讼，已生效判决认定的事实可以作为证据使用。

争议焦点3　公司资本显著不足的情形

裁判要点1 股东实际投入公司的资本数额与公司经营所隐含的风险相比明显不匹配，没有从事公司经营的诚意，系滥用公司法人独立地位和股东有限责任，把投资风险转嫁给债权人，逃避债务，应当对公司债务承担连带责任。

【裁判理由】【(2021)鲁民终913号】刘某升、唐某智等特许经营合同纠纷民事二审案件，山东省高级人民法院认为：

辣伴鲜公司作为从事商业特许经营活动的特许人，其注册资本为其进行特许经营的重要考量因素。……**股东实际投入公司的资本数额与公司经营所隐含的风险相比明显不匹配，没有从事公司经营的诚意，系滥用公司法人独立地位和股东有限责任，把投资风险转嫁给债权人，逃避债务，严重损害了被特许人的合法利益**。并且，一审判决辣伴鲜公司向唐某智返还合同款56,000元及支付违约金13,800元，上述**数额远高于辣伴鲜公司减资后的注册资本，该事实亦佐证了刘某升等股东逃避债务，严重损害公司债权人利益的情况**。所以，一审判决刘某升等股东对辣伴鲜公司返还合同款及支付违约金承担连带责任并无不当。

裁判要点2 债权人仅凭股东在庭审中主张其向公司出借款项而认为公司

存在资本显著不足的，法院不予支持。

【裁判理由】【(2020)沪01民终12108号】安徽无为县创见建筑劳务有限公司与王某、上海晶奈工程设计有限公司股东损害公司债权人利益责任纠纷案件，上海市第一中级人民法院认为：

资本显著不足指的是，公司设立后在经营过程中，股东实际投入公司的资本数额与公司经营所隐含的风险相比明显不匹配。例如，股东利用较少资本从事力所不及的经营。本案中，上海晶奈工程设计有限公司注册资本为400万元，且实际缴纳，并不存在资本数额与公司经营风险不匹配的情况。安徽无为县创见建筑劳务有限公司仅凭王某在庭审中主张股东向公司出借款项即认为公司存在资本显著不足，缺乏相应法律依据，本院难以支持。

裁判要点 3 公司已申请破产，且债权人申报破产债权远高于公司注册资本，但系企业正常经营的结果的，不属于资本显著不足。

【裁判理由】【(2020)京01民终3005号】温州昌浩光伏科技有限公司与中铝宁夏能源集团有限公司、第三人北京意科能源技术有限公司(以下简称北京意科公司)股东损害公司债权人利益责任纠纷案件，北京市第一中级人民法院认为：

资本显著不足指的是，公司设立后在经营过程中，股东实际投入公司的资本数额与公司经营所隐含的风险相比明显不匹配。股东利用较少资本从事力所不及的经营，表明其没有从事公司经营的诚意，实质是恶意利用公司独立人格和股东有限责任把投资风险转嫁给债权人。本案中，北京意科公司成立于2001年，2008年中铝宁夏能源集团有限公司成为北京意科公司的股东，后北京意科公司的实缴注册资本陆续增至6900万元。虽然北京意科公司已申请破产，且债权人申报破产债权远高于公司注册资本，但此结果系企业正常经营问题，并无证据显示此结果与其资本显著不足存在关联关系。

【笔者观点】公司资本显著不足是指公司章程规定的股东出资期限显著过长或者公司实有资本与其经营的性质和风险显著不适应等。例如，公司股东滥用公司法人独立地位和股东有限责任，认缴出资数额过低，导致公司从事的商事交易规模与其法人财产明显不匹配，逃避债务，严重损害公司债权人利益，应当对公司债务承担连带责任；但公司如已通过企业信息公示平台等方式，如实将其财产状况向债权人披露，债权人仍决定与该公司从事该交易的，即使存在公司资本显著不足的情形，亦不能以此为由要求股东对公司债务承担责任。山东省高级人民法院民二庭《关于审理公司纠纷案件若干问题的解答》作出了相同表述。

(二)出资存在问题时,股东应承担的责任

争议焦点4 股东抽逃出资行为及责任的认定

抽逃出资是严重侵蚀公司资本的行为,我国《公司法》多条明确禁止股东抽逃出资,实践中,仍有公司股东采取各种方式抽逃出资,这些行为往往具有复杂性、模糊性和隐蔽性等特点,这使对股东抽逃出资的认识也常存在较大分歧。《公司法》司法解释的相关条款对抽逃出资的行为进行了列举,但也不能将复杂多样的抽逃方式进行全面概括。在司法实践中,在公司成立后,公司股东未经法定程序而将其出资抽回并且损害公司权益的,人民法院一般会认定为抽逃出资的行为。

裁判要点1 公司股东通过虚构债权债务关系,将其出资转出的,应当认定股东存在抽逃出资行为。

【裁判理由】【(2019)粤03民终21740号】上诉人牛某午、白某梅与被上诉人深圳市华成峰科技有限公司、原审被告金某祥、原审第三人深圳市昕网格科技开发有限公司(以下简称昕网格公司)股东损害债权人利益责任纠纷案件,广东省深圳市中级人民法院认为:

根据查明的事实,昕网格公司于2005年6月29日成立,注册资本为1000万元,发起人为金某祥、牛某午,分别持有昕网格公司51%、49%的股权。昕网格公司章程规定,昕网格公司申请登记的注册资本1000万元由金某祥、牛某午于公司注册登记前缴足。昕网格公司验资报告显示,2005年6月27日金某祥、牛某午分别向昕网格公司临时验资账户(中国银行82×××01)存入510万元、490万元。据此,昕网格公司的股东金某祥、牛某午已经足额履行了出资义务,昕网格公司已经具备了独立的法人人格。但2005年6月30日该临时验资账户转为正式账户,账号变更为82×××01后,昕网格公司通过其正式账户82×××01向案外人当今投资公司即转出1000万元,资金用途显示为还款。牛某午上诉主张昕网格公司在验资后第3天将注册资金1000万元转入当今投资公司属于股东借款,因其不能举证证明该资金转账的行为经过了公司内部的决议程序,或者昕网格公司系基于与当今投资公司的正常业务往来关系形成的该笔资金的流转,应认定属于《公司法司法解释(三)》第12条第2项“通过虚构债权债务关系将其出资转出”

及第4项“其他未经法定程序将出资抽回的行为”的情形，一审法院认定金某祥、牛某午作为昕网格公司的股东构成抽逃出资于法有据，本院予以确认。

裁判要点2 公司股东利用关联交易将出资转出的，应认定为抽逃出资行为。

【裁判理由】【(2018)闽02民终1576号】厦门市金大地物业管理有限公司与张某薇、范某芸、第三人厦门市鹭海龙房地产策划代理有限公司(以下简称厦门鹭海龙房地产公司)损害公司债权人利益责任纠纷案件，福建省厦门市中级人民法院认为：

股东在公司的经营过程中，将公司的财产转移，造成公司资产的不当减少，降低了公司的偿债能力，使债权人的债权风险增加，理应在抽逃出资本息范围内对公司债务不能清偿的部分承担赔偿责任。本案中厦门市金大地物业管理有限公司已经就厦门鹭海龙房地产公司的股东张某薇、范某芸减少公司资本的行为进行举证，厦门鹭海龙房地产公司公示的《2011年度公司年检报告书》显示公司资本合计350万元转至案外人南靖鹭海龙房地产公司、南靖鹭海龙宾馆、南靖鹭海龙温泉娱乐公司名下，且上述案外人的原法定代表人均为张某薇，监事均为范某芸，可以认定股东张某薇、范某芸利用关联交易将其对厦门鹭海龙房地产公司的出资转出。张某薇、范某芸应就转款350万元的交易行为符合法律规定，交易价格公平、合理及该关联交易行为并未侵害公司权益进行举证。

裁判要点3 公司未按法定减资程序通知债权人，不当减资的减资股东违反了公司资本维持原则，对于公司债务应当在其减资范围内承担补充赔偿责任。

【裁判理由】【(2016)最高法民申1112号(经典案例)】浙江中成建工集团有限公司(以下简称中成公司)与董某珍、江某中等建设工程施工合同纠纷申诉、申请案件，最高人民法院认为：

注册资本是公司法人财产，有限责任公司的注册资本为在公司登记机关登记的全体股东认缴的出资额，股东应按其认缴的数额履行足额出资义务，股东认缴的出资未经法定程序不得抽回、减少。……**其并未履行通知已知债权人中成公司的法定程序，致使中成公司未能及时行使要求博海公司清偿债务或者提供担保的权利，从而影响其债权的实现。原审判决认定董某珍等人作为减资股东，其不当减资行为违反了公司资本维持原则，对于公司债务应当在其减资范围内承担补充赔偿责任，并无明显不当。**

【笔者观点】公司注册资本既是股东对公司作出的出资承诺，也是对公司债权人作出的承诺,这种承诺对公司债权人会产生一定的预期作用,公司成立后阶段的资本维持是为避免公司实际财产的不当减少,防止公司资本徒具象征意义而没有实际财产与之相对应。如果股东在减资程序中未能按照法律规定履行通知义务,实际是股东违背对公司债权人作出的承诺,打破了债权人对公司偿债能力的预期,违反了资本维持原则。《山东省高级人民法院关于审理公司纠纷案件若干问题的意见(试行)》中明确,"公司债权人可以要求股东在各自收回出资的范围内对减资前的公司债务连带承担补充赔偿责任"。

裁判要点4 股东抽逃增资后转让全部出资的,该行为与债权人债权无法实现存在直接因果关系,转让出资的股东仍需对公司债权人承担责任。

【裁判理由】【(2017)最高法民终181号】吉林市中小企业信用担保集团有限公司(以下简称中小企业担保公司)、中国长城资产管理股份有限公司吉林省分公司(以下简称长城资产公司吉林分公司)侵权责任纠纷二审案件(《最高人民法院公报》2019年第3期公报案例),最高人民法院认为:

案涉股权的无偿划转与接收客观上导致华星公司偿债能力降低,与涉案担保债权不能实现具有直接因果关系,长城资产公司吉林分公司通过不良资产转让形式继受取得的担保债权无法依据担保法、合同法等合同之债途径突破合同相对性向合同当事人以外的第三人,即无偿接收财产的中小企业担保公司主张权利。据此,根据本案实际情况,适用侵权责任法作为保护财产权益的补充手段,是必要的;否则,享有合法财产权益的债权人难以通过法定路径予以救济,有违公平正义。综上,因中小企业担保公司配合华星公司划转案涉股权的行为具有过错,其无偿接收案涉股权侵害长城资产公司吉林分公司的合法财产权益,依据《民法通则》第106条第2款①"公民、法人由于过错侵害国家的、集体的财产,侵害他人财产、人身的,应当承担民事责任"的规定,中小企业担保公司应当承担民事责任。

争议焦点5　股东未履行或未全面履行出资义务的行为及责任认定

股东出资义务是指股东按期足额缴纳其所认缴的出资额的义务,包括公司设立时公司股东的出资义务和公司增资时股东的出资义务。股东违反出资义务的

① 对应《民法典》第1165条。

行为表现大致可分两类:一是未履行出资义务,具体包括拒绝出资、不能出资、虚假出资等;二是未全面履行出资义务,具体包括只履行了部分出资义务,未按规定数额足额出资等。

裁判要点 1 公司章程约定的出资时间是股东对公司作出的出资承诺,也是对公司债权人作出的承诺,这种承诺对公司债权人会产生一定的预期作用,在存在超出公司偿还能力的债务情形下,修订公司章程延迟缴纳出资时间,损害债权人利益,应视为股东出资期限未延长。

【裁判理由】【(2015)杭西商初字第2939号(经典案例)】浙江华宇建筑设计有限公司与周某高、钱某明等股东损害公司债权人利益责任纠纷一审案件,浙江省杭州市西湖区人民法院认为:

原告与星天公司的建设工程设计关系发生在2013年7月上旬,而**当时星天公司章程约定的第二期出资于2015年7月14日前缴纳,这系星天公司股东对星天公司所作的认缴出资的承诺,也是对公司债权人作出的承诺,这种承诺对公司债权人会产生一定的预期作用**……星天公司股东在案涉(2014)杭滨民初字第146号民事判决作出后,**通过修订章程延迟缴纳出资时间,且上述判决的执行因星天公司没有可供执行的财产而程序终结,星天公司股东延长认缴期限的行为违反了《公司法》第5条规定的“诚实守信原则”,损害债权人利益,该认缴出资的期限因公司偿债能力的变化,应当视为到期**。

裁判要点 2 股东对于未到期的注册资本享有期限利益,非经法定程序或在没有法律明确规定的情况下不可剥夺,不得要求该股东提前进行出资。

【裁判理由】【(2018)苏0281民初3105号】江阴柏恒建筑装饰工程有限公司诉付某文等股东损害公司债权人利益责任纠纷一审案件,江苏省江阴市人民法院认为:

江阴柏恒建筑装修工程有限公司主张付某文、王某、朱某彬应在其未出资本息范围内对艺联公司不能清偿的债务承担补充赔偿责任,对此法院不予支持,理由如下:第一,艺联公司对于注册资本的缴纳采用认缴制,付某文、王某、朱某彬认缴出资额的期限均为2034年12月31日,现艺联公司的各股东的认缴期限均未到期。第二,艺联公司的章程对其采用认缴制、各股东的认缴出资数额及期限等事项均进行了明确规定,且**向工商部门进行备案登记,具有对外公示效力,相对方均可通过公示平台在对艺联公司进行了解的基础上选择是否与其发生业务往来**。第三,《公司法》将有限责任公司的出资方式由实缴制修改为认缴制,股东可以根据公司状况、自己的经济能力等因素选择相应的认缴期限，**一经向工商部门备案登记对外公示即产生对外的法律效力，股东应当按照认缴期限足额缴纳注册资本，同时股东对于未到期的注册资本亦享有期限利益，非经法定程序或在没有法律明确规定的情况下不可剥夺，也即不得要求该股东提前进行出资。**

裁判要点 3 发起人承担连带责任的条件是股东未履行或者未全面履行出资义务的时间是在公司设立之时，而出资分期缴纳时，首期已到位，在第二期缴纳期限尚未截止时转让股权的，不应承担责任。

【裁判理由】【(2015)杭西商初字第2939号(经典案例)】浙江华宇建筑设计有限公司与周某高、钱某明等股东损害公司债权人利益责任纠纷一审案件，浙江省杭州市西湖区人民法院认为：

《公司法司法解释(三)》第13条第3款规定，股东在公司设立时未履行或者未全面履行出资义务，依照本条第1款或者第2款提起诉讼的原告，请求公司的发起人与被告股东承担连带责任的，人民法院应予支持……**由于该条款规定的发起人承担责任的条件是股东未履行或者未全面履行出资义务的时间是在公司设立之时，而星天公司的股东在公司设立时承诺出资分期缴纳，首期已到位，第二期缴纳时间在二年后，而竺某仙作为公司发起人转让股权的时间也在其最初承诺的第二期出资时间届满之前，故原告要求竺某仙就星天公司不能清偿部分承担责任的诉请，缺乏法律依据，**本院不予支持。

裁判要点 4 瑕疵股权受让人受让股权时未充分查证股权对应的出资义务是否履行，应当认定不符合善意受让人的条件。

【裁判理由】【(2018)苏02民终2726号】朱某刚诉倪某苓等股东损害公司债权人利益责任纠纷二审案件，江苏省无锡市中级人民法院认为：

倪某苓在抽逃全部增资款后分别向罗某、蒋某媛转让其持有的19.42%、80%的佳力亿公司股份，即倪某苓向罗某、蒋某媛转让的股权系瑕疵出资股权。关于罗某、蒋某媛以及李某宗在受让股权时是否知道或者应当知道倪某苓转让的股权存在瑕疵出资的问题：第一，罗某、蒋某媛作为理性的商事主体，**在受让股权时应当查证该股权所对应的出资义务是否履行，具有较公司其他股东更高的注意义务。**佳力亿公司注册资本由58万元增加至2000万元，股东倪某苓认缴全部增资款1942万元系佳力亿公司经营中的重大事项，**而罗某、蒋某媛只需对佳力亿公司银行验资账户的资金流转情况或公司财务账册等资料进行简单查询即可了解倪某苓在验资**

完成的短期内即已抽逃全部增资款。同理，罗某在受让股权后又将该股权全部转让给李某宗时，李某宗亦应查证该股权所对应的出资义务是否履行。第二，倪某苓与罗某、蒋某媛以及罗某与李某宗均是通过签订股权转让协议的方式转让股权，**且协议中明确约定转让股权的份额及对应的股权转让价格，而罗某、蒋某媛以及李某宗受让相应股权时均未按协议约定支付任何对价，即实际是无偿受让股权，明显有违常理**。罗某、蒋某媛、李某宗虽辩称其受让佳力亿公司股权均是受他人委托，但均未举证证明，罗某、蒋某媛、李某宗的上述抗辩意见，法院不予采纳。

需要注意的是，本案中，在股东倪某苓抽逃增资后，将其持有股权转让予罗某、蒋某媛后，罗某在受让股权后又将该股权全部转让给李某宗，因罗某、蒋某媛、李某宗均是非善意受让人，与抽逃增资股东倪某苓共同对公司债务承担连带责任。

裁判要点 5 认缴期限届满前尚未履行出资义务的股东转让股权的，在未经已有债权人同意或未对已有债权落实清偿方案的情况下不能免除其原来的信用承担义务。

【裁判理由】【(2020)苏02民终2487号(经典案例)】殷某翔与溧阳市爱尔森服饰有限公司(以下简称爱尔森公司)、邓某芳等股东损害公司债权人利益责任纠纷二审案件，江苏省无锡市中级人民法院认为：

资本认缴制下的出资义务加速到期对已转让股权的原股东在特定情形下仍然适用。《公司法》第3条第2款规定“有限责任公司的股东以其认缴的出资额为限对公司承担责任”，股东出资义务是法定的股东对公司的强制性责任，资本认缴制下仅仅是允许股东依法享有期限利益，其认缴出资义务含有对未来的信用承担义务，经工商登记公示后具有公信力，也将成为债权人评估交易风险的考量，包括出资金额、出资主体、出资期限等。**因此，认缴期限届满前尚未履行出资义务的股东转让股权的，在未经已有债权人同意或未对已有债权落实清偿方案的情况下不能免除其原来的信用承担义务。本案中，殷某翔向邓某芳转让英利驰公司股权时，爱尔森公司是英利驰公司的已有债权人，殷某翔将出资义务转让也包含了将对债权人的未来信用担保义务进行转让，但未得到爱尔森公司同意或为爱尔森公司落实其他担保，故爱尔森公司仍有权要求原股东殷某翔承担出资责任。**

【笔者观点】《山东省高级人民法院民二庭关于审理公司纠纷案件若干问题的解答》不支持债权人提前履行出资义务的原因在于：“单个的债权追及诉讼不符合《中华人民共和国企业破产法》第三十一条、第三十二条的精神。债权人应当申请债务人破产，进入破产程序后再按照《中华人民共和国企业破产法》第三十五条规定使股东出资义务加速到期，最终在真正意义上保护全体债权人利益。”

《公司法（修订草案）》新增第48条规定：“公司不能清偿到期债务，且明显缺乏清偿能力的，公司或者债权人有权要求已认缴出资但未届缴资期限的股东提前缴纳出资。”这是因为，在注册资本认缴制下，任何合同自由都有其边界，股东出资义务的履行期限并非“完全自治”的事项，出资期限的设计应不影响公司的正常经营（包括偿债）。当公司存在“不清偿到期债务”之情形，无论公司是否已达“破产界限”，都应允许债权人主张加速股东出资义务之履行。这不是对“契约严守”的背离，而是对契约诚信的遵守。“非破产加速”与“破产加速”的适用情形不尽相同，它可填补“破产加速”衍生的规制漏洞——通过给股东施加清偿压力，解决“主观清偿不能”的公司赖债现象，且“非破产加速”的弊端可以通过破产撤销权的运用控制在合理范围内。

争议焦点6　出资义务举证责任分配

裁判要点 债权人已提供初步证据证明公司股东存在抽逃出资行为的，股东应就其未抽逃出资承担举证责任，否则应承担不利法律后果。

【裁判理由】【（2021）苏08民终4924号】王某江、沈某斌与淮安京港新型材料有限公司（以下简称京港公司）、第三人江苏倖亚建设有限公司损害公司债权人利益责任纠纷案件，江苏省淮安市中级人民法院认为：

沈某斌、王某江应当足额履行增资义务。但江苏倖亚建设有限公司银行流水显示，增资款在进入公司账户并经验资后于当日全额转出。《公司法司法解释（三）》第20条规定：“当事人之间对是否已履行出资义务发生争议，原告提供对股东履行出资义务产生合理怀疑证据的，被告股东应当就其已履行出资义务承担举证责任。”在京港公司提供了对沈某斌、王某江抽逃出资合理怀疑的证明后，应当由沈某斌、王某江提供相应的证据反驳京港公司的主张，但沈某斌、王某江未予举证，其主张款项用于公司经营，亦未能提供证据证明，在这种情况下，应当作出对其不利的判断，即支持京港公司的主张，认定沈某斌、王某江构成抽逃出资。

【笔者观点】当事人之间对股东是否已经履行出资义务发生争议，不属于《最高人民法院关于民事诉讼证据的若干规定》明确规定的特殊情形，原则上应由原告债权人对被告公司股东未履行出资义务承担举证责任。但在司法实践中，债权人并不参与公司经营，也无法接触公司财务账册，除公司高管人员外，公司债权人甚至是公司其他股东可能都无法知晓某股东是否切实履行了出资义务，如果在诉讼中要求公司债权人必须提交完备证据证明公司股东未履行出资义务，不利于保障公司债权人的利益，也同样不利于督促股东保障公司资本充实。

(三)公司清算中，股东及实际控制人应承担的责任

清算义务人是指基于其与公司之间存在的特定法律关系而在公司解散时对公司负有依法组织清算义务，并在公司未及时清算给相关权利人造成损害时依法承担相应责任的民事主体。清算义务人的义务是组织清算，而清算人是在清算中具体进行清算事务的主体。①

我国《公司法》原仅规定了清算人在清算过程中的法律责任，并未明确清算义务人不履行义务所应承担的法律责任。在司法实践中，大量公司解散后应当清算而不清算，甚至是故意以解散为由逃废债务，严重损害了债权人利益并危害经济秩序。通过司法解释增加清算义务人不作为的成本迫使其选择作为，即通过将其清算责任向财产责任转化的方式，达到了督促清算义务人依法清算和规范法人退出行为的目的，进而也就保护了公司解散清算中债权人的合法权益。

争议焦点7　股东不当履行清算义务应对公司债务承担的责任

裁判要点1 公司股东怠于履行清算义务导致公司清算无法正常进行，损害债权人利益的，应当承担连带清偿责任。

【裁判理由】【(2021)最高法民申2363号】龙昌行置业有限公司(以下简称龙昌行公司)、广州市天河区城市建设开发总公司股东损害公司债权人利益责任纠纷再审审查与审判监督案件，最高人民法院认为：

龙昌行公司怠于履行清算义务。……**第四，天龙公司清算是在广州二建公司提起本案诉讼之后，而且天龙公司、龙昌行公司等对天龙公司账册、重要文件的保管地点和方式主张不一，难以证明天龙公司的清算可以正常进行。**据此，原审判

① 参见最高人民法院民事审判第二庭编著：《最高人民法院关于公司法司法解释(一)、(二)理解与适用》，人民法院出版社2015年版，第397页。

决龙昌行公司在天龙公司欠付广州二建公司的工程款本息内承担连带清偿责任，并无不当。

裁判要点 2 股东未履行清算义务与公司资产受损之间并无因果关系，无须承担责任。

【裁判理由】【(2016)最高法民再37号】上海丰瑞投资咨询有限公司(以下简称丰瑞公司)与上海汽车工业销售有限公司(以下简称上汽公司)、扬州市机电设备总公司企业借贷纠纷申诉案件，最高人民法院认为：

基于保护自己债权的考虑，上汽公司在强制执行案中已尽其所能清查上汽扬州公司的责任资产，扬州市机电设备总公司也提供了相关财务报表和说明，但该公司已无偿债资产。**在上汽扬州公司于2001年已无偿债能力且被吊销营业执照的情形下，即使当时进行清算，其也无责任资产偿还丰瑞公司的案涉债权，故上汽公司未履行清算义务的行为并未造成丰瑞公司的损失，上汽公司未履行清算义务的行为与丰瑞公司案涉债权未得到清偿所致损失并无因果关系。**

裁判要点 3 股东不具有能够履行清算义务而拒绝或拖延清算从而导致公司的主要财产、账册、重要文件灭失的过错行为的，不应承担责任。

【裁判理由】【(2020)最高法民申5659号】北京凯奇新技术开发总公司、西安高新区西工大科技园发展有限公司(以下简称科技园公司)再审审查与审判监督案件，最高人民法院认为：

本案中，**科技园公司作为电力电子公司持股5%的股东，没有证据显示其选派人员担任电力电子公司董事会或监事会成员，亦没有证据显示其参与该公司经营管理。原审判决据此认定科技园公司不具有能够履行清算义务而拒绝或拖延清算从而导致电力电子公司的主要财产、账册、重要文件灭失的过错行为，进而驳回北京凯奇新技术开发总公司要求科技园公司对电力电子公司债务承担连带清偿责任的请求，并无不当。**

裁判要点 4 债权人未对本位债权的全部债务方穷尽执行手段的情况下，诉请债务人股东或实际控制人承担责任的，不予支持。

【裁判理由】【(2016)京0102民初698号(经典案例)】惠州市东方联合实业有限公司(以下简称惠州东方公司)与白某本、叶某昌等股东损害公司债权人利益责任纠纷一审案件，北京市西城区人民法院认为：

《公司法司法解释(二)》第18条第2款规定："有限责任公司的股东、股份有限公司的董事和控股股东因怠于履行义务,导致公司主要财产、账册、重要文件等灭失,无法进行清算,债权人主张其对公司债务承担连带清偿责任的,人民法院应依法予以支持。”该条规定的是清算义务人怠于履行清算义务应承担的对债务人债权人的侵权责任。**其适用的法理基础是法人人格否定理论和侵害债权理论。因此,清算义务人承担上述清算赔偿责任,应符合以下构成要件:第一,清算义务人有违反法律规定,怠于履行清算义务的行为,即在公司解散后未在法定时间内开展清算事务或未在法定时间内完成清算事务,主观上存在不作为的过错,或者不适当执行清算事务,侵犯债权人利益。第二,清算义务人的行为造成了公司债权人的直接损失。第三,清算义务人怠于履行清算义务的行为与公司财产或债权人的损失之间具有法律上的因果关系。……惠州东方公司既未提交充分证据证明在合众公司于2001年已无偿债能力且被吊销营业执照的情形下,即使当时进行清算,是否具有资产,亦未提交充分证据证明清算义务人的行为与债权人的损失之间具有法律上的因果关系。……由于惠州东方公司主动放弃了对天极光电公司财产的执行,对于该损失应由其自行承担。现天极光电公司尚在正常经营,鉴于惠州东方公司未对其本位债权的全部债务方穷尽执行手段,其主张的损失范围亦无法确定,故对惠州东方公司的诉讼请求,本院不予支持。**

【笔者观点】在司法实践中,清算义务人不作为情形有二,所应承担的法律后果也有所差异:一是在法定期限内未成立清算组开始进行清算,导致公司主要财产贬值、损毁或者灭失的,清算义务人应当在其造成损失的范围内对公司债务承担赔偿责任,该种责任是从法人财产制度和侵权责任角度出发予以确定的;二是虽然已经成立清算组,但未及时进行清算,导致公司主要财产、账册、重要文件等灭失,无法进行清算的,应当对公司债务承担连带清偿责任,该责任的确认系因司法实践中出现了大量的“僵尸企业”或“植物人公司”,其目的在于强化清算义务人的清算义务。

债权人在提起诉讼时,如果遵循“谁主张,谁举证”的举证原则,债权人需要举证证明由于清算义务人怠于履行义务,导致公司主要财产、账册、重要文件等灭失,无法进行清算。但从事实角度考虑,债权人对于公司主要财产、账册、重要文件等是否灭失导致无法进行清算进行举证较为困难,而由公司股东举证相对容易,债权人在提起此类诉讼时,至少应提供初步基础证据。

《山东省高级人民法院民二庭关于审理公司纠纷案件若干问题的解答》明确了股东怠于履行清算义务致使无法清算时的举证责任分配问题,其认为:“从平衡双方当事人利益的角度考虑，可以先由债权人提供初步证据，例如公司被吊销营业执照多年且无人管理，人民法院已作出公司无财产可供执行的民事裁定书等，再由公司股东举证进行抗辩，例如提供公司账册，或者有证据证明公司无财产可供执行的现状并非怠于清算所致，而是在公司吊销之前已无财产等。如果公司股东无法举证公司在事实上可以进行清算，则应对公司债务承担连带清偿责任。”《浙江省高级人民法院民二庭关于商事审判若干疑难问题解答》则指出：“结合最高人民法院民二庭对《关于审理公司强制清算案件工作座谈会纪要》的解读意见（参见《商事审判指导》2009 年第 4 辑），倾向于通过举证责任倒置来解决中小企业股东利益保护问题，但如何具体操作，尚有待于实践中探索。……法院仍应引导双方当事人对争议的事实积极举证，在查明案件事实基础上公平确定公司清算义务人的民事责任。”

在此类案件的司法实践中，往往会出现债务人公司及股东均不到庭参加诉讼的情况，《山东省高级人民法院民二庭关于审理公司纠纷案件若干问题的解答》认为，“人民法院对于公司股东是否应当承担责任及承担赔偿责任还是连带清偿责任无法作出判断的，可以驳回债权人的诉讼请求。同时，应当向债权人释明可以向人民法院申请对债务人进行强制清算或者破产清算。人民法院依法受理债权人的申请后，如果债务人下落不明无法提交相关材料，或者债务人的有关人员拒不向人民法院提交，或者提交的材料不真实，人民法院以无法清算或者无法依法全面清算为由裁定终结破产清算程序或者强制清算程序的，债权人可以依据人民法院作出的裁定，另行提起诉讼要求清算义务人对公司债务承担连带清偿责任”。

《公司法（修订草案）》第 228 条对现行《公司法》第 183 条规定的清算义务人进行了调整，明确公司董事为清算义务人，此修订与《九民纪要》存在延续：《九民纪要》指出，应当注意如果小股东能够举证证明其并非董监高成员，未参与公司经营管理，以不构成“怠于履行义务”为由，主张其不应当对公司债务承担连带清偿责任的，人民法院依法予以支持。现行《公司法》及其司法解释所确立的由股东作为清算义务人的清算制度，其目的原是保护债权人利益，迫使公司股东全面负责公司的一切事宜，且如不依法清算，是变现“丰盈股东腰包”，包括公司无须再行清偿公司债务或是将应分配清偿之财产非法纳入囊中，而“丰盈”的资产实际上则来源于债权人的利益受损，尤其是在公司经营状况不佳的情况之下，将股东列为清算义务人确有一定道理。

然而，如《九民纪要》中对于“怠于履行义务”所作的解释，是否实际参与经营是股东能否“滥用”公司法人地位和股东有限责任的重要判断标准，而《公司法（修订草案）》的一项重点内容即为确定股东与董事应当各司其职，负责公司运营事宜。现代公司治理制度也较为注重“两权分离”的原则，董事负责管理治理公司，股东负责履行出资义务；此外，根据股东会的法定职权，在司法实践中，股东也很难直接对公司经营决策发挥作用；再者，股东以其出资为限对公司承担责任，是公司独立人格的根本体现，将股东作为清算义务人，不履行义务即对公司债权人承担连带责任的话，则有突破股东有限责任之嫌；最后，股东行使职权需通过股东会，仅投资而不参与经营的小股东，是完全没有组织清算的能力的。将公司清算义务人确定为公司董事，较为切合实际，也与法理相符。

争议焦点8　清算义务人恶意侵权和欺诈注销的法律责任

清算义务人损害公司及债权人利益的行为，除了不作为的未在法定期限内组成清算组开始清算、怠于履行清算义务，还包括作为方式，即恶意处置公司财产给债权人造成损失、未经清算以虚假清算报告骗取公司登记机关办理法人注销登记等情形。

裁判要点 1 恶意处置公司财产给债权人造成损失的，应当对债权人承担赔偿责任。

【裁判理由】【(2013)佛中法民一终字第243号】上诉人罗某光、关某爱、罗某文与被上诉人罗某志、佛山市禅城某贸易有限公司、佛山市南海区某陶瓷有限公司、佛山市某燃料有限公司、佛山市顺德区某燃料有限公司、佛山市顺德区某水煤浆有限公司、佛山市三水某纸业有限公司、佛山市某石油化工有限公司、佛山市禅城南庄镇工程管理站某某维修部、佛山市南海某陶瓷有限公司、佛山市某第某彩印厂、伦某伙、潘某泰、佛山市禅城区某陶瓷设备有限公司、刘某祥、广州市某化工有限公司、梁某雄、梁某杰、何某荣股东损害公司债权人利益责任纠纷案件，广东省佛山市中级人民法院认为：

公司解散，依法应当清算，并由清算组将公司解散清算事宜书面通知全体已知债权人。本案中，三上诉人决定转卖某某公司全部财产时，某某公司对19名被上诉人的债务，绝大多数已经法院生效裁判确认或已交由法院强制执行，个别债务虽有争议亦已起诉至法院。换言之，19名被上诉人向某某公司主张的债权已为某某公司所知，三上诉人也理应清楚。然而，三上诉人明知某某公司拖欠被上诉人等人巨额债务却无视19名被上诉人的合法债权，**在未先行书面通知全体已知债权人的情况下，擅自变卖某某公司的全部财产，将本应用作偿付公司债务的公司财产进行处置，故不论其后转让款是否用作偿付其他公司债务，亦已构成恶意，并客观上导致19名被上诉人对某某公司的债权无法足额受偿**。综上所述，上诉人罗某光、关某爱、罗某文作为某某公司的股东、实际控制人在某某公司解散事由出现后，恶意处置某某公司的财产给19名被上诉人造成损失。19名被上诉人主张三上诉人对某某公司未能清偿的债务承担相应赔偿责任，符合《公司法司法解释（二）》第19条的规定，原审判决处理并无不当，本院予以支持。

裁判要点2 公司以虚假清算报告骗取公司登记机关办理注销登记的，债权人可向清算义务人或实际控制人主张承担赔偿责任。

【裁判理由】【（2021）浙0683民初5361号】徐某松与被告杜某叶、林某枝股东损害公司债权人利益责任纠纷案件，浙江省嵊州市人民法院认为：

2011年7月11日，一杰公司股东会决议载明："……一杰公司全体股东通过了清算报告，载明：一、通知债权人。本公司解散后进行清算，并于2011年5月24日在《永康日报》上公告通知债权人。到目前为止，没有债权人提出偿债请求。……六、已清偿企业债权债务。若有未尽事宜由股东按出资比例负责承担处理……"后一杰公司办理了注销登记。……本案中，清算报告载明"已清偿企业债权债务"，但2011年徐某松与郑某凡、杜某杰、一杰公司民间借贷纠纷一案，徐某松已于2011年1月24日向嵊州市人民法院起诉，嵊州市人民法院于同年3月22日作出民事判决，一杰公司应当知道该企业债务但并未清偿，与清算报告载明的不符，综合上述情形，原告可以要求股东承担赔偿责任。对于原告主张的执行款先予利息抵扣，经核算收到的款项未超过应付的利息部分，故予以支持。综上，原告的诉讼请求于法有据，本院依法予以支持。

【笔者观点】清算义务人及实际控制人在公司解散后恶意处置公司财产给公司债权人造成损失的，应当对公司债务承担赔偿责任。相关责任承担赔偿责任须同时具备以下条件：主观上，必须是恶意的，即明知或者应当知道自己的行为会给公司财产造成损失并进而侵害公司债权人的利益，此类情形有故意侵占公司财产或者故意以不合理低价处置公司财产等情形；客观上，必须造成了债权人的损失，如果仅是造成公司损失，而公司剩余资产仍足以清偿债务的，则债权人并不能因此向清算义务人或是实际控制人追责。

争议焦点9 未依法清算即注销，清算义务人、实际控制人的责任

公司解散后必须清算，清算组应当自公司清算结束之日起30日内向公司登记机关申请注销登记，终止公司。但在实践中，公司解散后并未进行清算，但是以虚假的清算报告骗取登记机关办理法人注销登记，或是公司解散后，公司股东或第三人向登记机关承诺负责清理债权债务，但公司并未清算情形下，办理了公司注销登记，如果以上行为导致公司无法进行清算的，按照现行法律规定，有限责任公司的股东、股份有限公司的董事和控股股东，以及有过错的实际控制人应当对公司债务承担清偿责任。

裁判要点1 公司解散后并未进行清算，以虚假的清算报告骗取登记机关办理法人注销登记恶意处置公司财产给债权人造成损失的，应当对公司债务承担清偿责任。

【裁判理由】【(2021)粤0111民初27835号】成都电科汇丰科技有限公司与曹某股东损害公司债权人利益责任纠纷案件，广东省广州市白云区人民法院认为：

原告以生效判决向广州市白云区人民法院申请执行时，才发现鹏展公司已经于2019年8月26日被被告恶意注销，导致原告无法追回损失。原告所调取的鹏展公司的工商内档资料显示：2019年7月9日，鹏展公司向广州市白云区市场监督管理局提出企业注销申请，自行申报债权债务清理情况为“无债权债务”。2019年8月26日，被告曹某作出“公司已经清算完毕，同意注销本公司”的股东会决议。2019年8月26日，鹏展公司清算报告自称“债权债务已清理完毕”。2019年8月26日，广州市白云区市场监督管理局作出《企业核准注销登记通知书》，核准鹏展公司的注销登记。被告作为鹏展公司的唯一股东，其明知鹏展公司与原告存在重大诉讼尚未审结，存在重大债务尚未清算，却为了逃避债务，恶意于与原告纠纷的二审诉讼期间作出注销决定，且未经依法清算，以虚假的清算报告骗取公司登记机关办理法人注销登记，严重损害了原告的合法权益，依照《公司法司法解释(二)》第19条、第20条之规定，被告应当对鹏展公司的债务承担赔偿责任。

裁判要点2 公司股东或第三人向登记机关承诺负责清理债权债务，但公司并未清算直接办理了公司注销登记，应对公司债务承担清偿责任。

【裁判理由】【(2020)鲁0982民初8062号】山东国安重工集团有限公司与长

沙开元仪器股份有限公司(以下简称开元仪器公司)买卖合同纠纷案件,山东省新泰市人民法院认为:

开元机电公司申请注销登记时,被告开元仪器公司作为股东承诺开元机电公司如有遗留的债权债务问题,由股东依法承担。根据《公司法司法解释(二)》第20条"公司解散应当在依法清算完毕后,申请办理注销登记。公司未经清算即办理注销登记,导致公司无法进行清算,债权人主张有限责任公司的股东、股份有限公司的董事和控股股东,以及公司的实际控制人对公司债务承担清偿责任的,人民法院应依法予以支持。公司未经依法清算即办理注销登记,股东或者第三人在公司登记机关办理注销登记时承诺对公司债务承担责任,债权人主张其对公司债务承担相应民事责任的,人民法院应依法予以支持"的规定,被告开元仪器公司应对原告主张的欠款承担民事责任。

(四)损害公司债权人利益责任纠纷的常见程序性争议

争议焦点10　损害公司债权人利益责任纠纷如何确认地域管辖

裁判要点1 损害公司债权人利益责任之诉不适用专属管辖,应当按照侵权之诉的管辖规定确定地域管辖。

【裁判理由1】【(2021)京02民辖终550号】储某建等与李某亭实际控制人损害公司债权人利益责任纠纷二审案件,北京市第二中级人民法院经审查认为:

李某亭以储某建利用实际控制人身份损害公司债权人利益为理由,**以实际控制人损害公司债权人利益责任纠纷为案由提起本案诉讼,要求判令储某建向李某亭支付3,302,509元及利息等,故本案属于侵权之诉,**应当按照法律有关侵权行为的特殊地域管辖规定确定管辖。

【裁判理由2】【(2021)京01民辖终83号】陈某旗等与北京至朋佳音数码科技有限公司股东损害公司债权人利益责任纠纷管辖权二审案件,北京市第一中级人民法院认为:

北京至朋佳音数码科技有限公司系以股东损害公司债权人利益责任纠纷提起本案诉讼,并请求陈某旗、古某在未出资范围内承担安新县斯卡拉文化传媒有限公司欠付的服务费及逾期付款违约金等,原审认定本案属于侵权之诉,应以《民事诉讼法》关于侵权之诉的管辖规定确定本案管辖,并无不当。

【裁判理由3】【(2021)最高法民辖33号】中山市金润纺织有限公司与王某宝、叶某股东损害公司债权人利益责任纠纷管辖权二审案件,最高人民法院认为:

本案系原告中山市金润纺织有限公司因被告王某宝、叶某**未依法履行清算义务,导致公司无法清算、原告的债权无法实现,主张两被告对公司债务承担连带清偿责任,故本案应为股东损害公司债权人利益责任纠纷,性质上属侵权责任纠纷**。

【笔者观点】在司法实践中,未分设"实际控制人损害公司债权人利益责任纠纷"子案由前,参照"股东损害公司债权人利益责任纠纷"案件确定管辖权,在分设"实际控制人损害公司债权人利益责任纠纷"子案由后,也将按照股东损害公司债权人利益责任纠纷以《民事诉讼法》规定的关于地域管辖的一般原则为基础,并结合《民事诉讼法》第27条的规定综合考虑确定管辖法院。

裁判要点2 不能直接以债权人住所地作为侵权结果发生地。

【裁判理由】【(2019)京02民终4029号】闫某庆与温某华等股东损害公司债权人利益责任纠纷二审案件,北京市第二中级人民法院认为:

闫某庆以股东损害公司债权人利益责任纠纷起诉,……本院认为除法律、司法解释明确规定的名誉权纠纷、信息网络侵权纠纷等特殊案件外,侵权行为实施地和侵权结果发生地一般应视为在同一地点,**在股东损害债权人利益责任纠纷案件中债权人起诉股东承担赔偿责任的,不能直接以原告住所地作为侵权结果发生地**。因此一审法院对本案无管辖权。

裁判要点3 债权人住所地为侵权结果发生地。

【裁判理由1】【(2018)最高法民辖80号】北京登峰伟业建筑工程有限公司(以下简称登峰伟业公司)与华某红、祁某升股东损害公司债权人利益责任纠纷管辖权二审案件,最高人民法院认为:

登峰伟业公司虽在诉讼理由中提出华某红、祁某升作为相约今晚公司股东,在公司出现解散事由后逾期多年未对公司进行清算,但其诉讼请求是以相约今晚公司股东华某红、祁某升损害债权人的利益为由,要求股东承担侵权赔偿责任,故本案案由为股东损害公司债权人利益责任纠纷。……**登峰伟业公司作为被侵权人,其住所地北京市应当属于侵权结果发生地,故北京市房山区人民法院对本案有管辖权**。

【裁判理由2】【(2018)最高法民辖162号】科伦比亚户外传媒广告(北京)有限公司(以下简称科伦比亚公司)与朱某东、李某元股东损害公司债权人利益责任纠纷管辖权二审案件,最高人民法院认为:

科伦比亚公司以朱某东、李某元为被告提起诉讼，属于股东损害公司债权人利益责任之诉。……本案侵权结果发生地即科伦比亚公司住所地，和两名被告朱某东、李某元住所地，均可以作为确定案件管辖法院的联结点。

【笔者观点】因股东或实际控制人相应行为导致公司偿债能力降低，该行为最终侵害的是公司债权人的利益，即股东或实际控制人的行为最终使公司债权人承受了利益受损的后果，故应以债权人所在地为侵权结果发生地。当然，原告方应在起诉前谨慎选择，同时参考当地法院类似裁判案例，尽量减少诉讼风险；被告方则可在接到应诉通知书后，重点关注案件管辖问题，以便及时提出管辖权异议，合理维护权益。

裁判要点 4 基础债权债务关系诉讼与损害公司债权人利益责任纠纷合并诉讼时的地域管辖以基础债权债务关系为准。

【裁判理由】【(2020)最高法民再343号】石河子开发区坤正达物流有限公司(以下简称坤正达公司)、新疆新润天和投资管理咨询有限公司(以下简称新润天和公司)企业借贷纠纷再审案件，最高人民法院认为：

坤正达公司与西部能源公司在《还款协议》中约定……坤正达公司对西部能源公司提起诉讼的同时，以西部能源公司的股东新润天和公司抽逃出资为由，一并要求新润天和公司对西部能源公司的债务承担出资不实的补充赔偿责任……坤正达公司对新润天和公司的诉讼请求建立在要求西部能源公司偿还借款本息基础之上，坤正达公司要求新润天和公司承担补充赔偿责任，属于对坤正达公司与西部能源公司之间合同之债的责任主体确定问题，两项诉讼请求合并审理并不违反法律的强制性规定。本案当事人诉争的基础法律关系为坤正达公司与西部能源公司之间的借款关系，应以该法律关系确定对本案具有管辖权的法院，即新疆生产建设兵团第八师中级人民法院对本案具有管辖权。

【笔者观点】根据《九民纪要》第13条的规定，在公司人格否认纠纷案件中，如债权人对债务人公司享有的债权尚未经生效裁判确认，诉请公司股东对公司债务承担连带责任的，应当将公司股东与公司作为共同被告。在股东或实际控制人损害公司债权人利益责任纠纷案件中，债权人为便捷或节省诉讼成本、时间等所需，可以同步解决与债务人之间的债权债务关系，向公司股东或实际控制人的侵权行为进行索赔，基于案件当事人诉争的基础法律关系为债权人与债务人之间的债权债务关系，应以该法律关系确定具有管辖权的法院。

争议焦点11 如何确认损害公司债权人利益责任纠纷的当事人

裁判要点1 根据《公司法》第216条的规定，在判断被告是否为公司实际控制人时，在方式上应考虑被告与公司之间是否存在投资关系、有协议或者其他安排，在结果上应考察被告是否具备以个人意志实际支配公司行为的能力。

【裁判理由】【（2022）京02民终3613号】上诉人李某亭与被上诉人储某建，原审第三人北京卢沟鸿森投资管理有限公司（以下简称卢沟鸿森公司）实际控制人损害公司债权人利益责任纠纷案件，北京市第二中级人民法院认为：

储某建承担责任的前提是其确系卢沟鸿森公司的实际控制人。本院认为，依据《公司法》第216条的规定，在方式上应考察储某建与卢沟鸿森公司间是否存在投资关系、有协议或者其他安排，在结果上应考察储某建是否具备以个人意志实际支配公司行为的能力。另外，李某亭作为请求储某建作为公司实际控制人承担责任的一方，应承担对其身份的证明责任。本案中，储某建虽然是公司法定代表人、执行董事，在民事案件执行中代表公司与人民法院沟通，并在刑事案件中被认定为直接负责的主管人员被判决承担刑事责任，但是未见存在投资关系、有协议或者其他安排，且上述事实仅可证实储某建具有高级管理人员之身份，尚不能证明其已经具备支配公司行为之能力。且卢沟鸿森公司的控股股东是广东鸿森公司，李某亭和储某建均认可储某建是由广东鸿森公司委派至卢沟鸿森公司担任法定代表人等职。故广东鸿森公司具有对储某建的任免权限，储某建需接受广东鸿森公司的指令，更难证实储某建可凭个人意志决定公司行为。总而言之，李某亭未能举证证明储某建系卢沟鸿森公司的实际控制人，对于其上诉理由，本院不予采纳。

裁判要点2 一人公司股东配偶在公司任职的，应视为夫妻二人共同经营公司；同时未证明夫妻关系存续期间二人财产与公司财产独立的，应对公司债务承担连带责任。

【裁判理由】【（2018）京0113民初761号】白某春诉王某某、杨某某股东损害公司债权人利益责任纠纷一审案件，北京市顺义区人民法院认为：

《公司法》第63条规定：一人有限责任公司的股东不能证明公司财产独立于股东自己的财产的，应当对公司债务承担连带责任。王某某作为一人有限责任公司的股东，未证明公司财产独立于自己的财产，应对公司债务承担连带责任。《最高人民法院关于审理涉及夫妻债务纠纷案件适用法律有关问题的解释》第3条①规定:夫妻一方在婚姻关系存续期间以个人名义超出家庭日常生活需要所负的债务,债权人以属于夫妻共同债务为由主张权利的,人民法院不予支持,但债权人能够证明该债务用于夫妻共同生活、共同生产经营或者基于夫妻双方共同意思表示的除外。**杨某某作为公司监事,监督公司经营管理,故应视为夫妻二人共同生产经营进缘公司,杨某某亦未证明夫妻关系存续期间二人财产与公司财产独立,故应对公司债务承担连带责任**。

裁判要点3 债务产生时股东与公司财产混同的,即使股东已经将股权转让,仍应对公司债务承担连带责任。

【裁判理由】【(2018)京03民终443号】北京骐通投资管理有限公司(以下简称骐通公司)等与新昌县诚欣胶囊有限公司股东损害公司债权人利益责任纠纷二审案件,北京市第三中级人民法院认为:

天九公司被依法吊销营业执照后崔某宇未对天九公司进行清算。同时,崔某宇也是天九公司的唯一股东,应当举证证明其财产与天九公司没有混同的现象。新昌县诚欣胶囊有限公司与天九公司的债权债务关系发生在骐通公司作为天九公司的股东期间,故骐通公司应当举证证明该期间其财产与天九公司的财产没有发生混同。但崔某宇、骐通公司均未举证证明,应当承担不利后果,**对天九公司在(2011)昌民初字第10474号民事判决书中应承担的债务承担连带清偿责任。骐通公司主张(2011)昌民初字第10474号判决生效时,其已不具备天九公司股东身份。该意见混淆了债务的实际形成时间与判决生效时间。债务实际形成时间,应基于当事人特定的法律行为来确定,并不必然等同于判决生效之日。骐通公司对天九公司债务承担连带责任的原因,系基于其在债权债务关系发生时,作为天九公司的唯一股东且无法证明其与天九公司财产相互独立的事实**。

七、其他问题

(一)损害公司债权人利益责任纠纷与清算责任纠纷的区别

《最高人民法院民事案件案由适用要点与请求权规范指引》(第2版)②一书

---

① 对应《民法典》第1064条。

② 《最高人民法院民事案件案由适用要点与请求权规范指引》(第2版),人民法院出版社2020年版,第770页。

记载，清算责任纠纷是指清算组成员在清算期间，因故意或者重大过失给公司、债权人造成损失，应当承担赔偿责任的纠纷。“清算责任纠纷”请求权基础包括以下内容。

1. 现行法

(1)《民法典》。

第七十条 法人解散的，除合并或者分立的情形外，清算义务人应当及时组成清算组进行清算。

法人的董事、理事等执行机构或者决策机构的成员为清算义务人。法律、行政法规另有规定的，依照其规定。

清算义务人未及时履行清算义务，造成损害的，应当承担民事责任；主管机关或者利害关系人可以申请人民法院指定有关人员组成清算组进行清算。

(2)《公司法》。

第一百八十九条 清算组成员应当忠于职守，依法履行清算义务。

清算组成员不得利用职权收受贿赂或者其他非法收入，不得侵占公司财产。

清算组成员因故意或者重大过失给公司或者债权人造成损失的，应当承担赔偿责任。

2.《公司法》与《公司法(修订草案)》对比

《公司法》	《公司法(修订草案)》
第一百八十三条　公司因本法第一百八十条第(一)项、第(二)项、第(四)项、第(五)项规定而解散的，应当在解散事由出现之日起十五日内成立清算组，开始清算。有限责任公司的清算组由股东组成，股份有限公司的清算组由董事或者股东大会确定的人员组成。逾期不成立清算组进行清算的，债权人可以申请人民法院指定有关人员组成清算组进行清算。人民法院应当受理该申请，并及时组织清算组进行清算。	第二百二十八条　公司因本法第二百二十五条第一款第一项、第二项、第四项、第五项规定而解散的，应当清算。**董事为公司清算义务人，**应当在解散事由出现之日起十五日内组成清算组进行清算。 **清算组由董事组成，但是公司章程另有规定或者股东会决议另选他人的除外。** **清算义务人未及时履行清算义务，给公司或者债权人造成损失的，应当承担赔偿责任。** 第二百二十九条　公司依照前条第一款的规定应当清算，逾期不成立清算组进行清算**或者成立清算组后不清算的，利害关系人**可以申请人民法院指定有关人员组成清算组进行清算。人民法院应当受理该申请，并及时组织清算组进行清算。

续表

《公司法》	《公司法(修订草案)》
	公司因本法第二百二十五条第一款第四项的规定而解散的,作出吊销营业执照、责令关闭或者撤销**设立**登记的决定的**部门或者公司登记机关,可以申请人民法院指定**有关人员组成清算组**进行清算**。
第一百八十九条　清算组成员应当忠于职守,依法履行清算义务。 清算组成员不得利用职权收受贿赂或者其他非法收入,不得侵占公司财产。 清算组成员因故意或者重大过失给公司或者债权人造成损失的,应当承担赔偿责任。	第二百三十四条　**清算组成员履行清算职责,负有忠实义务和勤勉义务。** 清算组成员**怠于履行清算职责,给公司造成损失的,应当承担赔偿责任**;因故意或者重大过失给债权人造成损失的,应当承担赔偿责任。

【笔者观点】现行《公司法》的司法实践中,公司股东并不一定会作为清算组成员实际参与公司清算工作,且清算组的成立有赖于公司股东决定或股东会决议,或是由法院指定。一般情况下,在公司股东怠于履行清算义务或公司虚假清算损害公司债权人的情况下,债权人可选择以股东损害公司债权人利益责任纠纷为案由提起索赔诉讼;如公司已实际进入清算程序,清算组成员未按《公司法》及相关规定进行公司清算,且因此损害公司债权人利益的,公司债权人可以清算责任纠纷为由提起索赔诉讼。

《公司法(修订草案)》将公司的清算义务人确定为公司董事,其未及时履行清算义务,给债权人造成损失的,应当承担赔偿责任;除公司章程另有规定或股东会决议另选他人的,公司的清算组由董事组成;此外,如经简易程序注销公司登记的,公司的全体股东对注销前的公司债务承担连带责任。债权人考虑债务人公司清算注销时权益受损的维权途径时,应将债务人清算方式、清算组成员等内容予以一并考虑,确定索赔对象及诉讼案由。

(二)损害公司债权人利益责任纠纷与损害公司利益责任纠纷的联系

《最高人民法院民事案件案由适用要点与请求权规范指引》(第 2 版)①一书记载,损害公司利益责任纠纷是指公司股东滥用股东权利或者董事、监事、高级管

① 《最高人民法院民事案件案由适用要点与请求权规范指引》(第 2 版),人民法院出版社 2020 年版,第 749 页。

理人员违反法定义务,损害公司利益而引发的纠纷。

《公司法》第 20 条作为"损害公司债权人利益责任纠纷"的请求权基础规范,其主要适用条款为第 1 款、第 3 款;作为"损害公司利益责任纠纷"的请求权基础规范,其主要适用条款为第 1 款、第 2 款。

"损害公司利益责任纠纷"的具体适用规则及管辖、诉讼时效、当事人及常见争议等内容,详见本书第六章"损害公司利益责任纠纷"。

(三)损害公司债权人利益责任纠纷与股东出资纠纷的联系

《最高人民法院民事案件案由适用要点与请求权规范指引》(第 2 版)[①]一书记载,如果股东未按规定缴纳出资,或者虚假出资、出资不足、抽逃出资等,即可能引发公司与股东、股东与股东、股东与债权人之间的出资纠纷和诉讼,股东可能被起诉而依法承担继续履行、损害赔偿等违约责任。

《公司法司法解释(三)》第 13 条、第 18 条同为"损害公司债权人利益责任纠纷"与"股东出资纠纷"的请求权基础规范之一。

"股东出资纠纷"的具体适用规则及管辖、诉讼时效、当事人及常见争议等内容,详见本书第五章"股东出资纠纷"。

① 《最高人民法院民事案件案由适用要点与请求权规范指引》(第 2 版),人民法院出版社 2020 年版,第 723 页。

第四章　股东知情权纠纷

引　言

由于现代公司制度中所有权与经营权分离的基本构造，实践中多数股东往往仅扮演了“所有者”的角色，而并不直接参与到公司日常经营管理中去，由此导致股东在公司的经营决策中时常陷入“信息弱势”地位。公司股东作为公司的所有者，拥有多种多样的股东权利，股东知情权作为权利体系中一项基础性、工具性的权利，是股东了解公司经营状况、财务状况以及其他与股东利益存在密切关系的公司情况的“利器”。

笔者团队曾代理过几十起公司控制权争夺案件，股东知情权之诉往往成为各方交锋的“第一战”，通过提起股东知情权之诉依法获取有利的关键资料，从而为后续的盈余分配、追究损害公司利益责任方、请求变更公司登记等提供充足的“弹药”，为控制权争夺创造良好条件。

公司法作为各方利益的角逐场，实现各方主体利益的平衡是公司法要旨之所在。股东知情权必然不能无限扩张，而要受到“前置程序”“知情范围”“正当目的”等的种种限制，将股东知情权牢牢控制在合法合理范围内，维护好股东利益的同时，尽可能降低股东知情权行使过程中的“负面外部效应”。

在实务中，关于行使股东知情权的“正当目的”、股东知情权行使的客体范围、股东知情权前置程序的履行，在认定标准方面仍然存在不同理解。因此，作司法实践场域的分析与解释就显得极为重要。

一、股东知情权纠纷的定义

《最高人民法院民事案件案由适用要点与请求权规范指引》(第2版)[1]一书记载,股东知情权是指法律赋予公司股东了解公司信息的权利。股东知情权包括股东了解公司的经营状况、财务状况以及其他与股东利益存在密切关系的公司情况的权利。从形式上看,股东知情权主要表现为股东查阅公司财务会计报告、会计账簿等相关档案材料的权利。更实质地看,股东知情权不仅指单纯地了解公司有关信息,而且包含着对公司进行检查监督的权利,如对公司提出建议或者质询。

股东知情权是法律规定的股东享有的一项重要、独立的权利,不依附于其他股东权利而单独存在,也是股东实现其他股东权的基础性权利,是股东参与公司管理的前提和基础,公司不得限制或者剥夺股东此项权利。与此同时,为了维护公司的合法利益,限制股东滥用知情权损害公司利益,《公司法》还对股东知情权的行使作出一定限制:(1)对于诸如会计账簿等公司文件,没有赋予股东复制权。(2)股东对公司会计账簿行使查阅权时,除了须向公司递交书面申请外,还必须说明查阅的目的。当公司认为此目的不正当时,有权拒绝提供查阅。(3)对于股份有限公司的股东,仅享有对公司相关文件的查阅权,却没有复制权。

二、股东知情权纠纷的请求权基础

(一)现行法

股东知情权纠纷的请求权基础主要规定于《民法典》《公司法》《公司法司法解释(四)》中,《公司法》第33条和第97条以列举的形式规定了有限责任公司和股份有限公司股东知情权的范围,这些规定既是对股东知情权的赋予,也是《公司法司法解释(四)》进一步解释的根据和法源。《公司法司法解释(四)》第7条到第12条聚焦于股东知情权,规定了对股东知情权的司法救济、股东知情权的限制、防止知情权滥用以及滥用损害后果的救济等,更加系统地构建了股东知情权保护与司法救济的规范体系。

---

① 《最高人民法院民事案件案由适用要点与请求权规范指引》(第2版),人民法院出版社2020年版,第731页。

1.《民法典》。

第一百二十五条　民事主体依法享有股权和其他投资性权利。

2.《公司法》。

第三十三条　股东有权查阅、复制公司章程、股东会会议记录、董事会会议决议、监事会会议决议和财务会计报告。

股东可以要求查阅公司会计账簿。股东要求查阅公司会计账簿的，应当向公司提出书面请求，说明目的。公司有合理根据认为股东查阅会计账簿有不正当目的，可能损害公司合法利益的，可以拒绝提供查阅，并应当自股东提出书面请求之日起十五日内书面答复股东并说明理由。公司拒绝提供查阅的，股东可以请求人民法院要求公司提供查阅。

第九十六条　股份有限公司应当将公司章程、股东名册、公司债券存根、股东大会会议记录、董事会会议记录、监事会会议记录、财务会计报告置备于本公司。

第九十七条　股东有权查阅公司章程、股东名册、公司债券存根、股东大会会议记录、董事会会议决议、监事会会议决议、财务会计报告，对公司的经营提出建议或者质询。

第一百一十六条　公司应当定期向股东披露董事、监事、高级管理人员从公司获得报酬的情况。

第一百六十五条　有限责任公司应当依照公司章程规定的期限将财务会计报告送交各股东。

股份有限公司的财务会计报告应当在召开股东大会年会的二十日前置备于本公司，供股东查阅；公开发行股票的股份有限公司必须公告其财务会计报告。

3.《公司法司法解释(四)》。

第七条　股东依据公司法第三十三条、第九十七条或者公司章程的规定，起诉请求查阅或者复制公司特定文件材料的，人民法院应当依法予以受理。

公司有证据证明前款规定的原告在起诉时不具有公司股东资格的，人民法院应当驳回起诉，但原告有初步证据证明在持股期间其合法权益受到损害，请求依法查阅或者复制其持股期间的公司特定文件材料的除外。

第八条　有限责任公司有证据证明股东存在下列情形之一的，人民法院应当认定股东有公司法第三十三条第二款规定的“不正当目的”：

(一)股东自营或者为他人经营与公司主营业务有实质性竞争关系业务的，但公司章程另有规定或者全体股东另有约定的除外；

（二）股东为了向他人通报有关信息查阅公司会计账簿，可能损害公司合法利益的；

（三）股东在向公司提出查阅请求之日前的三年内，曾通过查阅公司会计账簿，向他人通报有关信息损害公司合法利益的；

（四）股东有不正当目的的其他情形。

第九条 公司章程、股东之间的协议等实质性剥夺股东依据公司法第三十三条、第九十七条规定查阅或者复制公司文件材料的权利，公司以此为由拒绝股东查阅或者复制的，人民法院不予支持。

第十条 人民法院审理股东请求查阅或者复制公司特定文件材料的案件，对原告诉讼请求予以支持的，应当在判决中明确查阅或者复制公司特定文件材料的时间、地点和特定文件材料的名录。

股东依据人民法院生效判决查阅公司文件材料的，在该股东在场的情况下，可以由会计师、律师等依法或者依据执业行为规范负有保密义务的中介机构执业人员辅助进行。

第十一条 股东行使知情权后泄露公司商业秘密导致公司合法利益受到损害，公司请求该股东赔偿相关损失的，人民法院应当予以支持。

根据本规定第十条辅助股东查阅公司文件材料的会计师、律师等泄露公司商业秘密导致公司合法利益受到损害，公司请求其赔偿相关损失的，人民法院应当予以支持。

第十二条 公司董事、高级管理人员等未依法履行职责，导致公司未依法制作或者保存公司法第三十三条、第九十七条规定的公司文件材料，给股东造成损失，股东依法请求负有相应责任的公司董事、高级管理人员承担民事赔偿责任的，人民法院应当予以支持。

（二）《公司法》与《公司法（修订草案）》对比

关于股东知情权纠纷的规定，《公司法（修订草案）》对《公司法》的相关条文进行了修改，具体文字的修改内容如下表所示。

《公司法（修订草案）》的本次修订中，多处是对公司实务、司法实践有重要影响的实质性修改。例如，增加规定有限责任公司股东可以查阅会计凭证、股份有限公司股东在特定条件下可以查阅会计账簿、会计凭证，具体修改内容及影响，笔者将在本章详细阐述。

《公司法》	《公司法(修订草案)》
第三十三条　股东有权查阅、复制公司章程、股东会会议记录、董事会会议决议、监事会会议决议和财务会计报告。 股东可以要求查阅公司会计账簿。股东要求查阅公司会计账簿的,应当向公司提出书面请求,说明目的。公司有合理根据认为股东查阅会计账簿有不正当目的,可能损害公司合法利益的,可以拒绝提供查阅,并应当自股东提出书面请求之日起十五日内书面答复股东并说明理由。公司拒绝提供查阅的,股东可以~~请求~~人民法院~~要求公司提供查阅~~。	第五十一条　股东有权查阅、复制公司章程、**股东名册**、股东会会议记录、董事会会议决议、监事会会议决议和财务会计报告。 股东可以要求查阅公司会计账簿、会计凭证。股东要求查阅公司会计账簿、**会计凭证**的,应当向公司提出书面请求,说明目的。公司有合理根据认为股东查阅会计账簿、**会计凭证**有不正当目的,可能损害公司合法利益的,可以拒绝提供查阅,并应当自股东提出书面请求之日起十五日内书面答复股东并说明理由。公司拒绝提供查阅的,股东可以向人民法院提起诉讼。 **股东查阅前款规定的材料,可以委托会计师事务所、律师事务所等依据执业行为规范负有保密义务的中介机构进行。** **股东及其委托的会计师事务所、律师事务所等中介机构查阅、复制有关材料,应当遵守有关保护国家秘密、商业秘密、个人隐私、个人信息等法律、行政法规的规定。**
第九十七条　股东有权查阅公司章程、股东名册、公司债券存根、股东大会会议记录、董事会会议决议、监事会会议决议、财务会计报告,对公司的经营提出建议或者质询。	第一百一十二条　股东有权查阅公司章程、股东名册、公司债券存根、股东会会议记录、董事会会议决议、监事会会议决议、财务会计报告,对公司的经营提出建议或者质询。
	第一百一十三条　连续一百八十日以上单独或者合计持有公司百分之一以上股份的股东,有理由怀疑公司业务执行违反法律、行政法规或者公司章程的,可以委托会计师事务所、律师事务所等依据执业行为规范负有保密义务的中介机构,在必要范围内,查阅公司的会计账簿、会计凭证。公司拒绝提供查阅的,股东可以向人民法院提起诉讼。 **本法第五十一条第四款关于有限责任公司股东等保密义务的规定,适用于股份有限公司。**

三、股东知情权纠纷的管辖

《民事诉讼法》及《民诉法司法解释》关于股东知情权纠纷的地域管辖的规定如下：

【法律规定】

《民事诉讼法》第二十七条 因公司设立、确认股东资格、分配利润、解散等纠纷提起的诉讼，由公司住所地人民法院管辖。

《民诉法司法解释》第二十二条 因股东名册记载、请求变更公司登记、股东知情权、公司决议、公司合并、公司分立、公司减资、公司增资等纠纷提起的诉讼，依照民事诉讼法第二十七条规定确定管辖。

因股东知情权纠纷提起的诉讼，应以《民事诉讼法》第27条有关“因公司设立、确认股东资格、分配利润、解散等纠纷提起的诉讼，由公司住所地人民法院管辖”的规定确定管辖。

四、股东知情权纠纷的诉讼时效

《民法典》关于股东知情权纠纷诉讼时效的相关规定如下：

【法律规定】

《民法典》第一百八十八条 向人民法院请求保护民事权利的诉讼时效期间为三年。法律另有规定的，依照其规定。

诉讼时效期间自权利人知道或者应当知道权利受到损害以及义务人之日起计算。法律另有规定的，依照其规定。但是，自权利受到损害之日起超过二十年的，人民法院不予保护，有特殊情况的，人民法院可以根据权利人的申请决定延长。

第一百九十六条 下列请求权不适用诉讼时效的规定：

（一）请求停止侵害、排除妨碍、消除危险；

（二）不动产物权和登记的动产物权的权利人请求返还财产；

（三）请求支付抚养费、赡养费或者扶养费；

（四）依法不适用诉讼时效的其他请求权。

法院对于股东知情权纠纷是否适用诉讼时效尚有争议，具体内容详见本章第六部分的争议焦点28。

五、股东知情权纠纷的当事人

在涉及股东知情权纠纷的诉讼中，股东为原告，公司为被告。

实践中，可能出现行使知情权的股东同时又是公司董事的情况。根据《公司法》第54条的规定，监事可以列席董事会会议，并对董事会决议事项提出质询或者建议。因此，监事也享有知情权。但是，监事的知情权与股东的知情权在权利性质、权利内容、行使方式等方面均不相同。因此，如果提起知情权诉讼的股东同时具备公司监事的身份，应当以股东名义提起知情权诉讼。[①]

股东应要求公司而非公司的权力机关或董事、监事、高级管理人员为其提供所需查阅或复制的资料。如果股东以董事会或董事为被告提起知情权诉讼，则诉讼请求将被法院依法驳回。

但公司董事、高级管理人员等未依法履行职责，导致公司未依法制作或保存公司章程、股东名册、公司债券存根、股东大会会议记录、董事会会议决议、监事会会议决议、财务会计报告等公司文件资料，给股东造成损失的，股东可以起诉负有相应责任的公司董事、高级管理人员。

六、股东知情权纠纷的常见争议焦点

（一）与原告主体有关的争议

争议焦点1　隐名股东能否行使股东知情权

裁判要点1 隐名股东不能直接行使股东知情权。

【裁判理由1】【（2018）鲁民申2738号】刘某某、青岛宝达实业股份有限公司（以下简称宝达公司）股东知情权纠纷再审案件，山东省高级人民法院认为：

首先，根据原审查明事实，宝达公司章程及工商登记均未显示刘某某为发起人。其次，刘某某提交的《关于确认股权和自愿入股的证明》载明，宝达公司设立前，其与宝达公司发起人之一青岛市李沧区河南工贸总公司工会委员会之间拟就其将要持有的宝达公司股份形成委托持股关系。现宝达公司对于该委托持股关

---

① 参见张学增：《股东知情权的内容及行使》。

系提出异议,青岛市李沧区河南工贸总公司工会委员会因未参与原审诉讼,故对委托持股关系是否实际存在也未发表意见。故刘某某与青岛市李沧区河南工贸总公司工会委员会之间是否存在委托持股关系事实不明。**即使委托持股关系成立,本案中刘某某并未显名,其系宝达公司股东的主张亦没有充分证据予以证明。**根据《公司法》第97条的规定,刘某某不具备行使知情权的身份条件,故其也不具备提起股东知情权之诉的原告主体资格。

【裁判理由2】【(2018)苏民申2014号】许某某与苏州炭黑厂有限公司(以下简称苏州炭黑厂)股东知情权纠纷再审案件,江苏省高级人民法院认为:

许某某诉至姑苏区法院,请求判令苏州炭黑厂将许某某作为公司股东的姓名及出资额4万元向江苏省苏州工商行政管理局办理变更公司登记。姑苏区法院(2015)姑苏商初字第00139号民事判决、苏州中院(2015)苏中商终字第00679号民事判决及本院(2016)苏民申264号民事裁定均对许某某的诉讼请求不予支持。**许某某提起本案诉讼的请求权基础系股东知情权,但苏州炭黑厂工商登记的全部股东中并不包含许某某,许某某以公司隐名股东的身份要求对公司行使股东知情权,缺乏依据,**一、二审裁定驳回许某某的起诉,并无不当。

【裁判理由3】【(2015)民申字第2709号】吴某福与邵某益、安徽法姬娜置业开发有限公司(以下简称法姬娜公司)股东资格确认纠纷再审案件,最高人民法院认为:

因吴某福系法姬娜公司的隐名股东,其对法姬娜公司所享有的股东权利应通过显名股东主张,吴某福本人向法姬娜公司主张行使股东知情权,要求法姬娜公司向其提供相关会计资料无法律依据。

裁判要点2 隐名股东可以直接行使知情权。

【裁判理由】【(2015)岩民终字第1265号】杨某耀、杨某一、王某琳等与永定县西茅岐煤矿有限公司(以下简称西茅岐煤矿公司)等股东知情权纠纷二审案件,福建省龙岩市中级人民法院认为:

本案的争议焦点为上诉人杨某耀等6人的股东资格能否予以确认并据此行使股东权利,对此本院作如下分析与认定。本院认为,上诉人杨某耀等6人持有西茅岐煤矿公司《股份持有证明》,结合其实际出资数额,可以认定6名上诉人为实际出资人,是享有相应投资权益却并不被记载于公司文件的投资者。2010年8月18日,西茅岐煤矿公司向5200万元投资款的各位出资人发放的股权持有证明明确公司工商登记全体股东,即黄某升、黄某流、巫某顺、阙某东代表5200万元投资款的全部实际出资人持股。本案纠纷系股东行使知情权所致,对6名上诉人股东资格的认定,属于处理公司内部股东资格认定纠纷。鉴于西茅岐煤矿公司工商登记的全体股东均与5200万元投资款的全体实际出资人之间具有委托持股关系,**因此对6名上诉人为行使股东知情权而作出的股东资格的认定,并不涉及公司以外的第三人的利益,亦未破坏有限责任公司的人合性特征。故杨某耀等6名隐名出资人以股东身份行使知情权,其主张应予支持**。

【笔者观点】关于隐名股东能否直接行使股权知情权的问题,目前基本形成主流观点,即原则上隐名股东不能直接行使股东知情权。但也有少数案例认为,隐名股东直接行使股东知情权,并不涉及公司以外的第三人的利益,亦未破坏有限责任公司的人合性特征,可以支持隐名股东直接行使股东知情权。

《北京市高级人民法院关于审理公司纠纷案件若干问题的指导意见》(京高法发〔2008〕127号,实施日期:2008年4月21日)第16条规定:"公司的实际出资人在其股东身份未显名化之前,不具备股东知情权诉讼的原告主体资格,其已诉至法院的,应裁定驳回起诉。"与司法实践中的主流观点保持一致。

争议焦点2 瑕疵出资股东能否行使股东知情权

裁判要点1 股东出资瑕疵不影响其行使股东知情权。

【裁判理由1】【(2018)粤民申5288号】中山泰铭机械有限公司(以下简称泰铭公司)、杨某某股东知情权纠纷再审案件,广东省高级人民法院认为:

二审判决认定泰铭公司解除曹某某股东资格的决议无效,**曹某某仍为泰铭公司股东**,处理正确。关于曹某某查阅、复制泰铭公司财务资料的请求应否予以支持的问题。《公司法》第33条规定:"股东有权查阅、复制公司章程、股东会会议记录、董事会会议决议、监事会会议决议和财务会计报告。股东可以要求查阅公司会计账簿。股东要求查阅公司会计账簿的,应当向公司提出书面请求,说明目的。公司有合理根据认为股东查阅会计账簿有不正当目的,可能损害公司合法利益的,可以拒绝提供查阅,并应当自股东提出书面请求之日起十五日内书面答复股东并说明理由。公司拒绝提供查阅的,股东可以请求人民法院要求公司提供查阅。"本案中,曹某某作为泰铭公司的股东,已依法向泰铭公司提交了要求查阅公司相关资料的书面申请并说明了理由，而泰铭公司未在法定期限内予以答复，亦未举证证明曹某某申请查阅具有不正当目的。**且由于曹某某未参与泰铭公司的管理事务，其有合理理由请求查阅原始凭证。故二审判决认定曹某某对泰铭公司的会计账簿、会计凭证和财务会计报告有查阅权，并无不妥。**

【裁判理由2】【(2018)黑民终642号】国源贸易发展公司(以下简称国源公司)、哈尔滨国源公共设施有限公司(以下简称国贸城)股东知情权纠纷二审案件，黑龙江省高级人民法院认为：

本院(2013)黑涉港商终字第5号民事判决、最高人民法院(2017)最高法民申3469号民事裁定均已确认：尽管国源公司虚假出资且至今未予补缴，**但在公司未以股东会决议解除其股东资格的情况下，国源公司股东资格并不因此而丧失。**因国源公司与地建公司签订的合作合同和双方合意订立的公司章程均经主管机关批准，其港方合作者身份明确记载于股东名册，国贸城股东会亦未对其作出除名决定，故在此种情形下，国源公司仍为国贸城的港方合作者。一审裁定以国源公司并非国贸城股东为由，裁定驳回起诉有误，本院予以纠正。

裁判要点2 股东出资瑕疵暂不能行使股东知情权。

【裁判理由】【(2013)鄂民监三再字第3号】桂某与陈某某、陈某股东知情权纠纷、公司盈余分配纠纷再审案件，湖北省高级人民法院认为：

桂某作为富业公司登记于股东名册的股东，并未依照《公司法》第28条、第36条①的规定，以及公司章程和出资协议的约定履行出资义务，既违反了《公司法》关于股东必须实际履行出资义务的规定，也违反了诉讼双方关于股东出资的约定义务。股东享有和行使权利的基础和前提是承担股东义务，违反出资义务，其股东权利就必然受到相应限制，就不应当享有股东的相应权利，这是民法中权利与义务统一、利益与风险一致原则的具体体现。**因此，桂某虽具股东身份，但在其未能向富业公司足额补缴出资并向其他足额出资股东承担违约责任的情况下，暂不能行使各项股东权利。**尤其是在行使知情权时，桂某仍需根据《公司法》第34条②的规定向富业公司及人民法院依法循序主张。因此，桂某不享有富业公司的股东知情权、盈余分配权。

---

① 对应现行2018年《公司法》第35条。
② 对应现行2018年《公司法》第33条。

【笔者观点】根据《公司法》的规定，股东应当按期足额缴纳公司章程中规定的认缴出资额。未到认缴期限并不影响股东行使知情权；已到认缴期限而股东未按期足额缴纳的，属于股东违反对公司的出资义务，瑕疵出资股东依法承担补足出资责任和对已出资股东的违约责任，但并不直接导致其丧失股东资格。如果公司仅以股东存在瑕疵出资为由拒绝其行使知情权，在公司资本认缴制的大背景下，法院不应予以支持。近年来的裁判案例和地方审判指导意见也支持了这一观点。如北京市高级人民法院《关于审理公司纠纷案件若干问题的指导意见》（京高法发〔2008〕127号，实施日期：2008年4月21日）第14条便明确规定“股东知情权案件中，被告公司以原告股东出资瑕疵为由抗辩的，人民法院不予支持”。

争议焦点3　原股东能否行使股东知情权

裁判要点1　丧失股东身份的原股东无权要求查阅或复制其作为公司股东期间各种文件。

【裁判理由】【（2014）苏审三商申字第00395号】封某红与泰兴市天鑫热工机电有限公司股东知情权纠纷再审案件，江苏省高级人民法院认为：

封某红在2012年将股权转让给封某鸥并办理工商登记后，**已非公司股东，其亦未提供任何证据证明其相关主张具备正当性和合理性。故其在丧失股东身份后起诉要求行使股东知情权没有法律依据**，不予支持。

裁判要点2　股东在股东知情权之诉起诉时，有初步证据证明在持股期间其合法权益受到损害，可以请求依法查阅或者复制其持股期间的公司特定文件材料。

【裁判理由1】【（2019）内07民终532号】王某与呼伦贝尔市中天房地产开发有限责任公司（以下简称中天公司）股东知情权纠纷二审案件，内蒙古自治区呼伦贝尔市中级人民法院认为：

首先，王某要求查阅或复制的是不是其持股期间的文件材料。本案中王某提交的证据足以证明其在1999年至2011年持有中天公司股权，系中天公司原股东。其次，王某是否提供了在其持股期间合法权益受到损害的初步证据。本案中王某提交的额尔古纳市华诚联合会计师事务所出具的额华诚阅（2017）第1号审阅报告载明：截至2011年12月31日，王某5.4%的股权价值367.18万元与王某实际转让股权价值67.68万元相差巨大,且中天公司尚存有未分配利润。在一审法院对该审阅报告真实性予以确认的前提下,该审阅报告的保证程度虽然低于审计,但亦可以说明中天公司截至2011年12月31日的大致经营状况,且中天公司未提供足以反驳该审阅报告的证据。根据上述审阅报告,可以证明本案中可能存在中天公司向王某隐瞒关键信息或向王某提供了错误的信息导致王某低价转让股权,丧失中天公司股东资格且未获得公司利润分配的情形。知情权是股东的固有权利,当股东在行使知情权受阻时,有权获得司法救济。股东行使知情权,应当以具备股东资格为前提条件。《公司法司法解释(四)》第7条第2款规定:“公司有证据证明前款规定的原告在起诉时不具有公司股东资格的,人民法院应当驳回起诉,但原告有初步证据证明在持股期间其合法权益受到损害,请求依法查阅或者复制其持股期间的公司特定文件材料的除外。”上述规定系对起诉时已经丧失股东资格的公司原股东提起股东知情权纠纷诉讼的起诉条件的特别规定。现王某已不具有中天公司的股东资格,其向法院提起诉讼,要求查阅公司特定文件材料,需要符合上述司法解释中规定的两个条件。**本院认为,在王某丧失中天公司股东身份的情况下,其在本案中提交的证据可以认定为其持股期间合法权益受到损害的初步证据。综上所述,王某的起诉符合《民事诉讼法》第119条**[①]**、《公司法司法解释(四)》第7条第2款规定的起诉条件**,对王某提出的诉讼请求应当予以审理。

【裁判理由2】【(2018)新民申731号】许某与新疆轻工业设计研究院有限责任公司股东知情权纠纷再审案件,新疆维吾尔自治区高级人民法院认为:

许某丧失相应的股东身份后,虽未在公司登记机关办理变更登记,但这并不影响其已丧失股东身份的事实,只是产生能否对抗善意第三人的问题。许某认为其仍具有股东资格的意见有悖新疆轻工业设计研究院有限责任公司章程和法律规定,原审人民法院裁定驳回其起诉并无不当。**许某不能举证证明其持股期间合法权益受到损害的事实,其没有取得分红款不属于持股期间权益受到损害的情形**。综上,许某的再审申请不符合《民事诉讼法》第200条[②]规定的情形,本院对其再审申请不予支持。

---

① 对应现行2021年《民事诉讼法》第122条。

② 对应现行2021年《民事诉讼法》第207条。

【笔者观点】《北京市高级人民法院关于审理公司纠纷案件若干问题的指导意见》(京高法发〔2008〕127号,实施日期:2008年4月21日)第15条规定:"已退出公司的股东对其任股东期间的公司经营、财务情况提起知情权诉讼的,因其已不具备股东身份,人民法院应裁定不予受理。"

随着《公司法司法解释(四)》的出台,该问题基本得到更加明确合理的答复。只有具备股东身份才可以享有股东知情权,丧失股东身份即不应再享有股东知情权,这是考虑公司管理成本及公司商业秘密的最低标准。但是,现实经济生活是非常复杂的,对实务中发生的一些情形,需要根据个别情况作出公平合理的安排,例如,发生在公司内部股东之间、股东和高管之间、实际控制人之间的股权转让交易,或者是公司收购股东股权等,丧失股东身份的原股东主张股权价值或者公司经营状态等被控制公司的控制方或者股权受让方隐瞒了,错误的信息导致其放弃股东身份、转让股权,其合法利益受到侵害等,故请求行使股东知情权,其目的是了解其持股期间的公司相关文件材料,以便获取真实情况及证据等,为进一步维护其利益做准备。

实务中比较多发的是在该种情形下,原股东请求行使其持股期间的股东权利,以证明其权利是否受到侵害,其股权交易是否获得了合理的价格等。此种情形下原股东的请求是正义与合理的,如果其在决定放弃股东身份时应当参考的与其股权有重大关系的信息被隐瞒,导致其误判并放弃了股东身份,致使其民事权益受到侵犯的,其依法有维护其财产权和身份权的权利。根据实务中存在的问题,司法解释作出明确规定,丧失股东身份的股东,有初步证据证明在持股期间合法权益受到损害的,可以行使知情权。这里的合法权益受到侵害,一般是指其可能行使的知情权受到了侵害,公司相关信息被隐瞒等。①

争议焦点4 已经完成财产性权利转让的股东能否行使股东知情权

裁判要点 股东权利包含具有身份性质的权利与财产性质的权利,将股权中的与财产有关的权利转让,比如分红权、剩余财产分配权、新股优先认购权,不影响与股东身份有关的股东知情权。

---

① 参见杜万华主编:《最高人民法院公司法司法解释(四)理解与适用》,人民法院出版社2017年版。

【裁判理由】【(2019)最高法民申3021号】武汉东升公路建设发展有限公司(以下简称武汉东升公司)、香港盛达投资集团有限公司(以下简称香港盛达公司)股东知情权纠纷再审案件,最高人民法院经审查认为:

武汉东升公司的公司章程、工商登记的记载均显示香港盛达公司系武汉东升公司股东。(2005)武仲裁字第1041号裁决书解决的是武汉交发公司与香港盛达公司之间的投资收益权纠纷。虽然投资收益权是由武汉交发公司享有,但该仲裁并未对香港盛达公司享有的整体股权进行处理。**所以该仲裁裁决并不导致香港盛达公司丧失股权和股东资格。在香港盛达公司拟注销武汉东升公司的情况下,其与注销事项存在利害关系,香港盛达公司作为股东向武汉东升公司要求查阅、复印相关资料,具有法律依据。**

争议焦点5 通过协议约定放弃经营管理权的股东是否仍然享有知情权

裁判要点 放弃经营管理权的股东仍然享有股东知情权。

【裁判理由1】【(2019)粤03民终1355号】杨某林与深圳市大地利实业有限公司(以下简称大地利公司)及原审第三人杨某标、杨某国股东知情权纠纷二审案件,股东杨某林与各方签订协议,约定“协议书签订后,杨某林不再参与大地利公司经营管理,仅依协议约定对公司名下平龙西路105号的五层楼房及铁皮房收取收益”。广东省深圳市中级人民法院认为:

杨某林仍为大地利公司股东,故其有权根据相关规定主张查阅、复制公司章程、股东会会议记录、董事会会议决议、监事会会议决议和财务会计报告。大地利公司未举证证明杨某林查阅会计账簿有不正当目的,可能损害公司合法利益,故杨某林主张查阅大地利公司会计账簿(包括总账、明细账、日记账和其他辅助性账簿)的请求,本院予以支持。

【裁判理由2】【(2017)鄂02民终26号】湖北圆润建设工程有限责任公司(以下简称湖北圆润)与陕西圆宁实业发展有限公司(以下简称陕西圆宁)股东知情权纠纷二审案件,一审法院湖北省黄石市铁山区人民法院认为:

关于陕西圆宁是否自愿放弃股东知情权,其诉请能否支持问题。湖北圆润以其提交的证据二来间接证明陕西圆宁放弃了股东知情权的抗辩主张不能成立。**理由如下:一是经营管理权与股东知情权非性质与内涵相同的法律概念,二者不**

能等同；二是陕西圆宁授权湖北圆润实施对工矿废弃地合作整理合同的经营管理，自己不再参与其中，但对外其仍要依约与湖北圆润一并承担合作整理合同规定的权利和义务；三是陕西圆宁以授权湖北圆润实施合同的方式入股并分享开采收益的30%，陕西圆宁若不了解掌握湖北圆润的财务情况、不履行股东知情权而自愿放弃于情理不符；四是湖北圆润未有陕西圆宁口头或书面声明放弃履行股东知情权的直接证据。故陕西圆宁向湖北圆润履行完股东知情权书面请求前置程序后湖北圆润一直不予回复，陕西圆宁提起股东知情权诉讼，请求依法保护其股东权益，符合《公司法》第33条的规定，应予支持。

二审法院湖北省黄石市中级人民法院认为：

股东知情权是法律赋予股东通过查阅公司的财务会计报告、会计账簿等有关公司经营、管理、决策的相关资料，实现了解公司的经营状况和监督公司高管人员活动的权利。**陕西圆宁在行使股东知情权受阻的情形下，通过法律途径主张权利，符合法律规定，本院予以支持**。

争议焦点6　存在股权转让纠纷的股东能否行使股东知情权

裁判要点1 原股东在股东转让后又以股权对价不合理为由要求返还股权，原股东与受让人之间的纠纷不影响受让人股东知情权的行使。

【裁判理由】【(2017)最高法民申2100号】贵州安顺今旦房地产开发有限公司(以下简称今旦公司)、夏某股东知情权纠纷再审案件，最高人民法院认为：

何某将自己持有的今旦公司25%的股权转给夏某，得到今旦公司的认可，表现为今旦公司通过股东会决议的方式同意何某与夏某之间的股权转让协议，**并办理了股东身份工商登记变更，修正了公司章程。之后，夏某还以股东的身份在相关公司股权转让的会议纪要上签名**。结合夏某向何某出具的授权委托书，应当认定何某参与公司管理的行为是代表夏某行使股东权利，而非自己作为股东行使权利。以上事实符合《公司法》第32条对股东资格的规定，且不违反法律法规的强制性规定，符合《公司法司法解释(三)》第22条的规定，二审判决据此认定夏某的股东身份，具备充分的事实依据和法律依据。最后，无论夏某曾经向何某提起主张债权的诉讼，还是何某已经向夏某提起返还股权的诉讼的事实，都仅是何某与夏某之间的债权债务纠纷，与本案争议无关联性。**在夏某的股东身份经合法变更**

之前，夏某有权向今旦公司主张股东权利。

裁判要点2 在股权转让协议合法有效的前提下，如果股权已经转让且受让人股东资格得以确认的情况下，即使未办理股东身份变更登记，原股东也已经丧失股东资格，不能主张股东知情权，受让人可以主张股东知情权。

【裁判理由1】【(2017)京民申2038号】汪某某股东知情权纠纷再审案件，北京市高级人民法院认为：

股东有权查阅、复制公司章程、股东会会议记录、董事会会议决议、监事会会议决议和财务会计报告。本案中，虽然汪某某以中科公司工商登记信息仍将其列为股东为由主张其仍具有中科公司股东身份，但根据(2016)京01民终6084号生效民事判决书认定事实及本案中汪某某自认事实，**汪某某已转让其持有的中科公司全部股权，本案起诉时汪某某已不具备中科公司的股东身份，故原审法院裁定驳回其起诉并无不当**。综上，汪某某的再审申请不符合《民事诉讼法》第200条[①]规定的情形。

【裁判理由2】【(2016)黔民终334号】胡某某、凯里市平安汽车运输有限责任公司股东知情权纠纷二审案件，贵州省高级人民法院认为：

胡某某持有的股权是否转让是其是否具有股东身份、能否行使股东权利的基础。一般而言，原股东将其持有的股权转让后即不再享有股东权利承担股东义务，除非当事人之间有特别约定。本案中，胡某某与胡某家之间没有签订书面的股权转让协议，胡某某也没有证据证明双方之间有特别约定。结合胡某家关于胡某某已经将股权转让给自己的陈述、平安运输公司其他股东在原审中对股权已经转让的证言，**以及胡某某在二审中关于股权已经转让给胡某家的自认，可以认定胡某某持有的平安运输公司20%的股权已经转让，胡某某不再具有平安运输公司股东身份，其行使股东知情权的诉讼请求不应得到支持**。

裁判要点3 如果股权转让未满足法定条件或者尚未达成股权转让合意，受让人股东资格无法得到确认，即使已经支付股权转让价款，因受让人实质上不具备股东身份，不能行使股东知情权。

【裁判理由1】【(2016)川民终567号】成都普斯特电气有限责任公司(以下简称普斯特公司)与曾某某股东知情权纠纷二审案件，四川省高级人民法院认为：

① 对应现行2021年《民事诉讼法》第207条。

普斯特公司为外商投资企业，股东的股权转让系企业的重大变更事项，应经外商投资企业审批机关批准。曾某某虽然在董事会决议中作出了向普斯特公司的其他股东转让其股权的意思表示，**但并无证据证明该转让内容经过了外商投资企业审批机关的批准**，因此即便曾某某与其他股东达成了转让普斯特公司股权的合意，该合意所属的股权转让合同也属于未生效的合同，不产生股权变更的法律后果，曾某某仍属于普斯特公司的股东。**因此，曾某某作为普斯特公司的股东，有权要求行使股东的知情权，普斯特公司应提供方便**。

【裁判理由2】【(2017)苏民终2180号】扬州熙城房地产开发有限公司(以下简称熙城公司)与荣威国际发展有限公司(以下简称荣威公司)股东知情权纠纷二审案件，江苏省高级人民法院认为：

根据《公司法》第32条第2款，记载于股东名册的股东，可以依股东名册主张行使股东权利。因此荣威公司有权提起本案诉讼。熙城公司(编者注：熙城公司为中外合资企业)主张，荣威公司与他人签订股权转让合同，已经转让其持有的熙城公司股权。**但是，上述股权转让合同没有办理审批，亦没有变更股权登记，荣威公司作为记载于股东名册的熙城公司股东，其有权向熙城公司行使股东知情权**。

【笔者观点】股权转让时，转让股权方退出目标公司，受让股权方进入目标公司，股东身份顺势完成变更登记，受让股权方获得对目标公司的股东知情权，转让股权方丧失对目标公司的股东知情权。但往往出现股权转让协议签订后，因为种种原因并未完成股东身份的变更登记，由此产生纠纷时何方享有对目标公司的股东知情权呢？

股东知情权是股东享有的权利，这实质上是在判定何方享有法律上认可的股东资格。判定时，原则上以登记股东为准，登记股东享有股东知情权，但受让股权的一方已经在实质上确认目标公司股东资格时，则认定虽未完成变更登记，但股权转让已经实质完成，受让股权一方享有对目标公司的股东知情权。这种确认往往可以通过生效法律文书或者目标公司其他股东的认可来体现。同时，若股权转让违反了某些效力性强制规范而导致自始无效，受让股权一方从根本上无法确认目标公司股东资格，自然无法享有对目标公司的股东知情权。

笔者认为，受让股权方在股权转让前应系统判定股权转让的合法性和有效性，签订股权转让协议前后及时办理股东身份变更登记，坐实目标公司股东资格，守卫己方股东知情权，维护自身合法权益。

争议焦点7　具有公司高管职务等特殊身份能否行使股东知情权

裁判要点 只要当事人具有合法的股东身份，其担任公司高管职务等特殊身份，并不影响其行使股东知情权。

【裁判理由1】【(2017)陕民申286号】西安市五星商贸有限公司与赵某某股东知情权纠纷再审案件，陕西省高级人民法院认为：

西安市五星商贸有限公司认为赵某某在2014年9月之前，担任公司副经理并协助处理公司财务工作，其对公司财务状况、会计报告、会计账簿是清楚的。**赵某某具有股东与公司职务双重身份，该双重身份所具有的权利义务各不相同，行使权利、承担义务的条件亦不相同。股东知情权是股东的基本权利，只要赵某某具有股东身份，并符合行使股东知情权的条件**，其就应当有权行使相应权利，不能因为赵某某基于职务身份知晓公司财务状况而阻却其作为股东应享有的股东知情权。

【裁判理由2】【(2017)湘民终542号】吴某某与益阳嘉好房地产开发有限公司(以下简称嘉好房地产公司)股东知情权纠纷二审案件，湖南省高级人民法院认为：

吴某某在2014年10月前担任嘉好房地产公司法定代表人，**虽然在此期间对公司的经营状况较为了解，但是会计账簿等资料反映的是公司持续经营的具体盈亏情况，在对公司经营状况作全面了解时，应允许其通过查阅会计账簿等资料对公司经营作出综合评判**。综上，吴某某请求查阅嘉好房地产公司自成立以来各年度的财务会计报告和会计账簿的理由成立，本院予以支持。

【裁判理由3】【(2018)桂民再76号】南宁国祥装饰有限责任公司(以下简称国祥公司)、邹某某股东知情权纠纷再审案件，广西壮族自治区高级人民法院认为：

首先，股东应举证证明自己的股东身份及有权行使知情权。本案中，国祥公司于2010年3月29日召开股东会，同意邹某某基于合法继承许某某34%的股权而成为公司股东。同日，国祥公司对公司章程进行修正并办理工商变更登记，将股东姓名变更为贾某某、黄某某、邹某某。截至2016年3月工商登记显示，国祥公司的股东再无变更。综上,邹某某有权向国祥公司依法主张知情权。**至于邹某某还具有公司监事和清算组成员等身份,并不影响其对公司主张股东知情权**。

争议焦点8 股东的合法继承人能否行使股东知情权

裁判要点 合法继承人继承股东资格,需在其正式成为公司股东后才能提起股东知情权诉讼。

【裁判理由】【(2016)桂民申335号】陈某某与南宁铁西达房地产有限责任公司(以下简称铁西公司)股东知情权纠纷案件,广西壮族自治区高级人民法院认为:

莫某某作为铁西公司股东,有权提起股东知情权诉讼,但由于莫某某在二审期间死亡,陈某某不是铁西公司股东,无权提起股东知情权诉讼,二审法院裁定终结本案诉讼并无不当。根据《公司法》第75条"自然人股东死亡后,其合法继承人可以继承股东资格;但是,公司章程另有规定的除外"的规定,**陈某某作为莫某某的法定继承人,待其成为铁西公司股东后,如认为铁西公司侵犯其股东知情权,可依照《公司法》第33条的规定另行提起股东知情权诉讼**。

争议焦点9 未完成工商登记的股东能否行使股东知情权

裁判要点1 有股权证书可以证明股东资格的股东享有股东知情权。

【裁判理由】【(2012)锡商终字第0468号】远东公司与马某某股东知情权纠纷二审案件,江苏省无锡市中级人民法院认为:

马某某系远东公司股东,马某某依法享有股东知情权。理由如下:**其一,马某某提起诉讼主张权利时,提供了远东公司加盖单位公章并有法定代表人签字的股权证书,该股权证书内容明确了持股人总持股本金,此为远东公司对马某某入股的确认**。其二,远东公司提出马某某交付给远东公司款项是单位集资款,应按银行正常利息结算,这与马某某持有的股权证书载明的内容明显不符,且远东公司未能提供事先或事后与马某某签订的相关书面协议予以佐证,远东公司抗辩马某某交付的款项系单位集资款理由难以采信。其三,2002年4月25日,远东公司向工商部门申请变更登记，注册资本由6800万元变更为3亿元时，**马某某虽未在股东名册及公司章程中出现，但此系远东公司管理缺陷所引起，不能将过错归咎于马某某，并由此否定马某某系远东公司股东的事实**。

裁判要点 2 向公司作出出资行为并愿意加入公司，行使股东权利承担股东义务的股东享有知情权。

【裁判理由】【(2018)冀0408民初1117号】刘某明、张某军诉邯郸市永年区永大果树种植有限公司(以下简称永大公司)、尤某青股东知情权纠纷一审案件，河北省邯郸市永年区人民法院认为：

永大公司系依法设立的有限责任公司，永大公司与其股东的权利义务应按照《公司法》及永大公司章程的相关规定进行调整。股东资格的确认分为形式要件和实质要件，形式要件为公司章程、股东名册及工商登记材料的记载；实质要件系出资并实际享有股东权利。当股东未完全具备股东的实质要件与形式要件时，应区分法律关系系公司内部的纠纷还是股东与公司以外的第三人产生的纠纷。在公司内部确认股东资格不需要以工商登记为必要，应当优先考虑合同法规则的适用，根据当事人的约定，以其真实意思表示认定股东资格，**也就是说，向公司作出出资行为，并愿意加入公司行使公司权利承担公司义务的人才是公司的股东**。……本案中，刘某明、张某军、尤某青、王某英四人形成《投资清单》时，便明确了各自的股份及投资情况，且刘某明和张某军参与了公司的经营，应认定其具备永大公司股东的资格。**永大公司认为刘某明、张某军不是工商登记备案的股东，不能行使股东知情权，该抗辩意见，本院不予采纳**。

【笔者观点】笔者认为，关于该问题的答案，与争议焦点5的判定标准具有一致性，即享有股东资格的一方享有股东知情权。股东身份的工商登记具有判定上的优先性，因股东工商登记并不绝对等于享有股东资格，因此，该项判定标准并不绝对。如果能够采取其他形式确认股东资格，仍能够依法享有股东知情权。

争议焦点10　非公司制企业的股东能否行使股东知情权

裁判要点 1 股份合作制企业不适用《公司法》，股东不必然享有股东知情权，股东知情权享有与否及股东知情权范围可在企业章程中自行约定。

【裁判理由1】【(2010)成民终字第217号】龚某天与四川省成都长途汽车运输(集团)公司(以下简称长途运输公司)股东知情权纠纷二审案件,四川省成都市中级人民法院认为:

股份合作制兼有合作制和股份制两种经济形态的特点,是实行劳动合作和资本合作相结合的新型共有经济组织形式。**由于股份合作制是我国特定历史条件下的一种过渡性企业形式,其在设立机制、治理结构、分配方式、股东身份及人数限制等方面与有限责任公司、股份有限公司存在较大的差异,股东享有的股东权利属性及范围也有所不同。**股东知情权作为股东通过查阅公司经营、管理、决策的相关资料,了解公司的经营状况和监督高管人员活动的一项法定权利,其行使方式和权利范围均由法律规范明确规定,而迄今为止我国立法机关尚未制定规范股份合作制企业的组织和行为的法律、法规,《公司法》也未将股份合作制企业纳入调整范畴,**在现有法律法规没有明确规定股份合作制企业股东享有知情权范围的情况下,长途运输公司章程第13条第2款明确规定了股东知情权的范围仅限于股东大会会议记录以及财务会计报告,该章程作为全体发起人就企业的设立与经营管理达成的协议,对全体发起人、股东、董事会、监事会以及高级管理人员具有法律效力,龚某天本人也应受该章程的约束,因此原审判决判令长途运输公司向龚某天提供从2005年起至2009年已产生的股东大会会议记录以及财务会计报告以供查阅,符合长途运输公司章程的相关约定,且不违反法律法规的禁止性规定。**

【裁判理由2】【(2015)陕民二申字第00222号】朱某明与西安市沧海商贸中心股东知情权纠纷再审案件,陕西省高级人民法院认为:

西安市沧海商贸中心是股份合作制企业,对于股份合作制企业股东和企业发生内部矛盾,应依据合作协议和合作章程进行处理,而不适用《公司法》进行处理。**《公司法》中规定的股东享有的知情权,仅适用于在中国境内设立的有限责任公司和股份有限公司。因此,无论申请人朱某明是不是西安市沧海商贸中心股东,其都不能享有公司法意义上的股东知情权。**因此,申请人朱某明关于其是西安市沧海商贸中心股东,应享有知情权的申请理由,不符合法律规定,本院不予采纳。

裁判要点2 股份合作制企业若企业章程无约定,可以参照《公司法》或者《合伙企业法》的相关规定,支持股东行使知情权。

【裁判理由】【(2018)鲁01民终565号】王某松与济南铸管厂股东知情权纠纷二审案件,山东省济南市中级人民法院认为:

铸管厂系股份合作制企业，股份合作制企业兼具公司制企业和合伙制企业组织的部分特征，但其既不是公司企业，也不是合伙企业。我国立法机关尚未制定规范股份合作制企业的法律、法规。因此，**有关股份合作制企业纠纷的处理，应首先尊重企业内部的规定、决定或者约定等，在企业内部没有约定的情况下，可以参照《公司法》或者《合伙企业法》的相关规定处理。……王某松主张行使知情权，只需证明其为铸管厂股东即可，铸管厂对王某松的股东身份并无异议，本院依法予以确认。**

裁判要点 3 营利性民办学校举办者主张行使知情权的，人民法院可以类推适用公司法相关规定。

【裁判理由】【(2016)沪01民终4642号】上海佳华企业发展有限公司诉上海佳华教育进修学院(以下简称佳华学院)股东知情权纠纷二审案件，上海市第一中级人民法院认为：

虽然《民办教育促进法》未规定该等权利，但从逻辑上推论，举办者的合法权益，未脱离民事权利范畴，理应包含知情权。学校章程、董事会会议决议、监事会会议决议及财务会计报告和会计账簿等资料是记录和反映学校的组织与活动、资产与财务管理等内容的重要载体。**举办者只有在获取学校办学和管理活动信息的基础上，才可能参与学校的重大决策及行使监督权。首先，举办者在履行出资义务，让渡其财产所有权的同时，应当享有对应的权利，知情权则是举办者行使其他权利的基础。其次，举办者享有知情权，有助于参与举办民办学校的公办学校履行国有资产监管职责。最后，举办者享有知情权，符合《民办教育促进法》的立法宗旨。**民办学校属于法人型民办非企业单位，其不以营利为目的，并不等于不营利，虽然在创立依据和创立程序上有别于受公司法调整的通常意义上的公司，但在具有法人资格和具有营利性质这些实质方面二者并无不同。综合考量佳华学院的业务范围、组织机构、办学层次、办学形式及内部管理体制，援引与其性质相类似的《公司法》相关规定，以为适用，并无不可。“相类似之案件，应为相同之处理。”司法实践中对于民办学校举办者出资份额的转让，参照适用《公司法》；法人型民办非企业单位的破产清算，参照适用《企业破产法》等规定。**对此，“举轻以明重”，上诉人上海佳华企业发展有限公司作为被上诉人佳华学院的举办者，在知情权方面享有与公司股东同等或类似的权利，本案可参照《公司法》之相关规定处理民办学校举办者所主张权利的行使。**

【笔者观点】对于非公司制企业的股东能否行使股东知情权的问题，目前我国法律与司法解释并无明确规定，若对《公司法》相关规定进行字面理解，则股东享有的知情权仅适用于在中国境内设立的有限责任公司和股份有限公司。当前司法实践中对于该问题的裁判规则尚不统一。

笔者认为，在判断非公司制企业的股东是否享有股东知情权时，首先应当遵循企业内部章程与制度的规定；若无相关规定，则可参照《公司法》相关规定，处理非公司制企业股东知情权行使的争议。

（二）与被告主体有关的争议

争议焦点11　公司被吊销营业执照后是否具有被告主体资格

裁判要点 公司被吊销营业执照时，股东提起股东知情权之诉，应当予以驳回起诉，待成立清算组之后另行主张权利。

【裁判理由】【（2016）最高法民申3785号】宁源国际有限公司（以下简称宁源公司）等诉重庆中原房地产开发有限公司（以下简称中原公司）股东知情权纠纷再审案件，最高人民法院认为：

本案中，负有配合股东行使知情权的协助义务人**中原公司的经营期届满、实际歇业多年且已经被行政主管部门吊销营业执照，符合《公司法》第180条规定的法定解散条件。因此，二审法院认定中原公司意思自治的正常治理结构已经解体、宁源公司查阅会计账簿的通知无法送达**，故本案继续审理的条件客观上已不具备，并据此驳回宁源公司的起诉并无不当。

【笔者观点】吊销营业执照，是指剥夺被处罚公司已经取得的营业执照，使其丧失继续从事生产或者经营的资格。

根据《公司法》的规定，公司被吊销营业执照后，应当依法进行清算，公司清算组应当自公司清算结束之日起30日内向原公司登记机关申请注销登记。清算期间，公司存续，公司主体资格尚未丧失，只是不得开展与清算无关的经营活动。在营业执照吊销后至其清算程序结束被市场监督管理部门注销的期间，公司仍可以自己的名义或者清算组的名义从事清算范围内的活动。因此，吊销营业执照的公司在其办理注销登记前，可配合股东行使知情权。实践中，正常清算的公司，在被注销前，应以自己的名义或清算组的名义配合股东行使相关权利。

争议焦点12 公司被注销时的被告主体

裁判要点 此时股东提起股东知情权之诉，应当予以驳回起诉。

【裁判理由】【(2018)浙02民终3949号】邹某孟诉胡某丽、高某伟股东知情权二审案件，浙江省宁波市中级人民法院认为：

水都公司已被依法注销，其法人资格已消亡，股东对公司享有的股东权也因公司的消亡而消灭。邹某孟要求对已被注销的水都公司行使知情权，依据不足。此外，股东知情权的义务主体是公司，邹某孟上诉主张水都公司的其他股东也能成为股东知情权的义务主体，亦缺乏法律依据。

【笔者观点】目标公司被注销的，鉴于目标公司主体资格已经消亡，股东对目标公司的股东知情权已经丧失行使对象，无所依附，应认定股东知情权亦随之消灭。此时提起股东知情权之诉的，应予以驳回。

（三）与股东知情权客体范围有关的争议

《公司法》第33条和第97条对股东知情权的客体范围进行了明确规定，但在司法实践中仍然会对某项材料能否行使股东知情权存在争议：一方面针对法律规定中的材料或者材料范围；另一方面则针对一些虽超出法定范围但是与其具有紧密关联的材料。

争议焦点13 是否可查阅改制前的公司文件

裁判要点 公司改制后，股东有权查阅改制前的公司文件。

【裁判理由】【(2021)鲁02民终3496号】肖某玮、青岛汽车传动轴有限责任公司（以下简称青岛传动轴公司）股东知情权纠纷二审案件，山东省青岛市中级人民法院认为：

由于《公司法》并未限制查阅文件的时间范围，青岛传动轴公司系由1998年7月31日成立的青岛汽车传动轴厂改制而来，**公司运营是一个持续性过程，肖某玮对青岛传动轴公司改制前的公司运营状况和财务信息予以掌握和了解属于其正当行使股东知情权的范围**，如果拒绝其请求将导致肖某玮获得的相关信息残缺不全，故肖某玮有权查阅1998年7月之后的相关财务资料。

争议焦点 14　股东知情权可否通过公司章程、股东决议等方式进行限制

裁判要点 公司章程或股东间协议不可对股东知情权予以限制或剥夺。

【裁判理由 1】【(2018)京 01 民终 2778 号】北京阿格蕾雅科技发展有限公司与金某国股东知情权纠纷二审案件，北京市第一中级人民法院认为：

股东知情权是公司股东基于其出资和股东身份享有的固有权利，是股东参与公司决策、参与经营管理和进行分配利润的基础，除了公司法规定的限制条件外，不应以任何形式剥夺或者以多数决形式对股东的知情权予以限制。公司章程规定以资本多数决的形式对小股东的知情权进行限制的内容实质上剥夺了股东知情权，法院不予支持。

【裁判理由 2】【(2017)苏 01 民终 3737 号】林某秋与江苏中苏商品交易中心有限公司、城投(中国)资产管理有限公司股东知情权纠纷二审案件，江苏省南京市中级人民法院认为：

股东行使知情权，是公司法赋予股东的一项法定权利，具有固有权属性，既不能被剥夺、限制，也不能由股东通过协议主动放弃。只要是公司股东，就依法享有知情权。因此，公司以股东抽逃出资、股东会决议限制其行使股东知情权为由拒绝股东查阅公司会计账簿的，法院不予支持。

【裁判理由 3】【(2018)川 06 民终 1422 号】黄某诉四川省禾力建设工程检测鉴定咨询有限公司股东知情权二审案件，四川省德阳市旌阳区人民法院认为：

股东协议对知情权进行限制能否再行主张的问题，股东会决议限定了查阅账务的前提条件，增加了股东行使该项权利的难度，**尽管该项决议系股东签字确定结果，但按照法律规定，该项决议的约定并不影响股东再行向公司主张权利**。

争议焦点 15　股东知情权可否通过公司章程、股东决议等方式进行扩张

裁判要点 公司章程或股东间协议可对股东知情权予以扩张。

【裁判理由】【(2017)粤 01 民终 5896 号】蔡某标与真功夫餐饮管理有限公司(以下简称真功夫公司)股东知情权纠纷二审案件，广东省广州市中级人民法院认为：

关于蔡某标是否有权复制 2013 年 7 月 19 日至真功夫公司提供之日的会计账册/

账簿。其有权查阅并复制真功夫公司自2013年7月19日至真功夫公司提供之日的会计凭证、记录、票据、合同和文件;查阅、复制的会计账册/账簿应包括:总账、明细账、日记账和其他辅助性账簿。**根据真功夫公司章程第8.3条的规定,公司股东有权检查和复制任何必要或适当的任何种类的会计账册、记录、票据、合同和文件。故蔡某标除了可以查阅会计账簿(会计账册)外,还可依章程约定复制会计账簿(会计账册)。对于用于作出会计账簿的原始凭证,真功夫公司章程规定了“记录、票据、合同和文件”。故本院支持蔡某标要求查阅、复制会计账簿、记录、票据、合同和文件的诉请。**

争议焦点16　股东对获得股东身份前的公司文件是否享有知情权

裁判要点1 获得股东身份之前的公司运营情况和财务信息均属于股东行使知情权的范围。

【裁判理由1】【(2019)闽民终1330号】福建省飞驰科技股份有限公司、益盟国际有限公司(以下简称益盟公司)股东知情权纠纷二审案件,福建省高级人民法院认为:

关于益盟公司行使知情权是否包括查阅其正式成为股东之前的公司资料问题。由于公司运营是一个整体的、动态的、延续性的过程,无论股东通过何种方式取得公司股份,自其成为股东之日起,其有权继受前手股东的相关权利,知情权亦不例外。如果拒绝公司的继受股东行使对之前公司信息的知情权,将导致股东获得的信息不完整,减损股东知情权的制度价值。因此,益盟公司可以查阅其正式成为股东之前的福建省飞驰科技股份有限公司相关资料。

【裁判理由2】【(2021)粤01民终18264号】广州市甜心烘培有限公司、毕某仪股东知情权纠纷二审案件,广东省广州市中级人民法院认为:

公司股东有权了解公司经营状况、财务状况以及其他与股东利益存在密切关系的公司相关情况。由于公司的经营、发展是一个动态、连续的过程,公司现在的情况不可能与之前的经营、财务状况完全脱节或毫无关联。如果不允许股东查阅其成为股东之前的会计账簿等相关材料,则明显不利于对股东权益的保护。同时,《公司法》第33条亦没有禁止股东查阅其成为股东之前的公司会计账簿等材料。股东知情权中查阅复制权的对象不仅应包括毕某仪成为公司股东之后的相关材料,还应包括其成为公司股东之前的相关材料。故广州市甜心烘培有限公司主张毕某仪只能查阅其成为股东之后的公司相关材料,于法无据,本院不予支持。

【裁判理由3】【(2016)粤01民终17744号】原审第三人汪某元股东知情权纠纷二审案件,广东省广州市中级人民法院认为:

关于汪某彬、汪某坤是否能够查询入股前公司资料的问题。由于汪某彬、汪某坤已明确其查阅目的是了解公司的经营情况及财务状况,这一目的本身并不存在不正当性。**公司经营是一个整体延续性的过程,汪某彬、汪某坤对其成为股东之前的公司运营情况和财务信息的了解和掌握属于股东正当行使股东知情权的范围**,故巴马公司辩称的汪某彬、汪某坤只能对其入股后的资料进行查阅,没有法律依据,原审法院不予采纳。

裁判要点2 股东无权查阅其成为股东之前的公司经营管理情况的相关资料。

【裁判理由】【(2014)泰中商终字第0046号】褚某与江苏双江石化制品有限公司股东知情权纠纷二审案件,江苏省泰州市中级人民法院认为:

关于股东知情权行使的起始时间问题。股东知情权是公司法规定的股东所固有的法定权利,**股东行使知情权应从取得股东资格时享有。受让取得股权的,其在受让决策前应当对公司的经营管理等股东知情权的事项进行全面的了解,其在受让股权成为公司股东后无权查阅其成为股东之前的公司经营管理情况的相关资料**。原审判决其依法享有2009年5月20日后一定事项的知情权并无不当。

【笔者观点】从制度理念分析,对于该问题我国《公司法》虽未进行明确规定,但公司经营是一个整体的、动态的、延续性的过程,且股东知情权的制度意旨在于使股东充分掌握公司信息、管理活动及风险状况,从而监督公司管理层,保护股东的合法权益。若禁止股东对其成为股东之前的公司相关资料行使股东知情权,则必然导致该股东无法全面了解公司的整体真实经营情况,不利于对继受股东特别是小股东权益的保护。

司法实践中早期曾存在正反两派观点,但近年来裁判思路在全国范围内逐渐统一,法院通常倾向于认为股东不因入股时间而影响可查阅文件的时间范围,这也与股东知情权保护制度理念相契合。

争议焦点17　会计凭证是否属于股东行使知情权的范围

裁判要点1 会计凭证属于可查阅范围。

【裁判理由1】【(2021)粤01民终4835号】广州杰瑞置业有限公司、广州中资国华投资有限公司(以下简称中资国华公司)股东知情权纠纷二审案件,广东省广州市中级人民法院认为:

对于中资国华公司要求查阅会计账簿的范围,是否包括查阅会计凭证的问题。《会计法》第14条第1款规定:会计凭证包括原始凭证和记账凭证。第15条第1款规定:会计账簿登记,必须以经过审核的会计凭证为依据,并符合有关法律、行政法规和国家统一的会计制度的规定。会计账簿包括总账、明细账、日记账和其他辅助性账簿。**公司法明确规定股东有权查阅会计账簿,虽然法律并未明确规定股东有权查阅会计凭证,但会计凭证是制作会计账簿的基础和依据,会计账簿是根据会计准则对会计凭证进行综合形成的结果,故会计凭证和会计账簿在内容上具有对应性,二者是对公司同一经营活动过程的两种不同的表现形式。如公司严格按照会计准则制作会计账簿,二者在内容上不应有本质性区别。但相对而言,会计凭证作为公司经营活动过程中形成的原始资料,更为客观。因而,允许股东查阅会计凭证,不会给公司造成重大不利益,反而有利于股东核验会计账簿的真实性和完整性,实质性保障股东知情权的实现,避免立法目的落空。在此限度内,公司负有容忍和配合义务。**因此,一审法院对中资国华公司关于查阅与会计账簿相对应的会计凭证(包括记账凭证和原始凭证)的请求予以支持,并无不当,应予维持。

【裁判理由2】【(2021)沪02民终10531号】畅阳科技(上海)有限公司(以下简称畅阳公司)与张某股东知情权纠纷二审案件,上海市第二中级人民法院认为:

关于**查阅、复制会计凭证的问题。《公司法》第33条对有限责任公司股东查阅对象采取了列举式规定,但未规定是否可以查阅会计凭证,同时相关司法解释也未明确规定。本院认为,在股东能够从公司运营现状、财务报表数据等角度提出合理怀疑,或有初步证据显示会计账簿不真实、不完整,从而影响股东查阅目的的实现的情况下,股东查阅会计凭证才具有合理性、必要性,此时可参照《公司法》第33条第2款规定,对股东关于会计凭证的查阅请求予以准许。**有限责任公司一般应在工商年检及外资的税务年审时出具上年的审计报告作为必备的辅助文件,实务中一般是一年一出,本案中畅阳公司在一审庭审中自认公司自2019年成立至今没有审计报告和除工商登记之外的其他股东会决议,股东对公司运营现状、财务报表数据等并不知悉,张某作为工商登记的监事,尚且需要通过诉讼主张其知情权，可见畅阳公司的公司治理确实存在不规范和不完善的情况。一审法院以原始会计凭证系公司制作会计账簿的基础，能够反映公司基础的财务状况，公司会计账簿的真实性和完整性也必须通过原始会计凭证印证为由，认定张某的主张存在一定的合理性和必要性，本院予以认可。

【裁判理由3】【(2020)辽02民终6384号】大连世祥包装有限公司、郑某芸股东知情权纠纷二审案件，辽宁省大连市中级人民法院认为：

关于原始凭证是否属于股东行使知情权可以查阅范围的问题。会计账簿包括总账、明细账、日记账和其他辅助性账簿。会计账簿登记必须以经过审核的会计凭证为依据，并符合有关法律、行政法规和国家统一的会计制度的规定。会计凭证又包括原始凭证和记账凭证。由此可以看出，**原始凭证是会计账簿的原始依据，最能反映公司真实的资金活动和经营状况，公司的具体经营过程只有通过查阅原始凭证才能知晓**。故一审法院对被上诉人要求查阅上诉人原始凭证的请求予以支持并无不当。

【裁判理由4】【(2018)京03民终9808号】北京市金武通保保安服务有限公司与张某营股东知情权纠纷二审案件，北京市第三中级人民法院认为：

根据会计准则，契约等有关资料也是编制记账凭证的依据，应当作为原始凭证的附件入账备查。据此，会计凭证是编制会计账簿的依据，**公司的具体经营活动只有通过查阅记账凭证、相关原始凭证及作为原始凭证附件入账备查的有关资料才能知晓，否则可能无法了解公司真正的经营情况**。故张某营有权要求查阅包括原始凭证在内的会计凭证。一审法院援引《会计法》对股东知情权的范围予以明确，法律适用并不存在错误。

【裁判理由5】【(2012)民申字第635号】天津北方食品有限公司（以下简称北方食品公司）、香港捷成有限公司股东知情权纠纷再审案件，最高人民法院认为：

虽然《公司法》没有明确规定股东可以查阅会计凭证，然而基于利益平衡以及确保信息真实的考虑，知情权范围不宜限定在一个不可伸缩的区域，尤其对于人合性较高的有限责任公司，严格限定知情权范围并不利于实现知情权制度设置的目的。因此，二审判决支持香港捷成有限公司查阅北方食品公司会计凭证的诉讼请求，并无不妥。北方食品公司关于二审判决适用法律错误的申请再审理由亦不能成立。

裁判要点2 会计凭证不属于可查阅范围。

【裁判理由1】【(2019)最高法民申6815号】富巴投资有限公司(以下简称富巴公司)、海融博信国际融资租赁有限公司股东知情权纠纷再审案件,最高人民法院认为:

根据相关法律规定,会计账簿不包括原始凭证和记账凭证。股东知情权和公司利益的保护需要平衡,故不应当随意超越法律的规定扩张解释股东知情权的范畴。《公司法》仅将股东可查阅财会资料的范围限定为财务会计报告与会计账簿,没有涉及原始凭证,二审判决未支持富巴公司查阅海融博信国际融资租赁有限公司原始凭证的请求,并无不当。《会计法》第9条未赋予股东查阅公司原始凭证的权利,北京市高级人民法院的指导意见不具有司法解释的效力,富巴公司依据以上规定请求再审本案之主张,不能成立。

【裁判理由2】【(2020)京01民终5733号】北京中泰创安科技有限公司与杨某股东知情权纠纷二审案件,北京市第一中级人民法院认为:

对于杨某要求查阅、复制会计凭证(含记账凭证、原始凭证及作为原始凭证附件入账备查的全部资料)的诉讼请求,本院认为,我国《公司法》规定股东有查阅公司会计账簿的权利,**未赋予股东查阅公司会计凭证的权利,未将制作公司会计账簿所涉及的相关凭证列入股东可以行使该项股东知情权的范围**,故杨某该项诉讼请求于法无据,本院不予支持。

【裁判理由3】【(2021)沪01民终9208号】朱某才与上海港金联运有限公司(以下简称港金公司)股东知情权纠纷二审案件,上海市第一中级人民法院认为:

《公司法》第33条规定股东可查阅会计账簿,而《会计法》第13条规定:会计凭证、会计账簿、财务会计报告和其他会计资料,必须符合国家统一的会计制度的规定。《会计法》第14条第1款规定:会计凭证包括原始凭证和记账凭证。**显然,我国《公司法》并未明确股东可以查询会计凭证。通常而言,当会计凭证对于会计账簿的查阅具有必要性、合理性和印证性作用,或者会计账簿确实存在明显问题时才可查阅。**本案中,朱某才二审提交了港金公司股东会决议、港金公司年度纳税申报利润表及与港金公司实际控制人孙某等谈话录音,予以证明2018年、2019年6%开拓费分别高达407万元、456万元,实际控制人孙某明确上述费用无法提供相应的凭证,港金公司存在内外账,目前的财务报表、会计账簿不真实、不准确与不完整,会计凭证具有查阅的必要性。对此,本院认为,2017年12月31日的《上海港金联运有限公司股东会决议》第4.1条已经明确约定,自2018年起,将公司经营收入的6%作为市场开拓费，由孙某先生决定使用。孙某、孙某阳、郭某、朱某才、钱某、徐某、胡某霞代孙某俪在上述股东会决议上签字并捺手印。有鉴于此，孙某使用上述市场开拓费具有合理依据，包括朱某才在内的港金公司股东对此应是知晓，并且予以同意的。因此，现朱某才以孙某无法提供上述6%的市场开拓费为由，要求查阅公司会计凭证，缺乏事实和法律依据，本院不予支持。

【笔者观点】法律和司法解释对该争议焦点未予以明确规定，司法实践中亦存在不同观点。北京、广东、山东等地高院通过发布地方审判指导意见的方式倾向于支持股东查阅会计凭证，部分地区如上海高院则较为审慎，要求仅当会计凭证对于会计账簿的查阅具有必要性、合理性和印证性作用，或者会计账簿确实存在明显问题时才可查阅。司法实践中也存在部分案例，当股东要求查阅会计凭证时会被径行驳回。

实际上，会计凭证是制作会计账簿的基础和依据，会计账簿是根据会计准则对会计凭证进行综合形成的结果，故会计凭证和会计账簿在内容上具有对应性，二者是对公司同一经营活动过程的两种不同的表现形式。如公司严格按照会计准则制作会计账簿，二者在内容上不应有本质性区别。原则上应当严格按照法律文义解释的规则，将会计凭证排除股东行使股东知情权要求查阅的客体范围。但是，在股东能够通过举证初步证明存在会计凭证对于会计账簿的查阅具有必要性、合理性和印证性作用，或者会计账簿确实存在明显问题时，应当准予股东查阅会计凭证。

《公司法（修订草案）》采纳了北京、广东、山东等地高院的观点，在第51条第2款和第113条第1款明确肯定了会计凭证属于股东知情权的查阅范围。

争议焦点18　公司合同、项目资料等文件是否属于知情权的范围

裁判要点1 股东无权查阅超出股东知情权法定范围的项目资料、公司合同等文件。

【裁判理由1】【（2020）沪01民终3260号】张家口北方硅谷久有产业综合发展基金合伙企业（有限合伙）（以下简称久有企业）与矽光光电科技（上海）有限公司（以下简称矽光公司）股东知情权纠纷二审案件，上海市第一中级人民法院认为：

久有企业要求查阅并复制的**LED光电产品项目报表（包括但不限于资产负债**

表、利润表、现金流量表、财务情况说明、利息分配表及矽光公司自成立以来每个项目的报表)不属于法定知情权范围，矽光公司亦不同意久有企业查阅并复制且表示无相关材料，故对久有企业的该项诉请不予支持。

【裁判理由2】【(2020)粤19民终2108号】万某民与东莞市柏林网络科技服务有限公司(以下简称柏林公司)股东知情权纠纷二审案件，广东省东莞市中级人民法院认为：

万某民要求查阅柏林公司原始财务会计凭证(包括记账凭证、原始凭证及作为原始凭证附件入账备查的**有关合同、协议书等文件资料)，但相关法律规定并未赋予股东直接查阅财务会计凭证的权利，柏林公司的章程亦未授予股东查阅财务会计凭证的权利**。故万某民主张查阅柏林公司财务会计凭证的诉讼请求没有事实和法律依据，本院不予采纳。

【裁判理由3】【(2009)二中民终字第00978号】刘某芳与北京市金宏林建筑公司(以下简称金宏林公司)股份合作制企业股东知情权纠纷二审案件，北京市第二中级人民法院认为：

现刘某芳要求查阅、复制金宏林公司自2003年1月1日起至2008年9月2日止的**股东会会议记录、董事会决议、监事会决议和财务会计报告、公司会计账簿及相关原始凭证、原始合同，以及金宏林公司与贵源公司、中泽公司之间的“挂靠经营”合同、协议、销售收入、利润分配、财务会计报告、会计账簿、相关原始凭证**，金宏林公司2003年1月1日起至2008年9月2日止的相关税务完税资料的诉讼请求，一审法院支持其查阅、复制金宏林公司自2003年1月1日起至2008年9月2日止各年度股东会会议记录、董事会会议决议、监事会会议决议、财务会计报告及查阅金宏林公司2003年1月1日起至2008年9月2日止各年度会计账簿(包括原始凭证)的诉讼请求，**其要求对上述会计账簿(包括原始凭证)进行复制的诉讼请求于法无据，一审法院不予支持，其他诉讼请求超出上述范围，一审法院不予支持**。

裁判要点2 若公司章程规定了股东可以查阅公司文件的范围，且并未违反法律禁止性规定的情况下，股东原则上有权依据公司章程主张知情权。

【裁判理由1】【(2017)粤01民终5896号】蔡某标与真功夫公司股东知情权纠纷二审案件，广东省广州市中级人民法院认为：

关于蔡某标是否有权复制2013年7月19日至真功夫公司提供之日的会计账册/账簿。其有权查阅并复制真功夫公司自2013年7月19日至真功夫公司提供之日的会计凭证、记录、票据、合同和文件；查阅、复制的会计账册/账簿应包括：总账、明细账、日记账和其他辅助性账簿。**根据真功夫公司章程第8.3条的规定，公司股东有权检查和复制任何必要或适当的任何种类的会计账册、记录、票据、合同和文件。故蔡某标除了可以查阅会计账簿（会计账册）外，还可依章程约定复制会计账簿（会计账册）。对于用于作出会计账簿的原始凭证，真功夫公司章程规定了“记录、票据、合同和文件”。故本院支持蔡某标要求查阅、复制会计账簿、记录、票据、合同和文件的诉请。**

【裁判理由2】【（2015）苏商外终字第00035号】ROONEYLIMITED与常州雍康置业有限公司股东知情权纠纷二审案件，江苏省高级人民法院认为：

公司章程是公司宪章，**在不违反法律禁止性规定的情况下，股东原则上有权依据公司章程的规定来主张知情权。因此，对于常州雍康置业有限公司章程中第12.2条（b）项和（c）项规定，其内容是要求在指定时间内向各方股东提供详细的损益表、资产负债表、现金流量表、销售及其他收入的分析、预算审核、相应月份的收入和资本预算的核对结果以及当月的资金来源和应用的报表（董事会需要时）。该规定的内容具体、明确，不违反法律法规禁止性规定，股东间的意思自治与公司法的价值取向并不相悖，除了当月的资金来源和应用的报表系供董事会所需以外，一审法院对ROONEYLIMITED的主张均予支持，并无不当，本院予以支持。**

【笔者观点】根据现行《公司法》第33条之规定，有限责任公司股东的股东知情权范围为“公司章程、股东会会议记录、董事会会议决议、监事会会议决议和财务会计报告”。根据现行《公司法》第97条之规定，股份有限公司股东的股东知情权范围为“公司章程、股东名册、公司债券存根、股东大会会议记录、董事会会议决议、监事会会议决议、财务会计报告”。法定知情权范围均为有限列举，除特殊文件资料在特定情形下（如会计凭证举证存在明显问题等），不应轻易突破法定的知情权范围。

公司合同、预算审核、项目资料等，并不在法定知情权范围内，除非公司章程等作出特别约定，不应支持股东对上述文件资料的查阅或复制。

争议焦点19　子公司的财务报表与会计账簿是否属于知情权的范围

裁判要点 1 股东一般不得直接查阅子公司财务会计报表。

【裁判理由】【（2019）京03民终6181号】润丰投资集团有限公司（以下简称

润丰公司)等股东知情权纠纷二审案件,北京市第三中级人民法院认为:

本案陈某清投资润丰公司成为其股东,享有股东权益。但陈某清并非润丰公司之子公司、孙公司的股东,母公司与子公司之间的控制关系是基于股权的占有或者控制协议,而陈某清与润丰公司的子公司、孙公司之间并无直接法律关系,其对润丰公司的股东权益亦不能直接及于润丰公司之子公司及孙公司,因此陈某清所主张股东知情权的对象及于润丰公司子公司、孙公司缺乏基础。从股东知情权的法定依据看,股东知情权是股东对公司形成的固有的、法定的权利,**《公司法》第33条对有限公司的股东知情查阅范围进行了明确限定,其内容并未包含公司的子公司、孙公司。在《公司法》等规范性法律文件未对母公司股东设置子公司、孙公司知情权的情况下,陈某清主张行使对润丰公司子公司、孙公司的知情权,超越了其股东知情权行使的法定界限,缺乏法定权利来源。**从股东知情权的约定基础看,《公司法司法解释(四)》第7条第1款规定:“股东依据公司法第三十三条、第九十七条或者公司章程的规定,起诉请求查阅或者复制公司特定文件材料的,人民法院应当依法予以受理。”根据上述规定可知,**除《公司法》规定外,股东亦可以基于自治的意思表示,在不违反禁止性规定的情况下,通过公司章程对知情权内容进行扩大规定。本案中,根据已查明的事实,润丰公司章程中并未有股东行使知情权至润丰公司子公司、孙公司的约定。**因此,陈某清的上述主张亦缺乏润丰公司章程之约定基础。……结合以上论述,陈某清行使对润丰公司子公司、孙公司的查阅、复制权,不具备法定或约定基础。

裁判要点 2 股东可以根据公司章程约定要求查阅子公司财务会计报表。

【裁判理由】【(2013)沪二中民四(商)终字第S1264号】CROWNCANOPY-HOLDINGSSRL与上海和丰中林林业股份有限公司(以下简称和丰公司)股东知情权纠纷二审案件,上海市第二中级人民法院认为:

关于科朗公司主张查阅和丰公司子公司的财务报表以及和丰公司及其分公司、子公司的会计账簿问题。**由已查明的和丰公司章程第144条及第146条的规定可见,章程载明和丰公司应向股东提交子公司财务报表,股东享有检查公司及其子公司的会计账簿、记录和管理账目的权利。前述章程的规定确超过《公司法》列举的股东知情权内容,考虑到和丰公司虽为股份有限公司,但股东仅有5名,只要股东合理地行使知情权,一般不会对公司的经营造成重大影响,故前述公司章程的相关规定不致无效。**

【笔者观点】首先，母公司股东并非子公司的股东，自然无法对子公司行使股东知情权；其次，根据现行《公司法》第32条和第97条之规定，股东知情权范围法定且是有限列举，并不包括子公司的财务会计报告等。因此，母公司股东原则上无权要求查阅/复制子公司的财务会计资料。

当然，若公司章程对该问题另有约定，扩大了母公司股东知情权范围，母公司股东也可依据章程约定，主张行使对子公司的股东知情权。

争议焦点20　破产清算中相关资料是否属于知情权的范围

裁判要点1 股东对破产企业的账册、文书等卷宗材料享有知情权。

【裁判理由】【(2019)皖民终291号】安徽大蔚置业有限公司(以下简称大蔚置业公司)、汪某卫股东知情权纠纷二审案件，安徽省高级人民法院认为：

关于大蔚置业公司的债权申报材料、债权审核结果等资料。首先，大蔚置业公司在管理人管理期间仍然会产生清算目的范围之内的相关资料，如债权申报材料、债权审核依据资料、债权人会议表决记录等，由此，**汪某卫在大蔚置业公司破产期间有行使知情权的可能。其次，股东作为公司的投资人，其对公司的破产清算更加关注。股东知情权是股东的固有权利，在公司破产程序中的体现就是股东对管理人基于清算目的形成的相关资料享有知悉的权利。所以，汪某卫在大蔚置业公司破产期间有行使知情权的必要。**最后，根据《最高人民法院关于审理企业破产案件若干问题的规定》第99条的规定，大蔚置业公司在破产程序期间形成的相关账册、文书等资料，在破产程序终结后将移交该公司的股东保存。也就是说，汪某卫作为大蔚置业公司的股东，其最终对上述相关资料享有知悉的权利。只是该条规定的是股东在破产程序终结后的保管职责，而**股东在破产程序中行使股东知情权，有利于在破产程序中平衡保护公司股东与债权人的合法权益，从而最大程度发挥破产程序的功能与价值**。因此，一审判决对汪某卫要求查阅、复制大蔚置业公司的破产债权申报材料、债权审核结果及依据资料、四次债权人会议表决记录的诉讼请求予以支持，亦无不当。

裁判要点2 股东对破产企业的账册、文书等卷宗材料不享有知情权。

【裁判理由】【(2017)闽民终795号】宏亿隆投资管理有限公司(以下简称宏

亿隆公司)、厦门海洋实业(集团)股份有限公司股东知情权纠纷二审案件,福建省高级人民法院认为:

本案讼争的2016年9月22日出资人组会议,其性质系在特定的破产重整程序中,人民法院依据《企业破产法》第85条的相关规定组织召开的债权人会议暨出资人组会议,对《厦门海洋实业(集团)股份有限公司重整计划草案之出资人权益调整方案》进行审议表决,**并非厦门海洋实业(集团)股份有限公司依据《公司法》的相关规定自行召开的股东大会。且宏亿隆公司的委托代理人亦出席了该出资人组会议,知悉会议的情况。故《公司法》关于股东查阅、复制股东会会议记录、股东名册的规定,不适用于本案**。宏亿隆公司主张依据《公司法》、公司章程的规定查阅复制出资人组会议记录以及投赞成票的股东名册的诉讼请求缺乏相应事实和法律依据,一审对宏亿隆公司的诉请不予支持,并无不当。

【笔者观点】《最高人民法院关于审理企业破产案件若干问题的规定》第99条规定:破产程序终结后,破产企业的账册、文书等卷宗材料由清算组移交破产企业上级主管机关保存;无上级主管机关的,由破产企业的开办人或者股东保存。

关于股东知情权应否包含对破产清算中相关资料知悉的权利,笔者较为赞同安徽省高级人民法院的观点,即股东作为公司的投资人,其对公司的破产清算更加关注。而股东知情权是股东的固有权利,在公司破产程序中的体现就是股东对管理人基于清算目的形成的相关资料享有知悉的权利。换言之,股东知情权涵摄至公司破产清算过程中形成的资料,为股东知情权制度理念的应有之义。

(四)与查阅会计账簿不正当目的认定有关的争议

根据《公司法》第33条的规定,有限责任公司股东查阅公司会计账簿须说明目的,且公司可以目的不正当为由拒绝提供查阅。《公司法司法解释(四)》第8条明确列举了几种可以被认定为“目的不正当”的情形,但是实务中仍会存在一些场景无法落入上述列举情形中。

【法律规定】

《公司法司法解释(四)》第八条 有限责任公司有证据证明股东存在下列情形之一的,人民法院应当认定股东有公司法第三十三条第二款规定的“不正当目的”:

(一)股东自营或者为他人经营与公司主营业务有实质性竞争关系业务的,但公司章程另有规定或者全体股东另有约定的除外;

（二）股东为了向他人通报有关信息查阅公司会计账簿，可能损害公司合法利益的；

（三）股东在向公司提出查阅请求之日前的三年内，曾通过查阅公司会计账簿，向他人通报有关信息损害公司合法利益的；

（四）股东有不正当目的的其他情形。

争议焦点21 实质性竞争关系业务的认定

裁判要点 实质性竞争关系业务可以从主营业务的业务范围、业务区域以及所针对的客户群等方面通过比较进行认定。

【裁判理由1】【（2019）浙06民终5134号】陈某江、浙江盛名机电制造有限公司（以下简称盛名公司）股东知情权纠纷二审案件，浙江省绍兴市中级人民法院认为：

本案中，陈某江的妻子陈某英系盛信公司的股东，担任该公司的法定代表人，该公司的经营范围制造、销售纺织机械设备、电脑绣花机、机械配件与盛名公司的经营范围制造、销售缝制设备、机械配件、五金、电脑绣花重合，**主营业务、业务区域以及所针对的客户群基本一致，主营业务存在实质上的竞争关系**。陈某江通过查阅盛名公司的会计账簿、会计凭证，可以获得该公司的客户资料和合同底价等商业信息，有可能使盛名公司在业务竞争中处于不利地位。综上，应当认定陈某江查阅会计账簿、会计凭证具有“不正当目的”，陈某江的该诉请一审法院不予支持。

【裁判理由2】【（2018）京03民终380号】张某俊与北京智邦明睿人力资源顾问有限公司（以下简称智邦公司）股东知情权纠纷二审案件，北京市第三中级人民法院认为：

根据审理查明的事实，张某俊同时担任智邦公司及创业酵母公司的股东，智邦公司和创业酵母公司从事的业务均是为企业提供人力资源服务和金融投资服务，其中人力资源服务专注的均是猎头业务，所针对的客户大部分为互联网企业，**二者的主营业务、业务区域以及所针对的客户群基本一致，主营业务存在实质上的竞争关系**。张某俊通过查阅智邦公司的会计账簿，可以获知智邦公司的客户资料和合同底价等商业信息，有可能使智邦公司在业务竞争中处于不利地位。因此,智邦公司认为张某俊查阅会计账簿和原始凭证存在不正当目的的主张成立,张某俊无权查阅会计账簿和原始凭证。

【裁判理由3】【(2019)沪民申374号】上海美优制药有限公司(以下简称美优公司)与上海微丸医药开发有限公司股东知情权纠纷再审案件,上海市高级人民法院认为:

依据现有证据无法判断双方当事人是否均开展了科技咨询服务业务,也无法认定科技咨询服务是美优公司的主营业务,**仅凭当事人之间经营范围的部分重合,尚不足以证明上海微丸医药开发有限公司从事了与美优公司主营业务有实质性竞争关系的业务。**

【裁判理由4】【(2018)苏0205民初998号】邓某雄诉江苏博岩投资控股有限公司(以下简称博岩公司)股东知情权纠纷一审案件,江苏省无锡市锡山区人民法院认为:

股东知情权是股东基本的法定权利,公司主张股东行使知情权具有不正当目的,应当由公司承担举证责任。**本案中,虽然邓某雄担任法定代表人、股东的华融公司、雄堃公司与博岩公司的经营范围存在部分重合,但邓某雄称上述二公司成立后从未实际经营,该二公司与博岩公司间不存在任何业务竞争关系。博岩公司既未能举证证明华融公司、雄堃公司的经营业务与博岩公司的主营业务存在实质性竞争关系,又未能证明邓某雄请求查阅公司会计账簿有其他不正当目的且可能损害公司合法利益,应承担举证不能的不利后果,故对博岩公司拒绝邓某雄查阅公司会计账簿的抗辩意见不予采纳。**

争议焦点22　履职中的瑕疵行为是否构成不正当目的

裁判要点 仅以股东履行职务中存在瑕疵行为为由,不能认定股东行使知情权具有不正当目的。

【裁判理由】【(2019)浙01民终10192号】杭州拾忆广告有限公司(以下简称拾忆公司)、汪某股东知情权纠纷二审案件,浙江省杭州市中级人民法院认为:

关于汪某要求查阅拾忆公司会计账簿等资料是否具有不正当目的的问题。拾忆公司以汪某在拾忆公司任职时存在不当行为为由主张汪某行使股东知情权存在不正当目的。本院认为,拾忆公司仅有两名股东,如禁止汪某行使股东知情权,将导致拾忆公司实质上陷于由计某虹独自经营并失去监督的境地。且汪某就行使股东知情权一事向原审法院出具了保密承诺函。**鉴于拾忆公司的股东构成情况,汪某在履行职务中的瑕疵行为尚不能成为阻却其行使股东知情权的理由。**故对拾忆公司的该上诉理由,本院不予支持。拾忆公司还主张由汪某实际控制的圆一公司与拾忆公司存在竞争关系,汪某行使股东知情权的行为将损害拾忆公司的利益。对此,本院认为,**仅凭圆一公司的经营范围与拾忆公司存在一定的重合性并不足以认定汪某查阅拾忆公司的会计账簿就会损害拾忆公司的合法利益。**故对拾忆公司的该抗辩,本院亦不予支持。

争议焦点23 股东已经了解知情权项下的信息,是否有权行使知情权

裁判要点 如果股东通过其他方式已经了解公司经营与财务情况,无须再行使股东知情权。

【裁判理由】【(2011)沈中民三终字第736号】田某某与沈阳某某公司股东知情权纠纷二审案件,辽宁省沈阳市中级人民法院认为:

本案上诉人作为富田公司的股东在2009年4月3日的股东会决议上签字确认同意公司解散清算,并作为清算组成员处理相关清算事宜。清算小组成员的职责已在富田公司的股东会决议中明确约定,公司经过合法审计并以股东会决议的形式对资产负债情况、股东股权分配情况做出认定,上诉人也已签字确认。**作为清算小组成员上诉人完全有能力和责任参与清算过程中最为重要的公司审计过程,而审计过程中必然涉及提供和查阅所有的相关会计账目,因此上诉人已作为清算组成员参与了公司全部审计过程,在此期间其股东知情权已得到充分行使,才使公司解散按程序进行至注销工商登记的办理,上诉人的诉请主张没有事实依据。**

争议焦点24 为公司其他案件提供对公司不利证据是否构成不正当目的

裁判要点 股东行使知情权为公司涉及的其他案件提供对公司不利的证据的,不构成不正当目的。

【裁判理由1】【《最高人民法院公报》2011年第8期(总第178期)公报案例】李某君、吴某、孙某、王某兴诉江苏佳德置业发展有限公司(以下简称佳德公司)股东知情权纠纷二审案件,江苏省宿迁市中级人民法院认为:

被上诉人佳德公司认为四上诉人查阅会计账簿的目的是收集并向广厦公司提供工程款纠纷仲裁一案中对佳德公司不利的证据,损害佳德公司及其他股东的合法利益,其主要证据是四上诉人提交的申请书、诉状及授权委托书中均有张某林代李某君签名,而张某林的身份系广厦公司派驻佳德公司工程的项目经理,且直接参与了广厦公司与佳德公司的仲裁一案。佳德公司所举证据不足以证明四上诉人查阅公司会计账簿具有不正当的目的,且可能损害佳德公司合法利益。……**《公司法》第34条[①]规定的公司拒绝查阅权所保护的是公司的合法利益,而不是一切利益。基于诚实信用原则,案件当事人理应对法庭或仲裁庭如实陈述,并按法庭或仲裁庭要求提供自己掌握的真实证据,以拒不出示不利于己的证据为手段而获得不当利益为法律所禁止。如佳德公司持有在仲裁一案中应当提供而未提供的相关证据,则不能认定股东查阅公司账簿可能损害其合法利益。综上,股东知情权是股东固有的、法定的基础性权利,无合理根据证明股东具有不正当目的,则不应限制其行使。**

【裁判理由2】【(2019)最高法民申1713号】北京源德生物医学工程有限公司、医疗化学发光(香港)有限公司股东知情权纠纷再审案件,最高人民法院认为:

本案中,化学发光香港公司的代表人保某武,被开曼群岛大法院任命为中国医疗公司的共同清盘人。化学发光香港公司在本案一、二审期间认可其行使股东知情权的目的之一是了解源德公司最上层母公司中国医疗公司所募集的4.26亿美元的流向以及是否用于源德公司。**故本案并不排除化学发光香港公司为了向中国医疗公司通报有关资金流向信息而查阅源德公司会计账簿的情形。但公司拒绝查阅所保护的是公司的合法利益,而不是一切利益,目的正当与否的判断也受此限制。考虑到保某武作为中国医疗公司的共同清盘人在中国境外及香港特别行政区进行的诉讼,均系按所在地法律依法定程序进行,即使其通过本案股东知情权诉讼所获取的信息运用到境外诉讼当中,亦不应认定为损害或可能损害源德公司合法利益。**此外,源德公司亦自称其并未收到中国医疗公司相关募集资

① 对应现行2018年《公司法》第33条。

金，故即使化学发光香港公司查阅源德公司账簿，其获取相关资金流向的主观意愿也无法实现，不存在损害源德公司合法利益的可能。综上，二审判决对源德公司关于化学发光香港公司行使知情权具有不正当目的的主张不予支持，适用法律并无不当。

（五）与股东知情权纠纷有关的其他争议

争议焦点25 查阅会计账簿前置程序的审查

裁判要点1 股东起诉要求查阅会计账簿，必须履行前置程序，否则不予受理或驳回起诉。

【裁判理由】【（2016）最高法民申3785号】宁源公司等诉中原公司股东知情权纠纷再审案件，最高人民法院认为：

为防止股东损害公司利益，**对于查阅会计账簿的，还设置了提前书面通知并说明合理理由的前提条件。据此，股东知情权纠纷所指向的诉讼标的系公司应当履行而未履行的配合行为，该行为的履行主体和履行内容具有特殊性和不可替代性**。本案中，负有配合股东行使知情权的协助义务人中原公司的经营期届满、实际歇业多年且已经被行政主管部门吊销营业执照，符合《公司法》第180条规定的法定解散条件。**因此，二审法院认定中原公司意思自治的正常治理结构已经解体、宁源公司查阅会计账簿的通知无法送达，故本案继续审理的条件客观上已不具备，并据此驳回宁源公司的起诉并无不当**。

裁判要点2 股东提出查阅会计账簿申请15日后公司不予答复，视为公司拒绝股东行使知情权，股东可以就此提起股东知情权之诉。

【裁判理由】【（2016）渝民申1722号】重庆蓝姆焊接设备有限公司（以下简称重庆蓝姆公司）诉广州蓝姆汽车设备有限公司（以下简称广州蓝姆公司）股东知情权纠纷再审案件，重庆市高级人民法院认为：

从2014年10月26日广州蓝姆公司向重庆蓝姆公司提出行使股东知情权的书面申请并说明理由，到2014年12月10日广州蓝姆公司提起本案股东知情权诉讼时，**重庆蓝姆公司已经超过15日未予答复，故广州蓝姆公司提起本案诉讼符合相关法律规定的前置程序**。

裁判要点3 前置程序中存在轻微形式瑕疵的，不影响股东知情权的行使。

【裁判理由】【(2020)苏02民终566号】宜兴市灵谷文化旅游有限公司(以下简称灵谷公司)与汤某伟股东知情权纠纷二审案件，江苏省无锡市中级人民法院认为：

虽然该书面申请以律师函形式制作而现有证据未显示加盖律师事务所印章，但灵谷公司也未能提供其收到的律师函原件供法院审核是否确未盖章，且从谈某锋的回函中可知，律师函附有汤某伟出具的授权委托书，内容上能够反映请求事项代表了汤某伟本人意愿，**至于真实性问题通过致电汤某伟即能快速核对，没有附身份证复印件并不导致该书面申请无法处理。尤其在本案诉讼中，汤某伟向灵谷公司提出的请求明确具体，主体适格，身份证明齐全**，灵谷公司仍然拒绝向汤某伟提供会计账簿查阅，可见汤某伟的请求根本无法通过私力救济得到实现，故其寻求司法救济途径，符合法律规定，应予准许。

裁判要点4 查阅会计账簿的股东在前置程序中没有说明目的，公司无法审核其查阅目的之正当性，影响股东知情权的行使。

【裁判理由】【(2019)京03民终13927号】王某琳与北京新华儿女出入境服务中心有限公司(以下简称新华服务公司)股东知情权纠纷二审案件，北京市第三中级人民法院认为：

股东就行使会计账簿查阅权提起知情权诉讼需经过前置程序，即股东应先向公司提出书面申请并说明查阅目的，王某琳虽主张已向新华服务公司寄送《行使股东知情权的函》，但其并未在该函中明确说明其查阅范围系会计账簿，而该函中载明的“与客户签订的全部合同及收付款票据”之概念、所指范围均不同于会计账簿，**此外，王某琳亦未在该函中明确说明其查阅会计账簿的目的，新华服务公司亦无法审核其查阅目的之正当性。王某琳作为新华服务公司的股东，在行使会计账簿查阅权的前置程序中存在瑕疵，故本院对其要求查阅新华服务公司会计账簿的上诉请求不予支持**。一审法院处理并无不当，本院予以维持。

【笔者观点】现行《公司法》第32条第2款明确规定“股东要求查阅公司会计账簿的，应当向公司提出书面请求，说明目的”，此为股东知情权行使的前置程序或称公司内部救济程序，未履行前置程序，直接向人民法院起诉要求行使会计账簿查阅权的，人民法院不予受理。这一点也在北京法院、山东法院的地方审判意见中得以确认。

关于前置程序的履行要求，至少应当包括以下两点：(1)有明确具体的查阅事项;(2)公司拒绝查阅或自收到书面请求之日起15日未作答复。轻微的形式瑕疵并不能直接否定前置程序的履行完成。

争议焦点26 公司能否以无法提供材料为由进行抗辩

裁判要点1 公司以无法提供相应的资料拒绝股东行使知情权时,法院会进行实质性审查,且即使无法提供,也不意味着股东丧失了知情权。

【裁判理由】【(2018)川0903民初3632号】吕某荣与四川蓝彩电子科技有限公司股东知情权纠纷一审案件,四川省遂宁市船山区人民法院认为:

对于被告辩称,原告需查阅、复制的材料已由公安机关扣押,无法向原告提供的答辩意见。**被告未提供材料已被公安机关扣押的相关凭证;即使被告辩称属实,因公安机关办理案件需要扣押了原告需查阅、复制的材料,原告也不会因此而丧失作为股东可查阅、复制的诉争材料的法定权利**,故本院对被告的该答辩意见不予采纳。

裁判要点2 公司以未制作或不存在相关资料为由拒绝股东行使知情权时,公司的董事、高管将会因违反勤勉义务而承担责任,该责任的主体范围甚至可能扩大至公司的实际控制人、控股股东等。

【裁判理由1】【(2016)粤13民终1617号】吴某、潘某损害股东利益责任纠纷二审案件,广东省惠州市中级人民法院认为:

上诉人在经营管理过程中没有建立公司健全的财务、会计制度,没有按照财政部《会计基础工作规范》的要求填写、记录会计账簿,现金支出业务无原始凭证或原始凭证不完整,存在大量未审批的费用报销单、未盖章的送货单及收款收据,涉及金额超出1000万元,违反了财务制度。**依据《公司法》第163条"公司应当依照法律、行政法规和国务院财政部门的规定建立本公司的财务、会计制度"及第164条"公司应当在每一会计年度终了时编制财务会计报告,并依法经会计师事务所审计"之规定,上诉人依法应承担审计不能的民事责任。**

【裁判理由2】【(2020)沪01民终3550号】叶某与周某**损害股东利益责任纠纷**二审案件,上海市第一中级人民法院认为:

被上诉人周某没有建立和保存A公司的财务会计报告、会计账簿和会计凭

证，该行为导致叶某作为A公司的股东无法通过行使股东知情权查阅、复制前述文件材料，并致其遭受了包括难以证明公司具备可分配利润并请求公司分配利润、难以证明公司具有可分配剩余财产并请求相应分配，以及因无法组织公司清算而依法应承担赔偿责任等带来的损失。对于上述“难以证明”的损失，一审法院要求叶某承担举证责任，系举证责任分配不当。本院认为，周某因其未依法履行职责，应当对A公司有无可分配利润或剩余财产等承担举证证明的责任。现周某未能对此予以举证证明，应承担举证不能的后果。

【裁判理由3】【(2020)沪0114民初23441号】孙某与程某瑞**损害股东利益责任纠纷**一审案件，上海市嘉定区人民法院认为：

在案的执行裁定书、复议决定书均已表明赛迩福公司不能提供有关文件资料，且赛迩福公司不能提供资料非基于不可抗力的原因，故该情形在客观上导致原告无法查询、复制，进而对原告知情权造成损害，造成原告的损失。……原告在2010～2016年的大部分期间担任公司法定代表人及执行董事，后又任监事，其对该期间财务会计报告和公司会计账簿负有制作或者保存的职责，导致上述材料缺失的，原告应承担相应责任。

【笔者观点】根据《公司法司法解释(四)》第12条的规定，公司董事、高级管理人员等未依法履行职责，导致公司未依法制作或者保存《公司法》第33条、第97条规定的公司文件材料，给股东造成损失，股东依法请求负有相应责任的公司董事、高级管理人员承担民事赔偿责任的，人民法院应当予以支持。原告据此提起的诉讼可被划入损害公司利益责任纠纷项下。

争议焦点27　股东知情权诉讼中的保全措施

裁判要点1 股东在股东知情权之诉中可申请证据保全。

【裁判理由】【(2019)沪0118民初6250号之一】上海湖至企业管理合伙企业与上海中暨科技发展有限公司股东知情权纠纷一审案件，上海市青浦区人民法院认为：

在证据可能灭失或者以后难以取得的情况下，当事人可以在诉讼过程中向人民法院申请证据保全。申请人的申请符合法律规定。

裁判要点2 股东知情权诉讼中不可申请证据保全。

【裁判理由】【(2020)豫0302民初1054号】杨某霞、洛阳博勋地产有限公司股东知情权纠纷一审案件，河南省洛阳市老城区人民法院认为：

证据是法院用以认定案件待证事实的资料。本案中杨某霞申请保全的上述资料实为履行的标的，不属于本案证据，且杨某霞没有充分理由说明上述资料、文件可能灭失或以后难以取得，不符合证据保全的条件。裁定如下：驳回申请人杨某霞要求复制被申请人洛阳博勋地产有限公司自2008年1月16日起至今的公司章程、股东会会议记录、股东会会议决议、董事会会议决议、财务会计报告(包含但不限于会计报表、会计报表附注、财务情况说明书、资产负债表、损益表、财务状况变动表、财务情况说明书、利润分配表、现金流量表、工资发放表等)、会计账簿(包括总账、明细账、日记账和其他辅助性账簿)、会计凭证(含记账凭证、相关原始凭证及作为原始凭证附件入账备查的有关资料、银行账户交易明细)和公司财产权权利证书的申请。

裁判要点3 股东在股东知情权之诉中可申请财产保全。

【裁判理由1】【(2019)新2801财保52号】董某与库尔勒中祥房地产开发有限责任公司股东知情权纠纷案件，新疆维吾尔自治区库尔勒市人民法院认为：

本院受理申请人董某诉被申请人库尔勒中祥房地产开发有限责任公司股东知情权纠纷一案，申请人于2019年7月31日向本院提出保全申请，请求依法查封被申请人库尔勒中祥房地产开发有限责任公司名下会计账簿。申请人以名下位于新城辖区房产为其提供担保。**本院经审查认为，申请人的请求符合有关法律规定，符合财产保全的条件。**

【裁判理由2】【(2018)陕0104执保263号之一】申请人潘某与被申请人陕西融发矿山工程有限公司、陕西融发矿山工程有限公司柞水分公司知情权纠纷执行案件，陕西省西安市莲湖区人民法院认为：

陕西省西安市莲湖区人民法院作出的(2018)陕0104民初3291号之一民事裁定书已发生法律效力，申请人潘某于2018年5月30日向本院申请诉讼中财产保全，请求对被申请人陕西融发矿山工程有限公司、陕西融发矿山工程有限公司柞水分公司自公司成立以来至起诉之日(2018年4月16日)的财务会计报告、会计账簿(总账、明细账、日记账)、财务原始凭证采取保全措施，并提供相应担保。本院于当日立案执行。

裁判要点4 股东在股东知情权之诉中可申请行为保全。

【裁判理由】【(2019)鲁0502民初1355号】刘某波、刘某新股东知情权纠纷一审案件,山东省东营市东营区人民法院认为:

申请人刘某波、刘某新、纪某岱、刘某华、周某顺的申请符合法律规定,依照《民事诉讼法》第100条、第102条①之规定,**裁定如下:禁止东营渤海物资集团有限公司隐匿、转移、毁损、篡改东营渤海物资集团有限公司的会计账簿。后立即执行。**

【笔者观点】目前的司法实践中,股东知情权诉讼中针对公司档案、财务账簿等资料的保全措施,绝大部分采用证据保全或财产保全的方式,采取行为保全的情况比较少,同时也存在法院拒绝保全申请的情况。

从股东的角度出发,证据保全或财产保全措施最为有利,如直接查封、扣押公司的财务账簿、财务报告等,但法院往往会考虑证据保全、财产保全对公司生产经营的负面影响而不予准许。此时,可考虑申请行为保全,并申请法院责令被告将需要保全的材料交至法院或者交专人保管,实现各方利益的平衡。

争议焦点28　股东知情权纠纷是否适用诉讼时效

裁判要点1 股东知情权纠纷不适用诉讼时效。

【裁判理由1】【(2022)苏07民终1097号】连云港海之林复合材料有限公司、高某星股东知情权纠纷二审案件,江苏省连云港市中级人民法院认为:

关于争议焦点一。本院认为,《最高人民法院关于审理民事案件适用诉讼时效制度若干问题的规定》第1条规定,“当事人可以对债权请求权提出诉讼时效抗辩”。由此可见,诉讼时效原则上只适用于债权请求权,而股东知情权系基于股东身份而享有的权利,并非债权请求权,故股东行使知情权不应受到诉讼时效制度的调整。

【裁判理由2】【(2019)沪02民终1660号】上海中山汽车出租公司(以下简称中山汽车公司)与薛某股东知情权纠纷二审案件,上海市第二中级人民法院认为:

《民法总则》第196条②规定:“下列请求权不适用诉讼时效的规定:(一)请求

① 分别对应现行2021年《民事诉讼法》第103条、第105条。

② 对应《民法典》第196条。

停止侵害、排除妨碍、消除危险;(二)不动产物权和登记的动产物权的权利人请求返还财产;(三)请求支付抚养费、赡养费或者扶养费;(四)依法不适用诉讼时效的其他请求权。"《最高人民法院关于审理民事案件适用诉讼时效制度若干问题的规定》第1条规定:"当事人可以对债权请求权提出诉讼时效抗辩,但对下列债权请求权提出诉讼时效抗辩的,人民法院不予支持:(一)支付存款本金及利息请求权;(二)兑付国债、金融债券以及向不特定对象发行的企业债券本息请求权;(三)基于投资关系产生的缴付出资请求权;(四)其他依法不适用诉讼时效规定的债权请求权。"由此可知,法律并未规定所有的诉讼请求均适用诉讼时效制度,如上述法条明确规定的物权请求权、特殊的债权请求权等即不适用诉讼时效制度。股东知情权系股东基于其股东资格所享有的一种法定权利,具有明显的身份属性,原则上只要股东身份存续,股东知情权并不因此归于消灭或罹于时效。故中山汽车公司关于薛某诉讼请求已过诉讼时效的上诉理由,本院不予支持。

【裁判理由3】【(2021)川01民终23659号】李某、罗某军等股东知情权纠纷二审案件,四川省成都市中级人民法院认为:

股东行使知情权系股东固有的权利,不受诉讼时效限制,故本案二审的争议焦点为:1.李某、罗某军能否委托会计师、律师辅助查阅奥邦公司会计账簿;2.李某、罗某军能否查阅奥邦公司会计凭证。

【裁判理由4】【(2022)津03民终1358号】天津市伊伍德复合材料有限公司(以下简称伊伍德公司)、田某国股东知情权纠纷二审案件,天津市第三中级人民法院认为:

本案争议的焦点问题系田某国是否有权行使股东知情权及查询的范围。工商登记中载明田某国、彭某是伊伍德公司的股东,一审法院生效判决亦驳回案外人彭某要求确认田某国不是伊伍德公司股东的诉讼请求,田某国是伊伍德公司的股东,有权依照法律规定行使股东知情权,伊伍德公司要求中止审理的申请亦缺乏依据,本院不予准许。田某国有权查阅伊伍德公司的财务会计报告、财务会计账簿。关于会计凭证,法律并未明确规定股东可以查阅会计凭证,股东知情权范围也应以保护股东利益必要为原则,但伊伍德公司是有限责任公司,现有两名股东,有限责任公司具有较强的人合性,伊伍德公司现也未提供伊伍德公司每年独立的财务审计报告,本院据此并综合考虑案件事实确定田某国有权查阅伊伍德公司的会计凭证。田某国行使股东知情权,不属于诉讼时效的适用范围。

裁判要点 2 股东知情权纠纷适用诉讼时效。

【裁判理由】【(2014)青民二商终字第105号】范某新、孙某森等与青岛润勃水产有限公司股东知情权纠纷二审案件，青岛市中级人民法院认为：

股东知情权纠纷的本质是侵权纠纷，应当适用《民法通则》关于诉讼时效两年的规定，从知道或者应当知道权利被侵害时起计算。该诉讼时效的起算点，应当以股东申请后公司明确拒绝之日或公司不予答复至答复期间届满之日起计算，而不应从公司章程规定的财务会计报告应提供而未提供之日起算。《公司法》第33条并未规定股东查阅或复制具有时间限制，应可追溯到公司成立之时。且财务会计报告及会计账簿本身在记载上具有连续性，如果只允许股东查阅近两年的资料显然无法全面保护股东的知情权。本案中，上诉人范某新等在2013年1月6日、2月5日提出查阅申请，润勃水产公司书面答复后未能提供会计账簿，诉讼时效方开始计算。上诉人范某新等在2013年6月提起诉讼，并未超过诉讼时效期间。上诉人润勃水产公司主张已过诉讼时效，无法律依据，本院不予采信。

【笔者观点】关于股东知情权是否适用诉讼时效，关键在于对股东知情权权利属性的认识。如果认为股东知情权具有身份权属性，系基于股东的特定身份而获得，与债权请求权存在显著不同，自然不应适用诉讼时效制度；如果认为股东知情权具有类似债权属性，股东需要请求公司履行披露、呈递相关资料的义务，则股东知情权可适用诉讼时效制度。

笔者认为，股东知情权是股东所享有的知道和了解公司经营状况等重要信息的权利，是股东基于股东身份所享有的一项固有性权利，只要股东身份仍在，原则上股东知情权行使就不应受阻。因此，股东知情权不应适用诉讼时效制度。

第五章　股东出资纠纷

引　　言

股东出资形成了公司最基本的资产和对外信用基础。然而，在实际履行出资义务时，部分股东则会以各种方式逃避或者抽逃出资，因此，在司法实践中，股东出资纠纷案件往往存在方式多样、效果隐蔽的特点。

笔者团队曾代理最高人民法院审理的山东慧谷商贸有限公司（以下简称慧谷公司）与仲圣控股有限公司（BVI 离岸公司）（以下简称仲圣控股）之间的股东出资纠纷，案号为（2016）最高法民终 324 号。该案中，双方股东共同设立合资公司并在《合作协议书》中约定，由仲圣控股支付某开发项目的"前期费用"，此后仲圣控股亦直接"取回"了该笔资金。针对仲圣控股该行为是否构成抽逃出资、是否损害公司利益、其股东权利是否应受限制，双方发生巨大争议。

笔者团队主张，仲圣控股的行为属于《公司法司法解释（三）》第 12 条第 2 项规定的"通过虚构债权债务关系将其出资转出"，并就此详细论述了事实依据和法律依据。经过审理，最高人民法院充分采纳了我们的代理意见，认定仲圣控股构成抽逃出资，判决仲圣控股补交出资并赔偿抽逃出资期间的利息损失数千万元。

值得一提的是，在本案胜诉后，笔者团队通过一系列公司决议程序依法实现了对仲圣控股的股东除名，并通过"请求变更公司登记"这一案由的设计使慧谷公司成为合资公司的唯一股东，使仲圣控股无权分得合资公司数十亿元的利润，最大限度地维护了我方客户的合法权益，该部分内容留待第十章"请求变更公司登记纠纷"案由部分再叙。

一、股东出资纠纷的定义

《最高人民法院民事案件案由适用要点与请求权规范指引》(第2版)[①]一书记载,股东出资是指公司股东在公司设立或增加资本时,按照法律、公司章程的规定以及认股协议的约定,向公司交付财产或履行其他给付义务以取得股权的行为。出资是股东对公司的基本义务,也是形成公司财产的基础。如果股东未按规定缴纳出资,或者虚假出资、出资不足、抽逃出资等,即可能引发公司与股东、股东与股东、股东与债权人之间的出资纠纷和诉讼,股东可能被起诉而依法承担继续履行、损害赔偿等违约责任。基于出资制度在整个公司制度中的重要意义,《公司法》对于股东出资的数额、期限、方式及其责任等都有所规定,《公司法》还规定了未履行义务股东或发起人的补缴差额责任和其他股东或发起人的连带认缴责任。此外,因违反出资义务而造成公司或其他已履行义务的出资人损失的,还须承担损害赔偿责任。

股东出资纠纷与新增资本认购纠纷不同,股东出资纠纷规范的是股东违反出资义务的各种情形;新增资本认购纠纷规范的则是公司新增注册资本时,除股东出资纠纷之外的相关纠纷。

二、股东出资纠纷的请求权基础

(一)现行法

股东出资纠纷的请求权基础主要规定于《公司法》和《公司法司法解释(三)》中,《公司法司法解释(二)》也有关于公司解散情形下股东出资纠纷如何处理的规定。《公司法》第27条、第28条、第35条等是关于股东出资义务、出资方式及不得抽逃出资的规定,《公司法司法解释(三)》第8条至第11条是关于股东是否履行出资义务的具体判断方式,第13条、第14条、第18条、第19条是关于股东违反出资义务的情形下,相关主体的责任承担方式。

1.《民法典》。

第一百二十五条 民事主体依法享有股权和其他投资性权利。

---

① 《最高人民法院民事案件案由适用要点与请求权规范指引》(第2版),人民法院出版社2020年版,第723页。

2.《公司法》。

第二十六条　有限责任公司的注册资本为在公司登记机关登记的全体股东认缴的出资额。

法律、行政法规以及国务院决定对有限责任公司注册资本实缴、注册资本最低限额另有规定的，从其规定。

第二十七条　股东可以用货币出资，也可以用实物、知识产权、土地使用权等可以用货币估价并可以依法转让的非货币财产作价出资；但是，法律、行政法规规定不得作为出资的财产除外。

对作为出资的非货币财产应当评估作价，核实财产，不得高估或者低估作价。法律、行政法规对评估作价有规定的，从其规定。

第二十八条　股东应当按期足额缴纳公司章程中规定的各自所认缴的出资额。股东以货币出资的，应当将货币出资足额存入有限责任公司在银行开设的账户；以非货币财产出资的，应当依法办理其财产权的转移手续。

股东不按照前款规定缴纳出资的，除应当向公司足额缴纳外，还应当向已按期足额缴纳出资的股东承担违约责任。

第三十条　有限责任公司成立后，发现作为设立公司出资的非货币财产的实际价额显著低于公司章程所定价额的，应当由交付该出资的股东补足其差额；公司设立时的其他股东承担连带责任。

第三十五条　公司成立后，股东不得抽逃出资。

第八十条　股份有限公司采取发起设立方式设立的，注册资本为在公司登记机关登记的全体发起人认购的股本总额。在发起人认购的股份缴足前，不得向他人募集股份。

股份有限公司采取募集方式设立的，注册资本为在公司登记机关登记的实收股本总额。

法律、行政法规以及国务院决定对股份有限公司注册资本实缴、注册资本最低限额另有规定的，从其规定。

第八十一条第四项、第五项　股份有限公司章程应当载明下列事项：

（四）公司股份总数、每股金额和注册资本；

（五）发起人的姓名或者名称、认购的股份数、出资方式和出资时间；

第八十二条　发起人的出资方式，适用本法第二十七条的规定。

第八十三条　以发起设立方式设立股份有限公司的，发起人应当书面认足公司章程规定其认购的股份,并按照公司章程规定缴纳出资。以非货币财产出资的,应当依法办理其财产权的转移手续。

发起人不依照前款规定缴纳出资的,应当按照发起人协议承担违约责任。

发起人认足公司章程规定的出资后,应当选举董事会和监事会,由董事会向公司登记机关报送公司章程以及法律、行政法规规定的其他文件,申请设立登记。

第八十四条 以募集设立方式设立股份有限公司的,发起人认购的股份不得少于公司股份总数的百分之三十五;但是,法律、行政法规另有规定的,从其规定。

第九十一条 发起人、认股人缴纳股款或者交付抵作股款的出资后,除未按期募足股份、发起人未按期召开创立大会或者创立大会决议不设立公司的情形外,不得抽回其股本。

第九十三条 股份有限公司成立后,发起人未按照公司章程的规定缴足出资的,应当补缴;其他发起人承担连带责任。

股份有限公司成立后,发现作为设立公司出资的非货币财产的实际价额显著低于公司章程所定价额的,应当由交付该出资的发起人补足其差额;其他发起人承担连带责任。

第一百九十九条 公司的发起人、股东虚假出资,未交付或者未按期交付作为出资的货币或者非货币财产的,由公司登记机关责令改正,处以虚假出资金额百分之五以上百分之十五以下的罚款。

第二百条 公司的发起人、股东在公司成立后,抽逃其出资的,由公司登记机关责令改正,处以所抽逃出资金额百分之五以上百分之十五以下的罚款。

3.《公司法司法解释(二)》。

第二十二条 公司解散时,股东尚未缴纳的出资均应作为清算财产。股东尚未缴纳的出资,包括到期应缴未缴的出资,以及依照公司法第二十六条和第八十条的规定分期缴纳尚未届满缴纳期限的出资。

公司财产不足以清偿债务时,债权人主张未缴出资股东,以及公司设立时的其他股东或者发起人在未缴出资范围内对公司债务承担连带清偿责任的,人民法院应依法予以支持。

4.《公司法司法解释(三)》。

第七条　出资人以不享有处分权的财产出资,当事人之间对于出资行为效力产生争议的,人民法院可以参照民法典第三百一十一条的规定予以认定。

以贪污、受贿、侵占、挪用等违法犯罪所得的货币出资后取得股权的,对违法犯罪行为予以追究、处罚时,应当采取拍卖或者变卖的方式处置其股权。

第八条　出资人以划拨土地使用权出资,或者以设定权利负担的土地使用权出资,公司、其他股东或者公司债权人主张认定出资人未履行出资义务的,人民法院应当责令当事人在指定的合理期间内办理土地变更手续或者解除权利负担;逾期未办理或者未解除的,人民法院应当认定出资人未依法全面履行出资义务。

第九条　出资人以非货币财产出资,未依法评估作价,公司、其他股东或者公司债权人请求认定出资人未履行出资义务的,人民法院应当委托具有合法资格的评估机构对该财产评估作价。评估确定的价额显著低于公司章程所定价额的,人民法院应当认定出资人未依法全面履行出资义务。

第十条　出资人以房屋、土地使用权或者需要办理权属登记的知识产权等财产出资,已经交付公司使用但未办理权属变更手续,公司、其他股东或者公司债权人主张认定出资人未履行出资义务的,人民法院应当责令当事人在指定的合理期间内办理权属变更手续;在前述期间内办理了权属变更手续的,人民法院应当认定其已经履行了出资义务;出资人主张自其实际交付财产给公司使用时享有相应股东权利的,人民法院应予支持。

出资人以前款规定的财产出资,已经办理权属变更手续但未交付给公司使用,公司或者其他股东主张其向公司交付、并在实际交付之前不享有相应股东权利的,人民法院应予支持。

第十一条　出资人以其他公司股权出资,符合下列条件的,人民法院应当认定出资人已履行出资义务:

(一)出资的股权由出资人合法持有并依法可以转让;

(二)出资的股权无权利瑕疵或者权利负担;

(三)出资人已履行关于股权转让的法定手续;

(四)出资的股权已依法进行了价值评估。

股权出资不符合前款第(一)、(二)、(三)项的规定,公司、其他股东或者公司债权人请求认定出资人未履行出资义务的,人民法院应当责令该出资人在指定的合理期间内采取补正措施，以符合上述条件；逾期未补正的，人民法院应当认定其未依法全面履行出资义务。

股权出资不符合本条第一款第（四）项的规定，公司、其他股东或者公司债权人请求认定出资人未履行出资义务的，人民法院应当按照本规定第九条的规定处理。

第十三条 股东未履行或者未全面履行出资义务，公司或者其他股东请求其向公司依法全面履行出资义务的，人民法院应予支持。

公司债权人请求未履行或者未全面履行出资义务的股东在未出资本息范围内对公司债务不能清偿的部分承担补充赔偿责任的，人民法院应予支持；未履行或者未全面履行出资义务的股东已经承担上述责任，其他债权人提出相同请求的，人民法院不予支持。

股东在公司设立时未履行或者未全面履行出资义务，依照本条第一款或者第二款提起诉讼的原告，请求公司的发起人与被告股东承担连带责任的，人民法院应予支持；公司的发起人承担责任后，可以向被告股东追偿。

股东在公司增资时未履行或者未全面履行出资义务，依照本条第一款或者第二款提起诉讼的原告，请求未尽公司法第一百四十七条第一款规定的义务而使出资未缴足的董事、高级管理人员承担相应责任的，人民法院应予支持；董事、高级管理人员承担责任后，可以向被告股东追偿。

第十四条 股东抽逃出资，公司或者其他股东请求其向公司返还出资本息、协助抽逃出资的其他股东、董事、高级管理人员或者实际控制人对此承担连带责任的，人民法院应予支持。

公司债权人请求抽逃出资的股东在抽逃出资本息范围内对公司债务不能清偿的部分承担补充赔偿责任、协助抽逃出资的其他股东、董事、高级管理人员或者实际控制人对此承担连带责任的，人民法院应予支持；抽逃出资的股东已经承担上述责任，其他债权人提出相同请求的，人民法院不予支持。

第十八条 有限责任公司的股东未履行或者未全面履行出资义务即转让股权，受让人对此知道或者应当知道，公司请求该股东履行出资义务、受让人对此承担连带责任的，人民法院应予支持；公司债权人依照本规定第十三条第二款向该股东提起诉讼，同时请求前述受让人对此承担连带责任的，人民法院应予支持。

受让人根据前款规定承担责任后，向该未履行或者未全面履行出资义务的股东追偿的，人民法院应予支持。但是，当事人另有约定的除外。

第十九条　公司股东未履行或者未全面履行出资义务或者抽逃出资，公司或者其他股东请求其向公司全面履行出资义务或者返还出资，被告股东以诉讼时效为由进行抗辩的，人民法院不予支持。

公司债权人的债权未过诉讼时效期间，其依照本规定第十三条第二款、第十四条第二款的规定请求未履行或者未全面履行出资义务或者抽逃出资的股东承担赔偿责任，被告股东以出资义务或者返还出资义务超过诉讼时效期间为由进行抗辩的，人民法院不予支持。

（二）《公司法》与《公司法（修订草案）》对比

关于股东出资纠纷的规定，《公司法（修订草案）》对《公司法》的相关条文进行了修改，具体文字的修改内容如下表所示。

《公司法（修订草案）》的本次修订中，多处是对公司实务、司法实践有重要影响的实质性修改。例如，第 43 条明确规定股权和债权与实物、知识产权、土地使用权并列，属于“可以用货币估价并可以依法转让的非货币财产”，可以用于出资；第 46 条新增了关于有限责任公司成立后对股东的出资情况核查的义务和对未按期足额缴纳出资股东的催缴义务等。

《公司法》	《公司法（修订草案）》
第二十六条　有限责任公司的注册资本为在公司登记机关登记的全体股东认缴的出资额。 法律、行政法规以及国务院决定对有限责任公司注册资本实缴、注册资本最低限额另有规定的，从其规定。	第四十二条　有限责任公司的注册资本为在公司登记机关登记的全体股东认缴的出资额。 法律、行政法规以及国务院决定对有限责任公司注册资本实缴、注册资本最低限额另有规定的，从其规定。
第二十七条　股东可以用货币出资，也可以用实物、知识产权、土地使用权等可以用货币估价并可以依法转让的非货币财产作价出资；但是，法律、行政法规规定不得作为出资的财产除外。 对作为出资的非货币财产应当评估作价，核实财产，不得高估或者低估作价。法律、行政法规对评估作价有规定的，从其规定。	第四十三条　股东可以用货币出资，也可以用实物、知识产权、土地使用权、**股权、债权**等可以用货币估价并可以依法转让的非货币财产作价出资；但是，法律、行政法规规定不得作为出资的财产除外。 对作为出资的非货币财产应当评估作价，核实财产，不得高估或者低估作价。法律、行政法规对评估作价有规定的，从其规定。

续表

《公司法》	《公司法(修订草案)》
第二十八条　股东应当按期足额缴纳公司章程~~中~~规定的各自所认缴的出资额。股东以货币出资的,应当将货币出资足额存入有限责任公司在银行开设的账户;以非货币财产出资的,应当依法办理其财产权的转移手续。 股东~~不按照前款规定~~缴纳出资的,~~除应当向公司足额缴纳外,~~还应当向已按期足额缴纳出资的股东承担违约责任。 第三十条　有限责任公司成立后,~~发现~~作为设立公司出资的非货币财产的实际价额显著低于公司章程所定价额的,应当由~~交付该出资的~~股东补足其差额;~~公司~~设立时的其他股东承担连带责任。	第四十四条　股东应当按期足额缴纳公司章程规定的各自所认缴的出资额。 股东以货币出资的,应当将货币出资足额存入有限责任公司在银行开设的账户;以非货币财产出资的,应当依法办理其财产权的转移手续。 第四十五条　股东**未按期足额缴纳出资,或者**作为出资的非货币财产的实际价额显著低于所认缴的出资额的,应当向已按期足额缴纳出资的股东承担违约责任。 **第四十六条　有限责任公司成立后,应当对股东的出资情况进行核查,发现股东未按期足额缴纳出资,或者作为出资的非货币财产的实际价额显著低于所认缴的出资额的,应当向该股东发出书面催缴书,催缴出资。** **公司依照前款规定催缴出资,可以载明缴纳出资的宽限期;宽限期自公司发出出资催缴书之日起,不得少于六十日。宽限期届满,股东仍未缴纳出资的,公司可以向该股东发出失权通知,通知应当以书面形式发出,自通知发出之日起,该股东丧失其未缴纳出资的股权。** **依照前款规定丧失的股权,公司应当在六个月内依法转让,或者相应减少注册资本并注销该股权。** 第四十七条　有限责任公司成立后,**设立时的**股东**未按期足额缴纳出资,或者**作为出资的非货币财产的实际价额显著低于所认缴的出资额的,应当由该股东补足其差额**并加算银行同期存款利息,给公司造成损失的,还应当承担赔偿责任;设立时**的其他股东承担连带责任。 **董事、监事、高级管理人员知道或者应当知道设立时的股东有前款规定行为未采取必要措施,给公司造成损失的,应当承担赔偿责任。** 第四十八条　**公司不能清偿到期债务,且明显缺乏清偿能力的,公司或者债权人有权要求已认缴出资但未届缴资期限的股东提前缴纳出资。**

续表

《公司法》	《公司法(修订草案)》
第三十五条　公司成立后,股东不得抽逃出资。	第五十二条　公司成立后,股东不得抽逃出资。 **股东有前款规定情形的,应当由该股东返还出资并加算银行同期存款利息;给公司造成损失的,还应当承担赔偿责任。** **董事、监事、高级管理人员知道或者应当知道股东有本条第一款规定行为未采取必要措施,给公司造成损失的,应当承担赔偿责任。**
第八十条　股份有限公司~~采取发起设立方式设立的~~,注册资本为在公司登记机关登记的~~全体发起人认购的~~股本总额。在发起人认购的股份缴足前,不得向他人募集股份。 股份有限公司~~采取募集方式设立~~的,注册资本为在公司登记机关登记的实收股本总额。 法律、行政法规以及国务院决定对股份有限公司~~注册资本实缴、~~注册资本最低限额另有规定的,从其规定。	第九十八条　股份有限公司的注册资本为在公司登记机关登记的**已发行股份的**股本总额。在发起人认购的股份缴足前,不得向他人募集股份。 法律、行政法规以及国务院决定对股份有限公司注册资本最低限额另有规定的,从其规定。
第八十二条　发起人的出资~~方式~~,适用本法第二十七条的规定。 第八十三条　以发起设立方式设立股份有限公司的,发起人应当~~书面~~认足公司章程规定~~其认购~~的股份,~~并按照公司章程规定缴纳出资。以非货币财产出资的,应当依法办理其财产权的转移手续。~~ 发起人不依照前款规定缴纳出资的,应当按照发起人协议承担违约责任。 发起人认足公司章程规定的出资后,应当选举董事会和监事会,由董事会向公司登记机关报送公司章程以及法律、行政法规规定的其他文件,申请设立登记。 第八十四条　以募集设立方式设立股份有限公司的,发起人认购的股份不得少于~~公司股份总数~~的百分之三十五;但是,法律、行政法规另有规定的,从其规定。 ~~第九十三条　股份有限公司成立后,发起人未按照公司章程的规定缴足出资的,应当补缴;其他发起人承担连带责任。~~	第九十九条　以发起设立方式设立股份有限公司的,发起人应当认足公司章程规定的**公司设立时应发行**的股份。 以募集设立方式设立股份有限公司的,发起人认购的股份不得少于公司章程规定的**公司设立时应发行股份总数**的百分之三十五;但是,法律、行政法规另有规定的,从其规定。 **第一百条　发起人应当按照其认购的股份足额缴纳股款。** 发起人的出资,适用本法第四十三条、第四十四条第二款**关于有限责任公司股东出资**的规定。 第一百零一条　发起人**不按照其认购的股份缴纳股款或者作为出资的非货币财产的实际价额显著低于所认购的股份**的,应当按照发起人协议对**其他发起人**承担违约责任。

续表

《公司法》	《公司法(修订草案)》
~~股份有限公司成立后,发现作为设立公司出资的非货币财产的实际价额显著低于公司章程所定价额的,应当由交付该出资的发起人补足其差额;其他发起人承担连带责任。~~	
第九十一条　发起人、认股人缴纳股款或者交付抵作股款的出资后,除未按期募足股份、发起人未按期召开创立大会或者创立大会决议不设立公司的情形外,不得抽回其股本。	第一百零七条第二款　发起人、认股人缴纳股款或者交付抵作股款的出资后,除未按期募足股份、发起人未按期召开**成**立大会或者**成**立大会决议不设立公司的情形外,不得抽回其股本。
第一百九十九条　公司的发起人、股东虚假出资,未交付或者未按期交付作为出资的货币或者非货币财产的,由公司登记机关责令改正,处以虚假出资金额百分之五以上百分之十五以下的罚款。	第二百四十五条　公司的发起人、股东虚假出资,未交付或者未按期交付作为出资的货币或者非货币财产的,由公司登记机关责令改正,处以虚假出资金额百分之五以上百分之十五以下的罚款。
第二百条　公司的发起人、股东在公司成立后,抽逃其出资的,由公司登记机关责令改正,处以所抽逃出资金额百分之五以上百分之十五以下的罚款。	第二百四十六条　公司的发起人、股东在公司成立后,抽逃其出资的,由公司登记机关责令改正,处以所抽逃出资金额百分之五以上百分之十五以下的罚款;**对协助或者为股东抽逃出资提供便利的直接负责的主管人员和其他直接责任人员处以三万元以上三十万元以下的罚款。**

三、股东出资纠纷的地域管辖

《民事诉讼法》及《民诉法司法解释》关于股东出资纠纷的地域管辖的规定如下:

【法律规定】

《民事诉讼法》第二十七条　因公司设立、确认股东资格、分配利润、解散等纠纷提起的诉讼,由公司住所地人民法院管辖。

《民诉法司法解释》第二十二条　因股东名册记载、请求变更公司登记、股东知情权、公司决议、公司合并、公司分立、公司减资、公司增资等纠纷提起的诉讼,依照民事诉讼法第二十七条规定确定管辖。

股东出资纠纷不属于专属管辖,应根据《民事诉讼法》地域管辖的一般原则确定地域管辖。

四、股东出资纠纷的诉讼时效

《公司法司法解释(三)》和《诉讼时效司法解释》关于股东出资纠纷诉讼时效的相关规定如下:

【法律规定】

《公司法司法解释(三)》第十九条 公司股东未履行或者未全面履行出资义务或者抽逃出资,公司或者其他股东请求其向公司全面履行出资义务或者返还出资,被告股东以诉讼时效为由进行抗辩的,人民法院不予支持。

公司债权人的债权未过诉讼时效期间,其依照本规定第十三条第二款、第十四条第二款的规定请求未履行或者未全面履行出资义务或者抽逃出资的股东承担赔偿责任,被告股东以出资义务或者返还出资义务超过诉讼时效期间为由进行抗辩的,人民法院不予支持。

《诉讼时效司法解释》第一条第三项 当事人可以对债权请求权提出诉讼时效抗辩,但对下列债权请求权提出诉讼时效抗辩的,人民法院不予支持:

(三)基于投资关系产生的缴付出资请求权。

根据上述条款规定,股东出资纠纷之诉不适用诉讼时效。

五、股东出资纠纷的当事人

《公司法司法解释(三)》第十三条、第十四条、第十八条对股东出资纠纷当事人进行规定。《企业破产法司法解释(二)》关于股东出资纠纷当事人的规定如下:

【法律规定】

《企业破产法司法解释(二)》第二十条 管理人代表债务人提起诉讼,主张出资人向债务人依法缴付未履行的出资或者返还抽逃的出资本息,出资人以认缴出资尚未届至公司章程规定的缴纳期限或者违反出资义务已经超过诉讼时效为由抗辩的,人民法院不予支持。

管理人依据公司法的相关规定代表债务人提起诉讼,主张公司的发起人和负有监督股东履行出资义务的董事、高级管理人员,或者协助抽逃出资的其他股东、董事、高级管理人员、实际控制人等,对股东违反出资义务或者抽逃出资承担相应责任,并将财产归入债务人财产的,人民法院应予支持。

根据以上法律规定,股东出资纠纷之诉的原告包括公司(清算组、破产管理人)、股东、债权人;被告包括违反出资义务的股东,协助抽逃出资的董事、高管,瑕疵股权的受让人,公司发起人。股东出资纠纷的原告和被告间存在对应关系,不同情形下股东出资纠纷的原被告如下表所示:

<table>
<tr><th>序号</th><th>情形</th><th>原告</th><th>被告</th><th>法律依据</th></tr>
<tr><td rowspan="4">1</td><td rowspan="4">股东未履行或未全面履行出资义务</td><td>公司</td><td rowspan="4">➢未履行或未全面履行出资义务的股东</td><td rowspan="2">《公司法司法解释(三)》第13条</td></tr>
<tr><td>其他股东</td></tr>
<tr><td>公司债权人</td><td rowspan="2">《企业破产法司法解释(二)》第20条</td></tr>
<tr><td>破产管理人</td></tr>
<tr><td rowspan="4">2</td><td rowspan="4">公司设立时,股东未履行或未全面履行出资义务</td><td>公司</td><td rowspan="4">➢未履行或未全面履行出资义务的股东
➢发起人(连带责任)</td><td rowspan="2">《公司法司法解释(三)》第13条</td></tr>
<tr><td>其他股东</td></tr>
<tr><td>公司债权人</td><td rowspan="2">《企业破产法司法解释(二)》第20条</td></tr>
<tr><td>破产管理人</td></tr>
<tr><td rowspan="4">3</td><td rowspan="4">公司增资时,股东未履行或未全面履行出资义务</td><td>公司</td><td rowspan="4">➢未履行或未全面履行出资义务的股东
➢未尽忠实勤勉义务而使出资未缴足的董事、高级管理人员(相应责任)</td><td rowspan="2">《公司法司法解释(三)》第13条</td></tr>
<tr><td>其他股东</td></tr>
<tr><td>公司债权人</td><td rowspan="2">《企业破产法司法解释(二)》第20条</td></tr>
<tr><td>破产管理人</td></tr>
<tr><td rowspan="4">4</td><td rowspan="4">股东抽逃出资</td><td>公司</td><td rowspan="4">➢抽逃出资的股东
➢协助抽逃出资的其他股东、董事、高级管理人员或实际控制人(连带责任)</td><td rowspan="2">《公司法司法解释(三)》第14条</td></tr>
<tr><td>其他股东</td></tr>
<tr><td>公司债权人</td><td rowspan="2">《企业破产法司法解释(二)》第20条</td></tr>
<tr><td>破产管理人</td></tr>
<tr><td rowspan="2">5</td><td rowspan="2">瑕疵出资的股东转让股权,受让人对此知道或应当知道</td><td>公司</td><td rowspan="2">➢原股东
➢受让人(连带责任)</td><td rowspan="2">《公司法司法解释(三)》第18条</td></tr>
<tr><td>公司债权人</td></tr>
</table>

六、股东出资纠纷的常见争议焦点

本部分围绕两个核心问题展开,即“违反股东出资义务的行为如何认定”和“违反股东出资义务的主体如何承担责任”。

《公司法》对股东出资的基本要求有三:按期、足额、不得抽逃。其中按期和足额的要求约束出资完成前的行为,不得抽逃的要求约束出资完成后的行为。《公司法司法解释(三)》也将违反出资义务的行为分为“未履行或者未全面履行出资义务”和“抽逃出资”。在出资完成前与出资完成后,股东承担的出资义务和违反出资义务的行为特征有显著差异,因此本书将瑕疵出资行为和抽逃出资行为分别进行讨论,构成本部分的第一小部分“与瑕疵出资有关的争议”和第二小部分“与抽逃出资有关的争议”。

司法实践中,股东可能主张其虽未向公司账户支付出资款,但其已通过其他方式在实质上履行了出资义务,因此本部分第三小部分“关于特殊出资行为有效性的认定”将讨论股东特殊出资行为有效性的认定。本部分第四小部分为“与违反出资义务责任承担有关的争议”,即在认定股东违反出资义务后,与该行为有关的主体如何承担相应责任的问题。

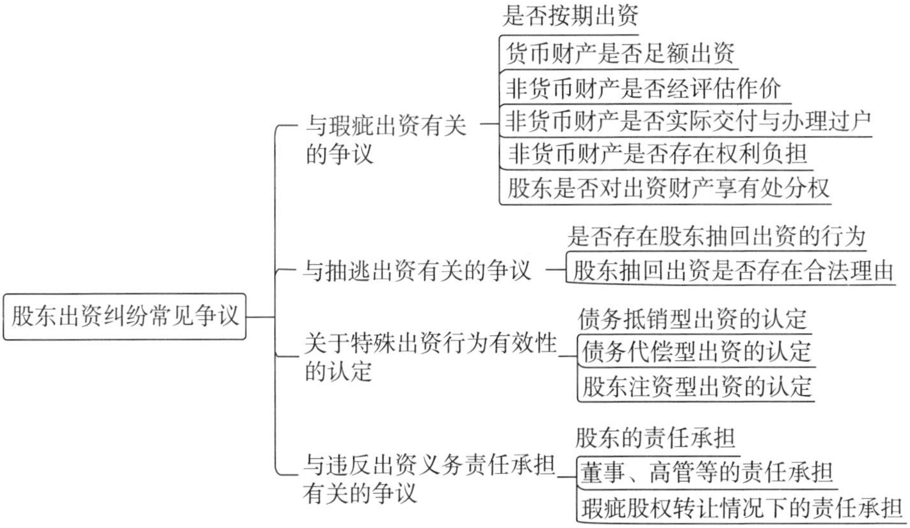

图一 股东出资纠纷常见争议

(一)与瑕疵出资有关的争议

司法实践中,对于瑕疵出资的分类并不统一,主要有三种观点。第一种观点认为,《最高人民法院民事案件案由适用要点与请求权规范指引》(第2版)将公司案件审理中常见的股东出资纠纷分为虚假出资纠纷、出资不足纠纷、逾期出资纠纷和抽逃出资纠纷，即将瑕疵出资分为虚假出资、出资不足、逾期出资。[①] 第二种观点认为，将瑕疵出资分为货币财产瑕疵出资和非货币财产瑕疵出资，与货币财产瑕疵出资相关的争议焦点为是否按期出资和是否足额出资，与非货币财产瑕疵出资相关的争议焦点为非货币财产是否实际交付与办理过户、非货币财产是否经评估作价、非货币财产是否存在权利负担、股东是否对出资财产享有处分权。第三种观点认为，《公司法司法解释（三）》中对瑕疵出资的表述为“未履行或者未全面履行出资义务”，因此应将瑕疵出资分为未履行出资义务的瑕疵出资和未全面履行出资义务的瑕疵出资。

笔者认为，以上分类方式均存在合理之处与不合理之处，本书将分析、吸收以上分类方式，并构建适合本书的新的分类方式。

《最高人民法院民事案件案由适用要点与请求权规范指引》（第2版）一书对虚假出资的定义为“股东认购出资而未实际出资，取得公司股权的情形”，对出资不足的定义为“在约定的期限内，股东仅仅履行了部分出资义务或者未能补足出资的情形”，对逾期出资的定义为“股东没有按期缴足出资的情形”。[②] 这一分类将司法实践中常见的瑕疵出资划分为三种，有助于法院在实践中甄别股东是否存在瑕疵出资情形，但不适合本书，理由如下：首先，《公司法》及其司法解释并未规定“虚假出资”的情形，仅在《公司法》第199条[③]规定了公司登记机关可以对虚假出资的发起人、股东进行责令改正并罚款，即《公司法》未对虚假出资进行定义；其次，虚假出资与《公司法》规定的其他瑕疵出资形式存在交叉，虚假出资可能导致逾期出资和未足额出资的结果，将虚假出资作为一种单独的瑕疵出资情形可能导致相关争议焦点出现重叠；最后，民事诉讼中只关注股东是否存在瑕疵出资，该瑕疵出资是否系虚假出资导致并不会造成不同的法律后果，鉴于本部分主要讨论股东出资纠纷这一民事案由诉讼中常见的争议焦点，因此将虚假出资单独讨论并无

① 参见《最高人民法院民事案件案由适用要点与请求权规范指引》（第2版），人民法院出版社2020年版，第724页。

② 参见《最高人民法院民事案件案由适用要点与请求权规范指引》（第2版），人民法院出版社2020年版，第723页。

③ 《公司法》第199条规定：“公司的发起人、股东虚假出资，未交付或者未按期交付作为出资的货币或者非货币财产的，由公司登记机关责令改正，处以虚假出资金额百分之五以上百分之十五以下的罚款。”

意义，与虚假出资相关的行政责任和刑事责任[①]承担详见本章第七部分“股东出资纠纷与其他纠纷的交叉与衔接”。

对于将瑕疵出资分为货币财产瑕疵出资和非货币财产瑕疵出资的观点，笔者认为，这一分类有利于梳理相关争议焦点和陈列案例，但该分类认为货币财产瑕疵出资相关的常见争议焦点为是否按期出资和是否足额出资，因此仅就货币财产瑕疵出资讨论是否按期出资的问题，在非货币财产出资中并未涉及。笔者认为，按期和足额作为《公司法》对出资提出的要求，应当具有相同的地位，且非货币财产出资同样存在逾期出资的问题，因此应将是否按期出资问题单独讨论，而非仅在货币财产出资项下进行讨论。

对于将瑕疵出资分为“未履行出资义务”和“未全面履行出资义务”的观点，笔者认为同样存在问题。首先，该分类的主要依据为《公司法司法解释（三）》中对于瑕疵出资的表述为“未履行或者未全面履行出资义务”，但《公司法司法解释（三）》中共出现10次“未全面履行出资义务”，表述均为“未履行或者未全面履行出资义务”，即《公司法司法解释（三）》中并未将“未全面履行出资义务”作为一种单独的情形予以规定，而是与“未履行出资义务”共同构成对瑕疵出资的严谨表述，据此将“未全面履行出资义务”作为一种瑕疵出资的类型不符合立法原意。其次，“未履行出资义务”和“未全面履行出资义务”的判断起点均为股东出资是否按期、足额，再根据瑕疵出资的份额是否为该股东认缴的全部份额判断具体情形，因此进行此种分类对于瑕疵出资判断的价值有限。最后，将瑕疵出资分为“未履行出资义务的瑕疵出资”和“未全面履行出资义务的瑕疵出资”在司法实践中意义不大，《公司法》和《公司法司法解释（三）》中，仅有一处对于“未履行出资义务”和“未全面履行出资义务”的处理存在差异，即《公司法司法解释（三）》第17条第1款规定：“有限责任公司的股东未履行出资义务或者抽逃全部出资，经公司催告缴纳或者返还，其在合理期间内仍未缴纳或者返还出资，公司以股东会决议解除该股东的股东资格，该股东请求确认该解除行为无效的，人民法院不予支持。”如仅为这一条规定的适用而对瑕疵出资行为如此分类，是否也应将抽逃出资行为分为

---

① 《刑法》第159条第1款规定：“公司发起人、股东违反公司法的规定未交付货币、实物或者未转移财产权，虚假出资，或者在公司成立后又抽逃其出资，数额巨大、后果严重或者有其他严重情节的，处五年以下有期徒刑或者拘役，并处或者单处虚假出资金额或者抽逃出资金额百分之二以上百分之十以下罚金。”

“抽逃全部出资”和“抽逃部分出资”？这显然是不合理的。司法实践中，股东除名诉讼常见于公司决议效力确认纠纷之诉和股东资格确认纠纷之诉，且违反《公司法司法解释（三）》第17条第1款被除名仅为除名的一种情形，此外还有股东因违反公司章程被除名和公司股东会决议除名等情形，因此本部分不区分“未履行出资义务”和“未全面履行出资义务”，将股东除名的情形在第七部分“股东出资纠纷与其他纠纷的交叉与衔接”中讨论。

《公司法（修订草案）》对瑕疵出资的表述修改为“未按期足额缴纳出资，或者作为出资的非货币财产的实际价额显著低于所认缴的出资额的”，鉴于该修订草案未来是否会成为生效法律尚不确定，本书暂不将该修订草案的规定作为依据。

综合以上分析，本书采取的分类框架如下：首先，将瑕疵出资分为未按期出资和未足额出资，考虑到实践中逾期出资引起的纠纷较少，因此不再区分货币财产逾期出资和非货币财产逾期出资，整体作为一个争议焦点进行分析。其次，将未足额出资分为货币财产未足额出资和非货币财产未足额出资，其中《公司法》及司法解释对货币财产足额出资再无进一步规定，因此将这一问题作为一个争议焦点进行分析；《公司法》规定非货币财产出资应当评估作价，还应依法办理财产权的转移手续，《公司法司法解释（三）》对出资人以不享有处分权的财产出资和以设定权利负担的财产出资的情形进行了进一步规定，据此将以上四个问题作为争议焦点分别进行分析。本书对瑕疵出资的分类框架如下：

图二　瑕疵出资的分类

争议焦点1　关于股东是否按期出资的认定

裁判要点1 股东享有出资的“期限利益”，公司债权人在与公司进行交易时有机会在审查公司股东出资时间等信用信息的基础上综合考察是否与公司进行交易，债权人决定交易即应受股东出资时间的约束。主张出资期限未届满的股东提前履行出资义务或在未出资本息范围内对公司债务不能清偿的部分承担补充责任的实质是出资加速到期，没有法律依据。

【裁判理由1】【(2019)最高法民终230号】曾某、甘肃华慧能数字科技有限公司(以下简称甘肃华慧能公司)股权转让纠纷二审案件，最高人民法院认为：

本案中，甘肃华慧能公司原股东冯某、冯某坤的认缴出资期限截至2025年12月31日。《公司法》第28条规定：股东应当按期足额缴纳公司章程中规定的各自所认缴的出资额。**股东享有出资的"期限利益"，公司债权人在与公司进行交易时有机会在审查公司股东出资时间等信用信息的基础上综合考察是否与公司进行交易，债权人决定交易即应受股东出资时间的约束。**……本案中，冯某、冯某坤二人转让全部股权时，所认缴股权的出资期限尚未届满，不构成《公司法司法解释(三)》第13条第2款、第18条规定的"未履行或者未全面履行出资义务即转让股权"的情形，且曾某并未举证证明其基于冯某、冯某坤的意思表示或实际行为并对上述股东的特定出资期限产生确认或信赖，又基于上述确认或信赖与甘肃华慧能公司产生债权债务关系。**曾某主张冯某、冯某坤二人在未出资本息范围内对甘肃华慧能公司债务不能清偿的部分承担补充赔偿责任的实质是主张冯某、冯某坤的出资加速到期**，该上诉请求没有法律依据，本院不予支持。

【裁判理由2】【(2017)川1102民初5261号】邓某焱与四川施德乐共享电子商务有限公司、郭某股东出资纠纷案件，四川省乐山市市中区人民法院认为：

原告主张被告郭某、陈某兰、李某涔、潘某应承担补充清偿责任，本院认为**被告四川施德乐共享电子商务有限公司系有限责任公司，股东认缴或实缴的出资额、出资时间、出资方式可由股东约定，属公司自治范畴，股东以公司章程或其他形式就上述事项进行了约定，如不违反法律、行政法规的强制性规定，应当予以尊重**。被告四川施德乐共享电子商务有限公司**股东的认缴金额及期限均记载于股东章程，并在工商行政管理部门备案向社会公示，原告对此应有一定预期**，现被告郭某、陈某兰、李某涔、潘某作为股东其出资义务尚处履行期内，出资期限尚未届满，且各股东已实际履行了部分出资义务，而被告四川施德乐共享电子商务有限公司并无进入破产、解散等法律明确规定需要全面履行出资义务的情形，故原告要求被告郭某、陈某兰、李某涔、潘某在本案中提前履行其出资义务，承担补充清偿责任尚不具备相应条件，其主张缺乏法律依据，本院不予支持。

裁判要点 2 股东享有出资的期限利益，非法定情形不可要求其提前出资。

【裁判理由】【(2016)苏0104民初10505号】原告李某与被告高某珠、刀某祥股东出资纠纷案件,江苏省南京市秦淮区人民法院认为:

被告高某珠不应提前出资。《公司法》第28条第1款规定,股东应当按期足额缴纳公司章程中规定的各自所认缴的出资额。新智泰公司章程对全体股东均具有约束效力,根据该章程约定,被告高某珠的出资期限为2020年4月7日,至原告李某起诉时尚未到期。而**原告李某所主张的两被告出售房产、办理护照均不构成要求被告高某珠提前出资的事由;原告李某主张新智泰公司经营存在亏损,无论是否属实,也不能达到要求被告高某珠提前出资的条件**。故本院认为原告李某要求被告高某珠提前出资的诉请缺乏事实依据,依法不予支持。原告李某对于被告刀某祥的诉请系以被告高某珠提前出资为前提,故本院亦不予支持。

裁判要点3 《公司法司法解释(三)》第13条第2款规定的“未履行或者未全面履行出资义务”应当理解为“未缴纳或未足额缴纳出资或未按期缴纳出资”,出资期限未届满的股东尚未完全缴纳其出资份额不应认定为“未履行或者未全面履行出资义务”。

【裁判理由】【(2019)最高法民终230号】曾某、甘肃华慧能公司股权转让纠纷二审案件,最高人民法院认为:

本案中,甘肃华慧能公司原股东冯某、冯某坤的认缴出资期限截至2025年12月31日。……**本案中,冯某、冯某坤二人转让全部股权时,所认缴股权的出资期限尚未届满,不构成《公司法司法解释(三)》第13条第2款、第18条规定的“未履行或者未全面履行出资义务即转让股权”的情形**,且曾某并未举证证明其基于冯某、冯某坤的意思表示或实际行为并对上述股东的特定出资期限产生确认或信赖,又基于上述确认或信赖与甘肃华慧能公司产生债权债务关系。曾某主张冯某、冯某坤二人在未出资本息范围内对甘肃华慧能公司债务不能清偿的部分承担补充赔偿责任的实质是主张冯某、冯某坤的出资加速到期,该上诉请求没有法律依据,本院不予支持。

裁判要点4 股东明知公司负有债务且可能无法清偿,仍通过修改公司章程延迟实缴出资日期,侵害了债权人的信赖利益,应属无效。

【裁判理由】【(2016)京执复106号】中国金谷国际信托有限责任公司与浙江优选中小企业投资管理有限公司(以下简称浙江优选公司)执行复议案件,北京市高级人民法院认为:

公司股东按照其公示的承诺履行出资的义务，是相对于社会的一种资本充实义务，其应正当行使变更出资金额、期限以及转让股权的权利，不能对公司资本充实造成妨害，从而损害公司债权人基于其公示的承诺和公司注册资金数额而产生的信赖利益，否则即构成出资不实。……**通过了公司章程修正案，将除首期出资2000万元外的3000万元的出资期限从2014年10月15日延迟至2032年10月15日。这在客观上对浙江优选公司资本充实造成了妨害，并损害了中国金谷国际信托有限责任公司基于许某文公示的承诺和浙江优选公司的注册资金数额而产生的信赖利益，有违诚实信用原则，构成出资不实。**

裁判要点5 提前实缴出资的股东会决议侵害中小股东合法权益，应认定无效。

【裁判理由】【(2018)沪民申188号】上海自贸区咖啡交易中心有限公司（以下简称自留区咖啡中心）与上海君客商务咨询有限公司（以下简称君客公司）、上海朗弘投资管理有限公司（以下简称朗弘公司）公司决议纠纷再审审查与审判监督案件，上海市高级人民法院认为：

根据我国公司法的规定，公司股东应当遵守法律、行政法规和公司章程，依法行使股东权利，不得滥用股东权利损害公司或者其他股东的利益。根据本案查明的事实，自贸区咖啡中心公司章程载明君客公司认缴出资人民币450万元，出资时间自营业执照签发之日起5年内，朗弘公司认缴出资人民币300万元，出资时间自营业执照签发之日起10年内。**皓听公司作为自贸区咖啡中心的控股股东，在未经充分协商，征得君客公司和朗弘公司同意的情况下，利用其控股股东的优势地位，以多数决通过缩短出资期限的股东会决议，侵害了其他股东的合法权益，故该股东会决议应当认定无效。**此外，皓听公司在君客公司、朗弘公司已缴纳部分出资的情况下，利用其控股股东地位，以多数决通过股东会决议解除君客公司和朗弘公司的股东资格，缺乏法律依据，故该股东会决议亦属无效。

裁判要点6 提前实缴出资的股东会决议具有正当理由时，应认定有效。

【裁判理由】【(2018)苏02民终4234号】许某聿与江苏德力欣新能源有限公司（以下简称德力欣公司）股东出资纠纷二审案件，江苏省无锡市中级人民法院认为：

德力欣公司称，该公司在2017年度亏损403万元，截至2018年1月31日银行账户余额仅为535,278.65元；公司有3个诉讼，导致公司账户被查封，并提供了相应依据。**股东会决议明确载明是因公司目前面临巨大资金需求及经营障碍故**

需要股东提前出资。许某聿在股东会决议上亦写道“目前公司经营状况恶化、持续下降”。据此可以判断，德力欣公司目前具有补充经营资金的迫切需要。许某聿上诉称，德力欣公司经营状况变化、巨大资金需要等关键事实均未查清，公司没有提交证据证明等，与事实不符。

裁判要点 7 公司作为被执行人未能清偿生效法律文书确定的债务，法院穷尽执行措施未发现公司名下有可供执行财产的，债权人可以请求未届出资期限的股东在未出资范围内对公司不能清偿的债务承担补充赔偿责任，申请将其追加为被执行人。

【裁判理由】【(2021)京01民终5744号】惠州天能源充电技术有限公司(以下简称惠州天能源公司)等与连某等执行异议之诉二审案件，北京市第一中级人民法院认为：

作为被执行人的电斑马公司未能清偿生效法律文书确定的债务，法院穷尽执行措施未发现该公司名下有可供执行的财产，裁定本次执行程序终结，**现该公司已被吊销营业执照，应当依法进行清算，故应认定为其不能清偿到期债务，明显缺乏清偿能力，已具备破产原因，但不申请破产。因此，赵某涛以电斑马公司不能清偿到期债务为由，申请追加该公司未届出资期限的股东连某、薛某源、宁夏博恩公司、塞伯顿公司、惠州天能源公司为被执行人，请求判令连某、薛某源、宁夏博恩公司、塞伯顿公司、惠州天能源公司在未出资范围内对电斑马公司不能清偿的债务承担补充赔偿责任，具有事实和法律依据**，一审法院判决并无不当，本院予以维持。

裁判要点 8 股东认缴出资的期限尚未届满而公司进入破产程序的，破产管理人可以请求股东履行出资义务。

【裁判理由】【(2018)最高法民申5616号】陈某建、波特城(江苏)智慧园区有限公司(以下简称波特城公司)破产管理人合同、无因管理、不当得利纠纷再审审查与审判监督案件，最高人民法院认为：

《企业破产法》第35条规定，人民法院受理破产申请后，债务人的出资人尚未完全履行出资义务的，管理人应当要求该出资人缴纳所认缴的出资，而不受出资期限的限制。《企业破产法司法解释(二)》第20条规定，管理人有权代表债务人提起诉讼，主张公司的发起人对股东违反出资义务承担相应责任。**本案中，依照波特城公司章程规定，虽然至一审法院受理对该公司的破产申请时，陈某建认缴出资的期限尚未届满，但因波特城公司已进入破产程序，波特城管理人请求陈某**

建履行出资义务,符合法律规定。

【笔者观点】《九民纪要》第6条【股东出资应否加速到期】规定,在注册资本认缴制下,股东依法享有期限利益。债权人以公司不能清偿到期债务为由,请求未届出资期限的股东在未出资范围内对公司不能清偿的债务承担补充赔偿责任的,人民法院不予支持。但是,下列情形除外:(1)公司作为被执行人的案件,人民法院穷尽执行措施无财产可供执行,已具备破产原因,但不申请破产的;(2)在公司债务产生后,公司股东(大)会决议或以其他方式延长股东出资期限的。

在《九民纪要》发布前,实践中对于股东出资义务的期限利益和加速到期尚存在争议,《九民纪要》发布后,关于股东按期出资的认定标准基本统一:(1)股东应当依照《公司法》的规定,在公司章程、投资协议等文件约定的期限内出资。(2)在公司债务产生后,公司股东(大)会决议或以其他方式延长股东出资期限的行为无效。(3)股东对于出资具有期限利益,一般情况下不得要求股东提前实缴出资,可以要求股东提前实缴出资的特殊情形如下:其一,要求股东提前出资具有正当理由(如公司经营困难、资不抵债等),且经过合法有效的股东会程序作出决议;其二,法定事由发生时,股东出资加速到期,法定事由包括公司破产,以及公司作为被执行人的案件,人民法院穷尽执行措施无财产可供执行,已具备破产原因,但不申请破产的。

争议焦点2　对货币财产是否足额出资的认定

裁判要点 1 法院对于实缴出资款的认定采取实质重于形式原则,即使出资在形式上与《公司法》的规定存在偏差,也不必然导致出资瑕疵,如果资金实际交付公司并由公司控制和使用,则认定股东已经履行货币出资义务。

【裁判理由】【(2018)陕民再102号】王某平与被申请人西安万统工贸有限公司(以下简称万统公司)、一审第三人黄某飞、伦某军及杨某玉股东资格确认纠纷再审案件,陕西省高级人民法院认为:

虽然银行转账记录时间在《入股投资协议书》之前,但万统公司的收款收据及银行转账记录可以相互印证该笔款项为入股款。**伦某军、黄某飞主张该款项转入杨某玉账户,故万统公司未实际收到该款项。结合万统公司出具收款收据盖章并确认收到王某平入股款的事实、伦某军和黄某飞将入股款亦交于杨某玉的事实,**

可以认定万统公司收到王某平入股款。此外,**王某平已经实际对万统公司进行了经营管理。根据王某平交入股款及对万统公司进行经营管理的事实,应当认定《入股投资协议书》实际履行**。综合《入股投资协议书》内容及履行情况,王某平已履行《入股投资协议书》中约定的主要合同义务,王某平关于确认其为万统公司的股东,并占万统公司股权份额55%的诉请,有事实及法律依据,应当予以支持。

裁判要点2 以公司账户资金调账方式进行的出资,不能认定为实际投入资金。

【裁判理由】【(2019)最高法民申4665号】滁州市公路管理局(以下简称滁州公路局)、李某广股东出资纠纷再审审查与审判监督案件,最高人民法院认为:

首先,滁州公路局存在未按期足额缴纳其认缴的出资额情形。洪武公司于2003年登记设立时,滁州公路局认缴出资额为253万元。一审法院委托会计师事务所于2016年作出的《出资情况审计》结果为,洪武公司注册时滁州公路局实际到位资金200万元。关于剩余53万元,审计结果为,2003年4月30日,洪武公司从建行账户提取现金129万元,紧接着同日,以两张现金交款单形式缴入洪武公司建行账户127万元,交款单注明,王某军交洪武公司74万元,滁州公路局交洪武公司53万元,款项来源均为投资款。王某军出资的74万元和滁州公路局出资的53万元包含在洪武公司提取的现金129万元中。二审法院据此认定“**滁州公路局53万元出资系以洪武公司的账户资金调账形成,滁州公路局并未实际投入该资金,该53万元不应认定为滁州公路局的出资**”并无不当。滁州公路局主张其对洪武公司的出资已全部到位,与事实不符。滁州公路局在本案一审时仍欠缴出资款53万元。其次,本案不存在超过诉讼时效期间问题。根据《公司法司法解释(三)》第19条第1款,滁州公路局主张李某广的起诉超过了诉讼时效期间,其诉讼请求应予以驳回的理由不能成立。滁州公路局应继续履行出资义务,原审法院判决其向洪武公司缴纳53万元出资款并无不当。

裁判要点3 货币出资的资金来源问题不影响出资行为有效性。

【裁判理由】【(2020)鄂01民终5640号】潘某涛与饶某燕、肖某、孙某生、第三人武汉楚天洪山菜苔生态农业股份有限公司、原审第三人武汉楚天洪山菜苔产业开发有限公司、王某斌、张某案外人执行异议之诉二审案件,湖北省武汉市中级人民法院认为:

由于货币是种类物,因此货币出资投入公司后,公司即对该笔货币出资享有

所有权，出资相应转化为公司的独立财产，故出资资金来源问题并不影响出资行为的有效性，亦不影响出资人据此取得的初始股东资格。

裁判要点4 股东用犯罪所得出资所得的股权应采取拍卖或变卖方式处置，不能直接否定其股东身份。

【裁判理由1】【(2014)沪一中民四(商)终字第166号】上海普联房地产开发有限公司(以下简称普联公司)与马某为股东资格确认纠纷二审案件，上海市第一中级人民法院认为：

马某为通过股权转让的方式取得普联公司34%股权，且已经经过工商变更登记。由于股东资格的否定属于公司运营过程中的重大事项，涉及股东自身重大利益并影响到公司的稳定以及债权人的利益，故只有在符合法定条件下才能否定某一股东的股东身份。……即使有生效刑事判决认定马某为存在犯罪行为，**其用犯罪所得出资后所得的股权也应采取拍卖或者变卖的方式处置，而不能直接否定其股东身份**。由于涉及李某东、沈某勇的刑事案件不影响对本案的处理，原审法院对普联公司要求调阅相关刑事案件中的材料以及释明问题未予准许并无不当。马某为在取得股权过程中是否存在过错不属于判断其股东资格的条件。

上海市高级人民法院在该案再审中亦认可这一观点，并认为“(该股东)为取得股权时的资金来源与其股东资格并无必然联系”。

【裁判理由2】【(2015)辽民二终字第00414号】营口经济技术开发区钱江置业发展有限公司、吴某志与王某东、王某股东资格确认纠纷二审案件，辽宁省高级人民法院认为：

即使出资人以贪污、受贿、侵占、挪用等违法犯罪手段取得的货币出资，该出资行为亦有效。无论王某涉嫌犯罪一案的裁判结果如何，对王某持有的股权和其代持的王某东股权的真实性均没有影响。因此，本案无须以王某涉嫌犯罪的刑事案件的审理结果为依据，不存在应当中止诉讼的情形。

【笔者观点】从类案检索结果不难发现，司法实践中法院对于货币出资是否足额的判断标准较为统一：首先，股东应当依据《公司法》规定足额实缴出资；其次，该出资有效性的判断采实质重于形式原则，出资在形式上不完全符合《公司法》的要求不必然导致出资瑕疵，如果资金实际交付公司并由公司控制和使用，则认定股东已经履行货币出资义务；再次，股东用于出资的资金来源非法不必然导致出资行为无效，即使资金来源于犯罪所得，资金已注入公司形成股权，也应对股权采取拍卖或变卖方式处理，不能直接否定股东身份；最后，将来源于公司的资金用于出资在实质上不能实现《公司法》对于公司资本充盈、保障交易相对人信赖利益的目的，故而无效。

争议焦点3　对非货币财产是否经评估作价的认定

裁判要点1 股东以非货币财产出资时未进行评估作价的，不必然导致出资瑕疵，即评估作价不是股东履行出资义务的前置条件；出资财产评估作价高于公司章程约定的出资额时，若双方未就该情形达成合意，超出部分应当视为股东对公司的赠与，而不能将多余部分不纳入出资。

【裁判理由】【(2013)鄂民二终字第00060号】荆州市美力世纪房地产开发有限公司(以下简称美力世纪公司)与湖北美力高科技实业股份有限公司(以下简称美力高科技公司)股东出资纠纷二审案件，湖北省高级人民法院认为：

《公司法》及司法解释对与本案类似的情形并未作出必须先行补充评估，而后才能办理过户的程序限定。在作为出资的土地使用权未经评估作价的情况下，负有出资义务的股东首先应依法将虽未评估作价但承诺作为出资的土地使用权转移至公司名下并完成实际交付。至于权属变更完成后，若相关权利人认为该土地使用权的实际价值与出资人认缴出资之间存在差异，继而主张出资人未全面履行出资义务且要求补足差额的，权利人则可依照《公司法司法解释(三)》第9条的规定另行提起诉讼。此时才引发当事人申请或由人民法院委托专业评估机构进行非货币出资财产补充评估的程序，用以作为股东是否足额出资的评判依据。**但无论补充评估价值和认缴出资之间差额的正负值为多少，均不能免除股东履行实际交付土地使用权并依法办理过户手续的法定出资义务。**……《公司法司法解释(三)》第9条规定了允许当事人以事后的补充评估方式来解决追索股东出资责任的问题。首先，上述司法解释第9条中只规定了若评估价额显著低于公司章程所定价额的，应当认定出资人未依法全面履行出资义务，而对于高于章程约定认缴价额情形时如何认定并未作出相关规定。从司法解释规定的立法本意分析，该条的设置系出于公司资本充盈的考虑，避免公司实际资本额与登记注册资本之间的差额过大，从而杜绝虚增公司资本，进而损害公司、其他股东及外部债权人利益的情况发生。其次，该条规定系将诉权赋予了公司、股东或外部债权人，而不是出资人。最后，**从公司章程的法律地位、本案双方当事人签署章程时的文义解释以及**

当时的真实意思表示判断，若经评估实际出资高于认缴额，则超出部分应视为美力高科技公司对美力世纪公司的赠与，和美力高科技公司之间并无法律上的关联，不得以此对抗法定出资义务或主张分割出资。……由于美力世纪公司章程中明确约定了美力高科技公司系以涉案土地使用权整体固定作价1500万元对公司进行出资，且美力高科技公司在诉讼中未能举证证明其与美力世纪公司或向某良之间还存在仅以1500万元价值为限进行土地出资，多余部分不纳入出资的内部约定，则即使产生土地使用权实值高于认缴出资额的情况，多缴的部分也只能作为美力世纪公司财产的增值记入财务报表。故美力高科技公司关于土地评估基准日价格必然高于1500万元，剩余部分应当归属自身所有的抗辩，因缺乏事实根据和法律依据，本院不予采纳。

裁判要点2 股东以非货币财产出资时提交的评估作价资料存在虚假，不能当然构成出资不实。

【裁判理由】【(2019)最高法民终1391号】江西省煤炭集团云南矿业有限责任公司(以下简称江煤云南公司)、福建双林农业开发有限责任公司股东出资纠纷二审案件，最高人民法院认为：

虽然股东出资时提交的评估资料存在虚假部分，但四个煤矿目前已经探明的资源总量超过了评估时所预测的资源总量。故即便按照江西省煤矿司法鉴定中心《司法鉴定报告》的认定，在江煤云南公司设立时恒达华星公司、广丰公司、永灿经营部提交的评估资料存在虚假的成分，也未对江煤云南公司造成实质性损害，更不足以证实江煤云南公司关于其设立时四煤矿探矿权出资价值为零的主张。

裁判要点3 评估报告的效力应结合出具单位的业务范围、资质等考虑，不具有评估资质的主体出具的评估报告可能不具有法律效力。

【裁判理由】【(2020)最高法民申5577号】王某积、王某增股东出资纠纷再审审查与审判监督案件，最高人民法院认为：

关于王某积提交的2020年8月河南省辉县市林业规划设计队出具辉林评报(2020)第004号林木资源资产评估报告能否作为新证据使用的问题。王某积提交的2020年8月辉县市林业规划设计队出具的辉林评报(2020)第004号林木资源资产评估报告系王某积个人委托，经查工商登记材料，辉县市林业规划设计队的业务范围为培育和利用森林资源提供调查与规划设计服务，本辖区的森林清查、林业规划调查设计、施工作业设计等相关专业设计调查，其不具有资产评估资质,该评估报告不符合法律规定,依法不能作为新证据使用,也不能支持王某积的主张。

【笔者观点】司法实践中法院对用于出资的非货币财产评估作价的认定不存在明显分歧:(1)原则上,非货币财产出资须依法评估作价;(2)在没有利害关系人对非货币财产出资评估作价结果(含未经评估作价)提出异议时,可以认为用于出资的非货币财产价值相当于公司章程约定的出资额或评估结果显示的价值;(3)公司、其他股东、公司债权人对非货币财产评估结果(含未经评估作价)提出质疑时,人民法院应当委托具有合法资格的评估机构对该财产评估作价,评估确定的价额显著低于公司章程所定价额的,应当认定为存在出资瑕疵;(4)评估结果的有效性除了受评估方法的影响,还受评估机构资质的影响。

争议焦点4　对非货币财产是否实际交付与办理过户的认定

股东以非货币财产出资的应当实际交付公司使用,需办理登记的还应办理权属变更登记,缺少任何一项均构成瑕疵出资。司法实践中常见的情形为股东已将出资财产实际交付公司使用,但未办理权属变更登记。根据《公司法司法解释(三)》的规定,法院通常认定该种情形下股东如能在限期内补正权属变更手续,则该股东自实际交付之日起即履行了出资义务;如不能在限期内补正权属变更手续,则需承担瑕疵出资的后果。

股东能否为出资的非货币财产办理权属变更登记往往与股东是否对该财产享有处分权、该财产是否已经设定了权利负担相关,这两种情形引发的争议及相应裁判要点将在本章争议焦点5、争议焦点6中展开讨论。

《公司法司法解释(三)》第8条还规定了出资人以划拨土地使用权出资的情形,与以设定权利负担的土地使用权出资并列。笔者认为,以划拨土地使用权出资和以设定权利负担的土地使用权出资系两种不同情形:首先,两种问题形成的时间与原因不同,划拨土地使用权形成于出资人取得土地时,是出资人取得土地的方式直接决定的,而土地使用权(与其他用于出资的财产性权利相同)上的权利负担可能发生于权利人取得权利后,权利负担的成因也不一定与该权利本身相关;其次,两种出资瑕疵的补正方式不同,《公司法司法解释(三)》第8条对于以划拨土地出资的补正要求为在合理期间内办理土地变更手续,与第10条对于以需要变更权属登记的财产出资，已经实际交付但未办理权属变更手续的情况相同，而以设定权利负担的土地使用权出资的补正方式为在合理期限内解除权利负担。因此，与出资人以划拨土地使用权出资的争议应在本争议焦点项下讨论。

裁判要点1 未实际交付出资的非货币财产的，构成瑕疵出资。

【裁判理由】【(2010)沪一中民四(商)终字第808号】甲公司与乙公司股东出资纠纷二审案件，上海市第一中级人民法院认为：

上诉人甲公司设立时，由三方股东共同出资，其中洪力公司以坐落于本市闵行区春东路618号5.7亩土地使用权进行出资。上述洪力公司的出资行为虽未办理土地使用权属的变更登记，但上诉人已在该地块上建造厂房进行生产经营。**至洪力公司为被上诉人乙公司合并，被上诉人亦未能及时办理相关的土地使用权属的变更登记手续，明显违反了法律的规定。**因被上诉人未依法到庭应诉，本院采信上诉人的诉称事实，认定上诉人系因被上诉人的利益考虑而搬离了春东路618号，双方另行签约，被上诉人的关联企业表示以坐落于沪闵路、金都路口的10.7亩土地使用权转让给上诉人建造厂房使用。**然而，该10.7亩地块被市政建设征用，致使上诉人至今未能足额收到股东的投资，被上诉人乙公司应当依法履行原洪力公司的出资义务。**

裁判要点2 以非货币财产出资，实际交付财产但未办理权属变更登记手续，且未在法院指定的合理期限内补正的，构成瑕疵出资。

【裁判理由】【(2016)最高法民再87号】海南三亚国家级珊瑚礁自然保护区管理处(以下简称珊瑚礁管理处)、周某梅等股东出资纠纷再审案件，最高人民法院认为：

本院在再审审查期间已给予当事人相应的时间办理土地变更手续，**再审审理过程中又为当事人指定了两个月(2016年4月23日～6月22日)的合理期限办理土地变更登记手续，但当事人未能在本院指定的期间内完成土地变更登记行为，即其无法自行补正划拨土地使用权出资的瑕疵。故珊瑚礁管理处虽将案涉土地交付给中海公司使用，但未将案涉土地过户登记至中海公司名下，因而其以案涉土地使用权出资的承诺并未履行到位。**周某梅、中海公司请求确认珊瑚礁管理处未履行作为中海公司股东的出资义务，有事实和法律依据，本院予以支持。

裁判要点3 股东以划拨土地使用权出资，且未在合理期间办理土地使用权变更手续的，法院可以认定股东违反出资义务，但划拨土地的土地性质能否改变须经过相关行政部门的审批方能确定，故法院不能判令股东履行出资义务。

【裁判理由】【(2018)内0402民初3309号】赤峰润峰大厦有限公司与赤峰金龙实业股份有限总公司股东出资纠纷案件，内蒙古自治区赤峰市红山区人民法院认为：

本案中被告以其划拨土地使用权作价入股，按照《公司法》第28条的规定，应当办理其财产权的转移手续，即将土地使用权变更至原告公司名下。依照上述法律规定，须先办理土地变更手续，将划拨土地变更为出让土地，方可办理土地使用权的转移手续。**本案中原告诉请要求确认被告赤峰金龙实业股份有限总公司未履行出资义务，并责令被告在指定期间办理土地使用权变更手续，其前提应当是涉案土地经行政主管部门批准，已经改变土地性质，土地使用权方可转移。**对此原告引用《公司法司法解释(三)》第8条作为其起诉的依据，即“出资人以划拨土地使用权出资，或者以设定权利负担的土地使用权出资，公司、其他股东或者公司债权人主张认定出资人未履行出资义务的，人民法院应当责令当事人在指定的合理期间内办理土地变更手续或者解除权利负担；逾期未办理或者未解除的，人民法院应当认定出资人未依法全面履行出资义务”。该条是对以划拨土地使用权出资效力的规定。**法院在审理有关诉讼中，如果土地使用权的权利瑕疵可以补正，可以认定出资的效力。而本案中权利人能否补正，其决定权在于土地管理部门。因此本院审理是以瑕疵补正的结果为判断前提。**就本案原、被告双方均认可被告出资时的土地性质为划拨土地，自原告起诉至今已5个多月，本院虽未责令但被告亦一直未对出资瑕疵作出补正，故可判断被告未履行全面出资义务，**原告要求确认被告未履行全面出资义务的诉讼请求成立，本院予以确认。涉案土地目前仍为划拨土地，土地性质能否改变，须经相关行政部门予以审批方能确定，目前尚不具备转移条件**，故原告要求被告履行出资义务，在指定期间办理土地使用权变更手续的诉讼请求，本院不予支持。

裁判要点4 《公司法司法解释(三)》第8条所称“办理土地变更手续”系指依法补缴土地出让金，办理土地变更手续，将划拨土地使用权变更为出让土地使用权，并非土地使用权权属变更。

【裁判理由】【(2019)鲁03民终4564号】陕西陕煤蒲白矿业有限公司、山东天晟机械装备股份有限公司股东损害公司债权人利益责任纠纷二审案件，上诉人(原审原告)主张：

根据《公司法司法解释(三)》第8条和第10条第1款的规定,出资人以划拨土地出资的,应当办理土地的权属变更手续是指用于出资的土地使用权权属变更至公司名下,而非改变土地使用权类型。……根据《公司法司法解释(三)》第8条和第10条的规定,假如上诉人未履行出资义务,一审法院也应责令上诉人在合理期限内办理土地变更手续,一审法院并未责令上诉人进行变更,程序违法。

山东省淄博市中级人民法院认为:

《公司法司法解释(三)》第8条规定中,**“办理土地变更手续”系指依法补缴土地出让金,办理土地变更手续,将划拨土地使用权变更为出让土地使用权,并非上诉人所述的土地使用权权属变更**。

裁判要点5 划拨土地使用权作价出资经过具有审批权的政府机关审批同意的,公司应当办理权属变更登记,出资人应当提供协助。

【裁判理由】【(2018)粤0891民初941号】恒诚集团有限公司与湛江市国有资产经营公司(以下简称国资公司)股东出资纠纷案件,广东省湛江经济技术开发区人民法院认为:

一禾公司依法登记成立后,原湛江市国有资产管理局作为出资人,虽已将收回的涉案划拨土地使用权和房屋交付给一禾公司使用,但尚未转移登记给一禾公司。国资公司承继原湛江市国有资产管理局出资人权利义务后,也未将涉案划拨土地使用权和房屋转移登记给一禾公司,且在湛江市国土资源局受理一禾公司申请,正在办理涉案划拨土地使用权转移登记的过程中,向湛江市国土资源局发出《关于一禾公司厂区土地使用权变更问题的函》,导致湛江市国土资源局作退件处理,造成涉案划拨土地使用权未能转移登记在一禾公司名下。由此可见,**国土部门是同意办理涉案划拨土地使用权转移登记的,历时20年未能办理,是由于国资公司的原因,导致国土部门作退件处理,故应认定国资公司未履行出资义务**。

关于国资公司应否协助办理涉案划拨土地使用权和房屋转移登记给一禾公司的问题,综合本案的证据与事实,国资公司应当协助办理。理由如下:首先,办理出资财产的产权转移登记手续是国资公司的义务……再次,湛江市现代企业制度改革领导小组、原湛江市国有资产管理局、湛江市企业改革领导小组是**湛江市人民政府直属机构,其审批同意将涉案划拨土地使用权和房屋作价出资给一禾公司,视为代表有审批权的湛江市人民政府审批同意**。……**最后,湛江市国土资源局同意办理涉案划拨土地使用权的转移登记申请,且已受理了两次,第一次是因**

国资公司或一禾公司未缴纳土地出让金而导致中止办理;第二次是因国资公司的原因而导致湛江市国土资源局退件终止。可见,未能办理涉案划拨土地使用权转移登记是由国资公司的阻碍造成的。

综上,**涉案划拨土地使用权作价出资给一禾公司,不是一般的出资,而是经过有审批权的人民政府批准的,并不违反划拨土地用途的要求及土地使用权转让的相关法律法规,且国土部门同意办理转移登记手续**,故依照《城市房地产管理法》第40条第1款和《公司法》第28条第1款及《合同法》第60条第1款的规定,国资公司应当协助办理涉案土地使用权和房屋的转移登记手续。

裁判要点 6 无论公司和其他股东是否要求办理过户,以非货币财产出资的股东均有办理过户的义务。

【裁判理由】【(2019)最高法民申1142号】抚顺市公共交通有限公司(原抚顺市公共汽车总公司,以下简称公汽总公司)、抚顺通恒公共交通有限公司(以下简称通恒公司)股东出资纠纷再审审查与审判监督案件,最高人民法院认为:

公汽总公司与先领公司先后于1997年8月7日、2005年7月5日签订的合资经营合同、合作经营合同中均约定公汽总公司以房产、停车场地、设备出资,出资额472万元,占40%。但公汽总公司未办理有关房屋及土地使用权的产权过户手续。原判决基于上述事实,认定公汽总公司未按照约定按期足额履行出资义务,并无不当。公汽总公司称其未及时办理用于出资的房产、土地使用权过户手续是通恒公司未及时提交法定代表人身份证明所致,但未提供充分证据证明,其此项申请再审理由缺乏事实依据,本院不予采信。关于公汽总公司主张的因合同及公司章程约定固定资产在合作期满后归公汽总公司所有、资产转移登记会产生税费、先领公司及通恒公司在公司运营期间均未要求公汽总公司办理过户的问题。本院认为,**无论先领公司、通恒公司是否提出过户要求,公汽总公司作为出资人均应履行出资义务**。公司章程及合作合同中关于合作期满后财产归属的约定,是合作期满、合作企业依法清算完毕后,双方对合作企业剩余财产如何分配的约定,并不免除公汽总公司在通恒公司清算完成前补足出资的义务。

【笔者观点】根据以上裁判要点,笔者认为,“责令当事人在指定的合理期间内办理权属变更手续”和“认定出资人未依法全面履行出资义务”不是并列关系,而是递进关系,还要根据实际情况确定其适用。适用逻辑如下:(1)对于以已实际交付使用但未办理权属变更登记的财产出资的,应当责令其办理权属变更登记;

(2)若出资人在合理期限内办理权属变更登记,则应以财产实际交付之日作为履行出资义务之日;(3)若出资人在合理期限内未办理权属变更登记,且存在实质性障碍(如土地行政主管部门不同意将划拨土地变更为出让土地),则应判决认定出资人违反出资义务,另一方当事人可以通过其他途径救济;(4)若出资人在合理期限内未办理权属变更登记,且不存在实质性障碍(如划拨土地使用权作价出资已经过具有审批权的行政机关批准,但出资人怠于成就其他变更权属登记条件的),则应判决公司和股东中能够办理权属变更登记的一方进行办理,另一方提供协助。

作为此类案件中的原告,应当积极督促、协助被告办理权属变更登记,尽可能排除办理权属变更登记的实质性障碍;若被告消极对待办理权属变更登记的,应当全面收集证据,证明未办理权属变更登记不是因为存在无法克服的障碍,而是由于被告的消极行为。作为此类案件中的被告,应当积极证明在法院责令办理权属登记期间为成就办理权属变更登记的条件付出了充分努力,仍无法消除实质性障碍,故办理变更登记在事实上无法实现。

争议焦点5　对非货币财产是否存在权利负担的认定

裁判要点 以设立权利负担的非货币财产出资的,不能阻却该财产上设立在先的担保物权的实现。

【裁判理由1】【(2011)豫法民三终字第127号】上诉人山西临猗湖滨果汁有限公司(以下简称临猗湖滨公司)与被上诉人中国工商银行股份有限公司三门峡湖滨支行案外人执行异议纠纷二审案件,河南省高级人民法院认为:

三门峡湖滨公司和新湖滨公司是在出资财产评估之后,于2006年1月14日对其在临猗分公司的资产盘点并交付给山西临猗公司。因此,临猗湖滨公司提出的抵押效力不溯及上述财产,以及该财产已于2005年9月29日向山西临猗公司交付的上诉理由均不成立,本院不予支持。**财产抵押合法有效登记后,原审法院依据生效的相关法律文书及按照法定程序对三门峡湖滨公司、新湖滨公司抵押登记的财产依法进行执行,并无不妥。**临猗湖滨公司要求确认位于山西省临猗县的财产所设定的抵押不生效,请求停止对上述财产执行的依据不足,本院予以驳回。

【裁判理由2】【(2020)川1703执异101号】四川金恒液压有限公司、山东浩信浩德精密机械有限公司买卖合同纠纷执行案件，四川省达州市达川区人民法院认为：

被执行人虽于本院查封前将达川区斌郎乡巴汇路一段20号工业用地中的2384.88平方米土地及地上建筑物以实物方式出资成为异议人股东，但至今未依法办理出资财产的财产权转移登记手续，依相关法律规定，异议人仅对被执行人出资的土地及地上建筑物享有债权请求权，不享有物权，故异议人对法院查封的达州市达川区斌郎乡巴汇路一段20号工业用地中的2384.88平方米土地及地上建筑物不享有排除人民法院强制的民事权益，应予驳回。

【笔者观点】司法实践中，将设立权利负担的非货币财产用于出资的情形引起的纠纷较少，笔者认为，该规定的主要价值在于：(1)明确行政机关不应为已经设立权利负担的财产办理用于出资的权属变更登记；(2)避免股东和公司通过将担保物出资的方式侵害权利人的权利。

争议焦点6　对股东是否对出资财产享有处分权的认定

裁判要点　公司可以善意取得出资财产，财产权利人可以依照《民法典》(物权法)的规定向无权处分人主张赔偿损失。

【裁判理由】【(2013)新中民四终字第425号】新乡市丰运路桥工程处与李某良、新乡市恒源路业有限公司(以下简称恒源公司)及河南省新乡公路桥梁建设有限责任公司所有权确认纠纷二审案件，河南省新乡市中级人民法院认为：

虽然苏某林在恒源公司出资时不享有摊铺机的所有权，但对于苏某林的出资行为，可以认为其与恒源公司具有无处分权人与受让人的关系，作为受让人的恒源公司，其受让是善意的；其获得摊铺机所有权时，苏某林获得了恒源公司的股权；摊铺机属于不需要登记的财产，在出资时完成了交付，完全符合《物权法》第106条的规定，应认定恒源公司善意取得了摊铺机的所有权。至于新乡市丰运路桥工程处的损失，可以依照物权法的规定向无权处分人苏某林主张赔偿损失。

该案再审中【(2020)豫民再273号】，河南省高级人民法院虽然判决撤销二审判决，但判决理由为恒源公司在取得案涉设备时未核实案涉设备权属，存在明显过错，不符合善意取得的构成要件，而未否定二审关于“公司可以善意取得出资财产”的观点。

【笔者观点】股东出资中的善意取得与一般民事法律关系中的善意取得在构成要件、法律后果上均不存在显著差异。

对比《公司法司法解释(三)》第7条第1款和第2款可以发现,法律规定对于以犯罪所得资金出资和以无权处分的财产出资的处理方式有质的区别:以无权处分的财产出资的,出资人承担无权处分的赔偿责任,但其出资有效性和股东身份不受影响;以犯罪所得资金出资的,出资人的股东身份虽然不受直接影响,但如果违法犯罪行为受到追究、处罚,则可能因为股权被拍卖或变卖而失去股东身份。

(二)与抽逃出资有关的争议

股东抽逃出资实际上是股东不履行或只履行了部分出资义务,却仍享有投资收益权、公司管理权等股东权利,且仍受到公司制度赋予股东有限责任制度的保护的不公平现象。[①] 司法实践中,判断股东是否构成抽逃出资,通常从是否存在股东抽回出资的行为、股东抽回出资的行为是否存在合法理由两方面进行考虑。

争议焦点7　关于是否存在股东抽回出资的行为的认定

裁判要点1 主张抽逃出资事实存在的当事人负有证明抽逃出资事实的责任,不能举证的应承担举证不能的后果。

【裁判理由1】【(2017)最高法民终87号】亿达信煤焦化能源有限公司(以下简称亿达信公司)、四平现代钢铁有限公司买卖合同纠纷二审案件,最高人民法院认为:

就红嘴集团是否抽逃出资的问题而言,应依据《公司法司法解释(三)》第12条来进行认定。……亿达信公司在本案中所举的证据,缺乏与抽逃出资的关联性,不能证明红嘴集团存在上述5种抽逃出资行为,也不能使法官对股东抽逃出资产生合理怀疑;且依常理,**亿达信公司若对股东抽逃出资产生怀疑又不能依法取证的话,其应穷尽包括工商行政处罚、刑事侦查在内的救济手段,但其并未积极寻求多种救济手段以获取相关证据线索**。据此,不能认定红嘴集团、××飞存在《公司法司法解释(三)》第12条所规定的股东抽逃出资行为。综上,亿达信公司以虚假出资、抽逃出资为由请求红嘴集团对四平现代钢铁有限公司的债务承担连带清偿责任,证据不足,本院不予支持。

---

① 参见最高人民法院民事审判第二庭编著:《最高人民法院关于公司法解释(三)、清算纪要理解与适用》,人民法院出版社2001年版,第188页。

【裁判理由2】【(2017)最高法民申4236号】宜昌市大众小额贷款有限公司(以下简称大众小贷公司)、王某华民间借贷纠纷再审审查与审判监督案件,最高人民法院认为:

大众小贷公司主张步步升布艺公司等7名股东抽逃出资的依据是步步升小贷公司经理李某荣的谈话记录以及曹某钰的情况说明。首先,**仅仅根据李某荣的陈述不能够认定步步升布艺公司存在抽逃出资的行为,需要其他证据佐证;其次,曹某钰的情况说明中称其注资后以个人名义将资本金全部借走,用于公司发展经营,即按曹某钰的说明亦属于借款关系。故大众小贷公司所举证据并不足以证明其主张,应承担举证不力的法律后果,原审法院对举证责任的分配并无不当。**大众小贷公司又称本案的争议问题是代持股的名义股东是否承担抽逃出资的责任,而并非股东是否抽逃出资。股东是否抽逃出资是认定该问题的前提,因大众小贷公司主张步步升布艺公司等7名股东抽逃出资证据不足,其主张适用《公司法司法解释(三)》第26条规定,亦不能成立。

裁判要点2 股东出资后,将对公司的出资作为对公司的借款,构成对资金的实质性抽离,属于抽逃出资。

【裁判理由】【(2015)青民四初字第63号】青岛森田金属有限公司、日本SAN-R株式会社股东出资纠纷案件,山东省青岛市中级人民法院认为:

原告青岛森田金属有限公司的董事会决议的内容未经法定程序,将已经成为注册资本的被告投入的部分资金性质变更为借款,**该笔资金虽然仍在公司内,但根据决议的内容,已经变更成了借款,不再承担资本金的风险,且款项的所有权已经由公司变更为股东,这一变更使原本属于公司的资本金重新成为被告所有的款项,从而决定了被告可以随时将该部分款项收回,构成了对资本金的实质性抽离,而抽离该部分资金后,被告在注册资本中所占的比例和出资金额并未改变。**因此,该决议关于给付该笔资金利息的约定,违背了公司资本充实原则,违反了我国《公司法》第35条股东不得抽回出资的规定,符合抽逃资本的要件,故原告请求返还已支付的利息的诉讼请求,本院予以支持。

裁判要点3 未经法定程序,在其他股东未分红情况下,公司单独给付股东预期分红,但双方未办理减资或股权变更手续,该股东构成抽逃出资。

【裁判理由】【(2013)民申字第286号】赵某勋与辽宁中智房屋开发有限公司(以下简称中智公司)股权确认纠纷再审案件,最高人民法院认为:

赵某勋主张，不论本案1500万元的款项性质如何，其都不应当返还中智公司已经支付的红利1000万元。本院认为，股东分红依法应由股东会作出决议。本案中，**中智公司未经法定程序，在其他股东未分红的情况下，单独给付赵某勋预期分红，作为买断其股权的对价，存在损害其他股东和公司债权人合法利益的可能性。鉴于中智公司退还赵某勋1500万元股权投资款和1000万元红利后，双方没有办理相应的减资或股权变更手续，赵某勋亦否认上述行为为退股，从而导致赵某勋在已没有实际出资的情况下仍具有股东身份并继续享有股东权利。根据《公司法司法解释(三)》第12条之规定，赵某勋的上述行为属于"其他未经法定程序将出资抽回的行为"，应认定为抽逃出资。**

裁判要点4 即使《公司法司法解释(三)》第12条在2014年修正后删除了"将出资款项转入公司账户验资后又转出"的行为属于抽逃出资的规定，该行为仍属于股东抽回出资的一种。

【裁判理由】【(2017)最高法民申4576号】郭某生、王某巧民间借贷纠纷再审审查与审判监督案件，最高人民法院认为：

股东出资是公司设立并从事生产经营活动的物质基础，股东出资形成的有限责任公司的全部法人财产是公司对外承担债务责任的保证……**郭某生申请再审认为，《公司法司法解释(三)》第12条在2014年修正后删掉了"将出资款项转入公司账户验资后又转出"的行为属于抽逃出资的规定，因此原判决适用了已失效的司法解释。该主张属于认识错误。**前述修正是为适应公司注册资本登记制度改革以及《公司法》的修正而实施，**虽然"将出资款项转入公司账户验资后又转出"的行为不再作为一项明文规定的股东抽逃出资的典型行为，但并不意味着该种行为一律不再认定为抽逃出资之性质。**具体到本案，河阳石化公司股东吴某红、郭某生、于某军于2013年5月13日分别向河阳石化公司验资账户转入4640万元、1760万元、1600万元后，又于5月14日、15日将该验资账户内的7000万元分别转给呈俊公司5000万元、骏誉公司2000万元。郭某生主张该转出行为非其个人行为，该款项也未进入其个人账户，但其作为河阳石化公司股东及监事，有义务了解并有能力说明该款项转出的用途，而未能作出合理解释，亦未提供证据证明该行为系基于公司正常经营业务往来所形成，更未证明该行为经过了公司法定程序。**上述7000万元进入验资账户一两天后即转出，该行为严重侵蚀了公司资本，减损了公司偿债能力，侵犯了债权人的合法权益，因此属于《公司法司法解释(三)》第12条第4**

项规定的“其他未经法定程序将出资抽回的行为”。至于该款项是否进入郭某生个人账户并不影响该行为之性质。……原判决据此认定郭某生在抽逃出资本息范围内对河阳石化公司不能清偿部分债务承担补充赔偿责任,并无不当。

裁判要点 5 出资人以符合法定条件的非货币财产出资后,因市场变化或者其他客观因素导致出资财产贬值或被认定无效的,不构成抽逃出资。

【裁判理由】【(2019)最高法民终959号】青海威德生物技术有限公司(以下简称青海威德公司)、北京威德生物科技有限公司(以下简称北京威德公司)公司增资纠纷二审案件,最高人民法院认为:

出资人以知识产权出资的,**知识产权的价值由出资时所作评估确定,出资人不对其后因市场变化或其他客观因素导致的贬值承担责任,除非当事人另有约定**。本案中,北京威德公司于2010年委托北京大正评估公司对其所有的知识产权价值进行了评估,并据此增资入股至青海威德公司,双方未作其他约定。随后,青海威德公司召开股东会会议,决议同意北京威德公司以知识产权评估作价1300万元入股青海威德公司,并履行了股东变更工商登记手续。上述事实表明,**北京威德公司的出资严格遵循了公司法对知识产权出资的要求。青海威德公司未能提交证据证明本案评估存在违法情形或者北京威德公司在评估时存在违法情形,现以案涉两项知识产权被确认无效,要求北京威德公司承担补足出资和赔偿损失的责任,缺乏事实和法律依据**。

【笔者观点】将抽逃出资行为的认定分为“是否存在股东抽回出资行为”和“抽回出资是否存在合法理由”,便利之处在于将应由原告证明的事实和应由被告证明的事实、事实判断和价值判断区别开来,并一一对应。

其中“是否存在股东抽回出资行为”属于事实判断,举证责任在于原告。考虑到司法实践中实施抽逃出资的通常为控股股东、大股东,小股东、债权人难以掌握证明财务往来不具有合理性的证据,故其仅需证明公司与股东之间存在财务往来的事实、存在股东侵犯公司利益的可能即可。“抽回出资是否存在合法理由”属于价值判断,举证责任在于被告。股东作为抽回出资行为的实施者,通常对与自身有关的财务往来有充分的了解,所以可以要求股东证明财务往来具有合理性,不具有侵犯公司利益的可能,排除合理怀疑。

司法实践中,“存在股东抽回出资行为”的证明难度较低,法院对存在抽回出资行为这一事实不予认可的较少,通常在“抽回出资是否存在合法理由”层面进行详细论证。这样可以在一定程度上弥补此类诉讼中原被告之间地位和能力的差距,更好地在诉讼中保障在公司运营中较为弱势的中小股东以及对公司情况不够了解的债权人。

争议焦点 8　关于抽回出资是否存在合法理由的认定

在争议焦点 7 中,若法院认定股东不存在抽回出资行为,自然不存在股东构成抽逃出资的可能。若法院认定股东存在抽回出资行为,下一步则需判断该抽回出资的行为是否存在合理理由,若存在合理理由则抽回出资行为系公司与股东之间合法、真实的资金往来;若不存在合理理由,则存在股东构成抽逃出资的可能。

裁判要点 1 一方当事人提供了对股东抽逃出资合理怀疑的证明后,举证责任转移至股东,由其提供相应的证据反驳关于抽逃出资的主张。若不能举证,则应作出对其不利的判断。

【裁判理由 1】【(2016)最高法民再 2 号】美达多有限公司(以下简称美达多公司)与深圳市新大地数字网络技术有限公司(以下简称新大地公司)、周某等借款合同纠纷再审案件,最高人民法院认为:

根据《公司法司法解释(三)》第 20 条规定的精神,**就股东是否抽逃出资的举证责任分配,由于美达多公司无法查询新大地公司及其股东周某、张某妮的银行账户或财务账簿,在美达多公司提供了对周某、张某妮抽逃出资合理怀疑的证明后,只能通过法院调查或者由新大地公司及周某、张某妮提供反驳证据,才能查清事实,因此,此时应将举证责任转移至周某、张某妮,由其提供相应的证据反驳美达多公司关于周某、张某妮抽逃出资的主张。然而,周某、张某妮未予举证。在这种情况下,应当作出对周某、张某妮不利的判断,即支持美达多公司的主张,认定周某、张某妮构成抽逃出资。**

【裁判理由 2】【(2012)民二终字第 28 号】深圳市朗钜实业集团有限公司(以下简称朗钜公司)与甘肃天昱置业有限公司(以下简称天昱公司)股东出资及公司盈余分配纠纷二审案件,最高人民法院认为:

朗钜公司诉称,其在经营天昱公司期间,通过 3 次增资,将天昱公司的注册资本由 1000 万元增加到 7000 万元,其共计认缴出资 3060 万元,其请求天昱公司予以返还。天昱公司则依据甘肃省工商行政管理局的信函、兰州市工商行政管理局兰工商公处字(2011)第 3 号行政处罚决定书、兰州市公安局经侦支队出具的天昱公司专项审计报告，以及朗钜公司退出天昱公司时该公司的5个银行账户剩余资金仅265.9元等证据和事实，证明朗钜公司的增资款已被其抽逃、将天昱公司2007年至2009年的财务账册带走等事实，其辩称朗钜公司请求返还3060万元的出资并无依据。此外，另据原审查明的事实，在天昱公司3次增资前后及期间，天昱公司与朗钜公司、李某茂、深圳市万安贸易有限责任公司存在多笔款项往来，其中2007年6月22日朗钜公司汇入天昱公司账户2000万元，同月25日，又从该账户汇给朗钜公司2000万元。本院认为，天昱公司提出的上述证据，其目的在于证明朗钜公司在退出天昱公司时已将其缴付的3060万元增资款抽走，朗钜公司关于返还3060万元增资款的请求不能成立。**在此基础上，依据民事诉讼证据规则的相关规定，朗钜公司应对其主张“未抽逃天昱公司的资金”的事实承担相应的举证责任。但朗钜公司未能提出相关的证据证明天昱公司的上述抗辩理由不成立，因此，朗钜公司应承担其举证不能的法律后果**，故本院确认天昱公司提出的关于“朗钜公司请求返还3060万元增资款的主张不能成立”的抗辩理由成立，应予支持。

裁判要点2 股东主张其与公司之间的资金往来系交易关系的，应提供相应证据证明。

【裁判理由1】【(2016)最高法民终324号】仲圣控股与鲁能仲盛置业(青岛)有限公司(以下简称鲁能仲盛)、慧谷公司与公司有关的纠纷二审案件，最高人民法院认为：

无论何种形式，大多表现为股东之间通谋或者股东与公司之间通谋的行为，其他股东或者公司同意转出出资并安排了所谓的合法程序或交易，均是表象，实质是相关当事人虚构了有关事实将股东的出资非法转出。因此，就本案而言，股东之间通过签订《合作协议书》确认仲圣控股“前期工作费用”真实发生并确定由鲁能仲盛支付，并不能直接证明仲圣控股的“前期工作费用”真实发生了，从而也不能证明2500万元人民币的转出未构成抽逃出资。本案一审时，仲圣控股提交6份声明书和所附6份月结单，以及“填海造地报告×6”的特快专递凭证(邮寄袋)，以证明“前期工作费用”已实际发生了3500多万元人民币，而仲圣控股已将相应的调研报告邮寄给了鲁能仲盛。各方当事人对此进行了质证，原审法院进行了认证，原审认为无论是声明书还是月结单均无法直接证明“前期工作费用”的真实发生。邮寄袋更是存在许多疑点，普通的邮寄袋不太可能装下6份研究报告，仲圣控股亦无法合理解释寄件人为何能够保存收件人签收的邮寄装。二审时,仲圣控股仍未能举证反驳原审作出的上述认定。因此,**仲圣控股有义务举证证明其收取2500万元人民币确系因为其真实地支付了“前期工作费用”,其无法证明则应承担举证不能的法律后果**。

二审判决书作出后,上诉人又提起再审,最高人民法院在再审与审判监督裁定书【(2017)最高法民申3185号】中认可了二审的观点,驳回再审申请。

【裁判理由2】【(2018)最高法民终390号】贾某富、旌德县新义莹石有限公司(以下简称新义莹石公司)股东出资纠纷二审案件,最高人民法院认为:

关于是否抽逃出资问题。一审已查明,贾某富、陈某玲于2009年11月11日召开股东会,决定公司增资1680万元,注册资本由320万元变更为2000万元,其中贾某富以现金增资1512万元,陈某玲以现金增资168万元。同日,张某芳将1512万元转至贾某富银行账户,将168万元转至陈某玲银行账户,贾某富、陈某玲随后将1680万元缴存至新义莹石公司账户,并于次日经南方会计师事务所验资后,以公司“预付货款”的名义将1680万元转回张某芳。**对于上述资金为何如此流转,贾某富上诉主张,转出的资金在公司此后的经营中,已通过现金、实物等多种方式回收,二审庭审中又称新义莹石公司与介绍张某芳与其认识的某担保公司有业务往来,但均未提供相应证据予以证实,亦不能说明新义莹石公司或者其本人与张某芳之间存在何种资金往来关系**。因此,一审判决认定贾某富、陈某玲将增资款转入公司账户验资后未经法定程序将增资抽回的行为,构成抽逃出资,应当承担返还之责任。该认定有事实和法律依据,并无不当,本院予以维持。

【裁判理由3】【(2016)最高法民申516号】青岛凯航国际物流有限公司(以下简称凯航公司)与毛某杰、青岛巨丰圣源国际贸易有限公司(以下简称巨丰公司)等海上、通海水域货运代理合同纠纷再审审查与审判监督案件,最高人民法院认为:

应凯航公司申请,一审法院调取了巨丰公司银行账户流水账单,该账单显示2012年3月30日巨丰公司分两笔向宇田公司汇出700万元。凯航公司依据上述证据主张巨丰公司股东毛某杰、刘某涛抽逃出资,已完成举证责任。**《公司法司法解释(三)》第20条规定,“当事人之间对是否已履行出资义务发生争议,原告提供对股东履行出资义务产生合理怀疑证据的,被告股东应当就其已履行出资义务承担举证责任”。据此,毛某杰主张700万元款项的汇出行为不属抽逃出资,应承担**

举证责任。其对向巨丰公司转入800万元验资款后4天内向宇田公司汇出700万元是否系巨丰公司的经营行为，巨丰公司与宇田公司之间是否存在债权债务关系，该汇款行为是否经法定程序而为，未能举证证明。原审判决认定“对于该700万元汇出的原因，巨丰公司及刘某涛、毛某杰均不能提供存在正常的贸易往来证据，巨丰公司账面上没有记载，刘某涛、毛某杰作为巨丰公司的股东有能力控制巨丰公司，该笔资金的转出应视为抽逃出资的行为”，判决支持凯航公司关于认定刘某涛、毛某杰抽逃注册资金的主张，具备事实和法律依据。

裁判要点3 股东出资后，将资金转入第三人账户不能进行合理解释，且不能证明公司获得合理对价或受益的，构成抽逃出资。

【裁判理由】【(2018)最高法民申2003号】哈尔滨天悦节能环保科技发展有限公司(以下简称天悦公司)、黑龙江新凯华机电设备安装工程有限公司股东出资纠纷再审审查与审判监督案件，最高人民法院认为：

公司的法人财产是公司承担有限责任的基础。为确保公司资本真实、有效、维护交易秩序与安全，保障债权人权益，股东不得抽逃出资。原审法院查明，天悦公司根据鸿聚通公司股东会增资决议向鸿聚通公司出资4500万元，占股83.33%，成为鸿聚通公司的控股股东。**在办理相应的工商变更登记及完成出资后，天悦公司在3日内通过黑龙江新凯华机电设备安装工程有限公司账户收回4500万元，并将该款转入案外人哈尔滨财源宝投资管理有限公司账户。天悦公司对此不能进行合理解释，且未能提供证据证明在资金流转的过程中，向鸿聚通公司支付了合理的对价或使鸿聚通公司实际受益，天悦公司的行为导致鸿聚通公司资产减损，造成鸿聚通公司实际资产与工商登记不符。**原审判决依据《公司法司法解释(三)》第12条规定，认定天悦公司构成抽逃出资，并无不当。

裁判要点4 股东从公司借款，借款行为缺乏借贷关系的形式和实质要件的，构成抽逃出资。

【裁判理由】【(2017)最高法民申2241号】刘某海、新疆昌盛建筑工程有限责任公司(以下简称昌盛公司)股东出资纠纷再审审查与审判监督案件，最高人民法院认为：

2009年8月29日，刘某海出具借条，**内容为“今借到昌盛公司现金707.38万元(代股份)”。该借款金额与昌盛公司最终确定的刘某海的剩余出资金额完全吻合。原审法院据此认为，刘某海从昌盛公司的借款行为缺乏借贷关系的形式和实**

质要件，其实质为以借款之名义变相将抽逃资金行为合法化，并无不当。原审法院根据现有证据认定刘某海实际欠付昌盛公司注册资本金707.38万元，并判决由刘某海承担相应责任，认定事实和适用法律均没有错误。刘某海以原审法院应当对昌盛公司的财务账册进行审计，以确定其是否抽逃出资为由申请再审，理由不成立。

裁判要点5 即使公司与股东之间存在债权债务关系，股东也不能擅自抽回注册资本，应当通过公司决议程序支付；股东对公司除缴纳注册资本以外的投资可能涉及股东与公司之间的其他债权债务关系，并不能当然以投资替代注册资本的缴纳。

【裁判理由】【(2018)最高法民申1654号】张某西、伍某雄股东出资纠纷再审审查与审判监督案件，最高人民法院认为：

美华公司在完成增资后的第二天，从公司验资账户直接转入张某西个人账户216万元，该216万元与张某西增资的注册资本金一致。**张某西既不能证明该资金流转行为是基于业务往来形成，也不能证明系经公司法定程序将资金转出，张某西主张该款项为美华公司归还其借款，亦未提供相应证据证实，故该行为构成对公司资本的侵害，损害了公司合法权益，侵犯公司独立财产权**。张某西主张其在公司的投资净额超过自己应缴纳的注册资本问题，本院认为，**资本维持不变是股东的法定义务，股东对公司除缴纳注册资本以外的投资可能涉及股东与公司之间的其他债权债务关系，并不能当然以投资替代注册资本的缴纳，且即使股东对公司享有债权也不意味着可以任意将注册资本取回，如公司同意以债权抵顶股东出资，应按照公司法定程序由股东会作出决议，股东不能因对公司享有债权而擅自决定以债权抵出资**。张某西不能对其向美华公司增资216万元后又转出该部分资金作出合理解释，也没有举证证明该行为系经公司股东会决议认可。

裁判要点6 公司将股东出资款转回股东，双方均认可该笔款项系公司购买股东持有的其他公司股权的，股权价值仍需提交证据证明。

【裁判理由】【(2020)最高法民申5631号】北京兴竹同智信息技术股份有限公司(以下简称北京兴竹公司)、西吉县农牧业产业化发展服务有限公司股东出资纠纷再审审查与审判监督案件，最高人民法院认为：

根据查明事实，2016年12月，北京兴竹公司通过受让股权，成为万家壹品公司(原名固原万家家富农牧有限公司)股东，占股比例19%。因出让方北京泰万堂投资管理中心未实际出资，双方约定由北京兴竹公司承担向万家壹品公司出资1900万元的义务。北京兴竹公司于2017年2月9日分8次以投资款名义汇入万家壹品公司账户共计1900万元。同日，万家壹品公司又以收购案外万家灯火网络技术有限责任公司(以下简称灯火公司)股权款名义，与上述8次转款相应，依次向北京兴竹公司账户转回共计1900万元。对上述事实各方当事人均无异议，且有银行转款凭证、流水等证据予以证实。北京兴竹公司据此抗辩其已完全履行向万家壹品公司的出资义务。根据北京兴竹公司自认事实，其持有灯火公司19%的股权，对应出资额为1900万元，万家壹品公司收购了该全部股权，故向其转回的1900万元系股权转让款。**其该抗辩主张系用灯火公司的股权换购万家壹品公司股权，即用灯火公司的股权向万家壹品公司出资**。但其未提交有效证据证实该出资方式符合万家壹品公司章程约定。同时，**根据《公司法司法解释(三)》第9条之规定，北京兴竹公司未提交有效证据证实灯火公司的股权价值，经原审释明，其亦未提交资料进行相关审计，故原判决认定由其承担举证不能的法律后果并无不当**。2018年2月3日万家壹品公司股东会决议进行减资，并修改了公司章程。根据修改后的公司章程，北京兴竹公司认缴出资额调整为1022万元，认缴期限为2018年12月31日前。北京兴竹公司却未在上述期限内履行相应出资义务。故原判决判令北京兴竹公司向万家壹品公司缴纳出资款1022万元及利息有事实和法律依据。

裁判要点7 公司向股东发放借款不必然构成抽逃出资，还需结合其他因素认定，如是否需要支付对价、提供担保，是否约定返还期限，是否经过公司决议程序，是否违反有关金融管理、财务制度的规定等；股东经过合法程序减资的，也不构成抽逃出资。

【裁判理由】【(2020)最高法民申4625号】深圳市爱华动力电池有限公司(以下简称爱华电池公司)、深圳市爱华电子有限公司(以下简称爱华电子公司)股东出资纠纷再审审查与审判监督案件，最高人民法院认为：

本案系股东出资纠纷，审查重点为爱华电子公司、百利盛华公司、华通公司向爱华电池公司无息借款及减资行为是否构成股东抽逃出资。区分股东抽逃出资行为和股东向公司借款行为的关键问题为是否有真实合理的债权债务关系。股东抽逃出资，往往在股东与公司之间无实质的债权债务关系，如无须支付对价和提供担保，无返还期限的约定等，或者违反了有关金融管理、财务制度的规定等。

本案中，**爱华电子公司、百利盛华公司、华通公司向爱华电池公司借款，经过爱华电池公司股东会决议，签署书面的借款协议，约定了返还期限，并记入财务账册。爱华电子公司、百利盛华公司、华通公司向爱华电池公司的上述借款行为系真实的债权债务关系且符合有关金融管理、财务制度等规定，亦不违反法律禁止性规定**。虽然爱华电池公司股东会决议借款在前，股东出资在后，但在没有其他证据证明爱华电池公司股东的借款行为实质损害公司权益的情况下，爱华电池公司提出爱华电子公司、百利盛华公司、华通公司抽逃出资，损害公司权益，没有事实及法律依据。**爱华电池公司的减资行为在行政部门办理了减资登记手续，对外产生减资公示的法律效果，该减资行为合法有效。爱华电池公司减资后，股东爱华电子公司先归还所借款项再收取股东减资款，股东百利盛华公司直接以股东减资款冲抵所借款项，股东华通公司先收取股东减资款再归还所借款项，均是正常的财务往来行为**。爱华电池公司向股东提供借款未导致其资产减少，而减资则属于公司正常经营决策行为。原审法院据此认定爱华电池公司股东爱华电子公司、百利盛华公司、华通公司没有抽逃出资的行为，对爱华电池公司的诉讼请求不予支持，并无不当，本院予以维持。

裁判要点 8 经过公司决议程序同意股东减资，又无证据否认真实有效的意思表示的，不应认定为抽逃出资。

【裁判理由】【(2019)最高法民申3382号】黑龙江省农业生产资料公司(以下简称黑龙江农业公司)、黑龙江省美龙牧业股份有限公司(以下简称美龙公司)公司减资纠纷再审审查与审判监督案件，最高人民法院认为：

虽然寒地公司将美龙公司、知之征信公司出资款退回发生在股东会召开之前，但寒地公司进行了股东会决议，包括股东黑龙江农业公司在内的各方认可寒地公司转给美龙公司、知之征信公司的款项为退还减资款。**黑龙江农业公司在股东会决议上同意寒地公司减资，其现予以否认真实有效的意思表示，并无证据证明**。黑龙江农业公司上述行为属于对自身权益的处分，对于黑龙江农业公司来说，美龙公司、知之征信公司入股寒地公司时实际支付了4000万元、2000万元，减资时退还4000万元、2000万元，并未改变黑龙江农业公司作为公司股东面对的初始公司资本总额。黑龙江农业公司主张美龙公司、知之征信公司应承担经营亏损，但并未提供证据证明案涉2000万元亏损产生于美龙公司、知之征信公司从出资寒地公司至减资的短期期间内。**黑龙江农业公司的该主张，实质是依据《公司**

法》第177条的规定，主张公司外的债权人权利，但黑龙江农业公司是寒地公司股东，并非寒地公司债权人，其处分自身权益在案涉股东会决议中，亦认可该减资行为符合寒地公司及自身真实意愿及利益。因此，黑龙江农业公司的该项主张，原审判决未予支持，并无不当。

【笔者观点】在判断股东抽回出资是否存在合理理由方面，虽然司法实践中具体事实纷繁复杂，但对比类案后可以得出规律：(1)在原告证明股东存在抽回出资行为后，证明该抽回出资行为存在合理理由的证明责任转移到股东，若无法举证，则应承担证明不能的不利后果。(2)不同的抽回出资行为是否存在合理理由，具有不同的判断依据和标准，笔者认为，大多数抽回出资行为都可以从三个角度考虑：①导致该财务往来的交易是否真实发生；②该行为在程序上是否存在违法性；③该行为在实质上是否会损害公司利益。

（三）关于特殊出资行为有效性的认定

《公司法》第28条第1款规定，“股东以货币出资的，应当将货币出资足额存入有限责任公司在银行开设的账户”。实践中存在股东虽未向公司账户存入资金，但已经通过其他方式履行出资义务。然而，我国法律对于特殊出资行为的有效性认定并无相关规定，现实中根据行为特征，可以将股东特殊出资行为分为三种：债务抵销型出资、债务代偿型出资、股东注资型出资。

争议焦点9　债务抵销型出资的认定

法院在审查公司对股东所负债务真实的基础上，应认可股东出资的有效性。股东对公司的出资义务本质上是股东对公司的所负债务。因此，当股东以其对公司所享有的债权来补足对公司的出资时，本质上属于股东行使抵销权。法院应依照行使抵销权的要件对该出资行为的有效性进行审查：审查公司对股东所负债务是否真实、两项债务清偿期限是否均已届满、是否存在难以抵销的障碍。

需要注意的是，此处讨论的仅为公司同股东之间内部关系的情形，公司外部债权人对股东主张抵销及债权清偿顺序提出异议的情形实践中存在较大争议。最高人民法院于2015年3月发布的典型案例认为公司资产应当首先用于清偿非股东债权，剩余部分才能用于清偿股东借款，这种做法具有借鉴意义。

裁判要点 若允许出资不实的问题股东就其对公司的债权与外部债权人处

于同等受偿顺位，既会导致对公司外部债权人不公平的结果，也与公司法对于出资不实股东科以的法律责任相悖。

【裁判理由】【2015年3月最高人民法院典型案例】沙港公司诉开天公司执行分配方案异议案件，上海市松江区人民法院认为：

公司法明确规定有限责任公司的股东以其认缴的出资额为限对公司承担责任。开天公司因出资不实而被扣划的45万元应首先补足茸城公司责任资产向作为公司外部的债权人原告沙港公司进行清偿。**开天公司以其对茸城公司也享有债权要求参与其自身被扣划款项的分配，对公司外部债权人是不公平的，也与公司股东以其出资对公司承担责任的法律原则相悖。**对696,505.68元执行款中的45万元应先由原告受偿，余款再按比例进行分配的意见予以采纳。

争议焦点10　债务代偿型出资的认定

裁判要点 出资程序瑕疵不必然导致股东违反出资义务，应以股东是否在事实上足额完成出资义务为判断股东是否违反出资义务的标准。

【裁判理由】【（2017）最高法民申3082号】葛某春、宋某武股东损害公司债权人利益责任纠纷再审审查与审判监督案件，最高人民法院认为：

虽然宋某武等股东未严格按照《公司法》第25条[①]的规定，将3000万元出资足额存入准备设立的银起公司在银行开设的临时账户，程序存有一定瑕疵，但《公司法》的该条规定重点应是股东应当按期足额缴纳各自所认缴的出资额，不能因为出资程序瑕疵而否认宋某武等股东已经足额完成出资义务的事实。在宋某武等股东足额履行出资义务、宁夏银起集团破产财产已成为银起公司资产后，银起公司就该资产的经营管理享有权利、承担义务。故在银起公司成立3年后，因竞拍宁夏银起集团的12,300万元收购资金未全部到位，宁夏银起集团清算组收回破产财产，属于银起公司的经营风险，与宋某武等股东的出资无关。至于葛某春提出五洲会计师事务所伪造证据、虚假验资，二审判决是受贿后的枉法裁判等主张，缺乏事实依据。

---

① 对应现行2018年《公司法》第27条。

争议焦点11　股东注资型出资的认定

裁判要点 补足抽逃出资需以明确的意思表示进行，抽逃出资的股东对出资负举证责任。

【裁判理由】【(2019)鲁10民终2767号】郝某红、康某军追收抽逃出资纠纷、股东出资纠纷二审案件，山东省威海市中级人民法院认为：

二上诉人主张已补足出资，对此应负举证责任，二上诉人主张应由被上诉人举证证明与法相悖。其主张庆洋公司会计肖某汇入佰洋公司账户的300万元，系其补足的出资款。对此本院认为，**补足抽逃出资需以明确的意思表示进行，二上诉人未提交证据证明该转款的性质**。并且结合本案各方当事人之间的关系，上诉人郝某红同为庆洋公司与佰洋公司的股东，庆洋公司与佰洋公司之间存在较大数额的资金往来，在此情况下，二上诉人主张该300万元的汇款即为实际补足的出资款，证据不足。

（四）与违反出资义务责任承担有关的争议

如本章第五部分所述，股东出资纠纷的被告除股东外，还可能为公司董事和高级管理人员、瑕疵股权的受让人等。认定不同被告承担瑕疵出资责任的依据不同，其所承担的责任亦有差异。整体而言，股东始终是股东出资责任的核心，而公司董事和高级管理人员及瑕疵股权受让人的责任均围绕瑕疵出资股东的责任展开。

争议焦点12　关于股东的责任承担

裁判要点1 抽逃出资的股东在抽逃出资本息范围内对公司债务不能清偿的部分承担补充责任，而非连带责任。

【裁判理由】【(2016)最高法民再2号】美达多公司与新大地公司、周某等借款合同纠纷再审案件，最高人民法院认为：

周某、张某妮构成抽逃出资，具体而言，周某抽逃出资3233万元，张某妮抽逃出资 2867 万元。根据《公司法》第 36 条[①]和《公司法司法解释(三)》第 14 条第 2 款的规定,**周某、张某妮作为新大地公司当时的股东,应当在其各自抽逃出资本息范围内对新大地公司的债务不能清偿的部分向美达多公司承担补充赔偿责任。美达多公司主张周某、张某妮承担连带清偿责任,缺乏法律依据,不应予以支持。**

裁判要点 2 股东对个人财产与公司财产的混同应自担风险,不应以此主张未违反出资义务。

【裁判理由】【(2018)最高法民终 390 号】贾某富、新义莹石公司股东出资纠纷二审案件,最高人民法院认为:

根据《公司法》第 3 条的规定,公司有独立的法人财产,享有法人财产权,公司以其全部资产对公司的债务承担责任;股东以其认缴的出资为限对公司承担责任。**这就要求公司和股东在公司运营过程中,应当将公司财产与股东个人财产严格区分与隔离,这对公司生存以及股东权益保护、风险隔离起到防火墙之作用。如果无法正确认识公司与股东个人、公司财产与股东个人财产的关系,出现公司财产与股东个人财产混同的情况,尤其再加之公司资本运营不规范、公司财务管理混乱、交易证据与实际交易活动不符等情形,公司与股东都可能面临法律风险。**具体到本案,东南评估事务所出具的《资产评估报告书》所涉及的机器设备、房屋构筑物、机动车等资产,形成于新义莹石公司经营过程中,有的没有进行产权登记,有的登记于新义莹石公司名下,虽然贾某富上诉提出上述资产由其出资形成,但其不能提供充分的证据,尤其是不能提供任何直接证据。对于一审判决认定新义莹石公司财务账簿在股权变更后仍由贾某富保管的事实,贾某富上诉提出异议,并提交 3 组证据证实其在股权转让后已将财务账簿移交给新义莹石公司或者新的大股东。但经审查,虽然《股权转让协议》约定首笔股权转让款到账后为交割日,在交割日应全面移交新义莹石公司包括财务账簿在内的全部资产,但贾某富提交的《公司档案交接表》上没有注明具体时间,也未写明财务账簿的具体数字,在明确注明财务账簿移交情况见"财务交接表"的情况下,贾某富也不能提供"财务交接表"证实财务账簿已经实际移交。因此,贾某富提交的证据不足以推翻一审判决认定的前述事实,应当承担举证不能的不利后果。

裁判要点 3 其他股东未履行出资义务的,公司股东不享有双务合同抗辩权。

① 对应现行 2018 年《公司法》第 35 条。

【裁判理由】【(2019)最高法民申509号】水发安和集团有限公司(以下简称安和公司)、晶某股东出资纠纷再审审查与审判监督案件,最高人民法院认为:

由于《出资协议》的权利主体是蕃安公司,故本案任何一方当事人不得以对方未完全履行出资义务为由拒绝履行其自身的出资义务。二审法院认为安和公司、晶某均不享有合同法所规定的双务合同抗辩权,并无不当。至于违约责任的承担,则属安和公司和晶某双方内部法律关系的范畴,不同于股东对公司履行出资义务的问题。故对于安和公司所称二审法院以双务合同抗辩权为由免除晶某的违约责任系适用法律错误的主张,本院不予支持。经审查,案涉《出资协议》第11.1条约定:“任何一方违反本协议,不按规定缴纳出资的,除应向已足额缴纳出资股东承担其认缴出资额30%的违约责任外,还应承担已足额缴纳出资的股东因此而遭受的损失……”根据已生效的(2018)藏民终17号民事判决所确认的事实,安和公司于2012年9月14日前通过向蕃安公司借款的方式将其在蕃安公司的出资全部转出,抽逃出资共计2600万元,且未在双方约定的晶某第二期出资日之前返还抽逃的出资。安和公司的上述行为违反了《公司法》第35条关于股东不得抽逃出资的规定,亦违反《公司章程》第三章第14条第3项及《出资协议》之相关约定,故安和公司不能认定为“足额缴纳出资股东”,晶某无须向其承担违约责任。安和公司在先违约的情形下向晶某主张违约责任的请求于法无据,故本案二审判决认定晶某不需承担违约责任,并无不当。

裁判要点4 股东转让股权时,公司净资产大于注册资本,不能免除股东的补足出资义务。

【裁判理由】【(2014)民申字第1146号】连云港庆瑞都置业有限公司(以下简称庆瑞都公司)与曹某书股东出资纠纷再审审查与审判监督案件,最高人民法院认为:

曹某书主张,其与董某军签订股权转让协议时,公司净资产价值不低于1200万元,转让股份是对公司资产一种清算行为,也是其退出公司行为;股份转让后,其与庆瑞都公司已无任何法律上关系,公司只能向现股东追偿。对此,本院认为,**庆瑞都公司的资产数额属于公司资产增值所致,相应资产的所有权属于公司,股东对公司的补足出资义务并不因此而免除,股东不论是退出公司还是将公司股份转让,其对公司补足出资的责任都不因此免除。**

裁判要点5 因第三人原因导致未能履行出资义务的,不能免除股东承担违约责任。

【裁判理由】【(2020)最高法民终629号】中铁二局建设有限公司(以下简称中铁二局)、厦门滕王阁房地产开发有限公司股东出资纠纷二审案件,最高人民法院认为:

根据《合作协议》《增资协议》等合同约定,中铁二局应分别最迟于2014年6月30日前、2014年12月31日前、2015年4月1日前、2015年9月30日前,分别完成地块6、地块4、地块3、地块2和地块1的土地确权、拆迁和土地性质变更并将该地块国有土地使用权变更登记至同基公司名下,但除地块6的土地使用权于2015年9月23日变更至同基公司名下外,其余地块的变更登记等义务至今未按约完成。中铁二局主张地块6的迟延履行系因同基公司额外提出的土地并宗等要求导致,其余地块未能过户主要系因情势变更导致继续履行对中铁二局显失公平。本院认为,依照《合同法》第121条(即《民法典》第593条)的规定,当事人一方因第三人的原因造成违约的,应当依法向对方承担违约责任。**当事人一方和第三人之间的纠纷,依照法律规定或者按照约定解决。因地块6和其他地块的迟延履行并非由厦门滕王阁房地产开发有限公司原因造成,故按照合同法关于承担违约责任的严格责任原则,中铁二局主张迟延履行并非自身原因,并不能免除其承担违约责任**。本院对此项主张不予支持。

裁判要点6 公司依法有权要求股东履行出资义务,即使能够通过清算程序解决股东出资问题,也不能因此剥夺公司的诉权。

【裁判理由】【(2015)民四终字第58号】山东海盟实业有限公司与张某勇、韩某鑫等股东出资纠纷二审案件,最高人民法院认为:

公司依法有权要求股东履行出资义务。在本案中,山东海盟实业有限公司以诉讼的方式要求股东履行出资义务,是法律赋予的诉权。即使能够通过清算程序解决股东出资问题,也不能剥夺公司的诉权。因此,一审法院以能够通过清算解决为由驳回起诉,是错误的。

裁判要点7 破产程序结束后,债权人仍可通过普通民事诉讼程序起诉主张瑕疵出资、抽逃出资的股东承担责任。

【裁判理由】【(2016)最高法民再279号】海南金厦建设股份有限公司(以下简称海南金厦公司)、中国农业银行股份有限公司深圳市分行(以下简称农行深圳分行)股东出资纠纷再审案件,最高人民法院认为:

首先，根据原审查明的事实，在北大中基公司破产程序中，清算组在破产清算后期就已发现北大中基公司的部分股东存在虚假出资、抽逃出资的情形，但当时北大中基公司破产财产已经分配完毕，向虚假出资、抽逃出资的北大中基公司股东提起追偿之诉又需要各债权人按比例垫付诉讼费用，因清算组提出的处理方案未获债权人会议通过，清算组不能在破产程序中向虚假出资、抽逃出资的股东进行追索。但是，清算组在发给各债权人的函中已经写明：对北大中基公司注册资本不实相关责任人的追究问题，如要追究可在终结本案破产程序后两年内提出。故本案并不符合《企业破产法》第123条规定的情形，所以，原审认定农行深圳分行在破产程序终结后通过普通民事诉讼程序起诉主张自己的权益并无不当。其次，农行深圳分行在本案破产程序中就积极主张向北大中基公司股东进行追索，在破产程序终结后，其仍然以自己的名义提起本案诉讼，要求北大中基公司虚假出资、抽逃出资的股东向其个别清偿，并不违反法律规定。而且，至本案再审庭审结束时，北大中基公司其他债权人(包括同意追索的另外四家债权人)亦没有提起相关诉讼，农行深圳分行向北大中基公司出资不实的股东主张权利，亦不损害北大中基公司其他债权人的利益。如果同意追索的另外四家债权人也主张该笔债权，应在其他相关程序中处理予以解决，而非本案的审理范围。再次，**破产程序是集体强制清偿程序，破产程序的开始意味着个人清偿程序的中止，当破产程序终结后，个人清偿程序恢复，而本案清算组提出的处理方案未获多数债权人通过，但并未免除债务人的债务，仅是对该部分财产在破产程序中不予处理，亦没有禁止主张追偿的债权人在破产程序结束后向北大中基公司虚假出资、抽逃出资的股东进行追索**。最后，股东的出资义务属于法定义务，海南金厦公司作为北大中基公司的原始股东本应依法履行出资义务，但其未履行，依法应当承担相应的法律责任，而出资义务不因股权转让而免除，即与股权转让行为无关，因此，海南金厦公司持有的北大中基公司股权是否被他人盗转，并不影响海南金厦公司承担本案责任。原审认为农行深圳分行可以普通民事诉讼程序直接向人民法院就此提起诉讼并判决海南金厦公司承担相应法律责任，事实清楚、于法有据，并无不当。

裁判要点8 公司被吊销营业执照的，不影响股东履行出资义务；实物出资确无意义的，可以变更为现金出资。

【裁判理由】【(2015)民二终字第248号】沧州华风国富良种繁育有限公司与新疆天川毛纺织(集团)有限责任公司(以下简称天川公司)股东出资纠纷二审案

件，最高人民法院认为：

根据公司章程规定，天川公司应当在2009年11月7日之前补足欠缴的注册资本1200万元。**天川华风公司被吊销营业执照后，不再正常经营，且现已进入强制清算程序，天川公司继续履行实物出资部分，确实已无任何意义。本院认为，天川公司应向天川华风公司缴纳1200万元的实物和现金出资，均应变更为现金出资，该变更有利于天川华风公司清算程序的进行，且也不会因此加重天川公司的出资负担**。同时，根据《股东会纪要》第9条“各股东应按本纪要商定的期限按期出资，凡逾期出资的，就加付银行利息”之约定，天川公司应自2009年11月8日起，以未缴纳的1200万元出资额为基数，按照中国人民银行同期存款基准利率向天川华风公司支付未缴纳出资额的利息。

裁判要点9 协议无特别约定的情况下，逾期出资股东向守约股东承担逾期出资的违约责任。因未按时足额出资，致使按时足额出资的股东无法按照其出资比例享受公司资本充实确定状态下的收益，此部分未能享有的收益即其损失。

【裁判理由】【（2021）京民终143号】中铁二局等与中联重科股份有限公司等股东出资纠纷二审案件，北京市高级人民法院认为：

瑕疵出资的股东对于按时足额缴纳出资股东应当承担的责任，《公司法》第28条第2款只作了宣示性的规定，股东不按照前款规定缴纳出资的，除应当向公司足额缴纳外，还应当向已按期足额缴纳出资的股东承担违约责任。案涉公司章程约定，“各位股东应在收到公司发出的缴付出资通知书之日起5个工作日内完成出资缴付，逾期应按同期银行贷款利率向其他守约股东承担违约责任”。上述条款表明各股东约定了因逾期出资而产生的损害赔偿额的计算方法，属于各股东对于迟延履行出资而约定的违约金。通常情况下，各股东均遵守公司章程约定按时足额缴纳出资，公司收到真实确定的资本金，公司股东在没有特别约定的情况下依其出资比例享有资产收益、参与重大决策和选择管理者等权利；由于中联恒通公司、北京帝亨公司和中联重科股份有限公司未按时足额出资，致使按时足额缴纳出资的股东中铁二局无法按照其出资比例享受公司资本充实确定状态下的收益，此部分未能享有的收益即其损失。中铁二局认缴金额3400万元，占比11.33%，各逾期出资股东给中铁二局造成的损失范围计算公式为：中铁二局的出资份额11.33%×各股东出资额×按银行同期1年期贷款利率计算的日息利率×逾期天数。

【笔者观点】经过梳理司法实践中的裁判要点，笔者认为，法院在认定违反出资义务的股东的责任时，主要从以下几方面考虑：(1)股东违反出资义务的免责事由非常有限，根据笔者检索截至2021年9月由最高人民法院、高级人民法院发布的股东出资纠纷案由裁判案例，未发现法院支持股东除“已出资到位”之外的免责主张的案例。相反，法院认定了以下股东不可免责的情形：①股东违约责任的认定为严格责任原则，股东不得以违反出资义务系第三人导致为由而免责；②股东出资义务的来源为出资协议和出资信息的公示效力，不得主张双务合同的抗辩权；③股东主张其将个人账户用于公司经营，实质上完成出资的，应负举证责任，无法充分证明的，不能免责；④公司净资产大于注册资本，不能免除股东出资义务。(2)法院对于原告向股东主张承担出资义务的时间要求较为宽松，可以在清算程序和诉讼程序中任选其一，也可以在公司被吊销营业执照后、破产程序结束后主张。

《公司法(修订草案)》第47条对股东的瑕疵出资义务进行完善，将承担方式修改为“补足其差额并加算银行同期存款利息，给公司造成损失的，还应当承担赔偿责任”。

争议焦点13　关于董事、高管等的责任承担

裁判要点1 股东未履行出资义务，董事、高管未向股东履行催缴出资义务的，以消极不作为的方式构成了对董事勤勉义务的违反，应承担赔偿责任。

【裁判理由】【(2018)最高法民再366号】斯曼特微显示科技(深圳)有限公司(以下简称深圳斯曼特公司)、胡某生损害公司利益责任纠纷再审案件，最高人民法院认为：

根据《公司法》第147条第1款的规定，董事、监事、高级管理人员应当遵守法律、行政法规和公司章程，对公司负有忠实义务和勤勉义务。上述规定并没有列举董事勤勉义务的具体情形，但是董事负有向未履行或未全面履行出资义务的股东催缴出资的义务，这是由董事的职能定位和公司资本的重要作用决定的。根据董事会的职能定位，董事会负责公司业务经营和事务管理，董事会由董事组成，董事是公司的业务执行者和事务管理者。股东全面履行出资是公司正常经营的基

础,董事监督股东履行出资是保障公司正常经营的需要。《公司法司法解释(三)》第13条第4款规定的目的是赋予董事、高级管理人员对股东增资的监管、督促义务,从而保证股东全面履行出资义务、保障公司资本充实。在公司注册资本认缴制下,公司设立时认缴出资的股东负有的出资义务与公司增资时是相同的,董事、高级管理人员负有的督促股东出资的义务也不应有所差别。本案深圳斯曼特公司是外商独资企业,实行注册资本认缴制。参照《公司法司法解释(三)》第13条第4款的规定,在公司注册资本认缴制下,股东未履行或未全面履行出资义务,董事、高级管理人员负有向股东催缴出资的义务。根据《公司法》第149条的规定,董事、监事、高级管理人员执行公司职务时违反法律、行政法规或者公司章程的规定,给公司造成损失的,应当承担赔偿责任。根据一、二审判决查明的事实,深圳斯曼特公司股东开曼斯曼特公司应在2006年3月16日前缴清全部认缴出资额,其于2005年3月16日至2005年11月3日分多次出资后,欠缴出资5,000,020美元。一审法院(2010)深中法民四初字第54号民事裁定书裁定追加开曼斯曼特公司为被执行人,经强制执行,深圳斯曼特公司股东开曼斯曼特公司仍欠缴出资4,912,376.06美元。本案胡某生等6名董事在股东开曼斯曼特公司认缴出资额期限届满即2006年3月16日之后均担任过深圳斯曼特公司董事。**胡某生等6名董事作为深圳斯曼特公司的董事,同时又是股东开曼斯曼特公司的董事,对股东开曼斯曼特公司的资产情况、公司运营状况均应了解,具备监督股东开曼斯曼特公司履行出资义务的便利条件。胡某生等6名董事未能提交证据证明其在股东出资期限届满即2006年3月16日之后向股东履行催缴出资的义务,以消极不作为的方式构成了对董事勤勉义务的违反。**

裁判要点 2 董事以积极实施和消极不履行法定义务的方式致使股东抽逃出资,均存在因果关系,不分是否系挂名董事、是否参加决策或履行职务行为。

【裁判理由】【(2018)最高法民终913号】石嘴山青年曼莲花汽车有限公司、石嘴山青年乘用车有限公司股东出资纠纷二审案件,最高人民法院认为:

国马公司董事共9人,其中,3人由石嘴山青年曼莲花汽车有限公司委派担任,2人由石嘴山青年乘用车有限公司委派担任,1人由莲花控股公司委派。**国马公司董事长、法定代表人、副董事长、总经理、执行董事、副总裁、财务总监均由以上委派董事担任,其中3人系抽逃国马公司资金的具体决策和直接实施者,另外3人身为国马公司董事,应当遵守法律、行政法规和公司章程,履行对国马公司负有**

的忠实义务和勤勉义务。上述6人违反《公司法》第147条的规定，分别以积极实施和不履行法定义务的方式协助股东抽逃出资，依照《公司法司法解释(三)》第14条第1款的规定，应当承担返还抽逃资金本息的连带责任；其各自以只担任挂名董事、未参加决策或履行职务行为等理由所作抗辩均不成立。

裁判要点3 董事信赖验资报告并据以履行相应职能，不具有主观过错，在没有其他相反证据的情况下，不应认定为未尽忠诚勤勉义务。

【裁判理由】【(2018)最高法民申6184号】深圳市雪樱花实业有限公司、深圳市雪樱花食品有限公司(以下简称食品公司)股东出资纠纷再审审查与审判监督案件，最高人民法院认为：

根据原审查明，郭某婴和食品公司两次增资时均提供了相应的验资报告。**彭某海、彭某生、张某云、杨某琳作为公司董事，对于股东出资不具有直接验资的法定职责，其信赖郭某婴和食品公司提供的验资报告并据以履行相应管理职能，不具主观过错。在没有其他相反证据证明的情况下，深圳市雪樱花实业有限公司关于彭某海、彭某生、张某云、杨某琳未尽忠诚勤勉义务的主张，缺乏相应的事实和法律依据，依法不予采信。**

裁判要点4 董事、高管人员只要实施了协助股东抽逃出资行为，即应承担连带责任，与协助行为对抽逃出资所起作用的大小、是否为抽逃出资的必要条件等无关。

【裁判理由】【(2014)民二终字第00092号】光彩宝龙兰州新区建设有限公司(以下简称光彩宝龙公司)、宝纳资源控股(集团)有限公司等与袁某岷、龙湾港集团有限公司(以下简称龙湾港公司)一般股东权纠纷二审案件，最高人民法院认为：

龙湾港公司抽逃出资的方式，是通过虚构光彩宝龙公司与疏浚公司之间的工程款债务，将款项从光彩宝龙公司转入疏浚公司，再从疏浚公司转入瑞福星公司，用以偿还了龙湾港公司欠瑞福星公司的借款。在光彩宝龙公司为龙湾港公司抽逃出资而出具的《资金使用申请单》上，袁某岷签字同意。虽然该行为发生在款项已经转出之后，但仍代表袁某岷对龙湾港公司抽逃出资行为的认可。**根据《公司法司法解释(三)》第14条第1款的规定，公司的其他股东、董事、高管人员等，只要实施了协助股东抽逃出资的行为，即应承担连带责任，而与协助行为对抽逃出资所起作用的大小、是否为抽逃出资的必要条件等无关。**

【笔者观点】董事、高管因股东抽逃出资承担责任存在两种方式。(1)消极方式:未履行催缴义务是以消极不作为方式违反勤勉义务,《公司法》和《公司法司法解释(三)》规定了董事、高管的勤勉义务,其负有对不履行出资义务的股东进行催缴的义务,其证明实施了催缴行为即认定为义务的承担,不履行义务会导致承担相应责任;(2)积极方式:协助抽逃出资是以积极作为方式违反勤勉义务,在行为方式上需要董事、高管存在主动协助抽逃出资的行为,主观上则要求董事、高管知道或应当知道在协助抽逃出资。

《公司法(修订草案)》中对于董监高的责任承担修改较大,对比分析如下:

(1)现行《公司法》中对于董监高的规定仅止于勤勉责任,《公司法司法解释(三)》第13条第4款、第14条中才具体明确到董事和高管在增资、股东抽逃出资两种情形下可能承担相应责任;《公司法(修订草案)》第47条第2款、第52条规定了董事、监事、高管在公司设立、股东抽逃出资两种情形下可能承担相应责任。

(2)《公司法司法解释(三)》规定可以要求董事和高管承担责任的原告为公司、其他股东、公司债权人;《公司法(修订草案)》未明确原告身份。

(3)《公司法司法解释(三)》规定董事和高管在公司增资时因未尽忠实勤勉义务而承担相应责任,在股东抽逃出资时协助抽逃出资而承担连带责任;《公司法(修订草案)》规定董监高在两种情形下承担责任的前提均为"知道或应当知道股东有设立时的出资瑕疵/抽逃出资行为,未采取必要措施,给公司造成损失",且承担的责任为赔偿责任。

(4)《公司法司法解释(三)》规定增资时的出资瑕疵情形下,董事、高管承担责任后可以向股东追偿;《公司法(修订草案)》中没有对于追偿权的规定。

根据以上对比可以发现,《公司法司法解释(三)》和《公司法(修订草案)》对于股东出资纠纷在董监高责任承担的规定上差别较大,在主体、情形、行为、承担方式、责任类型等方面均不一样,但两者又存在一定重合,《公司法(修订草案)》是对现行制度的补充完善。

争议焦点14 关于瑕疵股权转让情况下的责任承担

裁判要点1 瑕疵股权受让人应当知道转让股东存在出资纠纷的,对补交出资额承担连带责任。

【裁判理由】【(2020)最高法民申3426号】黄某军、吴某玲股东出资纠纷再审审查与审判监督案件,最高人民法院认为:

首先,陕西福源旅游开发有限公司(以下简称原乐泰公司)分别与黄某军、吴某玲签订股权转让协议,约定黄某军、吴某玲需在协议签订后3日内各向原乐泰公司支付股权转让款500万元。此后,黄某军、吴某玲自述其仅支付了三四十万元现金。因此,原审法院认定黄某军、吴某玲获取股权时未支付合理对价,有事实根据。其次,受让人在受让股权时具有查证该股权所对应的出资义务是否实际履行的注意义务。**黄某军与吴某玲系夫妻关系,黄某军受让亿安公司股权后又系亿安公司法定代表人,二人有充分条件获知公司实际资产状况。黄某军、吴某玲在应当知道公司实际资产状况与公司注册资本不符的情况下,并未在受让股权后的合理期间内提出异议。**结合前述黄某军、吴某玲获取股权未支付合理对价的事实,一、二审法院认定受让股东黄某军、吴某玲应当知道转让股东存在出资瑕疵,有证据证明。基于上述事实,一、二审法院判决黄某军、吴某玲对原乐泰公司向亿安公司补缴的出资额各承担500万元范围内的连带责任,并无明显不当。

裁判要点2 原股东抽逃出资的,不属于瑕疵股权受让人承担连带责任的情形。

【裁判理由】【(2013)民申字第1795号】东平中联美景水泥有限公司与聊城美景中原水泥有限公司股东出资纠纷再审审查与审判监督案件,最高人民法院认为:

《公司法司法解释(三)》第19条[①]的字面意思只规定了原股东虚假出资转让股权后,受让股东明知或应知的,对公司承担连带责任。对于原股东抽逃的责任是否也由受让股东承担没有明确。从《公司法司法解释(三)》规定的前后体例看,涉及虚假出资和抽逃出资的相关规定,并未全部作为同一条文规定,也没有基于互相包含的关系而只列举一种情形规定,因此,严格按照文义理解更符合该规定的精神。抽逃出资和虚假出资从后果看,都是导致公司不拥有该部分注册资本,但从内涵上讲是有区别的。虚假出资是公司成立之前的股东单方行为,因公司尚未成立,故公司不能够表达否定意志,责任在于股东,新股东受让后原则上要对公司承担原股东的义务,此时可谓公司没有过错。抽逃出资行为是发生在公司

① 对应现行2020年《公司法司法解释(三)》第18条。

设立之后，任何股东抽逃出资都必须经公司履行相关手续，从形式上看公司作出的是“同意”的意思表示，此时推定公司具有过错，股权转让后，公司不能够在同意原股东抽逃行为的前提下，又向新股东主张责任，否则，有悖诚实信用。因此，二审法院对《公司法司法解释(三)》第19条的解释不包括股东抽逃出资的情形，聊城美景中原水泥有限公司不应承担连带责任的结论正确。

裁判要点3 公司全部股东知道并同意受让人承担补足义务的，原股东不再履行补足出资的义务。

【裁判理由】【(2016)最高法民申2232号】新乡新起机器设备有限公司(以下简称新起公司)与肖某玺、肖某荣股东出资纠纷再审审查与审判监督案件，最高人民法院认为：

原审查明，新起公司的原股东为肖某1、肖某玺、肖某荣。根据上述三人签订的《股权转让协议》的约定，肖某1受让肖某玺、肖某荣二人在新起公司的全部股权，但其仅按照肖某玺、肖某荣二人的实际出资数额支付转让款，并未按照全部股权数额支付相应的价款，可以认定肖某1对肖某玺、肖某荣二人出资不足，其应当承担补足出资义务系明知。**新起公司的股权变更后，虽然登记股东变更为肖某1和胡某荣，但根据《股权转让协议》签订的过程以及胡某荣并未支付转让价款的事实等，原审法院认定《股权转让协议》的当事人为新起公司全部股东，应当视为新起公司知道并同意由肖某1承担补足注册资本的义务，并无不当。**该协议的签订代表新起公司的意思表示，视为新起公司已经同意由肖某1承担补足注册资本的义务，不再由肖某玺、肖某荣履行补足出资的义务。

裁判要点4 股东在出资义务尚未到期的情况下转让股权，不属于出资期限届满而不履行出资义务的情形。

【裁判理由】【(2016)最高法民再301号】绿能高科集团有限公司(原河南绿能控股集团有限公司)、孙某科企业借贷纠纷再审案件，最高人民法院认为：

2013年5月28日，安徽控股与中能控股签订《股权转让协议》，将其持有的安投资本99%的股权转让给中能控股，并将股东的权利义务一并转让。**故安徽控股在出资义务尚未到期的情况下转让股权，不属于出资期限届满而不履行出资义务的情形，安徽控股不应再对公司承担出资责任。**

裁判要点5 即使出资义务未到期，若股东是在公司债务形成后转让股权，应认定股东在股权转让前已经触发了出资义务，应对股权转让时的公司债务在未实缴到位范围内承担连带责任。

【裁判理由】【(2018)苏02民终1516号】中铁建业集团有限公司(以下简称中铁集团公司)与中铁建业物流有限公司(以下简称中铁物流公司)、江阴市远大燃料有限公司(以下简称远大公司)股东出资纠纷二审案件,江苏省无锡市中级人民法院认为:

虽然中铁物流公司章程规定注册资本采取认缴制,原股东中铁集团公司可在2044年5月28日之前认缴,但案涉债务均在中铁集团公司转让股权之前形成,而**中铁集团公司作为中铁物流公司唯一股东在上述债务形成期间,并未向中铁物流公司进行任何出资,在债务经法院生效判决确认后,也未积极履行债务,反而以零对价向远大公司转让中铁物流公司股权。在中铁集团公司股权转让前,中铁物流公司的注册资本金始终为零且公司财产处于不能清偿案涉债务的状态,对此本院认为中铁集团公司在股权转让前已经触发了出资义务**。股权受让方远大公司在受让股权时,明知其前手股东中铁集团公司未出资,在受让股权后,也未对中铁物流公司出资,故远大公司与中铁集团公司应对股权转让时的公司债务在认缴出资范围内承担连带责任。

【笔者观点】现行《公司法》未规定瑕疵股权转让情形下的责任承担,《公司法司法解释(三)》第18条规定受让人在知道或应当知道股权存在瑕疵的,应承担连带责任。《公司法(修订草案)》第89条将此规定进行明确和细化:受让未届缴资期限的股权的,受让人承担出资义务;受让人在知道或应当知道股权存在瑕疵的,应承担连带责任。同时,《公司法司法解释(三)》规定了受让人的追偿权,《公司法(修订草案)》未规定。

七、股东出资纠纷与其他纠纷的交叉与衔接

股东出资纠纷系与公司有关的纠纷中较为基础的一类,因其涉及股东身份、股东权利与责任,还可能影响公司偿债能力进而影响债权人利益实现。此外,股东出资严重违反出资义务的情形还可能导致行政处罚乃至构成刑事犯罪。因此,司法实践中存在大量包含股东出资纠纷事实认定的其他案由的案件,例如在公司与债权人的合同纠纷中,合同相对方主张公司股东违反出资义务,应在出资范围内承担责任,则法院在审理案件时将涉及股东是否违反出资义务、是否应当承担责任的认定。

（一）股东出资纠纷与其他与公司有关纠纷

1. 违反出资义务影响股东权利的纠纷。

《公司法》第 34 条规定股东按照实缴的出资比例分取红利，公司新增资本时股东有权优先按照实缴出资比例认缴出资。《公司法司法解释（三）》第 16 条规定公司可以根据公司章程或股东会决议限制违反出资义务的股东的利润分配请求权、新股优先认购权、剩余财产分配请求权。

根据《公司法》及司法解释，在公司章程没有特别规定的情况下，可能因股东违反出资义务受到限制的股东权利包括股东的利润分配请求权、新股优先认购权、剩余财产分配请求权等股东权利。与之对应的公司纠纷包括但不限于公司盈余分配纠纷、新增资本认购纠纷、公司解散纠纷及公司决议效力确认纠纷。

2. 违反出资义务导致股东承担责任的纠纷。

一般而言，股东违反出资义务会导致其违反出资协议的约定、影响公司资本充盈和公司的偿债能力，相应损害其他股东、公司及公司债权人的利益。股东未完成出资义务即转让股权，导致受让人承担连带责任的，还可能损害受让人的利益。此外，实践中较为常见的抽逃出资手段包括股东伪造与公司之间的关联交易，实际上公司未从中受益，股东未实际完成出资；股东通过违法减资的方式，在实际上实现抽逃出资。

综上，股东可能因违反出资义务承担责任的公司纠纷包括损害股东利益责任纠纷、损害公司利益责任纠纷、损害公司债权人利益责任纠纷、股权转让纠纷、公司关联交易损害责任纠纷及公司减资纠纷等。

3. 违反出资义务影响股东资格的纠纷。

《公司法》没有明确股东除名制度，但《公司法司法解释（三）》第 17 条第 1 款规定："有限责任公司的股东未履行出资义务或者抽逃全部出资，经公司催告缴纳或者返还，其在合理期间内仍未缴纳或者返还出资，公司以股东会决议解除该股东的股东资格，该股东请求确认该解除行为无效的，人民法院不予支持。"

根据以上规定，公司可以股东会决议的方式将严重违反出资义务的股东除名。股东除名诉讼不是一个专门案由，笔者经初步检索发现涉及《公司法司法解释（三）》第 17 条的案件案由最多的为公司决议效力纠纷，占全部案件过半数；其次为股东资格确认纠纷，占全部案件约 1/5。《公司法（修订草案）》第 46 条专门规定了股东未按期足额缴纳出资或作为出资的非货币财产的实际价额显著低于所认缴的出资额情况下，有限责任公司应当向股东发出书面催缴书，经过催缴书载明的宽限期仍未缴纳出资的，公司可以向股东发出失权通知，该通知发出之日即产生股东丧失未缴纳出资的股权的效力。

（二）股东出资纠纷与其他民事纠纷

实践中，股东之间、股东和公司之间的纠纷通常通过与公司有关的纠纷解决，而公司债权人与公司的纠纷可能根据具体法律关系的不同，通过不同的民事案由解决。从公司债权人的诉讼权利以及股东实缴出资义务的角度考虑，只要可能由公司承担债务的纠纷，均可能涉及股东出资的认定。例如，合同纠纷中合同相对方诉请公司承担债务，公司不具备偿债能力，债权人有证据证明股东违反出资义务的，即可诉请违反出资义务的股东在未实缴出资范围内承担责任。

（三）股东出资纠纷与刑事、行政责任

《公司法》第199条和第200条分别规定公司发起人和股东虚假出资、抽逃出资将受到行政处罚。《市场主体登记管理条例》第45条第2款亦明确规定虚假出资、抽逃出资将受到行政处罚，最高可受到虚假出资或抽逃出资金额15%的罚款。《公司法（修订草案）》第246条还增加了对协助或者为股东抽逃出资提供便利的直接负责的主管人员和其他直接责任人员的罚款。

《刑法》第159条规定了虚假出资罪和抽逃出资罪，情节严重的最高可判处5年有期徒刑，并处虚假出资或抽逃出资金额10%的罚金。

第六章　损害公司利益责任纠纷

引　　言

当下，公司治理越来越强调董监高的忠实义务和勤勉义务，2022 年《公司法（修订草案）》也特意增加了相关条文，对董监高关联交易、自我交易、谋取公司商业机会等行为进行规范。这从侧面反映出，董监高损害公司利益的方式多种多样，可能给公司带来巨大的损害。

笔者团队曾代理了一起横跨 20 年的损害公司利益责任纠纷案件。该公司曾是中国焊材行业的领军企业，因公司董事长挪用资金、同业经营等行为，导致公司损失数十亿元。本案极其疑难复杂，仅同业经营一个行为就涉及"同类业务如何认定""归入权的范围""公司对同业经营行为是否知情""同业经营行为的诉讼时效从何时起算"等多个争议焦点，团队律师为此起草的代理意见长达 60 多页。

实务中，损害公司利益责任纠纷的被告通常控制着公司，掌握公司的基础材料，甚至会利用控制权，作出表面上代表公司意思表示的法律文件。所以，在该类案件中，如何适用法律的构成要件，如何收集证据至关重要。

研究损害公司利益责任纠纷案件的争议焦点及相应的裁判观点，有利于在公司治理时，完善治理体系，监督公司董监高依法履职，从事前防范公司利益损失抓起，避免由于内部制度不完善而导致的内耗，给公司造成更大的损失。

一、损害公司利益责任纠纷的定义

《最高人民法院民事案件案由适用要点与请求权规范指引》（第 2 版）[①]一书

① 《最高人民法院民事案件案由适用要点与请求权规范指引》（第 2 版），人民法院出版社 2020 年版，第 749～750 页。

记载,损害公司利益责任纠纷,是指公司股东滥用股东权利或者董事、监事、高级管理人员违反法定义务,损害公司利益而引发的纠纷。

股东损害公司利益责任纠纷,是指因股东滥用股东权利给公司造成损害应当承担损害责任的民事纠纷。公司股东按照法律和公司章程正当行使权利,是股东的基本义务。实践中,存在大量滥用股东权利的情形,比如股东在涉及公司为其担保事项进行表决时,应当回避而不回避。再如,公司章程规定出售重大资产需股东大会特别决议通过,公司的控股股东无视公司章程的规定,不经法定程序,强令公司出售该资产。《公司法》第 20 条规定了禁止滥用股东权利的原则和滥用股东权利应承担赔偿责任的原则,公司股东应当在法律、行政法规和规章的框架下行使权利,滥用股东权利损害公司或者其他股东利益的,应当依法承担法律责任。

公司董事、监事、高级管理人员损害公司利益责任纠纷,是指董事、监事、高级管理人员执行公司职务时违反法律、行政法规或者公司章程的规定,给公司造成损害应当承担损害责任的民事纠纷。为了防止发生董事、监事、高级管理人员的道德风险,《公司法》第 147 条规定了董事、监事、高级管理人员对公司的忠实义务和勤勉义务,第 149 条规定董事、监事、高级管理人员执行公司职务时违反法律、行政法规或者公司章程的规定,给公司造成损失的,应当承担赔偿责任。

二、损害公司利益责任纠纷的请求权基础

(一)现行法

损害公司利益责任纠纷的请求权基础主要规定于《公司法》和《公司法司法解释(四)》中,《公司法》第 20 条是关于股东不得滥用权利的规定,第 147 条是关于董监高忠实和勤勉义务的规定,第 148 条是关于针对董高违法行为可以行使归入权的规定,第 149 条是关于针对董监高违法行为行使损害赔偿请求权的规定,第 151 条是关于代表诉讼的规定。

《民法典》第 84 条规定,“营利法人的控股出资人、实际控制人、董事、监事、高级管理人员不得利用其关联关系损害法人的利益;利用关联关系造成法人损失的,应当承担赔偿责任”。有观点认为,该条文也是损害公司利益责任纠纷的请求权基础。对此,笔者认为,该条文适用的是特定主体(营利法人的控股出资人、实际控制人、董事、监事、高级管理人员)在特殊情况下(通过关联关系)损害公司利益的情况,《民事案件案由规定》将“公司关联交易损害责任纠纷”列为单独的案

由，同“损害公司利益责任纠纷”均属于三级案由，两案由的主要区别在于，是否“利用了关联交易”的方式损害公司利益，利用了关联交易的方式，应当按照公司关联交易损害责任纠纷的案由审理其构成要件。

1.《公司法》。

第二十条　公司股东应当遵守法律、行政法规和公司章程，依法行使股东权利，不得滥用股东权利损害公司或者其他股东的利益；不得滥用公司法人独立地位和股东有限责任损害公司债权人的利益。

公司股东滥用股东权利给公司或者其他股东造成损失的，应当依法承担赔偿责任。

公司股东滥用公司法人独立地位和股东有限责任，逃避债务，严重损害公司债权人利益的，应当对公司债务承担连带责任。

第一百四十七条　董事、监事、高级管理人员应当遵守法律、行政法规和公司章程，对公司负有忠实义务和勤勉义务。

董事、监事、高级管理人员不得利用职权收受贿赂或者其他非法收入，不得侵占公司的财产。

第一百四十八条　董事、高级管理人员不得有下列行为：

（一）挪用公司资金；

（二）将公司资金以其个人名义或者以其他个人名义开立账户存储；

（三）违反公司章程的规定，未经股东会、股东大会或者董事会同意，将公司资金借贷给他人或者以公司财产为他人提供担保；

（四）违反公司章程的规定或者未经股东会、股东大会同意，与本公司订立合同或者进行交易；

（五）未经股东会或者股东大会同意，利用职务便利为自己或者他人谋取属于公司的商业机会，自营或者为他人经营与所任职公司同类的业务；

（六）接受他人与公司交易的佣金归为己有；

（七）擅自披露公司秘密；

（八）违反对公司忠实义务的其他行为。

董事、高级管理人员违反前款规定所得的收入应当归公司所有。

第一百四十九条　董事、监事、高级管理人员执行公司职务时违反法律、行政法规或者公司章程的规定，给公司造成损失的，应当承担赔偿责任。

第一百五十一条 董事、高级管理人员有本法第一百四十九条规定的情形的，有限责任公司的股东、股份有限公司连续一百八十日以上单独或者合计持有公司百分之一以上股份的股东，可以书面请求监事会或者不设监事会的有限责任公司的监事向人民法院提起诉讼；监事有本法第一百四十九条规定的情形的，前述股东可以书面请求董事会或者不设董事会的有限责任公司的执行董事向人民法院提起诉讼。

监事会、不设监事会的有限责任公司的监事，或者董事会、执行董事收到前款规定的股东书面请求后拒绝提起诉讼，或者自收到请求之日起三十日内未提起诉讼，或者情况紧急、不立即提起诉讼将会使公司利益受到难以弥补的损害的，前款规定的股东有权为了公司的利益以自己的名义直接向人民法院提起诉讼。

他人侵犯公司合法权益，给公司造成损失的，本条第一款规定的股东可以依照前两款的规定向人民法院提起诉讼。

2.《公司法司法解释(四)》。

第二十三条 监事会或者不设监事会的有限责任公司的监事依据公司法第一百五十一条第一款规定对董事、高级管理人员提起诉讼的，应当列公司为原告，依法由监事会主席或者不设监事会的有限责任公司的监事代表公司进行诉讼。

董事会或者不设董事会的有限责任公司的执行董事依据公司法第一百五十一条第一款规定对监事提起诉讼的，或者依据公司法第一百五十一条第三款规定对他人提起诉讼的，应当列公司为原告，依法由董事长或者执行董事代表公司进行诉讼。

第二十四条 符合公司法第一百五十一条第一款规定条件的股东，依据公司法第一百五十一条第二款、第三款规定，直接对董事、监事、高级管理人员或者他人提起诉讼的，应当列公司为第三人参加诉讼。

一审法庭辩论终结前，符合公司法第一百五十一条第一款规定条件的其他股东，以相同的诉讼请求申请参加诉讼的，应当列为共同原告。

第二十五条 股东依据公司法第一百五十一条第二款、第三款规定直接提起诉讼的案件，胜诉利益归属于公司。股东请求被告直接向其承担民事责任的，人民法院不予支持。

第二十六条 股东依据公司法第一百五十一条第二款、第三款规定直接提起诉讼的案件，其诉讼请求部分或者全部得到人民法院支持的，公司应当承担股东因参加诉讼支付的合理费用。

（二）《公司法》与《公司法（修订草案）》对比

关于损害公司利益责任纠纷的规定，《公司法（修订草案）》对《公司法》的相关条文进行了修改，具体文字的修改内容如下表所示。

《公司法（修订草案）》的本次修订中，有多处是对公司实务、司法实践有重要影响的实质性修改。例如：将归入权的义务主体从董事、高管扩大到了监事，新增关联交易中关联董事的回避表决制度，明确谋取公司商业机会的除外事项等，具体修改内容及影响，笔者将在本章第六部分中详细阐述。

《公司法》	《公司法（修订草案）》
第二十条　公司股东应当遵守法律、行政法规和公司章程，依法行使股东权利，不得滥用股东权利损害公司或者其他股东的利益；不得滥用公司法人独立地位和股东有限责任损害公司债权人的利益。 公司股东滥用股东权利给公司或者其他股东造成损失的，应当依法承担赔偿责任。 公司股东滥用公司法人独立地位和股东有限责任，逃避债务，严重损害公司债权人利益的，应当对公司债务承担连带责任。 第二十一条　公司的控股股东、实际控制人、董事、监事、高级管理人员不得利用其关联关系损害公司利益。 违反前款规定，给公司造成损失的，应当承担赔偿责任。	第二十条　公司股东应当遵守法律、行政法规和公司章程，依法行使股东权利，不得滥用股东权利损害公司或者其他股东的利益；公司股东滥用股东权利给公司或者其他股东造成损失的，应当承担赔偿责任。 公司的控股股东、实际控制人不得利用关联关系损害公司利益；公司的控股股东、实际控制人**利用关联关系**损害公司利益给公司造成损失的，应当承担赔偿责任。 第二十一条　公司股东滥用公司法人独立地位和股东有限责任，逃避债务，严重损害公司债权人利益的，应当对公司债务承担连带责任。 **公司股东利用其控制的两个以上公司实施前款规定行为的，各公司应当对任何一个公司的债务承担连带责任。**
第一百四十七条第一款　董事、监事、高级管理人员应当遵守法律、行政法规和公司章程，对公司负有忠实义务和勤勉义务。	第一百八十条　董事、监事、高级管理人员应当遵守法律、行政法规和公司章程，对公司负有忠实义务，**不得利用职权谋取不正当利益。** 董事、监事、高级管理人员对公司负有勤勉义务，**执行职务应当为公司的最大利益尽到管理者通常应有的合理注意。**

续表

《公司法》	《公司法(修订草案)》
第一百四十七条第二款　董事、监事、高级管理人员不得利用职权收受贿赂或者其他非法收入,不得侵占公司的财产。 第一百四十八条　董事、高级管理人员不得有下列行为: (一)挪用公司资金; (二)将公司资金以其个人名义或者以其他个人名义开立账户存储; ~~(三)违反公司章程的规定,未经股东会、股东大会或者董事会同意,将公司资金借贷给他人或者以公司财产为他人提供担保;~~ (四)违反公司章程的规定或者未经股东会、股东大会同意,与本公司订立合同或者进行交易; (五)未经股东会或者股东大会同意,利用职务便利为自己或者他人谋取属于公司的商业机会,自营或者为他人经营与所任职公司同类的业务; (六)接受他人与公司交易的佣金归为己有; (七)擅自披露公司秘密; (八)违反对公司忠实义务的其他行为。 董事、高级管理人员违反前款规定所得的收入应当归公司所有。	第一百八十二条　董事、**监事**、高级管理人员不得有下列行为: (一)侵占公司财产、挪用公司资金; (二)将公司资金以其个人名义或者以其他个人名义开立账户存储; (三)利用职权收受贿赂或者其他非法收入; (四)接受他人与公司交易的佣金归为己有; (五)擅自披露公司秘密; (六)违反对公司忠实义务的其他行为。 第一百八十三条　董事、**监事**、高级管理人员,**直接或者间接**与本公司订立合同或者进行交易,**应当就与订立合同或者进行交易有关的事项向董事会或者股东会报告,并按照**公司章程的规定经董事会或者股东会决议。**董事会决议时,关联董事不得参与表决,其表决权不计入表决权总数。** **董事、监事、高级管理人员的近亲属,董事、监事、高级管理人员或者其近亲属直接或者间接控制的企业,以及与董事、监事、高级管理人员有其他关联关系的关联人,与公司订立合同或者进行交易,适用前款规定。** 第一百八十四条　董事、**监事**、高级管理人员,不得利用职务便利为自己或者他人谋取属于公司的商业机会。**但是,有下列情形之一的除外:** **(一)已经向董事会或者股东会报告,并经董事会或者股东会决议;** **(二)已经向董事会或者股东会报告,但董事会或者股东会明确拒绝该商业机会;** **(三)根据法律、行政法规或者公司章程的规定,公司不能利用该商业机会。** 第一百八十五条　董事、**监事**、高级管理人员**未向董事会或者股东会报告**,并经董事会或者股东会**决议**,不得自营或者为他人经营与本公司存在竞争关系的同类业务。 第一百八十六条　董事、**监事**、高级管理人员违反**本法第一百八十二条至第一百八十五条**规定所得的收入应当归公司所有。

续表

《公司法》	《公司法(修订草案)》
第一百四十九条　董事、监事、高级管理人员执行~~公司~~职务时违反法律、行政法规或者公司章程的规定,给公司造成损失的,应当承担赔偿责任。	第一百八十七条　董事、监事、高级管理人员执行职务违反法律、行政法规或者公司章程的规定,给公司造成损失的,应当承担赔偿责任。
第一百五十一条　董事、高级管理人员有~~本法第一百四十九~~条规定的情形的,有限责任公司的股东、股份有限公司连续一百八十日以上单独或者合计持有公司百分之一以上股份的股东,可以书面请求监事会~~或者不设监事会的有限责任公司的监事~~向人民法院提起诉讼;监事有本法~~第一百四十九~~条规定的情形的,前述股东可以书面请求董事会~~或者不设董事会的有限责任公司的执行董事~~向人民法院提起诉讼。 监事会~~、不设监事会的有限责任公司的监事~~,或者董事会~~、执行董事~~收到前款规定的股东书面请求后拒绝提起诉讼,或者自收到请求之日起三十日内未提起诉讼,或者情况紧急、不立即提起诉讼将会使公司利益受到难以弥补的损害的,前款规定的股东有权为了公司的利益以自己的名义直接向人民法院提起诉讼。 他人侵犯公司合法权益,给公司造成损失的,本条第一款规定的股东可以依照前两款的规定向人民法院提起诉讼。	第一百八十八条　董事、高级管理人员有**前**条规定的情形的,有限责任公司的股东、股份有限公司连续一百八十日以上单独或者合计持有公司百分之一以上股份的股东,可以书面请求监事会向人民法院提起诉讼;监事有**前**条规定的情形的,前述股东可以书面请求董事会向人民法院提起诉讼。 监事会或者董事会收到前款规定的股东书面请求后拒绝提起诉讼,或者自收到请求之日起三十日内未提起诉讼,或者情况紧急、不立即提起诉讼将会使公司利益受到难以弥补的损害的,前款规定的股东有权为公司利益以自己的名义直接向人民法院提起诉讼。 他人侵犯公司合法权益,给公司造成损失的,本条第一款规定的股东可以依照前两款的规定向人民法院提起诉讼。 **本条第一款、第二款所称的董事会、董事、高级管理人员、监事会、监事,包括全资子公司的董事会、董事、高级管理人员、监事会、监事。**
	第一百九十一条　公司的控股股东、实际控制人利用其对公司的影响,指使董事、高级管理人员从事损害公司或者股东利益的行为,给公司或者股东造成损失的,与该董事、高级管理人员承担连带责任。

三、损害公司利益责任纠纷的地域管辖

《民事诉讼法》及《民诉法司法解释》关于损害公司利益责任纠纷的地域管辖的规定如下:

【法律规定】

《民事诉讼法》第二十七条　因公司设立、确认股东资格、分配利润、解散等纠

纷提起的诉讼,由公司住所地人民法院管辖。

《民事诉讼法》第二十九条 因侵权行为提起的诉讼,由侵权行为地或者被告住所地人民法院管辖。

《民诉法司法解释》第二十二条 因股东名册记载、请求变更公司登记、股东知情权、公司决议、公司合并、公司分立、公司减资、公司增资等纠纷提起的诉讼,依照民事诉讼法第二十七条规定确定管辖。

关于损害公司利益责任纠纷案件的地域管辖问题,司法实践中意见并不统一,最高人民法院内部对于该类型案件的管辖问题意见也不统一。有的案件中,最高人民法院认为适用一般地域管辖,有的案件中,最高人民法院认为适用特殊地域管辖,分歧主要在于损害公司利益责任纠纷案件是适用《民事诉讼法》第27条,还是适用《民事诉讼法》第29条的规定。具体内容详见本章第六部分的争议焦点20。

四、损害公司利益责任纠纷的诉讼时效

《民法典》关于损害公司利益责任纠纷诉讼时效的相关规定如下:

【法律规定】

《民法典》第一百八十八条 向人民法院请求保护民事权利的诉讼时效期间为三年。法律另有规定的,依照其规定。

诉讼时效期间自权利人知道或者应当知道权利受到损害以及义务人之日起计算。法律另有规定的,依照其规定。但是,自权利受到损害之日起超过二十年的,人民法院不予保护,有特殊情况的,人民法院可以根据权利人的申请决定延长。

司法实践中,损害公司利益责任纠纷案件通常适用普通诉讼时效的规定。但在损害公司利益责任纠纷案件中,存在持续性侵权的情况,例如未经股东会或者股东大会同意,董事利用职务便利自营与所任职公司同类的业务,即违反竞业禁止的行为。然而,无论是《民法通则》(已失效)还是《民法典》,均未对持续性侵权行为的诉讼时效问题作出特殊规定。

目前,只有关于知识产权纠纷案件的司法解释中对此问题有所规定,如最高人民法院发布的《关于审理专利纠纷案件适用法律问题的若干规定》(法释〔2020〕19号)第17条、《关于审理著作权民事纠纷案件适用法律若干问题的解

释》（法释〔2020〕19号）第27条、《关于审理商标民事纠纷案件适用法律若干问题的解释》（法释〔2020〕19号）第18条。其中，《关于审理商标民事纠纷案件适用法律若干问题的解释》第18条规定："侵犯注册商标专用权的诉讼时效为三年，自商标注册人或者利害权利人知道或者应当知道权利受到损害以及义务人之日起计算。商标注册人或者利害关系人超过三年起诉的，如果侵权行为在起诉时仍在持续，在该注册商标专用权有效期限内，人民法院应当判决被告停止侵权行为，侵权损害赔偿数额应当自权利人向人民法院起诉之日起向前推算三年计算。"

除此之外，1990年12月5日最高人民法院内部讨论的《关于贯彻执行〈民法通则〉若干问题的意见（修改稿）》第194条对持续性侵权行为的诉讼时效问题有相关规定："侵权行为是持续发生的，诉讼时效从侵权行为实施终了之日起计算。"但遗憾的是，该修改稿意见最终并没有颁布实施。

所以，司法实践中，关于竞业禁止行为诉讼时效的认定尚有争议，具体内容详见本章第六部分的争议焦点21。

五、损害公司利益责任纠纷的当事人

（一）损害公司利益责任纠纷的原告

1. 公司作为原告。

通常情况下，当发生损害公司利益行为时，应由公司作为原告直接向侵权行为人行使请求权，要求其对公司承担赔偿责任。

需要注意的是，符合持股条件的股东可以书面请求公司相关机构以公司名义就损害行为提起诉讼，此时原告仍为公司，公司相关机构为公司的诉讼代表人。在《损害公司利益责任纠纷案件的审理思路和裁判要点》中，上海市第一中级人民法院审判委员会对该种情况进行了具体阐述："第一，当董事、高级管理人员损害公司利益时，股东可以书面请求监事会或不设监事会公司的监事起诉；此时应当列公司为原告，由监事会主席或监事代表公司进行诉讼，监事会主席或监事列为公司的诉讼代表人。第二，当监事或他人损害公司利益时，股东可以书面请求董事会或董事起诉；此时应当列公司为原告，由董事长或执行董事代表公司进行诉讼，董事长或执行董事列为公司的诉讼代表人。"

2. 股东作为原告。

损害公司利益责任纠纷之诉的原告除了公司之外，还可以是符合条件的股东。

根据《公司法》第151条第2款的规定，如果有相应资格的股东已书面请求公司监事会或董事会等就侵权行为提起诉讼，但后者拒绝提起诉讼，或者自收到请求之日起30日内未提起诉讼，或者情况紧急、不立即提起诉讼将会使公司利益受到难以弥补的损害的，该股东有权为公司利益以自己的名义直接提起股东代表诉讼，此时的原告为股东，应当列公司为第三人参加诉讼。

股东请求监事会（监事）或董事会（董事）等提起诉讼的行为，是提起股东代表诉讼的前置程序。对于该前置程序，有限责任公司的股东具有股东身份即可提出上述请求；股份有限公司的股东应符合法定的持股条件，即连续180日以上单独或者合计持有公司1%以上股份。

《九民纪要》第24条规定：“股东提起股东代表诉讼，被告以行为发生时原告尚未成为公司股东为由抗辩该股东不是适格原告的，人民法院不予支持。”也就是说，上述持股条件只是股东提起前置程序和股东作为原告发起诉讼时点对股东主体资格的要求，并不要求在侵权行为发生时点该股东也符合上述持股条件。

（二）损害公司利益责任纠纷的被告

损害公司利益责任纠纷的被告可以为损害公司利益的公司董事、监事、高级管理人员和股东。根据《公司法》第148条的规定，归入权的义务主体仅限于董事和高级管理人员。同时，我们也应注意到，《公司法（修订草案）》已经将勤勉、忠实义务的主体从董事、高级管理人员扩大到监事，归入权的义务主体也相应扩大。

如果具体案件的损害行为是由股东等责任主体同与其具有关联关系的第三人共同实施的，该类案件的被告并不限于具有特定身份的主体，与股东等责任主体有关联的第三人也可作为被告而被要求承担相应的法律责任。根据《民法典》第1168条“二人以上共同实施侵权行为，造成他人损害的，应当承担连带责任”的规定，第三人与股东等责任主体一并作为被告且被认定存在共同损害公司利益行为的，第三人应承担连带赔偿责任。

（三）损害公司利益责任纠纷的第三人

《公司法司法解释（四）》第24条第1款规定：“符合公司法第一百五十一条第一款规定条件的股东，依据公司法第一百五十一条第二款、第三款规定，直接对董事、监事、高级管理人员或者他人提起诉讼的，应当列公司为第三人参加诉讼。”因此，在损害公司利益责任纠纷的股东代表诉讼中，应列公司为第三人。

六、损害公司利益责任纠纷的常见争议焦点

一般侵权行为包括主观过错、行为、损害事实和因果关系四个构成要件，实践中，损害公司利益责任纠纷争议主要集中在行为、因果关系、损害赔偿请求权（归入权）三大方面。除此之外，损害公司利益责任纠纷的诉讼主体是否适格也存在较多争议，所以笔者将主要围绕这四个方面常见争议焦点在下文中进行梳理归纳。

（一）与诉讼主体有关的争议

争议焦点1 隐名股东能否成为损害公司利益责任纠纷的被告

裁判要点 隐名股东可以成为损害公司利益纠纷的被告。

【裁判理由】【（2014）闽民终字第925号】许某源与福建东胜合成革有限公司、杨某苍、黄某杰、浙江普飞鞋业有限公司、张某敏、李某弦、李某、姜某微管辖权异议二审案件，福建省高级人民法院认为：

福建东胜合成革有限公司以许某源等三人在作为该公司原股东或原隐名股东期间，以个人行为导致公司利益受损为由提起诉讼，原审据此认定本案案由为损害公司利益责任纠纷，符合立案受理标准。至于福建东胜合成革有限公司的诉请是否有足够的证据加以支持，属实体审查范围，并不妨碍案件受理，亦不属管辖权异议阶段的程序性审查内容。

【笔者观点】损害公司利益责任纠纷的案件，本质上属于特定责任主体的侵权责任纠纷，即使是隐名股东，当其损害公司利益的行为是利用了特定身份而实施，就应当按照损害公司利益责任纠纷的案由进行审理。通常情况下，侵权人已经有了特定身份，其侵权行为或多或少与其身份有一定的关系，按照特定案由审理不会增加对被告的负担。当然，该情形下，如果原告愿意选择用一般侵权的案由提起诉讼，法院也应当依法受理。

争议焦点2 隐名股东能否成为损害公司利益责任纠纷的原告

裁判要点 隐名股东不能成为损害公司利益纠纷股东代表诉讼的原告。

【裁判理由】【(2020)浙04民终3129号】汪某林、浙江凯能实业有限公司公司关联交易损害责任纠纷二审案件,浙江省嘉兴市中级人民法院认为:

汪某林提起本案诉讼,主要是认为庄某君等人的行为侵害了万有公司的利益,所以汪某林可以直接提起股东代表诉讼。就此,《公司法》第32条规定,有限责任公司应当置备股东名册,记载下列事项:(1)股东的姓名或者名称及住所;(2)股东的出资额;(3)出资证明书编号。记载于股东名册的股东,可以依股东名册主张行使股东权利。公司应当将股东的姓名或者名称向公司登记机关登记;登记事项发生变更的,应当办理变更登记。未经登记或者变更登记的,不得对抗第三人。**汪某林并非经正式登记的显名股东,从(2015)嘉盐沈商初字第234号案件来看,其系万有公司的隐名股东,且其也确认不参与万有公司经营管理。故汪某林作为隐名股东,可以享有投资权益,但是有权提起股东代表诉讼的股东是显名股东而非隐名股东。因此,一审认定汪某林提起诉讼主体不适格,并无不当。**

【笔者观点】关于损害公司利益责任纠纷案件,隐名股东是否可以成为损害公司利益责任纠纷股东代表诉讼的原告的问题,正如本章第五部分所述,《公司法》第151条已明确规定,股东提起前置程序和股东代表诉讼时,必须是公司的股东,并且股份公司的股东还需要满足相应的持股时间和持股比例的条件。隐名股东并不是公司的股东,不具备股东代表诉讼的原告主体资格。地方法院在审判实践中,也已经逐渐形成了统一认识,例如上海市第一中级人民法院审判委员会在《审判经验及类案裁判方法通报》中认为:"隐名股东在未获生效判决确认其股东资格前,不得以股东身份提起诉讼。"

争议焦点3 母公司股东是否有权对全资子公司的董监高提起诉讼

裁判要点 母公司的股东无权对全资子公司的董监高提起损害公司利益责任纠纷诉讼。

【裁判理由】【(2018)最高法民终113号】新佰益(香港)投资有限公司(以下简称新佰益公司)与公司有关的纠纷二审案件,最高人民法院认为:

新佰益公司系在中国香港注册的有限公司,是山风(巴巴多斯)有限公司(以下简称山风公司)唯一股东。2006年4月24日,山风公司经批准独资设立北京中天宏业房地产咨询有限责任公司(以下简称中天公司)。2008年3月,金某英以

及闵某振、闵某星由山风公司委派为中天公司董事,金某英被聘任为总经理,任期为3年。2011年3月任期届满后,山风公司并未继续委派上述3人为董事,金某英总经理职务亦未获续聘。新佰益公司主张,金某英在任期届满后未能继续获得合法有效授权,且在中天公司法人治理结构出现重大变故的情况下,应依法并根据中天公司章程的规定,立即停止行使中天公司总经理的权利,并将全部印鉴、证照等经营手续交回中天公司。然而,金某英始终违法把持中天公司的印鉴、证照等经营手续,并借此控制中天公司并进行经营活动,违法对中天公司所有的中汇广场对外出租,甚至意欲转让,严重侵害了中天公司合法权益。

根据《公司法》第149条、第151条的规定,董事、监事、高级管理人员执行公司职务时违反法律、行政法规或者公司章程的规定,给公司造成损失以及他人侵犯公司合法权益给公司造成损失时,符合法定条件的股东有权提起股东代表诉讼。新佰益公司认为中天公司原高级管理人员侵害中天公司权益,并以维护中天公司利益为目的提起本案诉讼。山风公司作为中天公司的唯一股东,在中天公司合法权益受到董事、监事、高级管理人员或他人侵害而中天公司怠于提起诉讼的情况下,有权依据上述法律规定以中天公司股东身份提起股东代表诉讼。本案中,新佰益公司系山风公司的股东,并非中天公司的股东,其提起维护中天公司利益的股东代表诉讼,缺乏法律依据。

《公司法》第152条规定:"董事、高级管理人员违反法律、行政法规或者公司章程的规定,损害股东利益的,股东可以向人民法院提起诉讼。"该条规定了股东提起直接诉讼的权利。如中天公司董事、高级管理人员存在上述法定情形,山风公司作为中天公司股东可以依据该条向人民法院提起诉讼。新佰益公司并非中天公司股东,其依据上述规定就中天公司董事、高级管理人员损害股东利益之行为提起诉讼亦没有法律依据。

股东向公司完成出资成为公司股东后即享有公司股权,股东人格和财产与公司的人格与财产相互分离、各自独立。新佰益公司起诉认为中天公司的权益受到侵害,并请求侵害者向中天公司承担责任,其并非诉因涉及的民事法律关系之一方主体,与本案不存在直接的利害关系。新佰益公司关于中天公司是新佰益公司唯一和全部的资产权益所在,中天公司利益受损势必使新佰益公司权益受损,因而新佰益公司与本案有直接利害关系的上诉主张不能成立,本院不予支持。

【笔者观点】当公司董监高损害公司利益时,母公司的股东能否代表子公司提起诉讼,实践中存在一定争议。根据《公司法》第151条的规定,应当理解为只能是权利受侵害公司的股东,向该公司相关机构要求提起诉讼,在该机构拒绝时(或者自收到请求之日起30日内未提起诉讼,或者情况紧急、不立即提起诉讼将会使公司利益受到难以弥补的损害的,下同),可以直接以股东名义提出诉讼。

《公司法(修订草案)》第188条第4款对此作出了重大修改,将义务主体及权利主体新增了“全资子公司的董事会、董事、高级管理人员、监事会、监事”。这一修改意味着,在上述代表诉讼的基础上,对于全资子公司董监高损害公司利益的行为,增加了新的权利救济途径:其一是母公司股东可以请求全资子公司相关机构,代表全资子公司提供诉讼,其二是当全资子公司相关机构拒绝起诉时,母公司股东可以直接以自己名义提起诉讼,此时应列全资子公司为第三人。

同时,为了防止小股东滥用权利,维持子公司的正常经营,《公司法(修订草案)》规定,母公司股东只能对全资子公司的董监高损害公司利益的行为提起诉讼,不包括控股子公司和参股子公司。

争议焦点4　董事损害公司利益,委派该董事的股东应否承担连带责任

裁判要点 公司董事与公司股东之间不存在管理与被管理的关系,公司股东没有管理公司董事的法定职责,公司董事需要对公司承担忠诚义务和勤勉义务。如董事违反法律、行政法规或者公司章程的规定,给公司造成损失的,该董事应当承担赔偿责任,但委派该董事的股东不承担连带赔偿责任。

【裁判理由】【(2016)陕民终255号】王某凡、党某、海航控股集团有限公司(以下简称海航控股公司)与赵某海损害公司利益责任纠纷二审案件,陕西省高级人民法院认为:

依据皇城酒店公司的章程规定,皇城酒店公司的董事由股东委派,但该委派行为不能认定为股东的个人行为,**公司董事与公司股东之间不存在管理与被管理的关系,公司股东没有管理公司董事的法定职责,公司董事亦没有对公司股东负责的法定义务,公司董事亦只对公司承担忠诚义务和勤勉义务,**原审法院认定“被告海航控股公司作为海航投资公司的控股股东应对其委派的人员负有管理责任”,没有法律依据,其据此认定海航控股公司“作为实际控制人不履行职责具有主观故意,海航控股公司、王某凡、党某应共同承担第三人海航投资公司的财产损

失”的结论亦没有法律依据，应予纠正。

【笔者观点】一般情况下，董事损害公司利益，委派该董事的股东不应承担连带赔偿责任。但是，实践中，应当考虑该董事的行为是否系股东授意，如果是股东指使公司董事、高级管理人员侵害公司利益，委派该董事的股东应承担连带责任，这也符合本章第五部分关于共同被告的相关法律规定。《公司法(修订草案)》也采纳了这个观点，第191条新增规定：“公司的控股股东、实际控制人利用其对公司的影响，指使董事、高级管理人员从事损害公司或者股东利益的行为，给公司或者股东造成损失的，与该董事、高级管理人员承担连带责任。”

争议焦点5　董高违反竞业禁止义务，能否对其任职公司行使归入权

裁判要点1 董高违反竞业禁止义务，可以对其任职公司行使归入权。

【裁判理由】【(2015)苏商终字第00680号】南京南华擎天资讯科技有限公司(以下简称擎天科技公司)与辛某梅、汪某刚等损害公司利益责任纠纷二审案件，江苏省高级人民法院认为：

擎天科技公司和擎天软件公司作为辛某梅、汪某刚和张某从事竞争业务的平台公司，**应对三人收益的返还承担连带责任**。公司归入权实际上是公司对于董事、高管等违反忠实义务而要求其赔偿损失的权利，这种损失拟定为他们获得的利益，而无须由公司来举证损失。**虽然公司法中的竞业禁止义务约束的是董事和高管，但是董事、高管实际从事竞争业务时往往需要借助公司来实现，本案中三自然人通过擎天科技公司和擎天软件公司从事竞争业务**，而上述两公司又由三自然人通过控股方式实际控制，故两公司应成为共同赔偿的主体。擎天软件公司被擎天科技公司吸收合并，其责任由擎天科技公司承继。

裁判要点2 董高违反竞业禁止义务，不能对其任职公司行使归入权。

【裁判理由】【(2015)鲁商终字第532号】济南东方管道设备有限公司与李某滨、济南东方泰威机械设备有限公司损害公司利益责任纠纷二审案件，山东省高级人民法院认为：

《公司法》第148条第2款规定：“董事、高级管理人员违反前款规定所得的收入应当归公司所有。”根据《公司法》的以上规定，**违反忠实义务的赔偿责任主体仅**

为侵权的董事、高级管理人员,并不包括其所就任的公司。

【笔者观点】笔者认为,董事、高管违反竞业禁止义务,该董事、高管就任的公司是否承担责任,应当分析就任的公司对于董事、高管违反竞业禁止的行为是否知情,如果知情则构成共同侵权,董事、高管就任的公司应当承担连带责任。在判定是否知情时,应当适用有利于被侵权人原则,比如,如果董事、高管实际控制其就任的公司,应当认定该公司属于知情。

争议焦点 6　股东与监事身份重叠时,原告身份的认定

裁判要点 1 当股东兼具监事的身份时,因监事未控制公司公章,无法以公司名义提起诉讼。作为监事的股东已经竭尽内部救济途径,如不允许股东直接提起代表诉讼,将使其丧失救济的合理性,因此其有权以股东身份提起股东代表诉讼。

【裁判理由 1】【(2017)京 02 民终 10639 号】北京兴琦房地产开发有限公司(以下简称兴琦公司)、李某与李某 1 损害公司利益责任纠纷二审案件,北京市第二中级人民法院认为:

李某作为兴琦公司的股东,如其认为该公司的执行董事即李某 1 存在侵害公司利益的行为,其应向监事也即李某自己提出书面请求,由李某作为监事以公司的名义提起诉讼。但**李某并不控制兴琦公司的公章,无法以兴琦公司的名义起诉,如不允许其选择股东代表诉讼,将使其丧失救济的合理途径。因而,为及时维护公司利益,在本案的特殊情况下,应予免除李某履行前置程序的义务。故李某有权以自己的名义提起本案诉讼。**

【裁判理由 2】【(2017)辽 02 民终 8188 号】李某英等诉大连天巳联合担保有限公司保管合同纠纷二审案件,辽宁省大连市中级人民法院认为:

本案实质系股东代表诉讼。二上诉人因大连铭弘实业有限公司怠于起诉维护自身合法权益才以股东名义提起本案诉讼。《公司法》第 151 条设定了股东代表诉讼的前置程序。通常情况下,只有经过了前置程序,公司有关机关决定不起诉或者怠于提起诉讼,股东才有权提起代表诉讼。本案上诉人李某英担任大连铭弘实业有限公司监事,其已通过提起本案诉讼的方式同意另一股东提起本案诉讼。**虽然监事依据上述法律规定应以公司名义提起诉讼,但因李某英不掌握公司公章,故其以公司名义提起诉讼在实践中确有困难。同时,上诉人李某英亦系大**

连铭弘实业有限公司股东,二上诉人已竭尽公司内部救济途径。故二上诉人的上诉请求,于法有据,本院予以支持。

裁判要点 2 当股东兼具监事的身份时,监事可以监事身份作出起诉的意思决定,并以公司名义作为原告提起诉讼,而非直接提起股东代表诉讼。此时公司的起诉书及其他诉讼材料无须加盖公司公章、无须法定代表人签字,只需公司监事的签字即可,不存在监事无法取得公司公章而无法提起诉讼的障碍。

【裁判理由1】【(2019)京0114民初10686号】王某荷与北京金米星国际教育科技有限公司等损害公司利益责任纠纷案件,北京市昌平区人民法院认为:

本案首要争议焦点在于:王某荷既是公司监事又是公司股东,其直接以股东身份提起的诉讼是否符合我国公司法关于股东代表诉讼的相关要求,本案是否应当受理。王某荷认为"当其直接以股东身份提起诉讼时,应当理解为其以监事身份拒绝了其以股东身份提出的书面请求",这明显是有违逻辑的。按照正确的逻辑,当被请求人与请求人存在明显利益冲突时(如董事与监事同时侵害公司利益),应当视为请求必然会遭到拒绝,股东无须履行前置程序;如果请求人与被请求人利益绝对一致时(如本案情形),应当视为请求必然会被接受。针对意见二,本院认为,《公司法司法解释(四)》第23条规定:监事会或者不设监事会的有限责任公司的监事依据《公司法》第151条第1款规定对董事、高级管理人员提起诉讼的,应当列公司为原告,依法由监事会主席或者不设监事会的有限责任公司的监事代表公司进行诉讼。**根据这一制度设计,监事在特定情形下有权成为公司的诉讼代表人,此时公司的起诉书及其他诉讼材料无须加盖公司公章、无须法定代表人签字,只需公司监事的签字即可,不存在监事无法取得公司公章而无法提起诉讼的障碍。**

【裁判理由2】【2018渝0106民初8475号】牛某娇与邱某损害公司利益责任纠纷案件,重庆市沙坪坝区人民法院认为:

根据《公司法》第151条及《公司法司法解释(四)》第23条的相关规定,在公司利益受到损害时,首先应以公司名义提起诉讼,而股东代表诉讼是在公司内部监督机制失灵情况下的补充救济手段,其适用的前提是穷尽公司内部救济手段。换言之,股东在公司利益受到相关主体的侵害时,不得立即直接提起诉讼,而应履行法定的前置程序要求。根据本案查明的事实,**原告牛某娇既是公司股东又是公司唯一监事,具有双重身份,现要求其作为股东提起先诉请求已无意义,牛某娇作**

为监事能够代表公司行使权利，不存在公司内部救济手段不能的情况，其应按照《公司法司法解释（四）》第23条的规定，以监事身份作出起诉的意思决定，并以公司名义作为原告提起诉讼，而非直接提起股东代表诉讼。

【笔者观点】笔者支持第二种观点。根据《公司法司法解释（四）》第23条“监事会或者不设监事会的有限责任公司的监事依据公司法第一百五十一条第一款规定对董事、高级管理人员提起诉讼的，应当列公司为原告，依法由监事会主席或者不设监事会的有限责任公司的监事代表公司进行诉讼”的规定，监事应当以诉讼代表人的身份代表公司提起诉讼，此时公司的起诉书及其他诉讼材料无须加盖公司公章、无须法定代表人签字，只需公司监事的签字即可，不存在监事无法取得公司公章而无法提起诉讼的障碍。

当然，实践中也需要更高级别的法院作出类案判决，明确监事代表公司进行诉讼无须加盖公司公章，统一法院受理案件的标准。

关于监事代表公司提起诉讼时，是否应当以其收到了公司股东的书面请求为前置条件。笔者认为，我国《公司法》第151条规定了股东代表诉讼并规定了诉讼的前置程序，即股东必须先书面请求监事会或者不设监事会的有限责任公司的监事[以下统称监事（会）]起诉，监事（会）拒绝或怠于履行职责，方可对董事提起代表诉讼。所以，当监事（会）代表公司提起诉讼时，应当审查其是否收到了公司股东的书面请求。

但如果权益受侵害的股东与不设监事会的公司监事身份重合时，请求人与被请求人为同一人，其向自己发送的请求必然会被采纳，故坚持要求“书面请求”亦会使这一制度流于形式，在此种情况下，应当允许不设监事会的公司监事在没有“书面请求”的情况下代表公司提起直接诉讼。

争议焦点7　股东代表诉讼前置程序问题

裁判要点 1 在能够证明依法有权代表公司提起诉讼的公司机关基本不存在提起诉讼的可能性，由原告履行前置程序已无意义的情况下，不宜以股东未履行《公司法》第151条规定的前置程序为由驳回起诉。

【裁判理由】【（2019）最高法民终1679号，《最高人民法院公报》2020年第6期（总第284期）】周某春、庄士中国投资有限公司损害公司利益责任纠纷二审案件，最高人民法院认为：

股东先书面请求公司有关机关向人民法院提起诉讼，是股东提起代表诉讼的前置程序。一般情况下，股东没有履行前置程序的，应当驳回起诉。但是，该项**前置程序针对的是公司治理的一般情况，即在股东向公司有关机关提出书面申请之时，存在公司有关机关提起诉讼的可能性。如果不存在这种可能性，则不应当以原告未履行前置程序为由驳回起诉。**

裁判要点2 原告应当提供证据证明已经履行了前置程序；未履行前置程序径行提起诉讼的，应当证明属于"情况紧急、不立即提起诉讼将会使公司利益受到难以弥补的损害的情形"或不存在履行前置程序的可能性。

【裁判理由】【(2020)最高法民申2407号】牟某楼、杨某文损害公司利益责任纠纷再审审查与审判监督案件，最高人民法院认为：

本案中，牟某楼并未提供证据证明其已经履行了前置程序，所提供证据亦不能证明其起诉属于情况紧急、不立即提起诉讼将会使正大建筑公司利益受到难以弥补的损害的情形，牟某楼应当承担举证不能的法律后果。原审法院作出的驳回牟某楼起诉的裁定，符合法律规定，应予支持。综上，申请人牟某楼申请再审的理由不能成立，本院不予支持。

【笔者观点】关于股东代表诉讼可以不履行前置程序的情形，《公司法》第151条只规定了一种情形，即情况紧急、不立即提起诉讼将会使公司利益受到难以弥补的损害。在司法实践中，包括最高人民法院在内的很多法院在具体案件中认为，如果股东可以举证证明依法有权代表公司提起诉讼的公司机关基本不存在提起诉讼的可能性，那么该股东可以不履行前置程序。例如，当公司的执行董事、监事损害公司利益，而小股东不担任公司任何职位的情况下，此时小股东请求执行董事、监事代表公司起诉自己，显然会被拒绝，那么从司法审判效率的角度考虑，此时不应苛求小股东必须履行前置程序，具有一定合理性。

对于该现象，《九民纪要》第25条吸收上述裁判要点，对股东代表诉讼如何正确适用前置程序已经作出了规定："一般情况下，股东没有履行该前置程序的，应当驳回起诉。但是，该项前置程序针对的是公司治理的一般情况，即在股东向公司有关机关提出书面申请之时，存在公司有关机关提起诉讼的可能性。如果查明的相关事实表明，根本不存在该种可能性的，人民法院不应当以原告未履行前置程序为由驳回起诉。"因此，股东在提起股东代表诉讼时，现在有了第二种情况可以不履行前置程序。

争议焦点8　关于“高级管理人员”的认定

裁判要点 对高级管理人员的认定,除了依据公司章程规定确定高级管理人员身份外,任免手续、劳动合同是证明当事人身份的直接证明材料,与客户签订的合同书、当事人在履职过程中作为高级管理人员的签字等是证明当事人身份的间接证明材料。

【裁判理由1】【(2020)最高法民申1025号】贵阳华业联合物流有限公司、北京华业联合投资集团有限公司(以下简称北京华业公司)损害公司利益责任纠纷再审审查与审判监督案件,最高人民法院认为:

北京华业公司提供了张某社会保险个人权益记录、工资发放记录、补发张某工资的事实,原审据此认定张某与北京华业公司之间在2017年9月底前存在劳动关系不缺乏证据证明。**北京华业公司任命张某为公司副总经理,再结合张某代表北京华业公司在“授权签字人”处签字与深圳平安公司签订合作协议、与双龙管委会签订《项目投资协议》等相关事实,原审据此认定张某系北京华业公司的高管亦不缺乏证据证明**。

【裁判理由2】【(2017)沪01民终12579号】北京新月长城投资管理有限公司(以下简称新月公司)诉马某辉损害公司利益责任纠纷一案二审案件,上海市第一中级人民法院认为:

首先,《公司法》第216条规定,“高级管理人员”是指公司的经理、副经理、财务负责人,上市公司董事会秘书和公司章程规定的其他人员。新月公司二审确认,马某辉是新月公司聘任的驻伊朗代表处的总代表、经理,而非新月公司的经理,**新月公司的章程及客观上的经理、执行董事为一人,即公司的法定代表人**,但马某辉在口头上及对外称呼上是新月公司的副总经理,享受副总经理的待遇。其次,案件事实反映并经新月公司确认,**马某辉与新月公司之间没有正式的劳动合同关系**,新月公司出具的《终止、解除劳动合同书》《解除劳动合同证明》均没有基础事实,仅为用于解除马某辉驻伊朗代表处总代表、经理的职务。再次,马某辉个人与新月公司之间订有《合作协议》,协议约定马某辉应履行本职工作,尽职尽责认真完成新月公司交办的工作,协调与伊朗各部门的友谊和业务事宜,促使合作项目顺利进行，并在开展业务过程中及时向北京总部汇报工作。从上述协议来看，**马某辉的职权范围明确限定于负责、执行伊朗代表处的工作事务**，同时依约收取项目的效益佣金和业务提成，对新月公司的整体经营管理不享有任何职权，据此可以确定马某辉只是作为新月公司雇用的一个驻外机构及特定项目的执行负责人。最后，关于马某辉是否实际行使了新月公司高级管理人员的职权，**对此新月公司应当承担必要的举证责任**。就新月公司举证的马某辉任职期间的所作所为，包括参与伊朗项目的联络、洽谈、签约等活动，均未超出马某辉作为新月公司驻伊朗代表处总代表、经理的职责范围。**伊朗项目是否为公司的核心业务，属于新月公司内部的、某个经营期间的评估结果，不能以此作为衡量参与项目的负责人即为公司高级管理人员的定性标准**。另外，因新月公司的商业秘密被非法侵害，其合法权益已经生效判决获得赔偿，马某辉亦非该案件新月公司起诉并经依法认定的侵害主体之一。综合本案查明的事实，本院认为，**马某辉既非新月公司章程确定的股东、董事、监事，同时也不具有公司法或新月公司章程规定的高级管理人员职位或职权，依法不能界定其为新月公司的高级管理人员**。因此，依据《公司法》第 148 条之规定，马某辉不是公司归入权的义务人，新月公司以归入权向马某辉提起的诉讼请求，本院不予支持。

【笔者观点】《公司法》第 216 条第 1 项规定："高级管理人员，是指公司的经理、副经理、财务负责人，上市公司董事会秘书和公司章程规定的其他人员。"根据该规定，勤勉义务的法定主体限于董事、监事、经理、副经理、财务负责人，以及上市公司董事会秘书和公司章程规定的其他人员。笔者认为，当股东在公司显名任职董事高管时，其在管理和经营公司过程中，给公司造成损失的，应当以《公司法》第 148 条、第 149 条规定的忠实与勤勉义务为认定其责任的标准；当股东在公司不显名任职董事高管，但是实质上行使了公司董事高管的职权，并损害公司利益时，也应当依据《公司法》第 148 条、第 149 条要求其承担相应责任。但是，需要注意将违反忠实、勤勉义务的情形与股东滥用权利损害公司利益的情形相区别，尤其不宜随意扩大对"董监高"行使归入权的适用范围。

广西壮族自治区高级人民法院民二庭在《关于审理公司纠纷案件若干问题的裁判指引》(桂高法民二〔2020〕19 号，2020 年 7 月 27 日)中提出，具体有两类情形：(1)名义不适格但实质适格。例如，名为公司部门经理(负责人)或办公室主任(负责人)，但实际上享有总经理或副经理的职位或职权。(2)不显名的实质适格。例如股东、控股股东或实际控制人未在公司中显名任职，但在公司经营中却实际享有管控与决策权，他们实质上行使了公司董事高管的职权，因为股权本身并无直接参与公司经营管理的权能，故不应简单依据《公司法》第20条来判断其是否滥用股东权利而承担相关责任，而是应当以公司法及章程关于董事高管的忠实与勤勉义务作为判断标准。

争议焦点9　夫妻制公司起诉一方股东，应否追加夫妻的另一方为被告

裁判要点 夫妻二人制公司针对夫妻中的一方提起损害公司利益责任纠纷，无须追加夫妻的另一方为被告。

【裁判理由】【(2018)川01民终13316号】刘某静、成都天天新物业管理有限责任公司(以下简称天天新公司)损害公司利益责任纠纷二审案件，四川省成都市金牛区人民法院认为：

本案系损害公司利益责任纠纷，**系天天新公司基于股东刘某静损害公司利益行为提起的诉讼，审理范围应当为刘某静作为天天新公司股东是否具有损害公司利益的行为，根据民事诉讼不告不理的原则，天天新公司并未对股东魏某大提起诉讼，系当事人对自身权利的处分，不违反法律规定**。并且，刘某静与魏某大的夫妻关系是与本案不同的另一法律关系，**刘某静因本案所产生的债务完全可以在其处理与魏某大的婚姻关系问题中另行解决**。

四川省成都市中级人民法院认可一审法院的上述观点。

争议焦点10　法定代表人与公司发生纠纷时的利益冲突问题

【笔者观点】在损害公司利益责任纠纷中，一般情形下，公司的法定代表人有权对外代表公司处理公司事务，但在担任法定代表人的股东或董事与公司发生纠纷时，如允许股东、董事继续以公司法定代表人身份代表公司诉讼，将可能导致股东、董事个人利益与公司利益发生冲突。对于该情形下诉讼代表人冲突问题，法律并无明确规定，笔者认为，可以通过监事代表公司参加诉讼或者从严审查公司意思表示的形式审理案件。

上海市高级人民法院在《关于担任公司法定代表人的股东、董事与公司之间引发诉讼应如何确定公司诉讼代表人问题的解答》中提出："当担任公司法定代表人的股东、董事与公司之间引发诉讼出现公司诉讼代表人冲突时，为确保案件审理正常进行，法院应当明确告知股东或董事在诉讼中不得同时代表公司参加诉讼，并要求公司另行确定诉讼代表人。"

（二）与损害公司利益的行为有关的争议

根据《公司法》第20条、第147条的规定，损害公司利益的行为包括公司股东滥用股东权利和董监高违反勤勉义务和忠实义务。

《公司法》第148条列举了董事、高管损害公司利益的7种具体行为，但基于公司利益的广泛性，立法难以对损害公司利益的行为穷尽列举。就董事、高管损害公司利益的行为，本书选取实践中较为常见的三类情形，梳理相关争议焦点及裁判要点：一是挪用公司资金；二是未经股东会或者股东大会同意，利用职务便利为自己或者他人谋取属于公司的商业机会，自营或者为他人经营与所任职公司同类的业务；三是自我交易。

争议焦点11　关于"公司股东滥用股东权利"的认定

公司股东滥用股东权利的情形多种多样，在审查公司股东是否构成滥用股东权利时，核心内容是审查股东的行为是否有合理的商业逻辑，是否经过公司相应程序的决议，是否给公司造成了损失。此处检索筛选了10个具体案例，阐述了在不同情形下，法院如何判定滥用股东权利损害公司利益。

裁判要点1 股东未经公司同意，私自将公司存款转入个人账户，构成滥用股东权利损害公司利益。

【裁判理由】【(2021)沪民申484号】李某与上海颐知康实业有限公司损害公司利益责任纠纷再审审查与审判监督案件，上海市高级人民法院认为：

根据我国公司法的规定，公司股东应当遵守法律、行政法规和公司章程，依法行使股东权利，不得滥用股东权利损害公司的利益。**本案中，李某作为上海颐知康实业有限公司股东及法定代表人，未经上海颐知康实业有限公司同意，私自将公司存款转入其个人账户，损害了公司利益，应当承担返还责任。**

裁判要点2 股东擅自使用公司资金为其债务提供担保，构成滥用股东权利损害公司利益。

【裁判理由】【(2020)沪01民终4049号】上海桢泽资产管理有限公司(以下简称桢泽公司)与黄某雁损害公司利益责任纠纷二审案件，上海市第一中级人民法院认为：

根据我国公司法规定，公司为股东提供担保的，必须经股东会或者股东大会决议。本案中，黄某雁在慈溪法院的一审中委托的桢泽公司代理人代表公司认可**桢泽公司对其向黄某的债务承担担保责任，而该担保并未经过桢泽公司股东会决议，故其行为损害了桢泽公司的利益**。

裁判要点3 股东操纵公司公章签订协议以公司资产抵付个人债务，构成滥用股东权利损害公司利益。

【裁判理由】【(2020)湘0626民初3861号】杨某、胡某保等与岳阳润庭房地产开发有限公司(以下简称润庭公司)等股权转让纠纷案件，湖南省岳阳市平江县人民法院认为：

四原告与被告肖某新签订的涉案股权转让协议中将润庭公司资产抵付肖某新个人股权转让价款的约定，既属于侵害润庭公司利益的行为，也属于违反社会基本商业道德、破坏市场公平秩序的行为，该约定违反了公司法的强制性规定，应为无效条款。虽然润庭公司在《股权及投资权益受让协议书》上加盖了公章，但肖某新系润庭公司的法定代表人及控股股东，其加盖润庭公司公章的行为，**违反了公司法规定的忠实义务的基本要求，亦属于控股股东滥用股东权利损害公司利益的行为，应属无效**。

裁判要点4 股东在未告知公司其他股东且未经合理估值的情况下，擅自处置公司重要资产，恶意剥夺其他股东应享有的知情权、对重大财产处置权，构成滥用股东权利损害公司利益。

【裁判理由】【(2021)湘0104民初2589号】姚某华、姚某洋等与杨某鸣等公司关联交易损害责任纠纷案件，湖南省长沙市岳麓区人民法院认为：

本案中，**涉案注册商标原系湖南平凡科技有限公司(以下简称平凡公司)的主要无形资产**。被告杨某鸣、杨某作为平凡公司的股东及法定代表人在未告知平凡公司全体股东，也未就涉案注册商标进行合理估值的情况下，将平凡公司名下涉案注册商标转让给两人实际控制的关联公司即湖南平科科学仪器有限公司，致使姚某华与姚某洋作为平凡公司**股东应享有的知情权、对重大财产处置的股东基本权利被恶意剥夺，且实际支付对价又无证据证明转让价格合理的情况下，亦损害了平凡公司的合法权益，其行为构成恶意串通，损害他人利益，就此签订的涉案《商标转让协议》无效**。

裁判要点 5 股东通过协议私分公司资产，将使公司运营资金减少，对外承担责任的能力下降，构成滥用股东权利损害公司利益。

【裁判理由 1】【(2016)京03民终6466号】肖某雅上诉王某确认合同效力纠纷二审案件，北京市第三中级人民法院认为：

王某与肖某雅签订的《协议》第3条约定“三、已转商场、超市业务及应收账款归肖某雅所有，包括易初莲花(纸品业务)、华润ole、北辰、甘家口、西单万方。应收账款金额王某协助回款(收款单据及开具增值税发票)，如王某不配合协助回款，责任由王某承担，开具发票的税款肖某雅承担”。其中已转商场、超市业务属于北京钧博阶点商贸有限公司的商业机会，应收账款属于北京钧博阶点商贸有限公司的财产，**该条实质上是股东协议处分公司的商业机会和公司财产**。

股东会是公司的权力机构，其有权决定公司的经营方针和投资计划，可审议批准公司的利润分配方案，但股东必须依法行使股东权利，不得滥用股东权利损害公司的利益。股东通过协议私分公司资产，将使公司运营资金减少，对外承担责任的能力下降，损害公司及其债权人的利益。因此，股东擅自分配公司资产的行为应当确认无效。

【裁判理由 2】【(2016)赣0922民初952号】唐某腾与江西省万载县新力纸业有限公司与公司有关的纠纷案件，江西省宜春市万载县人民法院认为：

涉案《股东协议》第9条第1项内容系4位股东直接约束被告，要求被告在公司成立3年内一次性补助退出股东40万元，实质上属于股东会决议，但是公司作为独立的民事主体，根据《公司法》第20条第1款之规定，公司股东应当遵守法律、行政法规和公司章程，依法行使股东权利，不得滥用股东权利损害公司或其他股东的利益；不得滥用公司法人独立地位和股东有限责任损害公司债权人的利益。**本案4位股东无论基于何种目的设立涉案《股东协议》第9条第1项内容，均是为股东谋取利益，变相分配公司利益的行为，该行为贬损了公司的财产，使公司财产不正当流失，损害了部分股东的利益，有可能影响债权人的利益**。

裁判要点 6 大股东利用其优势地位作出股东会决议，要求小股东为公司提供担保或反担保，若不能提供，则将由大股东把持公司销售环节，独享公司销售收入，构成滥用股东权利损害公司利益。

【裁判理由】【(2021)晋05民终431号】山西煤炭运销集团晋城有限公司(以下简称山西煤运晋城公司)、山西煤炭运销集团阳城西河煤业有限公司(以下简称西河煤业公司)与阳城县国有资本投资运营有限公司(以下简称阳城国投公司)、阳城县西隆投资有限公司(以下简称阳城西隆公司)公司决议纠纷二审案件，山西省晋城市中级人民法院认为：

根据《公司法》第20条第1款的规定，“公司股东应当遵守法律、行政法规和公司章程，依法行使股东权利，不得滥用股东权利损害公司或者其他股东的利益”。本案中，山西煤运晋城公司为西河煤业公司提供借款，系双方之间存在的民间借贷法律关系，而西河煤业公司的其他股东(阳城国投公司、阳城西隆公司)是否为西河煤业公司进行担保或反担保，西河煤业公司的公司章程中并没有规定为股东的一项义务，且根据《担保法》第3条“担保活动应当遵循平等、自愿、公平、诚实信用的原则”的规定，**阳城国投公司、阳城西隆公司作为独立的企业法人，向他人提供担保应由股东(行使公司意志的机构)自己作出，显然，案涉股东会决议第4项系山西煤运晋城公司利用其大股东的优势地位而作出**。另外，决议第4项中对股东不能提供有效担保或反担保手续的行为采取“西河煤业的销售环节由山西煤运晋城公司统一管理，所有销售收入将全部纳入山西煤运晋城公司账户管理”“股东在办理有关反担保手续后方可予以分红”“向山西煤运晋城公司缴纳小股东按股比应承担的专项服务费或担保费，在应付股利中扣除”的措施，**该决议使西河煤业公司的资产向山西煤运晋城公司转移，实际损害了西河煤业公司的利益，进而损害了阳城国投公司和阳城西隆公司作为西河煤业公司股东应享有的股东分红权等合法权益**。故该项决议因违反了法律的强制性规定而无效。

裁判要点7 股东通过对赌条款要求公司回购其股权，回购款计算方式使股东投资获得脱离公司经营业绩的固定收益，构成滥用股东权利损害公司利益。

【裁判理由】【(2019)赣民终178号】新余甄投云联成长投资管理中心与广东运货柜信息技术有限公司等新增资本认购纠纷二审案件，江西省高级人民法院认为：

《增资协议的补充协议》第2.1.1条约定，在约定的条件成就时，“新余甄投云联成长投资管理中心有权要求广东运货柜信息技术有限公司回购新余甄投云联成长投资管理中心持有的全部或部分股权，广东运货柜信息技术有限公司承诺予以回购，回购价格应保证新余甄投云联成长投资管理中心本次投资的年收益率不低于百分之拾伍（15%）……"

《增资协议的补充协议》约定的回购款计算方式，使广东运货柜信息技术有限公司的股东新余甄投云联成长投资管理中心的投资可以取得相对固定的收益，该收益脱离了广东运货柜信息技术有限公司的经营业绩，损害了公司利益和公司债权人利益，同时亦属于违反《公司法》第20条规定的情形。因此，该补充协议有关广东运货柜信息技术有限公司回购股权的内容应属无效。

【笔者观点】《九民纪要》关于"对赌协议"的效力及履行规定，投资方与目标公司订立的"对赌协议"在不存在法定无效事由的情况下，目标公司仅以存在股权回购或者金钱补偿约定为由，主张"对赌协议"无效的，人民法院不予支持，但投资方主张实际履行的，人民法院应当审查是否符合公司法关于"股东不得抽逃出资"及股份回购的强制性规定，判决是否支持其诉讼请求。

法定无效的理由包括违反法律法规的强制性规定，《公司法》第20条、第35条、第142条的相关规定应当属于效力性规定，因此如果股东签署对赌协议损害公司利益、构成抽逃出资或者构成公司违法回购股份，则应当依据该条款认定对赌协议无效。

裁判要点8 股东以个人身份对投资者入股公司提供补偿承诺，后利用其大股东优势地位，作出股东会决议将其个人承诺内容转为公司承担，构成滥用股东权利损害公司利益。

【裁判理由】【（2018）苏04民初539号】刘某恩与姚某坤损害公司利益责任纠纷案件，江苏省常州市中级人民法院认为：

案件的争议焦点为，常州市新东方电缆有限公司（以下简称新东方公司）董事会关于在吸引投资者的过程中"由姚某坤本人作出担保承诺，但姚某坤本人作出担保承诺的后果由新东方公司承担"的决议内容是否有效，依此决议由新东方公司向原告支付了分红补偿款这一行为是否损害了公司利益。

该决议内容的实质是，**使新东方公司即本案的合资经营企业与投资者刘某恩之间客观上成立了补偿条款，由合营企业根据将来的经营情况对投资者给予分红补偿，这使投资者可以取得固定收益，但此等收益实际上脱离了新东方公司的客观经营业绩**，而且违反了《中外合资经营企业法》第8条关于合营企业的"净利润根据合营各方注册资本的比例进行分配”的规定,造成公司应有资产的减少,损害了公司利益以及公司债权人的利益,应属无效。**被告姚某坤作为公司大股东,其以股东身份对刘某恩入股公司提供补偿承诺,合法吸引了投资者,但实际上又违法将其个人承诺内容转为公司承担,属于滥用股东权利损害公司利益的行为**,该董事会决议的内容因违反了《公司法》第20条第1款①的规定,故依法应认定无效。

裁判要点9 公司内部履行合法的决策程序的情形下,结合资本多数决原则的内涵分析,即使行为结果体现了控股股东的意志,但该行为本身不能直接认定为构成损害公司利益之情形。

【裁判理由】【(2019)最高法民申4691号】海南国升投资有限公司(以下简称国升公司)、海口世纪海港城置业有限公司(以下简称海港城公司)损害公司利益责任纠纷再审审查与审判监督案件,最高人民法院认为:

关于上海绿洲花园置业有限公司(以下简称绿洲公司)是否存在侵害海港城公司利益的侵权行为的问题。首先,根据海港城公司章程,海港城公司董事会由9名董事组成,绿洲公司委派7名,国升公司委派2名……股东会会议由股东按照出资比例行使表决权,公司增资、减资、股权转让、合并、分立、解散或变更公司形式、审议批准公司利润分配方案等决议须经代表2/3,即67%以上表决权的股东表决通过。至于其他股东会决议事项以及董事会决议事项有效通过的表决权比例,公司章程未作出特别规定。从海港城公司的股权结构来看,绿洲公司持有海港城公司80%的股权,国升公司持有海港城公司20%的股权,并且,绿洲公司委派的董事亦占据海港城公司董事会多数席位,因此,根据海港城公司章程有关公司权力机构、决策机构、执行机构的职权划分以及表决规则,海港城公司在开发建设外滩中心项目过程中发生的合同签订行为以及工程款结算行为属于公司日常经营管理行为。故**在海港城公司内部就前述行为履行合法的决策程序的情形下,结合资本多数决原则的内涵分析,即使该行为结果体现了控股股东绿洲公司的意志,该行为本身亦不能直接认定为构成损害海港城公司利益之情形**。其次,就公司日常经营管理的决策机制而言,若公司股东或公司董事无法就决策内容形成一致意见,则需按照一定的决策规则以确定最终的决策内容,避免公司经营管理陷

① 对应现行2018年《公司法》第20条第1款。

入停滞状态。本案中,海港城公司章程并未规定与外滩中心项目开发建设相关的合同签订以及工程款结算必须取得特定主体的同意或者经公司董事会全体董事一致同意。因此,尽管国升公司提交的涉及"一期消防栈桥施工合同协议、海口威斯汀酒店建设工程造价咨询补充合同"等事宜的《合同签报表》中,国升公司委派的、担任海港城公司副总经理的董事刘某的意见为"保留意见"或"不同意意见",但是,**承前所述,海港城公司章程并未规定刘某就董事会决议事项或者特定事项享有一票否决权,故即使刘某持有异议的相关报批事项最终仍获得批准,但该事实并不足以证明海港城公司董事会形同虚设,亦与绿洲公司是否滥用股东权利代替海港城公司进行决策之间没有关联关系**。最后,根据公司法的相关规定,公司股东依法享有资产收益、参与重大决策和选择管理者等权利。国升公司已通过委派2名董事组建海港城公司董事会的方式行使其参与海港城公司经营管理的股东权利,且其亦没有提供证据证明海港城公司股东会或董事会的召集程序或决议内容违反公司章程或公司法的规定,**故绿洲公司基于其实际拥有海港城公司80%股权表决权的控股地位,要求海港城公司通过使用上置集团项目审批系统备案或报批相关事项的行为系绿洲公司行使法律赋予其参与公司经营管理权利的表现形式,该行为本身并不构成股东权利滥用**。

争议焦点12　关于违反"忠实义务""勤勉义务"的认定

裁判要点1 董监高忠实义务的核心在于其不得利用其特殊身份获得个人利益,其应当在法律法规与公序良俗的范围内,忠诚于公司利益,以最大限度地实现和保护公司利益作为衡量自己执行职务的标准,否则即应承担赔偿责任。

【裁判理由】【(2020)最高法民申4682号】陈某雄、胜利油田胜利泵业有限责任公司(以下简称泵业公司)损害公司利益责任纠纷再审审查与审判监督案件,最高人民法院认为:

根据原审查明的事实,陈某雄作为泵业公司原董事长,对公司负有忠实义务和勤勉义务,应以最大限度地保护公司的利益作为衡量职务的标准,而**不得将自身利益置于公司利益之上**。泵业公司搬离原厂区后从东营市政府获得了土地补偿款301,054,729元,该土地补偿款关系到泵业公司新厂区的建设能否顺利完成,泵业公司的生产经营能否继续进行。但**陈某雄在接受刘某毅以东营鹏豪房地**

地开发有限公司5%的股份向其行贿后，在未经股东会讨论决定或授权的情况下，分两次擅自将该笔土地补偿款提前支付给东营鹏豪房地产开发有限公司，导致泵业公司不仅失去相应利息，而且由于资金短缺致使新厂区建设无法开工，造成了重大损失。《公司法》第147条第1款规定，董事、监事、高级管理人员应当遵守法律、行政法规和公司章程，对公司负有忠实义务和勤勉义务。第149条规定，董事、监事、高级管理人员执行公司职务时违反法律、行政法规或者公司章程的规定，给公司造成损失的，应当承担赔偿责任。根据以上规定，董事、监事、高管人员的忠实义务的核心在于董事不得利用其董事身份获得个人利益，其应当在法律法规与公序良俗的范围内，忠诚于公司利益，以最大限度地实现和保护公司利益作为衡量自己执行职务的标准，否则即应承担赔偿责任。由于陈某雄违反了以上《公司法》相关规定，未尽到对公司的忠实、勤勉义务，给泵业公司造成了损失，原审法院判决其承担赔偿责任，符合法律规定。

裁判要点2 在董事损害公司利益责任纠纷中，首先应推定董事已经尽到勤勉义务，董事违反勤勉义务的举证责任由公司承担。对于董事勤勉义务的判断应当采取主观与客观相结合的标准或称为重大过失标准。

【裁判理由1】【(2020)最高法民申640号】山东海之杰纺织有限公司、艾哈迈德·盖博损害公司利益责任纠纷再审审查与审判监督案件，最高人民法院认为：

从法律规定看，《公司法》仅原则性规定了公司高级管理人员的勤勉义务，并未规定违反勤勉义务的具体情形。综观公司法实践，勤勉义务所要求的尽一个普通谨慎之人在类似情况下应尽到的合理注意，是一个经过实践而被逐渐总结出来的标准。面对市场不断变化的商事交易实践，如果要求每一个经营判断都是正确的，其结果会使公司高级管理人员过于小心谨慎，甚至裹足不前，延误交易机会，降低公司经营效率，最终不利于实现公司和股东权益。特别是在不涉及公司高级管理人员个人利益与公司利益冲突等可能违反忠实义务的情形中，公司高级管理人员依照法律和公司章程履行经营管理职责的行为，应受到法律的认可和保护。

【裁判理由2】【(2019)苏12民终1011号】姜堰宾馆有限公司与殷某损害公司利益责任纠纷二审案件，江苏省泰州市中级人民法院认为：

我国《公司法》第147条第1款明确规定：“董事、监事、高级管理人员应当遵守法律、行政法规和公司章程，对公司负有忠实义务和勤勉义务。”该条明确规定了董事负有勤勉义务。所谓勤勉义务，通行的含义是指董事应当诚信履行对公司

的职责,“以合理的技能水准、合理的谨慎和注意程度去处理公司的事务”。基于司法谦抑的理念,司法应当对属于公司内部经营决策领域的专业判断表示尊重。**在董事损害公司权益纠纷中,首先应推定董事已经尽到勤勉义务,董事违反勤勉义务的举证责任由公司承担。对于董事勤勉义务的判断应当采取主观与客观相结合的标准或称为重大过失标准。即只有在董事存在故意或者重大过失、公司存在损失,且董事的重大过失与公司损失之间存在因果关系的情形时,董事行为才构成违反勤勉义务**。本案中,上诉人诉称殷某有收入不入账、多报支出、少报收入、挪用资金等情形所提交的证据不足以证明董事构成违反勤勉义务的要件。

【笔者观点】关于勤勉义务具体要求的认定,现行法律并没有明确规定,主要通过案例裁判文书中法院说理加以理解。例如在(2019)苏12民终1011号案中,江苏省泰州市中级人民法院认为,所谓勤勉义务,通行的含义是指董事应当诚信履行对公司的职责,“以合理的技能水准、合理的谨慎和注意程度去处理公司的事务”。《广西壮族自治区高级人民法院民二庭关于审理公司纠纷案件若干问题的裁判指引》第37条则明确规定,“勤勉义务的具体内容原则上应限于法律法规、公司章程所规定的职责职权,但人民法院在适用相关职责规范时,可通过解释与类推方法适当地扩展、细化,并适当加入对行为人善管义务、注意义务的裁量判定”。笔者认为,对于勤勉义务的界定,应以法律法规、公司章程所规定的职责职权为限,但是法院有一定的自由裁量权。因此,当公司在制定公司章程及管理制度时,完全可以特别规定董监高等人员的职责权限,明确勤勉义务的范围和责任承担。

裁判要点 3 董事向股东催缴出资的义务系勤勉义务,勤勉义务为法定义务,董事不能因公司章程未有规定而豁免该义务。

【裁判理由】【(2018)最高法民再366号】斯曼特微显示科技(深圳)有限公司、胡某生损害公司利益责任纠纷再审案件,最高人民法院认为:

根据《公司法》第147条第1款的规定,董事、监事、高级管理人员应当遵守法律、行政法规和公司章程,对公司负有忠实义务和勤勉义务。**上述规定并没有列举董事勤勉义务的具体情形,但是董事负有向未履行或未全面履行出资义务的股东催缴出资的义务,这是由董事的职能定位和公司资本的重要作用决定的**。根据董事会的职能定位,董事会负责公司业务经营和事务管理,董事会由董事组成,董事是公司的业务执行者和事务管理者。股东全面履行出资是公司正常经营的基础,董事监督股东履行出资是保障公司正常经营的需要。**《公司法司法解释**

(三)》第13条第4款规定:“股东在公司增资时未履行或者未全面履行出资义务,依照本条第一款或者第二款提起诉讼的原告,请求未尽公司法第一百四十七条第一款规定的义务而使出资未缴足的董事、高级管理人员承担相应责任的,人民法院应予支持;董事、高级管理人员承担责任后,可以向被告股东追偿。”上述规定的目的是赋予董事、高级管理人员对股东增资的监管、督促义务,从而保证股东全面履行出资义务、保障公司资本充实。**在公司注册资本认缴制下,公司设立时认缴出资的股东负有的出资义务与公司增资时是相同的,董事、高级管理人员负有的督促股东出资的义务也不应有所差别。**本案斯曼特微显示科技(深圳)有限公司是外商独资企业,实行注册资本认缴制。**参照《公司法司法解释(三)》第13条第4款的规定,在公司注册资本认缴制下,股东未履行或未全面履行出资义务,董事、高级管理人员负有向股东催缴出资的义务。**根据《公司法》第149条的规定,董事、监事、高级管理人员执行公司职务时违反法律、行政法规或者公司章程的规定,给公司造成损失的,应当承担赔偿责任。胡某生等6名董事**未履行向股东催缴出资的勤勉义务,违反了《公司法》第147条第1款规定,对斯曼特微显示科技(深圳)有限公司遭受的股东出资未到位的损失,应承担相应的赔偿责任。**

裁判要点4 忠实义务的范畴偏向于与“外部”的关系,指发生利益冲突时,应当以公司利益为先;勤勉义务的范畴偏向于对“内部”的事务,指履行职责时,应当为公司的最佳利益,具有一个善良管理人的细心,尽一个普通谨慎之人的合理注意。

【裁判理由】【(2020)最高法民申640号】山东海之杰纺织有限公司、艾哈迈德·盖博损害公司利益责任纠纷再审审查与审判监督案件,最高人民法院认为:

从《公司法》(2005年修订)的规定看,第148条[1]第1款规定:“董事、监事、高级管理人员应当遵守法律、行政法规和公司章程,对公司负有忠实义务和勤勉义务。”第149条[2]列举了董事、高级管理人员违反对公司忠实义务的具体情形。从上述法律的规定看,**忠实义务是指公司高级管理人员应当忠实履行职责,其自身利益与公司利益发生冲突时,应当维护公司利益,不得利用高级管理人员的地位牺牲公司利益为自己或者第三人牟利。勤勉义务是指公司高级管理人员履行职**

---

① 现为《公司法》第147条。

② 现为《公司法》第148条。

责时，应当为公司的最佳利益，具有一个善良管理人的细心，尽一个普通谨慎之人的合理注意。从山东海之杰纺织有限公司的具体诉请和依据的事实看，其并未提供证据证明盖博在履行总经理职务期间存在获利情况，故其实际上针对的是盖博违反勤勉义务而非忠实义务。

【笔者观点】最高人民法院在(2020)最高法民申640号案件中阐述了忠实义务与勤勉义务存在区分，《公司法(修订草案)》第180条也将忠实义务和勤勉义务分两款规定。第180条第1款规定了忠实义务，强调董监高“不得利用职权谋取不正当利益”；第2款规定了勤勉义务，强调董监高“执行职务应当为公司的最大利益尽到管理者通常应有的合理注意”。虽然都是原则上规定，但对未来判定忠实义务和勤勉义务有非常好的指导意义。

争议焦点13 关于“挪用公司资金”的认定

挪用公司资金的含义比较清楚，笔者选取了5个案例，对判定挪用资金的具体情形做了相应的阐述。

裁判要点1 董事、高级管理人员将公司资金转入其个人账户或个人控制的公司账户，且长时间不交回的，属于挪用公司资金。

【裁判理由】【(2020)赣0902民初3986号】江西云风启智信息技术有限公司与鹿某鹏损害公司利益责任纠纷案件，江西省宜春市袁州区人民法院认为：

本案中，**在被告担任原告公司执行董事期间，原告公司账户向被告个人账户转账支付143,920元，被告亦未到庭对该行为作出任何说明，原告主张该行为属被告利用职权擅自挪用公司资金，本院予以支持，原告诉请要求被告向其归还143,920元并支付自2020年5月14日起按年利率3.85%计算至实际还清之日止的利息**，理由充分，本院予以支持。

裁判要点2 董事、高级管理人员将公司资金用于承担个人债务或个人投资，属于挪用公司资金。

【裁判理由】【(2018)吉0821民初2515号】镇赉县丰瑞粮油工业有限责任公司(以下简称丰瑞公司)与陈某双、第三人孟某波损害公司利益责任纠纷案件，吉林省白城市镇赉县人民法院认为：

孟某波购买陈某双股权应自行筹集资金，但孟某波作为丰瑞公司的董事长及法定代表人，用丰瑞公司回流资金购买陈某双股权，造成公司流动资金周转不畅，影响公司正常经营，应属挪用公司资金，该行为明显侵害了丰瑞公司利益及其他股东利益。

裁判要点 3 董事、高级管理人员利用职务便利，违规报销，可能构成挪用公司资金。

【裁判理由】【(2010)沪二中民四(商)初字第96号】上海寿东包袋有限公司(以下简称寿东公司)与安藤某某实际控制人纠纷、高级管理人员损害公司利益赔偿纠纷案件，上海市第二中级人民法院认为：

根据《专项审计报告》，被告安藤某某任职期间报销海外就餐费用人民币20万余元。根据日本寿东WHY集团制定的《海外规定》，驻海外公司职员海外出差不给予津贴，故安藤某某至海外出差按规定是不能报销餐费的。……综上所述，**被告安藤某某作为原告寿东公司的总经理，在其任职期间利用职务便利，违反相关规定，采用违规报销方法挪用公司资金和以个人名义存储并使用公司资金，侵占了寿东公司的财产**，并造成寿东公司被处罚税务滞纳金，其应当承担返还侵占寿东公司资金和赔偿寿东公司经济损失的责任。

裁判要点 4 董事、高级管理人员代收、截留公司款项，可能构成挪用公司资金。

【裁判理由1】【(2017)湘0503民初107号】原告马某清与被告刘某斌、第三人邵阳东湖渣土运输管理有限公司损害公司利益责任纠纷案件，湖南省邵阳市大祥区人民法院认为：

本案系损害公司利益责任纠纷。根据《公司法》第148条“董事、高级管理人员不得有下列行为：(一)挪用公司资金……”的规定，**被告刘某斌作为邵阳东湖渣土运输管理有限公司法定代表人、执行董事兼经理，收取公司在外货款后，应当及时将货款交纳至公司，如被告刘某斌需行使其作为公司法定代表人、执行董事兼经理的职务使用公司资金，也应按照公司规定出具领条并签字后由财务人员支取，现被告刘某斌未将收取的340,000元货款交纳至公司，也未提供证据证明该340,000元款项系其合理使用，应认定刘某斌将该340,000元挪用**，刘某斌应当将该340,000元货款返还给公司。故原告马某清作为公司监事，诉请要求被告刘某斌返还邵阳东湖渣土运输管理有限公司340,000元，本院予以支持。

【裁判理由2】【(2019)新0105民初809号】吴某光与褚某跃、崔某损害公司利益责任纠纷案件，新疆维吾尔自治区乌鲁木齐市水磨沟区人民法院认为：

本案中，原告依据《公司法》第151条的规定，**起诉第三人新疆时星驭驾驶员培训学校有限责任公司前法定代表人被告褚某跃、财务高管崔某，要求共同退还截留收入1,624,111元、虚造税务账工资及代领工资304,830.23元及相应利息损失**，符合《公司法》第148条"董事、高级管理人员不得有下列行为：(一)挪用公司资金；(二)将公司资金以其个人名义或者以其他个人名义开立账户存储……违反前款规定所得的收入应当归公司所有"之规定。

争议焦点14　关于"谋取公司商业机会及违反竞业禁止"的认定

谋取公司商业机会及违反竞业禁止规定，是常见的董事高管损害公司利益的情形，两种行为均有可能导致公司行使归入权，笔者筛选了8个案例，归纳了法院在判定谋取公司商业机会及违反竞业禁止构成要件的尺度。

裁判要点1 认定董事利用职务便利需满足两个前提条件：一是担任公司董事并实际从事公司的经营决策等管理行为，二是没有经过股东会的同意而实施上述行为。

【裁判理由】【(2016)鲁民终1454号】孙某才与侯某滨、山西联邦制药有限公司等损害公司利益责任纠纷二审案件，山东省高级人民法院认为：

《公司法》第148条第1款第5项规定，"未经股东会或者股东大会同意，利用职务便利为自己或者他人谋取属于公司的商业机会，自营或者为他人经营与所任职公司同类的业务"。根据上述规定，认定董事违反忠实义务，**利用职务便利谋取属于所任职公司的商业机会，或者经营与所任职公司同类的业务，存在两个前提条件：一是担任公司董事并实际从事公司的经营决策等管理行为，二是没有经过股东会的同意而实施上述行为**。侯某滨虽然被选举为山东圣鲁制药有限公司董事，但并未实际参与公司的经营管理等具体事务，且自2008年7月被取消了董事资格，而孙某才等其他股东对于侯某滨经营同类业务也是同意的，直到2014年11月仍然代为侯某滨加工药品。因此，孙某才虽然主张侯某滨的行为违反《公司法》第148条第1款第5项的规定，应当承担董事损害公司利益的相应责任，但其所提供的证据不足以证实该主张，应当承担举证不能的不利后果。

裁判要点2 认定董事、高管谋取属于公司的商业机会需要满足三个条件:一是商业机会专属于公司,二是公司为获取该商业机会做出了实质性的努力,三是董事、高管采取了剥夺或者谋取行为。

【裁判理由】【(2012)民四终字第15号,《最高人民法院公报》2014年第11期(总第217期)】林某恩、李某山、涂某雅损害公司利益纠纷二审案件,最高人民法院认为:

关于李某山、涂某雅、华通地产投资有限公司(以下简称华通公司)的行为是否构成单独或者共同侵权,从而剥夺了新纶高科技集团股份有限公司(以下简称香港新纶公司)的商业机会,进而损害了香港新纶公司的合法权益。**首先,取决于案涉700亩土地使用权是否应当认定专属于香港新纶公司的商业机会。**根据香港新纶公司与南昌县小蓝工业园管理委员会于2003年3月11日签订的合同书,该700亩土地使用权当初确实是要给予香港新纶公司的。但是,香港新纶公司要获得这一商业机会并不是无条件的。相反,上述合同书明确约定了香港新纶公司必须满足的相关条件……本案中,没有证据证明香港新纶公司(或者通过林某恩的行为)满足了上述约定条件。此外,香港新纶公司要获得该商业机会尚需要满足挂牌交易条件。但本案中,香港新纶公司显然不具备在内地从事房地产开发的资质,其也没有按照约定在内地设立房地产开发企业并按公告要求缴纳人民币6000万元保证金。实际上,根据上述公告的要求,任何满足公告要求条件的房地产企业,均可作为竞买人购买该700亩土地使用权,故竞买人并非仅限于香港新纶公司。综上,无论是从香港新纶公司与南昌县小蓝工业园管理委员会约定的合同条件看,还是从南昌县国土资源局作为国有土地管理部门确定的挂牌出让方式、资质及交易条件看,案涉700亩土地使用权并非当然地专属于香港新纶公司的商业机会。**其次,要审查香港新纶公司或者林某恩为获取该商业机会是否做出了实质性的努力。最后,要审查李某山、涂某雅、华通公司在本案中是否采取了剥夺或者谋取行为。**本案中,**要构成剥夺或者谋取香港新纶公司的商业机会,李某山、涂某雅或者华通公司应当单独或者共同采取欺骗、隐瞒或者威胁等不正当手段,使林某恩或者香港新纶公司在不知情的情况下放弃该商业机会,或者在知情的情况下不得不放弃该商业机会。**

【笔者观点】《公司法》第148条第1款第5项规定:“未经股东会或者股东大会同意,利用职务便利为自己或者他人谋取属于公司的商业机会……”《公司法

(修订草案)》将这一规定独立为第184条,该条将"经股东会或者股东大会同意"的免责程序细化为三种情形:(1)已经向董事会或者股东会报告,并经董事会或者股东会决议;(2)已经向董事会或者股东会报告,但董事会或者股东会明确拒绝该商业机会;(3)根据法律、行政法规或者公司章程的规定,公司不能利用该商业机会。《公司法(修订草案)》的修改,为论述公司是否放弃了该商业机会提供了更准确的判断条件。

裁判要点3 同类的业务指的是与公司形成竞争关系的相同或类似的经营活动,包括公司目前实际正在进行的营业或已着手准备开展的业务。

【裁判理由】【(2018)京01民终8475号】郭某轩与北京联达动力信息科技股份有限公司(以下简称联达动力公司)损害公司利益责任纠纷二审案件,北京市第一中级人民法院认为:

所谓同类业务,应当是指与公司形成竞争关系的相同或类似的经营活动,包括公司目前实际正在进行的营业或已着手准备开展的业务。在郭某轩担任联达动力公司董事期间,其承担着"联达健康宝"项目的总领导、总指挥工作,"联达健康宝"作为联达动力公司开发的功能性产品,**公司为此投入了大量人力物力,并完成了一定的研发和对接使用工作**。郭某轩离职后遂投资成立了北京近颐科技有限公司(以下简称近颐公司),并担任公司执行董事、经理、法定代表人。**通过对比联达动力公司与近颐公司实际经营内容和经营目的可见,**近颐公司推出的产品"近医通"与联达动力公司推出的产品"联达健康宝"**的操作界面和所提供服务的主要功能极为相似,从本质上看均系为求医者提供医院线上挂号等服务,功能相似性较高,存在替代关系**。另外,从郭某轩经营上述业务是否抢夺了联达动力公司的商业机会来看,拟与联达动力公司合作的客户山医大二院成为近颐公司"近医通"产品的合作客户,且原联达动力公司的项目人员也先后随其转到近颐公司工作。综上可见,构成了与联达动力公司经营同类业务,违反了联达动力公司章程及公司法对董事忠实义务的规定。

裁判要点4 "同类的业务"可以根据工商登记信息显示的经营范围认定。

【裁判理由】【(2019)粤03民终1041号】桐城市光息谷智能终端产业发展有限公司、安庆市光息谷文化产业发展有限公司损害公司利益责任纠纷二审案件,广东省深圳市中级人民法院认为:

工商信息显示桐城市光息谷智能终端产业发展有限公司、安庆市光息谷文化

产业发展有限公司经营范围中均包含文化活动策划、展览展示内容，与深圳市光息谷科技有限公司经营范围中的“文化活动策划、展览展示策划”相同。原审基于以上事实认定文某、国某和徐某华三人的行为构成自营与所任职公司同类业务，违反竞业禁止义务，并无不当。

裁判要点 5 “同类的业务”不能仅以工商登记信息显示的经营范围进行认定，还需要兼顾实际经营范围。

【裁判理由1】【(2019)浙01民终661号】杭州白熊科技有限公司(以下简称白熊公司)、陈某波损害公司利益责任纠纷二审案件，浙江省杭州市中级人民法院认为：

白熊公司上诉中提出两公司经营范围中均有家用电器、家居用品，两公司存在业务重合。**公司登记的经营范围一般要比其实际经营范围更为宽泛，白熊公司仅以工商登记的经营范围为依据尚不足以证明两公司在实际经营中存在业务重合**。因此，根据现有有效证据，尚不足以证明陈某波利用其在白熊公司的职务便利，谋取了属于白熊公司的商业机会，自营或者为他人经营与白熊公司的同类业务。

【裁判理由2】【(2020)最高法民申4854号】邯郸市冀翔冶金材料集团有限公司、杨某德损害公司利益责任纠纷再审审查和审判监督案件，最高人民法院认为：

杨某德在担任邯郸温康药物中间体研发有限公司副董事长、医药研发总监期间，开办烟台六谛医药科技有限公司的行为是否违反高管人员竞业禁止规定，需要根据《公司法》第148条判断。**根据原审查明的事实，邯郸温康药物中间体研发有限公司的核心业务为石杉碱甲的研发，该内容属于药品领域。烟台六谛医药科技有限公司实际经营范围为染发剂的研发和销售，该内容属于化妆品领域。两者在经营范围上存在明显差异。**

裁判要点 6 公司高管违反竞业禁止义务的，当出现侵权责任与违约责任竞合时，原告应当明确请求基础。

【裁判理由】【(2017)京03民终13040号】吕某厚与北京市铭泰热力供应有限责任公司(以下简称铭泰热力公司)等损害公司利益责任纠纷二审案件，北京市第三中级人民法院认为：

本案中，北京铭泰设备维修有限公司(以下简称铭泰设备公司)、铭泰热力公司起诉主张的吕某厚于2012年2月离职并于2012年4月成立北京万博新昌楼宇科技有限公司的行为已不属于履行高级管理人员管理公司、经营业务、履行职责的行为，不符合关于上述构成要件中的主体要件及损害行为要件。故铭泰设备公司、铭泰热力公司以《公司法》高级管理人员履职存在过错为由要求其承担赔偿责任不符合法律规定，就其上述诉讼请求本院不予支持，一审法院依据《公司法》第147～148条关于高级管理人员违反忠实义务判决吕某厚向铭泰热力公司支付违约金属于法律适用错误，应予纠正。关于一审法院适用《劳动合同法》第23～24条关于违反竞业限制义务的规定，对此，本院认为，一方面，《劳动合同法》关于违反竞业禁止义务不属于本案的请求权基础。一审诉讼过程中，铭泰热力公司、铭泰设备公司明确表示起诉基于《公司法》而非一审法院适用的《劳动合同法》。另一方面，违反竞业禁止义务属于劳动争议纠纷，本案未经《劳动合同法》第79条与《劳动争议调解仲裁法》第48条规定的仲裁前置程序，本院对此不应支持，各方应另行解决。

裁判要点 7 公司法关于董事对公司所负的忠实义务、竞业禁止义务应不限于董事所任职的公司自身，还应包括公司的全资子公司、控股公司等。因母公司和全资子公司的利益具有一致性，母公司的董事、高管不得自营或者为他人经营与所任职公司的全资子公司同类的业务。

【裁判理由】【(2017)粤03民初2038号、(2019)粤民终1027号、(2021)最高法民申1686号】深圳市华佗在线网络有限公司(以下简称华佗在线公司)、深圳市美谷佳科技有限公司(以下简称美谷佳公司)损害公司利益责任纠纷案件，广东省深圳市中级人民法院一审认为：

虽然美谷佳公司、华佗在线公司均系法人，互为独立民事主体，但在华佗在线公司、美谷佳公司所称的李某损害公司利益行为发生期间，美谷佳公司委托案外人张某斌、张某代持华佗在线公司100%股权，华佗在线公司实际系美谷佳公司全资子公司，故李某如有不当谋取华佗在线公司商业机会、损害华佗在线公司利益等行为，也必然对美谷佳公司的利益造成损害。李某作为美谷佳公司股东、法定代表人、董事长、总经理，其行为已违反对公司的忠实勤勉义务，美谷佳公司有权依法向李某主张权利，而李某则须以向华佗在线公司赔偿的方式弥补美谷佳公司因华佗在线公司利益直接受损而受到的股东损失。

广东省高级人民法院、最高人民法院均认可上述观点。其中，最高人民法院认为：

李某对华佗在线公司亦负有忠实义务和竞业禁止义务。**公司法关于董事对公司所负的忠实义务、竞业禁止义务应不限于董事所任职的公司自身,还应包括公司的全资子公司、控股公司等,如此方能保障公司及其他股东的合法权益**,真正实现公司法设置忠实义务、竞业禁止义务的立法本意。本案中,美谷佳公司是华佗在线公司的全资股东,双方利益具有显见的一致性,李某对美谷佳公司所负的忠实义务和竞业禁止义务应自然延伸至美谷佳公司的子公司华佗在线公司。

【笔者观点】《公司法》第148条第1款第5项关于董监高自营或者为他人经营与公司存在竞争的同类业务的相关规定,在《公司法(修订草案)》中由第185条单独一个条文进行规定,变化之一是加重董监高的部分责任,要求履行报告义务,并经董事会或者股东会决议通过。变化之二是决议机关由原来的“股东会或股东大会”改为“董事会或股东会”。现行《公司法》对有限责任公司的权力机构和股份有限公司的权力机构分别称为“股东会”和“股东大会”,《公司法(修订草案)》不再区分组织形式,统一称为“股东会”,所以主要变化其实是将竞业禁止的决议机关在原股东会的基础上,增加了董事会。具体应报告哪个机关,由哪个机关决议,需要根据公司章程的规定判断。

争议焦点15 关于“自我交易”的认定

裁判要点1 法律法规并非绝对禁止董事、高管与公司进行交易。若公司章程并无相关禁止规定,在公司股东会、股东大会同意的情况下,即使交易价格明显低于市场价格,仍不应视为自我交易。

【裁判理由】【(2021)湘06民终1339号】岳阳南湖美墅置业有限公司、龚某祥损害公司利益责任纠纷二审案件,湖南省岳阳市中级人民法院认为:

相关法律并不禁止董事、高级管理人员与本公司进行交易。岳阳南湖美墅置业有限公司章程本身也没有禁止董事、高级管理人员与本公司订立合同或者进行交易的规定。岳阳南湖美墅置业有限公司为一人有限公司,公司股东任命龚某祥为岳阳南湖美墅置业有限公司房产销售的董事和高级管理人员时,出具了相应授权委托书,仅对房产整体销售均价作出了最低价格限制,并未对单个房产销售最低价格作出限制。**因龚某祥任职期间房产整体销售均价符合岳阳南湖美墅置业有限公司股东在授权委托书中的约定,彭某与岳阳南湖美墅置业有限公司签订的**

相关案涉房产买卖合同应视为取得公司股东同意。在岳阳南湖美墅置业有限公司不能举证证明存在其他合同无效事由的情况下,彭某与岳阳南湖美墅置业有限公司签订的相关案涉房产买卖合同依法成立并生效。另外,彭某购买案涉商铺价格并不明显低于同期商铺销售均价,所购买的别墅价格虽明显低于同期均价,但因房产销售价格过低导致合同权利义务显失公平不是合同无效的事由,而是合同可撤销事由。

裁判要点2 董事、高管投资设立的其他公司与本公司进行交易的行为难以认定为自我交易行为;自我交易的收入系指董事、高级管理人员本人因进行自我交易而获得的实际收入,而非董事、高级管理人员所设立的公司通过与本公司交易所获得的收入。

【裁判理由】【(2016)沪民申2233号】上海垭哲软件开发有限公司、上海环基数码科技有限公司、上海中拜网络通信科技有限公司与上海浩铭物业管理有限公司、倪某琪、谭某损害公司利益责任纠纷再审审查和审判监督案件,上海市高级人民法院认为:

根据《公司法》第148条第1款第4项的规定,自我交易是指董事、高管本人违反公司章程或未经股东会同意与本公司进行交易的行为,故**董事、高管投资设立的其他公司与本公司进行交易的行为难以认定为自我交易行为**。另外,上述法律规定的**自我交易的收入系指董事、高管本人因进行自我交易而获得的实际收入,而非董事、高管所设立的公司通过与本公司交易所获得的收入**。依照上述法律规定,倪某琪、谭某投资设立的上海浩铭物业管理有限公司与三再审申请人进行交易的行为难以认定为自我交易,上海浩铭物业管理有限公司所获得的物业费收入也不是倪某琪、谭某的收入。综上,上海垭哲软件开发有限公司、上海环基数码科技有限公司和上海中拜网络通信科技有限公司的再审申请无相关事实和法律依据,不能成立。

裁判要点3 应当区分"自我交易"和"关联交易",基于"自我交易"和"关联交易"的案由不同,"自我交易"的主体应仅限于董事、高级管理人员本人违反公司章程或未经股东会同意与本公司进行交易的行为,司法审判不宜扩张解释至董事、高级管理人员投资设立的其他公司与本公司进行交易的行为。

【裁判理由】【(2016)沪02民终21号】上海垭哲软件开发有限公司、上海环基数码科技有限公司等与上海浩铭物业管理有限公司、倪某琪等公司关联交易损

害责任纠纷二审案件,上海市第二中级人民法院认为:

本案上诉人在原审中明确仅以被上诉人构成自我交易为由要求被上诉人返还物业费收入,故原审仅围绕是否构成自我交易进行审理与法不悖。**根据《公司法》第148条第1款第4项的规定,自我交易的主体应仅限于董事、高管本人违反公司章程或未经股东会同意与本公司进行交易的行为,司法审判不宜扩张解释至董事、高管投资设立的其他公司与本公司进行交易的行为。况且,自我交易返还的收入系指董事、高管本人因自我交易而获得的实际收入,而董事、高管另设公司与本公司交易获得的收入并非董事、高管本人的收入。**本案倪某琪投资设立的上海浩铭物业管理有限公司与上诉人签订物业管理合同的行为难以认定为自我交易;上海浩铭物业管理有限公司不符合自我交易的主体,其获得的物业费收入也并非倪某琪、谭某的收入;依现有证据难以认定谭某曾系三上诉人的高级管理人员,故谭某亦不是自我交易的主体。因此,三上诉人以构成自我交易为由要求三被上诉人返还物业费的诉请,本院实难支持。但本案所涉物业合同的签订和履行构成关联交易,如果上诉人认为其因该关联交易而遭受损害的,可以另行主张。**因本案的请求权基础并非基于关联交易损害赔偿,故根据《民事案件案由规定》,对于本案的案由变更为最接近的“损害公司利益责任纠纷”为宜。**

【笔者观点】本次《公司法(修订草案)》第183条对董监高的自我交易进行了详细规定:其一,进一步明确法律并不禁止董监高的关联交易,只要进行交易时,先向董事会或股东会进行报告,并按照章程约定进行表决即可。其二,关联董事不得参与表决,其表决权不计入表决权总数。其三,扩大自我交易的主体范围。司法实践中,有的法院认为自我交易的限制主体应为董事、高管本人,不宜扩张解释至董事、高管投资设立的其他公司与本公司进行交易的行为[如上述(2016)沪02民终21号案件],但是本次《公司法(修订草案)》突破性规定自我交易的主体范围除了董高以外,还包括监事、董监高的近亲属、董监高或其近亲属直接或间接控制的企业以及与董监高有其他关联关系的关联人,董监高自我交易的程序更为严格、明确。

裁判要点4 《公司法》第148条第1款第4项关于自我交易的规定为效力性强制性规定,违反该项规定的法律行为无效。

【裁判理由1】【(2017)吉03民终1570号】周某与四平市灵军投资有限公司(以下简称灵军公司)股权转让纠纷二审案件,吉林省四平市中级人民法院认为:

周某作为灵军公司的原执行董事及原法定代表人，其与灵军公司签订的1万元股权转让协议未经过灵军公司股东亦即股东会同意，该股权转让协议无效，周某不享有四平市宏野公路客运有限公司梨树公司1万元股权。

【裁判理由2】【(2017)湘03民终171号】刘某根与湘潭金都股份有限公司股权转让纠纷二审案件，湖南省湘潭市中级人民法院认为：

刘某根作为湘潭金都股份有限公司的董事长，未经股东大会决议，代表湘潭金都股份有限公司与其本人签订讼争《股权转让协议》，违反了法律规定，故讼争《股权转让协议》应认定无效，上诉人刘某根认为讼争《股权转让协议》有效的上诉请求不能成立，本院不予支持。

（三）与因果关系有关的争议

关于职务行为与损失之间因果关系的界定，应当采取"相当因果关系"规则还是"条件因果"规则，实践中存在一定争议。广西壮族自治区高级人民法院民二庭认为应主要采取"事实因果"或"条件因果"规则。《广西壮族自治区高级人民法院民二庭关于审理公司纠纷案件若干问题的裁判指引》（桂高法民二〔2020〕19号，2020年7月27日实施）第39条规定："判断职务行为与损失之间的因果关系时，原则上可不采纳一般侵权责任中的'相当因果关系'规则，而应主要采'事实因果'或'条件因果'规则，即决策行为与公司利益损失具有事实上的直接因果关系即可，而无须具备'相当性'所要求的通常性或高度盖然性。"

争议焦点16　损害行为与损害结果之间存在因果关系的认定

裁判要点1　对于因果关系的认定应当排除正常的商业风险因素，不应将商业风险造成的结果与损害公司利益的行为造成的后果混淆。

【裁判理由】【(2019)最高法民申4427号】甘肃省地质矿产勘查开发局第一地质矿产勘查院、刘某妨损害公司利益责任纠纷再审审查与审判监督案件，最高人民法院认为：

庄浪县金龙矿业有限责任公司资产受到损失是由商业风险和其他因素共同造成的，与刘某妨履行勤勉、忠实义务存在瑕疵并无因果关系，且不能认定刘某妨与庄浪新金矿业有限公司存在关联交易，刘某妨无须承担赔偿责任。甘肃省地质矿产勘查开发局第一地质矿产勘查院主张刘某妨违反勤勉忠实义务、利用关联交易造成庄浪县金龙矿业有限责任公司利益受损，应当承担赔偿责任，没有事实和法律依据，本院不予支持。

裁判要点 2 在公司注册资本认缴制下，股东未履行或未全面履行出资义务，董事、高管负有向股东催缴出资的义务。股东欠缴的出资即为公司遭受的损失，股东欠缴出资的行为与董事消极不作为共同造成损害的发生、持续，董事未履行向股东催缴出资义务的行为与公司所受损失之间存在法律上的因果关系。

【裁判理由】【（2018）最高法民再366号】斯曼特微显示科技（深圳）有限公司（以下简称深圳斯曼特公司）、胡某生损害公司利益责任纠纷再审案件，最高人民法院认为：

一审法院依据（2012）深中法执恢字第50号执行裁定，强制执行了斯曼特微显示科技有限公司（以下简称开曼斯曼特公司）财产后，开曼斯曼特公司没有其他可供执行的财产，一审法院于2012年3月21日裁定终结该次执行程序。后深圳斯曼特公司被债权人捷普电子（苏州）有限公司申请破产清算。**由此可见，股东开曼斯曼特公司未缴清出资的行为实际损害了深圳斯曼特公司的利益，胡某生等6名董事消极不作为放任了实际损害的持续。股东开曼斯曼特公司欠缴的出资即为深圳斯曼特公司遭受的损失，开曼斯曼特公司欠缴出资的行为与胡某生等6名董事消极不作为共同造成损害的发生、持续，胡某生等6名董事未履行向股东催缴出资义务的行为与深圳斯曼特公司所受损失之间存在法律上的因果关系。**一、二审判决认为胡某生等6名董事消极不作为与深圳斯曼特公司所受损失没有直接因果关系，系认定错误，应予纠正。

（四）与归入权和损害赔偿请求权有关的争议

争议焦点17　关于胜诉利益归属主体的认定

裁判要点 1 母公司股东对全资子公司的董监高提起的股东代表诉讼，胜诉利益仍然归属于子公司，而不能归属于母公司。

【裁判理由】【（2016）陕民终255号】王某凡、党某、海航控股集团有限公司（以下简称海航控股公司）与赵某海损害公司利益责任纠纷二审案件，陕西省高级人民法院认为：

在本案中，原审法院认为胜诉利益应当归属于母公司，判决由陕西皇城海航酒店有限公司（以下简称皇城酒店公司）的董事、总经理王某凡、党某二人向皇城酒店公司的母公司海航控股公司赔偿。**本院认为，本案的胜诉利益应当归属于子公司，即皇城酒店公司的高管王某凡、党某二人应当向皇城酒店公司（子公司）赔偿损失，而不是向海航控股公司（母公司）赔偿。**（1）**子公司的损失不能等同于母公司的损失。**《公司法》第14条第2款明确规定，公司可以设立子公司，子公司具有法人资格，依法独立承担民事责任。母、子公司之间虽然存在控制与被控制的关系，但在法人财产制度上，是彼此独立的两个主体，各自依据相应的财务制度，独立核算，自负盈亏。从质的层面而言，子公司的损失必然会形成母公司的损失，但从具体的数量上讲，对于子公司，该损失是直接损失，对于母公司却是间接损失，二者不具有同一的关系。将子公司的损失直接判归母公司所有，不仅不符合现行法律的规定，亦会直接侵害子公司的财产所有权。（2）**造成母、子公司之间的财产混同。**按照《公司法》第57条关于一人有限公司的规定，母公司的全资子公司，实质上是一个一人公司，母公司是该一人公司的唯一股东。如果将子公司应得的损害赔偿直接归属于母公司，必然会造成将应当归属于子公司的财产以法律判决的方式直接划归于其唯一股东所有的情况，形成一人公司与其股东之间实质上的财产混同，亦与现行法律规定相悖。因此，本案的胜诉利益应当归属于子公司，原审判决由皇城酒店公司的董事、总经理王某凡、党某二人向皇城酒店公司的母公司海航控股公司承担赔偿责任，属适用法律错误，应予纠正。在本案二审中，赵某海对于本案胜诉利益归属于子公司亦无异议，故皇城酒店公司的董事、总经理王某凡、党某二人应当向皇城酒店公司承担赔偿责任。

裁判要点2 有限责任公司的股东提起股东代表诉讼后，经人民法院主持，诉讼各方达成调解协议的，该调解协议不仅要经过诉讼各方一致同意，还必须经过提起股东代表诉讼的股东所在的公司和该公司未参与诉讼的其他股东同意后，人民法院才能最终确认该调解协议的法律效力。

【裁判理由】【(2008)民二终字第123号，《最高人民法院公报》2009年第6期(总第152期)】浙江和信电力开发有限公司、金华市大兴物资有限公司与通和置业投资有限公司、广厦控股创业投资有限公司、上海富沃企业发展有限公司、第三人通和投资控股有限公司损害公司权益纠纷二审案件，最高人民法院认为：

以上调解协议是各方当事人在自愿基础上的真实意思表示，不违反法律、行政法规的禁止性规定。**调解协议的内容不仅经过了提起代表诉讼的股东即浙江**

和信电力开发有限公司、金华市大兴物资有限公司以及作为诉讼第三人的公司即通和投资控股有限公司的同意,而且也已经经过了通和投资控股有限公司中的其他所有股东的书面同意,所以调解协议没有损害通和投资控股有限公司及其股东的利益。本院对以上调解协议予以确认。

【笔者观点】关于损害公司利益纠纷股东代表诉讼案件中,法院出具调解书的程序问题,《九民纪要》第27条已经作出明确规定,公司是股东代表诉讼的最终受益人,为避免因原告股东与被告通过调解损害公司利益,人民法院应当审查调解协议是否为公司的意思。只有在调解协议经公司股东(大)会、董事会决议通过后,人民法院才能出具调解书予以确认。至于具体决议机关,取决于公司章程的规定。公司章程没有规定的,人民法院应当认定公司股东(大)会为决议机关。因此,股东在股东代表诉讼调解时,应注意考虑到其他股东的意见对调解书最终能否出具的影响。

争议焦点18 归入权和损害赔偿请求权是否只能择一主张

裁判要点1 公司可以先行使归入权,当行使归入权后仍不能弥补公司所遭受的损失时,对超出归入权的损失部分,公司还可以主张赔偿。

【裁判理由1】【(2011)沪一中民四(商)终字第889号】上海甲信息科技有限公司与罗某某等损害公司利益责任纠纷二审案件,上海市闵行区人民法院认为:

如果公司发现其董事、高级管理人员从事了违反竞业限制业务的经营行为,那么公司便对董事、高级管理人员享有诉权,具体表现在两个方面:**首先是行使归入权,要求确认董事、高级管理人员从事竞业经营所得的收入归公司所有**。一方面是对公司利益的恢复,另一方面也是对违反竞业限制义务的处罚。其次是要求赔偿损失,如果公司还因为董事、高级管理人员的竞业经营遭受损失,可以要求赔偿。

【裁判理由2】【(2012)民四终字第15号,《最高人民法院公报》2014年第11期(总第217期)】林某恩与李某山等损害公司利益责任纠纷二审案件,江西省高级人民法院认为:

当行使归入权后仍不能弥补损失时,对超出归入权的损失部分,仍可以主张赔偿。

二审中,最高人民法院未对一审法院这一说理进行评价。

【笔者观点】关于归入权和损害赔偿请求权在个案中是否应择一主张的问题，司法实践中存在争议。上述两案例中法院认为，公司可以先行使归入权，当行使归入权后仍不能弥补公司所遭受的损失时，对超出归入权的损失部分，公司还可以主张赔偿。而有的法院认为，归入权和损害赔偿请求权，公司应择一进行主张。

在《损害公司利益责任纠纷案件的审理思路和裁判要点》中，上海市第一中级人民法院审判委员会认为："《公司法》第一百四十八条规定，董事、高级管理人员违反禁止行为所得的收入应当归公司所有，即公司有权对上述收入行使归入权。因此，在涉及公司董事、高级管理人员违反该条规定的禁止行为时，公司既可根据该条行使归入权，也可根据《公司法》第二十一条、一百四十九条主张损害赔偿责任。归入权和损害赔偿请求权二者在构成要件上存在差异，在个案诉请中原告应择一进行主张。如原告主张行使归入权，则应举证证明行为主体是董事、高级管理人员；行为人实施了《公司法》第一百四十八条规定的禁止行为并从中获得收入；公司可得收益即为行为人因禁止行为所获利益。如原告主张行使损害赔偿请求权，则行为主体除董事、高级管理人员外还包括股东、监事；行为人所实施的侵权行为亦不限于《公司法》第一百四十八条规定的情形，应涵盖所有损害公司利益的行为；赔偿范围亦不限于行为人所得利益，应是公司所受损失。"

笔者认为，归入权与损害赔偿请求权在法理基础、适用范围、举证责任方面存在不同，应认为两种救济手段不相互排斥。如果法院不准在个案诉请中同时主张两种权利，原告可以提出在第1项诉讼请求不能获得法院支持情况下的预备性诉讼请求。①

裁判要点 2 公司行使归入权，并不以董事、高级管理人员的行为给公司造成损害或损失为前提，只要董事、高级管理人员的交易行为违反公司章程的规定或者未经股东会、股东大会同意，其与公司进行交易获得收入即应归公司所有。

【裁判理由】【（2016）苏民再296号】江苏乐辉医药科技有限公司（原江苏乐辉医药有限公司）与谢某、上海信好实业有限公司损害公司利益责任纠纷再审案件，江苏省高级人民法院认为：

① （2019）最高法民申1016号民事裁定书中，最高人民法院认为："原告提出的第二项诉讼请求是在第一项诉讼请求不能获得法院支持情况下的预备性诉讼请求，在诉讼法学理论上称之为预备合并之诉，并不违反我国民事诉讼法的相关规定。原审法院在审理认为原告第一项诉讼请求不能成立的情况下对第二项诉讼请求予以审理并作出裁判，符合诉讼便利和经济的原则，也有利于法院对当事人争议裁判的协调统一，并无不当。"

《公司法》第147条第1款规定，董事、监事、高级管理人员应当遵守法律、行政法规和公司章程，对公司负有忠实义务和勤勉义务。第148条规定，董事、高级管理人员不得有下列行为：……(4)违反公司章程的规定或者未经股东会、股东大会同意，与本公司订立合同或者进行交易；(5)未经股东会或者股东大会同意，利用职务便利为自己或者他人谋取属于公司的商业机会，自营或者为他人经营与所任职公司同类的业务……**董事、高级管理人员违反前款规定所得的收入应当归公司所有。根据以上法律规定，公司行使归入权，并不以董事、高级管理人员的交易行为获得溢出利益，或者其行为给公司造成损害或损失为前提。只要董事、高级管理人员的交易行为违反公司章程的规定或者未经股东会、股东大会同意，其与公司进行交易获得收入即应归公司所有。**

争议焦点19 归入权(损害赔偿请求权)范围及金额的计算

归入权案件的赔偿金额如何计算，必然是该类案件的重要争议焦点，笔者筛选了8个案例，从不同角度阐述了法院在支持归入权时如何判定具体的赔偿金额，法院的审理思路对诉讼律师有非常好的借鉴意义。

裁判要点1 董事、高管谋取公司商业机会的，归入权的范围应当根据董事、高级管理人员获得的收入和公司预期利益、实际损失等因素综合认定。

【裁判理由1】【(2017)沪01民终12579号】北京新月长城投资管理有限公司(以下简称新月公司)与马某辉等损害公司利益责任纠纷二审案件，上海市第一中级人民法院认为：

“归入权”就其基础性质而言，属于侵权损害赔偿。尽管最高人民法院在(2015)民申字第1518号民事裁定书中认为××集团公司还存在利用其便利与新月公司的前雇员联络的行为，但认为北京市高院的判决并无不当。新月公司在与××集团公司和陈某以及上海C公司的诉讼和仲裁过程中，已经通过诉讼和仲裁获得了相应的赔偿，且在新月公司诉××集团公司和陈某侵害其商业秘密的案件中，北京市高院在二审文书中对于损失的金额特意进行了调减，并进行了充分的论证，认为新月公司的损失已经完全可以得到弥补，在此不再赘述。现上述案件已经执行完毕，款项全部执行到位。**如果新月公司主张对于本案系争的1450万元行使归入权，将会导致其获得远远超过因合同履行而获得的预期利益。**因此，

新月公司主张行使归入权也不具有合理性。

【裁判理由2】【(2021)最高法民申1686号**】**李某、深圳市华佗在线网络有限公司(以下简称华佗在线公司)损害公司利益责任纠纷再审审查与审判监督案件,最高人民法院认为:

关于李某对华佗在线公司损失承担的赔偿责任问题。本案中,李某将其任职高管的深圳市美谷佳科技有限公司(以下简称美谷佳公司)全资子公司华佗在线公司的业务交由其实际控制的深圳友德医科技有限公司(以下简称友德医公司)经营,谋取了属于华佗在线公司的商业机会,损害了华佗在线公司的利益,违反了对华佗在线公司所负忠实义务和竞业禁止义务。根据《公司法》第148条第2款、第149条的规定,李某由此获得的收入归华佗在线公司所有,以弥补华佗在线公司的实际损失。**但在华佗在线公司损失标的系商业机会难以准确认定数额且李某的个人获益和美谷佳公司及其股东的实际损失亦无法认定的情况下,原判决综合考虑友德医等公司的运营成本、网络医院项目的发展前景和技术团队、资本团队对网络医院项目的投入、贡献情况,酌定**李某向华佗在线公司赔偿2916万元以**弥补华佗在线公司和美谷佳公司及其背后投资人的实际损失及合理期待利益**,亦无不当。

【笔者观点】董事、高管谋取公司商业机会的案件中,公司的预期利益通常难以举证,对此,上海市第一中级人民法院审判委员会在《损害公司利益责任纠纷案件的审理思路和裁判要点》中提出:"被告行为构成谋取公司商业机会的,其所侵害的即为本属于公司的预期利益。该利益通常可直接体现为被告与案外人签订业务合同的所获利润。需要注意的是,公司应就其享有该预期利益承担举证责任,如应证明公司与案外人在被告损害行为实施前存在长期良好的商业往来、已就合作进行有效磋商等。"笔者认为,通过被告与案外人签订业务合同的所获利润来认定公司的预期利益的做法,具有很高的合理性并便于原告进行举证,该观点值得推广和借鉴。

裁判要点2 董事、高管违反竞业禁止义务的,归入权的范围包括董事、高级管理人员违规所得的工资收入、股权转让溢价款。

【裁判理由】【(2021)京02民终7705号**】**安某等损害公司利益责任纠纷二审案件,北京市第二中级人民法院认为:

安某认缴并已实际缴纳出资300,000元……约定将其所持北京原点操作系

统科技有限公司(以下简称北京原点公司)30%的股权转让给北京万里红科技股份有限公司,转让价款为600,000元。安某述称,**在北京原点公司任职期间,共有3笔工资收入,分别是19,550元、9850元与37,620元。**国心高利(北京)软件系统有限公司(以下简称国心公司)对安某的上述陈述均予以认可。本案中,安某在履行国心公司董事职务期间,未经国心公司股东会同意,作为发起人股东设立北京原点公司,并任该公司的董事、副总、技术总监,自营或为他人经营北京原点公司。根据国心公司与北京原点公司登记的经营范围,两公司均包含“技术开发、计算机系统服务、软件开发、数据处理”等项目,属于经营同类业务的公司。**一审法院认定安某的上述行为违反了其对国心公司所负有的忠实义务,判决安某将367,020元所得收入支付给国心公司,符合上述法律规定,一审判决第1项本院予以维持。**

裁判要点3 董事、高管违规同业经营的,归入权的范围包括董事、高级管理人员投资同类业务公司的股权及持股期间取得红利及孳息。公司应当向董事、高级管理人员返还其持股的成本。如果董事、高级管理人员将其持股转让,则相关收益按实际取得的金额具体计算。

【裁判理由】【(2015)甬鄞商初字第544号、(2016)浙02民终3822号】宁波明州投资有限公司(以下简称明州投资公司)、洪某损害公司利益责任纠纷案件,浙江省宁波市鄞州区人民法院一审认为:

关于洪某应归入明州投资公司的金额。洪某的投资收益分为两部分,即入股贝因美婴童股份有限公司的投资收益和入股贝因美集团有限公司(以下简称贝因美集团公司)的投资收益。若洪某目前仍持有上述两家公司的股份,则需将股份无偿转让给明州投资公司,并向明州投资公司支付洪某持股期间取得的红利及孳息,同时,明州投资公司在受让股份及红利的同时,应向洪某返还其持股的成本。但洪某目前已经将其持有的上述两家公司的股票(股份)转让,故关于相关收益按实际取得的金额具体计算。

关于明州投资公司主张要求洪某赔偿因恶意低价转让贝因美集团公司股权造成的损失11,978,880元。法院认为,洪某的股权转让行为构成恶意低价转让,损害明州投资公司的合法权益,理由为:第一,宁波中院于2014年3月7日作出896号民事判决书,判决驳回洪某要求确认股东会决议无效的诉讼请求。虽洪某申请再审,但896号民事判决已经发生法律效力,该判决确认明州投资公司作出的洪某入股贝因美集团公司所得收益归明州投资公司所有的股东会决议有效,**洪**

某在判决生效后，非但不将股权转让给明州投资公司，还无视生效判决擅自将其持有的股权转让，存在恶意。第二，经评估确认贝因美集团公司2014年3月股价为18.32元/股。现洪某以2元/股的价格转让，远低于股权的实际价值。第三，明州投资公司提供944号评级报告作为价格参考标准，已经完成初步的举证责任，现洪某认为该评级报告内容不能作为参考依据，但未能提供反驳证据，也无法就2元/股的转让价格从何而来作出合理的解释，故洪某抗辩理由不成立。根据944号评级报告确定，贝因美集团公司股权的市场价值为18.32元/股，现洪某以2元/股转让，存在16.32元/股的差额损失，即11,978,880元(16.32元/股×734,000股)。案件中，若洪某未将贝因美集团公司的股权转让，则洪某需将其持有的734,000股股权转让给明州投资公司，明州投资公司可获得实际收益为股权价值扣除转让过程中应缴纳的所得税及印花税，故明州投资公司主张的11,978,880元应扣除20%的所得税2,395,776元和万分之五的印花税5989.44元，实际应向某州投资公司赔偿损失9,577,114.56元。

浙江省宁波市中级人民法院二审程序中认可一审法院上述观点。

裁判要点4 董事、高管挪用公司资金，归入权的范围包括董事、高级管理人员挪用公司资金及利息。

【裁判理由】【(2020)赣0902民初3986号】江西云风启智信息技术有限公司与鹿某鹏损害公司利益责任纠纷案件，江西省宜春市袁州区人民法院认为：

本案中，在被告担任原告公司执行董事期间，原告公司账户向被告个人账户转账支付143,920元，被告亦未到庭对该行为作出任何说明，原告主张该行为属被告利用职权擅自挪用公司资金，本院予以支持，原告诉请要求被告向其归还143,920元并支付自2020年5月14日起按年利率3.85%计算至实际还清之日止的利息，理由充分，本院予以支持。

裁判要点5 董事、高管违规将公司资金以个人名义开立账户存储的，扣除合理开支后的公司资金应当归入公司。

【裁判理由】【(2017)沪02民终9802号】王某尧与张某华损害公司利益责任纠纷二审案件，上海市第二中级人民法院认为：

综上，王某尧违反了公司法及公司章程规定的董事、高级管理人员不得将公司资金以其个人名义或者以其他个人名义开立账户存储的规定。王某尧因上述行为所得收入在扣除其为上海振国建筑工程有限公司所支付的合理开支后，应当归于上海振国建筑工程有限公司所有。张某华诉请合法有据，予以支持。

裁判要点 6 董事、高管违规自我交易的，归入权的范围包括董事、高级管理人员因违规自我交易所获得的净利润。

【裁判理由 1】【(2020)浙 04 民终 2200 号】嘉兴有住装饰工程有限公司(以下简称有住公司)、朱某滨损害公司利益责任纠纷二审案件，浙江省嘉兴市中级人民法院认为：

朱某滨作为有住公司的高级管理人员，对有住公司负有忠实义务。朱某滨具有我国《公司法》第 148 条第 1 款第 4 项的行为，有住公司有权要求朱某滨因此所得的收入归于有住公司。依照朱某滨的自认，涉案工程的利润率为 10%，扣除税收 3.5% 后，净利润率为 6.5%，即致信公司自该装饰工程中获得的净利润为 57,976.22元(891,941.83×6.5%)，有住公司对此并无异议，予以确认。上述利润依法应归于有住公司。有住公司的其余诉讼请求，缺乏事实依据，不予支持。

【裁判理由 2】【(2020)沪 01 民终 4296 号】普旭真空设备国际贸易(上海)有限公司(以下简称普旭公司)与陈某损害公司利益责任纠纷二审案件，上海市第一中级人民法院认为：

陈某担任总经理的普旭公司与××公司签署的《汽车租赁合同》，其中所涉租赁车辆的所有权人为陈某的岳母，陈某对此应属明知，但却未依照公司章程的规定和依据法律的规定向普旭公司事先充分告知，明显违反了公司法相关法律规定和普旭公司的章程，其行为构成自我交易，故其利益方岳母从案涉租赁合同中的获利应由陈某承担返还之责。普旭公司上诉行使归入权，具备法律依据，本院予以支持。具体归入金额，本院结合《汽车租赁合同》的履行情况、陈某的过错程度、普旭公司遭受的损害后果、陈某对于其岳母租赁收入的举证情况、汽车长租市场行情等因素，综合考量后酌定为人民币 98,000 元。普旭公司的其余上诉请求，不具备法律依据，本院不予支持。

(五)与损害公司利益责任纠纷有关的其他争议

争议焦点 20　关于损害公司利益责任纠纷地域管辖的认定

裁判要点 1 损害公司利益责任纠纷案件，应当适用《民事诉讼法》第 29 条规定,由侵权行为地或者被告住所地人民法院管辖。

【裁判理由1】【(2019)最高法民辖终325号】谭某仁、云南永保特种水泥有限责任公司损害公司利益责任纠纷二审案件,最高人民法院认为:

有关公司设立、确认股东资格、分配利润、公司解散等公司组织行为的诉讼,往往涉及与公司组织相关的多数利害关系人的多项法律关系变动,常出现就同一个公司的同一个组织法行为提起多个诉讼的情形。为避免案件管辖过于分散,影响司法效率或产生相同事实相异判决,《民事诉讼法》第26条[①]就公司诉讼管辖作出特殊地域管辖规定。本案系公司以特定董事、股东损害公司利益为由提起诉讼,**不符合公司组织诉讼的上述特征,应适用民事诉讼法地域管辖的一般规定而非特殊地域管辖规定**,故被告之一西南水泥有限公司的住所地人民法院四川高院对本案有管辖权。

【裁判理由2】【(2018)最高法民辖终42号】湖北福汉木业(集团)发展有限责任公司(以下简称福汉公司)、中国航空技术国际控股有限公司损害公司利益责任纠纷二审案件,最高人民法院认为:

本案争议焦点为福汉公司是否存在转移中航林业有限公司(以下简称中航林业公司)4.5亿元资金,给中航林业公司造成损失的侵权行为。**原审法院认定为侵权纠纷,并无不当。《民事诉讼法》第28条[②]规定:"因侵权行为提起的诉讼,由侵权行为地或者被告住所地人民法院管辖。"《民诉法司法解释》第24条规定:"民事诉讼法第二十八条规定的侵权行为地,包括侵权行为实施地、侵权结果发生地。"中航林业公司诉称的福汉公司转移中航林业公司4.5亿元资金,中航林业公司因此遭受损失,诉称的侵权结果发生地即中航林业公司住所地**,中航林业公司住所地位于山东省烟台开发区,本案诉讼标的额为456,663,014元,达到山东省高级人民法院受理一审民商事案件的级别管辖标准,山东省高级人民法院对本案有管辖权。福汉公司提出的管辖权异议不能成立,原审裁定驳回福汉公司提出的管辖权异议,并无不当。

裁判要点2 损害公司利益责任纠纷,应当适用《民事诉讼法》第26条[③]的规定,由公司住所地人民法院管辖。

---

① 对应现行2021年《民事诉讼法》第27条。

② 对应现行2021年《民事诉讼法》第29条。

③ 对应现行2021年《民事诉讼法》第27条,本章节下同。

【裁判理由1】【(2017)最高法民辖终219号】重庆银桥科技集团有限公司诉高某国等损害公司利益责任纠纷二审案件,最高人民法院认为:

本案系损害公司利益责任纠纷管辖权异议案件。高某国系河南中豫新型城镇化置业有限公司(以下简称中豫公司)股东,其提起本案诉讼是基于其主张的中豫公司其他股东白某军、杨某会利用对公司的控制权,与重庆银桥科技集团有限公司、重庆银桥科技集团有限公司河南分公司串通侵害中豫公司合法权益的事实,要求上述原审被告返还中豫公司项目转让款1.8亿元。**按照《民事案件案由规定》,损害公司利益责任纠纷属于与公司有关的纠纷,管辖问题应当适用《民事诉讼法》第26条的规定**。该条规定:“因公司设立、确认股东资格、分配利润、解散等纠纷提起的诉讼,由公司住所地人民法院管辖。”本案中,中豫公司住所地为河南省,因此原审法院对本案有管辖权。

【裁判理由2】【(2017)最高法民辖终391号】恒富创业投资企业、利迅投资(香港)有限公司损害公司利益责任纠纷二审案件,最高人民法院认为:

本案系损害公司利益责任纠纷。依照本院《民事案件案由规定》(根据法〔2011〕41号第一次修正),损害公司利益责任纠纷已被明文列入该规定第八部分之二十一“与公司有关的纠纷”的第256项案由,不在该规定第九部分“侵权责任纠纷”之列。因此,有关损害公司利益责任纠纷的地域管辖,不适用民事诉讼法及其司法解释关于侵权责任纠纷的规定。此外,因本案审理可能涉及收集调取与公司利益相关证据、审查股东代表诉讼的必要性和合法性等,本案由公司住所地人民法院管辖为宜,以方便当事人诉讼,便于人民法院依法审理。恒富创业投资企业、利讯投资(香港)有限公司上诉援引的民事裁定,不属于指导性案例,且与本案不具备可比性。《民事诉讼法》第26条《民诉法司法解释》第22条亦未明文排除损害公司利益责任纠纷案件的适用,原审法院裁定本案移送管辖,并无不当。

【笔者观点】笔者认为,《民事案件案由规定》中“与公司有关的纠纷”并不当然适用《民事诉讼法》第27条规定的公司诉讼特殊管辖。

“与公司有关的纠纷”共包括24个三级子案由,最高人民法院在(2019)最高法民辖终325号案中认为:公司设立、确认股东资格、分配利润、公司解散属于公司组织行为,该类纠纷往往涉及与公司组织相关的多数利害关系人的多项法律关系变动,常出现就同一个公司的同一个组织法行为提起多个诉讼的情形。为避免案件管辖过于分散,影响司法效率或产生相同事实相异判决,《民事诉讼法》第26

条就公司诉讼管辖作出特殊地域管辖规定。

除公司组织类纠纷外，“与公司有关的纠纷”还包含股权转让等合同纠纷，损害公司利益责任、股东损害公司债权人利益责任等侵权责任纠纷。因此，24个三级案由的案件适用何种管辖规定，应以诉讼标的作为判断标准确定管辖。损害公司利益责任纠纷从本质上而言属于侵权诉讼，虽然其实施侵权行为的主体以及侵权受害方具有特定性，但并不能因此而改变该类诉讼的本质。

在确定损害公司利益责任纠纷案件管辖法院时，原告方应在起诉前谨慎选择，同时参考当地法院类似裁判案例，尽量减少诉讼风险；被告方则可在接到应诉通知书后，重点关注案件管辖问题，以便及时提出管辖权异议，合理维护权益。

争议焦点21　关于竞业禁止行为诉讼时效的计算

裁判要点1 董高违反规定经营与公司同类业务的行为处于持续状态，诉讼时效应从侵权行为终了时起算。

【裁判理由1】【(2020)粤03民终16101号】深圳市宝乐汽车维修有限公司、庞某冬、深圳市捷朗汽车服务有限公司、深圳市汇宝行汽车服务有限公司、深圳市星宝行汽车服务有限公司、深圳市宝捷星汽车服务有限公司损害公司利益责任纠纷二审案件，广东省深圳市中级人民法院认为：

关于庞某冬提出的诉讼时效抗辩。**因其违反规定经营与深圳市宝乐汽车维修有限公司同类业务的行为持续至2016年3月，本案诉讼时效应从其行为终了时起算**，鉴于该抗辩不影响本案的实体处理，本院不再审查。

【裁判理由2】【(2019)沪0112民初19312号】上海德盾实业有限公司与邓某军、王某宏损害公司利益责任纠纷案件，上海市闵行区人民法院认为：

原告于2015年4月取得电脑后，对于二被告在外设立公司，并转移资质的相关行为应予以知晓，并应当知道权利受到侵害。然而，**关于侵权行为的诉讼时效，不仅应考虑权利人知道或应当知道权利受到损害的时间。根据侵权行为的性质，若为持续侵权行为，还应考虑侵权行为的结束时间。**本案中，**董事、高级管理人员损害公司设立同业竞争企业的侵权行为并非一次性行为，侵权行为应为持续性、连续性行为……由于上海申盾消防设备有限公司和上海德盾科技有限公司目前仍持续经营，王某宏仍为第三人的大股东，因此侵权行为持续至今。**王某曾于

2018年6月7日以原告的股东名义向本院提起派生诉讼，虽法院驳回王某起诉，但王某作为原告的法定代表人，可见原告也一直在主张权利。因此，**二被告的侵权行为持续至今，原告提起本案诉讼，并未超过诉讼时效。**

【裁判理由3】【(2015)济商初字第38号】济南东方管道设备有限公司与济南东方泰威机械设备有限公司等损害公司利益责任纠纷案件，山东省济南市中级人民法院认为：

李某滨违反竞业禁止的法律规定，构成了侵权，而该侵权系持续的侵权，至济南东方管道设备有限公司提起诉讼之时，侵权并未终止，故济南东方管道设备有限公司提起的诉讼并未超过诉讼时效。

裁判要点2 董高违反规定经营与公司同类业务的行为，诉讼时效自权利人知道或应当知道权利受到侵害之日起算。权利人知道或应当知道权利受到侵害的时间，可以通过工商登记信息等予以确定。

【裁判理由】【(2017)粤03民终9491号】张某民、金某芯损害公司利益责任纠纷二审案件，广东省深圳市中级人民法院认为：

深圳市中世纵横设计有限公司的股东、法定代表人、主要成员、经营范围等工商登记信息为公示信息，其经营范围于2010年4月20日变更为工业设计等，**故本院认定陈某强应自2010年4月20日起知道或应当知道张某民在与深圳市传人工业设计有限公司存在同类业务的深圳市中世纵横设计有限公司投资、任职，深圳市传人工业设计有限公司的权利受到侵害。**陈某强于2013年12月31日提起本案诉讼。因此，陈某强关于张某民2010年4月20日至2011年12月31日在深圳市中世纵横设计有限公司的收入归深圳市传人工业设计有限公司所有的诉请，已超过诉讼时效，本院不予支持。

【笔者观点】就董高同业经营的诉讼时效起算时间问题，深圳中院在(2017)粤03民终9491号案和(2020)粤03民终16101号案中分别作出了不同认定，一种观点认为诉讼时效应当从侵权行为终了时起算，另一种观点认为诉讼时效应当自权利人知道或应当知道权利受到侵害之日起算。显然，前者侧重保护被侵权人要求停止侵权的权利，后者则保护交易的稳定性。

1990年12月5日的《最高人民法院关于贯彻执行〈民法通则〉若干问题的意见(修改稿)》对持续性侵权行为的诉讼时效问题就有所讨论，但是最终没有颁布实施，而新颁布的《民法典》并没有针对持续性侵权行为的诉讼时效起算问题作出特殊规定。可见,我国立法者的态度并不认为持续性侵权的诉讼时效应当从侵权行为终了时起算。因此,笔者认为,除了商标、专利、著作权等领域的持续性侵权行为因为有特殊规定,诉讼时效可以特别确定起算时间外,其他持续性侵权行为的诉讼时效,均应当自权利人知道或者应当知道权利受到损害以及义务人之日起计算。

裁判要点3 董高违反规定经营与公司同类业务的行为,诉讼时效自权利人知道或应当知道权利受到侵害之日起算,权利人知道或应当知道权利受到侵害的时间,不以工商登记信息为准。

【裁判理由1】【(2021)苏民申4818号】王某林、淮安万润置业有限公司等损害公司利益责任纠纷再审案件,江苏省淮安经济技术开发区人民法院一审认为:

2009年2月18日,万润公司登记设立,法定代表人王某林。注册资金800万元,经营范围为房地产开发、销售等。万润公司明确恒隆公司知道或应当知道王某林有违反《公司法》第148条第5项情形的时间为2009年2月18日。恒隆公司则陈某其在2015年才得知王某林存在违反《公司法》第148条第5项的情形。

关于诉讼时效,本案为侵权纠纷,王某林同他人成立万润公司,从事房地产开发,其侵权行为一直延续,恒隆公司在2015年6月18日提起诉讼,要求王某林、万润公司承担赔偿责任,在法院判决驳回诉讼请求之后,又提起上诉,二审判决之后又提起再审,现提起本案诉讼,其一直在主张自身权利,应认定未过诉讼时效。

江苏省淮安市中级人民法院二审认为:本案为侵权纠纷,王某林同他人成立万润公司,从事房地产开发,其侵权行为一直延续,且相关诉讼一直在进行中,二审中**王某林也未提供证据证明其该主张**,故本案恒隆公司的起诉未过诉讼时效期间。

江苏省高级人民法院再审认为:王某林未经恒隆公司股东会同意,成立万润公司从事房地产开发,其侵权行为一直延续,恒隆公司分别于2015年6月18日、2018年2月22日提起诉讼,要求王某林、万润公司赔偿恒隆公司损失,故本案恒隆公司的起诉未超过诉讼时效期间。

【裁判理由2】【(2020)粤民终2741号】深圳市思达仪表有限公司、王某勇损害公司利益责任纠纷二审案件,广东省深圳市中级人民法院一审认为:

关于思达公司的起诉是否已过诉讼时效问题。思达公司主张根据银河公司上市披露的情况,主张王某勇、丁某民等人在思达公司担任董事、高级管理人员期间未经公司股东会同意从事同业经营，损害了思达公司的利益，应当赔偿思达公司损失。**银河公司工商登记信息显示，王某勇于2011年1月10日才登记为银河公司法定代表人、董事长、总经理，2011年6月20日才登记为银河公司股东**，而在此之前的2010年9月28日王某勇、丁某民即向思达公司出具《承诺函》，而丁某民当时系银河公司董事、总经理，可以判断出王某勇、丁某民系因为经营银河公司而与思达公司存在聘用对方人员、业务竞争等纠纷而出具，该单方承诺函应是根据思达公司的要求而出具，否则王某勇、丁某民不可能在离职思达公司至少8个月以上时间主动出具，由此可以认定思达公司对王某勇以他人代持方式投资创办银河公司至少在2010年9月份是知情的。

另，丁某民提交了其与曾任思达公司副总经理王某太的微信聊天记录，其中有王某太转发的《大股东与公司骨干人员座谈会会议记录》，且韩某、杨某二人均出庭作证，亦可以证明思达公司管理层在2010年9月已知晓王某勇等人以他人代持股权方式投资创办银河公司的事实，当时并未主张王某勇等人赔偿思达公司损失，且王某勇、丁某民单方作出《承诺函》两年期满时间为2012年9月28日，如王某勇、丁某民违反该承诺，思达公司至迟应在2014年9月28日前提起诉讼，主张王某勇等人侵权或违约，其于2017年5月22日向深圳市南山区人民法院第一次提起诉讼，又于2018年10月10日向一审法院第二次提起诉讼，均已过诉讼时效。

广东省高级人民法院二审认为：一审法院认定本案已过诉讼时效，证据充分、事实认定准确。一审中，被上诉人已提供了充分的证据证明本案诉讼时效已过。一审法院认定诉讼时效问题的证据链条是完整的、周延的、充分的，包括从银河公司的成立时间、王某勇和丁某民向思达公司出具《承诺函》的背景、《大股东与公司骨干人员座谈会会议记录》、杨某和韩某的证人证言等一系列完整的证据链，最后**认定思达公司在2010年9月就应该知道或已经知道王某勇等人以他人代持股权方式创办银河公司的事实，从而认定思达公司两次提起诉讼的行为均超过诉讼时效**，认定事实清楚、证据充分，无须再论。

【裁判理由3】【（2015）甬鄞商初字第544号】宁波明州投资有限公司（以下简称明州投资公司）、洪某损害公司利益责任纠纷案件，浙江省宁波市鄞州区人民法院认为：

关于案件争议焦点一，即明州投资公司之诉是否超过诉讼时效期间。**因诉讼**

时效期间从知道或应当知道权利被侵害时起算，虽然洪某的投资行为发生较早，但该投资行为一直处于持续状态，洪某未能举证证明明州投资公司在其投资贝因美婴童股份有限公司、贝因美集团有限公司时已经知情，故诉讼时效期间不应自投资行为发生时起算。现洪某在2012年5月29日向某州投资公司法定代表人项某秋发函，**明州投资公司在2012年6月5日即第一次召开讨论处置洪某对外投资行为的股东大会并作出相关决议，双方此后就股东会决议是否可撤销，是否有效的问题进行了诉讼。故明州投资公司在浙江高院86号民事判决生效后提起诉讼**，并未超过诉讼时效期间。

【笔者观点】前述（2017）粤03民终9491号案件，法院以董高投资、任职的同业业务公司工商登记信息公示公司股东、法定代表人、主要成员、经营范围等内容之日，来认定权利人应当知道权利受到侵害之日。笔者认为，该观点的合理性有待商榷，因为其赋予了被侵权公司过高的注意义务。（2021）苏民申4818号、（2015）甬鄞商初字第544号案件中，法院并没有以工商登记信息公示之日推定为公司应当知道之日，而是把举证责任归于侵权的董事和高管，（2015）甬勤商初字第544号案件最终是以该董事、高管向公司法定代表人发函之日，作为公司知道权利受侵害之日。笔者认为，该观点更具有参考、借鉴的意义。

第七章　公司决议纠纷

引　　言

公司决议作为公司意志的载体,体现着公司经营决策、内部治理的意志,也是每个公司在日常经营中不可缺少的重要环节和活动。公司决议效力与公司及股东的重大权益紧密相关,股东、董事及相关利害关系人常常就公司决议效力发生争议。因此,“公司决议纠纷”作为与公司有关的纠纷项下的一个单独案由,在商事纠纷中十分常见。

例如,在上海市高级人民法院审理的宋某祥等与杭州豪旭贸易有限公司公司决议效力确认纠纷案件中,公司作出决议将持股99%的大股东以抽逃全部出资为由予以除名,持股1%的小股东同意,而持股99%的大股东予以反对。最终上海市高级人民法院认定,公司股东会因为某股东未履行出资义务或者抽逃全部出资而决定解除其股东资格时,该拟被除名股东对股东会的这一审议事项不享有表决权,确认该除名决议有效,树立了公司决议领域中“以一敌百”的经典案例。

对于公司决议效力的判断,我国现行《公司法》对决议瑕疵的规定较为粗略,仅有第22条1个条文予以规定,且采用的是“二分法体系”,导致司法实践中经常出现“无法可依”或者裁判标准不一致的情况。2017年9月1日起施行的《公司法司法解释(四)》重构决议瑕疵为“三分法”,并以6个条文对决议效力的认定进行规定,以缓解司法实践乱象,统一了裁判标准。2021年12月《公司法(修订草案)》正式出台,该规定吸纳了《公司法司法解释(四)》的相关规定并作出了少量调整,最终新公司法将在多大程度上采用征求意见的条款仍有待观察。

本书的目的为实证研究和分析。笔者在遴选案例时,主要选取了2017年《公司法司法解释(四)》出台之后的最新案例,以此对各人民法院适用《公司法》及

《公司法司法解释(四)》的相关规定认定决议效力情况进行论证、总结和归纳,从而明确决议效力纠纷常见的争议焦点和裁判规则,为公司处理相关决议纠纷提供重要参考。

一、公司决议纠纷的定义

根据《最高人民法院民事案件案由适用要点与请求权规范指引》(第2版)[①]一书记载,公司决议纠纷,是指公司股东(大)会、董事会的决议内容违反法律、行政法规的,股东(大)会、董事会的会议召集程序、表决方式违反法律、行政法规或者公司章程,或者决议内容违反公司章程的,股东向人民法院提起诉讼,要求确认股东(大)会、董事会决议的效力或者撤销股东(大)会、董事会决议引发的纠纷。

股东(大)会决议和董事会决议作为相应的公司机关的意思表示,只有决议程序(包括会议的召集程序和表决方式)和内容均合法、公正才能发生法律效力;如果决议程序或内容上有瑕疵,就不能认为是正当的团体意思,应对其效力作否定性的评价,赋予股东对瑕疵意思表示的诉权是保护中小股东利益的重要手段。多数国家的公司法均确立了瑕疵股东(大)会、董事会决议的效力确认和撤销制度,我国《公司法》也规定了公司机关的决议无效和撤销制度,《民事案件案由规定》将公司决议纠纷列为第三级案由。

依据《公司法》第22条的规定,股东(大)会和董事会决议的瑕疵分为内容瑕疵和程序瑕疵。程序瑕疵主要指召集程序、表决方式违反法律、行政法规及公司章程。对于程序上召集程序、表决方式违反法律、行政法规及公司章程,或者内容上违反公司章程的,股东可以向人民法院提起撤销决议的诉讼。提起股东(大)会和董事会决议撤销之诉的原告,应限于公司股东。相应地,在该第三级案由下,又有公司决议效力确认纠纷与公司决议撤销纠纷两个第四级案由,具体而言:

1. 公司决议效力确认纠纷,是指公司股东(大)会和董事会的决议内容违反法律、法规,股东及利害关系人要求确认决议效力而产生的纠纷。

2. 公司决议撤销纠纷,是指公司股东(大)会和董事会的召集程序违反法律、行政法规和公司章程,或者内容违反公司章程的,股东要求撤销决议而产生的

---

① 参见人民法院出版社编著:《最高人民法院民事案件案由适用要点与请求权规范指引》(第2版),人民法院出版社2020年版,第739~740页。

纠纷。

二、公司决议纠纷的请求权基础

（一）现行法

对于公司会议决议的形态，与德国、瑞士、我国台湾地区一样，我国此前采取的是“二分法”的立法例。所谓“二分法”，是指将公司会议决议的效力瑕疵分为程序瑕疵和内容瑕疵，并分别认定为可撤销和无效，其基本逻辑建立在对决议瑕疵程度的分析基础之上，严重瑕疵构成无效的事由，相对较轻的一般瑕疵则构成可撤销的事由。

“二分法”对于公司会议决议效力的划分简单明了，但是其缺陷亦十分明显。法律行为成立是法律行为有效的前提条件，只有在法律行为成立之后，才能判断其是否有效。二者构成要件与价值取向均不相同，成立要件重在对事实进行客观评价，而生效要件是对已经成立的法律行为是否违反强制性规定及社会公序良俗进行二次价值评价。然而，二分法中决议的撤销或者无效，都是以决议的成立为前提的，在决议根本不成立的情况下，对其进行撤销或者无效认定的效力性判断无疑是荒唐的，这也是“二分法”存在的难以克服的缺陷。

除上述问题外，司法实践中对公司决议效力案件的原告范围、决议无效或者撤销决议的具体情形等问题也长期存在争议。有鉴于此，最高人民法院通过《公司法司法解释（四）》予以明确。该规定第 5 条增设了决议不成立之诉，意味着我国从决议效力认定的“二分法”走向了“三分法”的立法例。

针对公司决议相关纠纷，目前施行的《民事案件案由规定》三级案由为“公司决议纠纷”，四级案由仅包括“公司决议效力确认纠纷”及“公司决议撤销纠纷”，并无专门设立“公司决议不成立纠纷”这一案由，因此对于当事人申请人民法院确认公司决议不成立的案件，实践中大部分法院会将其归入三级案由即“公司决议纠纷”中，也有部分法院将其归入“公司决议效力确认纠纷”。

公司决议纠纷的请求权基础主要包括《民法典》、《公司法》以及《公司法司法解释（四）》中的相关规定。

1.《民法典》。

第八十五条 营利法人的权力机构、执行机构作出决议的会议召集程序、表决方式违反法律、行政法规、法人章程，或者决议内容违反法人章程的，营利法人的出资人可以请求人民法院撤销该决议。但是,营利法人依据该决议与善意相对人形成的民事法律关系不受影响。

2.《公司法》。

第二十二条　公司股东会或者股东大会、董事会的决议内容违反法律、行政法规的无效。

股东会或者股东大会、董事会的会议召集程序、表决方式违反法律、行政法规或者公司章程,或者决议内容违反公司章程的,股东可以自决议作出之日起六十日内,请求人民法院撤销。

股东依照前款规定提起诉讼的,人民法院可以应公司的请求,要求股东提供相应担保。

公司根据股东会或者股东大会、董事会决议已办理变更登记的,人民法院宣告该决议无效或者撤销该决议后,公司应当向公司登记机关申请撤销变更登记。

第四十二条　股东会会议由股东按照出资比例行使表决权;但是,公司章程另有规定的除外。

第四十三条　股东会的议事方式和表决程序,除本法有规定的外,由公司章程规定。

股东会会议作出修改公司章程、增加或者减少注册资本的决议,以及公司合并、分立、解散或者变更公司形式的决议,必须经代表三分之二以上表决权的股东通过。

3.《公司法司法解释(四)》。

第一条　公司股东、董事、监事等请求确认股东会或者股东大会、董事会决议无效或者不成立的,人民法院应当依法予以受理。

第二条　依据公司法第二十二条第二款请求撤销股东会或者股东大会、董事会决议的原告,应当在起诉时具有公司股东资格。

第三条　原告请求确认股东会或者股东大会、董事会决议不成立、无效或者撤销决议的案件,应当列公司为被告。对决议涉及的其他利害关系人,可以依法列为第三人。

一审法庭辩论终结前,其他有原告资格的人以相同的诉讼请求申请参加前款规定诉讼的,可以列为共同原告。

第四条　股东请求撤销股东会或者股东大会、董事会决议,符合公司法第二十二条第二款规定的，人民法院应当予以支持，但会议召集程序或者表决方式仅有轻微瑕疵，且对决议未产生实质影响的，人民法院不予支持。

第五条 股东会或者股东大会、董事会决议存在下列情形之一，当事人主张决议不成立的，人民法院应当予以支持：

（一）公司未召开会议的，但依据公司法第三十七条第二款或者公司章程规定可以不召开股东会或者股东大会而直接作出决定，并由全体股东在决定文件上签名、盖章的除外；

（二）会议未对决议事项进行表决的；

（三）出席会议的人数或者股东所持表决权不符合公司法或者公司章程规定的；

（四）会议的表决结果未达到公司法或者公司章程规定的通过比例的；

（五）导致决议不成立的其他情形。

第六条 股东会或者股东大会、董事会决议被人民法院判决确认无效或者撤销的，公司依据该决议与善意相对人形成的民事法律关系不受影响。

（二）《公司法》与《公司法（修订草案）》对比

关于公司决议纠纷的规定，《公司法（修订草案）》对《公司法》的相关条文进行了修改，具体文字的修改内容如下表所示。

《公司法（修订草案）》吸纳了《公司法司法解释（四）》中的部分内容，笔者归纳实质性调整主要包括以下两个方面：

第一，调整了公司决议撤销之诉除斥期间的计算起点，根据起诉主体不同分为两类：已参加公司会议的股东、董事、监事自决议作出之日起 60 日内提起撤销之诉（与《公司法》第 22 条的规定一致），未被通知参加股东会、董事会会议的股东、董事自知道或者应当知道股东会、董事会决议作出之日起 60 日内提起撤销之诉。

第二，吸纳了《公司法司法解释（四）》第 5 条决议不成立的具体情形作为第 74 条的内容，但删除了第 5 项的兜底规定，体现了对公司决议不成立情形从严认定的司法态度。

具体修改内容及影响，笔者将在本章第六部分详细阐述。

《公司法》	《公司法(修订草案)》
第二十二条　公司股东会~~或者股东大会~~、董事会的决议内容违反法律、行政法规的无效。 股东会~~或者股东大会~~、董事会的会议召集程序、表决方式违反法律、行政法规或者公司章程,或者决议内容违反公司章程的,股东可以自决议作出之日起六十日内,请求人民法院撤销。 股东依照前款规定提起诉讼的,人民法院可以应公司的请求,要求股东提供相应担保。 公司根据股东会或者股东大会、董事会决议已办理变更登记的,人民法院宣告该决议无效或者撤销该决议后,公司应当向公司登记机关申请撤销变更登记。	第七十二条　公司股东会、董事会的决议内容违反法律、行政法规的无效。 第七十三条　股东会、董事会会议的召集程序、表决方式违反法律、行政法规或者公司章程,或者决议内容违反公司章程的,**股东、董事、监事自决议作出之日起六十日内,未被通知参加股东会、董事会会议的股东、董事自知道或者应当知道股东会、董事会决议作出之日起六十日内,可以请求人民法院撤销;但是,股东会、董事会会议的召集程序或者表决方式仅有轻微瑕疵,对决议未产生实质影响的除外。** **股东、董事、监事依照前款规定提起诉讼,公司能够证明该股东、董事、监事有不正当目的的,人民法院可以应公司的请求,要求其提供相应担保。**
	第七十四条　有下列情形之一的,股东会、董事会的决议不成立: **(一)未召开股东会、董事会会议作出决议;** **(二)股东会、董事会会议未对决议事项进行表决;** **(三)出席会议的人数或者所持表决权数未达到本法或者公司章程规定的人数或者所持表决权数;** **(四)同意决议事项的人数或者所持表决权数未达到本法或者公司章程规定的人数或者所持表决权数。**
	第七十五条　股东会、董事会决议被人民法院宣告无效、撤销或者确认不成立的,公司应当向公司登记机关申请撤销根据该决议已办理的变更登记。 **股东会、董事会决议被人民法院宣告无效、撤销或者确认不成立的,公司根据该决议与善意相对人形成的民事法律关系不受影响。**

三、公司决议纠纷的地域管辖

《民事诉讼法》及《民诉法司法解释》关于公司决议纠纷的地域管辖的规定如下：

【法律规定】

《民诉法司法解释》第二十二条 因股东名册记载、请求变更公司登记、股东知情权、公司决议、公司合并、公司分立、公司减资、公司增资等纠纷提起的诉讼，依照民事诉讼法第二十六条[①]规定确定管辖。

根据《民诉法司法解释》第22条之规定，因公司决议纠纷提起的诉讼，应以《民事诉讼法》第27条有关“因公司设立、确认股东资格、分配利润、解散等纠纷提起的诉讼，由公司住所地人民法院管辖”的规定确定管辖。

公司的住所地是指公司主要办事机构所在地。办事机构所在地不明确的，由其注册地人民法院管辖。

四、公司决议纠纷之诉的期间和诉讼时效

（一）提起公司决议无效或者不成立之诉的诉讼时效

关于公司决议无效或者不成立之诉的起诉期间，法律并未进行限制。但针对此类诉讼是否适用诉讼时效制度，司法实践中存在争议。

笔者认为，公司决议不成立之诉、公司决议无效之诉不适用诉讼时效制度的限制，具体分析及案例详见本章第六部分的争议焦点1。

（二）提起公司决议撤销之诉的除斥期间

根据《公司法》第22条第2款的规定，提起公司决议撤销之诉的期间为“决议作出之日起六十日内”，该期间为除斥期间，起算时间为决议作出之日，且不存在中断事由，期限超过则丧失了程序上的诉权，存在被驳回的败诉风险。

司法实践中目前对于公司决议撤销之诉的除斥期间的起算时点有不同认识。笔者认为，在现行《公司法》及《公司法司法解释（四）》规定的框架下，决议撤销之诉的起算起点以决议作出之日起算，股东是否知情对此并无影响。但同时笔者也注意到，《公司法（修订草案）》对于上述观点有重大调整，其将公司决议撤销纠纷

---

① 对应现行2021年《民事诉讼法》第27条。

的起诉期限的起算分为两类：其一，对于公司的董事、监事和参会的股东可以在决议作出之日起60日内提起决议撤销之诉；其二，对于未参会的股东可以在知道或者应该知道决议作出之日起60日内提起决议撤销之诉。具体分析及案例详见本章第六部分的争议焦点5。

五、公司决议纠纷的当事人

(一)公司决议纠纷的原告

【法律规定】

《公司法司法解释(四)》第一条、第二条。

有权提起公司决议无效或不成立之诉的原告，与有权提起公司决议撤销之诉的原告主体范围不同。

1. 公司决议无效或者不成立之诉的原告。

根据《公司法司法解释(四)》第1条的规定，有权提起公司决议无效或者不成立之诉的原告除明确规定为股东、董事及监事外，还以“等”字作了开放性的规定。

根据《最高人民法院公司法司法解释(四)理解与适用》的内容，上述规定赋予股东、董事、监事三类主体提起公司决议无效或者不成立的诉权，其原因是一方面股东会决议和董事会决议会涉及上述三类主体的个体权益，另一方面该三类主体也有对股东会和董事会合法性的监督权力，属于公司监督权力。至于“等”的主体范围，包括与股东会或者股东大会、董事会决议内容有直接利害关系的其他人，这一类和前述行使公司权力并对公司行为的合法性负有责任的情形不同，主要是股东会决议、董事会决议通常会涉及的主体。

(1)高级管理人员。股东会或者股东大会决议和董事会决议通常会设定与高级管理人员相关的权利义务，因此，高级管理人员在该决议与其个人相关的时候，构成“直接利害关系”，即符合民事诉讼法中的“诉因”的条件，故可以起诉。

(2)公司员工。公司员工不属于公司内部人员，理论上与公司之间仅仅构成劳动合同关系。但是，在两种典型情况下，员工与股东会或者股东大会决议、董事会决议具有直接利害关系。第一种是设定员工的义务，比如竞业禁止、保密等义务。此类设定员工的义务行为是否有效，在理论上和实践上都可能存在争议，但的确可能会构成对员工权利的侵害。这种内部决议的行为是否可以构成对员工与公司的合同关系的损害，是否必须通过对股东会或者股东大会决议、董事会决议的诉讼来提供救济确有进一步分析的必要，但此种以股东会或者股东大会、董事会决议的方式作出的限制员工权利的行为，通常会涉及集体，而直接通过提起决议效力之诉可以降低员工的救济成本。第二种是员工持股，包括高管人员的管理股，通常是由公司以公司政策的方式，并且以董事会决议或/和股东会决议的方式作出的，通过本条的界定可以直接赋予员工持股不受非法状态侵害的权利。

（3）公司的债权人。通常情形下，公司的债权人，诸如银行，只是通过合同与公司之间存在利益关系，与公司员工通过竞业禁止等合同约束的情形类似，法院可以通过对合同的合法性审查、针对原告的诉请提供救济。债权人作为公司外部人，理论上是不受公司内部决议的约束的，但实践中，公司的决议可能对债权人的利益有直接影响。例如，公司对股东过度分配利润导致债权事实上无法清偿；又如，银行与公司签订贷款协议时，可能会要求对公司的重大资本变动决议事项有否决权，公司在未依据合同约定而作出决议时，可能会影响债权人的利益。

因此，本条司法解释实质上采取了较为宽泛的界定，以“等”字指代“直接利害关系”标准，目的在于贯彻诉的利益原则，从而为根据民事诉讼法相关规定允许高级管理人员、员工、债权人成为决议确认之诉的适格原告留下了空间。

2. 公司决议撤销之诉的原告。

根据现行《公司法》的规定，有权提起撤销决议之诉的原告仅为诉讼时具有股东资格的股东，最高人民法院在《最高人民法院公司法司法解释（四）理解与适用》一书中指出，实践中在确定撤销之诉的原告时应注意以下四个方面。

（1）提起决议撤销之诉的原告区别于无效与不成立之诉，仅限于股东，不包括公司董事、监事等其他主体，对于不符合主体条件的原告，存在诉讼主体不适格被驳回起诉的败诉风险。

（2）提起决议撤销之诉的股东应在起诉时具备股东资格，如起诉时不具备股东资格，则对于诉争决议已无诉的利益，故亦无权提起诉讼。

（3）提起决议撤销之诉的股东对于其在决议时是否具备股东资格、是否参加相关会议、是否具有表决权以及持股比例等均无限制，因此公司决议作出之后受让股份的股东，只要在起诉时具备股东资格并符合诉讼法规定的条件，亦可作为原告提起诉讼。

（4）对于起诉时符合条件，在诉讼过程中丧失股东资格的原告，根据《民诉法司法解释》第249条第1款“在诉讼中,争议的民事权利义务转移的,不影响当事人的诉讼主体资格和诉讼地位。人民法院作出的发生法律效力的判决、裁定对受让人具有拘束力”之规定,法院作出的发生法律效力的判决、裁定对股权受让人也具有拘束力,受让人参加诉讼的,法院应予准许。

同时,我们也应注意到《公司法(修订草案)》扩大了提起公司决议撤销之诉的主体范围,将公司董事、监事纳入了提起公司决议撤销之诉的范畴。

3. 关于共同原告问题。

针对公司决议纠纷共同原告的问题,《最高人民法院公司法司法解释(四)理解与适用》认为应当按照以下原则处理:

第一,在一审法庭辩论终结前,其他有原告资格的人申请加入公司决议效力诉讼的处理。对同一公司决议而言,其他有原告资格的人申请加入该诉讼的,应当根据其具体的诉讼请求,确定其诉讼地位。其诉讼请求与原告相同的,可以列为共同原告。如其主张与原告诉请不同,如本诉原告主张否定该公司决议的效力,而申请加入者主张肯定公司决议的效力,则不应列其为共同原告,因其与该决议有法律上的利害关系,可将其列为第三人。

第二,在一审法庭辩论终结后,其他有原告资格的人申请加入公司决议效力诉讼的处理。在一审法庭辩论终结后,其他有原告资格的人申请加入公司决议效力诉讼的,由于本诉的主要审理活动已经结束,可告知其另行起诉。通常而言,如果其诉讼请求及事由与该既有诉讼的原告完全一致,而既有诉讼的判决具有对世性,对其亦有拘束力,故其再行提起同样的诉讼,并无实体上的意义。

(二)公司决议纠纷的被告

【法律规定】

《公司法司法解释(四)》第三条。

公司决议纠纷之诉的被告为公司,其他关系人仅能列为第三人。

在公司决议效力诉讼中,经常出现原告将股东、董事列为被告,而不是将公司列为被告的情形,或者同时将公司及股东、董事列为被告的情形。对此,《最高人民法院公司法司法解释(四)理解与适用》认为应当按照以下原则处理:

第一,提起公司决议效力诉讼,但仅将其他股东或者董事列为被告,而未将公司列为被告的处理。根据《民事诉讼法》第122条的规定,起诉的条件是有明确的被告,而并未规定“被告必须适格”,故仅从当事人的诉权保护角度来看,如果适格原告提出了明确的被告，则法院应告知原告变更被告，如原告坚持不变更，法院不予受理。如已受理，则应驳回起诉。

第二，既列公司为被告，又列其他股东、董事等公司以外的其他主体为被告的，人民法院应当告知原告将公司以外的其他主体变更为第三人。原告拒绝变更的，应当驳回其对公司以外的其他主体的起诉。其他股东、董事等利害关系人需要参加诉讼的，人民法院可依法追加列为第三人。

第三，因为在公司决议效力诉讼中，适格被告仅限于公司，故从诉讼管辖的角度看，只有公司住所地的人民法院有管辖权。原告将其他不适格主体列为被告，以此制造“连接点”取得管辖权的，属于恶意规避管辖权的行为，既是司法资源的浪费，也给其他主体参与诉讼带来不便，不应据此认定由此生成其他主体所在地法院的管辖权。

（三）公司决议纠纷的第三人

【法律规定】

《公司法司法解释（四）》第三条。

由于股东（大）会和董事会均为公司的机关，诉讼的结果是宣告决议无效或者撤销决议，因此该案由的被告为公司，对决议涉及的相对利害关系人，可以列为共同被告或者第三人。

所谓“其他利害关系人”的范围，笔者认为：在某一股东诉请决议撤销、无效或不成立的情况下，其他股东虽未作为原告参与诉讼，但该决议案裁判结果均约束该股东，其可以作为第三人参与诉讼。

此外，其他主体亦可能与涉诉公司决议存在利害关系，如关于营业资产对外转让的受让人，根据股东会、股东大会决议选举出来的股东等，如果作出决议撤销的判决，将可能对公司基于该项决议所实施的后续行为产生影响。故与该决议有利害关系的其他主体，亦可作为第三人申请参加诉讼或者由人民法院通知其参加诉讼。

六、公司决议纠纷的常见争议焦点

笔者检索相关案例发现，关于公司决议纠纷，目前司法实践中的主要争议仍集中于决议效力的认定领域，特别是各种公司决议无效、可撤销之间的界限以及各情形之间的转化等问题。

笔者认为，造成该问题的主要原因是，对于存在程序性瑕疵的公司决议，目前相关规范的基本态度是根据“瑕疵程度”不同，将决议效力划分为不成立、可撤销、生效（瑕疵轻微），各法院可能因对决议“瑕疵程度”的不同认识而对决议效力作出不同的认定。例如，对于公司决议某一瑕疵是否属于轻微瑕疵并对决议效力产生实质性影响的，不同法院可能因考虑的裁量因素不同而作出截然相反的判决结果。此外，商事实践中纷繁复杂的公司决议瑕疵也往往难以简单地适用“瑕疵程度”进行区分和认定。例如，存在伪造签名的公司决议效力应当如何认定、超出股东会或者董事会权限范围的效力如何认定等问题长久以来困扰着司法裁判。

为了充分说明《公司法司法解释（四）》出台后各法院对其的适用情况，分析目前司法实践中对相关争议焦点的不同认定和裁判结果，笔者将争议焦点分为三大部分论述：第一部分为与公司决议效力确认纠纷有关的争议，主要梳理确认公司决议有效或者无效的具体情形及相关案例；第二部分为与公司决议撤销纠纷有关的争议，主要梳理公司决议可撤销的具体情形及相关案例；第三部分为公司决议不成立、无效、可撤销的界限与转化有关的争议。

（一）与公司决议效力确认纠纷有关的争议

争议焦点1　公司决议不成立或者无效之诉是否适用诉讼时效制度

裁判要点1 公司决议不成立或者无效之诉适用诉讼时效制度。

【裁判理由】【（2017）沪民申1582号】张某云与上海进福房地产开发有限公司公司决议效力确认纠纷二审案件，上海市高级人民法院认为：

关于本案是否适用诉讼时效规定，本院认为，基于公司制度的特殊性，该民事权利的救济方式主要体现在请求司法否认决议效力程序上。**故对该种权利的保护，同样落入诉讼时效的客体范围，现有法律也无特别规定此种情形不适用诉讼时效，故根据民事权利属性和诉讼时效原理，本案情形应当适用普通诉讼时效规定。**赋予公司诉讼时效抗辩，在于督促股东积极关注并及时行使权利，否则，如果无限期地允许股东随时请求否认决议效力，将使公司通过决议而形成的事实状态长期处于不稳定之中，损害交易安全和交易秩序，破坏公司外部法律关系稳定，这也与公司法的立法精神和原则相悖。因此，本案张某云起诉应当适用诉讼时效规定。本案系争股东会决议并未成立，张某云可以从知道或应当知道自己的股东权利被侵犯后，在法律规定的诉讼时效内提起诉讼，现其起诉已超过2年时效期间，本院依法不予支持。

裁判要点2 公司决议不成立或者无效之诉不适用诉讼时效制度。

【裁判理由1】【(2018)辽民终920号】海城智胜镁制品有限公司与美国华盈有限公司、海城市后英经贸集团有限公司公司决议纠纷二审案件，辽宁省高级人民法院认为：

从诉讼时效的功能性来说，诉讼时效制度是公权力对于相关权利人权利保护的期限，其设立目的是敦促权利人及时行使权利。诉讼时效期间届满，则义务人得以据此抗辩权利人的请求。**而《公司法司法解释（四）》第5条所确立的公司决议不成立之诉是为了否决存在程序严重瑕疵的公司决议的效力。公司决议不成立、不发生法律效力是自始的、终局的，如赋予该诉权以诉讼时效制度，则意味着在诉讼时效届满后，相关决议处于未定状态，既不认定其成立，亦不能认定其不成立，有违商事交易稳定的原则。**

【裁判理由2】【(2019)苏01民终470号】优龙（北京）重防腐涂料有限公司（以下简称优龙北京公司）、优龙国际海洋工业防腐工程技术有限公司等公司决议纠纷二审案件，江苏省南京市中级人民法院认为：

关于优龙北京公司诉请是否应当适用诉讼时效的规定，如应当适用，有无超过诉讼时效问题。本案优龙北京公司的诉请是要求确认董事会决议等文件无效，后变更为不成立，其提起的是确认之诉。《诉讼时效司法解释》第1条规定，当事人可以对债权请求权提出诉讼时效抗辩。**故诉讼时效的客体应为债权请求权，且该请求权应具有财产权利属性。公司决议纠纷案件不具有财产权利属性，公司决议效力确认权属于形成权，即依照权利人单方意思表示就可以使已经成立的民事法律关系发生变化，决议不成立或无效均自始开始，单纯的时间经过不能改变不成立或无效决议的违法性，故优龙北京公司的诉请不适用诉讼时效的规定。**基于此，对优龙北京公司的诉请有无超过诉讼时效，已无审查之必要。

裁判要点3 公司决议不成立之诉不适用诉讼时效的相关规定，但是相关利害关系人仍应及时行使权利，其知道或者应该知道决议不成立事由之日起超过1年之后才提起诉讼的，法院判决驳回诉讼请求。

【裁判理由】【(2019)沪02民终6605号】李某飞与上海漾恩企业管理咨询有限公司（以下简称漾恩公司）公司决议效力确认纠纷二审案件，上海市第二中级人民法院认为：

一审法院认为，李某飞作为漾恩公司的股东应当关注漾恩公司的企业信息，漾恩公司于2016年8月1日在工商部门办理增资事宜，李某飞作为股东应当知道。其称当时因未予查询并不知晓，直至2018年3月6399号案应诉过程中才知晓，但在案事实表明，李某飞在永康法院诉讼时对增资事项就已知晓，并以实际投资行为履行了股东会决议内容。股东会决议不成立之诉，不涉及债权主张，不适用诉讼时效的相关规定，**但从商事交易效率出发，相关利害关系人仍应及时行权，以避免因长时间才提出不成立主张，影响公司运行秩序和效率。本案中，有证据证明李某飞最迟在2017年6月已知晓增资事宜，但其直至2018年10月才提起本案诉讼，未在合理期限内主张权利，依照诚实信用和公平原则，一审法院也难以支持其诉请。**

【笔者观点】目前我国司法实践中对于公司决议不成立之诉、公司决议无效之诉是否应适用诉讼时效制度尚未形成统一的裁判要点。有些法院认为，决议不成立之诉系股东权利遭受侵害之后进行的公力救济，基于督促股东积极关注和行使权利的目的以及维护交易安全的考量，决议不成立之诉适用普通诉讼时效制。有些法院则认为，决议不成立之诉系确认之诉，涉及形成权的行使，不符合诉讼时效制度适用的客体，不应当适用诉讼时效制度。还有个别法院认为，决议不成立之诉虽然不适用诉讼时效制度，但相关利害关系人应及时行权，如未在合理期限内主张权利，其诉讼请求不应得到支持。

笔者认为，公司决议不成立之诉、公司决议无效之诉不适用诉讼时效制度的限制。其原因是，根据《诉讼时效司法解释》第1条的规定，我国诉讼时效适用于债权请求权。债权人实现债权的主要方式就是行使请求权，提起的为给付之诉。上述两类诉讼属于确认之诉，依法不应被纳入给付之诉的范畴中。督促利害关系人积极行使权力、维护交易安全不应突破目前的法律制度框架原则和底线。

争议焦点2 确认公司决议有效之诉是否属于人民法院的受案范围

裁判要点1 确认公司决议有效之诉属于人民法院的受案范围。

【裁判理由1】【(2018)粤03民终11880号】全某、周某康诉深圳市梧桐会投资发展有限公司（以下简称梧桐会公司）、苗某学公司决议效力确认纠纷二审案件，广东省深圳市中级人民法院认为：

公司法上的确认公司决议无效或者不成立之诉是民事诉讼法上一般确认之诉的特别类型，其并未排除当事人在符合条件时提起民事诉讼法上的一般确认之诉，不能因《公司法》及《公司法司法解释（四）》仅规定了确认公司决议无效或者不成立之诉及公司决议撤销之诉就当然否定当事人提起的确认公司决议有效之诉。股东会决议属于公司自治范畴事项，通常情况下，股东会作出的决议，对全体股东均具有拘束力，其有效性无须通过司法确认加以确定。**考察司法是否有必要介入公司治理，应主要考量个案中股东确认股东会决议有效的请求是否具有可诉性，是否有必要以司法裁判的形式给当事人以救济，即股东对此是否具有诉的利益。**本案中，2017 年 2 月 16 日形成的《梧桐会公司关于变更执行董事的股东会决议》载明：解除苗某学的梧桐会公司执行董事职务；由全某担任梧桐会公司执行董事，并根据公司章程由其担任法定代表人。因全某、周某康与苗某学对该股东会决议的效力存在争议，致无法变更公司执行董事和法定代表人的登记，该股东会决议作出后实际未得到及时、有效履行。故认可 2017 年 2 月 16 日股东会决议的全某、周某康要求梧桐会公司及苗某学按照该股东会决议协助履行办理工商变更登记手续，需以请求确认该股东会决议有效为前提。有鉴于此，全某、周某康对确认 2017 年 2 月 16 日股东会决议有效的请求具有诉的利益，其提起确认股东会决议有效之诉，属于人民法院受理案件范围。一审法院以全某、周某康的诉请无法律依据及不具有诉的利益为由认定本案不属于人民法院受理案件范围不当，本院予以纠正。

【裁判理由 2】【（2014）沪二中民四（商）终字第 1261 号】宋某祥等与杭州豪旭贸易有限公司（以下简称豪旭公司）公司决议效力确认纠纷二审案件，上海市第二中级人民法院认为：

关于第二个争议焦点，《公司法司法解释（三）》第 17 条第 1 款规定，有限责任公司的股东未履行出资义务或者抽逃全部出资，经公司催告缴纳或者返还，其在合理期间内仍未缴纳或者返还出资，公司以股东会决议解除该股东的股东资格，该股东请求确认该解除行为无效的，人民法院不予支持。根据本院审理查明的事实和对前述第一个争议焦点的认定，上海万禹国际贸易有限公司（以下简称万禹公司）以股东会决议形式解除豪旭公司股东资格的核心要件均已具备，但在股东会决议就股东除名问题进行讨论和决议时，拟被除名股东是否应当回避，即是否应当将豪旭公司本身排除在外，各方对此意见不一。《公司法司法解释(三)》对此未作规定。本院认为，《公司法司法解释(三)》第17条中规定的股东除名权是公司为消除不履行义务的股东对公司和其他股东所产生不利影响而享有的一种法定权能，是不以征求被除名股东的意思为前提和基础的。在特定情形下，股东除名决议作出时，会涉及被除名股东可能操纵表决权的情形。故当某一股东与股东会讨论的决议事项有特别利害关系时，该股东不得就其持有的股权行使表决权。本案中，豪旭公司是持有万禹公司99%股权的大股东，万禹公司召开系争股东会会议前通知了豪旭公司参加会议，并由其委托的代理人在会议上进行了申辩和提出反对意见，已尽到了对拟被除名股东权利的保护。但如前所述，豪旭公司在系争决议表决时，其所持股权对应的表决权应被排除在外。**本院认为，本案系争除名决议已获除豪旭公司以外的其他股东一致表决同意系争决议内容，即以100%表决权同意并通过，故万禹公司2014年3月25日作出的股东会决议应属有效。本院对原审判决予以改判。**

裁判要点2 确认公司决议有效之诉不属于人民法院的受案范围。

【裁判理由1】【(2019)最高法民再335号】王某宣与付某雨等第三人撤销之诉再审案件，最高人民法院认为：

禹州市方山镇付家门村新型建材有限公司(以下简称建材公司)通过股东会决议形式解除了付某雨股东资格是公司内部的自治行为，依照法律或公司章程规定的议事方式和表决程序作出的决议，自作出时生效，只有存在效力阻却事由时才能导致效力瑕疵，而**依照我国现行公司法和相关司法解释的规定，该效力阻却事由包括股东、董事、监事提起“公司决议无效、可撤销或不成立”之诉，但并未将确认公司决议有效之诉列为人民法院民事案件的受理范围**。最后，《公司法司法解释(四)》第3条第1款规定：“原告请求确认股东会或者股东大会、董事会决议不成立、无效或者撤销决议的案件，应当列公司为被告”，故涉及公司决议效力的案件只有公司才是适格被告，而本案中建材公司作为原告起诉，其诉讼地位亦不符合上述司法解释的规定，故建材公司不具有提起该诉的主体资格，**建材公司提起的公司决议效力确认之诉也不属人民法院审理范围**。河南省高级人民法院(2018)豫民终645号民事裁定关于建材公司提起的公司决议效力确认之诉属于人民法院审理范围的认定不当，本院予以纠正。

【裁判理由2】【(2017)黔民终486号】李某、程某钢公司决议效力确认纠纷二审案件，贵州省高级人民法院认为：

关于李某、程某钢能否请求确认遵义长征城红色旅游开发有限公司股东会决议有效。本院认为，根据《公司法》第22条的规定，股东认为股东会决议违反法律法规和公司章程的，会议召集程序、表决方式违反法律法规和公司章程的，有权提起决议无效或撤销之诉。《公司法司法解释(四)》第1条规定，公司股东、董事、监事等请求确认股东会决议无效或者不成立的，人民法院应当依法予以受理。可见，《公司法》关于股东会决议效力的诉讼分为决议无效之诉和决议撤销之诉。在此基础上，《公司法司法解释(四)》增加了决议不成立之诉。因此《公司法》及《公司法司法解释(四)》所规定的股东会决议效力的诉讼均为股东会决议效力瑕疵诉讼。我国关于股东会决议效力瑕疵诉讼的立法规定，旨在赋予受股东会瑕疵决议损害的股东或其他当事人行使法定的救济权利，以维护其合法利益。**但是《公司法》及其司法解释以及其他法律法规均没有规定确认股东会决议有效之诉。股东会决议是公司治理的主要方式和主要载体。公司治理在总体上属于公司自治的范围，司法介入公司治理活动应以尊重公司自治为原则，保持一定的谦抑性。法院能够受理法定的股东会决议效力瑕疵诉讼，但不宜受理立法未规定的确认股东会决议有效之诉。与股东会决议有利益关系的人，可通过法定途径提起股东会决议的无效诉讼、撤销诉讼或不成立诉讼。本案中，一审法院受理李某、程某钢要求确认股东会决议有效之诉，法律上缺乏相应的依据，未能体现司法介入公司治理活动的谦抑性，不利于受股东会瑕疵决议损害的股东或其他当事人的权益救济。**一审法院对本案进行实体处理不当，应予撤销，并应依法驳回李某、程某钢的起诉。

【笔者观点】2016年4月12日发布的《最高人民法院关于适用〈中华人民共和国公司法〉若干问题的规定(四)(征求意见稿)》第1条规定：“公司股东、董事、监事及与股东会或者股东大会、董事会决议内容有直接利害关系的公司高级管理人员、职工、债权人等，依据公司法第二十二条第一款起诉请求确认决议无效或者有效的，应当依法受理。”但在最终颁布实施的《公司法司法解释(四)》中，又将该条款进行了修订，未将确认决议有效之诉明确纳入人民法院的受案范围，这引起了司法实践中对该问题的不同认识。

例如，《北京市高级人民法院关于审理公司纠纷案件若干问题的指导意见》(京高法发〔2008〕127号，实施日期：2008年4月21日)第10条认为，“股东仅请求确认股东会决议、董事会决议有效的，人民法院裁定不予受理”。再如，《广西壮族自治区高级人民法院民二庭关于审理公司纠纷案件若干问题的裁判指引》第11条认为，“股东会对于公司经营管理事项作出的决议，原则上不得由股东或公司直接诉请人民法院予以确认并执行。……至于‘公司决议纠纷’案由，其涉及的是公司决议是否存在无效、可撤销或不成立的情形，而并非股东或公司可以任意要求对决议内容予以司法确认的依据，人民法院要注意正确适用该案由”。

笔者认为，《公司法》及《民事诉讼法》没有明确排除股东提起确认公司决议有效之诉的权利，在原告能够证明其对于确认公司决议有效具有诉的利益时，应认定原告有提起确认决议有效的权利。因此，能否提起确认决议有效之诉这一问题，法院需要在个案中认定原告是否具有诉的利益，对此应当按照民事诉讼法的一般规则加以判断。而且，实践中也经常存在公司决议作出后因某些特殊原因无法执行（例如无法办理公司变更登记等）的情况，公司对已形成的决议不予履行与决议存在瑕疵一样可能令部分股东权利受到损害，导致该部分股东需要通过确认决议有效来寻求救济，从而具备了提起确认公司决议有效之诉的“利益”。因此，确认公司决议有效的权利符合民法基本原则，应当依法加以保护。

争议焦点3　公司决议不成立的情形认定

《公司法司法解释（四）》第5条对决议不成立的情形予以明确，前4项为具体情形，第5项为兜底条款，《公司法（修订草案）》进一步将决议不成立的兜底条款予以删除，对统一司法裁判尺度意义重大。

裁判要点1 未实际召开股东会或者董事会的，应认定决议不成立。

【裁判理由1】【（2018）京04民初229号】刘某与天睿信科技术（北京）有限公司公司决议效力确认纠纷案件，北京市第四中级人民法院认为：

公司决议作为民事法律行为的一种，需满足民事法律行为的成立要件。首先，决议须为股东会、股东大会或者董事会作出。其次，股东会、股东大会或者董事会决议须以发生一定的法律效果为目的而作出。最后，股东会、股东大会或董事会决议需形成意思表示方能成立。现天睿信科技术（北京）有限公司就2018年3月20日董事会会议的召开和通知方式未能提供证据证明，且2018年3月20日董事会决议上刘某的签名不真实，刘某对该董事会决议不予认可并不予追认代签名的效力，**故涉案2018年3月20日董事会是否召开本院无法认定，2018年3月20日董事会决议构成决议不成立的情形**。

【裁判理由2】【(2019)云03民终1755号】曲靖绿源农产品开发有限公司、曲靖市绿云加工有限公司公司决议效力确认纠纷二审案件，云南省曲靖市中级人民法院认为：

有限责任公司的股东会议，应当由符合法律规定的召集人依照法律或公司章程规定的程序，召集全体股东出席，并由符合法律规定的主持人主持会议。股东会议需要对相关事项作出决议时，应由股东依照法律、公司章程规定的议事方式、表决程序进行议决，达到法律、公司章程规定的表决权比例时方可形成股东会决议。有限责任公司通过股东会对变更公司章程内容、决定股权转让等事项作出决议，其实质是公司股东通过参加股东会议行使股东权利、决定变更其自身与公司的民事法律关系的过程，因此公司股东实际参与股东会议并作出真实意思表示，是股东会议及其决议有效的必要条件。本案中，虽然原审第三人杨某享有被告曲靖市绿云加工有限公司绝对多数的表决权，但并不意味着杨某个人利用控制公司的便利作出的个人决策过程就等同于召开了公司股东会议，也不意味着杨某个人的意志即可代替股东会决议的效力。根据天禹司法鉴定中心所作的鉴定意见书，**鉴定结论为：涉案股东会决议落款处“曲靖绿源农产品开发有限公司”印文与送检的曲靖绿源农产品开发有限公司印章不是同一枚印章所盖印，股东会决议落款处签名“包某”及签名上的指印，签名字迹不是同一人所写，指印不是同一人所留。据此，不能认定2016年1月4日曲靖市绿云加工有限公司实际召开了股东会，更不能认定就该次会议形成了真实有效的股东会决议**。曲靖市绿云加工有限公司据以决定办理公司变更登记、股权转让等事项的所谓“股东会决议”，实际上并不存在，股权决议当然不能产生法律效力。

【裁判理由3】【(2020)京03民终7886号】董某等与北京京麟资产管理有限公司公司决议效力确认纠纷二审案件，北京市第三中级人民法院认为：

董某主张涉案该两份决议的作出均未召开股东会议，且非其本人签署，应属不成立。宋某主张该两份决议的作出曾召开股东会议，但同时称参加会议的人员中不包含董某，由董某伦代董某签署涉案决议，故本案现争议焦点为涉案股东会决议是否不成立。根据法律规定，股东会决议应当在召开股东会时作出，例外情形是有限责任公司的股东一致同意，可以不召开股东会议而直接作出决定，并由全体股东签名或盖章。**根据本案查明的事实,董某并未参加2016年8月25日的股东会议,亦无证据证明其授权他人参加会议或代为签署决议,且涉案两份股东会决议上的签名并非董某本人签署。**董某与董某伦之间虽系母子关系,但现有证据并不足以证明董某对涉案两份决议的签署存在授权或追认,故北京京麟资产管理有限公司于2016年8月25日作出的两份股东会决议并不符合以上法律规定的未召开股东会议但决议成立的例外情形,**应属不成立**。

裁判要点2 会议未对决议事项进行表决的,决议不成立。

【裁判理由1】【(2019)粤03民终21780号】深圳市建富承翰房地产开发有限公司(以下简称建富承翰公司)、广东华邦盛世投资发展有限公司(以下简称华邦盛世公司)与深圳市承翰投资开发集团有限公司(以下简称承翰投资公司)、蒋某、王某君公司决议纠纷二审案件,广东省深圳市中级人民法院认为:

双方当事人对落款时间为2018年7月25日的《股东会决议》第2页上的签名、盖章的真实性不持异议,且均确认2018年7月18日曾在一酒店咖啡厅召开过股东会。承翰投资公司、蒋某、王某君主张当时有召开股东会但无形成书面文件,2018年7月25日的《股东会决议》系伪造的。华邦盛世公司在本院二审调查时确认所任命的法定代表人张某辉为华邦盛世公司所推荐、2018年7月18日已形成股东会决议、《股东会决议》文本系华邦盛世公司员工王某制作好后分别通知或邮寄各股东在正本上签名或盖章,但华邦盛世公司未能提交寄出、收回《股东会决议》的邮寄证据或与其他股东联系签字、盖章事宜的手机短信、微信聊天记录、电子邮件等证据予以证明,特别是在本院二审调查时华邦盛世公司不再申请对《股东会决议》上承翰投资公司、蒋某、王某君签字、盖章的形成时间进行鉴定,应承担由此产生的不利后果。**《股东会决议》首页与次页没有加盖骑缝章,建富承翰公司、华邦盛世公司没有证据证明《股东会决议》的次页与首页之间存在关联性**,且《章程修正案》亦无各股东的签字或盖章,建富承翰公司、华邦盛世公司又未能提交其他证据予以佐证,又因承翰投资公司、蒋某、王某君通过起诉的方式表达其对决议内容的异议,**本院亦认为涉案《股东会决议》并非承翰投资公司、蒋某、王某君的真实意思表示,该《股东会决议》因各股东未对决议事项进行表决而不成立。**《股东会决议》必须符合成立要件,方有必要进一步探究是否存在无效或可撤销的事由。因涉案《股东会决议》不成立,不存在撤销的问题。一审法院未作释明,直接判决撤销涉案《股东会决议》,适用法律不当,本院予以纠正。

【裁判理由2】【(2020)苏05民终11669号】苏州杰旭管理咨询合伙企业(以下简称杰旭公司)与苏州杰成医疗科技有限公司(以下简称杰成公司)公司决议效力确认纠纷二审案件,江苏省苏州市中级人民法院认为:

二审庭审中,杰旭公司、杰成公司以及董事会会议地点上海段和段律师事务所的两位在场律师刘某、章某,均确认在2019年5月13日当天,各董事签字时相关决议的文本尚未整理打印,各方仅在签字页中签字,相关决议具体内容是刘某、章某两位律师在事后进行的整理。各方对该节事实的陈述一致,且并无其他相反证据推翻该陈述。尤其是与本案并无利害关系的两位见证律师的陈述,与其事后向微信群中发送整理后的董事会决议的行为相互印证,足以证明其陈述的真实性,故本院予以认定。对于证人刘某、章某两位律师所称的当天各董事对于决议的内容已经达成一致,其并未提供会议记录等相关证据予以佐证,杰旭公司、杰成公司也均予以否认,故本院难以认定。因此,结合双方当事人所陈述的案涉董事会召开的目的,本院认为全体董事在单独打印的签字页中签字的行为,应当认定为一致同意若会后整理的决议内容各董事通过补充表决一致通过,则将决议内容附在签字页前,从而形成完整的决议文本。**并且,董事对董事会相关议题进行的表决,应当是对决议内容作出同意或不同意的积极行为,消极行为不能视为对决议内容同意或不同意的意思表示。根据证人提供证据显示,当章某将整理好的决议文本发送到各董事所在的微信群中,各董事均未作出同意或不同意的意思表示。故无法认定全体董事对决议内容进行了事后表决,从而补足相关决议程序。**综上,**本院认定在董事会召开当天,各董事并未就决议事项进行表决,形式上的签字行为并未产生同意决议内容的法律效果。事后,各方也未就整理后的决议内容进行补充表决,该次董事会决议未成立。**

裁判要点3 出席会议的人数或者股东所持表决权不符合公司法或者公司章程规定的,决议不成立。

【裁判理由1】【(2018)川01民初3173号】法派香港有限公司(以下简称法派香港公司)与四川法派服饰发展有限公司(以下简称四川法派公司)公司决议撤销纠纷案件,四川省成都市中级人民法院认为:

四川法派公司章程明确规定“四川法派公司的合并、分立、中止、解散、章程的修改、注册资本的增加、减少事项应由出席董事会会议的董事一致通过方可作出决议,其他事项的董事会决议须由2/3以上的董事会成员一致同意通过;董事会会议应当有4名以上董事出席方可举行，否则，董事会通过的决议无效；董事会每次会议，须作详细的书面记录，并由全体出席董事签字，代理人出席时，由代理人签字”，而涉案两份董事会决议均载明董事路某禅、路某妮均未出席，**即出席人数不满四川法派公司章程规定的至少4名董事，且涉案两份董事会决议仅有3名董事表决、签名，即表决结果也未满足公司章程规定的至少2/3的决议通过比例。故涉案两份董事会决议存在“出席会议的人数不符合公司章程规定”以及“会议的表决结果未达到公司章程规定的通过比例”的情形而不成立。**

中国抽纱广东进出口公司（以下简称抽纱广东公司）辩称，四川法派公司章程规定“董事因故不能出席董事会会议，可以书面委托代理人出席董事会，如届时未出席也未委托他人出席，则作为弃权”，故经有效通知后，董事路某禅、路某妮虽然缺席，但应视作弃权。本院认为，就文义解释而言，“弃权”意为放弃权利，即不行使表决权，对表决内容既不同意也不反对；从四川法派公司章程的体系解释看，“弃权”的规定不应突破董事会最低出席人数和表决比例的规定，否则难以形成有效的团体意思。参加董事会的董事未达最低出席数，将严重损害公司或者股东的利益，特别是缺席的两位董事均是法派香港公司委派的董事，仅由3位抽纱广东公司委派的董事形成的董事会决议缺乏正当性和说服力，与四川法派公司的设立目的相悖，属于严重的程序瑕疵，故抽纱广东公司的该项辩称不能成立。因涉案两份董事会决议缺乏成立要件，则其是否存在撤销事由已无评判之必要。

【裁判理由2】【(2019)鲁0203民初6013号**】**王某杰、杨某韬等与山东中海光大实业有限公司（以下简称光大公司）公司决议纠纷案件，山东省青岛市市北区人民法院认为：

2018年12月21日，潍坊鑫诚司法鉴定所作出潍鑫司鉴所[2018]文痕检字第A200号司法鉴定意见书，鉴定意见为：日期为2016年9月18日及2016年10月17日的两份《青岛世迈商贸有限公司股东会决议（增资）》原件上全体股东盖章或签字处“王某杰”的签名字迹与原告王某杰书写的案后实验样本字迹均不是同一人所写。日期为2016年9月18日及2016年10月17日的两份《青岛世迈商贸有限公司股东会决议（增资）》原件上全体股东盖章或签字处“杨某韬”的签名字迹与原告杨某韬书写的案后实验样本字迹均不是同一人所写。王某杰、杨某韬支付鉴定费6200元。

本院认为，公司股东会或者股东大会、董事会的决议内容违反法律、行政法规的无效。股东会决议存在出席会议的人数或者股东所持表决权不符合公司法或者公司章程规定的情形,当事人主张决议不成立的,人民法院应当予以支持。**本案中,王某杰、杨某韬系光大公司股东,两人并未出席光大公司于2016年9月18日和2016年10月17日召开的股东会,该两份股东会决议上的其二人签名经鉴定均非本人所签,股东会决议出席会议的人数不符合公司章程约定,因此该两份公司决议形式不符合公司章程的要求。王某杰、杨某韬要求确认该两份股东会决议不成立,本院予以支持。**

裁判要点4 会议的表决结果未达到公司法或者公司章程规定的通过比例的,应认定决议不成立。

【裁判理由1】【(2018)闽01民终1320号】南安市电力工程有限责任公司与南安市成功水利电力工程勘察设计有限公司公司决议效力确认纠纷二审案件,福建省福州市中级人民法院认为:

本案为公司决议(董事会决议)效力确认纠纷,其审查内容是争议的董事会决议在召开程序及表决方式上是否符合法律或公司章程的规定,因双方对董事会决议的召开程序不持异议,故本院仅需审查决议通过的表决方式是否存在不当之情形。……本案应以永泰大樟溪界竹口水电有限公司(以下简称界竹口公司)章程关于董事会议事方式和表决程序的具体规定作为判断决议成立与否之依据,各方对董事会决议的表决通过比例存在争议,亦即对公司章程第29条关于“公司董事会实行集体决策,表决实行一人一票和多数通过的原则。董事会决议须经全体董事通过,并应形成会议记录,出席会议的董事应当在会议记录上签名”的规定理解问题。该条款前句系约定董事会采用集体决策原则及一人一票的表决方式,后句则为具体的决议表决通过比例规定,即前者为原则性规定,后者为表决具体化,且决议由董事会全体董事通过,并不存在违反法律规定之情形,其相较多数通过只是在具体通过比例上要求更加严苛,亦符合董事会集体决策和多数通过之原则规定。由于公司章程是公司股东共同合意制定,上述条款亦不能得出界竹口公司主张的“全体董事通过”实为“董事会决议应通知全体董事参加”的笔误之结论,故该抗辩缺乏依据,本院不予采信。**诚然,界竹口公司章程的此种规定,可能导致只要有董事不同意公司的经营决策,公司的决议决策机制即陷入僵局,但是此为界竹口公司各方股东的自愿约定,基于尊重公司内部治理意思自治原则,法院无权干预。**一审法院以商事活动注重效率为由否定该章程规定,于法无据,应予纠正。

综上，本案争议的董事会决议未经二上诉人指派的董事同意通过，未达到公司章程第29条规定的决议由全体董事通过之表决比例，符合《公司法司法解释（四）》第5条规定的董事会决议不能成立的情形，故二上诉人主张案涉董事会决议不能成立的诉讼请求，应予支持。

【裁判理由2】【（2019）苏02民初59号】彭某、LUISALBERTOCRUZ与新瑞阳光粒子医疗装备（无锡）有限公司（以下简称新瑞公司）公司决议效力确认纠纷案件，江苏省无锡市中级人民法院认为：

涉案董事会会议表决程序不符合章程规定，导致涉案决议不成立。根据新瑞公司章程第24条的规定，需要在董事会会议上批准或通过任何决议的事项均可以不开会而通过书面决议的方式通过，但条件是该决议内容应发送给董事会全体董事由全体董事签署通过。根据该规定，董事会决议以书面决议的方式通过的前提为全体董事签署通过，而非1/2以上董事通过即可。新瑞公司有关"全体董事签署通过"应理解为董事多数决的主张，与章程规定不符，本院不予支持。虽然新瑞公司已通过电子邮件方式向所有董事发送了《临时会议通知》，**但本案新瑞公司董事会5位董事中彭某、克鲁兹明确表示不同意该议题，涉案决议仅获得李某若、周某成、周某3人的同意，故涉案决议表决程序并未满足章程第24条要求"全体董事签署通过"这一要求，表决结果未达到公司章程规定的通过比例**，符合《公司法司法解释（四）》第5条第4项的规定，涉案决议应为不成立。但根据《公司法司法解释（四）》第6条的规定，新瑞公司依据涉案决议与善意相对人形成的民事法律关系不受影响。

【笔者观点】经检索相关案例，目前司法实践中对于符合上述规定情形的决议裁判结果较为统一，绝大多数认定为不成立，但也有少数法院将表决结果未达到公司法或者公司章程要求的决议认定为无效或者可撤销，比如，（2020）鲁13民终6799号民事判决[①]将此类决议认定为无效，（2017）川0107民初7557号民事判

① 【（2020）鲁13民终6799号】郭某明、山东远捷农化科技有限公司公司决议纠纷二审案，山东省临沂市中级人民法院认为：陈某玉仅持有山东远捷农化科技有限公司72%的股权，涉案的股东会决议也未达到章程规定的增资必须经代表90%以上表决权股东通过，故该决议因违反了上述相关的法律规定，应认定为无效。一审法院仅以郭某明实际参加了山东远捷农化科技有限公司的经营活动就推定郭某明事后以默认的方式追认了上述王某超的无权代理行为，进而认定该决议合法有效，系认定事实不清，适用法律错误，依法应予纠正。

决[①]将此类决议认定为可撤销。笔者认为,《公司法司法解释(四)》对此类决议的效力已经进行明确规定,应认定为决议不成立,而非已成立后的无效或可撤销。

争议焦点4 公司决议无效的情形认定

根据《公司法》第22条之规定,凡是公司决议内容存在违反法律、行政法规的均应认定为无效。司法实践中认定决议无效的案例更是不胜枚举,笔者筛选了近两年司法实践中认定决议无效的相关案例予以部分展示。

裁判要点1 控股股东利用优势地位通过关于向股东借款的议案,损害其他股东的权益,决议无效。

【裁判理由】【(2021)湘06民终2164号】湖南华尔德教育文化有限公司(以下简称华尔德公司)、湖南郡华教育投资有限责任公司(以下简称郡华公司)公司决议撤销纠纷二审案件,湖南省岳阳市中级人民法院认为:

关于焦点二,《公司法》第20条第1款规定:“公司股东应当遵守法律、行政法规和公司章程,依法行使股东权利,不得滥用股东权利损害公司或者其他股东的利益。”议案一即《郡华公司关于要求公司股东按2019年9月23日共同签署的〈联合办学协议〉履行足额出资义务的议案》和议案二即《郡华公司关于郡华学校后期建设投资计划的议案》,虽然名为“出资义务”,要求股东按股权比例向公司投入资金,但根据议案内容,结合《联合办学协议》的相关垫资约定,并非系属公司法意义上的股东出资义务,更不具备增资性质,而属于股东为公司提供借款的性质。**股东是否为公司提供借款,并不属于股东法定义务,而系属股东与公司之间平等的民事合同法律关系,应取得股东的同意。郡华公司以股东会决议的形式审议通过上述议案一、案二,超越股东会职权为股东设定法定义务以外的义务,且该出借义务性质为约定义务,**华尔德公司作为义务承担人,对该议案一、案二持反对意

① 【(2017)川0107民初7557号】四川省港龙实业有限责任公司等诉成都摩尔物流发展有限公司公司决议撤销纠纷案,四川省成都市武侯区人民法院认为:2017年5月31日成都摩尔物流发展有限公司召开临时股东会议的到场股东为四川建设发展股份有限公司、王某辉,其余股东未到场。该决议的表决人数未达到章程规定的决议人数,该决议未获全体股东同意。另原告四川省港龙实业有限责任公司于2017年7月27日向本院提起诉讼,未超过60日法定期限。综上,本院对原告要求撤销此次决议的诉讼请求予以支持。

见，即议案一、案二未取得华尔德公司的同意，在此情形下，郡华公司大股东利用股权多数的优势通过关于向股东借款的议案一、案二，违背华尔德公司借款自愿的原则，损害其股东权益，故该部分决议内容应为无效，对华尔德公司不具有约束力。

裁判要点2 规定不出席股东会议的股东视为同意任何决议的，损害了股东的表决权，决议无效。

【裁判理由】【（2021）湘06民终2164号】湖南华尔德教育文化有限公司（以下简称华尔德公司）、湖南郡华教育投资有限责任公司（以下简称郡华公司）公司决议撤销纠纷二审案件，湖南省岳阳市中级人民法院认为：

《民法总则》第140条[①]规定："行为人可以明示或者默示作出意思表示。沉默只有在有法律规定、当事人约定或者符合当事人之间的交易习惯时，才可以视为意思表示。"郡华公司通过的议案四中对公司章程作出修订，其中规定不出席股东会议的股东应被视为其同意在公司股东会会议上通过的任何决议，即郡华公司对不出席股东会决议的股东采取默示同意的方式，**而参加股东会行使表决权系股东的基本法定权利，非经股东的明示同意，无权予以剥夺。公司法并未规定默示原则在股东大会决议中的效力，华尔德公司对此不予认可，且该原则亦不符合公司法规定的相关议事规则及表决程序，有损股东合法权益，故华尔德公司称该议案"默示同意"的内容违法的上诉理由成立。**

裁判要点3 非法剥夺股东资格的决议应当认定为无效。

【裁判理由】【（2020）京02民终9428号】李某等与北京金辇酒店管理有限公司公司决议效力确认纠纷二审案件，北京市第二中级人民法院认为：

针对争议焦点二，关于涉案股东会决议是否无效。《公司法》第4条规定："公司股东依法享有资产收益、参与重大决策和选择管理者等权利。"胡某华、李某作为北京金辇酒店管理有限公司登记的股东，已经履行完毕出资义务，依法享有资产收益。**涉案股东会决议剥夺了胡某华、李某依法享有的股东资格，构成决议内容违反法律规定的情形。**《公司法》第22条第1款规定："公司股东会或者股东大会、董事会的决议内容违反法律、行政法规的无效。"根据上述法律规定，涉案股东会决议应认定无效。

---

① 对应《民法典》第140条。

裁判要点4 违背其他股东意思表示，修改其他股东出资期限的决议应认定为无效。

【裁判理由】【(2019)沪01民终6865号】葛某炯与上海佳兆业体育发展有限公司公司决议效力确认纠纷二审案件，上海市第一中级人民法院认为：

结合本案事实，上海佳兆业体育发展有限公司各股东于2016年6月8日通过共同签署《增资扩股协议》确定了公司增资扩股后Z公司、葛某炯作为股东履行出资义务的期限和条件，但之后两者均并未按照该协议约定全面履行出资义务，之后各股东于2016年9月12日共同签章确认公司章程，明确了各股东的出资额、出资方式及出资时间(出资时间均为2022年10月22日)，可视为各股东对《增资扩股协议》相关约定一致作出了变更。之后，2017年8月14日，公司董事召集临时股东会，在葛某炯、B公司未出席的情况下，控股股东Z公司及Y公司、彭某经2/3以上表决权通过系争股东会决议，修改上述公司章程第5条，单独将葛某炯的出资时间提前至2016年10月17日。**该股东会决议对公司章程的修改，并非全体股东的合意变更，而是对小股东葛某炯自益权的非善意处分，违背了葛某炯的真实意志，该决议事项实质上已超越了股东会的职权范围，损害了葛某炯作为小股东的合法利益，构成《公司法》第20条规定的公司股东滥用权利，应当认定为无效。**

裁判要点5 剥夺其他股东优先认缴权的决议应认定为无效。

【裁判理由】【(2015)深中法商终字第2714号】胡某梅与深圳市晨浩商贸有限公司(以下简称晨浩公司)公司决议效力确认二审案件，广东省深圳市中级人民法院认为：

涉案《2014年11月10日股东会决议》就新增的注册资本450万元，同意新股东以认缴增资方式入股，并同时确定了新增加的450万元注册资本由5个股东中的3人张某平、干某宁、周某与新股东认缴的份额，决议内容还确认公司原股东均无异议(未涉及的原股东放弃优先认购权)，但一方面晨浩公司未提交证据证明全体股东存在关于不按照出资比例优先认缴出资的约定，另一方面胡某梅因未由晨浩公司通知参加股东会进而无法行使优先认缴出资的权利的事实客观存在，胡某梅亦未表示过放弃该次增资的优先认缴权，直至本案二审期间，胡某梅仍表示要求行使该次增资的优先认缴权。**股东优先认缴公司新增资本的权利属于形成权，股东按其出资比例认缴增资是法定的、固有的权利，晨浩公司2014年11月10日股东会因未履行法定的通知程序致使胡某梅未能参加股东会而剥夺了其对新增**

资本的优先认缴权。综上,《2014 年 11 月 10 日股东会决议》的内容因违反公司法的强制性规定应认定无效,胡某梅关于确认晨浩公司 2014 年 11 月 10 日增加股东、实收资本变更和认缴注册资本变更的股东会决议无效的上诉请求于法有据,本院予以支持。

裁判要点 6 先进行项目建设、后完善相关手续的决议应认定为无效。

【裁判理由】【(2019)粤 51 民终 522 号】广东中兴电器有限公司(以下简称中兴公司)与潮州市潮安区中建投资有限公司(以下简称中建公司)、林某五、陈某彬、陈某斌公司决议效力确认纠纷二审案件,广东省潮州市中级人民法院认为:

中兴公司主张中建公司股东会于 2018 年 3 月 20 日作出的股东会决议第 2～3 项及 2018 年 5 月 8 日作出的股东会决议确定了先行建设,再做报建工作,违反了相关法律和行政法规的强制性规定,应属无效。经审查,中建公司股东会于 2018 年 3 月 20 日通过的股东会决议第 2 项决定:"中建项目中的集体用地地块先建设 4～5 层商铺,后再尽量争取完善相关手续",该项决议内容实际上是决定先进行项目建设,再完善手续。根据《建筑法》第 7 条第 1 款"建筑工程开工前,建设单位应当按照国家有关规定向工程所在地县级以上人民政府建设行政主管部门申请领取施工许可证;但是,国务院建设行政主管部门确定的限额以下的小型工程除外"的规定,中建公司的案涉建设项目属于应当申请领取施工许可证的情形,而中建公司在未领取施工许可证的情况下,决定先进行建设,且中建公司在本案二审审理期间也明确尚未领取施工许可证,故中建公司的前述决议违反了法律的强制性规定。**在中建公司未领取施工许可证的情况下,中建公司于 2018 年 3 月 20 日作出的股东会决议第 3 项同意修改中建项目设计方案,2018 年 5 月 8 日作出的股东会决议同意中建项目修改后的设计方案、基建建设方案、工程招标实施方案,上述决议内容均违反了《建筑法》第 7 条第 1 款的强制性规定**。根据《公司法》第 22 条第 1 款"公司股东会或者股东大会、董事会的决议内容违反法律、行政法规的无效"的规定,应确认中建公司于 2018 年 3 月 20 日作出的股东会决议第 2 项、第 3 项及 2018 年 5 月 8 日作出的股东会决议无效。

裁判要点 7 任命无行为能力人、限制行为能力人担任公司法定代表人的决议应认定为无效。

【裁判理由】【(2021)皖 05 民终 2486 号】王某七、和县鑫达炉料有限公司(以下简称鑫达公司)等公司决议纠纷二审案件,安徽省马鞍山市中级人民法院认为:

根据国务院批准的由国家工商行政管理局发布的《企业法人法定代表人登记管理规定》第4条第1项的规定，无民事行为能力或者限制民事行为能力的，不得担任法定代表人，企业登记机关不予核准登记。2021年4月14日国务院第131次常务会议通过的《市场主体登记管理条例》（自2022年3月1日起施行）第12条也规定：有下列情形之一的，不得担任公司、非公司企业法人的法定代表人：（1）无民事行为能力或者限制民事行为能力……**王某七为限制民事行为能力人，依法不得担任鑫达公司法定代表人。鑫达公司于2015年5月20日形成的选举王某七为公司执行董事、法定代表人的决议事项因违反法律、法规强制性规定而无效。**

裁判要点8 任命所负数额较大的债务到期未清偿的董事、监事或者聘任高级管理人员的决议应认定为无效。

【裁判理由】【（2021）晋05民终1027号】刘某、晋城市金汇房地产开发有限公司公司决议效力确认纠纷二审案件，山西省晋城市中级人民法院认为：

根据《公司法》第22条第1款的规定：“公司股东会或者股东大会、董事会的决议内容违反法律、行政法规的无效。”**该法又规定了公司违反规定选举、委派个人所负数额较大的债务到期未清偿的董事、监事或者聘任高级管理人员的，该选举、委派或者聘任无效。从本案已查明的事实来看，李某3、李某1负有较大数额的债务，且到期未清偿，故依法不能担任公司的董事、监事或者高级管理人员。**上诉人刘某要求确认案涉股东会决议作出的由李某1为公司执行董事、法定代表人，公司监事不作变动的决议无效的上诉请求成立，本院予以支持。

裁判要点9 导致公司丧失法人财产权及法人独立地位的股东会决议应认定为无效。

【裁判理由】【（2018）京0105民初11232号】陈某诉北京泰康生物科技有限责任公司（以下简称泰康公司）公司决议无效纠纷案件，北京市朝阳区人民法院认为：

法人财产权应当包括公司对物的财产的所有权和对其他财产享有的财产权，对于物的财产，公司应当享有物权，并有权在强行性法律规范和公序良俗容忍的范围内，自由地占有、使用、处分公司财产，并从中受益，这种对公司财产的直接支配权只能由公司享有，可以排除包括股东、债权人和经营者在内的第三人的干涉、妨碍和限制。公司的股东在其将财产出资给公司之后，不再对这些财产享有任何直接的支配权，即不再享有物权，而只作为股东享有股权。虽然股东可以通过行使股权达到从内部控制公司的目的，但是，股东行使股权时应当以符合法律规定为前提，不得滥用股东权利损害公司或者其他股东的利益，也不得滥用公司法人独立地位和股东有限责任损害公司债权人的利益。**本案中，上海坤爱生物科技股份有限公司（以下简称坤爱公司）作为泰康公司持股99%的控股股东，通过召开股东会会议，在陈某明确表示反对的情况下，以其占绝对优势的表决权通过《2017年决议》，该决议第2项规定泰康公司的所有文件、资料及印鉴交由坤爱公司统一管理，泰康公司的财务由坤爱公司统一进行调整、分配及管理，其收入亦由客户直接汇入坤爱公司账户，泰康公司的产品、服务及公关、策划等亦由坤爱公司统一进行管理。因此而导致的后果是坤爱公司实际控制并支配泰康公司的所有重要文件、印章和证照，并且混同了泰康公司与坤爱公司的财产，干涉泰康公司的日常经营，使泰康公司丧失法人财产权和独立的法人人格，同时损害了陈某和债权人的合法权益。**由此可见，《2017年决议》第2项的内容违反了《公司法》第3条第1款和第20条第1款的规定，应属无效。泰康公司辩称该决议所列举的行为应当属于合法的托管，但本院认为，公司托管应当在不违反法律规定的前提下进行，被托管的公司亦应当有最基本的独立财务核算，而《2017年决议》第2项所规定的"托管"形式显然与此不符，故泰康公司的答辩意见缺乏事实依据，本院不予采信。

（二）与公司决议撤销纠纷有关的争议

争议焦点5　公司决议撤销之诉除斥期间的起算时点如何认定

裁判要点1 公司决议撤销之诉的除斥期间以当事人知晓股东会决议内容为前提。

【裁判理由1】【(2015)沪一中民四(商)终字第801号】吴某华等诉李某东等公司决议撤销纠纷案件，上海市第一中级人民法院认为：

我国公司法对股东提出股东会决议撤销之诉的除斥期间作了规定，**但该撤销之诉的行使应以股东在股东会决议作出之时便知晓股东会决议内容为前提，否则该撤销权将不具有行使的可能性，有鉴于此，本院认定本案中李某东并未丧失提出股东会决议撤销之诉的权利。**

【裁判理由2】【(2015)琼民二终字第18号】三亚保力房地产投资开发有限公

司(以下简称保力公司)等与宝恒投资有限公司(以下简称宝恒公司)公司决议撤销纠纷二审案件,海南省高级人民法院认为:

保力公司上诉主张宝恒公司起诉撤销该4份决议已超过《公司法》第22条规定的60日期限。但是,《公司法》第22条针对的是实际召开股东会或董事会而作出的决议。如上所述,**保力公司未通知宝恒公司或马某参加该4次会议,该4次会议也未实际召开,且保力公司也从未将决议内容通知宝恒公司或马某,故宝恒公司起诉请求撤销该4次会议决议,应不受《公司法》第22条规定的60日的限制。**

裁判要点2 公司决议撤销之诉的除斥期间以公司决议作出之日起算。

【裁判理由1】【(2019)浙民再50号】浙江华夏物业管理有限公司、郭某前公司决议撤销纠纷再审案件,浙江省高级人民法院认为:

郭某前起诉时距离股东会决议作出之日已超过60日,不属于在法定期限内提起诉讼。首先,股东诉请撤销公司决议属于形成之诉,撤销权作为形成权应当在决议作出之日起60日的除斥期间内行使,《公司法》对此有明确规定,该期间不得中止、中断与延长。**其次,一、二审判决将《公司法》第22条理解为“知道或应当知道决议作出之日起六十日”,超过了《公司法》相关规定的范畴。如果以“知道或应当知道决议作出之日起六十日”作为决议撤销的除斥期间,会导致公司决议效力长期处于可能受挑战的状态,与《公司法》追求的宗旨不符。**最后,《公司法司法解释(一)》第3条明确规定“原告以公司法第二十二条第二款、第七十四条第二款规定事由,向人民法院提起诉讼时,超过公司法规定期限的,人民法院不予受理”。我国公司法对决议撤销之诉的起诉期间规定较为严格,规定“决议作出(通过)之日”为期间起点,而不允许股东以其不知道或不应当知道该决议通过为抗辩理由。浙江华夏物业管理有限公司2017年5月12日召开股东会并作出决议,而郭某前于同年8月29日才向一审法院提起撤销之诉,郭某前提起诉讼时已经超过法定期限。根据前述法律规定,人民法院对郭某前的起诉应不予受理,一、二审判决不当,应予纠正。

【裁判理由2】【(2021)豫民终1260号】王某平、信阳兴合房地产开发有限公司等公司决议撤销纠纷二审案件,河南省高级人民法院认为:

关于王某平提起本案诉讼是否超过股东提起撤销公司决议之诉的法定60日的起诉期限问题。公司决议撤销之诉是依据判决使法律关系发生变动的诉讼,这种请求法院撤销公司决议的权利,即撤销权,是形成权的一种。因公司决议的撤销,对公司正常经营影响较大,为使法律关系尽早明确,《公司法》第22条第2款规定:“股东会或者股东大会、董事会的会议召集程序、表决方式违反法律、行政法规或者公司章程,或者决议内容违反公司章程的,股东可以自决议作出之日起六十日内,请求人民法院撤销。”《公司法司法解释(一)》第3条规定:“原告以公司法第二十二条第二款、第七十四条第二款规定事由,向人民法院提起诉讼时,超过公司法规定期限的,人民法院不予受理。”上述规定确定了撤销权行使或存续期间,**此期间为除斥期间,也是不变期间,不得展期,所以该撤销权的行使,必须自公司决议作出之日起60日内向法院起诉**。本案中,信阳兴合房地产开发有限公司一审提交的《关于提请召开临时股东会决议的函》《临时股东会会议记录》《股东会决议》等证据相互印证,能够证明被诉股东会决议作出时间是2020年3月30日。王某平提起本案诉讼时间是2020年6月17日,已超过公司决议撤销之诉的60日法定起诉期限,一审裁定驳回王某平的起诉,并无不当。王某平上诉称,其2020年5月28日方知晓该被诉股东会决议,提起本案诉讼不超过起诉期限,该主张没有事实根据和法律依据,本院不予支持。

【笔者观点】司法实践中,对于公司决议可撤销除斥期间的计算起点存在不同认识。部分法院认为,撤销之诉的除斥期间应以相关主体知晓决议内容为前提,自当事人知道或应当知道决议作出之日起起算;部分法院则认为,上述理解超出了《公司法》第22条规定的范畴,使公司决议效力处于不稳定状态,除斥期间起算不宜以当事人知晓决议作出为前提。

我国现行《公司法》对决议撤销之诉的起诉期间规定较为严格,规定“决议作出(通过)之日”为除斥期间的起算时点,而不允许股东以其不知道或不应当知道该决议作出作为抗辩理由。因此,决议撤销之诉的起算时点以决议作出之日起算,股东是否知情对此并无影响。

但最新修订的《公司法(草案)》对上述规定进行了修改,将公司决议撤销纠纷的起诉期限的起算分为两类:其一,对于公司的董事、监事和参会的股东可以在决议作出之日起60日内提起决议撤销之诉;其二,对于未参会的股东可以在知道或者应该知道决议作出之日起60日内提起决议撤销之诉。上述规定体现了我国法律对不知情股东撤销决议权利的行使予以有效保护的立法态度。

争议焦点6　隐名股东是否有权提起决议撤销之诉

裁判要点1 隐名股东有权提起决议撤销之诉。

【裁判理由】【(2008)云高民二终字第197号】游某萍与昆明西山土地房屋开发经营(集团)有限公司(以下简称开发集团)股权确认纠纷二审案件,云南省高级人民法院认为:

游某萍系因国有企业改制而形成的隐名股东,是因政策而形成的产物,不存在恶意规避法律的动机和目的,其股东地位依法应予保护。虽然不能突破现行公司法关于有限责任公司人数限制的硬性规定认定其为显名股东,**但本案系公司内部纠纷,对公司内部而言,隐名股东享有与正常股东相同的权利义务。**故游某萍作为开发集团的隐名股东,可就开发集团内部与其相关的纠纷提起诉讼,依法具备本案的主体资格。

裁判要点2 隐名股东无权提起决议撤销之诉。

【裁判理由】【(2020)京02民终6077号】杨某与北京易谱精灵电子商务有限公司公司决议撤销纠纷二审案件,北京市第二中级人民法院认为:

本案中,从杨某的起诉时间和杨某被确认为北京易谱精灵电子商务有限公司股东的时间来看,杨某在**提起本案公司决议撤销之诉时不具备原告主体资格,**应当裁定驳回起诉。一审法院对此认定有误,适用法律错误,本院予以纠正。

【笔者观点】笔者认为,隐名股东无权提起公司决议撤销之诉。《公司法司法解释(四)》第2条明确规定提起公司决议撤销之诉的原告应当在起诉时具有公司股东资格。因此,当事人提起公司决议撤销之诉的,应当提交工商登记、股东名册等能够证明股东身份的证明文件。股东资格的认定,亦应当以股东名册、工商登记为准。对于因客观原因不能提交有效证明文件证明其股东资格,或者其股东资格有争议的,应当先行提起股东资格确认之诉,待确定其股东资格后,方有权提起公司决议撤销之诉。其原因是,在存在隐名股东和显名股东的情况下,因隐名股东与显名股东之间系委托持股关系,对公司而言,公司法意义上的股东是指显名股东,故在隐名股东显名前其并非公司法意义上的股东,不具备《公司法》第22条、《公司法司法解释(四)》第2条规定的原告资格。同理,虽尚未办理过户手续,但在先判决已经确认股东资格的,应当认定其具备股东资格,具有公司决议撤销之诉的诉权。瑕疵出资者或者未按章程实际出资者,只要无法律或者章程的规定,也不能视为其法定的权利被当然剥夺,仍应当认定其享有撤销公司决议之诉的诉权。

争议焦点7 公司决议可撤销的情形认定

裁判要点 1 董事会不能履行或者不履行召集股东会会议职责的,应由监事召集和主持会议,股东自行召集会议属于召集人不适格,决议应认定为可撤销。

【裁判理由】【(2020)苏06民终112号】江苏宏景集团有限公司(以下简称宏景公司)与如皋市鑫昊农村小额贷款有限公司(以下简称鑫昊公司)公司决议撤销纠纷二审案件,江苏省南通市中级人民法院认为:

作为鑫昊公司股东的梁某未通知时任公司监事即自行召集临时股东会,违反了公司法的前置性程序规定,所形成的股东会决议应予撤销。具体理由如下:《公司法》第40条第3款规定,董事会或者执行董事不能履行或者不履行召集股东会会议职责的,由监事会或者不设监事会的公司的监事召集和主持;监事会或者监事不召集和主持的,代表1/10以上表决权的股东可以自行召集和主持。鑫昊公司章程第12条规定,董事会不能履行或者不履行召集股东会会议职责的,由监事召集和主持,监事不召集和主持的,代表1/10以上表决权的股东可以自行召集和主持。

本案中,作为鑫昊公司股东、董事长、法定代表人的梁某通知鑫昊公司的股东、董事、监事于2019年3月3日参加鑫昊公司的股东会和董事会,但宏景公司回函不认可、不同意该会议通知的合法性和有效性,明确表示不会依照该会议通知参加合并的股东会和董事会。鑫昊公司章程第17条规定,董事会决议的表决实行一人一票,董事会决议经2/3以上董事通过生效。鑫昊公司的董事为5人,因宏景公司委派的董事张某明、刘某未参会,故2019年3月3日召开的董事会无法形成是否召开股东会的决议。上述事实表明,鑫昊公司董事会已不能正常履行召集股东会会议的职责。根据《公司法》第40条和鑫昊公司章程第12条的规定,在董事会不能履行或者不履行召集股东会会议职责时,应由监事召集和主持,监事不召集和主持的,代表1/10以上表决权的股东方可自行召集和主持。梁某作为代表鑫昊公司1/10以上表决权的股东,其行使召集权时,必须穷尽其他救济原则，**但其在董事会不能履行召集股东会会议职责时，并未通知时任监事冯某，要求冯某召集和主持临时股东会，而是自行召集临时股东会，属滥用股东权利，违反了《公司法》对临时股东会召集顺序这一前置性程序规定，侵犯了其余股东的程序性权利，无论其行为对案涉临时股东会决议有无产生实质性影响，临时股东会决议均应予撤销**。宏景公司在案涉决议作出之日起60日内，向人民法院提出了撤销的主张，其该主张依法应予支持。一审法院认定梁某不征求监事冯某的意见即直接召集和主持股东会的行为属于轻微瑕疵错误，本院予以纠正。

裁判要点2 未按照法律规定的期限发送召集通知的，导致相应人员未能参会的，决议应认定为可撤销。

【裁判理由】【(2021)鲁01民终10898号】上海鱼渊企业管理中心(以下简称鱼渊管理中心)、山东三际电子商务有限公司(以下简称三际公司)公司决议撤销纠纷二审案件，山东省济南市中级人民法院认为：

关于《股东会临时会议纪要》是否应当撤销。《公司法司法解释(四)》第4条规定：股东请求撤销股东会或者股东大会、董事会决议，符合《民法典》第85条、《公司法》第22条第2款规定的，人民法院应当予以支持，但会议召集程序或者表决方式仅有轻微瑕疵，且对决议未产生实质影响的，人民法院不予支持。《公司法》第41条第1款规定：召开股东会会议，应当于会议召开15日前通知全体股东；但是，公司章程另有规定或者全体股东另有约定的除外。上述规定提前15日的通知时间旨在给股东充分的准备时间，了解会议情况以决定是否出席会议、作出何种投票的意思表示。**本案中，三际公司虽于2020年2月7日向鱼渊管理中心邮寄《关于召开股东大会的函》，但因疫情影响，鱼渊管理中心于2020年2月29日才收到，邮件签收当日即召开股东会，且鱼渊管理中心住所地在外地，未给鱼渊管理中心合理准备时间，导致其无法参会，该次股东会召集程序不符合法律规定，故鱼渊管理中心请求撤销该股东会决议的理由成立，本院予以支持。**

裁判要点3 未按照章程规定的方式发送会议召集通知的，决议应认定为可撤销。

【裁判理由】【(2018)沪0114民初3772号】陈某芬与上海名颂科技股份有限公司(以下简称名颂公司)公司决议撤销纠纷二审案件，上海市嘉定区人民法院认为：

本院认为，股东会或者股东大会、董事会的会议召集程序、表决方式违反法律、行政法规或者公司章程,或者决议内容违反公司章程的,股东可以自决议作出之日起60日内,请求人民法院撤销。根据被告名颂公司章程规定,临时股东大会应当于会议召开15日前以专人、传真或邮件的方式通知各股东。原告作为被告名颂公司的股东,有权参加被告名颂公司的股东大会。但被告名颂公司在召开2017年12月25日股东大会前仅在全国中小企业股份转让系统中发布公告,并未按照公司章程规定的方式通知股东参加股东大会,明显存在程序违法,侵犯了原告作为股东参与公司重大决策的权利。原告主张撤销2017年12月25日形成的股东大会决议,合法有据,本院予以支持。被告辩称,名颂公司系在全国中小企业股份转让系统中挂牌的股份公司,仅需在该系统中公布股东大会召开信息即可,无须另行通知股东。本院认为,被告名颂公司章程中关于股东大会的程序性规定并不违反法律规定,该规定对公司、股东、董事等均具有约束力。**被告名颂公司按照相关规定在全国中小企业股份转让系统中公布股东大会召开的信息,并不能就此免除其按照公司章程规定履行向股东以专人、专递或邮件方式发送通知义务。**故对被告名颂公司的上述抗辩意见,本院不予采信。

裁判要点4 未对表决事项进行提前通知的,相关人员提出明确反对的,属于表决事项存在瑕疵,应认定为决议可撤销。

【裁判理由】【(2019)沪01民终12104号】上海创欣资产经营管理有限公司(以下简称创欣公司)与上海丽璞投资管理有限公司公司决议撤销纠纷二审案件,上海市第一中级人民法院认为:

创欣公司还上诉称,股东会审议事项第5项至第8项未在会议通知中提前通知,现径行表决,显属程序不当。对此本院认为,在向创欣公司发送的股东会会议通知中,并未载明涉案股东会决议第5项至第8项内容,且创欣公司代理人在会议上明确提出上述事项不应纳入审议范围。**因此,涉案股东会决议中的第5项至第8项内容应属于表决事项存在瑕疵,违反了公司章程的规定,且不属于轻微瑕疵,依法应予以撤销。**一审法院关于决议第5项至第8项内容的表决程序亦属于轻微瑕疵的认定应属不当,本院予以纠正。

裁判要点5 会议主持人不符合公司法强制性规定的,形成的股东会决议应予撤销。

【裁判理由】【(2016)渝0230民初799号】陈某娟与丰都县国成运输有限公司(以下简称国成公司)公司决议撤销纠纷案件,重庆市丰都县人民法院认为:

对于第三人向某才等人召开临时股东大会是否符合法律规定程序及公司章程规定的问题。《公司法》第40条规定了股东会的召集和主持程序。此外,《公司法》第39条规定了代表1/10以上表决权的股东,1/3以上的董事,监事会提议召开临时会议的,应当召开临时会议。由上述规定可知,代表1/10以上表决权的股东,1/3以上的董事,监事会可以向董事会提议召开临时股东会,如果董事会不能履行或者不履行召集股东会会议职责的,由监事会召集和主持;监事会不召集和主持的,代表1/10以上表决权的股东可以自行召集和主持。

就本案而言,国成公司设立了董事会和监事会,并选举了董事长,但未选举副董事长。在本案中,召集2015年12月24日临时股东会会议的是董事向某才、廖某忠,监事郑某勇、罗某文、朱某琼。**庭审中,第三人向某才并未提供证据证明召开此次临时股东会会议已向董事会进行了提议,且也无证据表明董事会不能履行或者不履行召集股东会会议职责**。因此,董事向某才、廖某忠,监事郑某勇、罗某文、朱某琼的召集行为违反法律规定程序。**同时,第三人向某才作为该次会议主持人,其并无证据表明董事长杜某兵不能履行职务或者不履行职务。按照公司法规定,即使董事长杜某兵不能履行职务或者不履行职务,则应由半数以上董事共同推举1名董事主持。在本案中,第三人向某才作为临时股东会会议主持人,其并无证据证明其主持人资格是经半数以上董事共同推举的,因此,其作为临时股东会会议主持人不符合《公司法》第40条规定**。

综上,国成公司董事向某才等人于2015年12月24日主持召开的临时股东会在召集过程中存在程序上的瑕疵,即会议的召集程序和主持人资格选任违反了公司法强制性规定,形成的股东会决议应予以撤销。

裁判要点6 参与表决的主体不具备表决资格的,决议应认定为可撤销。

【裁判理由1】【(2019)川07民终3338号】丁某福、龙某公司决议撤销纠纷二审案件,四川省绵阳市中级人民法院认为:

关于2018年5月30日股东大会的表决方式是否符合升晨公司章程规定的问题。2018年5月30日股东大会实到股东178人,但里面包含70名尚未足额缴纳章程所规定出资1万元的新进“股东”70名。该70名“股东”因未足额按照章程规定出资,且无证据证实新增股东经股东会决议,故在2018年5月30日股东大会召开时不能认定为具有表决权的股东。**该部分尚不具备表决权的新进“股东”参与了表决。因此,该次股东大会的表决方式亦不符合升晨公司章程规定**。上诉人丁某福等的上诉理由成立，对其相应上诉请求予以支持。

【裁判理由2】【(2018)苏10民终1058号】江苏弘盛建设工程集团有限公司(以下简称弘盛公司)与俞某、卞某益公司决议撤销纠纷二审案件，江苏省扬州市中级人民法院认为：

弘盛公司提交的7项股东会决议均有吴某勇参加表决，但其并非公司股东，对应的股东应为胡某，但弘盛公司并未提交胡某委托吴某勇参加股东会会议的证据，应认定吴某勇无权参与表决。此外，弘盛公司明确表示股东大会议程二，即关于吸纳郭某冬、居某名等人为公司新股东的提案并没有形成决议，**故应认定郭某冬、居某名等人并不具备股东资格，无权参加表决。可见，涉案股东会决议存在多人无表决权却参加表决的情形，反映了公司治理的不规范，且有对决议产生实质影响的现实可能，故相关决议应予撤销。**

裁判要点 7 关于表决人是否回避表决，违反法律、公司章程规定的，决议应认定为可撤销。

【裁判理由】【(2016)最高法民终582号】上海宝银创赢投资管理有限公司(以下简称上海宝银公司)、上海兆赢股权投资基金管理有限公司(以下简称上海兆赢公司)公司决议撤销纠纷二审案，最高人民法院认为：

关于上海宝银公司、上海兆赢公司与非公开发行股票的议案是否存在关联关系，是否应回避相关议案表决的问题。首先，《上市公司非公开发行股票实施细则》第16条第2款规定，"《管理办法》(《上市公司证券发行管理办法》)所称应当回避表决的'特定的股东及其关联人'，是指董事会决议已确定为本次发行对象的股东及其关联人"。银川新华百货商业集团股份有限公司(以下简称银川新华百货)2016年第一次临时股东大会议案1中，将银川新华百货董事会第十三次会议审议通过的《关于公司2015年非公开发行A股股票方案的议案》的发行对象由物美控股集团有限公司以及上海宝银公司、上海兆赢公司调整为物美控股集团有限公司，**所以上海宝银公司、上海兆赢公司并非银川新华百货董事会决议已确定为本次发行对象的股东及其关联人，与议案1～4、7不存在关联关系，不属于应当回避表决的"特定的股东及其关联人"**。《上市公司股东大会规则》第31条系针对股东大会回避规则的一般规定，而《上市公司证券发行管理办法》《上市公司非公开发行股票实施细则》针对证券发行事项表决中关联关系的认定作出了特别规定。根据特别规定优先于一般规定的原则，应当优先适用《上市公司证券发行管理办法》《上市公司非公开发行股票实施细则》。故银川新华百货依据《上市公司股东大会规则》第31条认为上海宝银公司、上海兆赢公司与待审议事项存在规定的应当回避的关联关系的主张不能成立。其次,因上海宝银公司、上海兆赢公司2016年2月5日向银川新华百货董事会发送的《关于新华百货2016年第一次临时股东大会回避表决问题的函》中认可其对议案5存在关联关系,因此上海宝银公司、上海兆赢公司应回避对议案5的表决。再次,在上海宝银公司、上海兆赢公司对银川新华百货2016年第一次临时股东大会议案1~4、6、7均提出异议时,应根据章程第79条第2款"是否回避发生争议时,应当由出席股东大会的股东(包括)股东代理人所持表决权的二分之一以上通过"的规定,就上海宝银公司、上海兆赢公司是否构成关联关系、是否应回避表决进行决议,并根据章程第83条"除累积投票制外,股东大会将对所有提案进行逐项表决,对同一事项有不同提案的,将按提案提出的时间顺序进行表决"的规定,对上海宝银公司、上海兆赢公司是否构成关联关系的议案6进行表决。**但在议案6表决通过前,银川新华百货即要求上海宝银公司、上海兆赢公司对所有议案回避表决,违反了章程的规定**,损害了上海宝银公司、上海兆赢公司作为银川新华百货股东固有的表决权利。最后,本院庭审中,银川新华百货以及上海宝银公司、上海兆赢公司一致认可,宁夏证监局已于临时股东大会召开前答复上海宝银公司、上海兆赢公司可以参与表决。因此,上海宝银公司被责令改正的事实与上海宝银公司、上海兆赢公司是否回避表决没有因果关系。综上,原审法院认定上海宝银公司、上海兆赢公司对银川新华百货2016年第一次临时股东大会议案1~4以及议案7构成关联关系、应当回避表决,认定事实、适用法律均有错误。银川新华百货2016年第一次临时股东大会决议通过的第1~4项以及第7项决议,应予撤销。

裁判要点8 内容违反公司章程的,决议应认定为可撤销。

【裁判理由1】【(2016)鄂01民终8335号】武汉恒基达鑫国际化工仓储有限公司等诉黄某公司决议撤销纠纷案件,湖北省武汉市中级人民法院认为:

关于是否应撤销免去黄某副董事长、董事的决议的问题。《公司法》第41条第1款规定,召开股东会会议,应当于会议召开15日前通知全体股东,但公司章程另有规定或者全体股东另有约定的除外。武汉恒基达鑫国际化工仓储有限公司章程第18条则明确约定,股东会会议通知应将会议时间、地点、内容通知全体股东。因此,会议通知中的会议拟表决议案内容应尽可能描述得明确、具体,最大限度尊重股东的表决权。因该项决议事关黄某的个人直接利益，且牵涉公司章程第19条关于小股东对副董事长的提名权问题，**但此次股东会会议通知中“公司董事人事任免”的表述过于简略，内容模糊，不利于各股东充分行使表决权**，从表决结果上看，此项决议全体股东也仅是占有70%公司股权的股东珠海恒基达鑫国际化工仓储股份有限公司明确投票赞同该项决议，而占6%公司股权的股东闫某、8%公司股权的股东汤某国、4%公司股权的股东许某兵均投弃权票，**故原审认定该项决议内容违反公司章程规定的召集程序，应予撤销，并无不当，本院依法予以维持。**

【裁判理由2】【(2018)京04民初285号】中国酒店投资有限公司(China Hotel Investment Ltd.)(以下简称中国酒店公司)与北京东方快捷酒店有限公司(以下简称东方快捷酒店)公司决议撤销纠纷案件，北京市第四中级人民法院认为：

关于本案所涉董事会决议内容是否违反公司章程规定。根据东方快捷酒店的《经修订并重述的章程》第42条、第43条和第64条的规定，董事长应从中国酒店公司委派的3名董事中选任，并且撤销委派和选任必须均以书面通知的形式作出，至于拥有选任权利的主体，东方快捷酒店以及两股东均认可系公司股东中国酒店公司的权利而非董事会的权利，2011年12月16日的委派函即说明以往董事长的选任也是按此操作的。但是本案中，没有证据表明存在相应的中国酒店公司撤销或更换原董事长并选任新董事长的书面通知或函件，**且从章程第48条、第49条规定的内容来看，选任董事长亦不是必须由董事会决定的事项，故应认定案涉董事会决议内容第1项撤销原董事长、选任新董事长违反了章程规定。**同样，根据章程第76条的规定，公司总经理和财务总监应由公司的两个股东分别提名，且各方当事人均认可章程第49条第3项董事会可以任免的公司高级管理人员不包括总经理和财务总监，而在本案没有证据表明两个股东已就此提名的情况下，**案涉董事会决议第2项至第5项直接免除原总经理和财务总监并任命新的人选的决议内容，显然亦违反了章程规定。**根据《公司法司法解释(四)》第4条“股东请求撤销股东会或者股东大会、董事会决议，符合公司法第二十二条第二款规定的，人民法院应当予以支持”之规定，本院对中国酒店公司提出的撤销案涉董事会决议中相关内容的诉讼请求，予以支持。

【裁判理由3】【(2020)云05民终539号】张某、云南腾药制药股份有限公司(以下简称腾药股份公司)公司决议撤销纠纷二审案件，云南省保山地区中级人民法院认为：

董事会决议的部分内容违反公司章程,该部分内容应予撤销。其一,二审中,各方当事人均认可董事会办公室负责人及其他人员不属于公司的高级管理人员,根据公司章程的规定,应由总经理聘用或解聘,董事会直接任命违反了公司章程,该部分内容应予撤销。其余部分内容法律并无明文规定,公司章程也未作明确,不应撤销。其二,《关于任命董事会办公室负责人的议案》的内容为:“同意任命张某先生为董事会办公室主任,刘某芳先生、李某先生、邢某女士、陈某安先生为副主任。董事会办公室实行主任负责制,由主任主持日常工作。”同上所述,张某、刘某芳、李某、邢某、陈某安作为董事长办公室的相关人员,不属于公司的高级管理人员,**根据公司章程的规定,应由总经理提名或聘任,董事会直接任命违反了公司章程,该部分内容应予撤销**,其余内容不违反法律及公司章程,不应被撤销。其三,《关于聘任董事会秘书和证券事务代表的方案》的内容为:“同意任命张某先生为董事会秘书,陈某安先生为证券事务代表,任期同本届董事会,连聘可以连任。”公司章程赋予董事会聘任董事会秘书的权利,法律法规对股份有限公司董事会秘书的任职条件并无强制性规定,但腾药股份公司公司章程第130条对董事会秘书的任职资格有明确要求。虽然张某系腾药股份公司控股股东北京中证万融医药投资集团有限公司副总裁,又是北京中证万融医药投资集团有限公司控股的山东沃华医药科技股份有限公司的董事及内部审计负责人,但腾药股份公司至今未上市,张某担任董事会秘书并不违反法律行政法规的强制性规定,也未违反公司章程确认的任职资格,故董事会决议任命张某为董事会秘书合法有效。**但董事会直接任命陈某安为证券事务代表,违反了公司章程的规定**,故该决议中“陈某安先生为证券事务代表”部分的内容应予撤销。

【笔者观点】决议可撤销制度着眼于交易效率,体现了公司法意思自治的私法性质和法律介入公司自治时的谦抑性。因公司股东为公司权利的最终承担者和受益人,因此,在决议具有一般程序瑕疵但不违反法律规定的情况下,法律将是否撤销决议的抉择权交到股东手中,而不主动干预,符合鼓励交易的商法原理。根据现行《公司法》第22条、《公司法司法解释(四)》的规定,结合我国司法实践,笔者认为认定决议可撤销主要包括如下情形:

第一,召集程序方面的瑕疵,包括召集人不适格、通知内容瑕疵(未按规定通知决议事项)、通知时间瑕疵(未按规定期限发送召集通知)、通知方式瑕疵(未按规定的方式发送召集通知)等。

第二，会议召开方面的瑕疵，包括会议主持人不具有主持资格等。

第三，表决方式方面的瑕疵，包括参与表决的主体不具备表决资格等。

第四，决议内容方面的瑕疵，主要考察决议内容是否符合章程的具体规定，是否属于公司章程规定的股东会或者股东大会、董事会可以行使的职权范围。

争议焦点8　瑕疵轻微、对决议未产生实质影响的情形认定

裁判要点1 会议召集人存在瑕疵，但并未阻碍股东获得所需信息、行使表决权，应属轻微瑕疵，不影响股东会决议的效力。

【裁判理由1】【(2020)鲁民申5448号】张某、纪某建、济南天建建筑安装工程有限公司等公司决议纠纷再审审查与审判监督案件，山东省高级人民法院认为：

《公司法司法解释(四)》第4条规定："股东请求撤销股东会或者股东大会、董事会决议，符合公司法第二十二条第二款规定的，人民法院应当予以支持，但会议召集程序或者表决方式仅有轻微瑕疵，且对决议未产生实质影响的，人民法院不予支持。"**关于轻微瑕疵的具体情形，公司法及有关司法解释未明确规定，但在司法实践中，应以程序瑕疵能否导致各股东公平地参与、多数意思的形成以及获取对此所需的信息为判定标准**。本案中，济南天建房地产开发有限公司、公司监事、大股东联合发出通知，提前15日通知了公司股东，申请人纪某建、张某收到了召开股东会的通知书，并委托代理人参加股东会，行使了表决权，其获取信息、表达意思的渠道畅通。因此，综上分析，原生效判决认定2019年1月25日济南天建房地产开发有限有公司**股东会在召集程序上虽然存在主持人方面的瑕疵，但并未阻碍股东获得所需信息、行使表决权，应属轻微瑕疵，不影响股东会决议的效力**，并驳回申请人的诉讼请求，属认定事实清楚，适用法律正确。

【裁判理由2】【(2020)苏01民终916号】白某生与南京艾凌节能技术有限公司公司决议纠纷二审案，江苏省南京市中级人民法院认为：

考量股东会召集程序虽违反公司章程规定但应适用公司法学"裁量驳回"的，要考虑如下要件，即召集程序瑕疵是否轻微，以及对决议是否产生实质影响。本案中，南京艾凌节能技术有限公司章程虽规定临时股东会由董事会召集，但该公司董事会成员为王某东、白某生和应某玲。**由于王某东、应某玲对案涉股东会召开不持异议，白某生接到通知后到会并实质性发表了意见，故即便该次股东会未**

以董事会名义召集，也属于轻微瑕疵。另外，由于案涉股东会决议投赞成票的比例已超过2/3多数，故召集程序的瑕疵，对决议未产生实质影响。另外，白某生上诉意见中关于王某松生病是否属实、是否应作为监事主持会议，亦均对决议不产生实质性影响。据此，白某生上诉中主张案涉股东会召集程序的瑕疵并不构成可撤销情形。

裁判要点 2 通知时限违反公司法的规定，但相关股东按时出席并参加了股东会决议全过程，未影响其股东权利实际行使的，属于轻微瑕疵，不影响股东会决议的效力。

【裁判理由】【(2021)闽02民终6872号】厦门威源美环保通风设备有限公司、李某常等损害公司利益责任纠纷二审案，福建省厦门市中级人民法院认为：

本案争议焦点为：案涉股东会决议是否应撤销。李某常主张厦门威源美环保通风设备有限公司召开股东会议未能于会议召开前15日通知全体股东，违反了公司章程，符合《公司法》第22条第2款的撤销事由，应予撤销。虽**然厦门威源美环保通风设备有限公司提前1天通知召开股东会议，通知时限确与公司法的规定有所不符，但李某常按时出席并参加了股东会决议全过程，未影响其股东权利的实际行使，**且厦门威源美环保通风设备有限公司旧厂房已被厦门汪鑫隆环保科技有限公司承租，一**审法院据此认定案涉股东会议召集程序或者表决方式虽有轻微瑕疵，但对决议未产生实质影响，该《股东会议决议》有效并对全体股东具有约束力，**故对李某常的撤销主张不予支持，并无不当，本院予以维持。

裁判要点 3 通知方式存在瑕疵，但未实质性剥夺股东参与会议及表决权的，属于瑕疵轻微，不影响股东会决议的效力。

【裁判理由1】【(2017)黔民终510号】高某久、何某友公司决议撤销纠纷二审案件，贵州省高级人民法院认为：

关于召集该次股东会议的通知时间及通知方式，根据《公司法司法解释(四)》第4条“股东请求撤销股东会或者股东大会、董事会决议，符合公司法第二十二条第二款规定的，人民法院应当予以支持，但会议召集程序或者表决方式仅有轻微瑕疵，且对决议未产生实质影响的，人民法院不予支持”的规定，认定公司决议是否属于轻微瑕疵的实质要件在于该瑕疵是否实质性剥夺了股东的参与表决权。**尽管召开此次股东会议的通知时间少于《公司法》第41条规定的15日，通知的方式采用张贴公告和打电话的方式，但并未实质性剥夺上诉人邓某木、高某**

久、何某友在公司治理中的参与表决权。召开本次股东会议的通知时间及通知方式的瑕疵应认定为轻微瑕疵。

【裁判理由2】【(2019)京民申1402号】马某等与华汽投资控股集团有限公司(以下简称华汽公司)公司决议撤销纠纷再审审查与审判监督案件,北京市高级人民法院认为:

本案中,根据华汽公司的章程规定,召开临时股东会应提前15天通知全体股东,而经查《关于召开临时股东会的通知》的快递提前14天到达马某的住处,确实存在瑕疵,但该瑕疵应属轻微瑕疵。**根据马某的自述,马某也曾收到华汽公司的电话通知,通知其参加临时股东会,其没有参会的原因是本人没在北京。马某持有的股份为30%,此次临时股东会决议经代表70%表决权的股东思度公司同意,故马某未参会对决议未产生实质影响。**华汽公司召开临时股东会修改股东出资时间并经代表2/3以上表决权的股东思度公司同意,且内容上并未违反法律的规定,也未超出股东会的职权。

裁判要点4 会议通知虽未载明议案的具体内容,但当事人能够通过通知知晓会议议题的,决议应认定为有效。

【裁判理由】【(2021)川01民终253号】王某、周某其公司决议撤销纠纷二审案件,四川省成都市中级人民法院认为:

首先,《成都龙泉洪安液化气销售有限公司2020年第一次临时股东会会议通知》已明确会议召开时间、地点、会议议题、参会人员等内容,通知事项齐全。**虽然该通知并未告知议案的具体内容,但王某等股东通过该通知内容能够清楚知晓会议议题,且法律及成都龙泉洪安液化气销售有限公司(以下简称洪安液化气公司)章程未规定会议通知需要告知议题的具体内容。**其次,虽然《成都龙泉洪安液化气销售有限公司2020年第一次临时股东会会议通知》未载明《授权隋某建负责具体办理公司变更登记等相关事宜》的议案,但授权相关人员办理公司变更登记属于股东会决议的执行问题,并非需股东会审议的事项。**因此,《成都龙泉洪安液化气销售有限公司2020年第一次临时股东会会议决议》不存在决议表决的事项超过了通知所载明的议案的情形。**最后,虽然该股东会会议记录上载明的主持人系"雷某",雷某既不是洪安液化气公司的监事亦不是公司股东,由雷某主持股东会会议存在一定的程序瑕疵,但根据《公司法司法解释(四)》第4条的规定,股东会召集程序仅存在轻微瑕疵且对决议不产生实质影响的,该股东会决议可不撤销。

本案中，虽然洪安液化气公司2020年第一次临时股东会会议在主持主体上存在瑕疵，但该瑕疵并未影响王某等股东公平地参与股东会议并行使股东表决权，因此该瑕疵仅为轻微瑕疵，并未对决议产生实质性影响。故王某主张撤销《成都龙泉洪安液化气销售有限公司2020年第一次临时股东会会议决议》，于法无据，本院不予支持。

裁判要点5 会议主持人存在瑕疵，但履行了会议主持人职责，未对召开结果产生影响的，属于轻微瑕疵，决议应认定为有效。

【裁判理由】【(2018)京0105民初73522号】北京鼎驰融达投资管理有限公司诉致生联发信息技术股份有限公司公司决议纠纷案件，北京市朝阳区人民法院认为：

对于主持人不符合公司章程规定一事，会议主持人的主要职能在于保障股东大会有序召开，能够按照会议议程作出决议以及承担应当履行的其他职能，本案中，虽然致生联发信息技术股份有限公司称卜某岸因身体原因不能担任主持人，但致生联发信息技术股份有限公司的董事唐某军担任了主持人，**其余董事出席会议并未对唐某军担任主持人表示异议，且其已经履行会议主持人的职责，股东大会并未因唐某军担任主持人而无法进行或对召开结果产生影响，因此该瑕疵应属轻微瑕疵，且对决议未产生实质影响**。

裁判要点6 章程约定采取“现场会议”方式，公司采用电话会议、视频会议的方式开会符合常理，决议有效。

【裁判理由】【(2019)粤04民终2943号】银隆新能源股份有限公司(以下简称银隆新能源公司)、珠海市银隆投资控股集团有限责任公司(以下简称银隆投资公司)等公司决议撤销纠纷二审案件，广东省珠海市中级人民法院认为：

至于案涉股东大会是否存在召集程序、表决方式违反公司章程规定的情形，是否存在重大瑕疵的问题，本院认为：一则，随着时代的发展，会议的召开形式亦从原来单一的现场会议发展为多元化的电视会议、电话会议、微信视频会议等，银隆新能源公司主张案涉股东大会采用现场会议及电话会议是基于方便股东参会的主张，与时代发展相吻合，亦符合常理，**而案涉银隆新能源公司的章程没有明确规定股东大会仅能采取现场会议的方式，也没有禁止电话会议或视频会议**。虽然银隆投资公司对现场会议与电话会议相结合的会议形式提出异议，但是并无证据显示此等会议形式实质性损害了银隆投资公司的利益。二则，会议的计票模式与会议形式密切相关，在案涉股东大会采取的是现场与电话相结合会议模式的前提下，会议采取现场投票及网络投票、微信群监票，是与会议召开模式相配套的方式。仅以会议采取现场投票与网络投票结合的方式而质疑投票真实性、有效性，理据不足。**并且，在采取现场与电话相结合会议模式下，公司章程规定的会议当场公布表决结果，不能机械地理解为会议现场公布表决结果，也正因如此，在现场会议结束后统计票数并于微信群公布的做法不属于重大程序瑕疵**。三则，从查明的事实可知，在现场投票时案涉几项决议已经过半数通过，即便没有网络投票，案涉5项决议按照公司章程决议也已经过半数通过，银隆投资公司亦称其对表决结果并无异议，在现场表决结果已经符合章程过半数通过规定的情形下，即便案涉股东大会存在"在提案进行表决前，会议主持人没有当场指定两名股东代表参加计票和监票以及说明股东代表担任的监票员的持股数"等召集程序或表决方式的瑕疵，也并未对决议的结果产生实质性的影响。

裁判要点7 会议虽无会议记录，但能够证明会议真实召开的，属于瑕疵轻微，决议应认定为有效。

【裁判理由】【（2021）川04民终266号】刘某卫、王某娟、攀枝花亿丰瑞实业有限公司等公司决议纠纷二审案件，四川省攀枝花市中级人民法院认为：

关于股东会会议记录的问题。《公司法》第41条及攀枝花亿丰瑞实业有限公司章程第28条规定，股东会应当对所议事项的决定作出会议记录，出席会议的股东应当在会议记录上签名。本院认为，会议记录是全面客观地反映股东会议的召开过程，是股东对议决事项的讨论表态过程的记录，但是股东会的最终结果仍然应该由股东会决议予以体现。虽然公司法规定"股东会应当对所议事项的决定作成会议记录"，但上述规定应为管理性强制性规定，即使未形成会议记录，也不能影响合法形成的股东会决议的效力，且本次股东会会议真实召开，其真实性有视频录像予以佐证，故该次股东会虽然没有形成正式的会议记录存在瑕疵，但会议真实召开且已形成了书面决议，此决议对整个股东会召开过程及决议作出过程均有所反映，并不属于应当予以撤销的情形，故对上诉人刘某卫、王某娟的该上诉理由本院依法不予支持。

【笔者观点】对于决议可撤销之诉，《公司法司法解释（四）》第4条明确区分了程序瑕疵的严重程度，对于召集程序、表决方式"仅有轻微瑕疵，且对决议未产生实质影响的"决议不应撤销。该规定无疑赋予了人民法院对于何种瑕疵属于"对决议无实质影响的轻微瑕疵"的自由裁量权，也正是由于各法院对于自由裁量权的掌握尺度不同，造成了对某一瑕疵是否属于“轻微瑕疵”、某一决议应否撤销的不同认定。通过前述两个争议焦点所列案例可以看出，法院对同种瑕疵类型也可能根据具体案情、瑕疵程度不同对决议效力作出截然不同认定，如下表所示：

瑕疵情形	决议效力	案号
召集权人无权召集	可撤销	(2020)苏06民终112号
	瑕疵轻微，决议有效	(2020)鲁民申5448号
通知内容瑕疵(通知未载明待决事项)	可撤销	(2019)沪01民终12104号
	瑕疵轻微，决议有效	(2021)川01民终253号
通知时间瑕疵(未按照规定期限发出通知)	可撤销	(2021)鲁01民终10898号
	瑕疵轻微，决议有效	(2021)闽02民终6872号
通知方式瑕疵(未按照规定的方式发出通知)	可撤销	(2018)沪0114民初3772号
	瑕疵轻微，决议有效	(2017)黔民终510号
主持人瑕疵	可撤销	(2016)渝0230民初799号 (2016)浙03民终4935号
	瑕疵轻微，决议有效	(2018)京0105民初73522号

笔者认为，关于轻微瑕疵的具体认定，应当以程序瑕疵能否导致各股东公平地参与、形成多数意思以及获取对此所需的信息为判定标准。[①]首先，瑕疵轻微是指瑕疵程度较小，如提前通知的时间短于章程或者法律规定的时间，但并未实质性妨碍所有股东获取通知、充分准备并参加会议程序。其次，未对决议产生实质影响，一般指程序瑕疵不具有影响决议结果的可能性，该程序瑕疵的存在不改变公司决议的原定结果。但是，是否改变决议结果并不能成为衡量该瑕疵是否影响唯一或者主要衡量标准，否则小股东参与会议及表决的权利无疑将失去保障。因此，笔者认为，如果该瑕疵的“产生”是为了恶意阻碍部分股东公平参与会议及表决，即使该部分股东参与表决不能对结果产生实质性影响，亦不能认定为轻微瑕疵。

① 参见丁勇：《公司决议瑕疵诉讼制度若干问题反思及立法完善》，载黄红元、徐明主编：《证券法苑》(第11卷)，法律出版社2014年版。

（三）公司决议不成立、无效、可撤销的界限与转化有关的争议

争议焦点9　超出公司权利机构权限范围的决议效力如何认定

裁判要点1 超出法律规定的股东会、股东大会或者董事会权限范围的决议应认定为无效。

【裁判理由1】【（2021）冀民终388号】宇硕发展有限公司、保定新宇服务大厦有限公司等与公司有关的纠纷二审案件，河北省高级人民法院认为：

保定新宇服务大厦有限公司董事会作为公司权力机关、内设机关，对保定新宇服务大厦有限公司内部事务具有决定权，如处分公司财产、利润分配、劳动工资等。但对于公司外部事务，如股东是否出资、出资类型等，则超出其职权范围。上述《中外合资经营企业法》《中外合资经营企业法实施条例》相关规定是为加强合资企业管理，保护中外合资经营企业合营各方的合法权益，维持社会经济秩序作出的，系效力性强制性规定，违反上述规定的民事法律行为无效。**综上，保定新宇服务大厦有限公司董事会超越法律规定范围行使职权，根据2005年《公司法》第22条第1款"公司股东会或者股东大会、董事会的决议内容违反法律、行政法规的无效"的规定，该公司董事会作出的将土地入股变为现金入股的决议无效。**

【裁判理由2】【（2016）沪0101民初25094号】唐某云诉上海市花木有限公司公司决议效力确认纠纷案件，上海市黄浦区人民法院认为：

对于2009年12月17日临时股东会决议第1～3条以及2010年1月6日临时股东会决议第1条，根据决议的前后文内容，上述决议条款实质涉及将被告名下南京西路房产以及被告所得金额为7,947,556.90元的土地收益划归上海园林（集团）公司，并以此为基础对被告资产进行审计、评估，进而要求各股东对审计、评估结果发表意见。根据原告在2009年12月17日临时股东会决议尾部书写的意见，其并未对上述被告资产的处理明确表示同意，根据原告在2010年1月6日临时股东会发表的意见以及其在决议尾部书写的意见，原告明确反对上述对被告资产的处理。**本院认为，对被告名下南京西路房产以及被告所获取土地收益的处理实质系变更被告资产的归属。公司法及被告公司章程均明确了公司股东会、董事会、总经理的职权范围，公司资产的归属与公司的经营、运作无关，不属于股东会的职权范围，更不属于董事会、总经理的职权范围。因此，被告股东会无权以资**

本多数决的方式变更被告资产的归属，董事会、总经理亦无权进行变更。根据上述分析，2009年12月17日的临时股东会决议第1~3条以及2010年1月6日临时股东会决议第1条的内容均超越股东会职权，非有效决议。

【裁判理由3】【(2016)粤1973民初898号】郭某辉与东莞玄凌五金塑胶厂有限公司(以下简称玄凌公司)公司决议效力确认纠纷案件，广东省东莞市第三人民法院认为：

关于《董事会决议》第1项内容：明新国际有限公司(以下简称明新公司)法定代表及董事长由郭某辉变更为吴某丽，本院认为，明新公司系玄凌公司的投资公司，该公司系在香港特别行政区成立的公司，该公司董事长的变更等事宜应依据香港特别行政区法律规定依法表决，玄凌公司的该项董事会决议内容超出了其权限范围，应属无效。关于第2项内容：玄凌公司董事会成员由5人变更为3人，即由郭某辉、郑某耀、朱某利、吴某丽、吴某琼变更为吴某丽、吴某旻及范某洋，法定代表人由朱某利变更为吴某丽，本院认为，该决议内容系变更了玄凌公司的董事成员人数、名单以及法定代表人，**但根据《公司法》第37条第1款“股东会行使下列职权：……选举和更换非由职工代表担任的董事……”、第13条“公司法定代表人依照公司章程的规定，由董事长、执行董事或者经理担任，并依法登记”、第60条“一人有限责任公司章程由股东制定”之规定，该决议所涉内容均超出董事会权限范围，需由玄凌公司股东即明新公司决定，故该《董事会决议》内容无效。**

裁判要点2 超出章程规定的股东会、股东大会或者董事会权限范围的决议应认定为可撤销。

【裁判理由1】【(2020)沪0110民初19679号】袁某与上海沃特奇能源科技股份有限公司公司决议撤销纠纷案件，上海市杨浦区人民法院认为：

关于两项决议是否属于董事会权限的问题，本院认为公司对外投资的清理、转让属于涉及公司股东权益的重大事项，在公司章程无特别规定的情况下，应当由股东大会作出相关决议，董事会应在股东大会就相关事项制定方针或计划的前提下，或是在股东大会的授权下制订具体方案，**被告公司章程亦规定对外投资、收购出售资产等必须经过股东大会授权，但涉诉决议中关于清算注销子公司及转让子公司股权的事项并未经过股东大会决议，股东大会亦未就相关事项授权董事会。即便如被告所述，上述事项是因公司亏损而采取的弥补亏损的行为，但被告章程亦规定董事会拟订的弥补亏损方案必须经过股东大会审议批准，并不属于董**

事会决定权限范围。因此，涉案决议第2项、第3项因违反公司章程规定，应予撤销。

【裁判理由2】【(2018)沪0113民初13040号】上海方决企业管理咨询有限公司与上海添跃企业管理有限公司（以下简称添跃公司）公司决议撤销纠纷案件，上海市宝山区人民法院认为：

通过上文将系争决议的内容逐项与添跃公司的章程进行比照后，本院认为，根据添跃公司章程的规定，修改公司章程是股东会的职权范围，修改公司章程的决议必须经全体股东一致同意。**因此，10项决议中，除了解聘汤某沁总经理职务外的其余决议事项均构成对添跃公司章程有关规定的实质性变更，依法应予撤销。**添跃公司根据系争决议已办理变更登记的，应向公司登记机关申请撤销变更登记。

【笔者观点】根据《公司法》第37条、第46条、第99条、第108条的规定，股东会、股东大会或者董事会的权限源于法律规定和公司章程规定，相应的超出股东会、股东大会或者董事会权限范围的决议亦包含以上两种情况。在股东会、股东大会或者董事会超出权限范围时决议应当如何认定，司法实践中长期存在争议。

笔者认为，在股东会、股东大会或者董事会超出权限范围作出决议的情形下，决议已经存在，故此时该决议只有无效或可撤销的讨论余地。对于决议内容超过法律规定的股东会、股东大会或董事会权限范围的，因法律关于股东会、股东大会或者董事会权限范围的规定属于强制性规定，故超出法定权限作出的决议属于无效决议。对于决议内容超出章程规定的权限范围的，因公司章程属于规范公司内部法律关系的文件，故超出章程规定权限范围的决议并非无效，属于可撤销的范畴。

争议焦点10　伪造签名的决议的效力问题如何认定

裁判要点1　存在伪造签名情形的决议应认定为无效。

【裁判理由1】【(2019)苏03民终4892号】王某与江苏阳某钢结构工程有限公司、孙某公司决议效力确认纠纷二审案件，江苏省徐州市中级人民法院认为：

关于江苏阳某钢结构工程有限公司于2016年12月9日、2017年4月1日分别作出的《关于变更法定代表人、执行董事的决议》效力问题。《公司法司法解释

(四)》第5条规定,“股东会或者股东大会、董事会决议存在下列情形之一,当事人主张决议不成立的,人民法院应当予以支持:(一)公司未召开会议的,但依据公司法第三十七条第二款或者公司章程规定可以不召开股东会或者股东大会而直接作出决定,并由全体股东在决定文件上签名、盖章的除外;(二)会议未对决议事项进行表决的;(三)出席会议的人数或者股东所持表决权不符合公司法或者公司章程规定的;(四)会议的表决结果未达到公司法或者公司章程规定的通过比例的;(五)导致决议不成立的其他情形”。**王某主张该两份股东会决议中“王某”的签名均非其本人书写,经一审法院委托鉴定机构进行笔迹鉴定,倾向性认为该两份股东会决议中“王某”签名字迹不是其本人书写。因此,即便江苏阳某钢结构工程有限公司召开了股东会,但股东王某的签名系他人伪造,此种情况下,虚构的决议不是公司股东意思表示的结果,仅反映了个别虚构者的内心意愿,实际上是以个人意思代替公司意思,不能产生法律约束力,故,应认定该两份股东会决议不成立。**

【裁判理由2】【(2014)三中民终字第2996号】北京神州新纪录规划设计研究院有限公司与刘某等公司决议效力确认纠纷二审案件,北京市第三中级人民法院认为:

依据《民法通则》第55条[①]“民事法律行为应当具备下列条件:……(二)意思表示真实”和第58条“下列民事行为无效:……(五)违反法律或者社会公共利益的;……无效的民事行为,从行为开始起就没有法律约束力”的规定,当事人的意思表示真实是民事法律行为应当具备的条件。**本案中,北京神州新纪录规划设计研究院有限公司第七届第1次股东会决议上刘某、卢某亭的签名均不是本人所签,根据当事人的陈述,该股东会决议以及卢某亭将股权转让给卢某的出资转让协议书形成于卢某亭死亡之后,故该股东会决议所表决的事项即卢某亭愿意将股权转让给卢某并不是事实。该股东会决议既不是刘某的真实意思表示,也不是卢某亭的真实意思表示,应属无效。**

【裁判理由3】【(2014)川民提字第304号】蔡某与四川省江源新村贸易有限公司等决议效力确认纠纷案件,四川省高级人民法院认为:

经审理,2007年11月23日的《股东会决议》以及《股权转让协议书》上“蔡

① 对应《民法典》第143条,本章节下同。

某”的签字不是蔡某本人所写，即上述决议不是蔡某的真实意思表示。会后，蔡某对此表决亦未予以追认。**依据《民法通则》第55条的相关规定，合法有效的民事法律行为必须具备的条件之一是意思表示真实。四川省江源新村贸易有限公司于2007年11月23日作出的《股东会决议》违反了上述法律规定，应确认为无效。**

裁判要点 2 去除伪造签名后投票比例符合法定或者章定比例的，决议应认定为有效。

【裁判理由1】【(2016)沪01民终12149号】朱某诉上海远融照明科技有限公司公司决议效力确认纠纷二审案件，上海市第一中级人民法院认为：

朱某主张上海远融照明科技有限公司提交工商部门备案的该次股东会决议上“朱某”的签名非其本人所签，故该次股东会决议无效。**但该次股东会作出决议符合上海远融照明科技有限公司章程约定的表决权数，该次股东会决议在股东表决后即已产生相应法律效力。朱某是否在股东会决议上签名，不影响该股东会决议的法律效力。他人在提交备案的股东会决议上代签朱某姓名，不视为朱某的意思表示，同时不影响其他股东的意思表示和表决结果，即，不会导致该次股东会决议归于无效。**

【裁判理由2】【(2016)苏01民终7142号】北京兰亭风文化传播有限公司等诉南京文化艺术产权交易所有限公司(以下简称文交所公司)公司决议效力确认纠纷案件，江苏省南京市中级人民法院认为：

文交所公司章程规定，董事会决议须半数以上董事通过。2013年8月10日，文交所公司通过的股东会决议中，决定免去韩某岩董事长职务，选举高某娟为副董事长，故文交所公司董事据此变更为周某、梁某强、郭某庆、杨某亭、高某娟。**同日的董事会决议中，虽然郭某庆、梁某强的签字并非其本人书写，但其他3名董事签字表决同意，同意股东数已超过半数，故该董事会决议已经通过。**另案涉董事会决议系对股东会决议中部分内容的确认，即董事长及副董事长职务的任免，该内容亦不违反法律、行政法规的规定，应为有效。

裁判要点 3 存在伪造签名且股东会未实际召开情况的，决议应认定为不成立。

【裁判理由1】【(2020)渝05民终986号】李某碧、王某与邓某军、重庆市合呈恒工贸有限公司公司决议纠纷二审案件，重庆市第五中级人民法院认为：

上诉人李某碧、王某、重庆市合呈恒工贸有限公司认为案涉股东会决议为邓某军个人伪造，邓某军亦陈述该股东会决议系其书写，“李某碧、王某”的签名亦是邓某军所签，该股东会并未实际召开，故一审法院认定该股东会决议不成立符合法律规定，本院予以确认。

【裁判理由2】【(2018)京02民申46号】北京奥普译通科技开发有限公司（以下简称奥普译通公司）等诉李某云公司决议效力确认纠纷案件，北京市第二中级人民法院认为：

本案中，李某云、奥普译通公司、刘某才均认可2007年3月22日股东会决议上李某云的签字非其本人签署。刘某才虽称该签字系李某云委托其代签，但未提交相应证据证明，故本院对该项主张不予采纳。2007年3月22日股东会决议作出时，奥普译通公司的股东为刘某才与李某云二人。**刘某才在未通知李某云参会即未召开股东会的情形下，于2007年3月22日自行制作奥普译通公司股东会决议文件，并在李某云未授权的情况下，代李某云在上述决议上签字，该决议不具备成立的基本条件**，故一审法院判决确认该决议不成立并无不当。

裁判要点4 存在伪造签名的决议应认定为可撤销。

【裁判理由】【(2017)苏01民终1189号】陆某西等与南京永和视频设备有限公司公司决议纠纷二审案件，江苏省南京市中级人民法院认为：

南京永和视频设备有限公司在2009年6月25日之前适用的系512章程，该章程规定修改公司章程需经全体股东一致同意通过。在前述2009年6月25日修改股东会表决方式的决定中，股东陆某西、朱某玉的签名并非本人所签，该两人亦不予认可，**故该次股东会决定并未经全体股东一致同意，表决方式违反了南京永和视频设备有限公司的512章程，根据《公司法》第22条第2款的规定，股东可以请求人民法院撤销，但该决议并不当然无效。**

【笔者观点】对于存在伪造签名情况的决议效力如何认定问题，在《公司法司法解释(四)》的修订过程中也历经反复并最终被删去，目前在司法实践中仍有较大争议。

笔者认为，伪造签名的决议通常伴随着其他程序瑕疵，如未依法履行通知义务、出席股东人数不足、不符合表决比例等，伪造者正是为了满足相应的法律和章程要求而伪造了签名。因此，分析伪造签名的决议效力，应当结合案件的具体瑕疵情形来判断。换言之，如果说伪造签名是造成程序瑕疵的原因，毋宁说伪造签名是其他程序瑕疵的结果。[1]因此，应当根据逐一顺序考虑如下要素，并在此基础上认定伪造签名的决议效力：

第一，判断该决议内容是否违法、违反章程，如决议内容侵犯未签名股东相应权利的，应认定因其违反了《公司法》第22条第1款的规定，所形成的股东会决议无效；如决议内容违反章程的，应认定决议可撤销。

第二，在决议内容合法合章的基础上，需再判断伪造签名的原因，如伪造签名是为了掩盖未履行通知义务、股东未参加会议、未实际召开会议、表决人数不符合法定或者章定比例等瑕疵的，对于符合《公司法司法解释（四）》第5条情形的，应认定为决议不成立。

第三，如会议已经实际召开，且扣除伪造签名后仍符合法律及章程对参会人数、表决比例的要求的，则决议成立，此时应再讨论决议是否存在导致可撤销的程序瑕疵，如存在，需再判断该瑕疵是否属于未对决议产生实质影响的轻微瑕疵，从而最终判定决议效力。

争议焦点11　未依法召集全体股东参加会议的决议效力如何认定

裁判要点1 未依法向全体股东发出会议召集通知的，股东会决议不成立。

【裁判理由1】【（2019）沪01民终10925号】上海康浦码头装卸有限公司（以下简称康浦公司）与上海福集建筑材料有限公司（以下简称福集公司）公司决议效力确认纠纷二审案件，上海市第一中级人民法院认为：

福集公司系康浦公司股东之一，本案的争议焦点在于2018年8月3日康浦公司股东会会议是否存在召集程序瑕疵，以及该瑕疵是否影响系争股东会决议的成立。

第一，2018年8月3日康浦公司股东会会议的召集程序存在瑕疵。根据《公司法》第41条第1款的规定，召开股东会会议，应当于会议召开15日前通知全体股东。康浦公司的公司章程第10条亦规定，股东会会议应当于会议召开15日以前通知全体股东。**但本案中，康浦公司仅提供2018年6月其向福集公司寄送快**

[1] 参见李建伟：《公司诉讼类型化专题24讲（一）——公司大数据实证分析与裁判规则评述》，法律出版社2021年版。

递的面单,上载“关于按时交还码头的通知函”,该通知函上亦未记载召开股东会会议的事宜。因此,现有证据不足以证明康浦公司曾向福集公司发出将于2018年8月3日召开股东会会议的通知,即康浦公司上述股东会会议未召集全体股东,存在召集对象上的瑕疵。

第二,根据《公司法》第22条和《公司法司法解释(四)》第5条的规定,股东会会议召集及表决中的程序瑕疵依其严重程度的不同可能导致股东会决议可撤销或不成立的法律后果。**召集对象上的瑕疵属于严重的程序瑕疵,对股东会决议的成立有根本性影响**,理由有三:

首先,股东会决议的成立需经正当程序,召集对象上的瑕疵直接导致会议无法形成有约束力的决议。决议行为与单方或多方民事法律行为不同,决议行为一般不需要所有当事人意思表示一致才能成立,而是多数人意思表示一致就可以成立。这种“多数决”的正当性就在于程序正义,即决议必须依一定的程序作出。《民法总则》第134条第2款①即规定,法人、非法人组织依照法律或者章程规定的议事方式和表决程序作出决议的,该决议行为成立。其中,股东会召集程序体现了股东会会议发起的正当性和合法性,提供了使股东意思归属于公司的前提基础。不存在召集就不存在股东的集会和表决,也就不存在决议行为。召集对象上的瑕疵直接导致部分或者全部股东无法获知股东会会议的召开信息,对该部分股东而言即不存在股东会会议的召集,故而也不可能形成能够约束全体股东的股东会决议。

其次,未通知股东参会的行为与诸如提前通知不足法定期间、表决方式未按章程约定等股东会召集、表决过程中的一般程序瑕疵明显不同,其后果并非影响股东表决权的行使,而是从根本上剥夺了股东行使表决权的机会和可能。特别对于小股东而言,虽然其所持表决权占比低,不足以实质性改变股东会决议结果,但其依然可能通过在股东会会议上的陈述等影响其他股东的表决行为,不能因为其表决权占比低就忽视其行使表决权的权利。

最后,未通知股东也使相关股东因不知晓股东会决议的存在而无法及时主张权利救济。在未向全体股东发出股东会会议的召开通知时,如认为股东会决议依然成立,则未获通知的股东只能基于《公司法》第22条第2款规定,自决议作出之日起60日内,请求人民法院撤销该决议。但上述60日的期间并无中止或中断之

① 对应《民法典》第134条第2款。

可能，且既然有股东未获股东会会议召开的通知，则其很可能亦无渠道及时获知已有股东会决议作出，难以苛求其能够在60日内提起相应诉讼。故而，如此时仍认为股东会决议成立会不合理地限制未获通知的股东寻求救济的权利。

综上所述，2018年8月3日康浦公司的股东会会议因存在召集程序上的严重瑕疵，系争股东会决议不成立。

【裁判理由2】【(2021)湘1025民初845号】李某太、黄某婕等公司决议效力确认纠纷案件，湖南省临武县人民法院认为：

本案的争议焦点为2021年4月9日形成的《股东会决议》是否成立。本院认为，该《股东会决议》不成立。理由如下：

《股东会决议》的召集程序存在严重瑕疵。根据《公司法》第41条第1款的规定：召开股东会会议，应当于会议召开15日前通知全体股东；但是，公司章程另有规定或者全体股东另有约定的除外。临武县舜业粉体有限公司章程第19条规定：股东会会议分为定期会议和临时会议，并应当于会议召开15日以前通知全体股东。**但在本案中，临武县舜业粉体有限公司未提供股东会会议记录，《股东会决议》记载的股东仅有3人，现有证据不足以证明临武县舜业粉体有限公司提前15天通知过李某太、黄某婕，即临武县舜业粉体有限公司在召集对象上存在瑕疵。**根据《公司法》第22条和《公司法司法解释(四)》的规定，**股东会会议的召集对象瑕疵属于严重瑕疵，对股东会决议的成立有根本上的影响。因为，股东会决议的成立需经正当程序，召集对象上的瑕疵直接导致会议无法形成有约束力的决议。**决议行为与单方或者多方民事法律行为不同，决议行为一般不需要所有当事人意思表示一致才能成立，而是基于资本多数决的多数人的意思表示，资本多数决的正当性在于程序正义，即决议必须依照一定的程序作出。《民法典》第134条第2款规定：法人、非法人组织依照法律或者章程规定的议事方式和表决程序作出决议的，该决议行为成立。不存在召集就不存在股东的集会和表决，也就不存在决议行为。**召集对象上的瑕疵直接导致部分股东无法获知股东会会议的召开信息，对该部分股东而言不存在股东会会议的召集，股东会意志缺失，故而也不可能形成能够约束全体股东的股东会决议。**案涉《股东会决议》涉及对公司所有设备资产的出租，公司股东享有对公司决策、管理的权利，**未通知全体股东实际上是剥夺了未通知股东享有的决策、管理权。未通知股东参会的行为与诸如提前通知不足法定期间、表决方式未按公司章程约定等股东会召集、表决过程中的一般程序瑕疵明显不**

同,其后果并非影响股东表决权的行使,而是从根本上剥夺了股东行使表决权的机会和可能,即便对于李某太、黄某婕所持股权而言,不足以根本上改变会议表决结果,但其依然能通过在股东会会议上的陈述等影响其他股东的表决行为。

裁判要点 2 未依法通知部分股东参加股东会议,剥夺其对重大事项表达意见、参与决议等重大权利的决议无效。

【裁判理由】【(2018)粤03民终1727号】深圳市长达顺企业管理咨询有限公司(以下简称长达顺公司)、深圳奥康德集团股份有限公司(以下简称奥康德公司)公司决议效力确认纠纷二审案件,广东省深圳市中级人民法院认为:

关于焦点二,《公司法》第22条第1款规定:公司股东会或者股东大会、董事会的决议内容违反法律、行政法规的无效。长达顺公司上诉主张奥康德公司在未通知其参加股东会会议的情况下,自行于2016年12月11日召开股东会会议并形成决议,该行为剥夺了长达顺公司作为奥康德公司合法股东享有的参与公司重大决策的权利,该决议内容无效。《公司法》第4条规定:公司股东依法享有资产收益、参与重大决策和选择管理者等权利。该法第41条第1款规定:召开股东会会议,应当于会议召开15日前通知全体股东;但是,公司章程另有规定或者全体股东另有约定的除外。本院认为,股东会是股东行使权利的场所,公司通过股东会对相关事项作出决议,其实质是股东通过参加股东会行使股东权利、决定公司重大事项的过程。法律之所以规定召开股东会必须通知全体股东,主要就是为了切实保障所有股东平等参与公司决策,充分行使表决权等各项股东权利。因此,公司股东实际参与股东会议并作出真实意思表示,是股东会议及其决议有效的必要条件。本案中,无论是深圳联合产权交易所出具的奥康德公司股东名册,还是多份已生效的裁判文书确定的事实,均已确认长达顺公司系奥康德公司的合法股东。**奥康德公司仍违反生效判决,不尊重司法,在未依法通知长达顺公司且长达顺公司亦未参加股东会的情况下召开会议并对修改《公司章程》、改选董事会及监事会等多项议题作出决议,主观上存在明显的故意,剥夺了长达顺公司就奥康德公司重大事项表达意见、参与决议等重大权利,奥康德公司的行为违反了《公司法》有关保护股东权利的规定。**长达顺公司据此认为2016年12月11日股东会决议内容无效,符合法律规定,本院予以支持。

裁判要点 3 未依法通知部分股东参加股东会议,属于程序瑕疵,当事人可主张决议可撤销。

【裁判理由】【(2019)粤01民终2973号】广州从化美芝灵集团有限公司(以下简称美芝灵集团)、张某靖公司决议纠纷二审案件,广东省广州市中级人民法院认为:

第四,即使张某靖认为美芝灵集团的股东之一已经由广东华灵集团有限公司变更为广州从化美芝灵工程有限公司,而**美芝灵集团没有通过董事会召集的方式召开股东会议及以书面通知的方式通知广州从化美芝灵工程有限公司而存在程序瑕疵**,主要损害的是股东的利益,根据《公司法》第22条第2款“股东会或者股东大会、董事会的会议召集程序、表决方式违反法律、行政法规或者公司章程,或者决议内容违反公司章程的,股东可以自决议作出之日起六十日内,请求人民法院撤销”的规定,**股东也享有相应的救济权利,亦应由股东行使该权利,不论是广东华灵集团有限公司还是广州从化美芝灵工程有限公司,现没有证据证实提起了相关撤销股东会决议的诉讼**。第五,根据美芝灵集团各股东的持股比例,即使未出席的股东不同意广州市华灵医药科技开发有限公司、广州从化美芝灵房地产开发有限公司的意见,也不影响表决的结果。综上所述,张某靖要求确认2017年3月22日美芝灵集团股东会关于成立清算组的决议不成立依据不足,本院不予认定。

【笔者观点】未通知部分股东参加会议而作出的决议,应认定为无效决议、不成立还是可撤销的决议,司法实践中存在认识分歧。(2019)沪01民终10925号、(2021)湘1025民初845号案件均认定“召集对象上的瑕疵直接导致部分股东无法获知股东会会议的召开信息,对该部分股东而言不存在股东会会议的召集,股东会意志缺失,故而也不可能形成能够约束全体股东的股东会决议”,应当认定决议不成立。在(2018)粤03民终1727号案件中,法院则认为此种情况剥夺了该股东就公司决议事项表达意见、参与决议等重大权利,因违反《公司法》保护股东权利的规定而无效。(2019)粤01民终2973号案件则认为此种情况属于程序瑕疵,受损股东可以提起决议撤销之诉。

笔者认为,公司有选择性地通知部分股东参加会议,故意屏蔽某些股东,其目的是实质上剥夺未参会股东的权利,将其排除在本次会议之外。根据《公司法司法解释(四)》第5条的兜底规定,对于此类决议可以直接认定为不成立,因为公司决议是团体意思的体现,其正当性来源于正当程序和民主决策,将部分股东恶意排除在会议程序之外,其结果是该次会议成了部分股东自行“开会”及“表决”的场所,脱离了正当团体意思形成的轨道,没有形成真正的公司意志。

但我们也应注意到,《公司法(修订草案)》取消了《公司法司法解释(四)》第

5条的兜底条款,表明了对公司决议不成立情形的从严认定态度。在此情况下,为了表明我国司法实践对公司选择性通知股东参会、剥夺部分股东权利这一恶劣行为的严厉态度,宜将此类决议认定为无效而非可撤销,从而更好地彰显对全体股东特别是小股东的股东权利的保护。

争议焦点12 当事人的诉讼请求与人民法院认定不一致时的处理

裁判要点1 当事人诉请决议无效,人民法院经审查认为决议不成立的,可以直接认定决议不成立。

【裁判理由】【(2020)闽04民终154号】林某凤、林某1公司决议效力确认纠纷二审案件,福建省三明市中级人民法院认为:

关于案涉《股东会决定》是否产生效力的问题。《公司法司法解释(四)》规定了股东会决议不成立、无效或者可撤销三种情形的法律后果,均为使股东会决议不发生相应的法律效力。**本案中,林某凤、林某1、林某2、林某3虽诉请要求确认华盛置业集团建设工程有限公司、林某华于2018年4月23日作出的《股东会决议》无效,但从本案查明的事实,林某凤、林某1、林某2、林某3作为原告起诉的目的是案涉股东会决议不发生法律后果,结合本案的事实及相关法律规定,应确认案涉股东会决议不成立为妥。**该处理方式并未违反民事诉讼关于不告不理的原则,也不存在判非所诉的情形。林某华、林某明经本院传票传唤未到庭参加诉讼,本院依法缺席判决。

裁判要点2 当事人诉请决议无效,人民法院经审查认为决议不成立的,不能直接认定决议不成立,否则属于判非所诉。

【裁判理由】【(2021)云01民终3618号】邓某、昆明讯广货运有限公司公司决议效力确认纠纷二审案件,云南省昆明市中级人民法院认为:

股东会决议的不成立与无效系不同的概念,探讨决议的效力是有效还是无效须以决议成立作为前提,只有决议成立后才有效力评价的必要,为此,《公司法司法解释(四)》第5条专门规定了股东会决议不成立的情形,将股东会决议无效与不成立作出了明确区分,该条第3项规定出席会议的人数或者股东所持表决不符合公司法或者公司章程规定的;第4项规定会议的表决结果未达到公司法或者公司章程规定的通过比例的。如果上诉人认为诉争股东会决议并未实际召开，会议的表决结果并未达到公司法或者公司章程规定的通过比例等，应当适用上述条款另行主张决议是否成立，而不属于决议无效的事由，按照《公司法》第22条规定，只有在决议内容违反法律、行政法规时才能认定无效，诉争股东会决议内容本身并未违反法律、行政法规的规定。**由于决议无效与不成立是不同的概念，法律及上述司法解释也明确区分了其适用于不同情形，上诉人在诉请确认决议无效的情况下，法院不能针对决议是否成立作出判决，否则会出现判非所诉的结果，违反不告不理的民事诉讼原则**。上诉人所提交的判例均作出于《公司法司法解释(四)》实施之前，在该规定实施之前，由于法律法规并未明确规定公司决议不成立的情形，所以有上述判例的存在，但上述规定已于2017年9月1日开始实施，故应当依照公司法以及上述规定来进行认定。因此上诉人的上诉诉求本院依法不予支持。

【笔者观点】实践中，同样的公司决议程序瑕疵可能会因为瑕疵程度的不同，导致决议效力分属可撤销、不成立，甚至因为程序瑕疵导致决议内容可能违反《公司法》，决议属于可撤销还是无效也难以区分。由此引发的问题是，股东可能因为对法律理解的不专业，导致诉请确认的决议效力与人民法院实际认定的决议效力不一致。针对此类情形，笔者认为理想化的处理方式如下：由人民法院对当事人进行释明，征询当事人是否变更诉讼请求，从而兼顾保护股东权利和诉讼当事人的处分权。在前述两案中，当事人诉请确认决议无效，法院经审理认为决议当属不成立的情形，但均未释明当事人变更诉请，(2020)闽04民终154号案件直接认定了决议不成立，(2021)云01民终3618号案件则以“判非所诉”为由驳回了当事人的诉请。笔者认为，在未释明的情况下，鉴于决议无效是在决议已成立的基础上对其效力进行的判断，此时应当对当事人的权利予以保护，不宜直接驳回当事人的诉讼请求。

第八章　公司解散纠纷

引　言

2020年新冠肺炎疫情发生以来，公司解散纠纷呈愈演愈烈之势。解散对于公司而言，是最严厉、最具破坏性的后果，若非万不得已，不宜选择解散公司的办法来解决股东之间的矛盾。

笔者团队曾代理了一起公司解散纠纷案件。青岛的一家房地产公司，投资开发了一个住宅项目，股东李某针与薛某明分别持有公司50%的股权。后来因经营理念发生分歧，股东内部发生严重矛盾，于是李某针以股权比例50∶50导致股东会机制失灵，公司经营陷入僵局为由，起诉到法院要求解散公司。

本案的特殊情况在于，案件发生时，项目的多数住宅楼已建设竣工，几百套房屋已经对外销售，若此时解散公司，后续施工及办理房产证都无法履行，必然导致一系列违约案件，造成购房者大规模上访，影响社会稳定。

于是团队律师提出，《公司法》第1条规定公司法除了保护公司、股东的利益，还维护社会经济秩序。《公司法》第5条也明确规定，公司从事经营活动，应诚实守信，承担社会责任。所以，判断公司应否解散时，除了要考虑股东利益外，还要考虑社会公众利益。基于上述特殊情况，地产公司不应解散。最终，我们的观点被法院采纳，一审、二审、再审法院均支持了我们的主张，判决驳回了李某针解散公司的诉请。并且，该案例被选入最高人民法院中国应用法学研究所编写的《人民法院案例选》(2016年第3辑)。

在实务中，关于"公司经营管理发生严重困难""公司继续存续对股东权益造成重大损害""通过其他途径不能解决"的司法解散事由，在认定标准方面仍然存在不同理解。因此，作司法实践场域的分析与解释就显得极为重要。

一、公司解散的定义

根据《最高人民法院民事案件案由适用要点与请求权规范指引》(第2版)① 一书,公司解散是指引起公司人格消灭的法律事实。根据公司解散事由的不同,公司解散可分为公司自行解散、强制解散和司法解散三种形式。

自行解散又称任意解散,是指公司基于自身的意思解散公司,比如因公司章程规定的营业期限届满或者公司章程规定的其他解散事由出现,或股东会或者股东大会决议解散,或因公司合并或者分立需要解散。

强制解散,是指公司依法被吊销营业执照、责令关闭或者被撤销。

司法解散又称裁判解散,是指公司的目的和行为违反法律、公共秩序和善良风俗,依法律的规定命令其解散;或者公司出现显著困难、重大损害或董事、股东之间出现僵局时,依据股东的申请,由法院裁判解散公司。

公司在存续期间如果长期发生严重的内部矛盾,导致公司的正常经营无法进行,甚至使股东的利益受到严重损失,此时,若公司继续存续,则对股东利益明显不利。尤其是有限责任公司,具有较强的人合性特点,公司能否正常运营依赖股东之间的相互信赖关系,若股东之间关系恶化,或当公司经营出现严重困难、公司继续存续无法实现公司目的时,应当赋予股东申请解散公司的权利。

下文将重点阐述公司解散中出现僵局时,股东提起司法解散之诉的相关问题。

二、公司解散纠纷的请求权基础

(一)现行法

公司解散纠纷的请求权基础只有《公司法》第182条和《公司法司法解释(二)》第1条。

《公司法》第182条规定了提起公司解散纠纷之诉需同时满足的4个条件:(1)公司经营管理发生严重困难(公司僵局);(2)继续存续会使股东利益受到重大损失;(3)通过其他途径不能解决;(4)持有公司全部股东表决权10%以上的股

① 参见人民法院出版社编著:《最高人民法院民事案件案由适用要点与请求权规范指引》(第2版),人民法院出版社2020年版,第762~763页。

东提起公司解散纠纷之诉。

《公司法司法解释(二)》第1条进一步明确公司解散的事由,对“公司经营管理发生严重困难”作出了细化规定,列举了几类法院应当受理的提起公司解散纠纷之诉的事由。

需要注意的是,该条款也规定了提起公司解散纠纷之诉的不支持事由,即“股东以知情权、利润分配请求权等权益受到损害,或者公司亏损、财产不足以偿还全部债务,以及公司被吊销企业法人营业执照未进行清算等为由,提起解散公司诉讼的,人民法院不予受理”。

1.《公司法》。

第一百八十二条 公司经营管理发生严重困难,继续存续会使股东利益受到重大损失,通过其他途径不能解决的,持有公司全部股东表决权百分之十以上的股东,可以请求人民法院解散公司。

2.《公司法司法解释(二)》。

第一条 单独或者合计持有公司全部股东表决权百分之十以上的股东,以下列事由之一提起解散公司诉讼,并符合公司法第一百八十二条规定的,人民法院应予受理:

(一)公司持续两年以上无法召开股东会或者股东大会,公司经营管理发生严重困难的;

(二)股东表决时无法达到法定或者公司章程规定的比例,持续两年以上不能做出有效的股东会或者股东大会决议,公司经营管理发生严重困难的;

(三)公司董事长期冲突,且无法通过股东会或者股东大会解决,公司经营管理发生严重困难的;

(四)经营管理发生其他严重困难,公司继续存续会使股东利益受到重大损失的情形。

股东以知情权、利润分配请求权等权益受到损害,或者公司亏损、财产不足以偿还全部债务,以及公司被吊销企业法人营业执照未进行清算等为由,提起解散公司诉讼的,人民法院不予受理。

(二)《公司法》与《公司法(修订草案)》对比

关于公司解散纠纷的规定,《公司法(修订草案)》对《公司法》的相关条文进行了修改,具体文字的修改内容如下表所示。

《公司法(修订草案)》对《公司法》第182条未作出实质修改,只是将"持有公司全部股东表决权百分之十以上的股东"中的容易产生混淆的"全部股东"四个字删除,突出表决权的概念,修改之后的文字更加有利于条文理解。

《公司法》	《公司法(修订草案)》
第一百八十二条　公司经营管理发生严重困难,继续存续会使股东利益受到重大损失,通过其他途径不能解决的,持有公司全部股东表决权百分之十以上的股东,可以请求人民法院解散公司。	第二百二十七条　公司经营管理发生严重困难,继续存续会使股东利益受到重大损失,通过其他途径不能解决的,持有公司百分之十以上表决权的股东,可以请求人民法院解散公司。

三、公司解散纠纷的主管机构与地域管辖

1. 法院主管

《公司法》关于公司解散纠纷主管机构的相关规定如下:

【法律规定】

《公司法》第一百八十条第五项　人民法院依照本法第一百八十二条的规定予以解散。

对于公司解散案件,如果在股东协议或章程中约定了仲裁管辖,仲裁协议是否有效问题,司法实践中有过争议。有观点认为应尊重股东的意思自治,认定仲裁协议有效;也有观点认为,因为公司解散并不仅是处理股东之间的权利义务,还涉及债权人、税务、工商社保、劳工等社会关系,仅由股东选定公司解散纠纷的解决机构并不适宜。那么公司解散纠纷到底应由谁主管呢?具体内容详见本章第六部分的争议焦点7。

2. 地域管辖

《民事诉讼法》等关于公司解散纠纷地域管辖的相关规定如下:

【法律规定】

《民事诉讼法》第二十七条　因公司设立、确认股东资格、分配利润、解散等纠纷提起的诉讼,由公司住所地人民法院管辖。

《民诉法司法解释》第三条　……法人或者其他组织的住所地是指法人或者其他组织的主要办事机构所在地。法人或者其他组织的主要办事机构不能确定的,法人或其他组织的注册地或者登记地为住所地。

《民诉法司法解释》第二十二条 因股东名册记载、请求变更公司登记、股东知情权、公司决议、公司合并、公司分立、公司减资、公司增资等纠纷提起的诉讼，依照民事诉讼法第二十七条规定确定管辖。

《公司法司法解释(二)》第二十四条第一款 解散公司诉讼案件和公司清算案件由公司住所地人民法院管辖。公司住所地是指公司主要办事机构所在地。公司办事机构所在地不明确的，由其注册地人民法院管辖。

根据上述规定，因公司解散而提起的诉讼应当由公司住所地人民法院管辖。公司的住所地是指公司主要办事机构所在地。办事机构所在地不明确的，由其注册地人民法院管辖。

四、公司解散纠纷的诉讼时效

《民法典》关于一般诉讼时效的规定如下：

【法律规定】

《民法典》第一百八十八条 向人民法院请求保护民事权利的诉讼时效期间为三年。法律另有规定的，依照其规定。

诉讼时效期间自权利人知道或者应当知道权利受到损害以及义务人之日起计算。法律另有规定的，依照其规定。但是，自权利受到损害之日起超过二十年的，人民法院不予保护，有特殊情况的，人民法院可以根据权利人的申请决定延长。

实务中，法院一般不支持以诉讼时效作为抗辩理由，还有法院认为公司解散纠纷不适用诉讼时效。具体内容详见本章第六部分的争议焦点8。

五、公司解散纠纷的当事人

(一)公司解散纠纷的原告

根据《公司法》第182条及《公司法司法解释(二)》第1条的规定，公司解散纠纷之诉的原告应当为“持有公司全部股东表决权百分之十以上的股东”。

这里有两点需要注意。其一，表决权不等同于股权，我国法律仅要求股份公司必须“同股同权”，《公司法》第42条规定：“股东会会议由股东按照出资比例行使表决权；但是，公司章程另有规定的除外。”因此，有限责任公司股东的表决权并不必然与登记的股权比例一致，尤其是在当前注册资本认缴制的情况下，公司可通过章程设计与认缴比例不同的表决权，如约定按实缴比例行使表决权。其二，根据《公司法司法解释（二）》第 1 条的规定，“持有公司全部股东表决权百分之十以上的股东”应当理解为“单独或者合计持有公司全部股东表决权百分之十以上的股东”。

（二）公司解散纠纷的被告

《公司法司法解释（二）》关于公司解散纠纷被告的相关规定如下：

【法律规定】

《公司法司法解释（二）》第四条第一款、第二款 股东提起解散公司诉讼应当以公司为被告。

原告以其他股东为被告一并提起诉讼的，人民法院应当告知原告将其他股东变更为第三人；原告坚持不予变更的，人民法院应当驳回原告对其他股东的起诉。

公司解散纠纷之诉的被告只能为公司，股东不能成为被告，但可成为共同原告或者无独立请求权第三人。

（三）公司解散纠纷的第三人

《公司法司法解释（二）》关于公司解散纠纷第三人的相关规定如下：

【法律规定】

《公司法司法解释（二）》第四条第三款 原告提起解散公司诉讼应当告知其他股东，或者由人民法院通知其参加诉讼。其他股东或者有关利害关系人申请以共同原告或者第三人身份参加诉讼的，人民法院应予准许。

解散公司诉讼案件可能会影响到其他公司股东的利益，同时基于有关调解工作和查明案件事实的需要，亦需其他股东参与诉讼。至于其他股东究竟以共同原告还是第三人身份参加诉讼，应视该股东的主张区别对待：如果其他股东以与原告股东相同主张申请参加诉讼的，应列为共同原告；如果其他股东以案件处理结果与其有利害关系为由申请参加诉讼的，应列为无独立请求权第三人。

六、公司解散纠纷的常见争议焦点

我国公司股东解散公司请求权的法律规范仅有《公司法》第 182 条及《公司法司法解释（二）》相应条款，关于解散公司的标准并不十分明确、具体，所以实践中争议主要发生在关于解散事由的认定方面，除解散事由外，关于原告主体资格，有些案件中也有一定的争议，所以笔者结合实践中的典型案例，对公司解散纠纷案件的常见争议焦点、裁判观点进行梳理和总结。

（一）与诉讼主体有关的争议

争议焦点1　关于持有表决权时点的认定

裁判要点 提起公司解散纠纷的原告在“起诉时”应当至少单独或合计持有全部股东表决权的10%。

【裁判理由】【（2006）陕民二终字第41号】王某云等54人诉陕西千里税务师事务（所）有限责任公司公司解散及清算纠纷案件，陕西省高级人民法院认为：

当事人起诉解散公司，应同时满足《公司法》第183条①的特别规定，即应符合：（1）**原告起诉时为该公司股东**，且持股或合计持股10%以上。（2）起诉时公司已陷入僵局，即公司经营管理发生严重困难，继续存续会使股东利益受到重大损失。（3）原告用尽了公司内部的救济手段。

争议焦点2　隐名股东能否成为公司解散纠纷之诉的原告

裁判要点 隐名股东不能作为公司解散纠纷之诉的原告，隐名股东提起公司解散纠纷诉讼的前提是“确认股东资格”。

【裁判理由】【（2018）桂1121民初929号】陈某云与陈某、黄某松公司解散纠纷一审案件，广西壮族自治区昭平县人民法院认为：

即使隐名股东得到公司全体股东的认可，但是其股东资格未经过公示不能对抗第三人，而公司解散纠纷之诉的最终结果还密切关系到公司债权人，不能随意扩大隐名股东的权利。若是隐名股东与实名股东具有同等的权利，则不符合公司法要求股东身份公示登记的原则。**隐名股东可以提起“股东资格纠纷”之诉，通过裁判结果将“隐名”变为“显名”，方可提起公司解散纠纷之诉。故，隐名股东并不是公司解散纠纷适格的主体。**

---

① 对应现行2018年《公司法》第182条，具体规定为：“公司经营管理发生严重困难，继续存续会使股东利益受到重大损失，通过其他途径不能解决的，持有公司全部股东表决权百分之十以上的股东，可以请求人民法院解散公司。”

争议焦点3　过错股东能否成为公司解散纠纷之诉的原告

裁判要点 过错股东有权提起公司解散纠纷之诉。公司能否解散取决于《公司法》第180条规定的实质性条件,而不取决于造成公司僵局的原因,因此即使股东对于公司僵局的产生具有过错,仍然可以提起公司解散纠纷之诉。

【裁判理由1】【(2011)民四终字第29号】仕丰科技有限公司(以下简称仕丰公司)与富钧新型复合材料(太仓)有限公司(以下简称富钧公司)、第三人永利集团有限公司(以下简称永利公司)公司解散纠纷案件,最高人民法院认为:

公司能否解散取决于公司是否存在僵局以及是否符合《公司法》第183条①规定的实质条件,而不取决于公司僵局产生的原因和责任。**《公司法》第183条没有限制过错方股东解散公司,因此即使一方股东对公司僵局的产生具有过错,其仍然有权依据该条规定,请求解散公司。**本案中仕丰公司提出解散富钧公司的背景情况为,富钧公司已陷入公司僵局并由永利公司单方经营管理长达7年,仕丰公司持有60%的股份,其行使请求司法解散公司的诉权,符合《公司法》第183条的规定,不属于滥用权利、恶意诉讼的情形。至于仕丰公司委派的董事张某钦,是否存在违反董事竞业禁止义务的过错行为、应否承担赔偿富钧公司损失的民事责任,由富钧公司通过另案解决,与本案无涉。

【裁判理由2】【(2014)新民二终字第158号】新疆豫新风电设备有限公司(以下简称豫新公司)等诉杨某星公司解散纠纷案件,新疆维吾尔自治区高级人民法院认为:

股东有未履行或者未全面履行出资义务或者抽逃出资的行为时,并不影响其股东资格的取得和享有,除非有限责任公司的股东会决议解除未履行出资义务或者抽逃全部出资的股东资格。杨某星是豫新公司的发起人,目**前并没有证据证明豫新公司以杨某星未履行出资义务或者抽逃全部出资为由通过股东会决议形式解除了杨某星的股东资格,**豫新公司提供的证据也并不能证明杨某星已经因将其持有的豫新公司全部股权转让给他人而失去豫新公司股东资格的事实,因此,**杨某星目前仍然是持有豫新公司30%股权的股东,属于《公司法》第182条所称的"持有公司全部股东表决权百分之十以上的股东"**。杨某星是否已经按照法律规

① 对应现行2018年《公司法》第182条。

定和约定履行了出资义务的问题不属于本案的审理范围。

（二）与公司解散事由有关的争议

《公司法》第182条规定了公司解散纠纷之诉的“三要件”：一是公司经营管理发生严重困难（公司僵局），二是继续存续会使股东利益受到重大损失，三是通过其他途径不能解决。另外，《公司法司法解释（二）》第1条列举了公司僵局的三种常见情形，即（1）公司持续两年以上无法召开股东（大）会；（2）公司持续两年以上不能做出有效的股东（大）会决议；以及（3）公司董事长期冲突，且无法通过股东（大）会解决。

由于公司纠纷中股东矛盾的复杂性，司法实践对《公司法》第182条及《公司法司法解释（二）》关于公司解散“三要件”的理解存在一定差异。

争议焦点4　关于“经营管理发生严重困难”的认定

裁判要点1 判断公司的经营管理是否出现严重困难，应当从公司的股东会、董事会或执行董事及监事会或监事的运行现状进行综合分析。“公司经营管理发生严重困难”的侧重点在于公司管理方面存有严重内部障碍，如股东会机制失灵、无法就公司的经营管理进行决策等，不应片面理解为公司资金缺乏、严重亏损等经营性困难。凯莱公司章程规定“股东会的决议须经代表二分之一以上表决权的股东通过”，且各方当事人一致认可该“二分之一以上”不包括本数。因此，只要两名股东的意见存有分歧、互不配合，就无法形成有效表决，显然影响公司的运营。

【裁判理由】【（2010）苏商终字第0043号，最高人民法院8号指导案例】林某清诉常熟市凯莱实业有限公司（以下简称凯莱公司）、戴某明公司解散纠纷案件，江苏省高级人民法院认为：

首先，凯莱公司的经营管理已发生严重困难。根据《公司法》第183条①和《公司法司法解释（二）》第1条的规定，**判断公司的经营管理是否出现严重困难，应当从公司的股东会、董事会或执行董事及监事会或监事的运行现状进行综合分析。“公司经营管理发生严重困难”的侧重点在于公司管理方面存有严重内部障碍，如股东会机制失灵、无法就公司的经营管理进行决策等，不应片面理解为公司**

① 对应现行2018年《公司法》第182条。

资金缺乏、严重亏损等经营性困难。本案中，凯莱公司仅有戴某明与林某清两名股东，两人各占50%的股份，**凯莱公司章程规定“股东会的决议须经代表二分之一以上表决权的股东通过”，且各方当事人一致认可该“二分之一以上”不包括本数。因此，只要两名股东的意见存有分歧、互不配合，就无法形成有效表决，显然影响公司的运营**。凯莱公司已持续4年未召开股东会，无法形成有效股东会决议，也就无法通过股东会决议的方式管理公司，股东会机制已经失灵。执行董事戴某明作为互有矛盾的两名股东之一，其管理公司的行为，已无法贯彻股东会的决议。林某清作为公司监事不能正常行使监事职权，无法发挥监督作用。由于凯莱公司的内部机制已无法正常运行、无法对公司的经营作出决策，即使尚未处于亏损状况，也不能改变该公司的经营管理已发生严重困难的事实。

其次，由于凯莱公司的内部运营机制早已失灵，林某清的股东权、监事权长期处于无法行使的状态，其投资凯莱公司的目的无法实现，利益受到重大损失，且凯莱公司的僵局通过其他途径长期无法解决。《公司法司法解释（二）》第5条明确规定了“当事人不能协商一致使公司存续的，人民法院应当及时判决”。本案中，林某清在提起公司解散诉讼之前，已通过其他途径试图化解与戴某明之间的矛盾，服装城管委会也曾组织双方当事人调解，但双方仍不能达成一致意见。两审法院也基于慎用司法手段强制解散公司的考虑，积极进行调解，但均未成功。

最后，林某清持有凯莱公司50%的股份，也符合公司法关于提起公司解散诉讼的股东须持有公司10%以上股份的条件。

综上所述，凯莱公司已符合《公司法》及《公司司法解释（二）》所规定的股东提起解散公司之诉的条件。二审法院从充分保护股东合法权益、合理规范公司治理结构，促进市场经济健康有序发展的角度出发，依法作出了上述判决。

裁判要点 2 公司本身处于盈利状态并非认定公司经营管理发生严重困难的充分阻却事由。公司经营管理发生严重困难侧重于对公司股东会等内部治理机构运行状态的考察，是否处于亏损状况并非判断公司经营管理发生严重困难的必要条件。

【裁判理由】【（2017）最高法民申4437号】何某林诉清远市泰兴房地产有限公司（以下简称泰兴公司）等公司解散纠纷案件，最高人民法院认为：

关于泰兴公司在经营管理上是否发生严重困难的问题。首先，根据原判决查明且各方均无异议的事实，泰兴公司最后一次召开股东会的时间是2015年1月9

日,该时间距本案起诉不足1年,不存在持续两年未召开股东会的情形。但二审判决并未以泰兴公司持续两年以上未召开股东会为由判决公司解散。故何某林以公司未召开股东会状态持续不足两年作为申请再审理由,并非针对二审判决所提出,其该项再审理由缺乏针对性。

其次,泰兴公司的权力运行机制发生严重困难。除了作为公司最高权力机构的股东会长期未能召开以外,泰兴公司股东之间的对立已然形成,**根据各股东的持股比例,即使召开股东会,涉及公司注册资本的增加或减少、分立、解散、合并、变更公司形式、修改公司章程等重大事项可能难以形成公司章程所要求的“三分之二以上有表决权的股东通过”的有效决议;对于其他事项,何某林作为持股达57%的执行董事,在股东对立未能消除的情况下,其权力的行使极有可能处于失控状态**。因此,原判决认定泰兴公司的权力运行机制实际处于失灵状态并无不当。

最后,**公司本身处于盈利状态并非认定公司经营管理发生严重困难的充分阻却事由。公司经营管理发生严重困难侧重于对公司股东会等内部治理机构运行状态的考察,是否处于亏损状况并非判断公司经营管理发生严重困难的必要条件。泰兴公司当前虽处于盈利状态,但其股东会机制长期失灵,内部管理有严重障碍,已陷入僵局状态,可以认定为公司经营管理发生严重困难。**

【笔者观点】《公司法》第182条将公司经营管理发生严重困难作为股东提起解散公司之诉的条件之一,判断公司经营管理是否发生严重困难,应从公司组织机构的运行状态进行综合分析。公司虽处于盈利状态,但其股东会机制长期失灵,内部管理有严重障碍,已陷入僵局状态,可以认定为公司经营管理发生严重困难。《山东省高级人民法院民二庭关于审理公司纠纷案件若干问题的解答》(实施日期:2018年7月17日)第13条也对此进行了详细解答:公司经营管理发生严重困难,可以分为公司外部的经营困难和公司内部的管理困难。经营困难,即公司的生产经营状况发生严重亏损的情形;管理困难,则是指公司的股东会、董事会等公司机关处于僵持状态,有关经营决策无法作出,公司日常运作陷入停顿与瘫痪状态。判断公司的经营管理是否出现严重困难,应当从公司的股东会、董事会或执行董事及监事会或监事的运行现状进行综合分析认定,公司是否处于盈利状况并非判断公司经营管理发生严重困难的必要条件。公司经营管理发生严重困难的侧重点在于公司管理方面存有严重内部障碍,如股东会机制失灵、无法就公司的经营管理进行决策等，不应片面理解为公司资金缺乏、严重亏损等经营性困难。除此以外，《广西壮族自治区高级人民法院民二庭关于审理公司纠纷案件若干问题的裁判指引》（桂高法民二〔2020〕19 号，实施日期：2020 年 7 月 27 日）第 16 条【在公司解散纠纷中如何判断公司经营管理发生严重困难】也规定，股东请求解散公司的，在认定“公司经营管理发生严重困难”这一要件时，应注意从两个维度判断：（1）从公司的股东会、董事会或执行董事等机构的运行现状进行综合分析，侧重点在于股东会或董事会是否因矛盾激化而处于僵持状态，造成公司管理层无法有效开展经营管理。（2）注意排除一种特殊情形：即使股东会或董事会发生运行困难，但执行董事或经理层等仍然能够正常作出经营管理指示，使公司日常经营实际上也能够正常运行。公司应当同时存在公司内部机关（股东会或董事会）僵局以及日常经营完全瘫痪，方符合“经营管理发生严重困难”的要件。

裁判要点 3 公司经营管理虽发生严重困难，但判断公司应否解散，不仅要考虑股东利益，还应考虑到社会公共利益。

【裁判理由】【（2015）鲁民再字第 5 号】李某针与青岛杰盛置业有限公司（以下简称杰盛公司）、薛某明公司解散纠纷申请再审案件，山东省高级人民法院认为：

双方当事人争议的焦点问题是杰盛公司应否解散。本案杰盛公司因李某针与薛某明两名股东之间的矛盾持续两年以上无法召开股东会，无法形成有效的股东会决议，根据《公司法司法解释（二）》第 1 条第 1 款之规定，可以认定杰盛公司的经营管理发生严重困难。李某针主张本案与最高人民法院公布的指导案例《林某清诉常熟市凯莱实业有限公司、戴某明公司解散纠纷案》（2012 年 4 月 9 日发布）案情相似，应予以参照适用。**本院认为，两案相同之处在于公司均因股东之间存有分歧、互不配合而持续两年以上无法召开股东会，公司经营管理发生严重困难，对股东的利益都造成一定损害。**但本案又存在一定特殊性，**杰盛公司经营的房地产项目相比常熟市凯莱实业有限公司经营的普通产品而言承担着更大的社会责任。**本院认为，**在判断公司应否解散时，不仅要考虑股东利益还要考虑到社会公众利益。《公司法》及《公司法司法解释（二）》虽然赋予了股东在法定情形下的解散公司的权利，但是股东权利的行使应当受到公司及股东应承担的社会义务的约束。**《公司法》第 1 条规定了公司法既规范公司的组织和行为，保护公司、股东的权益，还保护债权人的合法权益，维护社会经济秩序。《公司法》第 5 条亦明确规定,公司从事经营活动,应诚实守信,接受政府和社会公众的监督,承担社会责任。

《李沧区政府关于广水路以北、四十三号线以西地块有关事项的复函》中明确了项目竞得人应承担的义务,其中包括妥善处理原购房户问题,以免引起新的社会问题。杰盛公司在清楚了解涉案项目的历史状况后仍参与竞拍即应承担起向568户原购房者交付建成房屋并完善相关手续的社会义务。目前杰盛公司已经办理了建设项目所需的所有建设手续,预售许可证也已办理完毕,除原568套历史出售房屋外,另110套房产中也已售出50余套并办理了销售合同的备案手续;15栋住宅楼主体已经竣工,正在进行小区内的管网、楼宇外观及小区道路绿化等工程的施工,杰盛公司承诺的交房时间为2015年10月至2016年1月。杰盛公司经营的房地产项目已经进行到收尾阶段,若此时公司解散,公司清算组势必无法履行公司应承担的后续施工及办理房产证等行为义务,进而影响项目的正常进展,阻却众多购房户的合法利益的实现,造成新的大规模上访,影响社会稳定。

综合以上分析,本院认为,本案中李某针虽因股东之间的矛盾未能参与公司的经营管理,但其股东个人权利的行使应当受到公司承担的社会责任的约束。李某针要求中途解散杰盛公司,违背公司当初向政府作出的承诺,亦有悖诚实守信原则;而且目前杰盛公司经营的房地产项目预售许可证均已办理完毕,现已对外销售,处于投资收益回收阶段,杰盛公司的存续不会给李某针造成重大经济损失。原审判决驳回其诉讼请求并无不当,应予维持。

【笔者观点】(2015)鲁民再字第5号案件为笔者代理的一起公司解散纠纷再审案件,《公司法》第1条规定公司法除了保护公司、股东的利益,还有维护社会经济秩序的责任;《公司法》第5条也明确规定,公司从事经营活动,应诚实守信,承担社会责任。据此笔者提出判断公司应否解散时,除了要考虑股东利益外,还要考虑社会公众利益的观点。一审、二审、再审法院均采纳了笔者的观点,驳回了解散公司的诉请,该案件被选入最高人民法院中国应用法学研究所编写的《人民法院案例选》(2016年第3辑)。

裁判要点4 “公司持续两年以上无法召开股东(大)会”其中的“无法召开”指的是应当召开而不能召开,客观上长期没有召开过会议不能当然认为“无法召开”,未召开股东会会议不当然构成经营管理发生严重困难。公司的法人性质及多数决的权力行使模式决定公司经营管理和发展方向必然不能遵循所有投资人的意志,会议制度的存在为所有参与者提供表达意见的机会,但是最终的结果仍应由多数决作出,除非有例外约定。

【裁判理由】【(2017)最高法民再373号】广西大地华城房地产开发有限公司(以下简称华城公司)诉刘某公司解散纠纷案件,最高人民法院认为:

本案的争议焦点为:华城公司是否符合法定解散条件应予解散。

公司解散属于公司的生死存亡问题,关涉公司股东、债权人及员工等多方利益主体,关涉市场经济秩序的稳定和安宁。因此,人民法院对公司解散应慎重处理,应综合考虑公司的设立目的能否实现、公司运行障碍能否消除等因素。只有公司经营管理出现严重困难,严重损害股东利益,且穷尽其他途径不能解决的,才能判决解散公司。

就本案而言,首先,华城公司尚不存在公司经营管理发生严重困难的情形。判断"公司经营管理是否发生严重困难",应从公司组织机构的运行状态进行综合分析,如股东会、董事会以及监事会等公司权力机构和管理机构是否无法正常运行,是否对公司事项无法作出有效决议,公司的一切事务是否处于瘫痪状态等。本案中,**虽然华城公司自2009年召开股东会后未再召开股东会,也未召开董事会,但是根据合计持股60.12%的股东(温某生17.97%、韦某书22.2%、李某东19.95%)明确表示不同意解散公司的事实可知,即便持股18.67%的股东刘某不参加股东会,华城公司仍可以召开股东会并形成有效决议。这一推断也被华城公司2017年3月23日召开临时股东会并制定有效公司章程的事实所印证。**刘某称其与黄某良的股权合计已经超过华城公司股份总额的1/3,但刘某并无证据证明黄某良同意解散公司。至诉讼时,黄某良虽未出庭并陈述意见,但其已经签收本案相关法律文书,无法认定其是否反对股东会作出的决议。**未召开股东会并不等于无法召开股东会,更不等于股东会议机制失灵,刘某提出公司机制失灵的理由不成立。**刘某主张其股东权利无法行使,投资设立公司的目的无法实现。**本院认为,公司的法人性质及多数决的权力行使模式决定公司经营管理和发展方向必然不能遵循所有投资人的意志,会议制度的存在为所有参与者提供表达意见的机会,但是最终的结果仍应由多数决作出,除非有例外约定。刘某作为持股比例较低的股东,在会议机制仍能运转的前提下,若认为其意见不被采纳进而损害自己的利益,可采取退出公司等方式维护自己的权益,据此主张公司应当解散的理由不成立。**刘某主张华城公司目前处于歇业状态,但其提交的证据不能予以证明。

《企业信用信息公示报告》中显示华城公司的登记状态是存续,《开发资质查询结果》《建设工程规划许可查询结果》《预售许可情况查询结果》也不能证明华城公司处于歇业状态。刘某还主张华城公司是房地产开发公司,仅开发大地华城公司一个项目,该项目已经建设销售完毕,华城公司无存续必要。但在再审庭审中对于法院“公司现在经营情况怎样”的询问,华城公司回应称“部分公司车位未销售完毕,现在正在正常经营。主要原来的项目未销售完毕,现在无新的项目开发”,对此刘某并未提出充分的证据予以反驳。因此,华城公司并未陷入公司经营管理失灵无法正常运转的局面,公司经营管理并未发生严重困难。

裁判要点 5 公司大股东在占有董事会多数席位的情况下,主张无法召开股东会,应提供证据证明其曾经召集过股东会,因其他股东拒绝参加,而导致公司无法召开股东会。否则公司大股东以无法召开股东会为由主张公司经营管理困难申请解散公司的,其诉讼不予支持。

【裁判理由】【(2020)最高法民申2318号】昆仑能源(辽宁)有限公司(以下简称昆仑能源辽宁公司)、昆仑能源(鞍山)有限公司(以下简称昆仑能源鞍山公司)公司解散纠纷案件,最高人民法院认为:

《公司法司法解释(二)》第1条规定:“单独或者合计持有公司全部股东表决权百分之十以上的股东,以下列事由之一提起解散公司诉讼,并符合公司法第一百八十二条规定的,人民法院应予受理:(一)公司持续两年以上无法召开股东会或者股东大会,公司经营管理发生严重困难的;(二)股东表决时无法达到法定或者公司章程规定的比例,持续两年以上不能做出有效的股东会或者股东大会决议,公司经营管理发生严重困难的;(三)公司董事长期冲突,且无法通过股东会或者股东大会解决,公司经营管理发生严重困难的;(四)经营管理发生其他严重困难,公司继续存续会使股东利益受到重大损失的情形。股东以知情权、利润分配请求权等权益受到损害,或者公司亏损、财产不足以偿还全部债务,以及公司被吊销企业法人营业执照未进行清算等为由,提起解散公司诉讼的,人民法院不予受理。”本案中,昆仑能源辽宁公司与鞍山厚德能源科技有限公司(以下简称厚德科技公司)于2013年8月注册成立昆仑能源鞍山公司,其中,昆仑能源辽宁公司出资比例60%,厚德科技公司出资比例40%。2018年4月,昆仑能源辽宁公司向法院提起诉讼,以昆仑能源鞍山公司长期不能召开股东会、无法形成有效股东会决议以及公司亏损为由,主张解散昆仑能源鞍山公司。从一、二审法院查明的事实看，昆仑能源鞍山公司章程规定股东会由董事会召集、董事长主持，昆仑能源鞍山公司的董事会成员共3人，其中包括董事长在内的两名人员均系昆仑能源辽宁公司的派出人员。昆仑能源辽宁公司未提供证据证明，昆仑能源辽宁公司曾经召集过股东会，因厚德科技公司拒绝参加，而导致昆仑能源鞍山公司无法召开股东会。**昆仑能源辽宁公司作为昆仑能源鞍山公司的大股东，在占有董事会多数席位的情况下，不主动召集股东会，反而以无法召开股东会为由主张公司经营管理困难申请解散公司，缺乏事实和法律依据**。此外，昆仑能源辽宁公司申请再审亦未提供证据证明昆仑能源鞍山公司经营管理发生其他严重困难，且一审中，厚德科技公司明确表示愿意配合昆仑能源辽宁公司开展工作、继续经营昆仑能源鞍山公司，故昆仑能源辽宁公司主张的股东之间失去合作基础、公司亏损等事由，均不符合公司解散的法定条件，一、二审法院判决不予解散昆仑能源鞍山公司并无不当。

裁判要点6 在股东持有公司的份额已超过公司章程规定的2/3以上表决权的情况下，可以通过公司权力机构股东会行使职权来解决公司经营管理问题，并不存在股东会无法有效召集或无法通过有效决议的情形。

【裁判理由】【(2012)粤高法民二终字第43号】林某森与广州市汤始投资实业有限公司（以下简称汤始公司）公司解散纠纷上诉案件，广东省高级人民法院认为：

本案中，曾某坚与林某森分别持有汤始公司88%和12%的股权份额。汤始公司公司章程规定，“股东会议由股东按照出资比例行使表决权，每10000元人民币为一个表决权；股东会会议应对所议事项作出决议，决议应由代表二分之一以上表决权的股东表决通过，但股东会对公司增加或者决议减少注册资本、公司合并、分立、变更公司形式，解散和清算等事项、修改公司章程所作出的决议，必须经代表三分之二以上表决权的股东表决通过”。**在曾某坚持有公司88%股权份额已超过公司章程规定的2/3以上表决权的情况下，汤始公司可以通过公司权力机构股东会行使职权来解决公司经营管理问题，并不存在股东会无法有效召集或无法通过有效决议的情形**。公司是股东自治的产物，司法介入只是对公司自治机制的补充和救济。公司经营管理发生严重困难，主要是股东会机制失灵，无法就公司的经营管理进行决策。股东与股东之间是否存在矛盾冲突、股东会议的召集及通知方式是否符合法律或公司章程的规定，均非公司必须解散的理由。本案汤始公司双方股东及公司因公司经营管理、公司重大资产归属等问题产生争议，可循法律途径解决。

裁判要点 7 "股东表决时无法达到法定或者公司章程规定的比例,持续两年以上不能做出有效的股东会或者股东大会决议",构成"公司经营管理出现严重困难"。

【裁判理由】【(2017)最高法民申4437号】何某林诉清远市泰兴房地产有限公司等公司解散纠纷案件,最高人民法院认为:

除了作为公司最高权力机构的股东会会议长期未能召开以外,清远市泰兴房地产有限公司股东之间的对立已然形成,根据各股东的持股比例,即使召开股东会会议,涉及公司注册资本的增加或减少、分立、解散、合并、变更公司形式、修改公司章程等**重大事项可能难以形成公司章程所要求的"三分之二以上有表决权的股东通过"的有效决议;对于其他事项**,何某林作为持股达57%的执行董事,**在股东对立未能消除的情况下,其权力的行使极有可能处于失控状态。因此,清远市泰兴房地产有限公司的权力运行机制发生严重困难**。

裁判要点 8 "董事长期冲突,且无法通过股东会或者股东大会解决",构成"公司经营管理出现严重困难"。

【裁判理由】【(2017)最高法民申2148号】吉林荟冠投资有限公司(以下简称荟冠公司)及第三人东证融成资本管理有限公司(以下简称东证公司)与长春东北亚物流有限公司(以下简称东北亚公司)、第三人董某琴公司解散纠纷案件,最高人民法院认为:

判断公司的经营管理是否出现严重困难,应当从公司组织机构的运行状态进行综合分析,公司是否处于盈利状态并非判断公司经营管理发生严重困难的必要条件。其侧重点在于公司经营管理是否存在严重的内部障碍,股东会或董事会是否因矛盾激化而处于僵持状态,一方股东无法有效参与公司经营管理。就本案而言,**可以从董事会、股东会及监事会运行机制三个方面进行综合分析**。根据一审、二审法院查明的事实:关于董事会方面,东北亚公司董事会有5名成员,董某琴方3人,荟冠公司方2人。公司章程第53条规定:董事会会议由董事代股东行使表决权,董事会会议对所议事项作出决议,决议应由代表3/5以上(含本数)表决权的董事表决通过。根据以上规定,董某琴方提出的方案,无须荟冠公司方同意即可通过。荟冠公司曾3次提出修改公司章程,均遭到董某琴的拒绝。此外,荟冠公司向东证公司转让部分股权一事,东北亚公司拒绝配合,最终通过诉讼才得以实现。2013年8月6日起,东北亚公司已有两年未召开董事会,董事会早已不能良性运转。关于股东会方面，自2015年2月3日至今，**东北亚公司长达两年没有召开股东会，无法形成有效决议，更不能通过股东会解决董事间激烈的矛盾，股东会机制失灵**。关于监事会方面，东北亚公司成立至今从未召开过监事会，监事亦没有依照公司法及公司章程行使监督职权。**综上，客观上东北亚公司董事会已由董某琴方控制，荟冠公司无法正常行使股东权利，无法通过委派董事加入董事会参与经营管理**。

裁判要点 9 单纯的"股东压迫"，不足以构成解散公司的法定事由，仍应当结合公司组织机构是否运行正常、公司经营管理是否正常等因素综合认定公司是否达到解散条件。

【裁判理由】【(2018)鄂民终5号】陈某豹、荆门市凯凌房地产开发有限公司公司解散纠纷二审案件，湖北省高级人民法院认为：

从陈某豹所陈述的股东间纠纷情形看，**其核心是董某林利用其大股东地位剥夺其参与公司管理，进而损害其利益。这种情形法学理论上属于"股东压迫"**。本院认为，**即使本案构成股东压迫的情形，仍不能判决解散公司**。理由如下：其一，解散对于公司而言，是最严厉、最具破坏性的后果，若非万不得已，就不宜选择解散公司的办法来解决股东之间的矛盾。公司的法人性质及多数决的权力行使模式决定了公司经营管理和发展方向必然不能遵循所有投资人的意志，但是最终的结果仍应由多数决作出，如果少数股东动辄请求解散公司，公司解散制度将沦为小股东制衡甚至打击大股东的工具。故**不能因为公司具有股东压迫情形就直接解散公司，仍应当结合公司组织机构是否运行正常、公司经营管理是否正常进行综合认定**。其二，公司解散涉及多种利益，不仅涉及股东利益，**还涉及公司债权人、公司员工等多方利益主体，关涉市场经济秩序的稳定和安宁。司法对股东压迫情形下的公司解散更应采取审慎态度**。本案中，荆门市凯凌房地产开发有限公司作为房地产开发企业，开发项目尚未结束，如果解散公司，合同不能继续履行，不仅购房人利益无法得到保障，还会导致公司承担巨额违约责任，最终损害公司利益及股东利益，这也与公司司法解散制度目的不符。其三，**作为持股比例较低的股东，在公司权力机关能够运行的情况下，若认为其意见不被采纳进而损害自己的利益，《公司法》为其规定了多种救济途径，如撤销股东会决议诉讼、股东知情权诉讼、分红请求权诉讼、股权退出机制等**。本案中，陈某豹仅采取了该法规定的部分救济措施，如撤销股东会决议诉讼，且其向公安机关举报董某林侵占公司财产案公安机关也未处理完毕。可见，**陈某豹并非不能通过其他途径对其权利进行救济，也并非已经穷尽了其他救济手段，在此情况下不宜采用最为严厉的公司解散措施**。

争议焦点5 关于“公司继续存续对股东权益造成重大损害”的认定

裁判要点1 公司虽处于盈利状态，但是长期不向股东分红，权力机构运行机制失灵，股东权益难以保障，可认定为“公司继续存续对股东权益造成重大损害”。

【裁判理由】【(2019)最高法民终1504号，《人民司法·案例》2021年第11期】安徽省兴华房地产投资(集团)有限公司(以下简称兴华公司)等与金濠(合肥)建设发展有限公司(以下简称金濠公司)等公司解散纠纷二审案件，最高人民法院认为：

金濠公司继续存续是否会使股东利益遭受重大损失。兴华公司、安徽省侨康房地产开发有限公司(以下简称侨康公司)、欣意发展公司(以下简称欣意公司)作为金濠公司的股东，应当享有对金濠公司进行经营管理、分配收益等股东权益。一方面，依照前述关于金濠公司的权力机构运行机制失灵的认定，兴华公司、侨康公司、欣意公司参与金濠公司管理的权利难以保障。**另一方面，金濠公司确认目前处于盈利状态，但就长期不向股东兴华公司、侨康公司等分配红利的行为没有作出合理解释。在此情况下，兴华公司、侨康公司、欣意公司关于因金濠公司权力机构运行机制的失灵，其对金濠公司在管理、收益等方面的股东权益难以保障，并将因金濠公司继续存续遭受重大损失的主张，具有合理性**。金濠公司、建坤公司主张股东利益不会因金濠公司继续存续受到重大损失，理据不足，本院不予支持。

裁判要点2 公司僵局形成后，公司持续亏损，股东权益大幅减损，业务经营也处于严重困难状态，可认定为“公司继续存续对股东权益造成重大损害”。

【裁判理由】【(2011)民四终字第29号】仕丰科技有限公司(以下简称仕丰公司)与富钧新型复合材料(太仓)有限公司(以下简称富钧公司)、第三人永利集团有限公司(以下简称永利公司)公司解散纠纷案件，最高人民法院认为：

关于富钧公司继续存续是否会使股东利益受到重大损失。从富钧公司经营情况看，**富钧公司僵局形成后，公司经营即陷入非常态模式，在永利公司单方经营管理期间，富钧公司业务虽然没有停顿，但持续亏损，没有盈利年度，公司经营能**

力和偿债责任能力显著减弱，股东权益已大幅减损至不足实收资本的1/2。富钧公司关于其生产经营正常，亏损额正在减少，有望扭亏转盈的上诉理由没有充分证据证明，本院不予采信。另外，从富钧公司注册资本到位情况看，仕丰公司和永利公司至今均未足额出资，在双方股东不愿意共同经营富钧公司、冲突对立无法调和的情况下，富钧公司注册资本难以充实，无法实现预期的经营目的。综合上述情况，**富钧公司不仅丧失了人合基础，权力运行严重困难，同时业务经营也处于严重困难状态，继续存续将使股东利益受到重大损失**。

裁判要点 3 “公司继续存续会使股东利益受到重大损失”主要是指一种预期的利益损失，公司当前的盈利状态对此并不构成充分的阻却事由。公司股东会长期处于僵局状态，经营业务已不能正常开展，开发新项目的希望十分渺茫，继续存续会产生更多经营成本、摊薄股东利润甚至加重公司负债风险，应当认定公司继续存续会使股东利益遭受重大损失。

【裁判理由】【(2017)最高法民申4437号】何某林诉清远市泰兴房地产有限公司（以下简称泰兴公司）等公司解散纠纷案件，最高人民法院认为：

关于泰兴公司继续存续是否会使股东利益受到重大损失的问题。公司僵局的继续存续是否会导致股东利益受到重大损失是解散公司的必要条件，但法律对此并无明确、客观的判断标准。公司当前是否处于亏损状态固然是判断公司继续存在会否导致股东重大损失的重要依据，但就立法用语的文义来看，“继续存续”是对未来的预期，而“会使”也属于对未来的预测，**“公司继续存续会使股东利益受到重大损失”主要是指一种预期的利益损失，公司当前的盈利状态对此并不构成充分的阻却事由**。本案中，泰兴公司自2005年成立以来，仅运作实施了广信花园小区项目，**公司股东会长期处于僵局状态，经营业务已不能正常开展，开发新项目的希望十分渺茫，继续存续会产生更多经营成本、摊薄股东利润甚至加重公司负债风险**。因此，在当前公司僵局无法破除的状态下，原判决认定泰兴公司继续存续会使股东利益遭受重大损失并无不当。

争议焦点6　关于“通过其他途径不能解决”的认定

裁判要点 1 “通过其他途径不能解决”是股东请求解散公司的必要前置性

条件,只有在穷尽一切可能的救济手段仍不能化解公司僵局时,才赋予股东通过司法程序强制解散公司的权利。大股东可以通过要求公司或者其他股东收购股份,也可以向股东以外的其他人转让股权的方式退出公司,彻底解决股东之间长期存在的分歧和冲突,因此解散公司的诉请不予支持。

【裁判理由】【(2017)新民申1278号】司某世与巴楚县乾龙建友建材有限公司公司解散纠纷再审案件,新疆维吾尔自治区高级人民法院认为:

关于巴楚县乾龙建友建材有限公司是否符合公司解散法定条件的问题,须从《公司法》关于公司解散纠纷的立法目的分析。公司解散纠纷系股东在公司经营出现僵局时提起解散公司申请而引发,其设定目的在于弱势股东穷尽公司内部的救济手段后,运用司法手段调整失衡的利益关系。由此可见,公司法的立法本意是希望公司通过公司自治等方式解决股东之间的僵局状态,**“通过其他途径不能解决”是股东请求解散公司的必要前置性条件,只有在穷尽一切可能的救济手段仍不能化解公司僵局时,才赋予股东通过司法程序强制解散公司的权利**。本案中,司某世虽称黄某强和杜某侵占公司财产、公司董事长期冲突,但其提供的证据并不能证明其与其他股东之间存在重大矛盾。巴楚县乾龙建友建材有限公司解散并非解决问题的唯一途径,**司某世作为巴楚县乾龙建友建材有限公司的大股东,可以通过要求公司或者其他股东收购股份,也可以向股东以外的其他人转让股权的方式退出公司,彻底解决股东之间长期存在的分歧和冲突**。司某世在参与公司经营决策及享有资产收益等股东权利无法实现时,应当且可以通过其他合法途径予以救济,而不能以此为由请求法院判决解散公司。

裁判要点2 股东主张导致其权利受到侵害的事由,可以通过提议召开股东会讨论人事任免、转让股权和请求公司回购以退出公司等其他合法途径获得救济,因此解散公司的诉请不予支持。

【裁判理由】【(2015)民申字第289号】张某军与陕西通用(集团)锅炉制造有限公司公司解散纠纷申诉案件,最高人民法院认为:

股东请求法院解散公司作为一种特殊的制度安排,根据《公司法》第183条①的规定,必须符合“公司经营管理发生严重困难,继续存续会使股东利益受到重大损失”和“通过其他途径不能解决”两个实质要件。本案中,陕西通用(集团)锅炉

① 对应现行2018年《公司法》第182条。

制造有限公司是张某峰、张某利和张某军三兄弟开设的公司，股东之间因同胞兄弟这一血缘关系而具有天然的人合性，且三兄弟所占股权比例分别为40%、30%、30%，并未形成由某一个人绝对控股的局面。申请人张某军在本案中所主张的解散事由，核心诉求是其被排除在公司经营管理之外，至于其所列举的股东之间群殴打架、张某峰将其和张某利赶出公司、张某峰伪造决议处分公司资产等导致其权利受到侵害的事由，**均可以通过提议召开股东会讨论人事任免、转让股权和请求公司回购以退出公司等其他合法途径获得救济，并无通过司法诉讼强制解散公司的必要**。在本案中，张某军对其所主张的股东权利受到侵害的情节，直接采取了对其长兄张某峰不断进行控告和诉讼的方式，并未依照《公司法》和陕西通用（集团）锅炉制造有限公司章程的规定行使其股东权利以寻求救济，故其关于解散公司的诉讼请求依法不应得到支持。

裁判要点3 股东可提议召开临时会议，化解股东会僵局状态，依照法律和章程行使相应的股东知情权，还可通过要求公司或者控股股东收购股份，甚至向股东以外的其他人转让股权的方式退出公司，彻底解决股东之间长期存在的分歧和冲突，因此解散公司的诉请不予支持。

【裁判理由】【（2014）新民二终字第38号】乌鲁木齐市祥平实业有限公司（以下简称祥平实业公司）与乌鲁木齐市祥平房地产开发有限公司（以下简称祥平房产公司）、张某升、新疆豪骏贸易有限公司公司解散纠纷二审案件，新疆维吾尔自治区高级人民法院认为：

关于祥平房产公司是否符合公司解散法定条件的问题，须从公司解散纠纷的立法目的分析。公司解散纠纷系股东在公司经营出现僵局时提起解散公司申请而引发，其设定目的在于弱势股东穷尽公司内部的救济手段后，运用司法手段调整失衡的利益关系。由此可见，《公司法》的立法本意是希望公司通过公司自治等方式解决股东之间的僵局状态，**"通过其他途径不能解决"是股东请求解散公司的必要条件，只有在穷尽一切可能的救济手段仍不能化解公司僵局时，才赋予股东通过司法程序强制解散公司的权利**。本案中，表面上看各股东之间矛盾较为突出似乎符合股东僵局的特征，但公司解散并非解决这一僵局的唯一途径。祥平实业公司提交的股东（张某升）曾因涉嫌刑事犯罪而被公安机关立案以及股东与股东之间、股东与被解散公司之间发生多起民事纠纷的系列诉讼案件，虽然反映出近年祥平房产公司的3位股东为了各自的利益相互诉讼，相互之间失去了彼此信任、交流和协商的基础，但并不能因此确定祥平房产公司的经营管理已发生严重困难。**祥平实业公司作为祥平房产公司的股东，可依据公司章程和《公司法》第110条规定提议召开临时会议，化解股东会僵局状态，依照法律和章程行使相应的股东知情权，还可通过要求公司或者控股股东收购股份，甚至向股东以外的其他人转让股权的方式退出公司，彻底解决股东之间长期存在的分歧和冲突。**

裁判要点4 股东之间长期处于矛盾冲突状态，历经多次诉讼、相关职能部门的协调工作等，仍然不可调和。人民法院积极组织调解，但是当事人事实上无法通过资产评估达成股权转让价款的合意。同时，股东也明确表示不同意搁置争议、先行完成项目的方案，应认定无法找到可替代公司司法强制解散的其他途径，因此解散公司的诉请应予支持。

【裁判理由】【（2019）最高法民终1504号，《人民司法·案例》2021年第11期】安徽省兴华房地产投资（集团）有限公司（以下简称兴华公司）等与金濠（合肥）建设发展有限公司（以下简称金濠公司）等公司解散纠纷二审案件，最高人民法院认为：

关于金濠公司经营管理的严重困难是否通过其他途径无法解决。兴华公司、安徽省侨康房地产开发有限公司（以下简称侨康公司）、欣意发展公司（以下简称欣意公司）、江苏建坤置业有限公司（以下简称建坤公司）受让金濠公司股权后，4名股东之间长期处于矛盾冲突状态，**并历经多次诉讼、相关职能部门的协调工作等，仍然不可调和**。在兴华公司、侨康公司提起本案诉讼后，出于慎用司法手段强制解散公司的考虑，**人民法院也积极组织调解。本院注意到，上诉状中，金濠公司、建坤公司主张可通过评估等方式认定股权出让价款**；二审庭审中，兴华公司、侨康公司的法定代表人胡某也提出对金濠公司资产进行审计的要求；但金濠公司、建坤公司对此回应，前提条件是解决兴华公司、侨康公司等的持股比例问题。**在金濠公司、建坤公司不认可兴华公司、侨康公司、欣意公司持有金濠公司49%股权的情况下，本案当事人事实上无法通过资产评估达成股权转让价款的合意**。同时，**兴华公司、侨康公司也明确表示不同意金濠公司、建坤公司提出的搁置争议、先行完成项目的方案。基于以上情况，本院确认无法找到可替代公司司法强制解散的其他途径**来有效解决金濠公司经营管理存在的严重困难。

【笔者观点】司法强制解散公司，将造成公司法人资格灭失，直接关系到公司自身、员工、股东、债权人等各方面利益，也可能产生一定的社会影响，因此，司法裁判往往慎之又慎。

总结上述案例可知,常见的“其他能够解决的途径”主要包括以下四种途径:第一,提议召开股东会讨论人事任免、转让股权和请求公司回购以退出公司,彻底解决股东之间长期存在的分歧和冲突;第二,根据《公司法》第110条的规定,提议召开临时会议化解股东会僵局状态;第三,依照《公司法》第33条和第97条规定的股东知情权,化解公司僵局;第四,公司大股东可以通过公司权力机构股东(大)会行使职权,解决公司经营管理问题。

关于其他能够解决的途径,地方法院也有不同的观点,比如,《山东省高级人民法院民二庭关于审理公司纠纷案件若干问题的解答》(实施日期:2018年7月17日)第13条规定,“其他途径”主要是指非诉方式,如自行协商、行业调解、人民调解等。从立法目的角度考虑,公司法规定“通过其他途径无法解决”限制条件是为了保护公司的稳定和存续,防止中小股东滥用司法解散制度,鼓励当事人通过其他非诉讼途径解决僵局,同时也是为了使人民法院审慎适用强制解散公司的手段,但并非要求对于公司僵局的处理必须以穷尽其他救济途径为前提。

(三)与公司解散纠纷有关的其他争议

争议焦点7　公司章程约定的公司解散仲裁协议的效力

裁判要点 现行法律并未赋予仲裁机构解散公司的裁决权。仲裁机构裁决解散公司没有法律依据,有关公司解散的仲裁协议亦不能发生相应的法律效力。

【裁判理由1】【(2016)最高法民再202号】中海石油化学股份有限公司与山西华鹿阳坡泉煤矿有限公司、山西华鹿热电有限公司公司解散纠纷申请再审案件,最高人民法院认为:

现行法律并未赋予仲裁机构解散公司的裁决权。因仲裁机构裁决解散公司没有法律依据,即便山西华鹿阳坡泉煤矿有限公司章程规定了公司解散事宜,且约定因执行本章程所发生的或与本章程有关的任何争议均可提请中国国际经济贸易仲裁委员会进行仲裁,**其有关公司解散的仲裁协议亦不能发生相应的法律效力**。山西华鹿热电有限公司有关本案应提交仲裁解决,人民法院不应受理的主张不能成立。

【裁判理由2】申请人青岛嘉成工程有限公司申请撤销中国国际经济贸易仲

裁委员会作出的(2009) CIETAC BJ 裁决(0355)号仲裁裁决案件,北京市第一中级人民法院的处理意见:

依据公司法有关公司解散的规定,解散公司的请求只能由人民法院处理,仲裁庭裁决公司解散的,属于无权仲裁的情形。

北京高院的处理意见:

根据《公司法》及《公司法司法解释(二)》的规定,**在解散公司案件和公司清算案件中,被解散、清算的目标公司为案件当事人,且解散、清算公司案件中可能会涉及公司事务及案外利害关系人,当事人有关公司解散、清算的请求只能向人民法院提出**。本案中,VEM 公司、SIMEST 公司的仲裁请求主要包括:“解散当事人的全部合资公司合同(《10 月文件》和《12 月文件》以及附属的有关知识产权的合同),解散基于《10 月文件》设立的 VEM (青岛)机械设备有限公司”,“要求被申请人支付申请人 30 万欧元作为赔偿申请人签署和履行《10 月文件》和《12 月文件》发生的损失”,等等。针对上述请求,中国国际经济贸易仲裁委员会作出了如下裁决:“2. 基于《10 月合同》成立的公司应当解散”;“5. 裁定被申请人支付 VEM 公司作为资本投入合资公司的设备和机器之折旧,计 30000 欧元”;“7. 裁定被申请人支付 SIMEST 公司投入合资公司的损失(SIMEST 公司的资本投入),计 83325 欧元”,等等。上述裁决涉及公司解散、清算事项,超出了仲裁权限。

在《最高人民法院关于撤销中国国际经济贸易仲裁委员会(2009)CIETACBJ 裁决(0355)号裁决案的请示的复函》中(文号:〔2011〕民四他字第 13 号),最高人民法院认为:

根据《公司法》第 181 条[①]的规定,仲裁机构裁决解散公司没有法律依据,属于无权仲裁的情形。

争议焦点 8 关于公司解散纠纷诉讼时效的适用问题

裁判要点 1 公司解散纠纷不适用诉讼时效。

【裁判理由】【(2012)陕民二申字第 00351 号】冯某国与咸阳茂源石化有限公司(以下简称茂源公司)公司解散纠纷申请案件,陕西省咸阳市中级人民法院一审

① 对应现行 2018 年《公司法》第 180 条。

认为：

石油公司和冯某国成立咸阳华商科工贸有限公司（以下简称华商公司）时，制定了公司章程，该章程对股东具有约束力，华商公司经工商登记，领取了营业执照，确立了石油公司和冯某国的股东地位。华商公司变更股东，未经董事会和工商登记等合法程序，也未清算，华商公司的股东应以该公司申请登记时所确定的股东为准，即股东为石油公司和冯某国，经营期限到2006年11月25日。茂源公司是石油公司改制而来，承继石油公司权利、义务，**诉讼时效不适用公司解散的请求权**，故判决解散公司。

陕西省高级人民法院二审认为：

关于法院判决解散华商公司是否正确。在解决了茂源公司系原石油公司权利、义务的承继者、起诉未超诉讼时效等华商公司的抗辩后，经过对华商公司章程的审查，以及股东之间不能就公司是否存续达成一致的情况下，法院依法依章程认定公司已超过了公司章程的经营期间，且长期未按公司章程召开股东会、分红，股东之一的茂源公司对华商公司完全失控，判决公司解散依法进行清算是正确的。

裁判要点2 股东之间长期冲突、公司经营长期停滞的事实处于存续的状态，股东提起公司解散之诉并未超过诉讼时效。

【裁判理由】【(2020)京0114民初196号】杨某与北京圣琪辰熙汽车销售有限公司公司解散纠纷一审案件，北京市昌平区（县）人民法院认为：

第一，决议解散仅为公司解散事由之一，且召开股东会讨论公司解散事宜并非股东提起公司解散之诉的法定前提；第二，北京圣琪辰熙汽车销售有限公司虽然在工商登记中处于在业状态，但实际已经长期经营停滞，且股东之间长期诉讼，股东投资公司的目的已经无法实现，公司继续存续势必会对股东利益造成重大损失；第三，杨某与李某个人之间的纠纷尚未完全解决并不影响本案的审理，故本案不应中止审理；第四，股东之间长期冲突、公司经营长期停滞的事实处于存续的状态，故杨某提起公司解散之诉并未超过诉讼时效；第五，公司在解散之后是否能够进行清算并非判断公司是否应当解散的事由。综上，李某的抗辩意见本院均不予采纳。

裁判要点3 各位股东之间长期冲突，且无法通过股东会解决，股东之间的诉讼纠纷一直持续至今，根据法律规定，在公司穷尽包括诉讼在内的各种途径均不能解决经营管理困难的情形下，才可以提起公司解散之诉，故原告起诉解散公司并未超过诉讼时效。

【裁判理由】【(2017)豫0724民初257号】岳某银诉获嘉县同和橡胶有限公司(以下简称同和公司)公司解散纠纷案，河南省获嘉县人民法院认为:

被告自认同和公司从2011年开始不再营业，各位股东之间长期冲突，且无法通过股东会解决，3位股东之间的诉讼纠纷一直持续至今，根据法律规定，在公司穷尽包括诉讼在内的各种途径均不能解决经营管理困难的情形下，才可以提起公司解散之诉，故原告起诉解散公司并未超过诉讼时效，对第三人的此项抗辩理由，本院不予支持。

【笔者观点】《诉讼时效司法解释》第1条规定:“当事人可以对债权请求权提出诉讼时效抗辩，但对下列债权请求权提出诉讼时效抗辩的，人民法院不予支持:(一)支付存款本金及利息请求权;(二)兑付国债、金融债券以及向不特定对象发行的企业债券本息请求权;(三)基于投资关系产生的缴付出资请求权;(四)其他依法不适用诉讼时效规定的债权请求权。”《民法典》第196条规定，下列请求权不适用诉讼时效的规定:(1)请求停止侵害、排除妨碍、消除危险;(2)不动产物权和登记的动产物权的权利人请求返还财产;(3)请求支付抚养费、赡养费或者扶养费;(4)依法不适用诉讼时效的其他请求权。

根据上述规定可知，诉讼时效的客体为债权请求权。因此，公司结算纠纷不适用诉讼时效制度。

第九章　公司盈余分配纠纷

引　　言

一般而言，股东投资的目的就是以盈余分配的形式从公司获取投资回报。在公司存续的情况下，盈余分配请求权几乎是中小股东从公司获取投资回报的唯一手段。但大股东极易利用资本多数决控制公司的盈余分配决策，一边选择不分或少分公司利润，一边通过各种灰色手段将公司利润转移到自己的“口袋”，堂而皇之地将中小股东唯一获取投资回报的希望“绞杀”在摇篮里。

社会主义法治追求的是“良法善治”，全面维护中小股东的利益是我国公司法始终坚持的基本立场。鉴于实践中部分大股东利用资本多数决操控公司盈余分配政策，恶意转移公司利润，肆意侵害中小股东利益，《公司法司法解释（四）》第15条明确规定了抽象的盈余分配请求权，为司法干预强制盈余分配、保护中小股东合理投资回报预期提供了有力依据。“违反法律规定滥用股东权利导致公司不分配利润，给其他股东造成损失的”，即使没有“载明具体分配方案的股东会或者股东大会的有效决议”，法院也会依法裁判，通过强制盈余分配手段据实支持中小股东合理的盈余分配请求。

《公司法司法解释（四）》第15条规定的抽象盈余分配请求权，立基于“违反法律规定滥用股东权利”这一不确定性概念，为法官在司法实践中考量个案情况实现个案正义留足了余地。实践中，在此法源的指引下涌现出诸多裁判内容翔实细腻的优秀案例，其中以甘肃居立门业公司与庆阳市太一热力公司、李某军公司盈余分配纠纷案这一最高人民法院公报案例为代表。

在这一案例中，公司存在巨额可分配利润，而大股东变相分配利润、转移公司利润，小股东利益遭到严重侵害。最高人民法院认为“当部分股东变相分配利润、隐瞒或转移公司利润时,则会损害其他股东的实体利益,已非公司自治所能解决,此时若司法不加以适度干预则不能制止权利滥用,亦有违司法正义”,根据《公司法司法解释(四)》第15条明确支持了小股东强制盈余分配的请求,并将司法审计结论作为认定公司可分配利润的证据,实现了法律效果和社会效果的有机统一,也为后续类案提供了明确而有力的指引。

同时,鉴于抽象盈余分配请求权立基的“违反法律规定滥用股东权利”这一概念的不确定性,必然会引致法律适用上的不确定性,因此,对盈余分配纠纷作司法实践场域的分析与解释就显得极为重要。

一、公司盈余分配纠纷的定义

根据《最高人民法院民事案件案由适用要点与请求权规范指引》(第2版)①一书记载,股东的盈余分配请求权即股利分配请求权,是股东自益权的一种,指股东基于其股东地位依法享有的请求公司按照自己的持股比例向自己分配股利的权利。

在公司存续的情况下,盈余分配请求权是股东从公司获取投资回报的主要手段。但由于股利分配方案需要经过股东(大)会通过,在资本多数决原则下,公司大股东可能利用股利政策损害中小股东的利益。在公司实际运作中,公司可能有可供分配的盈余,但却以各种理由不正当地拒绝向股东派发盈余;或者公司过分提取任意公积金而损害股东的股利分配权,从而引发公司盈余分配权纠纷。2011年《民事案件案由规定》专门设置了“公司盈余分配纠纷”这一案由,为股东通过诉讼保障自己的公司盈余分配权提供救济途径。此种诉讼的原告为权利受到侵害的股东,被告为公司。根据《公司法》第37条、第46条等的规定,公司利润的分配方案由董事会制订,由股东会决定。因此,由于董事会不是盈余分配的决策机关,董事不应成为公司盈余分配诉讼的当事人。

公司盈余分配纠纷主要发生在有限责任公司中。在有限责任公司中,大股东往往兼任公司管理职务,因此,可以通过薪水、奖金等形式从公司实质获得回报,而小股东则被排除在公司管理层之外,无从通过这些方式从公司获得回报。相比较而言,股份有限公司尤其是上市公司,由于存在公开的股份交易市场,在公司无

---

① 参见人民法院出版社编著:《最高人民法院民事案件案由适用要点与请求权规范指引》(第2版),人民法院出版社2020年版,第746页。

正当理由拒绝分配股利时,股东可以较为容易通过转让股份而退出公司。对于上述问题,不管是法学理论界还是司法实务界均有不同的观点及意见,只能有待于通过将来的立法及司法解释来明确。

二、公司盈余分配纠纷的请求权基础

(一)现行法

公司盈余分配纠纷的请求权基础主要规定于《公司法》《公司法司法解释(四)》《公司法司法解释(五)》中。《公司法》第 22 条是关于公司决议无效或者撤销的规定,在本案由项下主要涉及公司盈余分配相关的决议;第 34 条是关于分红权和优先认购权的规定,原则上股东分红按照实缴出资比例,但允许股东通过公司章程另行约定;第 166 条是关于利润分配的具体规定,将税后的营业利润先弥补亏损,然后提取法定公积金、任意公积金,之后方可对股东进行分红。

《公司法司法解释(四)》第 13 条为实体法与诉讼法的衔接性规定,明确了公司盈余分配纠纷如何列明当事人的问题。《公司法司法解释(四)》第 14 条和第 15 条将股东是否提交载明具体分配方案的股东会决议作为区分标准,分别规定了具体的盈余分配和抽象的盈余分配。《公司法司法解释(五)》第 4 条是对盈余分配时限的规定,防止出现作出形式上的盈余分配决议而实际上久拖不分的情形。

从《公司法》到《公司法司法解释(四)》《公司法司法解释(五)》,关于公司盈余分配的规定逐步细化,逐步增强了其可操作性,在请求权基础上织密了股东分红权保护的笼子。

1.《公司法》。

第二十二条 公司股东会或者股东大会、董事会的决议内容违反法律、行政法规的无效。

股东会或者股东大会、董事会的会议召集程序、表决方式违反法律、行政法规或者公司章程,或者决议内容违反公司章程的,股东可以自决议作出之日起六十日内,请求人民法院撤销。

股东依照前款规定提起诉讼的,人民法院可以应公司的请求,要求股东提供相应担保。

公司根据股东会或者股东大会、董事会决议已办理变更登记的,人民法院宣告该决议无效或者撤销该决议后,公司应当向公司登记机关申请撤销变更登记。

第三十四条 股东按照实缴的出资比例分取红利;公司新增资本时,股东有权优先按照实缴的出资比例认缴出资。但是,全体股东约定不按照出资比例分取红利或者不按照出资比例优先认缴出资的除外。

第一百六十六条 公司分配当年税后利润时,应当提取利润的百分之十列入公司法定公积金。公司法定公积金累计额为公司注册资本的百分之五十以上的,可以不再提取。

公司的法定公积金不足以弥补以前年度亏损的,在依照前款规定提取法定公积金之前,应当先用当年利润弥补亏损。

公司从税后利润中提取法定公积金后,经股东会或者股东大会决议,还可以从税后利润中提取任意公积金。

公司弥补亏损和提取公积金后所余税后利润,有限责任公司依照本法第三十四条的规定分配;股份有限公司按照股东持有的股份比例分配,但股份有限公司章程规定不按持股比例分配的除外。

股东会、股东大会或者董事会违反前款规定,在公司弥补亏损和提取法定公积金之前向股东分配利润的,股东必须将违反规定分配的利润退还公司。

公司持有的本公司股份不得分配利润。

2.《公司法司法解释(四)》。

第十三条 股东请求公司分配利润案件,应当列公司为被告。

一审法庭辩论终结前,其他股东基于同一分配方案请求分配利润并申请参加诉讼的,应当列为共同原告。

第十四条 股东提交载明具体分配方案的股东会或者股东大会的有效决议,请求公司分配利润,公司拒绝分配利润且其关于无法执行决议的抗辩理由不成立的,人民法院应当判决公司按照决议载明的具体分配方案向股东分配利润。

第十五条 股东未提交载明具体分配方案的股东会或者股东大会决议,请求公司分配利润的,人民法院应当驳回其诉讼请求,但违反法律规定滥用股东权利导致公司不分配利润,给其他股东造成损失的除外。

3.《公司法司法解释(五)》。

第四条 分配利润的股东会或者股东大会决议作出后,公司应当在决议载明的时间内完成利润分配。决议没有载明时间的,以公司章程规定的为准。决议、章程中均未规定时间或者时间超过一年的,公司应当自决议作出之日起一年内完成利润分配。

决议中载明的利润分配完成时间超过公司章程规定时间的，股东可以依据民法典第八十五条、公司法第二十二条第二款规定请求人民法院撤销决议中关于该时间的规定。

(二)《公司法》与《公司法(修订草案)》对比

关于公司盈余分配纠纷的规定，《公司法(修订草案)》对《公司法》的相关条文进行了修改，具体的修改内容如下表所示。

本次《公司法(修订草案)》中，关于公司盈余分配的实质性修改并不多，体现了立法的延续性。值得一提的是，新增第208条关于公司盈余分配时限的规定，系吸纳了《公司法司法解释(五)》第4条规定的结果，但并非照搬，而是将《公司法司法解释(五)》第4条规定的决议作出后1年内修订为6个月内。

《公司法》	《公司法(修订草案)》
第三十四条　股东按照实缴的出资比例~~分取红利；公司新增资本时，股东有权优先按照实缴的出资比例认缴出资。但是，~~全体股东约定不按照出资比例~~分取红利或者不按照出资比例优先认缴出资~~的除外。 第一百六十六条第四款　公司弥补亏损和提取公积金后所余税后利润，有限责任公司依照本法第三十四条的规定分配；股份有限公司按照股东持有的股份比例分配，~~但股份有限~~公司章程规定~~不按持股比例分配~~的除外。	第二百零五条　公司的税后利润，**在依照本法规定**弥补亏损和提取公积金后，**方可向股东**分配。 **有限责任**公司按照股东实缴的出资比例**分配利润**；全体股东约定不按照出资比例**分配利润**的除外。 股份有限公司按照股东所持有的股份比例分配利润；公司章程**另有规定**的除外。
第一百六十六条　公司分配当年税后利润时，应当提取利润的百分之十列入公司法定公积金。公司法定公积金累计额为公司注册资本的百分之五十以上的，可以不再提取。 公司的法定公积金不足以弥补以前年度亏损的，在依照前款规定提取法定公积金之前，应当先用当年利润弥补亏损。 公司从税后利润中提取法定公积金后，经股东会~~或者股东大会~~决议，还可以从税后利润中提取任意公积金。 公司弥补亏损和提取公积金后所余税后利润，有限责任公司依照本法第三十四条的规定分配；股份有限公司按照股东持有的股份比例分配，但股份有限公司章程规定不按持股比例分配的除外。	第二百零六条　公司分配当年税后利润时，应当提取利润的百分之十列入公司法定公积金。公司法定公积金累计额为公司注册资本的百分之五十以上的，可以不再提取。 公司的法定公积金不足以弥补以前年度亏损的，在依照前款规定提取法定公积金之前，应当先用当年利润弥补亏损。 公司从税后利润中提取法定公积金后，经股东会决议，还可以从税后利润中提取任意公积金。 公司持有的本公司股份不得分配利润。

续表

《公司法》	《公司法(修订草案)》
~~股东会、股东大会或者董事会违反前款规定，在公司弥补亏损和提取法定公积金之前向股东分配利润的，~~股东必须将违反规定分配的利润退还公司。 公司持有的本公司股份不得分配利润。	第二百零七条　**公司**违反**本法**规定向股东分配利润的，股东必须将违反规定分配的利润**并加算银行同期存款利息**退还公司；**给公司造成损失的，股东及负有责任的董事、监事、高级管理人员应当承担赔偿责任。** **第二百零八条　股东会作出分配利润的决议的，董事会应当在股东会决议作出之日起六个月内进行分配；公司章程或者股东会决议另有规定的除外。**

三、公司盈余分配纠纷的地域管辖

《民事诉讼法》关于公司盈余分配纠纷的地域管辖的规定如下：

【法律规定】

《民事诉讼法》第27条　因公司设立、确认股东资格、分配利润、解散等纠纷提起的诉讼，由公司住所地人民法院管辖。

根据上述规定，因公司盈余分配纠纷提起的诉讼，应由公司住所地人民法院管辖。

四、公司盈余分配纠纷的诉讼时效

股东关于盈余分配的请求权可以分为两种：一种是具体的盈余分配请求权，指公司已作出股东（大）会决议，股东有权基于股东（大）会决议的盈余分配方案请求公司进行分配；另一种是抽象的盈余分配请求权，指公司未作出股东（大）会决议时，股东有权请求公司对可分配的税后利润进行分配。

其中，具体的盈余分配请求权适用诉讼时效的相关规定。具体的盈余分配请求权诉讼时效起算点的认定，在司法实践中存在不同的情况：能够确定或推知盈余分配具体时间的情况下，诉讼时效自股东知道或应当知道权利受到侵害之日起开始计算；无法确定盈余分配具体时间的情况下，诉讼时效自股东主张权利之日起开始计算。具体内容详见本章第六部分的争议焦点11 。

抽象的盈余分配请求权作为期待权，不同于一项确定、现实的债权，不适用诉讼时效的规定。

五、公司盈余分配纠纷的当事人

(一)公司盈余分配纠纷的原告、被告

根据《公司法司法解释(四)》关于公司盈余分配纠纷诉讼当事人的规定,公司盈余分配纠纷的原告为股东,被告为公司,由股东向公司行使盈余分配请求权,要求公司进行利润分配。值得注意的是,一审法庭辩论终结前,其他股东基于同一分配方案请求分配利润并申请参加诉讼的,应当列为共同原告。

(二)公司盈余分配纠纷的第三人

公司盈余分配涉及全体股东,股东对于公司不同发展阶段的发展方向抱有不同期待,不同股东之间的利益诉求并不完全一致,在盈余分配问题上,有些股东主张公司应当分配利润,但有些股东则可能不同意分配利润。公司向股东分配利润,显然会对其他股东利益产生影响,为保护其他股东的合法权益,应当允许其他股东参加诉讼。至于不同意分配利润股东的诉讼地位,理论上看将其作为第三人可能更为妥当。①

《最高人民法院关于适用〈中华人民共和国公司法〉若干问题的规定(四)(征求意见稿)》第19条曾有过关于第三人的明确规定,"股东请求公司分配利润案件,应当列公司为被告。其他股东在一审法庭辩论结束前以相同的诉讼请求申请参加诉讼的,应当列为共同原告;不同意分配利润的股东,可以列为第三人"。根据该项规定,在提起公司盈余分配纠纷的诉讼时,可以将不同意分配利润的股东列为第三人。但是,《公司法司法解释(四)》在正式公布的版本中删除了该项内容。

笔者认为,删除该项规定并不意味着不同意分配利润的股东不能列为第三人,而是基于立法技术的考量,没必要在正式颁布的《公司法司法解释(四)》中强调性规定该项内容,将不同意分配利润的股东列为第三人,本就是民事诉讼原理的应有之义。

---

① 参见最高人民法院民事审判第二庭编著:《最高人民法院公司法司法解释(四)理解与适用》,人民法院出版社2017年版。

六、公司盈余分配纠纷的常见争议焦点

(一)与诉讼主体有关的争议

争议焦点1　股权转让方是否有权要求公司给付股权转让前的股利

裁判要点1 如果在股权转让前,公司已就股利分配形成决议,只是尚未给付,原股东有权向公司要求给付股利,现股东无权利。股利分配给付请求权不随股东的身份转移而转移。

【裁判理由】【(2010)成民再终字第32号】戴某林诉四川威远三益商业广场开发有限公司、成都市双流县双远商贸部等债权纠纷再审案件,四川省成都市中级人民法院认为:

虽然股利分配请求权是现股东基于其股东资格和地位的一种专属性自益权利,**但若股东会已通过利润分配方案,股东的股利分配请求权就转变为股利给付请求权。该请求权是原股东个人对公司的债权,不随股东的身份转移而转移。如果公司在股东转让股权前已确定分配方案只是尚未给付,该分配方案确定的公司利润应属原股东而非现股东所有。**

裁判要点2 如果在股权转让后,公司就转让前的股利分配形成决议,原股东无权向公司要求给付转让前的股利,现股东有权利。股利分配请求权随股东的身份转移而转移。

【裁判理由】【(2020)鄂08民终191号】湖北京山农村商业银行股份有限公司、东莞市德劲实业投资有限公司公司盈余分配纠纷二审案件,湖北省荆门市中级人民法院认为:

已经转让股权的当事人,对于转让后公司股东大会就股利分配形成决议的,无权向公司主张转让前的股利。首先,除非当事人在转让协议中有特殊约定,公司股东转让股权后就转让前的公司利润不再享有分配请求权。**应区分股利分配请求权与股利分配给付请求权。股利分配请求权系股东基于其公司股东的资格和地位而享有的请求公司向自己分配股利的权利,系股东权之一种,股权转移时,应一并转移于股份受让人;股利分配给付请求权系请求公司给付已经股东大会决**

议确定的具体股利分配金额的权利，属于独立于股东权的债权。案涉股权转让发生在公司召开股东大会决议确定股利分配方案之前，在转让时股利分配给付请求权尚未形成，应当与股份一并转让，湖北京山潭龙石材有限公司无权主张转让前的股利（红利），东莞市德劲实业投资有限公司受让取得股份，在公司召开股东大会决议确定股利分配方案后，有权要求公司分配相应红利。

【笔者观点】关于转让股权股东是否有权要求公司给付股权转让前的股利，实际上包含两种情况：其一，在股权转让前，公司股东会、股东大会已经形成利润分配决议；其二，在股权转让前，公司股东会、股东大会尚未形成利润分配决议。

对于前述两种情况，地方法院在审判实践中已经形成统一认识，如《山东省高级人民法院关于审理公司纠纷案件若干问题的意见（试行）》（鲁高法发〔2007〕3号，实施日期：2007年1月15日）第71条第1款、第2款明确规定："股权转让前，公司股东会、股东大会已经形成利润分配决议的，转让人在转让股权后有权向公司要求给付相应利润。转让人因股权转让丧失股权后，股东会、股东大会就转让前的公司利润形成分配决议，转让人要求公司给付相应利润的，人民法院不予支持。"笔者认为，地方法院意见及审判实践已经对该问题作出了正本清源式的回应，股东在股权转让时对于目标公司的利润分配问题应当予以重视，若有其他商业目的可在股权转让协议中作出特别约定。但需注意，这种约定对于目标公司不具备约束力。

争议焦点2　出资瑕疵的股东是否有权要求公司给付股利

裁判要点1 出资瑕疵不影响股东身份的认定，有权要求公司给付股利。

【裁判理由】【（2016）晋民终1号】张某货、王某文诉巩某荣公司盈余分配纠纷二审案件，山西省高级人民法院认为：

股东是否全额出资与股东资格的取得没有必然联系，不能仅以股东出资瑕疵否认其股东身份，法律并没有禁止未全额出资的出资人取得股东权，故巩某荣认为王某文出资不足而不享有股权，不能参与分配补偿款的主张缺乏事实与法律依据，本院不予支持。

裁判要点2 未尽出资义务股东的自益权原则上应当被限制，但如果全体股东约定,公司向股东分配利润不以出资比例或不以是否实际出资为前提,该约定对公司及股东具有约束力。

【裁判理由】【(2018)闽02民终166号】厦门华龙兴业房地产开发有限公司(以下简称华龙公司)诉叶某源、简某琴公司盈余分配纠纷二审案件,福建省厦门市湖里区人民法院认为:

叶某源于2006年从华龙公司取得的讼争5套店面,经厦门地税稽查局认定构成分红,即属于从华龙公司获得的利润,该法律事实后经厦门市思明区人民法院作出生效行政判决予以确认。虽然,**叶某源在作为华龙公司股东期间未履行出资义务,依法其请求分配利润的股东自益权将受到相应限制**。但是,法律对未履行出资义务股东自益权的限制,是为了维护已依约履行出资义务的其他股东的权益和保障公司资本充足,通过该手段促使未履行出资义务的股东按照股东之间的契约及时向公司缴交资本。从《公司法》第34条规定的内容来看,已实际出资的股东可以放弃对未出资股东请求分配利润权利的限制,只要全体股东对公司利润分配作出有效决定,则应当按照该决定予以执行。**叶某源依照《补充协议五》、《股东决议》及《补充协议六》取得讼争5套店面,上述依据是华龙公司的全体股东对利润不按出资比例或不按是否实际出资到位予以分配而形成的新约定,并无证据表明该约定存在效力瑕疵,对陈某辉、叶某源及华龙公司具有拘束力**。福建省厦门市湖里区人民法院依照《民事诉讼法》第64条第1款①规定,作出如下判决:驳回华龙公司的诉讼请求。

华龙公司不服一审判决,向福建省厦门市中级人民法院提起上诉。福建省厦门市中级人民法院经审理后同意一审法院裁判意见。福建省厦门市中级人民法院依照《民事诉讼法》第170条第1款第1项②规定,判决如下:驳回上诉,维持原判。

【笔者观点】公司股东的盈余分配请求权是一种自益权,在出资瑕疵的情况下可以对其进行一定的限制。但是,这种限制并非根本上的限制,换言之,股东出资瑕疵不能直接从根本上否定股东的身份,进而排除其利润分配的权利。

《公司法》第34条关于“股东按照实缴的出资比例分取红利”的规定便体现了上述限制,需要注意的是,作为商事法的公司法充分尊重商事主体的意思自治,对

① 对应现行2021年《民事诉讼法》第67条第1款。
② 对应现行2021年《民事诉讼法》第177条第1款第1项。

于全体股东的另行约定予以充分尊重和认可。

综上所述,瑕疵出资股东可以请求按照实缴出资比例分取利润,此为原则。但是全体股东对于利润分配另有约定的,可以按照认缴出资比例或其他约定分配利润,此为例外。

争议焦点3　隐名股东能否成为公司盈余分配纠纷的原告

裁判要点 隐名股东不能成为公司盈余分配纠纷的原告。

【裁判理由1】【(2020)黔0621民初1120号之一】贺某华与贵州丰源房地产开发有限公司(以下简称丰源公司)公司盈余分配纠纷案件,贵州省江口县人民法院认为:

原告诉请要求被告公司分配利润,首先应当具备公司股东资格。本案中,被告丰源公司的股东登记名册未记载有原告,被告丰源公司也未向原告出具相关的股权出资证明,故原告并非被告丰源公司的登记股东。根据原告诉状自我陈述及提供的《股东出资入股协议书》证明,原告的股权由案外人贺某云代持,被告丰源公司并未对原告的股权进行登记确认。原告提交的《贵州丰源房地产开发有限公司改制经营协议》《贵州丰源房地产开发有限公司第二次改制经营协议》系案外人申某贵、贺某云对股权转让等事宜作出的约定,内容并未涉及被告丰源公司,故**原告作为被告丰源公司的隐名股东,其对被告丰源公司享有的股东权利应通过显名股东主张,不能直接以股东身份向被告丰源公司主张权利,本案原告主体资格不适格。**

【裁判理由2】【(2017)沪01民终7021号】郭某胜诉上海永良实业有限公司(以下简称永良公司)公司盈余分配纠纷二审案件,上海市第一中级人民法院认为:

郭某胜提起本案公司盈余分配的请求权基础应当是郭某胜为永良公司的合法股东且永良公司依法作出盈余分配的股东会决议。就郭某胜的举证而言,仅能证明郭某胜与屠某良个人之间针对投资散堆箱事宜存在共同投资、共享收益的关系,而无法证实郭某胜诉称的其与屠某良之间就永良公司的股份存在代持关系或郭某胜系永良公司的隐名股东。即便上述事实成立,郭某胜亦应当通过合法途径据此实现显名确权。目前,尚无任何法律文件确认郭某胜为永良公司的合法股东。

【笔者观点】公司盈余分配请求权是股东对公司的权利，有权要求公司分配利润的股东必须证明其具有股东身份。对于有限责任公司，《公司法》第32条明确规定“公司应当将股东的姓名或者名称向公司登记机关登记”，根据该条规定，只有记载于股东名册的股东，才可以向公司行使股东权利。

而且，隐名股东想要获取分配的利润，完全可以依靠其他途径，如根据其与名义股东的约定要求名义股东配合，以名义股东的身份提起公司盈余分配之诉。又或者先经过“显名”程序，具备法律认可的公司股东身份后再自行提起公司盈余分配之诉。

（二）与具体的盈余分配之诉有关的争议

争议焦点4　关于主张盈余分配依据的认定

裁判要点1 就公司盈余分配方案形成的董事会决议，仍需股东会决议或以决定的方式通过，不能直接以董事会决议为依据主张盈余分配。

【裁判理由】【（2016）苏1002民初1855号】吴某平、抚州瑞纳投资发展有限公司公司盈余分配纠纷案件，江苏省扬州市广陵区人民法院认为：

被告章程规定对于股东会职权所列事项股东以书面形式一致表示同意的，可以不召开股东会议，直接作出决定，并由全体股东在决定文件上签名、盖章。可见，**对于批准公司的利润分配方案和弥补亏损方案，仍需股东会决议或以决定方式通过。董事会与股东会为公司的不同组织机构，其职权、地位等各不相同，就公司利润分配方案形成董事会决议，仍需股东会决议或以决定方式通过，且公司利润分配方案未依法提取法定公积金。原告以被告股东会与董事会成员均为三方股东、其推荐的董事会成员即代表其意志，要求直接以董事会决议由被告履行利润支付义务，缺乏事实与法律依据**，依法不予支持。

裁判要点2 公司向股东出具的《投资利润承诺》并不等同于股东会决议，股东不能据此主张盈余分配。

【裁判理由】【（2017）最高法民申1027号】扬州市供销合作总社托管服务管理中心与扬州解放桥农产品市场有限公司公司盈余分配纠纷再审审查和审判监督案件，最高人民法院认为：

股东会行使审议批准公司利润分配方案的职权，股东以书面形式一致表示同意的，可以不召开股东会会议，直接作出决定，并由全体股东在决定文件上签名、盖章。**吴某平未能提供证据证明其关于分配盈余的主张已经上海瑞纳投资发展有限公司股东会决议或股东以书面形式一致同意，故二审法院对吴某平的该项诉请不予支持，并无不妥。吴某平提出的《投资利润承诺》等同于股东会决议，以及其有权请求法院判令抚州瑞纳投资发展有限公司按照章程或法律规定分配盈余的理由，不能成立。**

裁判要点 3 股东之间关于合作初期对合作开发相关安排的协议并不等同于股东会决议，股东不能据此主张盈余分配。

【裁判理由】【(2020)沪民申1287号】张某顺与上海赛卓实业有限公司、陆某红等公司盈余分配纠纷再审审查和审判监督案件，最高人民法院认为：

《土地合作开发协议书》是上海赛卓实业有限公司的股东在项目合作初期对合作开发的相关安排，不能视为股东会关于利润分配的决议。《赛卓项目投资收益分析报告》未经股东会审议通过，也不能视作股东会关于利润分配的决议。而《专项审计报告》显然不属于利润分配的股东会决议。故一、二审法院认定张某顺未提交载明具体分配方案的股东会决议，事实认定清楚。

裁判要点 4 公司章程可以对利润分配进行自由约定，股东可以根据公司章程向公司主张盈余分配，无须另行作出股东会决议。

【裁判理由】【(2021)湘01民终2880号】湖南工商大学、湖南省赛特汽车有限责任公司（以下简称赛特公司）公司盈余分配纠纷二审案件，湖南省长沙市中级人民法院认为：

股东抽象利润分配请求权是基于成员享有的权利，其权利范围应以公司合同为准。股东成员原则上应以出资数额或者持股比例享有利润分配请求权，但公司章程可以另外作出约定。即公司何时分配利润、如何分配利润属于公司章程自治事项，股东可以通过公司章程对股东请求公司分配利润的条件、数额等进行约定，可以约定优先股、普通股，可以约定股东不按照出资比例分配利润，甚至可以约定股东不分配利润。公司章程明确约定股东享有的利润分配请求权后，该权利即属于股东个人固有的权利，任何人均不得限制、剥夺。故股东可以通过公司章程、股东会决议，还可以通过其他方式对公司利润分配进行自由约定。经审查，本案中，湖南工商大学与王某国作为股东签署的《赛特公司章程》第27条约定，公司利润分配按照《公司法》及有关法律、法规，国务院财政主管部门的规定执行。该章程已经约定自2010年7月1日起，湖南工商大学的出资每年获取35万元的固定回报,而且在2014年12月31日前,赛特公司、王某国均按章程规定支付了该款项。现并无证据证明该章程已经进行修改,且赛特公司未按照章程规定编制经会计师事务所审计的财务会计报告,经一审法院释明后仍未提交。赛特公司亦未提供无法履行章程约定利润分配的有效事由。故湖南工商大学要求赛特公司支付2015年至2019年的股东分红175万元的诉讼请求,本院予以支持。

裁判要点5 章程约定若公司无力承担约定的利润分配方法,由股东资产承担,其他股东可以据此向承诺股东主张权利。

【裁判理由】【(2019)苏02民终1968号】史某军、尹某与周某、无锡市灵涛文具有限公司(以下简称灵涛公司)公司盈余分配纠纷二审案件,江苏省无锡市中级人民法院认为:

灵涛公司章程约定,若灵涛公司无力承担约定的利益分配方法,史某军、尹某以个人资产承担。从字面意思来理解,该处的“无力承担”应指灵涛公司不具备分配利润的条件,而非指灵涛公司有可分配利润而不分配。因此,双方约定的本质意思是,若灵涛公司无法按照约定进行利润分配时,由史某军、尹某补足。现灵涛公司确无可分配利润,自然由史某军、尹某承担相应义务。二审中,周某明确本案中仅要求史某军、尹某支付2017年8月12日起至2018年8月11日止的收益24万元,实质是将其该阶段收益调整至出资金额的24%,此系周某自主处分权利,且未加重史某军、尹某的负担,不违反法律规定,本院予以准许。

【笔者观点】公司何时分配利润、如何分配利润属于公司章程自治事项,公司章程可以约定优先股、普通股,可以约定股东不按照出资比例分配利润,甚至可以约定股东不分配利润。笔者认为,基于前述公司章程可以对公司利润分配进行约定的裁判观点,小股东在公司设立之初,就可以通过公司章程对股东请求公司分配利润的条件、数额等进行约定,保护自己的盈余分配请求权。例如,章程可以约定:“公司弥补亏损、提取10%法定公积金后,不再提取任意公积金。所余税后利润的50%,于×年×月×日前,按照实缴出资比例向全体股东分配股利。”

争议焦点5 关于股东会决议是否载明“具体分配方案”的认定

裁判要点 股东会决议仅明确待分配利润总额、分配时间,未确定利润分配比例、每位股东应分配利润的，不能认定为载明“具体分配方案”。

【裁判理由】【（2019）内民终349号】甘肃乾金达矿业开发集团有限公司（以下简称乾金达公司）、万城商务东升庙有限责任公司（以下简称万城公司）公司盈余分配纠纷二审案件，内蒙古自治区高级人民法院认为：

万城公司2014年2号股东会决议以及2014年万城公司第二次临时股东会决议并非具体明确。根据万城公司2013年1号股东会决议，该决议中万城公司股东会通过了2012年的利润分配方案，该决议完整描述了万城公司可分配给股东的利润总额、利润的分配比例以及各股东可分得的利润数额。**在该公司2014年2号股东会决议中，该公司股东会虽表述同意了通过2013年利润分配方案，但经庭审询问，双方均认可除该份股东会决议外再未形成其他利润分配方案。且该份股东会决议明确表述“剩余未分配利润暂未支付，2014年6月之前，将该部分剩余未分配利润分配完毕”。根据上述决议内容，万城公司股东会仅就待分配的利润总数额进行了决议，对于每位股东应当分配的利润尚未确定具体明确的分配方案。2014年万城公司第二次临时股东会决议则仅仅是对2013年利润分配时间变更进行了表述。**虽然万城公司章程中规定按照股东持股比例进行分红，但公司章程并不能代替股东会决议，**乾金达公司亦无其他充分证据佐证该分配方案明确具体。因此，乾金达公司作为原股东，其主张分配的利润并没有转化为对公司应当支付其利润的确定的债权，其关于万城公司支付2013年未分配公司的利润的请求，本院不予支持。原审判决万城公司给付乾金达公司2013年度的利润及利息事实，法律依据不足。**

【笔者观点】笔者认为，《公司法司法解释（四）》第15条项下的“载明具体分配方案的股东会或者股东大会决议”，对于“具体”二字应当秉持“宽口径”的理解。出于对中小股东盈余分配请求权的保护，也不能对决议的内容要求太过严苛。所谓“具体”，实际上应当对应“可操作性”，意即决议的利润分配方案可操作、可落地即可。因此，决议内容只要包含了“利润分配总额”“利润分配时限”（即使不包含，借助《公司法司法解释（五）》第4条之规定亦可落地）即可。至于上述案例中提到的每位股东的利润分配比例，完全可以按照实缴出资比例分配，或者全体股东另有约定的按照约定即可。因为欠缺“利润分配比例”和“每位股东应分配利润”要素而否定其为“具体”利润分配方案的，其合理性有待商榷。

但是，这对公司利润分配决议的作出也具有一定的借鉴意义。启示公司在作出利润分配决议时，其内容尽可能详细、具体。这一点，中小股东尤其需要注意，防止控股股东在操控作出决议时刻意欠缺关键要素，而在纠纷时引导法院否定决议的具体性，使中小股东具体盈余分配的商业目的落空。

争议焦点6 何为公司“无法执行决议”的抗辩事由

裁判要点1 在利润分配决议通过后，公司因自身经营状况发生重大变化需要对利润分配方案实施调整的，可以构成正当的抗辩理由。

【裁判理由】【(2017)渝01民终7861号】忠商投资集团股份有限公司（以下简称忠商公司）与民商投资控股集团股份有限公司（以下简称民商公司）公司盈余分配纠纷二审案件，一审法院重庆市江北区人民法院认为：

民商公司有权根据自身经营情况自主决定公司利润的支配。利润分配属于公司自治的重要内容，公司经营情况发生重大变化时，公司有权调整利润分配方案。《民商公司董事局关于同意公司2015年度利润分配方案的议案》显示，**2016年发生股灾后，民商公司定向增发的股票浮动盈利已转化为亏损，其经营情况已发生重大变化，此时《2014年度利润分配预案》已不能实际实施。因此，民商公司有权根据经营情况调整利润分配方案，其通过股东大会决议取消实施《2014年度利润分配预案》并无不当。**此外，民商公司并非对忠商公司已转让股份未分配利润，而是对全体股东均未分配利润。忠商公司在民商公司的剩余持股数和其他发起人的持股数在《2014年度利润分配预案》经股东大会决议通过后并未因转增资本而发生变动，《2014年度审计报告》和《2015年度审计报告》亦未显示民商公司进行了现金分红，《2014年度利润分配预案》并未实际实施。

重庆市第一中级人民法院驳回上诉，维持了一审法院判决。

裁判要点2 金融机构关于贷款合同偿还前公司不得分配利润的限制，并非公司不分配股利的正当抗辩理由。

【裁判理由】【(2021)云民终142号】云南华电金沙江中游水电开发有限公司（以下简称云南华电金沙江公司）、金安桥水电站有限公司（以下简称金安桥公司）公司盈余分配纠纷二审案件，云南省高级人民法院认为：

二审提交的涉及农业银行《固定资产借款合同》中也没有关于限制金安桥公

司股东分红的约定。**在一审中，金安桥公司举示的涉中信银行的《固定资产借款合同》中虽有"合同项下贷款全部清偿完毕前，未经银行方书面同意，金安桥公司不得以任何方式向其股东分配本项目的经营利润"的约定，但该约定不应构成对股东基本权利的限制，且违反该约定的后果也不应导致前述股东会关于利润分配方案决议内容无效**。2014年之前金安桥公司正常向其股东进行利润分配，也并未出现有关金融机构主张该分配无效的情形。综上所述，金安桥公司依法作出2014～2016年度的利润分配方案后，其与股东云南省能源投资集团有限公司、云南华电金沙江公司形成了相应款项支付的具体债权债务关系，股东云南华电金沙江公司的利润分配请求权已经转化为股东对公司享有的债权，公司应当依法履行给付义务。

【笔者观点】笔者认为，关于"公司无法执行决议"的抗辩事由，应当审慎严格认定，必须是足以影响公司利润分配决议可行性的合理事由。在司法实践中往往是公司经营状况出现问题，导致既定的决议无法实施、无法执行。

争议焦点7　关于公司迟延分配股利时的利息给付问题

裁判要点1 公司作出盈余分配决议时，在公司与股东之间即形成债权债务关系。因公司未按照盈余分配决议规定的时间向股东分配利润时应当计付利息。

【裁判理由】【（2019）鲁民终2917号】济宁鲁兴房地产开发有限公司（以下简称鲁兴公司）、互标有限公司公司盈余分配纠纷二审案件，山东省高级人民法院认为：

关于焦点2，鲁兴公司是否应当支付互标有限公司迟延分配分红款的利息损失，利息应如何计算。**法院认为，鲁兴公司董事会作出盈余分配决议时，在公司与股东之间即形成债权债务关系，若未按照决议及时给付则应计付利息**。因鲁兴公司2016年董事会决议形成的2015年度利润分配方案是于2016年7月31日前分配3000万元利润，故对于迟延分配分红款的利息起算时间应从2016年8月1日按照中国人民银行同期贷款利率计算。

裁判要点2 公司盈余分配决议未确定支付利润的具体时间、支付利润的对象时，该决议暂不具备可执行性，不计付利息。

【裁判理由】【（2021）新民终90号】哈密市德翔工贸有限责任公司（以下简称

德翔公司)与哈密市和翔工贸有限责任公司(以下简称和翔公司)、宁波合盛集团有限公司公司盈余分配纠纷二审案件,新疆维吾尔自治区高级人民法院认为:

和翔公司不应向德翔公司支付应付利润的利息。根据5.30股东会决议,虽然确定了利润分配的数额,但未确定支付利润的具体时间,案涉利润的分配对象不具体,故该股东会决议需在德翔公司与宁波合盛集团有限公司协商确定方案后才具备可执行性。因双方始终未协商一致,故通过本案诉讼确定享有利润的主体后,和翔公司才负有支付义务,与该股东会决议决定“在未分配该利润之前不计利息”的内容相一致,故和翔公司无须支付利息。

【笔者观点】笔者认为,关于公司迟延分配股利时利息给付问题,与公司利润分配决议中的“利润分配时间”息息相关。决议中的“利润分配时间”明确后,在公司与股东之间即形成债权债务关系,若未按照决议及时给付则应计付利息。决议中若未明确“利润分配时间”,则需要先行协商确定或者根据法律规定、章程约定确定,确定利润分配时间后,再行确定是否需要支付迟延分配的利息。至于利息给付的标准,往往参考中国人民银行同期贷款利率计算。

(三)与抽象的盈余分配之诉有关的争议

《公司法司法解释(四)》在最终送审稿的版本中曾经作出规定,股东控制公司从事下列行为之一的,应当认定为“滥用股东权利”:(1)给在公司任职的股东或者其指派的人发放与公司规模、营业业绩、同行业薪酬水平明显不符的过高薪酬,变相给该股东分配利润的;(2)购买与经营不相关的服务或者财产供股东消费或者使用,变相给该股东分配利润的;(3)为了不分配利润隐瞒或者转移公司利润的。

关于“滥用股东权利”的具体情形,送审稿采用列举式表述模式,而正式公布的版本则采取了“行为+结果”的抽象规定模式,行为要件为“违反法律规定滥用股东权利导致公司不分配利润”,结果要件为“给其他股东造成损失”。对于上述规定模式的转变,笔者认为:抽象盈余分配之诉作为《公司法司法解释(四)》新增规定,在我国仍属新鲜事物。如果《公司法司法解释(四)》直接采用列举式表述模式,暂且不论列举难免存在挂一漏万之弊端,更为重要的是可以预见各级法院面对新增的抽象盈余分配之诉,将会严格对应列举内容,过分审慎认定抽象盈余分配之诉的适用情形。从《公司法司法解释(四)》正式颁布后的司法实践来看,抽象规定模式明显释放了法院在裁判说理方面的创新性,在坚持“行为+结果”两要件的原则上，法院认定诉讼强制盈余分配的具体理由更为鲜活细腻，且不失翔实的论证说理和创新的法理阐述。

争议焦点8　关于诉讼强制盈余分配的适用情形

裁判要点1 在公司盈余分配纠纷中，虽请求分配利润的股东未提交载明具体分配方案的股东会或股东大会决议，但当有证据证明公司有盈余且存在部分股东私下分配利润滥用股东权利情形的，诉讼中可强制盈余分配。

【裁判理由1】【(2017)桂0329民初540号】桂林丰源电力开发投资有限责任公司(以下简称丰源公司)与资源县翔云水电有限责任公司(以下简称翔云公司)公司盈余分配纠纷案件，广西壮族自治区桂林市资源县人民法院认为：

被告翔云公司在2014年和2015年每年分配的利润为180万元，原告丰源公司作为被告翔云公司的股东，占翔云公司41.01%的股份份额。原告丰源公司有权在被告翔云公司按照实际的出资比例分取红利。原告丰源公司在2014年和2015年每年应获得的利润为73.8万元(180×41.01%)，合计为147.6万元，有被告公司的财务账簿记载所证实，被告翔云公司应按财务账簿所记载金额支付给原告红利。被告翔云公司辩称，根据《公司法司法解释(四)》第15条的规定，公司盈余分配未经股东会决议的，应当驳回其诉讼请求。**本案中被告翔云公司进行盈余分配，虽无股东会决议，但从公司账簿显示，在2015年公司通过借支和实际支付的方式，已向股东实际支付了红利，而原告未获得红利，给原告造成损失。**

【裁判理由2】【(2021)湘民终945号】永州市宏一房地产开发有限公司(以下简称宏一公司)、周某等公司盈余分配纠纷案件，湖南省高级人民法院认为：

公司在经营中存在可分配的税后利润时，是否分配相关利润，应当由股东会作出公司盈余分配的具体方案，该种分配方案原则上属于公司自治范畴。但是，当部分股东变相分配利润、隐瞒或转移公司利润时，则会损害其他股东的实体利益，已非公司自治所能解决，此时若公司法不加以适度干预则不能制止权利滥用，亦有违司法正义。为此，《公司法司法解释(四)》第15条规定："股东未提交载明具体分配方案的股东会或者股东大会决议，请求公司分配利润的，人民法院应当驳回其诉讼请求，但违反法律规定滥用股东权利导致公司不分配利润，给其他股东造成损失的除外。"本案中，宏一公司存在巨额利润，**周某作为宏一公司的控股**

股东及公司法定代表人，其未经公司另一股东李某生同意，将宏一公司利润转移至其个人名下80,208,666元，给宏一公司造成损失，属于滥用股东权利，符合上述规定中但书条款规定的应进行强制盈余分配的实质要件。

裁判要点2 在公司盈余分配纠纷中，虽请求分配利润的股东未提交载明具体分配方案的股东会或股东大会决议，但当有证据证明公司长期未就利润分配事宜形成股东会决议、未公布利润分配方案的，诉讼中可强制盈余分配。

【裁判理由1】【(2018)粤01民终15002号】中国石化销售有限公司广东广州石油分公司（以下简称广州石油分公司）、广州市从化鸿运加油有限公司（以下简称鸿运公司）公司盈余分配纠纷二审案件，广东省广州市中级人民法院认为：

按照公司章程的约定，临时会议应由代表1/4以上表决权的股东提议召开，广州市从化区鸿福实业有限公司作为鸿运公司出资比例80%的大股东，和公司经营者也没有召开过股东会，由此可见，在双方不能就利润分配问题达成一致意见的情况下，不分配利润给广州石油分公司造成了损失，故广州石油分公司有权按照公司章程约定的出资比例主张利润分配。根据广州中联会计师事务所有限公司穗中联专审字(2018)第10013号审计报告的审计结果：2012年1月1日至2014年12月31日，鸿运公司的净利润2,627,679.75元，广州石油分公司按照20%的出资比例，可分得3年的利润为525,535.95元。

【裁判理由2】【(2011)浦民二(商)初字第1291号】A与B公司公司盈余分配纠纷案件，上海市浦东新区人民法院认为：

依据上述法律规定和公司章程的约定，作为被告的股东，原告依据自己的出资享有获取红利的权利，这是原告应享有的一项重要的股东权利。**但被告成立至今，未公布过利润分配方案，亦未就分红事宜形成过董事会或股东会决议。经本院委托司法审计，鉴定意见为，被告截至2011年3月31日止的未分配利润为48,053,978.92元，该金额中已依法扣除了盈余公积。依据公司章程，原告所占投资额分配比例为5.51%，经计算，自2002年8月至2011年3月31日，原告的可分配利润已高于原告在本案中的诉讼主张，故本院对原告要求被告支付红利100万元的诉讼请求予以支持。**综上，原告要求被告支付红利的诉讼主张有事实和法律依据，依法应予支持。

裁判要点3 在公司盈余分配纠纷中，虽请求分配利润的股东未提交载明具体分配方案的股东会或股东大会决议，但当有证据证明公司违反法律规定滥用股东权利给付过高的高管薪酬时，诉讼中可强制盈余分配。

【裁判理由】【(2017)粤18民终969号】清远市酒厂有限公司（以下简称清远酒厂）、江某约公司盈余分配纠纷二审案件，广东省清远市中级人民法院认为：

清远酒厂2013年1月12日召开临时股东会议所制定的工资计酬办法，与已被认定无效的《关于对股东任职公司管理人员工资报酬计发办法议案的决议》关于执行董事（兼总经理）、经理及监事的工资薪酬标准是一致的。可见，清远酒厂2013年1月12日召开临时股东会议所制定的工资计酬办法，属于违反法律规定滥用股东权利损害其他股东利益的情形。况且，清远酒厂于2013年1月12日召开临时股东会议之前，广东省高级人民法院已作出(2012)粤高法民二终字第77号民事判决，判决清远酒厂于判决发生法律效力之日起30日内按合理的价格向沈某发收购所持20%股权。在该判决履行完毕前，清远酒厂除正常的生产经营外，不宜作出对企业资产产生重大影响的决议，否则会导致沈某发在出让股权时股权价格减损。清远酒厂在此期间召开临时股东会议形成的决议，也直接损害沈某发的权益。

裁判要点 4 在公司盈余分配纠纷中，虽请求分配利润的股东未提交载明具体分配方案的股东会或股东大会决议，但当有证据证明公司有盈余且存在部分股东通过关联交易转移公司利润等滥用股东权利情形的，诉讼中可强制盈余分配，且不以股权回购、代位诉讼等其他救济措施为前提。

【裁判理由】【(2016)最高法民终528号，《最高人民法院公报》2018年第8期（总第262期）公报案例】庆阳市太一热力有限公司（以下简称太一热力公司）、李某军公司盈余分配纠纷二审案件，最高人民法院认为：

在本案中，首先，太一热力公司的全部资产被整体收购后没有其他经营活动，一审法院委托司法审计的结论显示，太一热力公司清算净收益为75,973,413.08元，即使扣除双方有争议的款项，太一热力公司也有巨额的可分配利润，具备公司进行盈余分配的前提条件。其次，李某军同为太一热力公司及其控股股东甘肃太一工贸有限公司法定代表人，未经公司另一股东甘肃居立门业有限责任公司（以下简称居立门业公司）同意，没有合理事由将5600万余元公司资产转让款转入甘肃兴盛建筑安装公司账户，转移公司利润，给居立门业公司造成损失，属于甘肃太一工贸有限公司滥用股东权利，符合《公司法司法解释（四）》第15条但书条款规定的应进行强制盈余分配的实质要件。最后，前述司法解释规定的股东盈余分配

的救济权利，并未规定需以采取股权回购、公司解散、代位诉讼等其他救济措施为前置程序，居立门业公司对不同的救济路径有自由选择的权利。因此，一审判决关于太一热力公司应当进行盈余分配的认定有事实和法律依据，太一热力公司、李某军关于没有股东会决议不应进行公司盈余分配的上诉主张不能成立。

【笔者观点】在缺乏公司利润分配决议的情况下强制盈余分配，实为司法对公司自治空间的介入，这种介入必须具备充分的合理性，符合公司法正义的要求。这种合理性体现在对滥用股东权利导致不分配利润的股东进行必要的规制。因此，诉讼强制盈余分配的适用情形落脚于如何认定《公司法司法解释（四）》第15条的但书规定。

司法实践中已经形成了与《公司法司法解释（四）》最终送审稿规定中基本一致的审判意见，包括：(1)给在公司任职的股东或者其指派的人发放与公司规模、营业业绩、同行业薪酬水平明显不符的过高薪酬，变相给该股东分配利润的；(2)购买与经营不相关的服务或者财产供股东消费或者使用，变相给该股东分配利润的；(3)为了不分配利润隐瞒或者转移公司利润的。

争议焦点9 关于诉讼强制盈余分配的裁判分配方式

裁判要点 在抽象的盈余分配请求权适用中，根据原告的诉讼请求和案件的具体情况，法院既可以判决分配利润，也可以判决公司作出分配利润的决议。

【裁判理由】【（2020）湘民申338号】郴州城宇房地产开发有限公司、刘某环公司盈余分配纠纷再审审查和审判监督案件，湖南省高级人民法院认为：

关于如何分配利润的问题。对于当事人主张强制分配公司利润的裁判方式，《公司法》及司法解释未作出明确规定，既可以判决分配利润，也可以判决公司作出分配利润的决议，具体判决方式和尺度取决于原告的诉讼请求和案件的具体情况，由法院酌情决定。如果法院直接判决分配利润的，在确定盈余分配数额时，要保护弱势小股东的利益，但还要注意优先保护公司外部关系中债权人等的利益，在存在外部债务的情况下，公司利润应优先清偿外部债务。对于持续经营的公司还应根据案件的具体情况，综合考虑公司的营收状况、后续经营计划等合理确定公司利润应分配的数额。郴州城宇房地产开发有限公司因房屋销售合同纠纷、工程款纠纷等，需要清偿有关债务，此外，案涉项目尚有3号楼未动工建设，土地增值税未清算。一、二审判决将该项目净利润扣除法定公积金后全部进行分配，与公司经营发展计划相悖，可能影响外部债权人的利益和公司利益，处理结果不当。

【笔者观点】关于诉讼强制盈余分配的裁判方式，《公司法》及司法解释未作出明确规定，既可以判决分配利润，也可以判决公司作出分配利润的决议，具体判决方式和尺度取决于原告的诉讼请求和案件的具体情况，法院具有一定的自由裁量权。但是，在能够保障中小股东盈余分配请求权的基础上，判决公司作出分配利润的决议可具有一定的优先性，毕竟公司对于经营需要、债权人利益平衡等商业考量比法院更加专业，由公司作出利润分配决议更加符合商业自治的需要。

争议焦点10　关于诉讼强制盈余分配的股利分配数额

裁判要点 在抽象的盈余分配请求权适用中，可以会计师事务所的审计为依据确定可供分配的公司利润。

【裁判理由1】【(2016)最高法民终528号，《最高人民法院公报》2018年第8期(总第262期)公报案例】庆阳市太一热力有限公司(以下简称太一热力公司)、李某军公司盈余分配纠纷二审案件，最高人民法院认为：

在未对盈余分配方案形成股东会或股东大会决议情况下司法介入盈余分配纠纷，系因控制公司的股东滥用权利损害其他股东利益，在确定盈余分配数额时，要严格公司举证责任以保护弱势小股东的利益，但还要注意优先保护公司外部关系中债权人、债务人等的利益。本案中，**首先，一审卷宗材料显示，一审法院组织双方对公司账目进行了核查和询问，对《审计报告》的异议，一审庭审中也进行了调查和双方当事人的质证辩论。太一热力公司、李某军虽上诉主张审计材料存在未质证问题，但并未明确指出哪些材料未经质证，故本院对该上诉理由不予支持。其次，对于太一热力公司能否收取诉争的1038.21万元入网"接口费"，双方当事人各执一词，因该款项涉及案外人的实体权益，应当依法另寻救济路径解决，而不应在本案公司盈余分配纠纷中作出认定和处理，故该款项不应在本案中纳入太一热力公司的可分配利润，一审判决未予扣减不当，本院予以纠正。最后，太一热力公司、李某军上诉主张的《审计报告》其他5项具体问题，均属事实问题，其在二审中并未提交充分证据证明一审判决的相关认定有误，故本院不予调整。因此，甘肃居立门业有限责任公司应分得的盈余数额，以一审判决认定的太一热力公司截**

至2014年10月31日可分配利润51,165,691.8元为基数,扣减存在争议的入网“接口费”1038.21万元,再按甘肃居立门业有限责任公司40%的股权比例计算,即为16,313,436.72元。

【裁判理由2】【(2021)湘民终945号】永州市宏一房地产开发有限公司(以下简称宏一公司)、周某等公司盈余分配纠纷案件,湖南省高级人民法院认为:

为查明公司盈余情况,一审法院委托湖南长城有限责任会计师事务所对宏一公司的盈余进行审计。宏一公司及周某主张,案涉审计报告已经载明结论的不确定性,该份审计报告不能作为认定可分配利润等事实的依据。本院认为,本案中,周某作为实际经营宏一公司的控股股东,其与宏一公司均有义务向法庭提交完备的账目资料,在审计机构及一审法院多次要求其补充相关审计资料时,其怠于履行诉讼义务,导致审计的证据不周全,应承担举证不利的法律后果。宏一公司、周某在二审中主张还有部分成本没有计入,导致审计结论不准确,但宏一公司、周某并未提交相关证据对该主张予以证明,故审计报告中相关结论可以作为相关利润的认定依据。从审计结论来看,按照周某、宏一公司提供的账目的账面计算,宏一公司2011年1月1日至2019年12月31日,营业收入合计345,610,023.17元,扣除营业成本、税金及附加、销售费用、管理费用、财务费用、所得税费用等,宏一公司净利润为31,599,457.91元。按照网签信息表计算,宏一公司的营业收入为517,589,010.79元,扣除营业成本、税金及附加、销售费用、管理费用、财务费用、所得税费用等,宏一公司净利润为128,737,857.76元。上述利润存在差异的主要原因是:宏一公司网签信息表中记载的已售商铺、住宅的成交总额与财务账簿中记载的累计销售收款净额存在差异,其中账面金额远低于网签金额。因周某、宏一公司的账目存在不全,一审采信网签资料来确定盈余的审计结论更符合客观实际,也符合证据规则。湖南长城有限责任会计师事务所结合网签资料作出的净利润计算为128,737,857.76元的结论可以作为认定依据,宏一公司存在巨额可分配利润。

宏一公司的股东为周某、李某生,其中周某占股55%、李某生占股45%。2011年1月1日至2019年12月31日可分配利润为128,737,857.76元,计提400万元公积金后,其可分配利润为124,737,857.76元。因宏一公司还存在后续经营,案涉施工项目还有部分没有完毕等情况,按一审判决将项目净利润扣除法定公积金后全部进行分配,会影响公司的后续经营,也可能影响公司债权人的利益和公司利益,故该利润不宜全部分割完毕。根据本案实际情况,本院认为,宜将利润的70%予以分割。

【笔者观点】以会计师事务所的审计为依据确定可供分配的公司利润,是一种惯常做法,但是司法实践中需要注意以下几点:其一,请求强制盈余分配的股东应当初步举证公司存在可供分配的利润,否则法院可能不予支持司法审计申请。其二,大股东往往会采取消极对抗态度,怠于配合司法审计提供审计资料,干扰司法审计的进行。大股东的消极提供审计资料的行为,是怠于履行诉讼义务的表现,在认定司法审计结论时应当承担举证不利的法律后果。

(四)与公司盈余分配纠纷有关的其他争议

争议焦点11　关于具体的盈余分配的诉讼时效

裁判要点1 在能够确定或推知盈余分配具体时间的情况下,具体的盈余分配请求权的诉讼时效应从股东知道或应当知道权利受到侵害之日起开始计算。

【裁判理由1】【(2020)津03民终1887号】刘某旭、天津大港油田运输股份有限公司公司盈余分配纠纷二审案件,天津市第三中级人民法院认为:

本案双方当事人对于刘某旭在本案中享有股东盈余分配权并无异议,并认可一审法院所查明的刘某旭历年应分配数额。关于刘某旭的请求是否超过诉讼时效问题,由于刘某旭认可知道天津大港油田运输股份有限公司每年分配利润的事实,由此其应当在同期知道其权利被侵害的事实,并由此起算诉讼时效。

【裁判理由2】【(2019)苏06民终5068号】戴某勇与南通福神化工有限公司(以下简称福神公司)公司盈余分配纠纷二审案件,江苏省南通市中级人民法院认为:

退言之,即便福神公司存在可供分配的利润,戴某勇本案主张权利亦超过诉讼时效,丧失了胜诉权。根据2011年5月29日股份合作协议的约定,福神公司即应在2011年度向戴某勇支付分红,福神公司未向戴某勇支付35万元,戴某勇于2012年开始即应知道自己的权利受到侵害,但其未能提交在2012年和2013年向福神公司主张权利的证据。二审中,戴某勇提交的聊天记录均发生在2015年之后,距2012年已超过诉讼时效期间,不能达到其证明诉讼时效中断的证明目的,本院不予采纳。

裁判要点2 在股东会决议未明确盈余分配具体时间的情况下，股东可以随时主张，具体的盈余分配请求权的诉讼时效应从股东主张权利之日起开始计算。

【裁判理由1】【(2019)沪民申1265号】同济工程集团有限公司与上海林同炎李国豪土建工程咨询有限公司(以下简称林李公司)公司盈余分配纠纷再审审查和审判监督案件，上海市高级人民法院认为：

由于董事会决议并未明确公司向股东支付已分配利润的具体时间，因此股东可以随时主张。在同济工程集团有限公司无其他确切证据证明2017年8月10日之前曾正式向林李公司主张利润分配款的情况下，原审法院以2017年8月13日林李公司收到函件1周后的2017年8月21日起计算诉讼时效以及逾期付款利息，本院予以认可。

【裁判理由2】【(2020)冀民终45号】石家庄东方热电集团有限公司、石家庄市新元顺实业有限公司与公司有关的纠纷二审案件，河北省高级人民法院认为：

关于石家庄市新元顺实业有限公司的诉讼请求是否超过诉讼期间问题，因2013年7月16日《东方元顺股东会决议》并未约定6000万元具体给付时间，故，石家庄市新元顺实业有限公司可随时向石家庄东方热电集团有限公司主张权利，诉讼时效应从石家庄市新元顺实业有限公司主张权利之日起开始计算，故本案并不存在超过诉讼时效期间的情形。

【笔者观点】在能够确定或推知盈余分配具体时间的情况下，具体的盈余分配请求权的诉讼时效应从股东知道或应当知道权利受到侵害之日起开始计算。在股东会决议未明确盈余分配具体时间的情况下，实际上股东完全可以按照章程约定的时限、法律规定的时限确定盈余分配的最晚时间，进而从股东知道或应当知道权利受到侵害之日起开始计算。

在该问题上强调“从股东主张权利之日起开始计算”，使权利长期处于不稳定状态，如果股东怠于履行主张权利，则诉讼时效一直不予起算，这与诉讼时效制度设置初衷则明显背离。

第十章　请求变更公司登记纠纷

引　言

现实中，公司股东等相关人员经常因他人不配合、决议不符合登记的形式要求等原因，面临无法办理公司变更登记从而取得对外公示效果的障碍。此时，请求变更公司登记纠纷也就成为相关人员实现最终诉求的重要救济途径。

笔者团队曾代理(2018)鲁0212民初5154号案件，公司股东慧某公司已经取得了最高人民法院的胜诉判决，认定了公司另一个股东仲某控股构成抽逃全部出资。此后，鲁能某盛依据《公司法司法解释(三)》第18条的规定，作出了对仲某控股进行股东除名的董事会决议。然而，因除名决议上并没有仲某控股委派董事的签字，工商登记机关认为该决议不符合相应登记要求，出于谨慎的角度拒绝办理股东变更登记。

为了解决无法办理变更登记这一现实困难，经过全面的法律调研和案例检索，笔者发现潜在路径包括行政诉讼、民事诉讼两种方式。其中，民事诉讼案由涵盖了以下内容：(1)请求确认公司决议效力纠纷；(2)请求确认股东资格纠纷；(3)请求变更公司登记纠纷等。

在对各类案由进行充分评估的基础上，笔者认为“请求变更公司登记”这一案由风险低、成本少、效果好，并以此为客户设计了翔实的诉讼方案。最终，法院经过审理，全面支持了笔者提出的诉讼请求，判令公司办理股东变更登记，实现了慧某公司成为合资公司的唯一股东这一最终目的，获得了客户的高度好评。

一、请求变更公司登记纠纷的定义

《最高人民法院民事案件案由适用要点与请求权规范指引》(第 2 版)①一书记载,请求变更公司登记纠纷是股东对于公司登记中记载的事项请求予以变更而产生的纠纷。按照《公司法》的规定,有限责任公司应当将股东的姓名或者名称及其出资额向公司登记机关登记;登记事项发生变更的,应当办理变更登记,未经登记或者变更登记的,不得对抗第三人。因此,当有限责任公司股东转让股权或者发生其他应当变更股东的姓名或者名称及其出资额时,公司应当向公司登记机关申请变更登记,否则,不得对抗第三人,进而将影响相应股东的利益。变更公司登记直接关系到股东资格的确认与股权的行使,与股东利益密切相关,且实践中存在大量此类纠纷,故制定该案由。

《最高人民法院民事案件案由适用要点与请求权规范指引》(第 2 版)中的定义将本案由的权利人限定为“股东”,在实践中,并非仅在股东变更登记范围内产生纠纷,法定代表人登记领域也是当事人请求变更登记的“重灾区”,且法定代表人姓名确实是《市场主体登记管理条例》第 8 条规定的登记事项(具体内容详见本章第六部分中的与变更法定代表人登记有关的争议)。另外,“董事、监事、高级管理人员”变更登记(具体内容详见本章第六部分中的与变更其他内容有关的争议)等多领域的纠纷也层出不穷,上述定义似乎存在不完善的问题。

笔者认为,请求变更公司登记纠纷的定义可扩大外延至:当事人对于公司登记中记载的事项请求予以变更而产生的纠纷。

二、请求变更公司登记纠纷的请求权基础

(一)现行法

请求变更公司登记纠纷的请求权基础主要规定于《民法典》《公司法》《公司法司法解释(三)》中。《民法典》第 65 条是关于法人登记公信效力的规定,《公司法》第 32 条是关于公司股东登记公信效力的规定。

《公司法》第 13 条规定了法定代表人变更需办理变更登记;《公司法司法解释

① 参见人民法院出版社编著:《最高人民法院民事案件案由适用要点与请求权规范指引》(第 2 版),人民法院出版社 2020 年版,第 722 页。

(三)》第23条规定了公司违反股东登记义务时对股东的救济。前述条文构成了公司法对请求变更法定代表人登记和请求变更股东登记的基础规则,与《市场主体登记管理条例》相关规定结合,共同形成了请求变更公司登记的主要规则供给。

1.《民法典》。

第六十五条 法人的实际情况与登记的事项不一致的,不得对抗善意相对人。

2.《公司法》。

第十三条 公司法定代表人依照公司章程的规定,由董事长、执行董事或者经理担任,并依法登记。公司法定代表人变更,应当办理变更登记。

第三十二条 有限责任公司应当置备股东名册,记载下列事项:

(一)股东的姓名或者名称及住所;

(二)股东的出资额;

(三)出资证明书编号。

记载于股东名册的股东,可以依股东名册主张行使股东权利。

公司应当将股东的姓名或者名称向公司登记机关登记;登记事项发生变更的,应当办理变更登记。未经登记或者变更登记的,不得对抗第三人。

第一百三十六条 公司发行新股募足股款后,必须向公司登记机关办理变更登记,并公告。

3.《公司法司法解释(三)》。

第二十三条 当事人依法履行出资义务或者依法继受取得股权后,公司未根据公司法第三十一条、第三十二条的规定签发出资证明书、记载于股东名册并办理公司登记机关登记,当事人请求公司履行上述义务的,人民法院应予支持。

第二十七条 股权转让后尚未向公司登记机关办理变更登记,原股东将仍登记于其名下的股权转让、质押或者以其他方式处分,受让股东以其对于股权享有实际权利为由,请求认定处分股权行为无效的,人民法院可以参照民法典第三百一十一条的规定处理。

原股东处分股权造成受让股东损失,受让股东请求原股东承担赔偿责任、对于未及时办理变更登记有过错的董事、高级管理人员或者实际控制人承担相应责任的,人民法院应予支持;受让股东对于未及时办理变更登记也有过错的,可以适当减轻上述董事、高级管理人员或者实际控制人的责任。

第二十八条 冒用他人名义出资并将该他人作为股东在公司登记机关登记的，冒名登记行为人应当承担相应责任；公司、其他股东或者公司债权人以未履行出资义务为由，请求被冒名登记为股东的承担补足出资责任或者对公司债务不能清偿部分的赔偿责任的，人民法院不予支持。

（二）《公司法》与《公司法（修订草案）》对比

关于请求变更公司登记纠纷的规定，《公司法（修订草案）》对《公司法》的相关条文进行了修改，具体文字的修改内容如下表所示。

《公司法（修订草案）》的本次修订中，多处是对公司实务、司法实践有重要影响的实质性修改。例如，吸纳司法实践成果，增加规定公司拒绝或者不配合股权转让变更登记的，转让人、受让人可以依法向法院提起诉讼。具体修改内容及影响，笔者将在本章第六部分中详细阐述。

《公司法》	《公司法（修订草案）》
第七条　依法设立的公司，由公司登记机关发给公司营业执照。公司营业执照签发日期为公司成立日期。 公司营业执照应当载明公司的名称、住所、注册资本、经营范围、法定代表人姓名等事项。 公司营业执照记载的事项发生变更的，公司应当依法办理变更登记，由公司登记机关换发营业执照。	第二十七条　公司登记事项发生变更的，应当依法办理变更登记。 **公司登记事项未经登记或者未经变更登记，不得对抗善意相对人。** **第二十八条　公司申请变更登记，应当向公司登记机关提交公司法定代表人签署的变更登记申请书、依法作出的变更决议或者决定等文件。** **公司变更登记事项涉及修改公司章程的，应当提交修改后的公司章程。** **公司变更法定代表人的，变更登记申请书由变更后的法定代表人签署。** 第二十九条　公司营业执照记载的事项发生变更的，公司办理变更登记后，由公司登记机关换发营业执照。
	第三十五条　公司应当按照规定通过统一的企业信息公示系统公示下列事项： **（一）有限责任公司股东认缴和实缴的出资额、出资时间、出资方式，股份有限公司发起人认购的股份数；** **（二）有限责任公司股东股权转让等股权变更信息；** **（三）行政许可取得、变更、注销等信息；** **（四）法律、行政法规规定的其他信息。**

续表

《公司法》	《公司法(修订草案)》
第四十五条　董事任期由公司章程规定,但每届任期不得超过三年。董事任期届满,连选可以连任。 董事任期届满未及时改选,或者董事在任期内辞职导致董事会成员低于法定人数的,在改选出的董事就任前,原董事仍应当依照法律、行政法规和公司章程的规定,履行董事职务。	第六十五条　董事任期由公司章程规定,但每届任期不得超过三年。董事任期届满,连选可以连任。 董事任期届满未及时改选,或者董事在任期内辞职导致董事会成员低于法定人数的,在改选出的董事就任前,原董事仍应当依照法律、行政法规和公司章程的规定,履行董事职务。 **董事辞职的,应当以书面形式通知公司,公司收到通知之日辞职生效,但依照前款规定需要董事留任的除外。** **担任法定代表人的董事辞职的,视为同时辞去法定代表人。**
	第八十七条　股东转让其股权的,应当书面通知公司,请求变更股东名册并向公司登记机关办理变更登记,公司无正当理由不得拒绝。公司拒绝或者在合理期限内不予答复的,转让人、受让人可以依法向人民法院提起诉讼。

三、请求变更公司登记纠纷的地域管辖

《民事诉讼法》及《民诉法司法解释》关于请求变更公司登记纠纷的地域管辖的规定如下:

【法律规定】

《民事诉讼法》第二十七条　因公司设立、确认股东资格、分配利润、解散等纠纷提起的诉讼,由公司住所地人民法院管辖。

《民诉法司法解释》第二十二条　因股东名册记载、请求变更公司登记、股东知情权、公司决议、公司合并、公司分立、公司减资、公司增资等纠纷提起的诉讼,依照民事诉讼法第二十七条规定确定管辖。

根据前述规定,请求变更公司登记纠纷应由公司住所地人民法院管辖。

四、请求变更公司登记纠纷的诉讼时效

《诉讼时效司法解释》第1条规定:“当事人可以对债权请求权提出诉讼时效

抗辩,但对下列债权请求权提出诉讼时效抗辩的,人民法院不予支持:(一)支付存款本金及利息请求权;(二)兑付国债、金融债券以及向不特定对象发行的企业债券本息请求权;(三)基于投资关系产生的缴付出资请求权;(四)其他依法不适用诉讼时效规定的债权请求权。"

当事人可以对债权请求权提出诉讼时效抗辩,且诉讼时效一般只适用于债权请求权。而请求变更公司登记纠纷系指股东对于公司登记中记载的事项请求予以变更而产生的纠纷,其性质为基于股东身份关系产生的不具有财产给付内容的请求权,不适用诉讼时效的有关规定。公司应当变更登记而未变更的,当事人可随时向人民法院提起诉讼。

五、请求变更公司登记纠纷的当事人

【法律规定】

《公司法》第十三条 公司法定代表人依照公司章程的规定,由董事长、执行董事或者经理担任,并依法登记。公司法定代表人变更,应当办理变更登记。

《公司法司法解释(三)》第二十三条 当事人依法履行出资义务或者依法继受取得股权后,公司未根据公司法第三十一条、第三十二条的规定签发出资证明书、记载于股东名册并办理公司登记机关登记,当事人请求公司履行上述义务的,人民法院应予支持。

根据《民事诉讼法》第122条之规定,原告应是"与本案有直接利害关系的公民、法人和其他组织",在请求变更公司登记纠纷案由项下,"直接利害关系"人一般表现为股权转让中的受让股东、股权代持中的实际出资人、原任或新任法定代表人等。关于待变更登记的公司能否作为原告提起请求变更公司登记之诉在司法实践中存在争议。具体内容详见本章第六部分的争议焦点16。

根据《公司法司法解释(三)》第23条之规定,依法办理工商登记义务的主体为目标公司,以目标公司作为被告基本无争议。

关于其他相关主体(如股权转让人等)是否应当对公司办理变更登记承担协助义务,是否应作为此类纠纷的被告或者第三人参加诉讼在司法实践中存在争议。相关内容详见本章第六部分的相关争议焦点4、6、12。

六、请求变更公司登记纠纷的常见争议焦点

确定诉讼请求事项,是请求变更公司登记之诉的重要内容,在司法实践中,请

求变更公司登记纠纷的诉请事项一般包括:(1)请求变更公司股东登记;(2)请求变更公司法定代表人登记;(3)请求变更公司董事、高级管理人员登记等。有鉴于此,笔者根据司法实践中原告诉请的不同,将其分类呈现于本部分。

(一)与变更股东登记有关的争议

争议焦点1　标的股权已被质押,能否判令变更股东登记

裁判要点1 请求变更登记所对应股权存在质押,在取得质权人同意时,可以判令变更股东登记。

【裁判理由】【(2017)最高法民终870号】三亚三兴实业公司(以下简称三兴公司)、北京金源新盛置业有限公司股权转让纠纷二审案件,最高人民法院认为:

杰宝公司辩称,三兴公司的股权已经质押给他人,其要求办理股权过户手续的诉讼请求客观上无法实现,进而请求驳回三兴公司的该项诉讼请求,**这就涉及股权设定质押时能否办理股东变更登记的问题。对此,《公司登记管理条例》《物权法》均无明确的禁止性规定。参照《物权法》第226条第2款**[①]**有关"基金份额、股权出质后,不得转让,但经出质人与质权人协商同意的除外。出质人转让基金份额、股权所得的价款,应当向质权人提前清偿债务或者提存"的规定精神,在取得质权人同意的情况下,办理股权过户手续并无障碍**。退一步说,即便因为质权人不同意等原因客观上不能办理股权过户手续,也仅是一个履行不能的问题,并不影响杰宝公司履行股权过户义务的存在。

判决:**杰宝公司自本判决生效之日起10日内到工商登记机关办理变更登记手续,将北京金源新盛置业有限公司代三兴公司持有的30%股权过户到三兴公司名下**。

裁判要点2 请求变更登记所对应股权存在质押,可判令变更义务人在股权解押后进行变更股东登记。

【裁判理由】【(2018)豫0122民初1493号】王某胜与俞某宏请求变更公司登记纠纷案件,河南省中牟县人民法院认为:

2016年3月30日,原告王某胜与被告俞某宏签订的《股权证明协议》确认俞

① 对应《民法典》第443条第2款。

某宏代替王某胜持有天安置业公司10%的股权，该协议系原、被告双方真实意思表示，并未违背法律、行政法规的强制性规定，合法有效。根据《公司法司法解释（三）》第24条第3款的规定，实际出资人王某胜请求协助办理股东工商变更登记，须征得天安置业公司股东俞某宏、河南红达冠实业有限公司的半数以上同意，因河南红达冠实业有限公司的股东为俞某宏一人，根据俞某宏系河南红达冠实业有限公司一人股东的情况，俞某宏并未反对王某胜成为天安置业公司的股东。综上所述，**王某胜要求协助办理股权过户手续，于法有据，予以支持。但鉴于该代持股权已质押给案外人毛某新，在未取得质权人同意的情况下，办理股权过户手续存在障碍，导致原告的诉讼请求无法实现，因而客观上暂时不能得到支持，待质押权解除后，被告俞某宏、第三人天安置业公司应履行将股权过户至王某胜名下的义务。**

判决：被告俞某宏、第三人天安置业公司自被告俞某宏将质押给案外人毛某新的天安置业公司的股权解押后10日内，到工商登记机关办理变更登记手续，将俞某宏代持王某胜的天安置业公司的10%的股权过户到原告王某胜名下。

【笔者观点】笔者认为，在涉案股权存在质押时，法院可以结合案件实际情况判令变更公司股东登记。理由在于：根据《民法典》第443条第2款有关“基金份额、股权出质后，不得转让，但是出质人与质权人协商同意的除外”的规定，在取得质权人同意的情况下，办理股权过户手续并无障碍，人民法院自然可以判令公司办理股东变更登记。即使质权人不同意，也仅是一个履行不能的问题，不能直接否定原告请求变更公司登记的权利。此外，笔者也注意到，部分法院在判决中也作出了“待股权解押后”再办理公司变更登记的判项，以解决股权质押与变更登记之间的矛盾，笔者认为不失为一种矛盾解决路径。

争议焦点2　标的股权已被冻结，能否判令变更股东登记

裁判要点1 涉案股权被冻结的，因诉请变更股东登记的前提是该股权处于可变更状态，故应当驳回原告申请变更公司登记的诉讼请求。

【裁判理由1】【（2017）苏11民终2765号】陈某春与黄某、江苏丰瑞房地产开发有限公司请求变更公司登记纠纷二审案件，江苏省镇江市中级人民法院认为：

自然人起诉要求其他主体协助其办理股权工商变更登记，首先该股权应处于

可变更状态。但是,本案中,陈某春诉请变更登记的股权已被人民法院查封。另外,2016年11月,陈某春曾基于股权转让事由对浙江省温岭市人民法院(2014)台温执民字第2037号之一执行裁定及(2015)台温执民字第143号之一执行裁定提出执行异议,该异议已被浙江省温岭市人民法院裁定予以驳回。**故陈某春关于变更股权的诉讼请求,本院难以支持,维持驳回原告诉讼请求的一审判决。**

【裁判理由2】【(2015)鄂恩施民初字第01911号】唐某晴与恩施经济开发区鑫汇小额贷款有限责任公司请求变更公司登记纠纷案件,湖北省恩施市中级人民法院认为:

关于原告请求被告将其作为实际出资人(隐名股东)享有的恩施经济开发区鑫汇小额贷款有限责任公司10%股份记载于公司股东名册、公司章程,并办理工商变更登记的问题。现被告公司的股东一致同意原告变更公司登记的请求,本院予以确认。被告应当根据公司决议将原告作为实际出资人(隐名股东)享有的恩施经济开发区鑫汇小额贷款有限责任公司10%股份记载于公司股东名册、公司章程,并办理工商变更登记。**现因第三人代为原告在被告公司所持10%的股权已被湖北省当阳市人民法院于2015年6月9日予以冻结,根据《民诉法司法解释》第165条"人民法院裁定采取保全措施后,除作出保全裁定的人民法院自行解除或者其上级人民法院决定解除外,在保全期限内,任何单位不得解除保全措施"的规定,被冻结期间,非经人民法院通知,任何单位与个人均不得对被冻结财产予以处分。**此情形即属于《合同法》第110条第1项①规定的"法律上或者事实上不能履行"的情形。故该股权目前不能办理变更公司登记,原告只能待该股权被解除冻结后另行主张权利。

裁判要点 2 涉案股权被冻结的,因需要确权的财产被冻结,根据《最高人民法院关于人民法院立案、审判与执行工作协调运行的意见》的规定应当驳回起诉。

【裁判理由】【(2020)最高法民申5561号】新加坡佳资控股(私人)有限公司(以下简称佳资公司)与飞天大酒店有限公司(以下简称飞天大酒店)等请求变更公司登记纠纷再审案,最高人民法院认为:

佳资公司就案涉股权提起确权之诉,请求"确认佳资公司通过增资已经增持飞天大酒店17%的股权",而该诉争的飞天工贸公司持有的飞天大酒店40%比例

---

① 对应《民法典》第580条第1款第1项。

的股权已于2001年被甘肃省高级人民法院依法冻结。**《最高人民法院关于人民法院立案、审判与执行工作协调运行的意见》(法发〔2018〕9号)第8条规定:“审判部门在审理确权诉讼时,应当查询所要确权的财产权属状况。需要确权的财产已经被人民法院查封、扣押、冻结的,应当裁定驳回起诉,并告知当事人可以依照民事诉讼法第二百二十七条的规定主张权利。**”原裁定依据该规定,裁定驳回佳资公司的起诉,适用法律并无不当。

裁判要点 3 涉案股权被冻结的,原告要求变更公司登记的实质是请求确认股权归属,与其他法院在执行阶段采取的执行措施所依据的事实相冲突,当事人应当通过执行异议程序处理,故应当驳回起诉。

【裁判理由1】【(2015)二中民(商)终字第04588号】李某素等诉北京宝泰隆房地产开发有限公司(以下简称宝泰隆公司)公司登记纠纷案件,北京市第二中级人民法院认为:

本案中,李某素主张其已受让苗某玉享有的宝泰隆公司58%股权,进而请求将该股权变更登记至自己名下,该主张的实质是请求确认该股权归属于李某素,并办理变更登记。但根据已查明的事实,该股权已经被其他法院在执行阶段作为苗某玉的财产冻结。李某素的主张所依据的事实与其他法院在执行阶段采取的执行措施所依据的事实相冲突。**在其他法院已将该股权作为执行标的物强制执行过程中,李某素就该股权另行提起诉讼主张,不属于一审法院审理范围。**《民事诉讼法》第227条[①]规定:“执行过程中,案外人对执行标的提出书面异议的,人民法院应当自收到书面异议之日起十五日内审查,理由成立的,裁定中止对该标的的执行;理由不成立的,裁定驳回。案外人、当事人对裁定不服,认为原判决、裁定错误的,依照审判监督程序办理;与原判决、裁定无关的,可以自裁定送达之日起十五日内向人民法院提起诉讼。”据此,李某素可以依据该规定向相关法院主张权利,故一审法院裁定驳回李某素的起诉并无不当。

【裁判理由2】【(2013)西民初字第15721号】李某素诉宝泰隆公司公司登记纠纷案件,北京市西城区人民法院认为:

《最高人民法院关于依法制裁规避执行行为的若干意见》第9条规定:严格执行关于案外人异议之诉的管辖规定。在执行阶段,案外人对人民法院已经查封、

① 对应现行2021年《民事诉讼法》第234条。

扣押、冻结的财产提起异议之诉的，应当依照《民事诉讼法》(2007 年修正)第 204 条[1][《民事诉讼法》(2012 年修正)第 227 条]和《最高人民法院关于适用〈中华人民共和国民事诉讼法〉执行程序若干问题的解释》第 18 条[2]的规定，由执行法院受理。案外人违反上述管辖规定，向执行法院之外的其他法院起诉，其他法院已经受理尚未作出裁判的，应当中止审理或者撤销案件，并告知案外人向作出查封、扣押、冻结裁定的执行法院起诉。《最高人民法院关于适用〈中华人民共和国民事诉讼法〉执行程序若干问题的解释》第 18 条规定：案外人依照《民事诉讼法》第 204 条规定提起诉讼的，由执行法院管辖。本案根据查明的事实，原告李某素请求将现登记于苗某玉名下的宝泰隆公司 58% 的股权变更工商登记至自己名下，而**涉案登记于苗某玉名下的宝泰隆公司 58% 的股权已被其他人民法院查封、冻结，因此，李某素应向作出查封、冻结执行裁定的人民法院提起执行异议之诉。**

【笔者观点】对于当事人请求变更登记的股权已被人民法院冻结的，人民法院认定的理由虽然不尽相同，但处理方式主要包括两种：其一，驳回原告的诉讼请求；其二，驳回原告的起诉。

笔者赞同前述第二种处理方式，在案涉股权存在冻结时，法院如直接支持原告办理过户登记的诉讼请求，则该判决可能与案涉股权相关的其他案件存在冲突和矛盾，故此时应裁定驳回当事人的起诉。在此种情形下，当事人首先应当通过执行异议及执行异议之诉等程序主张权利，审明涉案股权权属。同时，这也提示当事人在提起请求变更股东登记之诉前，需要提前查询涉案股权的权属及冻结情况，避免起诉或者诉讼请求被驳回的风险。

争议焦点 3　未经股东资格确认，是否可以直接请求变更股东登记

裁判要点 股权转让人及受让人无须提起股权转让纠纷之诉及股东资格确认之诉，可直接提起请求变更公司登记之诉。

【裁判理由 1】【(2019)苏 01 民终 7546 号】上诉人南京虹吸工程技术有限公

---

① 对应现行 2021 年《民事诉讼法》第 234 条。

② 2020 年《最高人民法院关于适用〈中华人民共和国民事诉讼法〉执行程序若干问题的解释》中删除该条。

司(以下简称虹吸公司)与被上诉人田某明、王某、原审第三人陈某、刘某请求变更公司登记纠纷二审案件,江苏省南京市中级人民法院认为:

案涉《股权转让合同》的签约双方为田某明和王某,田某明作为原审原告,并未列王某为原审被告,说明其间就该合同的效力并无争议,故田某明没有必要提起合同有效确认之诉;虹吸公司并非该合同的签约方,而是争议股权的标的公司,故一审法院确立本案案由为股权转让纠纷不当。根据《公司法》第32条第3款的规定,公司应当将股东的姓名或者名称向公司登记机关登记;登记事项发生变更的,应当办理变更登记。**田某明作为原审原告,以虹吸公司为原审被告,陈某、刘某、王某为原审第三人提出本案诉讼,系以案涉《股权转让合同》为依据主张其业已受让王某所持有的虹吸公司26%股权,请求公司办理股东变更登记,第三人提供协助,依据当事人争议的民事法律关系,本院确定本案案由为请求变更公司登记纠纷。**

【裁判理由2】【(2021)沪0114民初15299号】刘某生与上海荷韵物业管理有限公司(以下简称荷韵公司)请求变更公司登记纠纷案件,上海市嘉定区人民法院认为:

黄某兴、黄某花与刘某生签订《股权转让协议》,刘某生支付了股权对价,双方股权转让行为合法有效,应当认定刘某生已成为被告荷韵公司的股东。被告荷韵公司作为工商变更的义务主体,有义务为刘某生办理股权转让后的工商变更登记手续。黄某兴、黄某花作为原股东,有义务配合刘某生办理股权转让后的工商变更登记手续。原告的诉讼请求,本院予以支持。

【笔者观点】在股权转让人、受让人对股权转让合同并无争议的情况下,允许其直接提起请求变更公司登记之诉是保护各方合法权益的应有之义。对此,山东省高级人民法院《关于审理公司纠纷案件若干问题的意见(试行)》(鲁高法发〔2007〕3号,实施日期:2007年1月15日)第54条明确规定:“股权转让后,公司拒不办理工商登记变更手续的,转让人或受让人有权提起诉讼,要求公司办理工商登记变更手续。”

《公司法(修订草案)》第87条也吸纳了该条规则,规定:“股东转让其股权的,应当书面通知公司,请求变更股东名册并向公司登记机关办理变更登记,公司无正当理由不得拒绝。公司拒绝或者在合理期限内不予答复的,转让人、受让人可以依法向人民法院提起诉讼。”

争议焦点4　股权转让人对变更公司登记是否负有协助义务

裁判要点1 变更公司登记系公司行为，义务主体为公司，股权转让人对受让人变更公司登记没有协助义务，应当驳回原告对股权转让人的诉讼请求。

【裁判理由1】【(2020)京04民初251号】梁某昌与新昌营造厂有限公司(以下简称新昌营造厂)等请求变更公司登记纠纷，北京市第四中级人民法院认为：

公司法定代表人应当依法进行登记。根据《公司法》以及《公司登记管理条例》之规定，**公司登记包括变更登记均系公司行为，登记义务主体是公司。作为请求变更公司登记纠纷，本案中梁某昌将新昌营造厂列为共同被告并提出诉讼请求，属于对法律的认识错误，新昌营造厂依法不属于本案适格被告。**

【裁判理由2】【(2014)东中法民二终字第45号】杨某等与邵某民等请求变更公司登记纠纷二审案件，广东省东莞市中级人民法院认为：

飞龙公司股权发生变更，飞龙公司应及时向公司登记机关申请变更登记。**据此，向公司登记机关申请变更登记的义务主体为飞龙公司，并非飞龙公司的股东，也并非案涉股权受让人或出让人。因此，原审法院对杨某诉求飞龙公司履行股权工商变更手续予以支持，对杨某诉求邵某民、何某江、李某履行办理股权工商变更手续不予支持，并无不当。**杨某就此提出的上诉意见，本院不予采纳。当然，在飞龙公司履行股权变更登记手续过程中，作为股权受让人邵某民，飞龙公司的股东李某、何某江，应该履行诚实信用的原则，履行相关的配合义务。飞龙公司上诉称，因公司股权变更登记手续欠缺就转让股权事宜发给其他股东的书面通知书，故造成无法办理股权转让工商变更登记手续的原因在于杨某。但如一审所述，上述书面通知书并不是办理公司股权变更登记所必需的，也可以通过其他方式如召开股东会对公司股权变更登记所欠缺的材料进行完善，因此飞龙公司诉称无法办理股权转让工商变更登记手续的原因在于杨某缺乏依据，本院不予支持。

裁判要点2 股权转让人对股权受让人有协助变更登记的义务，股权受让人可以将其作为共同被告提起请求变更公司登记之诉。

【裁判理由1】【(2020)黔03民终419号】周某熙、游某斌与贵州银龙建材有限责任公司(以下简称银龙建材公司)请求变更公司登记纠纷二审案件，贵州省遵义市中级人民法院认为：

双方两次经当地人民调解委员会调解,达成协议明确因周某熙已经无力归还游某斌欠款,由周某熙差欠游某斌的款作股份合伙共同生产,但并未约定作价为股份的比例。从周某熙诉讼主张及该协议来看,双方仅对周某熙差欠游某斌的股权转让款属于游某斌的股份无异议,因此双方对周某熙差欠游某斌的其他款项是否作为股份,并未形成合意。故周某熙现主张仅对已经支付的股权转让款要求确认股权比例应予支持。**周某熙尚欠游某斌股权转让款980,890元,折算游某斌持有股权比例应为19.62%(980,890元÷500万元),因周某熙100%受让全部股权,则银龙建材公司应将游某斌在登记机关登记的股权比例52.5%减去游某斌持有的19.62%即32.88%股权变更至周某熙名下。故应当由银龙建材公司及游某斌协助周某熙办理股权变更登记。**

该案中,游某斌系本案一审被告。贵州省遵义市中级人民法院二审判决:**由银龙建材公司、游某斌于本判决生效之日起30日内协助周某熙将登记在游某斌名下银龙建材公司32.88%股权变更登记到周某熙名下。**

【裁判理由2】【(2012)宝民二(商)初字第996号】李某诉上海甲商务咨询有限公司(以下简称甲公司)等登记纠纷案,上海市宝山区人民法院认为:

甲公司确认原告已经履行支付股权转让款的义务,而乙公司在2005年4月26日就确认了原告的股东身份,因此原告有权要求乙公司到工商部门变更股东登记,甲公司作为涉案股权出让方应协助办理相关手续。

该案中,甲公司为本案被告。判决:被告甲公司协助办理第一项股权变更登记手续。

裁判要点3 股权转让人依据诚实信用原则对股权受让人有协助变更登记的义务,股权受让人可以将其作为第三人提起变更公司登记之诉。

【裁判理由1】【(2020)云29民终357号】杨某全、大理市东海环保产业开发有限公司股权转让纠纷二审案件,云南省大理白族自治州中级人民法院认为:

在办理股权变更登记手续过程中,作为股权转让人的李某虎(原审第三人)、杨某桐(原审第三人)应该履行诚实信用的原则,履行相关的配合义务,故杨某全要求杨某桐、李某虎配合完成股权变更登记手续的诉讼请求应予支持,一审未在判项中列明,二审予以改判。

判决:被告大理市东海环保产业开发有限公司于本判决生效之日起10日内向公司登记机关申请将登记在杨某桐名下10.86%、登记在李某虎名下9.3%的大理市东海环保产业开发有限公司股权变更登记至原告杨某全名下，**李某虎、杨某桐应予以协助配合。**

【裁判理由2】【(2022)苏12民辖终37号】卫某武、朱某亮等请求变更公司登记纠纷案件，江苏省苏州市中级人民法院认为：

《公司法》第32条规定："……公司应当将股东的姓名或者名称向公司登记机关登记；登记事项发生变更的，应当办理变更登记……"本案中，向公司登记机关申请变更登记的义务主体为江苏嘉鸿同创置业有限公司，而非公司股东卫某武。**作为江苏嘉鸿同创置业有限公司股东的卫某武，仅有依诚实信用原则协助配合的义务，对争议的诉讼标的没有独立的请求权，其身份为无独立请求权的第三人。**根据《民诉法司法解释》第82条的规定，"在一审诉讼中，无独立请求权的第三人无权提出管辖异议……"据此，卫某武作为本案无独立请求权的第三人，无权针对本案管辖权提出异议。

【裁判理由3】【(2021)粤0391民初4268号】魏某豪、深圳中旅大华汽车运输企业有限公司等请求变更公司登记纠纷案件，广东省深圳前海合作区人民法院认为：

第三人巫某维与原告之间的股权转让合同合法有效，且经过其他股东同意，双方亦办理了股权交割手续。被告深圳中旅大华汽车运输企业有限公司应办理上述股权变更登记手续，第三人巫某维应予以配合。

判决：被告深圳中旅大华汽车运输企业有限公司应于本判决生效之日起30日内办理第三人巫某维持有的深圳中旅大华汽车运输企业有限公司51%股权变更登记至原告魏某豪名下的变更登记手续，第三人巫某维应予以配合和协助。

【笔者观点】公司作为变更工商登记的义务主体，将其作为请求变更公司登记之诉的被告在司法实践中没有争议，争议在于股权受让人能否将股权转让人作为共同被告或申请追加其为第三人提起诉讼，要求股权转让人履行协助变更登记的义务。

从笔者检索到的案例来看，多数法院认可股权转让人依据诚实信用原则具有协助变更登记的义务，支持了原告要求股权转让人协助办理变更登记的诉讼请求。在上述案例中，又有多数案例将股权转让人作为案件第三人作出裁判，少数案件是将其与公司作为共同被告，判令其承担变更公司登记的协助义务。

该问题的实质涉及第三人协助办理公司变更登记的义务来源、第三人承担民事责任等多个方面，目前司法实践中均有较大争议，目前尚无定论。《江苏省高级人民法院关于审理适用公司法案件若干问题的意见（试行）》（苏高法审委〔2003〕2号，实施日期：2003年6月13日，已失效）第7条认为，“公司不及时变更股东名册和到工商行政管理部门进行变更登记的，股权转让方和受让方均可以公司为被告提起办理转让手续请求之诉。转让合同中约定转让方有协助义务而转让方不予协助的，受让方可以将转让方和公司作为共同被告。”

从实践角度出发，笔者认为：当事人在提起此类诉讼时，可将公司列为被告，如要求股权转让人/受让人承担协助义务的，将其列为被告或者第三人实质效果差别不大。如受理法院经审理认为，股权转让人/受让人需承担协助义务的，因我国民事诉讼法制度允许第三人承担民事责任，无论其作为被告还是第三人，均不妨碍法院判令其承担相应协助义务；受理法院经受理认为，股权转让人/受让人无须承担协助义务的，则将其列为被告或者第三人亦无实质区别。

争议焦点5　实际出资人能否依据代持协议直接请求变更公司登记

实际出资人能否依据代持协议请求变更股东登记，即“隐名股东显名化”的实现问题。为实现该商业目的，有的实际出资人选择提起股东资格确认之诉，有的实际出资人则选择直接提起请求变更公司登记之诉，还有的实际出资人选择在同一个诉讼中同时提出股东资格确认和变更股东登记两种诉请。

无论诉讼路径如何选择，实际出资人能否实现“显名”的核心问题还是在于其是否符合《公司法司法解释（三）》第24条第3款和《九民纪要》第28条之规定的显名化条件。关于“显名化”的条件及认定已在本书第二章“股东资格确认纠纷”有详细论述，本章仅讨论实际出资人能否依据代持协议直接诉请变更股东登记。

裁判要点1 实际出资人无须提起股东资格确认之诉，可直接提起请求变更公司登记纠纷之诉。

【裁判理由】【（2021）豫民申8113号】王某东、钞某等请求变更公司登记纠纷再审案件，河南省高级人民法院认为：

钞某的诉讼请求是判令锦和公司、豪迈鼎中公司及王某东协助办理股权变更登记。该诉请的主要依据是钞某与王某东于2020年6月12日签订的《股权代持协议》,以及豪迈鼎中公司和住房担保公司向钞某出具的加盖公司印章的回复……因此,**二审法院综合全案事实,结合《股权代持协议》内容、两份回复、钞某向王某东发送的解除代持通知及王某东的微信回复等证据,改判支持钞某请求锦和公司、豪迈鼎中公司及王某东协助办理股权变更登记的请求,认定事实及适用法律并无不当。**

裁判要点 2 实际出资人依据代持协议要求公司变更登记,可同时提起确认股东资格之诉和请求变更公司登记之诉。

【裁判理由】【(2021)京民申6787号】朱某刚等股东资格确认纠纷二审案件,北京市高级人民法院认为:

广顺公司主张朱某刚持有的北广公司股权系代其持有,涉及隐名股东与名义股东之间的股东资格的确认。同时,广顺公司还请求朱某刚协助将股份变更登记在其名下,涉及变更公司事项。广顺公司的上述请求涉及股东资格确认纠纷和请求变更公司登记纠纷两个法律关系。同一诉讼中涉及两个以上法律关系的,应当依照当事人诉争的法律关系的性质确定案由,均为诉争法律关系的,则按诉争的两个以上法律关系确定并列的两个案由。故一审法院将本案的案由定为股东资格确认纠纷、请求变更公司登记纠纷是正确的。

尽管北广公司提交了浙江省杭州市中级人民法院(2009)浙杭民执字第358号执行裁定书及协助执行通知书、(2010)浙杭执异字第2号及(2009)浙杭民执字第358-1号执行裁定书等,用以证明北广公司85%股权确系王某、杜某义、王某文所有,但根据2009年8月12日中国住房投资建设公司下发的通知,朱某刚被聘为广顺公司的总经理、法定代表人,而(2010)浙杭执异字第2号及(2009)浙杭民执字第358-1号执行裁定书系在之后作出,广顺公司亦称当时其关于不享有85%股权所有权的陈述并非其真实意思表示。而且,朱某刚于2011年11月3日主持召开广顺公司总经理办公会形成的《会议纪要》《关于代持北京中广房地产有限公司85%股权的情况说明》及杜某义、王某出具的证人证言等均发生在上述裁定作出之后,且裁定本身并非针对股权确认之诉而作出。因此,**上述事实不足以推翻原王某、杜某义、王某文名下的85%股权为朱某刚代广顺公司持有的结论。**后朱某刚向北京市高级人民法院提起再审申请被驳回。

【笔者观点】实际出资人为实现显名目的,在诉讼策略上可以选择提起请求变更公司登记之诉和确认股东资格之诉,在司法实践中已基本没有争议。

争议焦点6　实际出资人诉请“显名”,其他股东的诉讼主体地位问题

裁判要点 1 显名股东(而非公司)可以作为请求变更公司登记之诉的被告。

【裁判理由】【(2018)豫0122民初1493号】王某胜与俞某宏请求变更公司登记纠纷案件,河南省中牟县人民法院认为:

该案中诉讼当事人主体地位为:原告王某胜(实际出资人)、被告俞某宏(显名股东)、第三人天安置业公司(请求变更登记的公司)。被告俞某宏未答辩,亦未提交证据。第三人天安置业公司未答辩,亦未提交证据。

判决:俞某宏、第三人天安置业公司自被告俞某宏将质押给案外人毛某新的天安置业公司的股权解押后10日内,到工商登记机关办理变更登记手续,将俞某宏代持王某胜的天安置业公司的10%的股权过户到原告王某胜名下。

裁判要点 2 显名股东在公司变更登记过程中负有协助义务,其诉讼主体地位应与公司作为共同被告。

【裁判理由】【(2021)苏06民终2425号】海安县宏源休闲中心有限公司(以下简称宏源公司)、王某楼等股东资格确认纠纷二审案件,江苏省南通市中级人民法院认为:

本案中原告为王某楼(实际出资人),被告为宏源公司(目标公司)、韩某稳(显名股东)。

一审海安市人民法院认为:王某楼(实际出资人)、韩某稳(显名股东)、吉某明(其他股东)签订的代持股协议书,以及韩某稳、吉某明向王某楼出具的声明,均是王某楼、韩某稳、吉某明之间的相关约定,只在王某楼、韩某稳、吉某明之间产生相关的法律效力,对其他人不产生相应的法律效力,不足以否定宏源公司的工商档案的相关登记内容。所以,按照工商登记档案的记载,目前宏源公司股东是韩某稳和吉某明。股权转让人韩某稳、股权受让人王某楼于2020年8月4日签订了股权转让协议,该协议中约定了韩某稳将其持有的宏源公司的6万元股权转让给王某楼,吉某明也当庭表示对韩某稳将代持股权返还给王某楼没有异议,**可见2020年8月4日股权转让协议,没有违反法律或行政法规的强制性规定,应当合法有效,故王某楼有权要求宏源公司办理上述股东变更登记手续,王某楼有权要求韩某稳承担上述股东变更登记的协助义务,一审法院予以支持。宏源公司辩称**

其作为被告主体不适格，一审法院不予采信。韩某稳辩称其作为被告主体不适格，因为韩某稳应当承担上述股东变更登记的协助义务，所以王某楼将韩某稳列为本案的被告主体，并无不当。

裁判要点 3 显名股东在公司变更登记过程中负有协助义务，其诉讼主体地位应为第三人。

【裁判理由】【(2020)鲁0104民初760号】济南美里湖物业科技有限公司(以下简称美里湖公司)与济南市槐荫区信合小额贷款有限公司(以下简称信合小额贷款公司)请求变更公司登记纠纷案件，山东省济南市槐荫区人民法院认为：

美里湖公司委托第三人光明化工厂代持其在信合小额贷款公司的股权，并签订协议书，其代持协议有效。美里湖公司应为信合小额贷款公司实际出资人。信合小额贷款公司认可并同意光明化工厂持有的股权是代美里湖公司持有。现美里湖公司请求显名登记，符合法律规定，应予支持。美里湖公司要求判令信合小额贷款公司在判决生效之日起10日内变更工商登记，将光明化工厂持有被告5%的股权变更至美里湖公司名下，同时要求判令光明化工厂履行协助变更工商登记义务，符合合同约定，不违反法律法规规定，本院予以支持。

判决：被告信合小额贷款公司在判决生效之日起10日内变更工商登记，将第三人光明化工厂持有的信合小额贷款公司5%的股权变更至原告美里湖公司名下；第三人光明化工厂(显名股东)在将其所持有的信合小额贷款公司5%的股权变更至原告美里湖公司名下的过程中履行协助义务。

裁判要点 4 实际出资人显名应征得公司其他股东半数以上同意，故法院应当追加公司其他股东参加诉讼，否则属于遗漏案件当事人，程序违法。

【裁判理由】【(2020)黔03民终3320号】贵州利和国泰酒业销售有限公司、贵州利和酒业有限公司请求变更公司登记纠纷二审案件，贵州省遵义市中级人民法院认为：

根据《公司法司法解释(三)》第25条第3款“实际出资人未经公司其他股东半数以上同意，请求公司变更股东、签发出资证明书、记载于股东名册、记载于公司章程并办理公司登记机关登记的，人民法院不予支持”之规定，本案中，贵州利和国泰酒业销售有限公司要求变更登记为贵州利和酒业有限公司的名义股东，需要征求贵州利和酒业有限公司的其他股东的意见，故一审法院应当追加贵州利和酒业有限公司的其他股东为本案当事人而未追加，遗漏当事人，程序违法。依照

《民事诉讼法》第170条第1款第4项[①]之规定，裁定如下：(1)撤销贵州省遵义市播州区人民法院(2019)黔0321民初7296号民事判决；(2)本案发回贵州省遵义市播州区人民法院重审。

裁判要点5 隐名股东诉请变更股东登记的，需查明其是否已征得公司其他股东半数以上同意，但其他股东无须作为案件当事人参与诉讼。

【裁判理由】【(2021)湘0223民初8028号】周某华、阳某娇等请求变更公司登记纠纷案件，湖南省攸县人民法院认为：

原告周某华、阳某娇与被告皮某昌、阳某霞签订《股份代持协议书》，约定由原告方向被告良源公司出资50万元，占公司10%的股份，该10%股份由被告皮某昌、阳某霞代持。该约定系双方当事人真实意思表示，内容不违反法律、法规的强制性规定，合法有效。原告方向被告良源公司履行了实际出资义务即缴纳出资款50万元，其系案涉股权的实际所有人。被告良源公司辩称其对该笔款项不知情，但两份收据均加盖了被告良源公司公章，故本院对被告公司该辩解意见，不予采纳。**皮某昌、胡某作为被告公司股东均在《股份代持协议书》上签名，可以认定二人均知晓原告方系隐名股东，知道其实际出资的事实。原告阳某娇作为实际出资人参加被告公司股东会议系实际行使股东权利，但皮某昌、胡某、刘某生均未提出异议，根据《公司法司法解释(三)》第24条第3款及《九民纪要》第28条之规定，本院对原告阳某娇要求登记为被告良源公司股东的诉讼请求，予以支持。**

【笔者观点】在实际出资人诉请“显名”并办理变更登记案件中显名股东的诉讼主体地位问题，笔者认为，与前述争议焦点4的分析一致，其核心问题并非诉讼主体地位问题，而是人民法院认为显名股东是否负有协助办理变更登记的义务。故从实践角度出发，当事人无须在此问题上过于纠结。

至于此类案件中其他股东是否应作为必要共同诉讼参加人问题，笔者认为，在此类案件中，实际出资人的“显名”是否取得了其他股东过半数同意属于必须查清的基本事实，故将其列为诉讼当事人并参与案件审理存在一定的合理性。当然，在已有充分证据证明实际出资人已经取得了其他股东过半数同意/反对的情况下，亦不必然需要将其他股东列为诉讼当事人。

---

① 对应现行2021年《民事诉讼法》第177条第1款第4项。

争议焦点7　被冒名股东诉请变更公司登记，人民法院应否受理和支持

因工商登记机关对于公司登记一般采取形式审查标准，且行为人违法成本不高、诚信经营理念缺失等原因，在实践中经常出现当事人在不知情的情况下莫名成为公司股东的情况。被冒名的形式也多种多样，有持他人遗失身份证开设公司的，也有伪造他人签字，制作虚假股权转让协议、股东会决议文件等。此类案件中既有普通的民事冒名侵权行为，也有工商登记等行政行为，部分案件还存在私刻印章等刑事犯罪行为。

对被冒名股东而言，请求变更公司股东登记是被冒名股东避免承担可能的出资义务及民事责任的重要救济路径之一。被冒名股东在请求变更公司登记诉讼中可能面临的障碍在于：(1)在该案中能否认定原告被冒名登记为股东的事实（该部分内容详见本书第二章“股东资格确认纠纷”）；(2)此类纠纷是否属于人民法院的受理范围；(3)能否涤除被冒名股东的股东登记。

裁判要点1 公司股东登记信息具有较强的公示力，否定当事人的股东资格，涉及诸多权利主体的权利保护问题，不宜以司法裁判方式直接予以认定，被冒名登记股东可以向登记机关申请撤销，其起诉应予驳回。

【裁判理由】【(2019)津03民终2162号】张某、天津平昊科技有限公司请求变更公司登记纠纷二审纠纷案件，天津市第三中级人民法院认为：

当事人向人民法院起诉请求确认其股东资格的，应当以公司为被告，与案件争议股权有利害关系的人作为第三人参加诉讼。**当事人请求确认其股东资格，应当是当事人积极地向人民法院提起诉讼，请求确认其股东身份，而非请求人民法院确认其非公司股东。且工商行政管理机关登记的公司股东信息具有较强的公示力，否定当事人的股东资格，涉及与公司有关的诸多权利主体的权利保护问题，不宜以司法裁判方式直接予以认定。**上诉人认为其被冒名进行公司登记的，可以向登记机关申请撤销。因此，一审裁定并无不妥，本院予以维持。

裁判要点2 公司后续股东变更登记时存在冒名情形，能够认定冒名事实存在的，应当判令撤销关于原告的股东身份登记。

【裁判理由】【(2017)鲁0782民初5460号】王某军与诸城市嘉会爱民商贸有限公司、逄某相请求变更公司登记纠纷案件，山东省诸城市人民法院认为：

被告诸城市嘉会爱民商贸有限公司变更公司登记事项，将原告王某军作为该公司的法定代表人及股东，但原告主张对此并不知情，**且经鉴定，诸城市嘉会爱民商贸有限公司向工商登记部门提交的公司变更登记材料中的“王某军”签名均非其本人所签，故该公司冒用原告名义将其登记为诸城市嘉会爱民商贸有限公司股东、法定代表人的行为无效。被告诸城市嘉会爱民商贸有限公司应在本判决生效后15日内到诸城市工商局申请撤销关于原告的股东及法定代表人身份信息登记。**

裁判要点3 公司股东等事项是基于相应公司决议而所涉及的变更情形，公司初次设立登记时股东被冒名登记的，如撤销股东登记会导致公司组织结构不符合法律规定和开业登记条件，应当驳回其诉讼请求。

【裁判理由】【(2021)京0105民初77500号】王某现与北京祎达盛旺物资有限公司(以下简称祎达公司)请求变更公司登记纠纷案件，北京市朝阳区人民法院认为：

王某现为祎达公司设立时的股东、执行董事、经理、法定代表人，如果撤销王某现的执行董事、法定代表人、经理职务，会导致祎达公司的组织结构不符合法律规定，不符合开业登记条件。如果王某现认为其身份被冒名登记，应向公司登记部门申请撤销祎达公司开业设立登记。民事案件中，公司股东、法定代表人等事项是基于相应公司决议而所涉及的变更情形，王某现要求撤销的诉讼请求不符合法律规定，其诉讼请求不予支持。故判令驳回原告的诉讼请求。

【笔者观点】笔者认为，被冒名股东为涤除股东登记的救济路径，广义上可分为民事路径及行政/行政诉讼路径。就民事路径而言，被冒名股东可向公司所在地人民法院提起请求变更公司登记之诉，请求撤销自身的股东登记；就行政路径而言，被冒名股东可以依据《市场主体登记管理条例》第40条、《关于审理公司登记行政案件若干问题的座谈会纪要》第1条等规定向登记机关申请撤销被冒名的登记行为，或者提起相应的行政诉讼。

在被冒名股东请求变更公司登记时，司法实践中可能面临法院以可以“被冒名登记股东可以向登记机关申请撤销”或者基于公司治理结构稳定性的考虑而驳回当事人的起诉或者诉讼请求的情况。此时，当事人则需进一步考虑结合行政、刑事等路径维护自身合法权益。

争议焦点8　股东被除名，其他股东是否可以直接诉请变更公司登记

裁判要点 1　公司作出除名决议合法有效的，应当判令被除名股东及公司协助办理变更公司登记。不以公司已经履行减资程序或者第三人缴纳相应出资为前提，可在判决中予以释明。

【裁判理由】【（2018）鲁0829民初610号】嘉祥凤凰城置业有限公司（原嘉祥凤凰城有限公司）与山东天下吉祥华铁旅游文化有限公司（以下简称天下吉祥公司）请求变更公司登记纠纷，山东省嘉祥县人民法院认为：

股东除名权的目的，在于以剥夺股东资格的方式，惩罚不诚信股东，维护公司和其他股东的利益。本案中，华铁公司在天下吉祥公司章程中约定的出资时间内没有履行出资义务，到期后天下吉祥公司进行了催告，并给华铁公司留出了合理的履行期限，到期未果后股东会决议前天下吉祥公司又履行了通知义务，华铁公司也参加了股东会，已尽到了对拟被除名股东权利的保护。因此，天下吉祥公司以股东会决议形式解除华铁公司股东资格的核心要件均已具备，天下吉祥公司于2018年1月9日作出的除名决议应属有效。**此外需要说明的是，华铁公司股东资格被解除后，天下吉祥公司应当及时办理法定减资程序或者由嘉祥凤凰城置业有限公司或者第三人缴纳相应的出资。**

判决：（1）确认天下吉祥公司于2018年1月9日作出的股东会决议有效。**（2）被告天下吉祥公司、第三人华铁公司于本判决生效后10日内协助办理工商变更登记手续。**

裁判要点 2　公司作出除名决议，但该决议中未对被除名股东所涉及的股份作出减资或者由他人代为出资的决议，变更公司登记的条件尚未成就，应当驳回原告的诉讼请求。

【裁判理由1】【（2019）豫0191民初2796号】深圳市中裕冠控股集团有限公司（以下简称深圳中裕冠公司）与河南汇聚联盟企业管理有限公司、王某胜请求变更公司登记纠纷，河南省郑州高新技术产业开发区人民法院认为：

原告深圳中裕冠公司依据2018年11月7日的股东会决议，诉请判令第三人河南中裕冠公司及被告河南汇聚联盟企业管理有限公司、被告王某胜协助办理公司股东除名、法定代表人、执行董事及监事的变更登记事宜，**但在该决议中未对被**

除名股东所涉及的股份作出减资或由其他股东、第三人对该股份承受的决议。另外，法定代表人、执行董事及监事的变更涉及案外人刘某、董某辉，而案外人均未参加本案诉讼，**故本院认为，原告主张变更公司登记的条件目前尚未成就，其该项诉请缺乏事实依据，本院不予支持。判决：驳回原告深圳中裕冠公司的诉讼请求。**

【裁判理由2】【（2015）濉民一初字第00035号】淮北科华汽车改装有限公司（以下简称科华公司）与李某秋请求变更公司登记纠纷案，安徽省濉溪县人民法院认为：

李某秋提出："科华公司没有通知其参加股东会会议，也没有看到报纸公告。"对此，《科华公司章程》第27条规定："召开股东会会议，应于会议召开十五日前通知全体股东。"科华公司于2014年12月9日召开取消李某秋股东资格的股东会之前，仅于2014年9月20日通过报纸对李某秋进行公告通知，且未提供证据证明无法直接通知李某秋参加会议。股东会会议通知是股东得以参加股东会并行使其法定权利的前提，且股东会决议的内容是取消股东资格，应属公司管理重大事项。对已知名址的股东而言，若仅以公告通知方式通知，股东未看到公告可能是主观因素以外的原因造成，股东的利益可能受到损害，科华公司直接以报纸公告通知的方式通知欠妥。

另外，科华公司的诉讼请求为判令李某秋到濉溪县市场监督管理局履行取消李某秋股东资格的变更手续，科华公司在未向法院请求确认关于取消李某秋股东资格的股东会决议是否有效，**公司未依法办理减少注册资本或向股东、第三人转让李某秋所持股权份额前，直接请求法院判令李某秋到濉溪县市场监督管理局履行取消李某秋股东资格的变更手续。科华公司在诉讼请求中亦未说明李某秋在办理取消其股东资格的变更手续时所持股份如何处理，变更登记无法完成。**

【笔者观点】笔者认为，在当事人依据除名决议诉请变更公司登记的，人民法院经审理后认为公司决议有效的，还应当满足公司已经履行减资程序或者已由第三人缴纳出资这一条件。在公司未履行减资程序，也未由第三人缴纳出资的情况下，不应判令公司变更登记，否则将造成公司注册资本与股东承担出资义务金额之间的冲突和矛盾。而且，公司是否满足减资程序的条件、是否由第三人缴纳相应出资、上述程序所需的具体时间等方面均面临较大的不确定性，直接判令公司变更登记将可能造成公司登记存在遗留瑕疵。

（二）与变更法定代表人登记有关的争议

争议焦点9　变更公司法定代表人登记是否属于人民法院的受案范围

裁判要点1 只有法律有明文规定的情况下人民法院才受理涉公司登记事项的民事案件，原告诉请变更公司法定代表人登记因无法律特别规定，不属于人民法院的民事案件受理范围。

【裁判理由1】【（2019）沪02民终886号】上海志乐科技开发有限公司（以下简称志乐公司）与陈某金请求变更公司登记纠纷二审纠纷案件，上海市第二中级人民法院认为：

根据《公司登记管理条例》的规定，有限责任公司和股份有限公司设立、变更、终止，应当依照本条例办理公司登记；工商行政管理机关（现为市场监督管理局）是公司登记机关；公司变更登记事项，应当向原公司登记机关申请变更登记。因此，公司申请变更登记事项属于行政机关的行政管理范畴。除非是在法律有明文规定时，人民法院才受理涉公司登记事项的民事案件。**现陈某金向法院起诉要求变更志乐公司法定代表人、执行董事的登记，因无法律特别规定，故该变更登记事项不属于人民法院的民事案件受理范围。**陈某金可依据志乐公司的有效决议向相应的市场监督管理局提出变更登记申请。一审法院受理本案不当，本院予以纠正。二审裁定驳回陈某金的起诉。

【裁判理由2】【（2019）沪02民终4957号】韩某波、梁某文请求变更公司登记纠纷二审案件，上海市第二中级人民法院认为：

本案系请求变更公司登记纠纷，是指股东转让股权的情形，当股东变更时，应当变更登记，变更登记义务人应当协助变更登记。本案上诉人原审诉请涉及的变更登记事项，不属于该类纠纷，不属于民事诉讼受案范围，故原审法院裁定对上诉人的起诉不予受理并无不当。

裁判要点2 当事人诉请变更公司法定代表人登记属于人民法院的受案范围。

【裁判理由1】【（2020）最高法民再88号】王某廷请求变更公司登记纠纷再审案件，最高人民法院认为：

关于王某廷提出的判令赛瑞公司、曹某刚办理变更公司法定代表人工商登记的诉讼请求应否受理的问题。王某廷该项诉讼请求系基于其已离职之事实,请求终止其与赛瑞公司之间法定代表人的委任关系并办理法定代表人变更登记,该纠纷属平等主体之间的民事争议。**根据王某廷所称其自2011年5月30日即已从赛瑞公司离职,至今已近9年,足见赛瑞公司并无自行办理法定代表人变更登记的意愿。因王某廷并非赛瑞公司股东,其亦无法通过召集股东会等公司自治途径,就法定代表人的变更事项进行协商后作出决议。若人民法院不予受理王某廷的起诉,则王某廷因此所承受的法律风险将持续存在,而无任何救济途径。故本院认为,王某廷对赛瑞公司办理法定代表人变更登记的诉讼请求具有诉的利益,该纠纷系平等主体之间的民事争议,属于人民法院受理民事诉讼的范围。一、二审法院裁定不予受理王某廷该项诉讼请求,适用法律错误,本院予以纠正。**

【裁判理由2】【(2020)赣民再73号】余某水、江西联合园林建筑工程有限公司(以下简称联合园林公司)请求变更公司登记纠纷再审案件,江西省高级人民法院认为:

余某水的起诉属于人民法院受理民事诉讼的范围。首先,根据《民诉法司法解释》第22条"因股东名册记载、请求变更公司登记、股东知情权、公司决议、公司合并、公司分立、公司减资、公司增资等纠纷提起的诉讼,依照民事诉讼法第二十六条规定确定管辖",结合《公司登记管理条例》第9条①"公司的登记事项包括:(一)名称;(二)住所;(三)法定代表人姓名;(四)注册资本;(五)公司类型;(六)经营范围;(七)营业期限;(八)有限责任公司股东或者股份有限公司发起人的姓名或者名称"规定,可以认定有关法定代表人姓名变更登记事项属于《民事案件案由规定》规定的"请求变更公司登记纠纷"范畴。

其次,余某水关于请求变更公司法定代表人的诉讼请求系在联合园林公司已经作出相应股东会决议基础上提起,并非未经过公司内部治理而直接诉请法院。

最后,根据《公司登记管理条例》第30条②"公司变更法定代表人的,应当自变更决议或者决定作出之日起30日内申请变更登记"以及《企业法人法定代表人登记管理规定》第6条"企业法人申请办理法定代表人变更登记,应当向原企业登记机关提交下列文件:(一)对企业原法定代表人的免职文件;(二)对企业新任法

---

① 对应《市场主体登记管理条例》第8条。
② 对应《市场主体登记管理条例》第24条。

定代表人的任职文件;(三)由原法定代表人或者拟任法定代表人签署的变更登记申请书”的规定,公司在作出法定代表人变更决议后,应向工商管理部门办理变更登记。办理工商变更登记的主要作用在于使公司决议对外产生公信力,逾期未办理,不影响决议的效力,亦不产生消灭权利人诉权的法律后果。**本案中,联合园林公司本应在决议作出之日起30日内申请公司法定代表人变更登记,原法定代表人胡某勇已故,胡某华作为公司公章的实际管理人也应予以协助配合,但联合园林公司逾期未办理,导致公司的法定代表人名称未变更,致使公司新的法定代表人对外不能产生公信力。在公司未履行办理法定代表人变更登记义务的情况下,余某水作为公司股东会决议确定的新的法定代表人,有权通过诉讼救济的途径提起请求变更公司登记诉讼。**

【笔者观点】当事人诉请变更公司法定代表人登记是否属于人民法院的受案范围,或者是否应当适用“请求变更公司登记纠纷”这一案由目前在司法实践中有较大争议。例如,《最高人民法院民事案件案由适用要点与请求权规范指引》(第2版)一书将请求变更公司登记纠纷定义为“股东对于公司登记中记载的事项请求予以变更而产生的纠纷”,即对股东转让股权或者发生其他应当变更股东姓名或名称及其出资额时,公司未按照《公司法》的规定及时向登记机关申请变更登记的情景,从而将当事人诉请变更公司法定代表人登记等情形排除在受案范围之外。

笔者认为,当事人请求变更公司法定代表人登记的,应当属于请求变更公司登记纠纷的受案范围。其原因是,实践中经常存在公司怠于办理法定代表人变更登记的情况,导致此前已被登记为法定代表人的当事人不得不继续承担相应责任和风险,特别是在公司成为失信被执行人的情形下,法定代表人可能被采取限制高消费措施,影响其正常生活。此时,此类当事人的权益因公司怠于变更登记而受到损害,应当赋予其依法维权和救济的路径,这与请求变更公司登记纠纷规制公司怠于变更登记不作为侵权行为的立法本意也是一致的。

争议焦点10 变更公司法定代表人登记是否以公司作出决议为前提

裁判要点1 公司未就变更法定代表人事宜形成决议,人民法院不应通过国家强制力直接干预,应当驳回当事人的起诉。

【裁判理由1】【(2020)沪01民终3213号】孟某锋与上海良森生物科技有限公司(以下简称良森公司)等请求变更公司登记纠纷二审案件,上海市第一中级人民法院认为:

孟某锋起诉至法院,请求判令良森公司向上海市奉贤区市场监督管理局涤除孟某锋作为良森公司法定代表人及执行董事的登记事项;判令三箭公司在上述变更登记过程中履行协助配合义务。**因良森公司尚未就公司法定代表人及执行董事变更事项形成公司决议,孟某锋提起本案诉讼不符合起诉条件,原审法院裁定驳回起诉,并无不妥。**

【裁判理由2】【(2020)苏13民终435号】司某民与宿迁市盛大信用担保有限公司(以下简称盛大公司)请求变更公司登记纠纷二审案件,江苏省宿迁市中级人民法院认为:

所谓具体的诉讼请求,即在人民法院判决后如果被告拒绝履行,人民法院可以通过执行程序强制其履行。本案中,司某民主张盛大公司办理法定代表人变更登记手续,但未明确变更后的替代主体。根据《公司法》第13条的规定,公司法定代表人依照公司章程的规定,由董事长、执行董事或者经理担任,并依法登记。公司法定代表人变更,应当办理变更登记。**法定代表人的任免源于公司章程的规定,公司法定代表人的变更,一般通过股东会、股东大会或者董事会决议确定,属公司自治的内容,产生新的法定代表人后,应当由公司持相关手续材料向公司注册登记机关申请办理变更登记。故如果没有股东就股东会、股东大会或者董事会决议提出异议之诉,人民法院则不应通过国家强制力直接干预公司自治范畴内的事务。**在本案中,司某民未明确法定代表人变更后的替代主体,仅要求涤除其作为盛大公司法定代表人的登记事项,且在人民法院不能强制盛大公司选任法定代表人的情况下可能造成盛大公司法定登记事项的空缺。**故司某民的诉讼请求不明确,其提起本案诉讼不符合起诉条件,依法应予驳回。**

裁判要点2 公司未就变更法定代表人事宜形成决议,公司不具备办理变更登记的条件,应判决驳回当事人的诉讼请求。

【裁判理由1】【(2020)湘03民终900号】何某彦、湖南肯迪动漫文化有限公司(以下简称肯迪动漫公司)请求变更公司登记纠纷二审案件,湖南省湘潭市中级人民法院认为:

本案争议的焦点主要是:肯迪动漫公司是否应涤除何某彦担任法定代表人的

职务并办理相应的变更登记手续。根据《公司法》第30条的规定，公司法定代表人变更，应当办理变更登记，公司为变更登记的法定义务履行主体；根据《公司登记管理条例》第30条①的规定，公司变更法定代表人的，应当自变更决议或者决定作出之日起30日内申请变更登记。**何某彦未能提交肯迪动漫公司同意其辞去法定代表人的相应证据，肯迪动漫公司也未曾就何某彦辞去法定代表人的事宜召开股东会并形成股东会决议。因此，本案尚不具备办理公司变更登记的条件，本院对何某彦提出的上诉请求不予支持，应予驳回。一审判决认定事实清楚，适用法律正确，应予维持。**

【裁判理由2】【(2016)京0108民初18832号】崔某明诉北京盛世久天投资基金管理有限公司（以下简称盛世公司）请求变更公司登记纠纷案件，北京市第一中级人民法院认为：

崔某明起诉要求盛世公司将工商登记的法定代表人变更为陈某辰，但其并未向本院提交公司章程、变更决议或决定等证据证明盛世公司曾作出决议或决定将公司法定代表人变更为陈某辰，其应当对此承担不利的法律后果。因此，对崔某明的诉讼请求，本院不予支持。

裁判要点3 公司未就变更法定代表人事宜形成决议，但法定代表人与所代表的公司无实质关联性，基于公平原则，对当事人涤除法定代表人登记的诉讼请求应予支持。

【裁判理由1】【(2017)沪01民终14399号】上海蜜意食品贸易有限公司（以下简称蜜意公司）诉沈某民请求变更公司登记纠纷二审案件，上海市第一中级人民法院认为：

法人性质上属于法律拟制人格，其对外开展民事活动主要是通过其法定代表人进行，这就要求法定代表人与其所代表的法人之间存在实质关联性。就公司法人来说，其法定代表人与公司之间的实质关联性，就在于法定代表人要参与公司的经营管理，正如我国《公司法》第13条的规定，公司法定代表人依照公司章程的规定，由董事长、执行董事或者经理担任。一个不参与公司经营管理的人，不可能也不应成为公司的法定代表人，因其根本就不具备对外代表法人的基本条件和能力。

① 对应《市场主体登记管理条例》第24条。

本案沈某民2013年12月至2016年9月在上海××有限公司工作，没有参与过蜜意公司的日常经营管理，且蜜意公司实际由股东程某控制，因此这种情况下由沈某民担任蜜意公司名义上的法定代表人，显然背离了我国《公司法》第13条的立法宗旨。同时，**民事主体从事民事活动，应当遵循公平原则，合理确定各方的权利和义务。本案沈某民既非蜜意公司的股东，亦非蜜意公司的员工，蜜意公司没有任何证据能够证明沈某民实际参与过蜜意公司的经营管理，沈某民亦未从蜜意公司处领取任何报酬，但是，沈某民作为蜜意公司名义上的法定代表人，却要依法承担其作为法定代表人的相应责任，显然有失公允。**

最后，从法律关系上分析，沈某民与蜜意公司之间构成委托合同关系，内容为沈某民受蜜意公司的委托担任蜜意公司的法定代表人。沈某民在起诉前曾发函蜜意公司，要求辞去蜜意公司的法定代表人、执行董事、经理等与实际身份不符的职务，并要求蜜意公司到工商登记机关办理法定代表人变更登记手续，故依据我国《合同法》第410条①之规定，沈某民有权要求解除其与蜜意公司之间的委托合同关系。合同既然解除，蜜意公司理应涤除其在登记机关登记的法定代表人事项。

【裁判理由2】【(2020)沪01民终9111号】沈某杰与上海独角仙教育投资有限公司(以下简称独角仙公司)等请求变更公司登记纠纷二审案件，上海市第一中级人民法院认为：

沈某杰向一审法院起诉请求：请求人民法院判令独角仙公司和柯空公司到市场监督管理部门办理变更登记手续，将沈某杰名字从独角仙公司“法定代表人”一栏的记载中涤除。

公司法定代表人系体现公司意志对外从事民事活动的公司负责人。公司按照公司章程的规定选任或变更法定代表人。同时，公司与法定代表人之间存在特殊的委托代理关系，公司法定代表人的选任或变更亦须征得受托人本人的同意。本案中，根据独角仙公司的公司章程，法定代表人由其股东委派和更换。**现独角仙公司的股东已经发生变更，而沈某杰系独角仙公司的原法定代表人。从公司正常经营管理的角度，独角仙公司应当重新选任或委派新的法定代表人。此外，从现有证据来看，并不能证明沈某杰在独角仙公司的股权发生了变更以后仍然对公**

① 对应《民法典》第933条。

司进行实际经营或管理。因此，沈某杰要求独角仙公司办理法定代表人的变更手续，将其从公司的“法定代表人”一栏的记载中涤除的理由正当，本院予以支持。

判决：被上诉人独角仙公司应于本判决生效之日起30日内至上海市闵行区市场监督管理局申请变更法定代表人，上诉人沈某杰应予配合；如被上诉人独角仙公司届时未予办理，则被上诉人独角仙公司应于本判决生效之日起45日内至上海市闵行区市场监督管理局涤除上诉人沈某杰作为法定代表人的登记事项。

裁判要点 4 公司未就变更法定代表人事宜形成决议，系因公司怠于召开股东会选任新的法定代表人，损害了当事人的合法权益，可以判令公司召开股东会改选法定代表人并办理公司变更登记。

【裁判理由】【（2019）黔0111民初5666号】卢某伦与贵阳小河区贵祥塑料制品有限公司（以下简称贵祥公司）、龚某奎请求变更公司登记纠纷案件，贵州省贵阳市花溪区人民法院认为：

原告卢某伦诉讼请求为：(1)判令卢某伦不再担任贵祥公司法定代表人、执行董事兼总经理；(2)判令被告承担本案诉讼费。

原告卢某伦是基于股权转让获得股东资格，并基于转让后的股东身份召开股东决议，从而成为公司的法人、执行董事、经理，但经人民法院判决确认股权协议无效后，卢某伦不具备公司股东身份，且贵祥公司也未聘任其担任公司法定代表人、执行董事、经理等职务，实际上卢某伦也没有实际履行法定代表人、执行董事、经理职责，使公司法定代表人等职务流于形式，也使卢某伦的身份因登记备案而无法涤除，权利和义务不对等。**现贵祥公司怠于进行该变更登记的行为侵害了原告的权利，贵祥公司应召集股东履行上述法定程序，贵祥公司不作为及工商登记管理障碍不应成为司法介入登记涤除及当事人权利救济的阻却事由。**

贵祥公司长期不作为，未召开股东会选任新的法定代表人、执行董事、经理，而工商登记管理障碍可能导致实际无法变更和执行的现实困难，然而从法律所秉承的公平正义的价值取向来看，司法审判作为保护群众利益的最后一道屏障，如仅以上述现实操作障碍为考量依据，轻易关闭当事人的救济途径，则必然导致积极行使权利的无过错当事人无法有效保护自身利益，甚至承担变更登记无法进行而带来的不可预测责任和风险，而怠于履行义务的过错方利用法律规则的空白继续怠懒而无须承担任何不利后果或者接受惩罚，实为破坏了公平、正义的立法价值取向以及法律实施过程中应当维护的秩序。因此，原告于本案主张的职务涤除事项应得到法律保护。

判决:被告贵祥公司于本判决生效后30日内召开股东会改选原告卢某伦所任法定代表人、执行董事、经理职务,并到贵阳市工商行政管理局贵阳国家经济技术开发区分局办理法定代表人、执行董事、经理变更登记,被告龚某奎、李某英协助办理。

【笔者观点】在公司未就变更法定代表人作出公司决议的情况下,应当如何处理当事人涤除法定代表人的诉讼请求,如何在司法干预与公司自治之间寻找平衡点确实是司法实践中的难题,各人民法院处理方式也不尽相同。有的法院认为,此时公司不具备变更法定代表人登记的条件,且仅涤除原告的法定代表人登记会破坏公司的组织结构,故应当裁判驳回当事人的起诉或者诉讼请求。有的法院则更侧重于保护当事人的合法权益,认为在特定情况下应当涤除原告的法定代表人登记,还有的法院为了克服公司未作出变更决议这一障碍直接判令公司召开公司股东会审议法定代表人变更事宜。

笔者同意上述裁判要点3,即需要结合法定代表人是否实际履行职责、法定代表人与所代表的法人之间是否存在实质关联性、法定代表人登记是否违反公允公平原则等因素综合判断是否应当支持变更法定代表人的诉请,但也应谨慎把握司法介入公司自治的程度和范围。

对此,笔者认为,可以结合最高人民法院出台的关于对“限高”的公司进行法定代表人变更的相关规定予以理解。最高人民法院在《关于在执行工作中进一步强化善意文明执行理念的意见》第17条第1款第2项指出:单位被执行人被限制消费后,其法定代表人、主要负责人确因经营管理需要发生变更,原法定代表人、主要负责人申请解除对其本人的限制消费措施的,应举证证明其并非单位的实际控制人、影响债务履行的直接责任人员。人民法院经审查属实的,应予准许,并对变更后的法定代表人、主要负责人依法采取限制消费措施。根据上述规定,在公司法定代表人被限制高消费后,其申请变更需要满足特定条件,即“其并非单位的实际控制人、影响债务履行的直接责任人员”。上述条件,与前述裁判要点中的“实质关联性”“公允公平原则”等考察因素在逻辑上亦相互吻合,故应当允许当事人在特定条件下涤除自身的法定代表人登记。

争议焦点11　变更被冒名登记为法定代表人的司法救济途径

裁判要点1 当事人能够证明其被冒名登记为法定代表人的，可以通过请求变更登记纠纷这一民事路径涤除自身法定代表人登记。

【裁判理由】【(2021)沪0101民初7944号】黄某富与上海赞伏实业有限公司请求变更公司登记纠纷案件，上海市黄浦区人民法院认为：

经鉴定，在被告的工商登记材料中，无论是设立公司的授权委托书上"黄某富"的签名，还是股东和法定代表人等多处"黄某富"的签名，均非原告本人所签。而且，被告工商登记材料中留存的原告身份证系其遗失的证件，在被告公司注册时，其已换领新的身份证。依据现有证据，原告虽登记为被告股东和法定代表人，但原告主观上并无出资设立被告公司，并成为股东和法定代表人经营公司的意思表示，客观上既未委托他人设立公司，也无投入高额资本、设立公司的经济实力。原告在不知情的情况下，被冒名登记，故原告并非被告法律意义上的股东和法定代表人。鉴于被告被吊销营业执照后其主体仍然存在，被告进行清算期间，不得开展与清算无关的经营活动，而股权或法定代表人的变更不属于经营活动，**现原告请求被告变更股东和法定代表人登记事项，若届时未变更，则请求被告涤除上述登记事项，并无不妥，依法可予准许。**

裁判要点2 当事人能够证明申请材料不是其本人签字或者盖章，可以通过确认登记行为违法或者撤销登记行为的行政路径撤销登记为法定代表人。

【裁判理由】【(2015)行监字第789号】谢某珍与海南科软智能技术有限公司(以下简称科软公司)、陈某美等行政登记纠纷案件，最高人民法院认为：

本案确定的事实是，科软公司向海南省工商局提交的变更科软公司法定代表人的股东会决议上，股东"陈某美"的签名非其本人所签，而工商登记显示陈某美持有科软公司51%股权且一直为法定代表人，事后陈某美表示不认可该股东会决议，且从未委托他人在股东会上签名，而科软公司和谢某珍并未证明陈某美只是公司名义股东，对该股东会决议知情并认可。在此情况下，一、二审法院据此判决认定海南省工商局核准科软公司的法定代表人由"陈某美"变更登记为"谢某珍"的具体行政行为所依据的事实错误，并撤销该变更登记行为，**符合《最高人民法院办公厅关于审理公司登记行政案件若干问题的座谈会纪要》第1条第1款关于**

“因申请人隐瞒有关情况或者提供虚假材料导致登记错误的……登记机关拒不更正的，人民法院可以根据具体情况判决撤销登记行为、确认登记行为违法或者判决登记机关履行更正职责”以及第2款“公司法定代表人、股东等以申请材料不是其本人签字或者盖章为由，请求确认登记行为违法或者撤销登记行为的，人民法院原则上应按照本条第一款规定处理”的精神。此类撤销判决只是基于行政登记所依据的事实事后被确认错误情况下的一种司法处理方式，不必以宣告股东会决议无效为前提，也并不涉及登记机关的法律责任问题。海南省工商局如在变更登记过程中尽到了审查义务，可以免于承担相关的法律责任。

【笔者观点】被冒名登记为法定代表人的当事人为涤除自身登记有多种救济途径，包括：(1)根据本章的内容，提起请求变更公司登记之诉；(2)根据《市场主体登记管理条例》第40条第1款、《关于审理公司登记行政案件若干问题的座谈会纪要》第1条等规定，请求确认登记行为违法或者撤销登记行为。

争议焦点12　请求变更法定代表人登记时诉讼当事人身份问题

裁判要点1 请求变更法定代表人登记时无须将相关股东列为被告或者第三人。

【裁判理由】【(2020)京01民终4177号】王某与王某锐请求变更公司登记纠纷二审案件，北京市第一中级人民法院认为：

《公司法》第22条第4款规定：“公司根据股东会或者股东大会、董事会的决议已办理变更登记的，人民法院宣告该决议无效或者撤销该决议后，公司应当向公司登记机关申请撤销变更登记。”本案中，虽然王某主张将其变更为华腾公司法定代表人的股东会决议等相关决议上原法定代表人兼股东岳某刚的签名系其代为签署，但未有生效裁决认定相关决议无效，王某亦未提交公司章程、变更决议等证据证明华腾公司作出决议或决定将公司法定代表人变更为岳某刚，**故其关于将华腾公司法定代表人、执行董事、经理变更为岳某刚的请求，无事实及法律依据。另请求办理工商变更登记的主体应为公司，王某以请求变更公司登记纠纷为由诉至一审法院，将股东王某锐列为被告不当。**

裁判要点2 请求变更法定代表人登记时可以将相关股东列为第三人。

【裁判理由1】【(2021)津0104民初4338号】刘某、天津市恒学网络科技有限公司等请求变更公司登记纠纷案件，天津市南开区人民法院认为：

从本案查明的事实可知，**原告接受委派担任被告法定代表人的事实基础是其曾在被告公司的控股股东即第三人上海胜者源公司处兼职，二者并未建立劳动合同隶属关系，且现已结束兼职**。原告并不是被告的股东，在案证据也未见有显示其参与了被告的任何经营及管理事务，故原、被告之间现在缺乏实质的关联性。**现被告公司章程规定的执行董事3年任期已经届满，原告主观上无继续担任执行董事进而担任法定代表人的意愿，其不应也不可能代表被告行使法定代表人的职权**。自2018年至今原告通过短信、微信、律师函等多种方式要求变更法定代表人，对此问题已无其他救济途径，**被告及作为被告股东的第三人长期怠于办理变更法定代表人的相关手续，原告因此承受的法律风险持续存在，在此情况下，司法应给予救济，故对原告要求办理法定代表人变更登记的诉讼请求本院予以支持**。

【裁判理由2】【(2020)沪0115民初84382号】张某与派纳盛世实业(上海)有限公司请求变更公司登记纠纷案件，上海市浦东新区人民法院认为：

法定代表人作为代表公司法人进行经营活动的负责人，理应实际参与公司的经营管理。原告自2020年6月辞职，并于2021年4月起已在其他单位工作，缴纳社会保险，自此原告不再实际参与被告的经营管理。渝北法院的判决已判令变更被告的股东为第三人，现原告非被告股东，无法通过召集股东会等公司自治途径就法定代表人变更事项进行协调后作出决议。**本案中，原、被告间存在特殊的委托关系。根据合同法关于委托合同之规定，原告有权要求解除委托合同关系。合同无法顺利继续履行，被告理应形成新的有效决议，产生继任人选。然而，被告怠于履行该职责，致使原告长期处于无法离任的状态，具有过错，被告构成消极侵权。第三人作为被告的唯一股东，可确定为导致前述消极不作为侵权的特定自然人。原告主张变更登记第三人为被告的法定代表人，有事实与法律依据，本院予以支持**。

(三)与变更其他内容有关的争议

争议焦点13　诉请变更公司高级管理人员登记是否属于受案范围

裁判要点1 经理等高级管理人员备案事项是非公司登记事项，当事人主张变更高级管理人员备案的诉讼请求应予驳回。

【裁判理由1】【(2020)京0114民初748号】崔某卓与北京神玛科技有限公司(以下简称神玛公司)请求变更公司登记纠纷案件,北京市昌平区人民法院认为:

崔某卓系神玛公司登记的法定代表人及股东。其于2017年6月26日离职后未参与公司经营管理,现神玛公司已不再正常经营。根据神玛公司章程规定,经理为公司的法定代表人,崔某卓已与公司解除劳动合同关系,不再担任经理职务,已不符合公司章程关于法定代表人的任职规定;且其离职后已不再参与公司经营管理,已不具备代表公司意思表示的身份及职权。王某科系神玛公司大股东及执行董事,根据公司章程规定,执行董事决定聘任或解聘经理,即执行董事具有任免法定代表人的权利。崔某卓在离职后多次与王某科沟通涤除法定代表人登记事宜,王某科初期表示同意变更登记法定代表人,但公司至今未办理变更登记。庭审中,神玛公司的全体登记股东崔某卓、王某科及袁某当庭发表对法定代表人变更登记事项的意见,其中王某科持反对意见。至此,崔某卓已穷尽公司内部治理的救济方式。**综上,对其主张涤除法定代表人登记的请求,本院予以支持。崔某卓主张涤除的经理职务,非公司登记事项,不属于本案处理范围,故对该项诉讼请求应予驳回。**

【裁判理由2】【(2021)京02民终4173号】杨某等与德华智造(北京)科技有限公司请求变更公司登记纠纷二审案件,北京市第二中级人民法院认为:

杨某要求确认免除其经理职务的诉讼请求,属于公司内部治理事项,应当通过公司内部程序解决,故本院对此不予支持。另依据《公司登记管理条例》第9条、第37条[①]的规定,公司经理非登记事项,而属于向登记机关备案的事项,故杨某要求变更德华智造(北京)科技有限公司经理工商登记的诉讼请求,本院不予支持。

裁判要点2 经理等高级管理人员备案事项如果与实际情况不符,会造成社会公众对公司高管人员情况的误导,当事人请求变更高级管理人员备案的诉讼请求应予支持。

【裁判理由】【(2020)鲁01民终10344号】山东火炬置业有限公司(以下简称火炬公司)与高某利请求变更公司登记纠纷二审案件,山东省济南市中级人民法

① 分别对应《市场主体登记管理条例》第8条、第9条。

院认为：

原告高某利的诉讼请求为：判令火炬公司立即在济南市历城区市场监督管理局办理免除高某利担任总经理的变更登记。济南市历城区人民法院一审判决：火炬公司于判决生效之日起30日内至济南市历城区市场监督管理局将总经理高某利的备案信息清除。

济南市中级人民法院经二审审理认为：《公司登记管理条例》第37条[①]规定：公司董事、监事、经理发生变动的，应当向原公司登记机关备案。第55条[②]规定：公司登记机关应当将公司登记、备案信息通过企业信用信息公示系统向社会公示。高某利已于2012年6月12日与火炬公司终止（解除）劳动关系，并办理了交接手续，证实高某利不再担任火炬公司总经理职务，**但火炬公司对外公示的备案信息中仍记载高某利为总经理，与实际情况不符，会造成社会公众对火炬公司高管人员情况的误导，故高某利有权要求将登记机关备案的其担任总经理的信息清除。**判令驳回上诉，维持原判。

争议焦点14　诉请变更公司董事登记是否属于受案范围

裁判要点 1 董事任期届满未及时改选，辞职董事仍应按照公司法和公司章程的规定继续履职，辞职董事要求变更董事登记的诉讼请求应予驳回。

【裁判理由】【（2019）京03民终4710号】刘某丽与北京南极海新材料股份有限公司（以下简称南极海公司）请求变更公司登记纠纷二审案件，北京市第三中级人民法院认为：

《公司法》第45条规定："董事任期由公司章程规定，但每届任期不得超过三年。董事任期届满，连选可以连任。董事任期届满未及时改选，或者董事在任期内辞职导致董事会成员低于法定人数的，在改选出的董事就任前，原董事仍应当依照法律、行政法规和公司章程的规定，履行董事职务。"第147条规定：董事、监事、高级管理人员应当遵守法律、行政法规和公司章程，对公司负有忠实义务和勤勉义务。**任期届满后，南极海公司并未召开股东会改选新的董事，刘某丽仍应按**

---

① 对应《市场主体登记管理条例》第9条。

② 对应《市场主体登记管理条例》第35条。

照公司法及公司章程的规定，履行董事的职责。一审法院不予支持刘某丽的诉讼请求并无不当，本院予以维持。

裁判要点 2 董事辞职未使公司董事人数低于法定人数的，公司应当及时向公司登记管理机关申请变更登记，辞职董事主张变更董事登记的诉讼请求应予支持。

【裁判理由 1】【(2021)苏 0302 民初 929 号】朱某虹与徐州工力工程设备租赁有限公司请求变更公司登记纠纷案件，江苏省徐州市鼓楼区人民法院认为：

在原告向被告发送辞职信之后，江苏高投合伙企业、徐州高新公司联合向被告发送通知确认不再委派董事。虽然该份通知被退回，但是退回原因系拒收，应当认定该通知的效力。同时，**原告的任期早已届满，原告的辞职未使被告公司董事人数低于法定人数**。公司与董事之间为委托与被委托的关系，自原告的辞职信到达被告时委托关系解除。**因此，原告主张其不再担任被告董事职务，具有事实与法律依据，本院予以支持。原告辞职后，被告应当及时向公司登记管理机关申请变更登记，被告无法找到合适的人员担任法定代表人的答辩意见，缺乏法律依据，本院不予采信。故关于原告要求被告涤除其作为董事的登记事项，具有事实和法律依据，本院予以支持。**

【裁判理由 2】【(2020)苏 0113 民初 767 号】原告陈某与被告南京普润信息技术有限公司(以下简称普润公司)请求变更公司登记纠纷案件，江苏省南京市栖霞区人民法院认为：

原告陈某的任职期限早已届满，且其于 2019 年 7 月向普润公司提出辞职，该辞职并未使普润公司的董事人数低于法定人数，因公司与董事为委托与被委托的关系，故自辞职到达公司之日起委托关系解除，原告主张其不再担任被告普润公司董事职务，有事实和法律依据，本院依法予以支持。普润公司章程还规定由股东组成清算组。普润公司于 2007 年 12 月 28 日召开股东会，决议公司解散，成立清算组。清算组成员由股东代表组成，包括原告陈某。现高科技公司已不是普润公司股东，陈某也无权作为股东代表成为清算组成员，故原告主张陈某不再担任普润公司清算组成员，有事实和法律依据，本院依法予以支持。**公司设立、变更、终止应当依法办理变更登记，普润公司作为申请的主体，对于公司变更事项应当及时申请变更，虽然普润公司同意涤除原告作为董事和清算组成员的登记，但其以无法召开股东会为由未予以变更，与公司章程规定和法律的规定不符，故原告**

主张被告及时办理工商变更登记,涤除原告作为董事和清算组成员的登记事项,有事实和法律依据,本院依法予以支持。

裁判要点 3 如因公司股东会的原因导致不能及时选出继任董事,辞任或离任董事则已无继续履行董事职务的必要,法律应当保护其辞任或离任的权利,当事人主张变更董事登记的诉讼请求应予支持。

【裁判理由】【(2021)粤2071民初16329号】梁某荣、中山优顺置业有限公司(以下简称优顺公司)请求变更公司登记纠纷案件,广东省中山市第一人民法院认为:

董事辞任和离任应受上述条款(笔者注:《公司法》第45条)之约束,但该约束应当有必要的限制。梁某荣已在任期届满后向优顺公司提出改选董事及辞职申请,但直至本案庭审之日长达两年多内,优顺公司仍未进行改选,且无延迟改选的合理理由,应当认定优顺公司存在怠于改选的行为。因优顺公司的股东怠于履行改选董事之义务,致梁某荣长期处于无法离任的状态,其作为董事的权利义务严重失衡,前条规定已成为优顺公司及股东"绑定"梁某荣董事身份之借口,故在本案中已无适用之必要。**法律要求董事继续履职以维护公司的存续,但作为法律所保护利益获得者的公司股东却消极不作为,此种情形下,若机械地遵循《公司法》第45条第2款规定,则辞任或离任董事履行董事职务将遥遥无期,无法达到辞任或离任的目的,董事的权利和义务将严重失衡。**因此,准确理解和适用这一规定,必须在保护公司、股东利益与辞任或离任董事权益之间寻求平衡,恰当的方式是为辞任或离任董事继续履行董事职务明确一个前提条件,即公司股东会能够在合理期限内选举并能够选出继任董事。**如有可归责于股东会的原因导致不能及时选出继任董事,辞任或离任董事则已无继续履行董事职务之必要,法律应当保护其辞任或离任的权利。**本案中,梁某荣任优顺公司董事的任期(2016年1月30日至2019年1月29日)已届满两年有余,优顺公司在长时间内未就董事选任问题召开股东会形成股东会决议且无延迟改选的合理理由,法律应当保护梁某荣作为董事重新选择或被重新选择的权利。

判决:被告优顺公司于本判决生效之日起30日内至其公司登记机关办理涤除原告梁某荣为被告优顺公司董事的登记备案事项,如被告优顺公司未按期变更,则原告梁某荣自上述期限届满后不再具有被告优顺公司董事身份。

【笔者观点】对于争议焦点13、14即诉请变更公司高级管理人员登记、董事登记是否属于人民法院受案范围,或者是否应适用“请求变更公司登记纠纷”这一案由的问题,司法实践中有的法院认为,根据《市场主体登记管理条例》第9条之规定,高级管理人员及董事属于备案而非登记事项,因此不属于变更公司登记纠纷的审理范围;有的法院则认为备案事项也应被囊括在该案由规制的“射程范围”内,并在一定情况下支持当事人变更的诉讼请求。

笔者认为,从目前司法实践来看,当事人对于请求变更公司董事等相关备案事项具备现实需求,多数法院适用“扩大解释”的方法,在请求变更公司登记这一案由下解决该类争议具备合理性。目前在国家信用信息公示系统等相关公开网站上,董事等备案事项也是公开可查询的,要求公司及时变更上述备案事项为任期已经届满但公司怠于选任后继人员的董事及高级管理人员设置了救济路径。

至于董事任期届满但公司尚未选出新的董事的情况下能否判令变更公司登记问题,有的法院以《公司法》第45条第2款规定“董事任期届满未及时改选,或者董事在任期内辞职导致董事会成员低于法定人数的,在改选出的董事就任前,原董事仍应当依照法律、行政法规和公司章程的规定,履行董事职务”为由予以驳回。对此,笔者赞同中山市第一人民法院在(2021)粤2071民初16329号案中阐明的观点,即“准确理解和适用这一规定,必须在保护公司、股东利益与辞任或离任董事权益之间寻求平衡,恰当的方式是为辞任或离任董事继续履行董事职务明确一个前提条件,即公司股东会能够在合理期限内选举并能够选出继任董事。如有可归责于股东会的原因导致不能及时选出继任董事,辞任或离任董事则已无继续履行董事职务之必要,法律应当保护其辞任或离任的权利。”

争议焦点15　诉请变更公司其他登记事项是否属于受案范围

裁判要点1 公司章程记载事项被撤销或变更的,当事人诉请变更公司章程登记的,属于法院受案范围,可予支持。

【裁判理由】【(2021)湘0111民初12882号】刘某、长沙市航源餐饮服务有限公司请求变更公司登记纠纷案件,湖南省长沙市雨花区人民法院认为:

被告在市场监督管理部门备案的公司章程中将原告记载为公司监事,原告主张要求退出其在被告公司的监事身份,虽有限公司监事不是公司登记事项,但公司监事变动属于应当向公司登记机关备案的事项，且公司监事依法应按公司章程承担法律责任，故本案仍应属于请求变更公司登记纠纷。原告称其在被告公司成立时，出于对原公司股东杨某波帮忙，同意在公司章程中记载为公司监事，后杨某波退出公司股东身份，其不愿再继续担任被告公司监事，且原告实际未参与被告公司任何经营管理，亦从未领取过任何报酬。对于上述事实，因被告未参加诉讼进行抗辩，本院对原告所述事实予以采信。**现原告要求退出被告公司监事身份，被告公司应修改公司章程，将公司章程中记载的原告刘某担任监事的记录予以撤销或变更，并向公司登记机关备案。**

裁判要点 2 当事人诉请变更公司的基本存款账户信息中的法定代表人和预留联系人的，属于法院受案范围，可予支持。

【裁判理由】【(2019)粤0307民初11348号】吴某君、武某等与深圳嘉盛美电商科技服务有限公司（以下简称嘉盛美电商公司）等请求变更公司登记纠纷，广东省深圳市龙岗区人民法院认为：

《合同法》第60条第2款①规定，当事人应当遵循诚实信用原则，根据合同的性质、目的和交易习惯履行通知、协助、保密等义务。该条文规定的是合同的附随义务。附随义务是指不具有独立的意义，仅具有补助主义务的功能，其目的在于确保债权人的利益能得到最大满足。

本案中，两原告与被告何某焰签订《股权转让协议》，约定两原告将持有被告嘉盛美电商公司的股权转让给被告何某焰。被告嘉盛美电商公司作出股东会决议，任命被告何某焰为执行董事、法定代表人。2018年1月9日，被告嘉盛美电商公司工商登记的股东由两原告变更为被告何某焰，法定代表人由原告吴某君变更为被告何某焰。**办理工商变更登记，说明被告何某焰履行了合同约定的主义务，但根据上述法律规定，被告何某焰应履行办理被告嘉盛美电商公司基本存款账户信息的变更备案手续等合同附随义务。同时，被告嘉盛美电商公司作为标的公司以及基本存款账户的所有者应及时办理相应变更手续。**综上，两被告应向第三人招商银行泰然金谷支行申请将被告嘉盛美电商公司的基本存款账户信息中的法定代表人和预留联系人变更为被告何某焰。

【笔者观点】根据笔者的检索，在请求变更公司登记纠纷中，当事人诉请变更

---

① 对应《民法典》第509条第2款。

公司章程的案例较为少见。笔者认为，原因在于，当事人在实践中的商业目的并非泛泛要求变更公司章程登记内容，而是要求变更为具体的公司股东、法定代表人、董事、监事等事项。因此，完全可以通过提出更为具体的诉讼请求，例如变更股东登记、变更法定代表人登记等途径实现其商业目的。除非出于特殊的商业目的，当事人没有必要单纯诉请变更公司章程的登记或者备案。

争议焦点16　公司是否可以作为请求变更公司登记之诉的原告

裁判要点1 公司可以作为请求变更公司登记之诉的原告。

【裁判理由】【(2018)甘02民终263号】胡某心与嘉峪关市东方百货商贸有限公司(以下简称东方百货公司)请求变更公司登记纠纷二审案件，甘肃省嘉峪关市中级人民法院认为：

关于本案定性是否准确的问题，根据最高人民法院《民事案件案由规定》，民事案件案由应当依据当事人主张的民事法律关系的性质来确定。**本案一审中，东方百货公司依据2017年12月15日作出的股东会决议解除胡某心的股东资格后，按《公司法》第32条之规定，在胡某心不配合东方百货公司办理公司变更登记时，依法诉至一审法院请求胡某心予以配合，一审法院根据东方百货公司主张的法律关系确定本案案由为请求变更公司登记纠纷并无不当。**胡某心主张本案应当定性为出资纠纷，因本案双方并无任何一方提起出资纠纷之诉，且本案审理查明的事实与胡某心主张不符，故胡某心的该项上诉理由不成立，本院不予支持。

裁判要点2 公司不可以作为请求变更公司登记之诉的原告。

【裁判理由】【(2017)川01民终10883号】四川东方廊桥投资有限公司(以下简称东方廊桥公司)、刘某才请求变更公司登记纠纷二审案件，四川省成都市中级人民法院认为：

请求变更公司登记纠纷系股东对于公司登记中记载的事项请求予以变更而产生的纠纷，据此，在请求变更公司登记纠纷案件中，行使变更请求权的主体应为公司股东，而非公司本身。公司对于公司登记而言应为义务主体，即应由公司向工商登记机关申请变更相关事项，公司备案登记与公司本身并不具有直接利害关系。因此，东方廊桥公司向刘某才提出诉讼请求，不符合相关法律规定，东方廊桥

公司在本案中不具有诉讼主体资格，其并非本案适格原告。故东方廊桥公司关于其起诉符合法律规定的上诉理由不能成立，本院不予支持。

【笔者观点】在某些特殊情况下，公司作为义务主体实际办理变更登记时，可能面临登记机关要求其他主体（如原股东、原法定代表人）签署某些材料、进行面部识别或者到现场验证等客观障碍，导致公司无法完成变更登记的办理。在此情况下，公司能否作为原告要求相关主体协助配合办理公司变更登记在司法实践中存在争议。

笔者认为，《公司法司法解释（三）》第23条明确规定公司为变更登记的义务主体身份，如允许其作为原告提起变更登记之诉，则会出现原告、被告相同的冲突情况，不符合上述条款的立法本意。为了克服办理变更登记的现实障碍，可以通过公司其他股东向公司提起请求变更公司登记之诉，获得生效判决并申请执行，以及公司提起股东资格的消极确认之诉，获得生效判决等途径予以变通解决。

（四）请求变更公司登记纠纷诉讼费收取标准问题

根据《诉讼费用交纳办法》之规定，若以非财产案件计收案件诉讼费，则每件交纳50元至100元；若以财产案件计收诉讼费，则标的额1万元以上的案件分阶段按比例计收诉讼费，诉讼费远高于以非财产案件计收的诉讼费。

根据笔者的检索结果及在部分省市法院的实践经验，各地区人民法院对请求变更公司登记纠纷的诉讼费收取标准存在不一致的情况，有的法院按照财产案件收取，如河南省高级人民法院审理的（2020）豫民终625号案、贵州省六盘水市中级人民法院审理的（2016）黔02民初280号案等，而更多的法院则是按照非财产案件收取，按件计收50元至100元诉讼费。诉讼费收取标准的不一致，导致诉讼费收取金额存在较大差异。

笔者认为，如单纯仅诉请变更公司登记而未提出确认股东资格等其他诉讼请求的，应当按照非财产案件收费，理由是：

首先，关于财产案件与非财产案件的标准，应当根据当事人的诉讼请求和各方争议的权利义务内容综合认定。如当事人仅提出请求变更公司登记一项诉讼请求，并不必然包括对股权财产确权等诉请，亦不必然涉及财产权益，应当按照非财产案件计收诉讼费。

其次，从各方争议的权利义务内容来看，在请求变更公司登记之诉中诉讼标的为不作为的侵权法律关系，而单纯仅诉请变更公司登记是要求侵权人承担“停止侵害”的责任，而并未要求侵权人承担赔偿财产性损失的责任，从该视角分析，亦应当按照非财产案件计收诉讼费。

最后，从实践出发，请求变更公司登记纠纷中，当事人诉请变更股东登记的或可计算得出案件所涉财产价值，从而具备作为财产案件计收诉讼费的可行性。但对于请求变更公司法定代表人登记等相关纠纷，则无从计算案件标的额，此时如将请求变更公司登记纠纷作为财产性案件收费则会陷入尴尬境地。

后　　记

美国著名经济学家萨缪尔森指出，生活在现代社会里，每一个受过教育的人，都应该接受经济学的基本训练。在市场经济快速发展的过程中，公司成为社会生活中的主要企业形式。我国公司法为公司的经济活动参与各方提供了必须遵守的基本原则。德国法学家萨维尼认为，法律关系和法律规则构成一个不可分的整体。解释法律是法律学之开端，并为其基础，系一项科学性工作，但又为一种艺术。因此，在对公司法进行解释和适用时，需要厘清与公司有关的纠纷的各种法律关系，并精准地与相关法律原则予以对接。

在处理与公司有关的纠纷时，既需要坚持公平公正，又应努力做到司法统一。为确保法律统一正确实施，提升司法公信力，最高人民法院积极推进类案检索制度，要求各级法院对与待决案件要解决的争点问题相关的案例进行检索和运用，在法律适用问题存在争议，缺乏明确裁判规则或者尚未形成统一裁判规则等情况下，法官有必要对法律适用问题进行更加认真的研究，在类案检索的基础上作出更加慎重的裁判。在此大背景下，加强裁判规则的研究，已成为法律实务工作者的必修课程。

初识请求权基础，源于王泽鉴先生关于请求权基础的阐释。王泽鉴先生毕业于台湾大学法律学系，后赴德国海德堡大学和慕尼黑大学深造，师承德国著名法学家卡尔·拉伦茨教授，对民法及法学方法论具有非常全面深入的研究；王泽鉴先生还曾在台湾地区司法机构任职法官，具有十分丰富的司法实践经验。王泽鉴先生指出，可供支持一方当事人得向他方当事人有所主张的法律规范，即为请求权规范基础。王泽鉴先生强调，请求权基础的寻找，是处理案件纠纷的核心工作。因此，充分认识到请求权基础的重要性，请求权基础是研习法律必须掌握的概念和方法，也是办理案件应当遵循的原则和路径。

美国联邦最高法院大法官霍姆斯在《普通法》中开篇就说：法律的生命不在于

逻辑,而在于经验。这里所说的“经验”,乃是现实生活中的“活水”,它要求法官们根据社会生活的不断变化,在遵循先例的原则下,推陈出新,赋予先例以新的生命。霍姆斯主张法律的生命在于经验,本质上是一种与时俱进的法律发展观。法律都是人们在社会生产生活实践中所形成的,并为人们所共同遵守的那些规则、惯例和习俗的成文化。法律的生命力体现于被人们遵守和认同,而不是法律自身的逻辑化、精密化。霍姆斯告诫我们,一定要加强对司法案例的研究,需要通过对大量案例全面分析来不断矫正和提升我们对法律理论的研究。

王泽鉴先生和霍姆斯大法官均既是法律理论界的佼佼者,又是司法实务领域的一代楷模,一直是我顶礼膜拜的偶像和努力的方向。在法院工作的20多年中,我深刻体会到:做好审判工作的基础是要有扎实的专业知识和丰富的司法实践经验,方向是圆满化解纠纷,案结事了;方法是把每一个知识点学会,把每一个案件办好,去一点点积累;至于技巧,除了努力踏实地走好每一步,至今还没有找出其他答案。从法院到法学院之后,我的生活最大的变化就是多了个“学”字,需要学习大量的法律理论和司法案例。这次参与本书的编著,恰好给自己提供了一个学习和实践的重要契机。法治法律事业的发展进步,需要全体法律人的共同努力。正如美国联邦最高法院的大法官金斯伯格所说,应捍卫你所关心的利益,但应团结他人共同努力!

本书编著团队系统梳理了司法实践中常见的与公司有关的纠纷,详细分析了其请求权基础和裁判规则,涉及对公司资本监管、债权人在公司管理中的权利、公司清算制度体系和关联交易等与公司有关核心内容,对公司加强合规监管和法律同人办理与公司有关纠纷案件均非常具有参考价值。本书的编著团队中,孙芳龙律师毕业于北京大学,从事审判和法律服务工作30余年,法律功底深厚,实践经验丰富,系业内大咖;刘永青律师毕业于上海交通大学,非法学专业出身,但从事律师职业后,取得了非常骄人的成绩,属于跨界成功典范;戴丽铢、杜楠、张亚伟、吴毕征、楚孔杨均毕业于国内知名法学院,功底扎实,勤奋好学。在与编著团队同人的共同工作中,受益良多,在此一并致谢!

付本超

二〇二二年五月